邹韬奋传记

ZOU TAOFEN
ZHUANJI

马仲扬 / 苏克尘 ◇ 著

重庆出版集团 重庆出版社

图书在版编目(CIP)数据

邹韬奋传记/马仲扬，苏克尘著，-2版. 一重庆：重庆出版社，1997.9(2008.10重印)

ISBN 978-7-5366-3646-0

Ⅰ.邹… Ⅱ.①马…②苏… Ⅲ.邹韬奋(1895~1944) Ⅳ.K825.42

中国版本图书馆 CIP 数据核字(2007)第 202340 号

邹韬奋传记

ZOUTAOFEN ZHUANJI

马仲扬 苏克尘 著

出 版 人：罗小卫
责任编辑：李书敏 陈兴芜
责任校对：郑 葱
装帧设计：重庆出版集团艺术设计有限公司·王芳甜

重庆出版集团
重庆出版社 出版

重庆长江二路205号 邮政编码：400016 http://www.cqph.com

重庆出版集团艺术设计有限公司制版

重庆华林印务有限公司印刷

重庆出版集团图书发行有限公司发行

E-MAIL:fxchu@cqph.com 邮购电话:023-68809452

全国新华书店经销

开本：787mm×1 092mm 1/16 印张：32.25 字数：495 千
1997 年 9 月第 1 版 2008 年 10 月第 2 版第 1 次印刷
印数：2001～4000
ISBN 978-7-5366-3646-0
定价：49.00 元

如有印装质量问题,请向本集团图书发行有限公司调换:023-68706683

纪念邹韬奋诞辰100周年(代序言)

胡 绳

邹韬奋同志是在20世纪30年代的激荡风云中产生的一位杰出的革命知识分子。

在中国近代历史中,30年代是很重要的一个历史时期。国民党在30年代开始的三年前,背叛国共两党合作进行的革命而取得国家政权。社会上还有一部分人寄希望于这个政权,以为它可能带给中国以不同于北洋军阀时期的好的局面,但是事实迅速地表明,这种希望完全落了空。国民党当权以后,内部为争权夺利而派系林立,互相倾轧,甚至酿成规模巨大的内战。国民党政权无力造成国家的统一和社会的安定,因此它也不能使国民经济有较明显的进步和发展。中国贫穷落后,一切如旧。对外,国民党政权也不能使中国的半殖民地地位有丝毫改变。在进入30年代后,日本军国主义公然攫取中国的东北,并且进逼华北。对于外来的武力侵略和严重的民族危机,国民党统治者采取逆来顺受的态度,实行所谓不抵抗政策。

中国共产党在30年代开始时,就其整体说,政治上还不成熟。它所实行的革命原则虽然是对的,但有些做法是错误的,"左"倾的指导思想使它继续走了几年弯路。经过1934、1935年的长征以后,中国共产党重新站稳脚跟,实行符合于中国情况的一系列政策。它的力量虽然还很小,处境很艰难,但是它的政治影响不断地扩大。

邹韬奋生于1895年,在上海受过直至大学的正规教育,然后在上海的工商机关和教育机关中过工薪生活。他在青年时期似乎很少受国内政治风波的影响。1927年国民党政权建立时,他在主持办《生活》周刊。当时《生活》周刊的内容主要是谈个人的修养问题,和读者进行生活、家庭、职业等方面问题的讨论。他的刊物很少谈政治，在谈到政治时也无非是要求"政治的清明"和"实业的振兴"。当时韬奋还说，"中国目前所急需的有三件东西，一是统一，二是生产，三是国防"，这话其实是要求国民党政权做到作为一个国家政权最低限度所应该做到的事情。当时问题其实是，国民党政权为什么做不到这些最低限度应当做到的事？怎样做才能实现这些事？对这些问题在当时韬奋的看法上是找不到答案的。

国民党取得政权后的所作所为，已经证明它是中国进步发展的障碍，如同在它以前的北洋军阀政府一样。但是在这时候，如果用革命的方法去扫除这个政权，那恰好给正在以全力准备并吞中国的日本军国主义者以有利的机会。当时正确的办法应该是，把民族的矛盾放在第一位，把中华民族的生死存亡问题摆在第一位，在这个前提下，团结全国一切力量共同反抗侵略者，也推动国民党统治者参加抵抗侵略的斗争。这样不但为了解决迫在眉睫的亡国危机，而且可以有希望通过救亡推进全民族的进步发展。中国共产党在 1935 年以后，就逐步地坚决地转移到这样的政策上来。这种政策的实施，受到各方面人士的欢迎，也对于国民党政权形成重大的压力。

经过 1931 年的"九一八"事变和 1932 年的"一·二八"事变后，韬奋主办的《生活》周刊逐渐地增加了议论政治的篇幅。他以朴素的语调、说法，说了一个爱国主义者在这时的所感所想。他揭发国家的危机，分析救亡图存的紧迫性，主张坚决抵抗，反对妥协让步。他的言论很明显的是不符合国民党当局的要求，而为广大人民所赞成的。韬奋的特点在于，他明知有政治的风险，但绝不掩饰他觉得应该讲的话。他在言论中坚决表示，要救亡图存，不能依靠国民党当局，而要依靠人民大众的力量。在 1933 年，他被列名在国民党的黑名单中，他的刊物被封闭，他被迫流亡国外。这时他并没有进行过什么政治活动，只是曾参加宋庆龄先生发起的民权保障大同盟。他有个别的朋友是中国共产党的地下党员，他开始去了解共产党的主义、主张和它所进行的斗争。韬奋靠自己的稿费在国外旅游两年，于 1935 年回国。这时正是日本侵略势力一步步深入华北的时候，也正是中国共产党提出建立抗日民族统一战线的方针的时候。韬奋没有因来自国民党统治势力的压力而退却，他继续经营进步的出版事业，同时参加群众救国运动。他所主编的《大众生活》周刊以更加鲜明的态度，在

群众中倡导抗日救国运动。在这刊物的第 14 期上，发表了韬奋的一个《启事》，他说，"近来得各方读者友好来信，报告本刊将被封闭和我将被拘捕和陷害的消息"，为了"也许变起仓促来不及留下几句话和许多读者好友道别而遽去"，所以发表这一启事。《启事》中他庄严地声明说："我深信只有大众有伟大的力量，只有始终忠实于大众的工作，才有真正的远大效果，我个人无论如何必始终坚决保持这个信仰，决不投降于任何和大众势不两立的反动势力。"又过了半个月，这个刊物终于在第 16 期上宣布被迫停刊。他又发表《启事》说："我个人既是中华民族的一分子，共同努力救此垂危的民族是每个分子所应负起的责任，我决不消极，决不抛弃责任，虽千磨万折，历尽艰辛，还是要尽我的心力，和全国大众向着抗敌救亡的大目标继续迈进。"也就在这时，韬奋对中国共产党的主张和这个党在中国政治上的作用和地位有了明确的认识，他开始把中国的前途寄托在中国共产党身上。

在中国共产党出现于中国政坛以后，除了有许多先进分子参〔加〕外，总是有许多党外的同情者。他们虽然不是出身于劳动阶级，也〔许〕或还不是共产主义者，但是同情共产党所从事的事业和共产党人〔的〕精神，以各种形式帮助共产党，他们可以说是党的同路人。在 192〔7年〕革命失败以后，共产党根据中国的具体情况，把它的主要力量用在〔农村〕这时党在城市中的力量，包括它的同情者的数量，都显著地减少了。直到 30 年代中期，在国民党地区内抗日救亡运动兴起；党正确地执行抗日民族统一战线的政策，上述情况有了改变。党的中心虽然是在中国的西北角落里，但是它在全国城市中的影响大大地扩大了，同情它的事业和实际上支持它的主张的人数大大地增加了。韬奋在这时成为党的积极的同路人，有重要的意义，起了重要的作用。由于他多年间以为读者服务的精神办刊物，由于他在言论中表现出来的一片爱国赤诚，由于他坚守真理，"富贵不能淫，贫贱不能移，威武不能屈"的浩然正气，他受到广大读者的爱戴。他的杂志最多时销售量达到 20 几万份这样一个在中国出版界中空前的数字。他对政治方向的选择，影响了数以万计的群众。

中国共产党提出的抗日民族统一战线的政策终于收到了实效。由于共产党坚持这个方针，由于全国爱国救亡运动的推动，再加上国民党统治者从维护自己的统治权出发而进行的利害得失的盘算，国民党承认了国

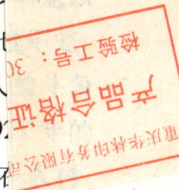

3

共合作、团结抗日的原则。1937 年 7 月抗日战争爆发。中国历史展开了新的一页。但这时韬奋和沈钧儒等在上海的 7 个救国运动的领袖，被国民党政府逮捕，拘禁在监狱中。抗日战争爆发后，他们才被释放。

在抗日战争期间，韬奋的社会地位、社会声望很高，被国民党政府聘为国民参政会的参政员。他在国民党地区内继续从事出版事业。由于他支持共产党的抗战、团结、进步的方针，反对国民党实行的消极抗日、积极反共的政策，他和他所办的杂志、出版社成为国民党统治者的眼中钉。在1939 年到 1940 年间，他所主持的生活书店分布在国民党统治区各地的 50多个分支店，先后被封闭。1941 年在发生"皖南事变"，整个政治形势恶化的时候，共产党组织为保护韬奋，安排他离开重庆到香港工作。1941 年12 月，日本侵略军占领香港。由于国民党政府已命令它的特务系统搜索韬奋的行踪，在任何地方捉到他时"就地惩办"，所以韬奋不可能再回到内地的国民党地区。共产党组织帮助韬奋辗转到达共产党领导的苏北抗日根据地。但这时已发现他患脑癌。在艰苦的农村根据地无法进行治疗，只好把他送到日本侵略者和汉奸所统治的上海，秘密居住在那里，治疗无效，在抗日战争胜利的前一年 1944 年，他在上海逝世。他的遗嘱中充满着对中国前途的希望，他说："此次在敌后根据地视察研究，目睹人民的伟大斗争，使我更看到新中国光明的未来。我正增加百倍的勇气和信心，奋勉自励，为我伟大的祖国与人民继续奋斗。"他要求参加共产党，在遗嘱中说："请中共中央严格审查我一生奋斗历史，如其认为合格，请追认入党。"这个伟大的爱国者把加入共产党作为他一生历史的总结。

在 30 年代以爱国救亡为主旋律的激荡风云中，出现了一大批经过独立思考，把政治选择放在共产党方面来的杰出的知识分子。他们本来都对社会作过有益的贡献，他们本来不是共产主义者，甚至不是共产党的同路人，但国民党使他们失望，他们根据客观事实和自身的经历，终于确定了他们的政治选择。社会上还有众多的受他们影响的人，也随之而倾向于这种政治选择。邹韬奋是这些知识分子中的一个代表人物。

抗日战争的胜利在中国民族的历史上有重要的地位，有重要的意义。但是抗日战争结束时，还没有能确定中国今后的命运。经过一些曲折，终于爆发了国民党和共产党之间的大决战。共产党在这场大决战中取得1949 年的彻底胜利，并不是因为它的军事力量强过国民党（相反，它的武

装力量在战争开始时比国民党小得多），而是因为民心不在国民党方面，民心在共产党方面。为什么广大民心背离掌握着政权的国民党，而趋向力量相对弱小的共产党？追溯历史原因，就应当看到30年代。在30年代中国共产党处境还十分艰难的时候，韬奋和其他许多杰出的知识分子就愿意与共产党同甘苦，共命运，就把中国的前途同共产党紧密联系在一起。他们的正确选择不但对当时的人民群众起着一定的影响，而且对以后多少世代间人民群众的意向起着一定程度的导向作用。

这就是为什么韬奋虽然死得过早（他在逝世时才只有49岁），但是人民永远把他当做一个英雄来纪念的缘故。

目录 | 邹 韬 奋 传 记
ZOU TAO FEN ZHUANJI

1

3

第一章 儿童时代

邹韬奋生于 1895 年 11 月 5 日(即光绪二十一年九月十九日)。出生地为福建永安(作者注:对韬奋的出生地问题,在不少文章中记述不一,有说福州的,有说长乐的,也有其他说法。经作者查证,永安是准确的)。祖籍是江西余江横溪乡沙塘村。

在韬奋的孩提时期,正是帝国主义列强疯狂劫夺中国的时期,也是清朝政府签订丧权辱国条约最集中的时期。

一、《马关条约》之后的国运

韬奋出生之年,也是国难丛生之年。

1895 年,是中日甲午战争之后清政府被迫签订《马关条约》之年。条约规定:将我台湾、澎湖列岛和辽东半岛等地割让给日本;赔偿白银 2 亿两;开杭州、苏州、沙市和重庆为通商口岸,并允许日本在新开通商口岸设置工厂,规定其产品享受进口货物一样优待的权利。此约一签,帝国主义列强就像饿狼,一个个张开血口扑向中国。

俄国以割让辽东半岛触犯了自己的利益为由,迫使日本放弃,又向中国索要 3000 万两白银为交换条件。次年,李鸿章为报俄国"帮助"退还辽东半岛之"恩",与俄签订密约,允许俄国在黑龙江、吉林到海参崴,修筑由俄国人掌握的"东清铁路"。而后,沙皇政府以在太平洋上取得不冻港为由,出兵占领了旅顺、大连,并强制清政府签订了《旅大租地条约》,允许俄国人修筑自哈尔滨到大连的铁路,即"南满铁路"。由此使整个东北地区陷入俄国控制之下,成了俄国的"势力范围"。

随之而来,德国也以干预日本退还辽东半岛有"功",向清政府索得在天津和汉口的两块租界为"酬",并指名要山东的胶州湾。随后以山东曹州府巨野有两名德国传教士被杀为借口，于 1897 年 11 月武装占领了胶州湾。1898 年 3 月迫使清政府签订《胶澳租界条约》，从而获得"胶济铁路"修筑权和开采沿线矿产的权利，以致使山东变成德国的"势力范围"。

法国乘机而动，除轻取了云南、广西和广东的矿山开采权、越南铁路延伸到广西境内的修筑权之外，1897 年 2 月，又使清政府承认了法国在海南岛有特殊权力。1898 年，法国以"保存均势"名义，向清政府提出云南、广西、广东等地区不得让与其他国家；中国邮局总管由法国人充任。1899 年 10 月，法国军舰开入了广州湾（即今湛江港），强迫清政府缔结租借广州湾的条约，为期 99 年。

在瓜分中国的争夺中，英国是从不落后的。它既有侵略的经验，又有使清政府屈服的伎俩，无须多大周旋就使云南的腾冲、思茅，广西的梧州和广东的三水于 1897 年成为它的通商口岸，并设了领事馆；1898 年又强租了香港对岸的九龙半岛和山东的威海卫。至于在中国修筑铁路、开设工厂、开采矿山等种种特权，无不抢在前列，甚至掠取了中国总税务司，把中国海关直接操纵在英国人手中，还把最富饶的长江流域作为自己的"势力范围"。

在划分势力范围的砝码上，日本于 1898 年追加分量，强使清政府承认福建为它所控制。

美国在这种形势面前，并没有袖手旁观。由于它和西班牙争夺菲律宾，并正在古巴进行战争，因此，战争一结束，它便转向中国。美国国务卿海约翰于 1899 年 9 月，向英、俄、德、法、日等国，提出一项对华政策的照会，其主要内容就是："门户开放"、"机会均等"和"利益均沾"的原则。它在承认列强各国在华的"势力范围"的同时，要求美国和各国一样在华享有特权，在华利益"均沾"！

在帝国主义列强面前，腐败无能的清政府已成为殖民主义者驯服的奴才。李鸿章的"联络西洋，牵制东洋"的"以夷制夷"的策略，却招致了"以夷制华"的恶果，而且变成慈禧的"量中华之物力，结与国之欢心"的投降卖国方针。

二、反帝爱国运动的兴起

历史往往同反动统治者的愿望相反。中国人民并没有安于奴隶的命运。正如毛泽东所说的："帝国主义和中国封建社会相结合，把中国变为半殖民地和殖民地的过程，也就是中国人民反抗帝国主义及其走狗的过程。"

自《马关条约》之后，整个国家民族的危难，震动激荡着各个阶层的爱国人士，当然也深深地影响着韬奋的整个家族，特别是在几桩大事上更是这样。

第一，维新变法运动。

丧权辱国的条约，不仅标志着殖民主义者的强盗行径，也向全国人民展示了投降主义者的嘴脸。爱国主义被激起，就必然反对帝国主义，反对卖国投降者把持的政府。以康有为、梁启超为首的维新变法运动，就是应运而生的爱国思潮的产物。他们主要代表知识阶层，其中包括一部分从政的官吏的要求。如果看看当时的民族工业的发展，那就清楚地显示了民族资产阶级的动向。在 1895 年到 1900 年间，也就是当韬奋五六岁的时候，我国私人创办的企业中，资本在 1 万元以上的就有 104 家（缫丝厂 40 多家、棉纺厂 10 多家、食品工业 10 多家），资本总额达 2300 万元，主要分布在上海、浙江、江苏等地。随着民族工业的发展，要求维新变法的思潮蓬勃地兴盛起来。

康有为的维新变法的主张，首先是在爱国的知识界传播的。他之所以能使在北京参加会试的 1300 多举人，联合起来上书光绪皇帝（公车上书），因为他的思想和主张不是凭空提出的。当签订《马关条约》的李鸿章，在被怒骂为"无廉无耻，卖国固位"的吼声中，康有为提出废约拒和，迁都再战，变法图强的倡议，得到了会试举人们广泛支持和拥护，这实际上是掀起了挽救危亡的爱国运动，确实是难能可贵的。他提出的实施新政是：要准许民办各种机器工业、民办轮船、铁路运输事业，要鼓励商会办合股公司等。虽然维新派所采用的方式是请求皇上恩赐的改良主义，并终于为慈禧所代表的顽固势力所不容而失败。但是，维新派的思想却源远流长。

第二,割让台湾引起的激愤。

《马关条约》签订,割让台湾的消息一传出,立即引起爱国人士极大的激愤。在康有为《公车上书》的同时,就有台湾籍举人汪春元等上书都察院,抗议朝廷"弃地界仇",并表示"如其生为降虏,不如死为义民"。国内报刊纷纷发表愤怒呼声:"我君可欺,而我民不可欺"。而台湾人民"奔走相告,聚哭于市中";台北人民鸣锣罢市,台湾各界联合宣布誓与台湾共存亡:"愿人人战死而失台,决不愿拱手而让台。"

当日军进占台湾时,台湾军民进行了坚决抵抗,其英勇奋战、壮烈牺牲的感人事迹,为人民广为传颂。韬奋从祖父、伯父那里听到过不少这类故事。

第三,义和团运动。

义和团的兴起,标志着我国农民反帝爱国运动的高涨。随着帝国主义政治经济的入侵,宗教入侵蔓延于我国农村。到 19 世纪末,在华的传教士总数达 3300 多人,中国教徒达 80 多万人。仅山东一省就有大小教堂 1300 多所,传教士 150 余人,教徒竟达 8 万多人。一些土豪、劣绅、地痞、流氓以洋教为时髦,并通过洋教勾结洋势力,成了欺诈、勒索农民的又一祸害。因而,农民愤怒地提出"扶清灭洋"的口号,集中反映了农民强烈反对帝国主义的意愿。这和那些卖国投降的洋奴们相比,的确成为鲜明的对比。尽管义和团存在着迷信落后的色彩,但它却使帝国主义者胆战心惊。列强瓜分中国的迷梦受到了沉重的打击。

第四,八国联军和《辛丑条约》。

帝国主义对于义和团的迅猛发展,感到坐卧不安。为联合镇压义和团,他们于 1900 年 6 月,集结在大沽口外的兵舰,就达 24 艘,又在天津租界集结了 2000 多人。组成俄、英、美、日、法、德、意、奥等八国联军。在英国海军中将西摩尔率领下,于 6 月 10 日乘火车向北京进犯。同时,在北京的 400 名侵略军,以"保护使馆"为名,强行进驻东交民巷。在义和团的英勇抵抗下,侵略者遭到许多挫折和损失。清政府扮演了极为可耻的角色,它对义和团先欺骗利用后出卖,反过来与侵略者互相勾结,成为联合镇压义和团的刽子手。以天津、北京被攻陷而告终。八国联军进入北京之后大肆烧杀抢掠,震惊中外。一个法国士兵自己说:"我们奉命在城中为所欲为 3 天,爱杀就杀,爱拿就拿……"联军总司令德国元帅瓦德西也承认:

"联军占领北京之后,曾特许军队公开抢劫3日,其后更继以私人抢劫。"

1901年9月7日,清政府派奕劻和李鸿章为代表与英、俄、德、法、日、美、意、奥出兵的八国议和,还加上比利时、西班牙和荷兰三国会同签订了《辛丑条约》。其主要内容是:(一)清政府向列强赔款"四亿五千万两白银,在四十年内分年付清,加上利息,共九亿八千多万两,以关税、盐税为担保。此外,各省地方赔款还有二千多万两,总计达十亿两以上(即庚子赔款)。"(二)在北京东交民巷一带划出一个"使馆界",界内中国人不得居住,各国可以驻兵,并有管辖权。(三)"大沽炮台以及从北京到大沽沿路炮台,必须一律削平;天津周围二十里内,中国军队不得驻扎;北京到山海关铁路沿线十二个战略地点准许各国军队驻守。"实际上京津一带地区变成帝国主义军事控制区。(四)惩办赞助过义和团的清朝官员,永远禁止中国人成立或加入反帝性质的各种组织,违者皆斩。对中国人民的反帝活动,各级官吏必须"立时弹压惩办,否则即行革职,永不叙用"。

这些条款,非常苛刻,充分说明:中国完全陷入了帝国主义所共管的殖民地和半殖民地的深渊;中国人民在经济上增加了更加沉重的负担,在政治上和军事上又加重了丧失自由的枷锁;从而使晚清政府成为一个彻底的效忠帝国主义的奴才。

人们不禁要问:《辛丑条约》真的铸定了中国的命运吗?清政府和它的"洋大人"就此继续统治下去吗?不!请看历史的回答。

第五,民主革命的宣传和同盟会的建立。

由于清政府和帝国主义勾紧了,自然就和中国人民的矛盾加深了。爱国必反帝,反帝必反清。这是戊戌政变和义和团运动失败之后得出的血的教训。事实证明,人民起来造反是被逼出来的。中国人民的革命觉醒,是帝国主义和晚清政府残酷统治的必然结果。

康有为、梁启超自戊戌政变之后出逃日本,仍大力宣传保皇、改良的主张。这与留学海外学子中的民主革命思想尖锐地对立起来。于是孙中山、章太炎、邹容、陈天华等,都起来反驳了康、梁的谬论。

孙中山于1903年发表《敬告同乡书》指出:"革命、保皇二事,决分两途,如黑白之不能混淆,如东西之不能易位。"号召同保皇派划清界限。1904年他在《驳保皇报》一文中,揭穿了康、梁的"名为保皇,实则对革命"进行欺骗,指出清朝政府媚外卖国、甘当帝国主义鹰犬的罪行,把如此"保皇"说成"爱国","非爱国也,实害国也"。

章太炎(炳麟)于 1902 年在东京发起"支那亡国二百四十二年纪念会",号召起来革命。1903 年在上海《苏报》上发表《驳康有为书》,批判康的"中国只可立宪,不可革命"的错误主张,并公开指光绪皇帝为"载湉小丑";针对康有为的"中国今日之人心,公理未明,旧俗俱在",作了如下反驳:"公理之未明,即以革命明之,旧俗之俱在,即以革命去之。革命非天雄大黄之猛剂,而实补泻兼备之良药矣"。

邹容 18 岁写的《革命军》,是一本脍炙人口的小册子。他满腔热情地写道:"我中国今日欲脱满洲人之羁缚,不可不革命。我中国欲独立,不可不革命。我中国欲与世界列强并雄,不可不革命。"此书出版,受到广大读者欢迎,海内外发行达百万册。章太炎曾为此书写序并在《苏报》刊登介绍文章。因此,章、邹被当局逮捕,《苏报》亦被查封。邹在狱中受尽折磨而死,时年 20 岁。

陈天华于 1903 年在日本写成《猛回头》和《警世钟》两本小册子。他以通俗生动的语言,采取说唱形式,讲出了反帝反清的必要和起来革命的道理。他说:列强"把我们十八省都画在那各国的势力范围内,丝毫也不准我们自由,中国的官府像他的奴仆一般,中国的百姓好像他的牛马一样。""我中国虽未被瓜分,也就比瓜分差不多了。"他号召要挽救民族危亡,就必须起来革命,推翻"洋人的朝廷"。

在民主革命宣传的同时,建立了民主革命的组织。19 世纪和 20 世纪交替期间,中国的革命起义连年不断。

1894 年 11 月,孙中山在檀香山创立了兴中会,1895 年 2 月又在香港成立兴中会,准备广州起义,不幸事前为官方获悉遭到破坏,孙中山的好友陆皓东等惨遭杀害。

1902 年,蔡元培、章太炎等在上海组织了中国教育会。1903 年又创办"爱国学社"。

1904 年 2 月在长沙成立了华兴会,黄兴为会长,副会长为宋教仁、刘揆一。

1904 年在上海成立了以浙江地区知识界为主的光复会,会长为蔡元培,中心人物有陶成章、龚宝铨、徐锡麟、秋瑾等。

此外,还有在武昌由刘静庵、宋教仁、张难先成立的"科学补习所",湖

北的"群学社"和福建的"益闻社"、"文明社"等革命团体。

三、中国同盟会的建立

1905 年 7 月 30 日,孙中山在东京主持召开了筹备组党的会议,参加会的有黄兴、宋教仁等 70 多人。会议通过讨论,决定了党的名称和纲领,与会者并举行了宣誓。

1905 年 8 月 20 日,中国同盟会在东京举行了成立大会,到会 100 多人,会上通过了会章,以"驱逐鞑虏、恢复中华、建立民国、平均地权"为宗旨。大会公推孙中山为总理,下设执行部、评议部、司法部。黄兴为执行部庶务,主持总部工作,并决定将宋教仁创办的《二十世纪之支那》杂志作为同盟会机关报,改名《民报》。总部设在东京,国内有东、南、西、北、中 5 个支部;国外华侨中有南洋、欧洲、美洲、檀香山 4 个支部。国内支部下按省设分会,推定各省负责人。一年后,同盟会员已有 1 万多人。

孙中山在同盟会机关刊物《民报》的创刊词(1905 年 10 月)中第一次提出了"三民主义",即民族主义、民权主义和民生主义。当时孙中山的解释是:民族主义为"驱逐鞑虏、恢复中华",民权主义是指"建立民国",民生主义的内容是"平均地权",后又把"平均地权"和"土地国有"等同起来,和"节制资本"联结起来。总之,同盟会的基本主张是以暴力革命手段推翻清朝政府。这就把兴中会、华兴会、光复会等 3 个革命团体为基础的许多分散的革命组织,联合成为全国性的统一的革命组织了。此后,中国的民主革命就出现了一个新的局面。

上述所列事件,牵动、影响着整个国家民族的命运和国内国外的炎黄子孙的心,当然也会深深地影响着韬奋及其家人。若要了解韬奋的思想发展基础,那就必须考察其具体的生活条件和历史环境,从而找出他成长的轨迹。

第二章　封建家庭清贫生活

邹韬奋,原名邹恩润,乳名荫书。按《邹氏家谱》记载,其祖籍是江西余江沙塘村,祖父邹舒宇,是迁来余江的第 8 代,韬奋是第 10 代,以"满玉隆有,文泗律宇,国恩嘉庆,人寿年丰"的次序,韬奋属"恩"字辈。据说,24 代之前,韬奋的祖籍是山东邹县,后迁移江西丰城,再后又由丰城迁到余江的。

韬奋使用过许多笔名,如心水、落霞、秋月、孤峰、晨曦、云霄、静渊、碧岸、春风、青风、笑世、惭虚、愚公、灵觉、思退、太平、木旦、谷僧等。韬奋,也是他的笔名,那是他接编《生活》周刊之后。1928 年 11 月 18 日,该刊"小言论"专栏,第一次使用"韬奋"笔名。按照他自己的解释:韬是韬光养晦的韬,奋是奋斗不懈的奋。1931 年 1 月 1 日在《东方杂志》第 30 卷第 1号发表《梦想的中国》时,首次署名"邹韬奋",与此同时,他参加"中国民权保障同盟"革命组织,也用了邹韬奋,以后,邹韬奋既是他常用的笔名,也是他正式使用的名字。

一、祖父树立的家风

韬奋的祖父邹舒宇,曾考中清朝拔贡,以七品京官分发到福建省候补知县,1895 年任福建永安县知县,余江老家得悉永安"双喜":一获知县,二获爱孙(即韬奋)出生。以后升延平(即今南平)知府。1900 年,舒宇 67岁时告退,回江西余江老家,1908 年在老家病故,时年 75 岁。据韬奋的弟弟邹恩洵著文说:"我们的祖父由于苦读中了'功名',做了官。他因为自己是穷苦出身,极力清廉自持,只以'书礼传家'四个字作为他的心愿,并且受了初期的民主主义思想的感染",在慈禧太后专横揽权的时候,"他的一篇文章中却写着'天下者天下人之天下也,非一人之天下也'的大胆的

话语。"这一思想很显然是与康有为、谭嗣同的文章是共鸣的,作为下层官员的邹舒宇,目睹腐败朝政,国将不国的景象,对维新运动的宣传,是容易理解和接受的。从存下来的舒宇手迹《梅花一笑馆诗存卷二》中,也可看到他的气质。如《咏梅》:

> 狂风狂雨一时来,那管窗前要放梅。
> 毕竟有心难冻煞,群花齐让出头开。

又如《题断梅》中写道:

> 高枝一折近尘埃,铁骨冰心总不灭。
> 任是雪霜倾力压,花偏倒向上头开。

以诗言志,与其说颂梅,不如说表白自己的心境。在腐败成风的官场里,邹舒宇能以梅自诩,保持了污尘不染,廉洁自立,勤于书法,乐于咏梅。对子女要求严格,不依权势欺人,不许贪污受贿,要勤奋苦学,要自持自力。虽系封建家族,而这种家庭养成的风尚,教育了邹家两代人,为晚辈交口称赞,并效法力行。

二、父亲的穷困

韬奋的父亲邹国珍,号庸倩。是他祖父的第 5 个儿子,在同辈中总排行第 14。当祖父官升知府,离开永安时,其父亲便带着家眷包括 5 岁的韬奋,到福州做候补官。这时,韬奋家中,除父母和弟弟以外,还有一个由母亲带来的女佣人叫妹子,五口之家,却一贫如洗,经常无米下锅,需靠领取施米(即救济粮)来糊口。韬奋在《经历》中描写过妹子领施米的情景:"要先在庙前人山人海里面拥挤着领到竹签,然后拿着竹签在挤得水泄不通的人群中,带着粗布袋挤到里面去领米;母亲在家里横抱着哭泣着的二弟踱来踱去,我在旁坐在一只小椅上呆呆地望着母亲,当时不知道这就是穷的景象。"

他的父亲在福州候补了多少年,一直等到辛亥革命前夕,方弄到福建省盐务局下面的一个浦城盐大使(相当于现在的一个盐场场长)的官职。这种官职属于佐杂一类,根本不列等级,是最起码的小官。可是,这样的小官,也只做了半年。辛亥革命之后,他到了北京,在北洋军阀政府的税务局中又相继做了几年的科长就告退了。他仍像韬奋的祖父那样清廉,虽混迹官场,但却穷苦潦倒。在"五四"以后,他接受了"实业救国"的思想(这是后来韬奋曾入南洋公学电机工程系的原因),虽然他贫困得不能负担孩子的学费,但还非常热心地集资举办纱厂,结果不但工厂没有办成,倒欠了一身巨债。以致后来的生活费用,都由韬奋提供。

三、母亲的愁苦

韬奋的母亲查氏,娘家是浙江海宁的一个大家庭,排行16,被称"十六小姐"。15岁出嫁,16岁生长子韬奋,到邹家后人又称她"十四少奶"。韬奋的父亲整天到官场"应酬",家里全靠母亲张罗。韬奋感到他的母亲具有"活泼的、欢悦的、柔和的、青春的美。我生平所见过的女子中,我的母亲是最美的一个"。在《我的母亲》一文中,韬奋对他母亲的日夜操劳,有过一段生动的描写:"当我八岁的时候,二弟六岁,还有一个妹妹三岁。三个人的衣服鞋袜,没有一件不是母亲自己做的。她还时常收到一些外面的女红来做,所以很忙。""记得有一个夏天的深夜,我忽然从睡梦中醒了起来……从帐里望得见母亲独自一人在灯下做鞋底","我眼巴巴地望着她额上的汗珠往下流,手上一针不停地做着布鞋——做给我穿的。这时万籁俱寂,只听到嘀嗒的钟声和可以微闻得到的母亲的呼吸。"他母亲除了家务之外,喜欢看小说。当她阅读后,经常讲给妹子听。"她讲得娓娓动听,妹子听着忽而笑容满面,忽而愁眉双锁。""往往讲到孤女患难,或义妇含冤的凄惨的情形,她两人便都热泪盈眶,泪珠尽往颊上涌流着。"

在艰难的生活和沉重的负担中,他的母亲过早的离开了自己心爱的孩子们。1907年她逝世的时候才29岁,留下了三男三女。在临终的那一夜,她神志非常清楚,忍泪叫着一个一个子女并嘱咐一番。这一年,韬奋刚满12岁。

四、大家族之谜

在韬奋童年生活的两代家庭中,除了人口众多之外,同一般"官宦之家"是极不相称的。韬奋的母亲虽被称"少奶",却过着艰辛贫苦的生活。在这样的大家族里,韬奋笔下触及的家人却很少很少。只有沈粹缜同志在《邹韬奋的早年生活》的文章中透露过形成"大家族"的原因。她指出:封建时代的官场,不论大小官员,都得讲究一个官派。这种腐败的风气,在韬奋出身的那个家庭也不可能不有所反映,其中之一是置妾。比如,韬奋的祖父有一妻二妾;韬奋的父亲虽然经济上经常处在穷困之中,"但是一妻之外,也还置了二妾。因为这个缘故,韬奋的父辈兄弟姊妹共有二十二人之多。韬奋自己这一辈,兄弟姊妹也有十四五人之多。"

五、最初的记忆

韬奋记得的童年生活,那是二三岁的时候,在一个元宵节的夜晚看灯。"记得有一天夜里,我独自一人睡在床上,由梦里醒来,朦胧中睁开眼睛,模糊中看见由垂着的帐门射进来的微微的灯光,在这微微的灯光里瞥见一个青年妇人拉开帐门,微笑着把我抱起来","她把我负在她背上,跑到一个灯光灿烂人影憧憧往来的大客厅里,走来走去,'巡阅'着。大概是元宵节吧,这大客厅里除有不少成人谈笑着外,有二三十个孩童提各色各样的纸灯,里面燃着蜡烛,三五成群地跑着玩。我此时伏在母亲的背上,半醒半睡似的微张着眼看这个,望那个。"

这是韬奋30多年以后的回忆。在他看来这才是欢乐的"少爷"生活,是艰辛愁苦伴随的苦日子。

六、在家塾中

韬奋5岁时,由他父亲"发蒙",读的是《三字经》"人之初,性本善;性相近,习相远",作为开章第一课来朗诵,弄得他莫明其妙,苦不堪言!自然引不起兴趣。加上父亲忙官场的"应酬",无暇关照子女的学习,只是用严责怒打的方法，这样引来的就不仅仅是孩子的苦痛，更加揪心的是他的母亲。本来日子就非常困窘了，他的母亲宁肯缩食节衣，招揽零活，把省下来的钱，请一位老夫子作为教师，虽然只有4块大洋，也是他母亲花费多少劳动筹措得来的。

任何孩子都是喜欢听故事的，韬奋也是这样。他7岁那年，在家中听到父亲与伯叔叙述"往观节妇殉夫的惨剧"，他对"这种野蛮无比的事情"感到非常愤慨。后来他回忆说："这种死者的家人亲族，乃至朋友，乃至当地的父母官，真等于刽子手，都是该死的东西！"他曾写过几篇文章，谈论妇女的贞节问题。

当韬奋9岁时，家庭教师的束脩费加到了12元，读的是《孟子见梁惠王》。到了年底，"父亲要'清算'我平日的功课了。在夜里亲自听我背书，很严厉，桌上放着一根两指宽的竹板。我的背向着他立着背书，背不出的时候，他提一个字，就叫我回转身来把手掌展放在桌上，他拿起这根竹板很重地打下来。我吃了这一苦头，痛是血肉的身体所无法避免的感觉，当然失声地哭了，但是还要忍住哭，回过身去再背。不幸又有一处中断，背不下去；经他再提一字，再打一下。呜呜咽咽地背着那位前世冤家的'见梁惠王'的'孟子'！我自己呜咽着背，同时听得见坐在旁边缝纫着的母亲也唏唏嘘嘘地泪如泉涌地哭着。我心里知道她见我被打，她也觉得好像刺心的痛苦，和我表着十二分的同情，但她却时时从呜咽着的、断断续续的声音里勉强说着'打得好'！她的饮泣吞声，为的是爱她的儿子；勉强硬着头皮说声'打得好'，为的希望她的儿子上进。"这段生动的描写，既反映了韬奋初学的苦痛，也反映了其父母的复杂心态。

韬奋自幼同情而帮助弱者。对于受屈辱的俘虏所受的遭遇，他也不像其他孩子那样无动于衷。他后来写过《青衣行酒》的短文，他说："小的时候看《纲鉴》，看到晋朝的怀帝被汉主刘聪所虏，觍颜称臣，称刘为陛下。极尽委曲求全之能事，但刘聪还不够，大宴群臣的时候，仍要怀帝'著青衣行酒'。青衣是奴隶的标志。怀帝的旧臣庾珉和王隽，看到这样的惨状，禁不住号哭起来。结果这两位号哭的朋友固然被杀，就是甘为奴隶而不辞的怀帝，仍然被杀。我小的时候虽懵里懵懂，当时看了这一小段，小小心弦也被震动，感到莫明其妙的凄惨！"号哭不满者杀，屈辱求生者也杀。这一方面说明强权者的骄横肆虐，也反映投降者不能自持的命运。韬奋

虽然朦胧，但却震动心怀，留下极为深刻的印象。

在家塾里读书的时候，有一天韬奋的二弟恩泳被老师喊去背书。当时恩泳9岁，刚起背便唔唔直哭，眼睛却露出惊恐的神情注视着地上。顺着他的目光低头一看，原来地上爬着一条五六寸长的蜈蚣。韬奋在旁，看到这一情景，毫不犹豫地脱下脚上的鞋子，使劲拍打，几下就把它打死了。这时老师对韬奋说，你到厨房里去削一根两头尖的竹签。一头插入蜈蚣的头部，一头插入尾部，把它绷开晾干，可以做药。韬奋如法炮制，把打死的蜈蚣绷开晾好。哪知到了这天夜里，韬奋的头部却肿得像巴斗一样大，还发高烧，和他一起同睡的小叔叔被他的呼痛声惊醒，立刻叫了韬奋的爸爸，可是，正值半夜，无法去请医生，只得先把家里常备的梅花点舌丹敷了，天明，请来医生，证实是中蜈蚣的毒了。经过半个月的医治才好。事后，他的小叔叔劝他，以后不要再打了，可是韬奋却不以为然，还说："再大，也要打，打死了，把它拿到厨房里烧成灰，绝不能让它再去害第二个人。"这件小事，早被韬奋遗忘了，不过他的小叔叔却深刻地记忆着。

七、回余江探家

第二年9月，一生清正，以竹、梅为友的祖父，在余江老家去世了。同年11月，韬奋随父亲赴江西余江奔丧，并扶母亲灵柩同往。

这是韬奋第一次回老家余江，在老家4个月，接触了许多叔伯和兄弟，也看到了许多诗文，其中，有不少涉及民族国家的危难和流离失所的百姓。这时福建已划归日本"势力范围"，台湾已被日本侵略者占领。沿途已看到日本兵的横冲直闯，对老百姓的严查盘诘，特别是对母亲灵柩的刁难、索钱，都给韬奋增添了难消的气愤。当他听了曾在台湾工作过的伯父邹国琛介绍，台湾人民抗拒日军侵占时的壮烈情景，在他胸中点燃起爱国的火焰。他恨自己不能更快地成长，不能早日打击肆虐侵略的强盗！

当他结束了老家之行后，随父亲和比他还小两岁的小叔叔邹国珂，一起回到了福州。

韬奋从老家回福州之后，仍和二弟邹恩泳、小叔邹国珂继续隐在"之、乎、者、也"之中。不同的是改由余江赶来的大叔邹国玖执教。本来韬奋从初学时起，就是下工夫的学生，但他对盲目死背是比较反感的，即使在戒尺痛打之下,也没有改掉究根问底的习惯。随着年龄的增长,对封建主义的传统习俗和传统思想,他不仅不维护,相反,他却对这些旧传统进行了揭露和批判。他写的一篇作文《郭巨论》就在家塾里引起了一场风波。

题目是邹国玖出的,想以此来测看学生们的思想品德。老师是陶醉于"二十四孝"的这个《郭巨埋儿》的故事的。他先向学生解释说:在晋朝河南林县,有个叫郭巨的人,妻子生了个男孩,亲戚朋友登门向他祝贺,他却躲在一旁哭泣。他想本来生活并不宽裕,又增丁夺口,孙子争了祖母的食粮。他遵照"君叫臣死,臣不得不死,父叫子亡,子不得不亡"的三纲,想出了要孝敬母亲就埋掉儿子的主意。他瞒着妻子和母亲,把儿子抱到山上,择地深挖墓穴,却挖出一瓦罐金子。上面还放着一封信,信上写着:"孝子郭巨,黄金一釜,以用赐汝"。这就是列为古人"二十四孝"的"郭巨埋儿"的故事。

韬奋对这个故事,不只听到一次,现在又要自己"敬奉"这位孝子。他极为反感,正好借此发泄胸中气愤。于是怒责郭巨不谋正道,他应通过劳动增加收入,赡养母亲,婴儿何罪,埋掉儿子,只有增加母亲苦痛,显示其愚蠢残忍,这完全抛弃了中华民族的尊老抚幼的美德。何能奉若神圣让人效法?

邹国玖看罢,怒不可遏,手执教鞭,大训韬奋说:"仁者爱人,先尊父母,再及子女。郭巨是仁者!"

韬奋顶撞大叔:"郭巨巧言令色,媚上傲下,谋财害命,何仁之有?"

国玖又提出维护郭巨的论据。又被韬奋驳回,国珂亦起而同韬奋一起反驳。国玖更加生气,其弟恩泳见势立即告之国珍。国珍对郭巨埋儿早有反感,见儿子据理反驳,心中暗喜,没有支持国玖,亦未责难韬奋,只示意韬奋喊声大叔了事。最后国玖批改韬奋作文时,写了8个字:"惊世骇俗,标新立异。"还是肯定了韬奋的《郭巨论》。

这次争论,表面是叔侄之争,实际上则是维护三纲与打破三纲之争,是两种思想的冲突。

韬奋从5岁起,就在严教之下,攻读经书,长期呆在家塾之中,同外界接触很少,同外人接触也很少。正如他自己所说,从小所接触的"是封建思想与旧礼教的'熏陶'。当然,在当时家族中人都自诩是所谓'书香之家'。我受到的所谓'新教育',实有些偶然的。最初长时期和我一个弟弟

被桎梏在家塾里,受着西席老夫子诗云子曰的熏陶,浑浑噩噩,只觉得终日是闷坐在牢狱里,大家族所希望于我的似乎不外乎做官。"

可是韬奋在家塾中,养成了认真刻苦的读书习惯,奠定了语文修养的丰厚基础,积累了历代名家的文学知识。他虽处官宦之家,却过着贫困生活,没有沾染任何"阔少"的恶习。难能可贵的是他苦读书并未变成旧礼教的奴隶。在祖父、父亲的感染下,学得清正廉洁,自立做人。在母亲那里,学会过穷日子,照顾人、体贴人的公正品德。这些都是值得庆幸的事。

总之,韬奋的童年,是处在灾难连连的年代。在他的家庭中也很少有欢庆喜乐的事件。因此,韬奋的童年是个缺少幸福的童年。

第三章 苦学之路

　　1909 年春,韬奋和他的小叔邹国珂共同考入了福州工业学校。这是个 6 年制的学校,预科 2 年,本科 4 年。校址在距城 10 里的南台苍霞山麓,其前身是苍霞中学,依山傍水,风景十分秀丽。

一、严格要求自己

　　韬奋和国珂,年龄相近,衣着相同,同出家门,形影不离,又同室住宿,同室学习,虽系叔侄,情同手足。在别人看来,往往误为兄弟。他们从家塾中走出来,到"洋学堂"读书,这是思想上的一大解放。韬奋十分高兴,下决心刻苦攻读,步步紧跟,一课也不放松。每次考试,他俩双列前茅。

　　不过,英文初学时,他们对形体相似的几个字母分不清楚,如 p 与 g,m 与 n,u 与 v 等,老师测验时,成绩很不理想,韬奋和国珂为此抱头痛哭,发誓学不好决不罢休,互相督促,互相勉励。生字、单词,反复背诵,反复默写。结果,他们两人的英文大有进步,期终考试,均为优等。

　　韬奋肯动脑筋。不论学什么功课,凡弄不懂的或模糊不清的问题,寻根究底,弄不明白,决不放过。他对自己要求严格,不允许有半点马虎。他曾对小叔国珂提出要你追我赶、相互超过的要求,不能贪懒取巧,并约法共同遵守。

二、对孙中山的敬仰

　　辛亥革命爆发后,孙中山领导的同盟会在各省发动新军响应。福建新军于 11 月中旬起事,当即与旗兵(满洲军队)发生激烈战斗,旗兵将军朴寿战死,闽浙总督松寿自杀。在战乱之中,福州工业学校暂时停课。韬

奋被父亲送到福州乡下一位相识的人家中安置。在这里,韬奋听到了关于辛亥革命和孙中山的不少消息和故事。从而增加了对孙中山的敬仰,希望能早日看到这位民族英雄。

同年12月下旬的一天,孙中山从国外回来,当赴上海途经福州时,消息传开,人群涌向街头,都以目睹这位革命领袖为荣。韬奋和国珂怀着激动的心情,爬在高处翘首远望孙中山的风采,果然,在群众的欢呼声中孙中山骑在马上笑容满面频频向群众招手,韬奋又是举手又是高呼,他从来还没有这样兴奋过。这是他第一次被拥挤在欢呼的人群中。

就在这一天,韬奋和国珂剪掉了拖在自己头上的辫子,并兴奋地跑到照相馆,留影纪念。

三、由福州工业学校转上海南洋公学

1912年,韬奋17岁的时候,工业学校没有毕业,他的父亲将他送进上海南洋公学(交通大学前身)附属小学。他的父亲希望他将来成为一位工程师,他自己也很羡慕工程师这个职业,虽然他并不知道当工程师应作什么贡献,只是感到当工程师这职业收入也很高。他就很勤奋地学习。可是在学习的诸科目中,他最喜欢的是语文、历史,最感头疼的是算术。而这位教算术的老师,却是资格很老又自编教材的吴叔厘先生,他是位教学非常熟练而又得法的教师。韬奋对学习算术虽十分认真,但仍经常出现错误,所以他又是着急,又很难过,每次上算术课,他都感到像上断头台一样,非常难受。可是,由于他平日学习用功,当小学毕业时,总的平均分数仍名列前茅,属于成绩优异的学生。他自己心里明白,他的确不是当工程师的材料,因而产生了今后学文科的念头。

四、难忘的老师

韬奋在南洋公学附小学习期间,对语文和历史,始终是兴趣盎然十分喜爱。这尤得益于教他这门课的老师沈永癯先生。他对这位老师分外崇敬。他认为这位老师讲课是那样的清晰,有条有理,有声有色,可使学生全神贯注。同时,对课外的参考材料,又提供得那样丰富。这些都格外增加了他的学习兴趣。据他回忆说："我尤其受他的熏陶的是他的人格的可爱。我这里所谓人格，是包括他的性格的一切。他的服饰并不华丽，但是非常整洁，和我所不喜欢的蓬头垢面的自命名士派的恰恰相反。他对于所教授的科目有着充分的准备，我对于他所教的科目有任何疑难，他都能给我以满意的解释。他教得非常认真，常常好像生怕我们有一句一字不明了；他的认真和负责的态度，是我一生做事所最得力的模范。他并没有什么呆板的信条教给我，但是他在举止言行上给我的现成的榜样，是我终身所不能忘的。"韬奋曾坦率地说："我自己做事，没有别的什么特长，凡是担任了一件事，我总是要认真，要负责，否则宁愿不干。"

韬奋认真负责的态度，从这时起，一直贯串他的终生，成为极其可贵的品德之一。他升入中院(附属中学)之后，常常在夜间跑到沈老师那里请教。这位沈老师的书橱里有全份的《新民丛报》。韬奋对梁启超的文章，产生了极大的兴趣。他写道："我几本几本的借出来看，简直看入了迷。我始终觉得梁任公先生一生最有吸引力的文章要算是这个时代的了。他的文章的激昂慷慨，淋漓痛快，对于当前政治的深刻的评判，对于当前实际问题的明锐的建议，在他那枝带着情感的笔端奔腾澎湃着，往往令人非终篇不能释卷。"甚至"夜里十点钟照章要熄灯睡觉，我偷点着洋蜡烛躲在帐里偷看，往往看到两三点钟才勉强吹熄烛光睡去。"

韬奋的中学国文教师朱叔子，也给他留下了深刻的印象，对他的作文有不小的影响。朱先生的教学，态度认真，他使尽全力，提高嗓子苦喊，学生聚精会神地听。他修改学生的作文，一丝不苟。"他改你一个字，都有道理；你的文章里只要有一句精彩的话，他都不会抹杀掉。他实在是一个极好的国文教师。"他的"长处就在他能设身处地替学生的立场和思想加以考虑，不是拿起笔来，随着自己的意思乱改一阵。"以上两位老师是他终身受益终生难忘的。

五、怎样读书和写作

在沈、朱两位教师的启示下，韬奋作文把握了写作的要诀，他认为：写作的内容必须有个主张，有个见解，也就是要有个中心思想，不然，尽管堆多少优美的句子，都是徒然的。他说："我每得到一个题目，不就动笔，先

尽心思索,紧紧抓住这个题目的要求所在,古人说'读书得问',这也许可以说是要'看题得问';你只要抓住了这个'问',便好像拿着了舵,任着你的笔锋奔放驰骋,都能够'搔到痒处',这和'隔靴搔痒'的便大大的不同。"的确是老师教得再好,不通过自己的领会和运用,还是变不成自己的作品的。最终,总是靠自己努力,扎扎实实地干,从实干中得出自己的要诀。任何好文章,都不会是照搬别人的。笔在自己手里掌握,笔锋随自己的思路运转,奉旨行笔,毕竟只是别人的工具,成不了自己的文章。

韬奋一有时间就读课外书籍,这也是帮助他练笔写作的一大有利条件。像《古文辞类纂》、《经史百家杂钞》和《八大家》专集,尤其是《韩昌黎全集》,还有《王阳明全集》、《曾文正全集》以及《明儒学案》等,有的看一遍、二遍、三遍,最喜欢的常常看多遍不厌。对梁启超的《新民丛报》,如前所述他是喜欢的。就是梁启超的其他文章,韬奋也是颇有兴味的。对《三名臣书牍》,即曾涤生、胡林翼和曾纪泽的奏折和信札,由于其文字精悍通达及其处理事务的精明强干而感兴趣,特别是这3人在物色人才和运用人才方面,博得了韬奋的重视。韬奋感到:"我所看的书,当然不能都背诵得出的,看了就好像和它分手,彼此好像都忘掉,但是当我拿起笔来写作的时候,只要用得着任何文句和故事,它竟会突然出现于我的脑际,效驰驱于我的腕下。我所以觉得奇怪的是:我用不着它的时候,它在我脑子里毫无影踪,一到用得着它的时候,它好像自己就跑了出来。"由此可见,他对读过的书,已经达到融会贯通、运用自如的程度。他的读书和写作,在小学和中学能打下这样扎实的基础,对以后的写作,起了极其重要的作用。

六、自筹学费,初投稿件

韬奋在中学一年级的第二学期,父亲失业,家庭经济生活极其困难,韬奋的学费已无力供给。本来在校生活就很不宽裕的韬奋,这就更加困窘了。要想不中途辍学,只有在校争取获得"优行生"的免费待遇。"优行生"需是全班考试的前三名,而且不仅凭学期终的一次大考,平时功课也要名列前茅。为此韬奋日夜苦攻,以至过度负荷,感到胸部压痛,并有咯血。这引起了学监的关注。父亲知道后,为自己无能为力而内疚,于是勒紧家中花销予以接济。韬奋体贴家中困苦,仍自持在校挣扎。终于获得了学校的免费待遇。

可是,除了学费之外,还有买书费、膳费、纸笔费、零用费等等,仍由韬奋自己筹谋。他的弟弟也在同校求学,其经济状况不会比韬奋好,也需接济。他们两人的"开源"门路不广,只靠业余替待考生补习功课或做家庭教师以贴补生活之不足。另外就靠自己"节流"了,平时应花的钱,也因"节流"而罢。例如从徐家汇到上海市中心,有一二十里路,本有电车,也无钱搭乘,只有徒步跑去。

韬奋在这种困苦挣扎中想起投稿也许不无小补。有一天他从学校阅报室里看到《申报》的"自由谈"登着请领稿费的启事,于是他也想试试看,写点东西去投稿。写什么?他又到图书馆里去翻英文杂志,想选译点体育杂志、科学杂志的材料,讲讲健康和卫生方法,或者科学方面的有趣发明。这些是当时"自由谈"所需要的。可是干什么事,都不是一帆风顺,马到成功。他试了几次都失败了,好像石沉大海,无影无踪。而他决不就此作罢,挤时间写出来,就再试投出。当他在报上发现了自己的稿子登出之后,连他也怀疑自己的眼睛,仔细核对署名,确系"谷僧",他非常激动(当时随便取的笔名),快乐得什么似的。待接到取稿费通知单,"到具名盖章取稿费的那一天,我和我的弟弟同往'申报馆'索取,出乎意料之外地得到了六块亮晶晶的大洋,三步做两步地踉踉跄跄一奔出《申报》的大门,两人都狂笑着跳跃着好像发现了金矿似的!两人一路嘻嘻哈哈由望平街连奔带走地跑回徐家汇。"这是一段多么生动的描写!这事使他受到很大鼓舞。接着,他又陆续发表了好几篇文章,除在《申报·自由谈》上发表文章之外,又在商务印书馆出版的《学生杂志》上投稿,又陆续被登出。这不但使他解决了经济上的燃眉之急,而且在精神上、学习上都获得了很大的鼓励。这种鼓励来自社会,它比学校里获得的"优行生"对他来说有更强大的推动力。从此,韬奋在报刊上开辟了投稿的园地。韬奋的文章陆续发表后,引起了在校的老师和同学对他的重视,大家以羡慕的目光看着他。因而带动了许多同学向报刊投稿,这无形中促动了语文的写作竞赛。韬奋的这种自强的拼搏精神,不但为自己解决了经济上的困难,而且写作也得到锻炼和提高,同时在苦学中又找到了一条开源之路。

第四章 半工半读的学校生活

清苦的学校生活,曾使韬奋难以为继,以致时读时辍。这与他的官宦后代的家庭出身很不相称,谁能想到他的学业是靠半工半读维持的?但是,正是这种困难迫使他过早地肩负起自强自立的重担,从而解脱了对家庭的经济依靠。

与此同时,他不仅接触了学校,又接触了社会,既全力在学校攻读,又尽心于社会工作。他是个勤奋好学的优等生,又是位被人称道的好老师。这样,他一面充实提高自己,一面又借机培育了新人。

一、希望实现自己的凤愿

韬奋到南洋公学读书,是父亲要他将来当个工程师的设计,而韬奋本人的志趣却在文科。当他小学临毕业的时候,就立志想当新闻记者。因而报刊上的有趣报道,都会引起他特别的注意。

当时《时报》上,刊登了远生的"北京通讯",使韬奋着了迷。他每到阅报室,就先找《时报》,看有没有远生的通讯。为什么远生的通讯具有这样大的吸引力?韬奋说:"第一是他的探访新闻的能力实在好,他每遇一件要事,都能直接找那个有关系的机关,尤其是那个有关系的政治上的重要人物,探得详细正确的内部的情形;第二是他写得实在好!所以好,因为流利、畅达、爽快、诚恳、幽默。"也就是说从写作内容到写作技巧,都使韬奋佩服得无以复加,成为他羡慕崇拜的对象。这位远生就是黄远庸的笔名,后来因为反对袁世凯称帝而冒险南下。当他离开上海赴美国途中,写了几篇短小精悍、充满朝气的通讯登在《申报》上,韬奋视作生平最倾倒的佳作。可惜,当他得知黄到旧金山被暗杀时,韬奋难过极了,好像死了自己的一个推心置腹的好友一样。

鼓励韬奋要当新闻记者的,还有两个因素。一个是梁启超的《新民丛报》,使他着过迷。《新民丛报》里的锐利明快、引人入胜的写作气势和写作技巧,从而增强了他当新闻记者的动力。

另一个因素是,章士钊所办的《甲寅杂志》,也使他着过迷。那是韬奋在中学二年级的时候,是同房间的同学彭昕推荐的。章士钊以秋桐的笔名发表的文章,引起了韬奋的极大兴趣。他认为:秋桐文字的最大优点是能心平气和地说理,文字的结构细密周详,对政敌或争论的对方本着以理服人,一点没有泼妇骂街的恶习气。对此,韬奋喜欢看,也对他想当记者起了推动作用。

从不少人的事例中,韬奋悟出了做文章与做人的原则:做文章与做人有着极密切的关系。做了一个要不得的人,原来能写很好文章的,到了那时写出来的也要变成要不得的东西。因为好的文章不仅要有好的写作技术,同时也离不开好的写作内容。人有优点也有缺点,不管什么名人学者,要择其优点而吸收,对其缺点应当弃舍。能取长补短,才能真正进步成长。历史舞台上,的确很多角色的表演,对历史起着不同的影响和作用,但历史命运绝不会按照表演家的意志而转动,那些适应历史潮流者,便是时代的弄潮儿,而那些逆历史潮流而动者,尽管也能翻滚浪潮,终究会被历史淘汰和抛弃。

1916 年 1 月 20 日,《学生杂志》发表了韬奋的一篇文章,题目是《不求轩困勉录——学生十思》,署名邹恩润。文中提出首先是"思国家",列举"国家受人凌虐之状",并指出"立国之道,莫要于开民智,滋民力。而欲开民智,滋民力,舍教育莫由。"

韬奋的这种教育救国的思想,是继实业救国的思想之后产生的。按当时的时局说,正是袁世凯喧嚷称帝的时候,反袁之声响遍全国。陈独秀创办的《青年杂志》(2 卷起改名为《新青年》),已于 1915 年 9 月在上海出版,"科学"和"民主"的大旗已经打出,并向封建专制发起了冲击。然而此时韬奋从思想、行动上尚无什么反应,看来,当时韬奋的思想还受很大局限,视野虽比周围的人有所扩展,但仍然没有把注意力转到国家的关键问题上,同时代仍有不小的隔膜。

正是在此期间,他的父亲从上海迁居北平,在财政部印花税处任科长,除了韬奋和他一起读书的弟弟之外,全家迁往北平。

二、推崇梁启超

1917 年 4 月 5 日和 5 月 5 日,在《学生杂志》上,连续两期发表了韬奋的文章:《梁任公先生在南洋公学演说词》,是记录的梁于 1916 年 12 月 15 日在该校的讲演内容。署名仍为邹恩润。韬奋对梁是折服的,文中称赞说:"惟先生是视,惟先生是闻","以为全国学生,当奉为座右铭"。梁启超(任公)的文笔和口才,都是非同一般的,作为一代文豪,应当给予肯定,但关于他的思想和行动那就应该分析了。因这时的梁启超对孙中山领导的革命,一直是反对的,就是孙中山领导的反对袁世凯的革命斗争,他也并不是支持和赞同的。虽然他后来也反袁世凯,但并非为了革命。韬奋显然是对当时的梁启超并不是全面了解的。

1917 年 11 月 7 日,俄国工农兵群众在列宁领导下举行了武装起义,取得了十月革命的胜利。这个震撼世界的事件,开辟了人类的社会主义的新纪元。

1918 年李大钊在北京大学和《新青年》上,已经对马克思主义进行了宣传。

这些新闻界的大事,还没有引起韬奋的注意,在他的文字中还没有发现什么反应。

三、到宜兴做家庭教师

1917 年韬奋 22 岁,进南洋公学上院(大学)电机工程科(系)学习。

由于经济困难,韬奋和他的弟弟都利用课余或假期,担任家庭教师为人补习功课。这是自谋职业的苦学生"救穷"的办法。

韬奋在大学二年级的时候,即 1919 年,采用原来的"救穷"办法,已不能继续维持,韬奋不得已暂时停学,以便积蓄学费和生活费用。2 月,由同学介绍去江苏宜兴蜀山镇葛姓家中当家庭教师。东家是开瓷厂的老板,为他的 3 个孙子的学业,托人物色一位好教师。每月 40 元"束脩"。韬奋打算以半年时间,为 3 个小学生补习,以使其暑假考入学校,完成教学任务。这位东家十分诚恳,亲自到上海迎接韬奋,他们是先坐火车又乘小火轮才到蜀山镇的。他初到小镇，总由于中途辍学免不了烦闷，当主人热情款待，又加以环境舒适，进入工作之后，也就乐于承担青年"老学究"的职业了。

作为家庭教师的书房和卧房，韬奋都是满意的。书房是隔墙的小花厅，由一个大天井旁边的小门进去，厅前还有个小天井，走过天井是一个小房间，那便是教师的卧室，地上铺的是砖地，窗是纸窗，夜里点的是煤油灯。终日所见的，除老东家偶然进来探望外，只有3个小学生和一个癞痢头的小工役。3个小学生都不过十一二岁，有一个很聪明，一个稍次，一个是聋子，最笨；但是他们的性情都很诚挚，笃厚得可爱。每天见到天真的孩子，韬奋感觉到愉快，生活虽像入山隐居，但也并不觉得烦闷了。一出大门便是碧绿的田野，不远的地方有山墩。他每天下午5点钟下课后，便独自一人在田陌中乱跑，跑到山墩上瞭望一番。这种赏心悦目的对大自然的享受，在城市里是不易得到的。

在功课方面，他只好演独角戏。讲解《论语》、《孟子》的是他，讲解历史和地理是他，教短篇论说、出题目改文章的也是他，此外教英文、教数学、教书法的还是他。《论语》、《孟子》本是他们学过的，而老东家仍指定让他给他们讲解一下。那个聋子学生只能读读比较简单的教科书，不能作文，教他非常费力。可是，到夜里还有夜课，一直读到九点钟才能休息。对这样的儿童，韬奋本来不赞成有夜课，既然东家建议，为避偷懒嫌疑，也只好执行了。

韬奋对自己的私塾生活，还是记忆犹新的，使他不能忘记的是在背诵中所吃的苦头。现在临到他当教师的时候，就不能让孩子吃这种苦头了。他清楚地知道私塾是有偏重记忆（如背诵）而忽视理解的流弊，他则反其道而行之，特重理解力的训练，对于背诵并不注重。这样的教学结果，除了那个聋学生没有多大进步外，其余的两个小学生，都有着很大的进步。最显著的表现，也是为他们祖父所看得出的，是他们每天做一篇短篇论说，根据对事物的理解进行阐述，这使学生们自己也感到收益很大。

韬奋摆脱了老的教学方法，提高了学生的理解能力，他抓住作文这个环节，每出一个题目，必先顾到学生们所已吸收的知识和所能运用的词汇，并且就题旨先和他们略为讨论一下。这样，他们在落笔的时候，便已有着"成竹在胸"、"左右逢源"的情形。同时修改好的卷子，和他们讲解一

遍之后，还叫他们抄一遍，使他们对于修改的地方不但知其所以然，并且有较深的印象。

做家庭教师，时间虽然只有几个月，对韬奋却是一次很有效的锻炼。第一，离开都市到乡村小镇，需要多方面的改变和适应；第二，从当学生到当教师，无论环境和对象，都要自己独立处理；第三，教学能使孩子满意、老人满意、自己满意，这很不容易，必须经过自己的努力和创造。韬奋在学校是经过考验的"优行生"，而在这次社会考验中，也应当是位优秀的家庭教师。

四、"五四"运动席卷上海

韬奋在乡下做家庭教师期间，1919 年 5 月 4 日，爆发了"五四"运动。在北京，有 3000 多学生在天安门前举行示威游行，反对北洋政府的卖国行径，要求拒绝签订《凡尔赛和约》，"取消二十一条"，并提出"外争国权，内惩国贼"。游行群众还痛打了章宗祥，火烧了赵家楼曹汝霖住宅。5 月 11 日，上海学生联合会成立。6 月 5 日，上海工人起来声援学生，举行罢工者达六七万人。同一天，上海《学生联合会日刊》创刊，其宗旨是"唤醒农工商各界，共做救国事业"，"团结一致，来与旧势力抵抗"。

正是运动走向高潮的时候，7 月间韬奋回到了上海，为运动潮流所席卷，韬奋立即参加了《学生联合会日刊》的编辑工作。可惜，这个编辑工作没有能够继续下去。

五、到圣约翰大学

1919 年 9 月，韬奋以工科二年级生的资格，考入了上海圣约翰大学文科三年级学习，主修科是西洋文学。这是韬奋学业上的一大转变。本来南洋公学是以工科著称，他又是以"高材生"而闻名全校的。为什么他要转到圣约翰？因韬奋的兴趣的确不是工科，而是文科，虽然考试名列前茅但精神压力很大。他对数学、物理等理科，虽用心苦读，总是引不起兴趣，而对文科则相反，是兴趣盎然，特别是学习英语他积极主动。他认为学习外语可以使他开阔视野，增加知识，同时也是多掌握一门工具，因而到圣约翰读书正符合他的这一意愿。

可是，圣约翰是所著名的贵族学校，各种费用都高，这必然会增加韬奋的经济负担，这是一个穷学生难以承受得了的，尤其是面对那些富家子弟，他们身着西装革履，出入以小汽车代步，而韬奋连黄包车都无钱乘坐，常要靠两脚走路，相比之下越发显得韬奋的寒酸。不过穷有穷的办法，他靠自己的辛勤劳动来增加读书的经济收入。如他白天上课，晚上则到校图书馆工作一个小时，每月可增加七块大洋的收入，这对他的苦读是有所帮助的。

六、"硬汉教师"

另一个开源之路，就是当家庭教师。他在同学中被公认是一位很好的家庭教师，因而为他介绍做家庭教师职务的一个接着一个。的确他任家庭教师有其特长，他对所教的学生，绝不因其家庭娇惯而有所迁就，要求非常严格，对其家长的不合理要求或干扰，一概不理。比如有一次，他在一个人家任家庭教师，那家有个称作"四太爷"的人，威风凛凛，全家上下怕他怕得要死，见了他好像看到老虎一般，不论在何地见到他都要起立致敬。有一天他走到了学生的书房里，当时韬奋正在考问一个学生的功课，可是那学生看见"老虎"来了，立即急欲起来立正致敬，韬奋马上制止，不许他中断答话，照样进行教学，并说当我教课的时候，是不允许任何人来阻挠的。事后那个人家，全家都胆战心惊，都会认为这下可不得了，"老虎"会大发雷霆，甚至会开除这个大胆的先生的。可是，事出意外，这位"老虎"非但没开除这个大胆的先生，连脾气也未曾发作。关于这件事据韬奋分析说："我所以敢于强硬，是因为自信我在功课上对得住这个学生的家长，同时我深信不严格就教不好书，教不好书我就不愿意干。"同时，韬奋又一再给自己规定了做一个"硬汉教师"的守则。他的教学态度是"你要我教，我就是这样；你不愿我这样教，尽管另请高明。"合则留，不合则去。

这时，他从没有考虑自己是为"救穷"才做家庭教师的。他坚持求严，绝不迁就，这是他做"硬汉教师"的原则。正是有这种"硬汉教师"的精神，他不但没有被人家辞退，相反受到学生家长的欢迎。一家结束，另一家又

来接去。

韬奋认为，这种"硬"并不是瞎"硬"，不是要争什么意气，"只是要争我在职务上本分所应有的'主权'。我因为要忠于我的职务，要尽我的心力使我的职务没有缺憾，便不得不坚决地保持我在职务上的'主权'，不能容许任何方面对于我的职务作无理的干涉或破坏（在职务上如有错误，当然也应该虚心领教）。我不但在做苦学生时代对于职务有着这样的性格，细想自从出了学校，正式加入职业界以来，也仍然处处保持着这样的性格。"

正是这种性格，锻炼了韬奋做事为人的基本态度，认真、负责、坦诚、忠恳，绝不实行马虎主义，绝不许"拆烂污"。

七、友好的救济

韬奋的经济负担加重，还有另一个原因，就是他的两个弟弟的学费，都靠他去补助。他自己的"救穷"办法，除了当家庭教师、在校兼职员和写稿以外，再也没有多余的时间了。就是这样，也仍然无力承担这么重的压力。冬天当别人身上穿上棉袍的时候，韬奋还只穿着一件破旧不堪的夹衣而发抖；在夏天，蚊帐破得东一个洞西一个洞，他脸上常常出现蚊虫叮咬的痕迹。有一次做了整个暑假的苦工，要交的学费还凑不够，在开学的前一天他还是一筹莫展。

了解韬奋这种状况的是他的执友郁锡范。

早在南洋附属小学时就是同学的郁锡范，同韬奋有着深挚的友谊，由于他早进入职业界做事，所以有点微薄的收入，当韬奋实在没有办法的时候，就到他那里去五块十块的借用，等到一有办法再还。由于郁的经济力量并不怎么充裕，如不十分困难，只要韬奋张口，他总设法满足。有一次韬奋的学费不够，他手边刚巧又周转不灵，他竟商得他夫人的同意，把她的首饰都典当了来相助。这使韬奋十分感动，所以韬奋非到万不得已绝不向他借钱；同时若第一次借款未还，绝不向他第二次借款。

另有一位好友叫刘威阁，是韬奋在圣约翰的同级同学，从他们第一次见面便成了莫逆之交。当他看到韬奋冬季身上没有棉袍，夏季帐子挡不住蚊咬时，自己便从家里拿了一件棉袍，一顶纱帐，一定要韬奋收下来用，并将他夫人给他的 10 块钱也交给了韬奋。这种深情厚谊,使韬奋终生难忘。

　　还有,1918 年新同韬奋结识的毕云程,当时在上海商务印书馆当校对员和管理员,也成为韬奋的好友,也曾多次给韬奋以资助,解决困难。

　　正是在诸多友好的帮助下,品学兼优的苦学生——韬奋,才渡过重重难关,终于在大学毕了业。

第五章　出色的英语教师

1921年7月,中国发生了一桩惊天动地的大事,中国共产党在上海诞生了。

同年同月,韬奋在圣约翰大学结束了苦学生的生活。但由于应付毕业典礼,要穿戴文学士学位应有的服装,又借下一笔债款,因而"救穷"的苦日子并没有随之结束。这时在他的生活中同十月革命和马克思主义的宣传,尚没有任何接触,对中国共产党产生的信息也一无所闻。他的思想正如他自己所说的,是混沌的。

一、奠定英语基础

9月由毕云程介绍,韬奋到穆藕初所办的厚生纱厂工作,工资每月可以拿到120元。这对当时的大学毕业生来说,是相当优厚的。若按他父亲所希望于他的,那是比较理想的工作。但这并不符合韬奋的愿望。因他本来希望入新闻界工作的,到厚生来是他所说的"走曲线"就业。在这里韬奋很快又转到穆氏创办的上海纱布交易所担任英文秘书,承办英文信件和翻译关于纱布交易的英文电讯。所译电讯,虽然没有多大意义,既机械又枯燥,但对交易所是不可少的,何况他的债务是不能久拖的,这就只好干下去了。

做好本身职务工作,不能有任何马虎,这是韬奋的起码要求,就是对没有兴趣的数目字,他也认真核对,不许有误。因为数目字一旦有错,对做生意就是一大失误,所以他坚持对于自己的职务从不肯有一丝一毫的"拆烂污"。

韬奋在这个交易所里,结识了担任会计科长的余天栋,这是个英俊坦率、至诚感人的有为青年,他俩因脾气相投,一见如故。每次畅谈双方都

29

是推心置腹,披肝沥胆无所不谈,因而双方友谊逐日加深。余天栋对韬奋生活处境、经济情况非常同情,每知韬奋经济处于困境,便慨然相助,并嘱不要归还。可惜的是,当余正准备赴美深造时,突然染上时疫而不幸去世。韬奋抚尸痛哭泪如泉涌,痛苦不堪。

韬奋也曾遇到个故意刁难者,是同一办公室的一位高级职员。他依仗自己是所内某要人的亲戚,在同事中整日耀武扬威,盛气凌人,对人出言不逊。同事们对其作为虽积恨在心却敢怒而不敢言。有一次他很不客气地"命令"韬奋为他写一封英文信,哪知当即遭到了韬奋的回击:"你不要那样神气活现,我不是你个人的英文秘书!我不写!"这么出其意外地当头一棒,他正想争辩可又遭到回敬:"你不配和我多说,有理尽可径向理事长或理事会报告!"经过这样的顶撞,使他手足无措,只有怒气冲冲地跑开了事。这件事引起了周围同事的震惊。那些同韬奋要好的和平日受气的同事,无不拍手称快。从此以后,这个高级职员就再不敢仗势欺人了。

韬奋在交易所期间,还兼任了3个地方的工作。一是经人介绍到《申报》帮忙兼办了3个星期的英文信件;二是到上海青年会向学生们兼授英文课;三是还曾在沪江大学兼任一段时期的教师。

按照韬奋的设想,在纱布交易所,只是一个过渡,一遇机会,便去另端"新饭碗"。果然机会到了,经黄任之(炎培)介绍,到中华职业教育社工作。这是由黄任之主办的对职业青年进行修养指导的民众教育团体。韬奋被聘请担任编辑股主任。

中华职业教育社的经济力量单薄,而韬奋所欠的债务,还需要继续付还。黄任之对韬奋说,在中华社工作半日,月薪60元,另外半日还可在江苏省教育会科学名词审查会,编审各科名词,仍可略得补助。好在两个办公地点,都在江苏教育会所里面,用不着来回奔波。

所谓编审各科名词一事,只是一种非常机械而呆板的工作,即把已铅印好的名词草案,订成小册子,用横列的英、德、法、日、中文的记名,先后依次序按字母排好。所谓编辑,即把小册子里的名词裁成字条,分成顺序。一条一条地贴入一本空白的纸簿上,以备排印。这项工作,并引不起韬奋的兴趣,既然答应了,他就机械地做下去。而他感兴趣的则是中华社的编辑股的工作,这里由他主持两件事:一是由职教社出版的《教育与职业》月刊;二是编辑《职业教育丛书》。此外,每半年编写一本关于中国职

业教育的英文小册子,寄往各国教育机关作宣传之用。

韬奋在这里第一本编译的书是《职业智能测验》。他虽也翻译过书,但编译专著还是第一次。这次尽管他花了很大气力,根据英文书的内容和顺序,依样画葫芦似的,翻译了3万多字,但黄任之看过后,却对韬奋编译的文字,作了诚恳而严格的批评。他指出:我们编译这本书的时候,不要忘却我们的重要的对象——中国的读者。我们要处处顾到读者的理解力,顾到读者的心理,顾到读者的需要,而你所已写成的东西在编法和措辞方面都依照英文原著,合于英美人胃口的编法和措辞,未必合于中国读者的胃口。他这番心平气和、轻声慢语的教诲深深映入了韬奋脑际,他为黄任之的诚恳态度所感动,坦然地接受了批评,在重新译过万字之后,并把全书的纲要也写出来送给黄任之看,结果得到的是大加称赞,倍加鼓励。从此,使韬奋在译著方面,收到很好的效果,每逢写作和著述,他都坚持这样的原则:不要忘记了你的读者,要有的放矢。真是吃一堑长一智,由失败转为胜利,关键就是接受失败的教训,改变存在的缺陷。

韬奋做任何事,都是认真负责的。凡是他答应了的工作,不仅扎实做好,而且每走一步都从中深入探讨并有所创新,决不捡现成的做法去依样照抄照搬,也不踩着别人的脚印去走路。他总是根据自己的深切体会,总结自己的所得,摸索新的方法。这是他突出的特点,也是他的优点。

二、英语教学的总结

他在提笔译著时,从自己的教训中,告诫写作者必须遵循"不要忘记你的读者"的原则,而他在做英文教师的时候,又悟出了什么有益的启迪呢?

当韬奋半天在中华职教社工作,半天在江苏教育会当编审时,又被英文专门学校拉去教英文文学和英文地理课程,每星期都去两三个小时。

此后,还被中华职业学校聘请教英文,并兼该校的英文教务主任。在这个学校仍然是半日制工作。

正因为韬奋具有教授英文的专长,在当时毕业即失业的就业危机的形势下,他却成为多方争聘的对象,因而他没有失业之虑。

关于这一点,韬奋非常自信地说:我觉得我们做事,要做到使人感到少不了你。这并不是要包办或有所要挟的意思,是说我们要尽我们的心力,把职务上应做的事(这里指的当然是有益人群的事,不是残害人群的事)做得尽量的好,使人感到你确实称职,为着这个职务起见,不肯让你走开,或至少觉得你的走开是一件很可惜的事情。

韬奋在自己的工作岗位上,就是贯彻这种精神的实践者,每项成绩所得,都凝聚着他自己的智慧和劳动。他虽然更换过不少工作岗位,但没有给任何岗位留下空白,也没有成为任何岗位的多余的包袱。

以教英文为例,他总结多次的教学经验,认为学习外语必须掌握 3 种技能,那就是:说、看、写。因而教授外语的教师,也必须在这 3 方面高人一筹,狠下工夫。要教别人说得好,首先要自己说得好,而自己说得好的起码条件是,一要发音正确,二要成语适当。所谓发音正确,那就是发音要合乎标准,要纯正,不能带有某地区的乡音,也就是以走了样的音调教给学生,以误传误这是件很不妥当的事,同时纠正起来也是很不容易的事。关于成语,运用成语是非常必要的,但要用得恰当,不能叠床架屋,张冠李戴,以至笑话百出。

至于看和写,都要进行严格训练,平日要多看、多听、多写,多练习,熟能生巧。外语是一种语言工具,只有平日有意识地运用它,才能熟练地掌握它。因此,要学好外语必须在说、看、写等方面下苦功夫,才能很好过关。

此外,在教学方法上韬奋也有着他的成功经验。他说:"我有一个很简单而却非常重要的基本原则,那就是在英文课堂里,要用全部的时间使学生听的是英文,讲的是英文,看的当然也是英文,非万不得已的时候,最好一个中文字都不讲。""为了教好英文,就要创造一个学习的特殊环境和条件,使师生的全部精力和时间都集中在听英文讲英文上。一句话是用英文教英文,不是用中文教英文。这样做的效果,师生都会感到满意的。"但是对于初学的学生,英文没有基础,又怎么能听懂呢? 韬奋认为对此可采用直接教授法。那就是先从实物入手,从可见的行动入手。教师把实物带到课堂里去,拿什么给学生看,或做什么动作,就把英文名词说给学生听,并让他们随着教师反复练习,这种直观教学法使学生进步快收益大。

其次,要培养学生养成独立研究的精神和能力。他认为教师的重要

责任是要训练学生养成独立研究的精神和能力,因此要学好外语,不能仅靠课堂上教师讲授那些课本上的东西,必须启发学生阅读课外读物,深入知识的海洋,鼓励勤查字典养成独立阅读和翻译的兴趣和能力,随时积蓄有用的词条和成语,以丰富知识面和提高外语水平。

此外,在练习写作方面,他主张让学生多动笔勤思考,独立编写。每当教师讲完一课或一章时,让学生在课外各写一篇短文,把学过的该课的内容要点,用自己的语言重新组合起来,对这篇文章的要求,既不能失原文原意,又不能与原文结构重复,要将原文缩写成一篇短小精悍的小文。这样,对学生很有好处,既可使学生熟悉生词成语,又可锻炼学生独立写作能力。

更有意义的是,当学生把写好的文章交上来,老师不急于去修改,将文章中的错误或不妥之处,用红笔画出然后退还给学生,由学生自己动脑筋修改,有的学生的文章甚至被发还多次直至完善。同时,教师在发还学生作业上,依成绩优劣注明等级,然后都一一记在成绩册上,作为平日成绩考查。这样,当每次全班作业完成后,教师将学生作业中的所有错误,集中起来再交学生在课堂上讨论,最后由教师总结什么是对,什么是错,错在哪里,应如何修改,以此引起学生加深记忆并提高学习兴趣和水平。像这样循循善诱的学习方法,使学生学习成绩直线上升。因而韬奋的出色教学,不论是他所教的学生还是共事的同事中,都从内心对他尊重和敬佩。可是为什么他不把教育作为终身事业而后又改做编辑及其他工作呢? 据他说:"做教员在我可以说是一种有趣味的工作,我尤其感觉愉快的是可由这样和天真的青年接触,可是我所以不把当教师作为终身职业,其原因,一是我的性太急,看见学生有时答不出,或是错误多了一些,我很容易生气。对于这种学生,我易于疾言厉色,似乎予人以难堪,事后往往懊悔,第二次遇着同样情形时仍不免再犯这个毛病;这样容易生气,不但觉得对不住我的学生,对于我自己的健康也有损害。我觉得忍耐性也是做教师应有的特性,我的忍耐性——至少在教学方面——太缺乏,因此我觉得自己还不十分适宜于做教员。第二个原因是,因为经济关系,教员的钟点太多,夜里缺乏自己看书的时间。我每日上半天要教三四小时的功课,这还不打紧,但课外应该为着学生做的工作还是很多,修改考卷和文卷就要费很多时间,都不得不在夜里做。这样一来,除了全天的紧张工作外,夜里的时间也是不自由的,自己看书固然没有了时间,一遇着有应酬,或其他临时的事情,往往不得不'开夜车'。因为有了这两个缺憾,所以不得不抛弃教员的生活。"

在他做教员的若干年中,曾经发生过这么一件事。有个在商科的三年级学生,平时所考分数极低,按平日记录,总结算起来不过10分(60分才算及格),而大考的成绩不过5分。本来韬奋对于分数并不斤斤计较,就是差几分,他都可以通融,因为分数不过表现大概。这个学生就相差太远了,韬奋认为这样的学生不能升级。而这个学生的父亲是某教育会的干事,同这个学校的董事们都有着密切的关系,可是韬奋只看成绩高低,不看背后势力大小,让这个学生再补考一次,仍然不到10分,为此韬奋决不迁就,坚持该生仍不能升级。这就引起轩然大波!这个自信有权有势的父亲,跑到校长那里大办交涉。其理由是说英文教师对他儿子有成见。韬奋知道后,把平日的考试记录交给校长看,校长没有话说。韬奋向校长严正声明,如果这样的学生可以升级,我要立刻提出辞职不干,请校长另请高明。校长对那个纠缠的"干事"没办法,就推向韬奋,让"干事"直接去找,而那个干事却不敢找韬奋交涉,跑到两个校董那里胡闹,结果碰壁而返。后来知道,他为他的儿子出巨资出洋留学去了。

这件事,经过韬奋的一再斗争,坚持顶回无理要求,所幸校长也没有屈服压力,这样既保护了严格的校风,又使邪恶势力没有得逞。这次胜利,使韬奋久久不能忘却。

第六章　在中华职业教育社

从 1922 年开始的五六年之间,韬奋在中华职业教育社专门从事职业教育工作。

中华职业教育社是 1917 年由中过举人、参加过同盟会的黄炎培先生在上海发起组织的,这是个专司职业教育的单位。这个单位曾得到了蔡元培、马相伯、张元济、穆藕初等人的支持,也得到了华侨领袖陈嘉庚的捐助。该社的宗旨是:"使无业者有业,使有业者乐业",并主张对当时的教育进行改革。黄炎培提倡手脑并用,注重实践。由他创立的中华职业学校,设有铁工、木工、纽扣、珐琅等各科,后又增设机械科、土木科、商科等。黄炎培所倡导的上述事业,得到了民族资产阶级的密切合作。同时,职教社还出版一些杂志和书籍,尽属职业教育方面的。韬奋在社内担任编辑股主任,专门负责编辑业务。他除主编机关刊物《职业与教育》月刊之外,还翻译和写作有关职业教育方面的书籍和文章。

按照中华职业教育社副理事长杨卫玉的总结说:他认为职业教育社几年来,不论在调查、研究、劝导、试验,还是在讲演、出版、通讯等各个方面,都做出了成绩和贡献。职教社在全国发展到 1600 多个分支机构,人数达 6000 多人。它确实是一个闻名于世的职业教育单位,也确实使不少职业青年受到了教育而逐步成长起来。

韬奋一生的爱业、乐业精神,就是在这里奠定的基础。

中华职业教育社的社风是韬奋非常满意的。同事之间、上下级之间相处友好,工作上相互帮助,办起事来效率很高。同事之间有意见开诚布公,彼此相互信任尊重,诚恳待人不存成见。因此,韬奋感到在这样的环境中工作多年是幸运的,精神是愉快的,这对他的个人修养和业务上的锻炼和提高,都是很有教益的。

可是,若从另一方面来看,职教社也有不足的地方。职教社的工作范围是较单纯狭小,体现在韬奋身上,平日接触的事物和联系的人群,都局限在职业教育方面,因而对其他新生事物缺乏敏感,对当时动荡不安的时局缺乏关心和了解,他一头钻进了职业教育的业务圈子里爬不出来,因而在政治上的要求,思想上的进步缺乏突破性的进展。正如他自己所说的:"这时期的主要思路,已钻入了牛角尖。"

实际上,这期间在我国特别是在上海,发生了不少震撼人心的大事。

第一,1923 年 2 月 7 日,军阀吴佩孚下令屠杀京汉铁路工人 40 余人,伤数百人,造成"二七"惨案,引起工人大罢工。领导工人罢工的林祥谦、施洋等也遭到惨杀。

第二,1924 年,孙中山召开国民党第一次全国代表大会,确定了"联俄、联共、扶助农工"的三大政策,改组了国民党,实现了第一次国共合作,并创建了黄埔军官学校,为北伐战争作了充分的准备工作。

第三,从幼年一直崇敬孙中山的邹韬奋,当他在报上看到 1925 年 3 月 12 日孙中山逝世的消息时,两手颤抖,悲声痛哭。

第四,1925 年 5 月 30 日,在上海发生了领导罢工的共产党员顾正红被枪杀的"五卅"惨案,引起上海市总罢工、总罢市、总罢课的反帝运动,导致全国各地起而响应,成为全国人民特别是青年反对帝国主义的高潮。这是震撼南北的中国共产党领导的革命运动。

同年 6 月 19 日,为声援"五卅"运动,广州、香港 20 万工人罢工,对香港实行经济封锁,使帝国主义在香港的全部经济活动陷入瘫痪,香港一时变成了"臭港"。这就是著名的省港大罢工。

在以上这些重大事件中,没有一件不是关系着中国前途的大事,也没有一件不是职业青年应当了解或参与的大事。可是,当时除孙中山的逝世,对韬奋有所触动外,其他的并没有引起他的注意和相应的反应。

幸好,韬奋参与了中华职教社的"职业指导"运动,这样一来才突破了他在编辑室里一直同书本打交道隔离现实的状况,使他直接走入社会,直接同职业教育的对象——学生打交道。他们的具体做法是,接洽各个中学举办职业指导运动周,在这一周里叫学生填写中华职教社准备的"职业指导表",请一些专家按日讲演,然后再由他们同学生个别谈话,同时,韬奋和杨卫玉还跑到其他几个城市举办这种活动。从上海开始,后去宁波、

南京、武汉、济南等地考察,并和学生交谈。从考察和交谈中,使韬奋了解到中国政治的腐败和社会的黑暗。对这方面的问题了解得越多,越使他深刻地感到,若不改变现状,对青年仅仅做些职业方面的指导和呐喊,其效用是很小很不够的,那简直是杯水车薪,解决不了什么问题。因而使他产生了想跳出职业指导这方面工作,另辟途径的想法。他认为:职业指导和教育指导是分不开的,在中国的现状下,进小学还要经过竞争考试;中学以上的学校,你要学什么,不见得就有你所要进的学校,就是有,好的不易考,坏的不愿进;此外,还有经济问题也不是空言指导所能解决的。职业指导和现实社会的职业状况,当然更是分不开。在中国的现状下,谁都看出职业界的一团糟,有许多地方用人并不根据真正的才能,只靠背后的势力怎样,或是任意安置私人;有许多地方受着不景气的影响,虽想用人而不敢用;结果除少数例外,往往不免所用非所学,甚至于出了学校便须立即加入失业的队伍里去!

看来,对青年学生,仅仅进行职业指导,究竟会有什么实际效果呢?因此,韬奋从思想上开始怀疑了,这的确是客观现实对韬奋起了重要的作用。他深有感触地说:"使我从这里面感到惭愧,感到苦闷,感到我的思想应该由原来的'牛角尖'里面转出来! 换句话说,这现实的教训使我的思想不得不转变!"这是一个很难得的转变。

韬奋这一思想上的转变,确实是一个好的起点,因为它关系着他今后所从事的工作。虽然他对当前的职务仍然是尽忠职守,但他的工作兴趣却逐渐转向了与群众、与现实有所接近的《生活》周刊上面来了。

《生活》周刊是中华职教社于 1925 年 10 月创办的,由黄炎培主持并题字,推举王志莘担任主笔。这个刊物初办的时候,旨在传播职业界的消息和言论,虽然编辑旨趣也曾标明"揭示社会上困苦和快乐的生活实状","揭示各种职业之性质与青年择业安业乐业的准则","揭示人类生活正当途径","以研究人类生活之目的"。但是,由于受现实生活的种种限制,使这个刊物所载的文章,仍然沿着有关职业教育和修养的思路在纸上回旋,韬奋找不到正确方向,纵然有转变的迫切愿望,但他缺乏启示和引导,结果他还是在原地徘徊再徘徊。

仅就《生活》周刊创刊之后,韬奋于 1925 年 11 月间所发的《彻底》的文章看,他确实诚恳地要求在业者服务要彻底。他说:"有服务之彻底精神者,无论何事,无论事之大小,凡经其手者,无不以'最完善'为其鹄的,竭尽心力而为之。""此种彻底精神之基础,在于乐我所业,诚以天下事必为吾所乐为者,始肯竭吾心力为之。"这种精神表面看来并不错,问题是为谁服务? 何业可乐? 在种种压榨下的在业者,糊口尚且很难,何谈彻底服务? 人身不保,命在旦夕,谁愿乐业?

第七章　婚姻子女和家庭

韬奋是向往自由的,他在婚姻问题上,却经历过一番曲折的斗争。当时,他同其他中国青年一样,身陷封建礼教的牢笼。为了摆脱这一牢笼的束缚,韬奋经受了苦痛的折磨,还是自己阻止了悲剧的发生。正因为韬奋总结了自己的经验,经过审慎的寻求,终于得到了美满的婚姻和幸福的家庭。

一、第一次婚姻的波折

还在幼年之时,他的父亲和岳父便为儿女订下"秦晋之好",女方姓叶,名叫复琼。双方从不认识,也未见面。在"父母之命"、"媒妁之言"的封建时代,父命包揽这门亲事,就成理所当然的了。当儿女的还未领会这是"终身大事",也就听命默认了。

"五四"运动之后,打倒封建礼教,成了席卷整个社会的思潮,鲁迅的《狂人日记》所揭露的"人吃人"的制度,呼唤着人们特别是青年人的觉醒。婚姻自由,就是当时青年突破封建礼教的大胆要求。韬奋在这一思潮的影响下,也为自己的婚姻向家庭提出了"抗议",要求解除这项婚约。其理由有二:一是女方虽也识字,但未进过任何学校;二是从未见面、未谈话,全由"父母之命"而订的婚约。

可是韬奋的"抗议"遭到了双方家长的"大不答应",没有想到的是,也遭到他的未婚妻的拒绝。原来叶女士是位十足的"诗礼之家"的"闺秀",吟诗读礼,工于针黹。她遵循"诗礼之家"的训诲,闻婚姻遭对方拒绝,表示了坚定不移的态度,情愿终身不嫁。因此,韬奋的"抗议"成了僵局。而后,韬奋忙于苦学,奔波不止,将婚事也就搁置下来。韬奋进入职业界之后,这件事仍然迟迟没去解决,可是当他每想起叶女士是为自己终身不嫁,实感到有些不忍,若再坚持僵局,那会更增加她的不幸,这样过了几年,到1923年,韬奋28岁时,终于自动收回了"抗议",同叶复琼结婚了。

韬奋结婚摆脱了一切旧俗,既未用家中的钱,也未收亲友的礼,没有红男绿女拜天地,也没有参拜教堂去行礼。只摆茶点,没设酒宴,一切从俭办事。所谓"维新"之处,就是在行礼时,不但新郎要演说,新娘也要演说,双方家长还要演说。新娘勉强说了几句应付话。他的岳父是位书生气十足的老实人,为发表这种简短的演说词,花了几天时间,手捧演说词踱来踱去做演习,可是在几百宾客面前,刚要开口时,却将演说词忘得精光,只好勉强说了几句答谢话了事。韬奋完成了这桩心事,像减轻了身上很大的负荷一样感到轻松。

新婚后,复琼对韬奋体贴入微,感情笃厚。韬奋自己也觉得完全没有了订婚之后那段烦恼的心态,而一变成恩爱相投的夫妻。可是非常可惜,结婚不到两年,叶便于1925年初得伤寒病去世了。突然丧偶,似晴天霹雳。这一沉重的打击,使韬奋苦痛不堪,每一想起她,就泪如泉涌地痛哭。韬奋说:"她死的几个月,我简直是发了狂,独自一人跑到她的停枢处,在灵前对她哭诉!"

韬奋这段如醉如痴的苦痛生活,完全沉浸在感情的激流中。从这里可以清楚地看出他那种纯真的品德,坦率的性格,像水晶一样闪烁着光彩。他的爱和憎是分明的,他对人的情感是真切的,因为他能设身处地地为别人的苦痛着想,又能为怜惜对方而放弃原来坚持的己见,这是难能可贵的人品。

二、和沈粹缜的结合

韬奋对工作认真负责,博得同事们的钦佩,韬奋的生活境遇,也引起同事们的关怀。自叶复琼辞世之后,韬奋在人生旅途上的负荷加重了,对于物色自己的伴侣,不能不使他慎之又慎。

关于他和沈粹缜的相识、相爱到结合,确实经过了相互了解、相互体谅、相互支持的志同道合的过程,为他们的婚姻家庭,建立了牢固的基础。后来的事实证明,韬奋一生历经风霜,波折坎坷,但他能对工作和事业,倾尽心力,勇往直前,毫无后顾之忧,其重要因素,就是有位体贴入微、全力

以赴的好妻子在支持,有个幸福美满的家庭做后援。韬奋遇到的艰险,妻子勇于分担,在韬奋所取得的成就里,也包含着沈粹缜的劳动和汗水。她在韬奋事业中是大家公认的不可少的好内助,这段佳话一直在韬奋的执友中流传着。

沈粹缜,苏州人,祖父是位穷秀才,父亲叫沈右衡,由于家境并不富裕,他没有受过多少正规教育,从小就在一个古董铺当学徒,后来专门鉴别古玩的真伪。粹缜是父亲的长女,还有一个长兄、两个弟弟和一个妹妹。她生于1901年,读过4年私塾,10岁即跟大姑母到了北京,由于大姑母终身没有结婚,粹缜便由大姑母抚养成长。粹缜在北京继续读了3年小学之后,大姑母便把她转到刺绣学校又学习了3年。当时的中国,军阀连年混战,为逃避战祸,姑母举家南迁,回到了苏州。几个月之后,她的母亲不幸患伤寒症病故。这时,张謇招聘她的两位姑姑到南通公办女红传习所(刺绣学校)任教,她父亲及全家人也一起搬到了南通。她又在这个女红传习所学习了3年,毕业以后,留在该校担任了两年助教。1921年,由杨卫玉担任校长的苏州女子职业学校到南通去招聘一位美术科主任,她应聘之后又回到了苏州。这时她已是21岁的姑娘了。

1925年,韬奋丧偶以后心情沉郁,引起了杨卫玉的同情和关注,经他介绍韬奋和沈粹缜相识。由于双方都曾与杨共事,杨对双方都很了解。从"相亲"到第一次正式见面,都是杨卫玉精心安排的。沈粹缜回忆说:"韬奋的感情是热烈的、专注的,对爱情也是如此,正像他后来对他毕生从事的革命文化事业一样。在第一次和我见面以后,他经常给我写信,后来几乎每周要给我写一两封信。他在爱情方面,不仅热情洋溢,而且也能体贴人,还很风趣。"(《忆韬奋》,学林出版社1985年11月版,第371页)

1925年7月,韬奋和粹缜在苏州留园订了婚,和几个亲人合影,并按当时的习俗,彼此交换了订婚戒指。此后,韬奋每星期必到苏州看粹缜,每个星期天,都在苏州园林中约会。这样的恋爱生活,持续了半年左右,就在1926年元旦举行了婚礼。结婚仪式是在上海永安公司楼上的大东酒家举办的。韬奋为此花了一大笔钱,还欠了债。当粹缜知道他借债之后,为免受经济困窘压力,将结婚时韬奋为她特买的一只镶嵌珠宝的手镯和一枝珠花变卖还债。

结婚之后,他们原打算在苏州安家的,并已租房安置了小家庭的一切。这样韬奋每周需往返于上海与苏州之间，无论经济和时间，都不划算。为韬奋着想，粹缜不忍浪费韬奋的时间，还是放弃了原来的安排，粹缜辞去苏州女子职业学校每月 60 元薪水的职务，改在上海安家。从此以后，粹缜和韬奋同生活共命运，结合为非常美满幸福的家庭。

三、对孩子的乐和爱

　　韬奋的日常生活，不吸烟，也不喝酒，唯一的嗜好是读书。他利用一切空隙时间，不是读就是写。他在工作时，态度是紧张严肃的。回到家里，却是一位说话风趣、喜欢逗人、和蔼可亲的人。后来，他们生了 3 个孩子，两男一女：长子叫嘉骅；次子叫嘉骝；小女叫嘉骊。自从有了孩子之后，韬奋每天晚饭之后，总要逗着孩子玩一阵子，才走进家中的工作室。这几乎成了他家庭生活中必然的安排。

　　韬奋是爱孩子的，不论工作多忙，他总抽点时间和孩子玩。有一次他的小女儿爬在地下哭闹，劝她不止，于是他也伏在地板上陪她假哭，直到孩子破涕为笑。孩子长大一些了，对孩子的教育也很注意，比如平时吃饭，盛饭，他都要孩子们自己动手，不让他们滋长优越感。除了一日三餐，粹缜不让孩子吃零食，也不赞同给孩子们零用钱，主张对孩子严一些。而韬奋则主张给孩子们一些零用钱，可以让他们随时买一些学习中需要的东西，说这样可以培养他们独立生活的习惯和能力。对孩子的学习他尤其注意。有一次，晚上回家当他知道嘉骝因为古文背不出来被老师责打而啼哭时，他不但不责怪孩子，反而认为这是老师体罚的不对，连晚饭都没顾上吃，立刻到学校给老师提意见去了。星期天，他喜欢看看电影，但有些电影就不带孩子一起去，他是有选择的。当他第一次流亡到英国，有位朋友在伦敦访问了韬奋。他谈起 3 夜失眠的情况，他说："我最大的小孩是男孩，今年七岁了，很聪明，虽然仅仅七岁，已经可以写'小文章'，最近，我接得家信，说他病了，而且病得很厉害，因此我便三夜不能入睡，当我午夜焦思的时候，我便想起我曾因他有一次不知为着什么事得罪了他的母亲，弄得他的母亲哭了，我轻轻地打他两掌，虽然只是轻轻的，可是，他立刻陷入一种恐怖状态，甚至整个的身体在战栗，我想到他的病，便联想到我曾打他，想到我曾打他，便联想到他的战栗，想到他的战栗，便想到

我的残忍,在这种情形下,无论如何是不能入睡的,后来,我得到了他平安的回信,才得恢复睡眠。"(《新生》周刊第 1 卷第 2 期)

在操持家务和料理日常生活方面,韬奋的确是外行,而粹缜却是位能手。韬奋之所以能够全心全意扑在心爱的事业上和著作上,一个重要因素是得到了粹缜的治家里手的照料并承担了所有家庭劳务的重担。例如,每逢韬奋出门,粹缜便告诉他到哪一站下车,连车钱和买东西的钱都分别包好放在他的口袋里,她真是做到了无微不至。

第八章　接办《生活》周刊

韬奋在家庭生活方面有了新的开端,使他在各个方面都增添了新的启动力量。在工作方面也有了新的变化。《生活》周刊创刊时是由留学美国回来的王志莘主编,创刊1年之后,由于王志莘另谋他业,《生活》周刊的主编发生了变易。韬奋从事记者生涯的愿望实现了。

韬奋在小学临毕业的时候,就决定自己要做一个新闻记者。而今,他便踊跃地走上记者编辑的岗位。

一、从事记者生涯

韬奋接办《生活》周刊,是1926年10月在中华职业教育社的一次会议上决定的,在理事长黄炎培提名推荐,副理事长杨卫玉和原主编王志莘一致同意下,韬奋才接受的。

《生活》周刊,自1925年10月11日创刊,前后共办8年,到1933年12月16日被迫停刊。共出8卷。发行数量随着内容的改进而逐年增加。韬奋接办3年,订数由2000多增到4万份。形式上也有新变化,从1929年10月第5卷起,由单张改成16开本,发行增达8万份,"九一八"后达12万份。韬奋接办的当时,这份刊物赠送的居多。自韬奋接办(从第2卷起)之后,力求有所变换,宗旨更为明确。他在第2卷的编辑宗旨中说:"本刊期以生动的文字,有价值有兴趣的材料,建议改进生活途径的方法,同时注意提醒关于人生修养及安慰之种种要点,俾人人得到丰富而愉快的生活,由此养成健全的社会。"而后每期周刊均以"宗旨"于刊头登出。"其栏目除言论、专论之外,还有事业与修养、处事之道、名人轶事、人物介绍、平民生活素描、学徒生活之改进、国外通讯、婚姻恋爱、名人箴言、娱乐、体育等。从体裁上看,短小精练的小言论、编者随笔、通讯、游记、传

记、图片、漫画、补白等。"无论是栏目的设置，还是材料的选用，都可以看出韬奋的努力。但其基本内容，同第1卷比较虽相差不多，但韬奋特别强调趣味性，正如他在第2卷第19期答复一位读者的来信时所说的："我们这个小小的周刊所抱的宗旨是'寓修养于娱乐之中'，所以在星期六发行，乘诸君闲暇的时候，烧点'好吃的小点心'奉敬。"在职业教育的范围内，要适应读者趣味的要求，反映在刊物上的排版新颖，几乎每版都配有照片或漫画，的确会吸引很多读者。但也有的是为适应小市民的社会新闻的兴趣，总免不了像胡愈之所说的会有些"低级趣味"。

从《生活》的发展经历看，韬奋承担着创业的艰辛。他接办之后的刊物，只有一间过街楼的地方，即原辣斐德路(现为复兴路)444号。这里只放下3张办公桌就觉得拥挤了。这既是编辑部，又是总务部，也是发行部兼广告部，还是会议厅！他们只有3个人，除了韬奋之外，徐伯昕主管营业、总务和广告，孙梦旦是兼职会计。编辑部的独角戏就落在韬奋的肩上了。说起来是3个人，由于孙系兼职，实际上只有两个半人。

关于徐伯昕，他是韬奋的亲密合作者、老战友。他是在中华职业学校珐琅科毕业的，原来是留在中华职教社的练习生，他是个多面手，多才多艺。他是《生活》的两个半人的一个，缺了他，就缺了半个天。他跑印厂，搞发行，做广告，办总务，缺什么他补什么。他字写得好，画也画得好。《生活》上需要插图他就画一幅。广告是刊物的重要收入，韬奋说他的作风"即在拉广告之中，也替本店广结善缘，替本店创造了无量的同情和友谊。他完全用服务精神，为登广告的人家设计……做得人家看了心满意足，钦佩之至。不但把它登在我们的刊物上，而且在别处的广告(登在各日报上的广告)也用着同样的底稿，每次总是迫切地期待着我们的设计。因此，我们的广告多一家，便好像多结交一位朋友。他们对于我们的服务精神，都有非常深刻的印象"。伯昕工作踏实勤奋，又长于经营，长于谋划。他始终是韬奋的一位得力助手。

在编务和著述方面，则全由韬奋一人包办，他说："我不愿有一字或一句为我所不懂的，或为我所觉得不称心的，就随便付排。校样也完全由我一人看，看校样时的聚精会神，就和在写作的时候一样，因为我的目的要使它没有一个错字"；"每期校样要三次，有的时候，简直不仅是校，竟是重新修正了一下。"(《韬奋文集》，生活·读书·新知三联书店1978年1月版,第 3 卷,第 75 页)韬奋搜集了各种材料,分类排列,每一类编写成刊物上需用的文章,又以不同的笔名执笔,像心水、思退、沈慰霞、因公、惭虚、秋月、落霞、春风、润等等,都是他接办《生活》之后,先后所用的笔名。韬奋把接办的《生活》视为收容的孤儿,自己义不容辞地要当好它的保姆。他不仅自己这样做,也要求徐伯昕等人这样做。从《生活》成长发展的实践证明,他们确实是倾尽了心力和汗水来扶养这个刊物的。

二、兼任《时事新报》秘书主任

　　1927 年初,韬奋经《时事新报》董事长张竹平介绍,兼任《时事新报》的秘书主任,并主持该报副刊《人生》的编务,时间近一年。该报的总主笔系陈布雷,总经理由潘公弼担任。在这一年的时间里,韬奋白天的时间需要到《时事新报》工作,把《生活》的编务全移到了夜间,于是他就"天天做夜工"了。秘书主任的职务,主管报馆各部的信件,除编辑部的通讯稿外,其他各部门即由秘书主任处理,其中有的是向总经理商量后再去办理,这种上下左右的接触和交往,韬奋看做是很好的"练习"机会,比大学的新闻科都来得切实,来得更有益处。他注意别人的长处,也想到自己的缺点。他感到自己性急,有时发脾气。他知道发脾气是无补于事的耗费,徒然恼了自己,难堪了别人,这样很不好,因而常常惭愧自己的涵养不够,处事不够冷静。

　　韬奋的英语很好这是闻名的,本来报馆希望他成为一个英文广告员,这需要到各洋行游说接洽,韬奋对那些搭足臭架子的洋老爷,十分厌烦,往往会引起精神上的万分苦痛。他说:"我宁愿饿死,不愿和这类东西敷衍,因此竟无法引起我的自动的兴趣来。要我勉强做一个英文广告员,比要我勉强做一个工程师还要难十万倍。"可以看出,韬奋的骨气,他绝不在鄙视中国人的洋人面前低头。在当时十里洋场的上海,白渡桥公园挂着"犬与华人不得入内"牌子。凌辱中国人的情景,引发出韬奋的上述情感是十分自然的。这是中国知识分子的传统,也是爱国主义者的基本态度。

三、历经革命的高潮和低潮

当韬奋在白天办报夜间办刊的时候,中华大地风云滚滚,极不平静。

震动全国的北伐革命军掀起的革命风暴,从南向北席卷着,不管吴佩孚还是孙传芳,都遭到了惨败。特别是在上海,更是令人瞩目。

自 1926 年 10 月到 1927 年 3 月间,上海工人为了配合北伐军的胜利进军,推翻北洋军阀的反动统治,在中国共产党领导下举行了 3 次武装起义。第一次起义于 1926 年 10 月 24 日,参加工人两千多。第二次起义于 1927 年 2 月 22 日,先有 36 万工人总罢工,接着举行起义。这两次起义都由于准备不足和反动势力的阴谋破坏而告失败。1927 年 3 月 21 日,在周恩来、罗亦农、赵世炎等人领导下,上海 80 万工人总罢工,接着举行第三次武装起义。在广大群众支援下,经过两天一夜的奋战,打败了反动军队的顽抗,于 22 日占领了上海,并通过市民代表会议,选举了上海临时革命政府,取得了起义的胜利。这 3 次武装起义,对帝国主义和军阀反动势力是沉重的打击,也是对上海和中国革命力量的检验。虽然人民政权是短暂的,但留给革命者的纪念却是永远的。

革命的发展是曲折的。正当北伐军声势浩大的时候,工农运动也向广度和深度发展,而帝国主义者和中国的买办资产阶级却感到惶恐不安,它们相互勾结起来扼杀这场革命。它们寻找的新代理人便是北伐军总司令蒋介石,因而在关键时刻蒋介石背叛了革命,于 4 月 12 日在上海发动了反革命政变。蒋介石指使他原来就结伙的武装流氓和打手,冒充工人,对工人纠察队总部进行突然袭击,蒋介石诬说是"工人内讧",以此为借口,下令解除工人纠察队武装。从而进行血腥大屠杀,大批共产党人、进步工人和革命群众,都成了蒋介石及其一伙的捕杀对象。造成了历史上著名的"四一二"政变。

继上海"四一二"政变之后,广州的李济深、钱大钧立即响应,发动了"四一五"反革命政变,派军警包围中华全国总工会广州办事处、省港罢工委员会和苏联顾问住宅,解除了黄埔军校和省港罢工委员会工人纠察队的武装,并搜查、封闭革命工会、农会和学生、妇女组织,逮捕了共产党员和工人积极分子 2100 多人,被秘密枪杀 100 余人。优秀共产党员邓培、肖楚女、熊雄、李启汉、刘尔崧等就是这次被杀害的。

汪精卫与蒋介石合谋反共。汪在武汉做了一系列的反共准备之后，控制了国民党中央，于7月15日不顾以宋庆龄为代表的国民党"左派"的坚决反对，悍然举行"分共"会议，公开背叛孙中山的国共合作政策和反帝反封建的纲领。接着提出"宁可枉杀千人，不可一人漏网"的反革命口号，对共产党员和革命群众实行大屠杀，史称"宁汉合流"，共同反共，也就是"七一五"反革命政变。除此再加上共产党内以陈独秀为代表的投降主义，在蒋介石、汪精卫的反动政策面前，迁就、软弱、退让，看着革命遭摧残，而不组织反抗，却一味命令缴枪。

至此，国内第一次轰轰烈烈的革命战争遭到惨重失败。全国性的白色恐怖愈演愈烈，多少优秀的中华儿女倒在血泊之中。

尽管反动派在各个帝国主义国家支持下，给中国人民带来了重大灾难，但是，共产党人和革命群众并没有被杀绝，革命也没有被扑灭。1927年8月1日，周恩来、叶挺、贺龙、朱德、刘伯承等点燃起革命之火，举行了南昌起义，建立了革命武装。9月9日，毛泽东在湘赣边界领导了秋收起义，部队到达了井冈山。12月11日，张太雷、叶挺、恽代英、叶剑英领导了广州起义。后来在江西、福建、湖南、湖北、广西、陕西等地，不断地举行起义，经过艰苦的斗争，都相继建立了革命根据地，成为燃遍中华大地的星星之火。

四、在改良主义思想影响下

在革命和反革命交错的年代，作为新闻记者的邹韬奋，对有些问题是认识清晰的，对有些问题就不那么清楚，以至糊涂了。

第一，他对北伐革命军是欢迎的，对反对帝国主义、封建主义是坚定的。

对于帝国主义的侵略，他是深恶痛绝，坚决反对的。1928年在山东济南，对于日本侵略军制造的"五三"惨案，在《生活》周刊上连续两个半月刊登"时刻勿忘暴日强占济南的奇耻"等的口号、文章。无论在"一周鸟瞰"专栏中，还是在"小言论"专栏中，经常发出义愤控诉日军的惨无人道地屠杀我军民的言论，并动员我国人民团结一致抵抗日本帝国主义的侵略。

对于封建主义的毒害同样坚决反对,但他强调法制,反对暴动,害怕阶级斗争。

1927年1月30日,韬奋在《生活》周刊第2卷第13期上发表杨耻之的文章。韬奋把原题《湖南农民运动的成绩》改为《农民运动与暴动》,并加附语,肯定农民运动使"万恶的军阀、暴虐的地主、贪官污吏、土豪劣绅"之类得到社会制裁,而对杨文中所歌颂的湘潭农民枪决了姓晏的劣绅、捉住土豪劣绅戴高帽子、游街示众等,则认为群众不受理性制裁,他强调应经过法律手续,不同意"暴动"。因这样他"恐怕渐渐要引起'暴动'的风气,而失去'运动'本来的好意。"2月20日,在《生活》周刊第2卷第16期上头条发表抱一的文章《革他们的命》,痛斥官僚、军阀、地主一类"特殊阶级"、"社会蠹虫",主张"大闹世界的社会革命,就是革他们的命",至于如何去闹世界革命只不过是脱离现实的幻想。此文虽不是韬奋写的,却同韬奋当时的思想是一致的。

4月3日,《生活》周刊第2卷第22期上,发表《群众的革命》一文,韬奋指出:"我国古代当权的是君相,国家好像属于他们几个人的,群众则'不识不知,顺帝之则'",欢呼北伐战争"是群众的革命,把全国归于全体的国民",要求今后的政府"代表群众的意思,维护并改进群众的利益"。

对于封建礼教,深恶痛绝。韬奋在《生活》周刊上,发表了长篇连载的译述:《一位美国人嫁与一位中国人的自述》,他在"译余闲谈"中,猛烈抨击了"中国封建大家族主义",他认为这个"封建大家族主义","实在可说是'罪恶贯盈',非弄它到'呜呼哀哉尚飨'不可"。他主张青年们应"超越顽固的习俗而另求其光明的途径"。什么是他所说的光明的途径呢?他提出的方案,只是"小家庭主义"、"男到女家"或者"经济独立"等改良主义的方法。

第二,他在改良主义影响下目光的局限性。

韬奋勤于读书,尽职尽守于自己的工作岗位,强调个人修养,反对不负责任的"拆烂污"。但是他受改良主义思想影响很深,发议论,提方案,都没越出这一束缚。

1927年2月6日,《生活》周刊上发表为长工呼吁的《说不完的苦啊》,编者同情长工的苦衷,并为之大声疾呼,要求改革。可是,韬奋所提出的解决问题的办法只不过是他向读者介绍了丹麦的扶植自耕农改革农民生活的基本方法,即通过国会立法使农民"各有其田"、"富教兼施"。他认为"丹麦国农民之富,世界各国无其比拟"。为此,他特意写了一篇《丹麦改良农村之基本方法》,在中华职教社出版的《教育与职业》上发表(第82期)。这在当时的中国,旧的军阀混战未停,新的军阀蒋介石联合屠杀共产党人和革命群众的时候,韬奋的设想,又怎么能实现得了呢?!

不仅如此,他面对着军阀把持的社会,对那些贪官污吏、无耻政客、残酷资本家以及对于群众丝毫无益的蠹虫们,深恶痛绝,称这样的制度为恶制度,可是以什么样的制度来代替这种恶制度呢? 他在《生活》周刊上所发表的政治纲领却是:"力求政治的清明"和"实业的振兴"。他之所以提出这样的主张,并不是偶然的。他长期接受的教育特别是在圣约翰大学的教育,以及他父亲对他的要求,就是在中华职教社的工作,也都是资产阶级的职业教育范围,他写了不少文章,翻译了不少著述,仍然是资产阶级的职业教育范围。尽管他对现实社会和政府,有很多不满,也有尖锐的批评,不过,当设想改造社会方案时,他却只能提出某些修修补补的改良主义的方案,而不可能越出资本主义的轨道。

五、在钦佩的人物中

从韬奋钦佩的人物中,会更加明显地看出他的倾向性。

对孙中山的钦佩。

韬奋自童年就钦佩孙中山。1927年他对孙中山的三民主义进行了研究,并连续组织稿件在他主编的《生活》周刊上刊登孙中山的生平事迹的文章达36篇,附以照片和"孙中山先生的话"的语录,特别是关于民生主义的论述,占了更多的篇幅,几乎成了孙中山研究的专刊。孙中山在我国的民主主义革命中,有着极其重要的地位,为受压迫受剥削的人民大众所拥护,他的为人和所领导的革命,为苦难的旧中国探索出路,他的"平均地权"和"节制资本",也确实唤起先进分子的希望。可是,孙中山的三民主义有新旧之别,当孙中山领导的革命遭到失败,处在危难之际和中国共产党合作,改组了国民党,制定了联俄、联共、扶助农工的三大政策,重新解释了三民主义,才有了新三民主义的内容,也才为中国革命找到新的转机,没有1924年国民党第一次全国代表大会,没有国共合作,就不可能有

我国第一次国内革命战争，当然也就不会有北伐军的胜利。新三民主义是孙中山思想的精华所在，是三民主义的灵魂。可惜的是，韬奋当时还认识不到这一点，他的研究，也只能停留在一般的宣传上。

推荐胡适。

韬奋对学人的崇敬，除了梁启超之外，就算胡适了。在 1927 年的后半年，《生活》周刊刊登了有关胡适的文章多达 6 篇，既有胡适的言论，也有对胡适的推荐。

1927 年 6 月 26 日《生活》周刊第 2 卷第 34 期上和第 35 期上，连登了《胡适之先生最近回国后的言论》，这是记录的胡适的公开讲演，在这个分上下两篇发表的讲演中，上篇专门讲："中国要极力使得物质方面昌盛，才能免除共产党的祸害"；下篇再一次讲："如果你们以为中国将受赤化及共产主义的影响，我以为要排除这个祸害，根本解决在促进中国物质的昌盛。"又说："中国如不积极改进全国交通，虽有很大的土地，还不能成为国家。"《生活》周刊以显著地位刊登的、认为更重要的是 1927 年 11 月 16 日，署名编者所作的《访问胡适之先生记》（刊于《生活》周刊第 3 卷第 5 期），并同时刊登了胡适的半身照、全家照及胡适为《生活》周刊题诗的墨迹。在这篇访问中，编者写道："我先把本刊的宗旨告诉他，并说你先生曾经说过，少谈主义，多研究问题，本刊是要少发空论，多叙述有趣味有价值的事实，要请你加以切实的指导。"胡适当即表示："《生活》周刊，我每期都看的。选材很精，办得非常之好。"当编者问他对中国前途的看法时，胡适干脆说："我不谈政治！"胡适所谓不谈政治少谈主义，是指少谈马克思主义，其实，他和他的老师杜威大谈特谈了主义，他们所谈的是实用主义和民本主义！《生活》周刊，再重提七八年前的胡适的这一口号，可见受胡适和杜威的影响之深了。

第九章　在困惑中徘徊

《生活》周刊本来旨在：暗示人生修养，唤起服务精神，力谋社会改造。但由于立场不明确，含义就十分模糊。特别是对名人的介绍，就不免落入一般的资产阶级宣传中。

一、认识上的糊涂

1927年4月3日，《生活》周刊发表《奇人奇事》（第2卷第22期），署名思退，专门向读者介绍了墨索里尼。他写道："意大利首相墨索里尼是意大利著名政党'法西底'的首领，与俄国的列宁在世界政治舞台上享同样的盛名。"

在北伐军正在胜利的时候，把法西斯头子墨索里尼推荐给广大读者，以至把他与无产阶级革命领袖列宁并列，说明了作者在政治上和思想上是相当迷惘不清的。

同年5月8日《生活》周刊刊登在头版的大幅照片是引人注目的，这幅汪精卫和蒋介石并立的照片镶着特殊花边，照片之上的标题是："民众希望他们为三民主义合作到底"。

在蒋介石"四一二"举起的屠刀正在血染中华大地的时候，汪、蒋合作这意味着我国人民将有更大的灾难，后来的事实证明，他们相继叛变了孙中山的三民主义，特别是新三民主义。可是这时韬奋在政治上、思想上是辨认不清的，有不少宣传是盲目的。

当然那时的蒋介石的真面目，并不是所有的中国人都能认识清楚的，因为他有着继承孙中山事业的广泛的舆论宣传，又有着北伐军总司令的身份，特别是有长期受苦于军阀战乱渴望祖国统一的人民群众。所以蒋介石的偶像，确实迷惑了包括韬奋在内的很多人。这并不奇怪，也不难以

理解。

在这种形势下,《生活》周刊上的报导、文章和通讯,虽然对国民党政府,有不少批评和揭露,但一涉及我国前途和蒋介石的"反共"大业,往往就陷入蒋的既定方针人云亦云中了。

其一,同年6月26日,蒋介石在北平祭告孙中山时痛哭流涕。韬奋为此专写一篇小言论:《蒋总司令哭灵》,其中说:"我们想蒋总司令的哭灵,凡是稍有血气的人,无不激于'同情心'而悚然感动。试分析这一哭,好像孤儿之追怀慈爱的'保姆',遗容在望,曲诉衷情,安得不洒辛酸泪!""我们觉得听见蒋先生这一哭,一则唤起我们追念孙先生一生的博爱精神,牺牲精神,奋斗精神,大无畏精神,但知有四万万同胞而不自顾其一身的伟大精神,感人至深","二则觉得天下最能感人的德性,最能使人歌泣的德性,莫过于'忠贞'","蒋先生受遗命而艰苦奋斗,百折不回,怀念总理至痛哭悲怆,其感人之处亦在忠贞之气充胸臆,薄云霄。"(《生活》周刊第3卷第35期)

很明显,韬奋是把希望寄于蒋介石一身,认为蒋介石是孙中山的忠贞的继承者。真是一把辛酸泪,换来了书生的一片赤诚心!

其二,1929年1月国民党中央常务委员会通过《宣传品审查条例》,规定凡"宣传共产主义和阶级斗争者"为"反动"宣传品。同年2月,国民党政府颁布《宣传品审查条例》,实行"党治文化",加紧对革命文化"围剿"。

国民党政府对韬奋及其《生活》周刊,作了认真观察。1929年9月6日,国民党上海市政府教育局对《生活》周刊进行审查后,特给生活周刊社的公函中说:"贵社发行之《生活》周刊取材丰富,立论新颖,且多含有教育意味之著述。"如果这要算鉴定的话,那么当时的《生活》周刊是取得了国民党的合格证的。

二、没有走出的误区

韬奋对中国共产党及其所领导的革命根据地的认识,由于国民党的大肆诬蔑宣传使他陷入别人宣传的误区。

其一,1930年5月4日,韬奋于《生活》周刊"小言论"专栏中写《好县长》一文,错误地说:蹂躏湘粤闽赣边境的红军愈演愈烈,以赣省受祸尤甚,最近攻陷该省信丰县,焚杀甚惨,该县县长吴兆丰竟以忠勇卫民而至以身殉职,尤可惋惜。他认为这个县长是在"保境安民",便把自己的"生死祸福置之度外,只知道鞠躬尽瘁于他的这种职务,这种生死不渝忠于职务的精神",才能"慷慨赴义,视死如归"云云。

其二,1930年8月24日,韬奋以心水笔名发表于《生活》上的《病根》一文,对红军曾一度攻占长沙而一再惊呼,认为是场"惨祸"。实际上这是红军在"左"倾冒险主义命令下的错误行动,当时口号是"攻打大城市"、"饮马长江边",但很快得到了纠正。所谓"烧杀劫掳"之类,是国民党的欺骗宣传,而韬奋听信了这一宣传。他说:"长沙自上月27日晚惨变后,烧杀劫掳历十日之久,不分皂白屠杀人民之惨状已震动遐迩,然国人若徒知愤慨诅咒而不思病根之所在,则祸患蔓延,将更不知所届。"韬奋认为,"欲消除此病根,其方法之最稳健而适合中国者,孙中山先生在他的民生主义固已痛切言之",此痛心者,数年来国人以民生为口头上的空谈,甚至有人与民生主义背道而驰。其根本解决乃在于勿于病人之躯体上再弄干戈,速谋元气之复元而避免病入膏肓。他写道:"中山先生在他的民生主义里对于社会革命——即消除贫富阶级之争——不主张用马克思所谓阶级斗争,乃主张用政治方法来解决的。"政治方法即平均地权,节制资本,要发达"国家资本"来振兴实业,其方法,"第一是交通,第二是矿产,第三是工业。这种实业既由国家的力量来办,不为任何私人或外国商人来垄断,便不至发生大富阶级的不平均……"

韬奋于《生活》周刊第5卷第38期上,又以《社会革命的两条路线》为题,重申了民生主义的优越性。他在结论中说:有两条路线:一条是阶级斗争激烈手段的路,其末流乃至杀人放火,残酷无伦;一条是中山先生所主张的民生主义。这两条总是要走上一条的,国人如不实事求是地努力实现中山先生所主张的民生主义,因循苟且,混战捣乱,则势必在实际上等于鼓励第一条路。

这后两篇文章,虽然不长,却表明了韬奋这一时期的思想和情绪。也道出了他的误区所在,他说的"病根"也就在他的误区上。

三、对三民主义的理解

三民主义,的确是孙中山进行民主主义革命的纲领。他自己作了很多宣传和解释。

什么是三民主义?孙中山于1906年说:"我们革命的目的,是为中国谋幸福,因不愿少数满洲人专制,故要民族革命;不愿君主一人专制,故要政治革命;不要少数富人专制,故要社会革命。""第一是民族主义,第二是民权主义,第三是民生主义。"(《孙中山选集》,人民出版社1956年11月版,上卷,第79页、73页)1911年辛亥革命之后,他又于1912年补充说:"民族主义,为对于外人维持吾国民之独立;民权主义,为排斥少数垄断政治之弊害;民生主义,则排斥少数资本家,使人民共享生产上之自由。故民生主义者,即国家社会主义也。"(《孙中山选集》,人民出版社1956年11月版,上卷,第93页)俄国十月革命之后,他进一步解释,1922年他说:"民族主义,即世界人类各族平等,一族绝不能为他种族所压制。……民权主义,即人人平等,同为一族,绝不能以少数人压制多数人。人人有天赋之人权,不能以君主而奴隶臣民也。民生主义,即贫富均等,不能以富者压制贫者是也。但民生主义在前数十年,已有人行之者。其人为何?即洪秀全是。洪秀全建太平天国,所有制度,当时所谓工人为国家管理,货物为国家所有,即完全经济革命主义,亦即俄国今日之均产主义。"(《孙中山选集》,人民出版社1956年11月版,上卷,第439页)

韬奋对三民主义中的民生主义,进行过专门探讨,在《生活》周刊上,曾连续发表了六七篇文章,基本上是按孙中山的原意阐发的。孙中山的民生主义,是为进行社会革命设置的纲领。孙中山把民生主义概括为:"人民的生活,社会的生存,国民的生计,群众的生命"。(《孙中山选集》,人民出版社1956年11月版,下卷,第765页)其基本方案是:一、平均地权;二、节制资本。

平均地权,其办法就是"政府照地价收税和照地价收买"。地价由地主自己去定,政府照所报的地价抽税,地主不愿多纳税,当然不至多报地价,又因政府可按地价收买,又不敢少报。地价定后,更须一种法律规定,从定价那年以后,那块地皮价格再行涨高,要另外加税;所加之价完全归公。这个理由，就是因为地价高涨乃由社会改良和工商业的发展，是由众人的社会力量的经营而来，所以这种涨价部分，应归之大众，不应归之私人。(《孙中山选集》，人民出版社，1956年11月版，下卷，第799页)孙中山于1924年《耕者有其田》的演说中又提出："耕者有了田，只对于国家纳税，另外便没有地主来收租钱，这是一种最公平的办法。我们现在革命，要仿效俄国这种公平办法，也要耕者有其田，才算是彻底的革命。"(《孙中山选集》，人民出版社，1956年11月版，下卷，第869页)孙中山的这些设想，在中国的当时，既没有强有力的革命政府，也没有可靠的社会力量，显然是不能实现的空想。在韬奋看，这就是和丹麦基本一致的方案，是改造我国农村社会的好办法。

至于节制资本，孙中山认为，凡有独立性质的大企业大银行归国家经营，使私人资本不能操纵国计民生，比如交通运输、矿产等，都不能由私人经营，同时也允许私人资本开办中小型企业。孙中山根本不承认中国有大资本家，由于工业特别是机器工业很不发达，标志着中国的落后。他为了补充"节制资本"的不足，还要"发达国家资本"，振兴实业。这种主张，实质上是为了在中国发展资本主义。作为资产阶级革命家，为使国家改变落后地位，必然会提出发展资本主义的要求。这是理所当然的。

韬奋对孙中山的民生主义，是完全拥护的，他认为在中国完全可按照孙中山的设想去实现，这是因为在当时，他还认识不到孙中山的方案同中国实际有多大距离，他的执著追求，他所接触到的，都是些书面上的东西，因而他对中国真实的实际情况，缺乏调查了解，他对蒋介石等人的反动本质缺乏清醒的认识，因而反映在这一时期的《生活》周刊上有着一些思想模糊的文章，这不足为奇。待更大的事件震惊他之后，他会很快地清醒过来，观点、立场也随之转变，从迷惑徘徊中走向革命的道路，因为韬奋是个面对现实的人。

第十章　新的转折

　　1931 年 9 月 18 日,震惊世界的"九一八"事变爆发,驻扎在我国东北的日本关东军向中国东北军驻地北大营发动进攻,并直逼沈阳城和东北三省。在蒋介石"绝对不抵抗"的命令下,东北军弃守国土,日本军队轻易地侵占了沈阳、长春等 20 多座城市,几个月之内,辽宁、吉林、黑龙江三省全部被侵占,东北人民陷入水深火热之中,亡国之恨的怒潮,席卷全国各地。

一、为"万宝山农田事件"的紧迫呼吁

　　这一国耻事件,对韬奋的思想是一个极大的震动。本来,他一直对日本侵略我国的蛮横行径,义愤填膺。1928 年的济南"五三惨案",就曾在《生活》周刊上有过强烈的连续反映。1931 年 5 月 16 日,韬奋在该刊发表的《料理后事》一文中说:"全国上下应有彻底的觉悟,应具有世界眼光,勿彼此闭着眼睛终日钻在牛角尖里,专作鸡虫之争,何殊自寻短见? 一旦大祸临头,噬脐莫及,愿在未做亡国奴之前,为全国上下涕泣道之"。(《生活》周刊第 6 卷第 21 期)"九一八"事变前不久,即 1931 年 7 月,在日军驱使下由朝鲜 200 余人移住长春附近之万宝山农田,强掘水田,日军还开枪扫射前往自卫之中国农民。韬奋指出:这是日本有计划的侵略事件,"国人应奋起一致对外,由一致对外而巩固国内,由巩固国内而充实御外的能力,全国一心,同御外侮"。(《国人应奋起一致对外》,《生活》周刊第 6 卷第 29 期)韬奋揭露日本阴谋,以田中上奏日皇奏章为据:"朝鲜民移往东三省之众"可为日本"开拓满蒙处女地以便"日本之"进取……"。这明明是日本强占我土和残杀我侨民,而日本却推说"日本政府对于今次事件,并无国际公法上之责任"。韬奋对此质问:"压迫究作何解? 公法究作何

解？要做强盗就做强盗罢了,扭捏作态何为？"韬奋进一步指出,日本最近增兵朝鲜,日本军金谷参谋长解释其理由,公然说:"现在日本国防作战,以大陆作战为其基干,故应于一朝有事之际,能迅速输送有力军队于满蒙方面,以制先机。"他们还在我东北设置常驻师团,分驻于长春沈阳各要隘。韬奋列出上述形势之后说:"我们为民族生存计,不得不奋起拯救此垂危的国家;时机急迫至此,尤不得不急速奋起拯救此垂危的国家。"为此,他提出全国同仇敌忾,抵制日货。

韬奋于"九一八"事变前几个月,本着爱国热忱,反复向当局呼吁,向大众揭露,我国危难的严重性和迫切性,足以证明他对日方的军事、政治动向,作了认真分析和深入研究。

二、对"九一八"事变倾尽全力宣传

"九一八"事变爆发之后,韬奋倾尽全力,把《生活》周刊作为动员的号角,每期都用大量篇幅,揭露日本强盗的残暴行径,对不抵抗主义的方针和政策进行了尖锐的批评,报导我国人民愤怒抵抗的消息,并督促有关的各个方面立即行动起来一致抗日。

1931 年 9 月 26 日出版的《生活》周刊,韬奋连写 4 篇小言论:《应彻底明了国难的真相》、《唯一可能的民众实力》、《一致的严厉监督》、《对全国学生贡献的一点意见》。在这几篇小言论中,韬奋提出了以下意见。

第一,关于日本侵略中国的阴谋,记者早就明文"垂涕哀告",但危机无论如何急迫,事实无论如何显明,而国内之私争,政治之黑暗,仍然各顾其私,对于国家民族之灭亡惨祸,熟视无睹、痛心疾首,莫此为甚。日本人自己老实承认:"欲征服支那,必先征服满蒙,使世界知东亚为我国之东亚"。今日日本在东北无端占我土地,焚我官署兵营,解我军械,逮我官吏,惨杀我无辜,凡此种种亡国奴所受的至惨极痛之悲剧,若我们无彻底觉悟和坚决抗御,则为我们人人及身所必须遭遇。所以全国同胞人人应视为与己身有切肤之痛,以坚定精神,团结起来作积极的挣扎与苦斗。

第二,日本为何敢对我国下此毒手,其重要原因,在政治上对内没有执行孙中山的遗教,对外更无从所言,而我们手无政权又无军权的民众,对此暴日,只有采取彻底的坚决的经济绝交办法。"日货进入我国,仅棉

布一项,即达二万万元,在我国设厂的日本工厂所出的棉布棉纱,每年亦达二万万元,这两项每年榨取我达四万万元。老实说,日本工商全靠我们的惠顾。只要我不吃、不穿、不用日货,仇敌虽强,能奈我何!"

第三,直接负责抵御外侮责任的人原应属于握有政权军权的人,韬奋指出,但现在这一班人把国事弄得悲惨到了这样的田地,主持政务的人除了叫老百姓作盲目的镇静以恭候暴敌来侮辱外,主持军务的人除了高呼无抵抗——无办法的继续不断的无抵抗——以恭候暴敌任意疾驱直入掠杀奇惨外,没有听见有什么有效的办法!关于这方面,请有关负责者拿出良心来作彻底的研究和迅速的补救。

第四,包括一般民众在内的全国上下,应当一致团结对外,"无论何人,无论何派,到了这个危机存亡的时候,如再图私利,闹私见,而有妨碍一致团结对外的举动,我们全体国民应群起反抗"。"以我们手无政权又无军权的一般民众,要收到反抗的实效,惟有采取不合作主义。"这个不合作主义,就是军官不用命,商人不借款,铁路不开车,轮船不启碇,学界团结起来做反对之演讲宣传,言论界奋发起来作严正责备:各抱坚决的意志,虽刀锯鼎镬,甘之如饴,如此固死,亡国亦死。共同以不怕死的精神,不合作的武器,作一致的严厉监督。只需能万众一心,什么坏蛋都孤掌难鸣,抱头鼠窜而逃。

第五,"九一八"事变后,引起全国人民的愤慨,特别是富于感情激于热血的青年学生,悲愤填膺、哀痛欲绝。韬奋收到了各地青年的来信,为青年学生的爱国热情所激动,在热泪盈眶中,向学生们提出了恳切可行的意见。他说:"各校学生迅速组织抗日救国会,推举干事,与各校联络组一总会,议定分工合作的计划与程序;择定一日,全沪学生(外埠亦可各处集合全体学生)以极哀痛严肃的态度,聚在一个相当场所,全体俯首静默虔诚为国难志哀,并举手宣誓对外必实行彻底的坚定的经济绝交,绝对不再用日货,也劝他人下同一决心。这种大规模的悲壮举动,对振作意志唤起民气可起特殊作用;择定日期,全沪学生总动员,外出宣传,由总会分地区承包宣传任务等等。"

三、思想行动的转变

韬奋的这些意见,明显地表达了他的爱国主义的热忱,主张团结起来一致对外,批评那种闹私争而恭候暴敌,反对掌军执政者的一退再让的不抵抗或不让抵抗的政策和命令。这是韬奋思想上的一大转折,这标志着他在前进的道路上的一个新的起点新的里程碑。

"九一八"以后的《生活》周刊所面临的形势是,围绕着事变的发展,呈现出两种完全对立的思想、言论和感情:一种是不做亡国奴,强烈要求日军滚出中国,积极动员抗日救国组织人民力量夺回失地;一种是不抵抗主义,要全民镇静、忍耐,依赖国际联盟调查公断。前一种是包括韬奋在内的广大人民群众;后一种是以蒋介石为代表主张"攘外必先安内"的国民党政府。韬奋在 11 月 28 日的《生活》周刊上发表《政府广播革命种子》中说:"我们不幸生着两只眼睛,更不幸而每天不得不看报,因为看报之后,对于内政外交的种种消息,非廉耻丧尽心肝灭绝,不能不难过,试就内政而言,我们觉得除'不负责'与'无是非'的六个大字外,实在苦于寻不出别的什么东西。""国民愤激于国事危殆当局麻木的心理却已尽情泄露,国事糟到如此田地,仍不愿人民说话,而赫然以天窗开上报纸,这不是政府积极的广播革命种子吗?"韬奋最后说:政府所恃者,"不过是几枝枪杆子,'民不畏死,奈何以死惧之',民众为自卫及卫护民族计,随时有爆发的机会,起来拼命!"由此可见韬奋对政府的评价和显明的态度。

"九一八"之所以给韬奋这么大的震动和转变,绝不是偶然的,我们按他在这期间所经历的若干事和人,就会了解其究竟了。

第一,日本疯狂残暴地侵略和不准抵抗的腐败的国民党政府,那些伤心惨目,刻骨铭心的消息和报道,充满报刊,9 月 19 日长春一位副营长阵亡,全家老幼 17 口均遭日军杀害,5 岁的孩子亦破腹惨死;日军占沈阳后,挨户搜查,强拉壮丁,逼掘壕沟,违者枪杀;日军开炮轰击我东北军所驻之北大营,我官兵奉命不准抵抗,营内起火房毁,士兵纷纷夺门而出,日军机枪扫射,尸积如山,伤亡人数无法统计。其惨状目不忍睹。这种情景,激发的爱国主义浪潮席卷中华大地,这就更增加了爱国知识分子的义愤和团结,促其进一步觉悟。韬奋就是位突出的代表。

第二，由于同广大知识青年特别是学生有了更广泛的接触，使其深深感到亡国的切身之痛，与人民大众同命运共呼吸的情感，得到了更加巩固和增强。《生活》周刊上的东北通讯、日本留学生的日本通讯，都揭露了日本军的残暴野兽行径，广大读者来信的内容，都成了韬奋深思的内容。比如东北大学文学院学生赵新民所述该校女生遭受日军奸污之惨状，附中一年级学生陈某，仅15岁，因访大学部女生同处一室，日军闯入，对陈某于刺刀下强行奸污，年长于陈之某女大学生睹状情急，持窗台花盆猛击日军，日军被击大怒，即用刺刀刺穿该女之腹，当即肠出，血流如注而死。类似之事，遍及东北，到处皆有。言毕怆然泪下，听者无不切齿。又如一华侨自日本通讯，记录日本实况：惨祸既起，日军如入无人之境，暴兵所至，日旗飘扬，其得意之时，即我伤心之日。中国军队事前既无预防，临时又受命不抵抗，日军乃益恣其淫威，而惨祸益烈矣。留日华侨目睹画报，见中国军队，生者被俘，死者暴骨。日本侵占东北之电影，各地公开放映，见日人欢呼拍手。处身其中，不寒而栗，华侨留此，四面"胡笳"，莫不惊惶失措，人人自危，故日内仓皇返国者，侨民与留学生已千余人，每日开往中国船只，塞舱满舷，狼狈之状，实为心酸。

第三，对蒋介石的态度有了明确转变。"九一八"事变之后，韬奋倾尽全力，坚持主张对暴日反抗，至死不移，决不容任何退让，决不存任何幻想。他极其敏感地揭露了"不抵抗政策"，尖锐地批判了"不抵抗主义"，及时地反对了"日本人要什么给什么"的卖国论调。其实，"不抵抗主义"的首发者，亲自下令东北军"不准抵抗"的就是蒋介石。尽管日本大张旗鼓吞吃"满蒙"，灭我中华，国民党政府并未因此改弦更张，唤起全国人民团结一致对外，把日本列为首敌，而仍弹"攘外必先安内"的老调，倾全力"剿共"，作为海陆空军总司令的蒋介石，不谈抗日御侮，却抓住攘内"剿匪"不放，依赖"国联"主持所谓"正义"。1931年9月22日有读者写信给韬奋："我辈国民所欲试验者，则为我国养二百万之常备军，年耗军费至四万万余，除平时勇于内战外，能不于国难临头之日，稍尽军人天职，一御外侮，这一点，我们要看看陆海空军总司令蒋介石先生了。"这是针对当天南京市全体党员大会上，蒋介石说的要试验国际是否正义和国内是否一致而发的。韬奋在"编者按"中特别指出："这的确是全国国民所'要看看'的。"(《生活》周刊第6卷第43期)韬奋于10月17日《宁死不屈的抗日运动》中写道:"人人有求生存的权利,国家民族亦有求生存的权利","我们对于暴日危害我国家民族生命的暴行,必须反抗,必须拼死反抗,实为我们人人做人类中一员所应有的权利,所必须死命的权利。""我们全国公民应下最后决心,即白刃加颈,头可断而仇货不买"。他主张同日本经济绝交,抵制日货,宁死不屈地准备应战。所以,他对"不抵抗主义者",痛恨不已,认为系无耻之辈! 1931年11月26日,京沪各校学生万余人赴南京,为国家危亡,悲愤请愿,当局阻挠留难,在饥寒困苦中,适逢雪雨交加,站在雪雨中的学生终夜不动,有的不支倒地,全体一心,至死不去,其悲壮哀痛牺牲的精神,感人至深。韬奋"对此万余纯洁忠诚大公无我的男女青年,必不能自禁其肃然起敬,油然兴其无限的悲感和同情。"而蒋介石却训学生"勿越法纪","学生之职,在于求学","军人之职,在于从军"云云。针对这种"训词",韬奋质问道:"我们所见的只有一位马占山将军,其余的只听见什么不抵抗或旁观主义,一天一天的熟视国土奉送而并不'从军',在此种状况之下,欲勉强叫学生'在于求学',如何可能? ⋯⋯军人不能保卫国土,反而奉送国土,官吏不能整顿国政,反而腐化国政,使青年不能得到可以'安心求学'的环境,这是谁的责任?"

蒋介石并不因为韬奋的质问而有所收敛,12月17日,3万多学生继续向南京请愿出兵抗日,蒋介石不但不听爱国学生的呐喊,反而下令他的宪兵特务向学生开枪。造成"珍珠桥大血案",他又公然宣布:"侈言抗日者杀无赦!""国家生死存亡,完全操在日本人手里!""国家大患不在倭寇,而在江西的'土匪'。"他说得这么清楚,让全国人民,让所有的爱国知识分子更清楚地认识到这个毫不掩盖的、彻底的卖国者的丑恶嘴脸,此时他已是暴露无遗了。

四、为马占山抗敌募捐

对马占山将军的支援。日军占领辽宁、吉林之后,正深入黑龙江之际,黑龙江东北军马占山将军通电:"大难当前,国将不国,惟有淬砺所部,誓死力抗,一切牺牲,在所不惜。"这一震动人心之通电,中华儿女无不为之欢呼。韬奋于11月21日出版的《生活》周刊"小言论"中写的《我们何以尊崇马将军?》指出:辽吉两省以腾笑万邦贻羞民族的无抵抗主义而沦

亡于异族者已两个月了，绝塞孤军，奋勇杀敌的马占山将军所挣扎保全者仅属东北一隅之黑龙江省，而义声所播，震动寰宇，凡属中华民族的后裔，更无不知尊崇马将军者，实以马将军卫国抗敌的精神，不但是以争回国家民族的人格，而且足以唤起全国民众的忠魂。马占山牺牲自我以保族卫国的精神，同自私自利携妻卷逃的军政要人形成鲜明对照，他的正义所在，生死不渝的精神，和那些不顾国家只顾个人安乐的显要，又成鲜明对比。马占山宣布他的宗旨："一口气尚在，决不将国土拱手让人，军队完了，到黑东荒练民团再干！"几句话显示了中国壮士的本色，也表达了中国人的志气。因而，《生活》周刊，介绍了马的经历，刊登了他的照片。

同时，《生活》周刊社为其筹款援助黑龙江卫国健儿发表紧急启事：

"马占山将军率其卫国健儿，奋勇抗敌，为民族死争一线生机，全国感泣，人心震奋，惟孤军远悬，有饷尽援绝之虞，调军奔援，责在政府，竭诚助饷，义在国民，本社特发起筹款援助，敬先尽其愚诚，绵力捐助百元，并已承下列各机关及同志热诚赞助，共凑集银四万四千六百六十六元四角四分，由中国、交通两银行义务电汇，妥交马将军亲收，尚希同胞慷慨捐输，共救国难，倘蒙赐交敝社，汇集电汇，并当在敝刊公布，以资提倡而唤起垂死之民族精神。"（下列了捐款机构、人员、数目）

《生活》周刊社在致马占山将军的电文中说："奋勇抗敌，义薄云霄，全国感泣，人心震奋"，"敝社特发起筹款，略助军需"。"以后所有捐款者和汇出数目，均刊于报刊。"

这一紧急启事同时刊登在《申报》和《时事新报》上。当时，这一义举，轰动全国，人民群众积极热烈响应，未出一月，即收到"十二万九千八百多元"。韬奋后来回忆道："门口挤满了男女老幼的热心读者，数十成群，继续不断，争伸着手把钞票，洋钱，角子，乃至铜板，纷纷交入，读报的孩子与卖菜的乡下老伯伯，都挤在里面慷慨捐输"。"我们仅仅十几个人的全体同事全体动员，收钱的收钱，记录的记录，打算盘的打算盘。大家忙得喘不过气来，十多架算盘嘀嘀嗒嗒算到深夜二三点钟，把姓名和数目赶着送到日报登广告"。"其中有一位'粤东女子'特捐所得遗产二万五千元，亲交我收转。这样爱国的热忱和信任我们的深挚，使我们得到很深的感动。"

这是震动全国人民爱国行动的大事，捐助者纷纷寄款寄信，一面歌颂抗日英雄,一面责问不抵抗主义者,自然地形成了抗日捐款运动。韬奋领导的《生活》周刊社,不仅是激烈抗日舆论的鼓吹者,而且是爱国运动的组织者。

五、对苏联的新认识

韬奋在"九一八"之后,连续读了两本关于苏联纪实的新书,使他开扩了视野,对苏联的认识有了很大的转变。在这之前,韬奋对苏联是缺乏认识的,往往在他笔下出现"暴俄"的字眼。从他的两篇读后感中证明了他的新看法。

1931 年 9 月 26 日出版的《生活》周刊第 6 卷第 40 期上,韬奋发表了《读〈莫斯科印象记〉》,《莫斯科印象记》是胡愈之在莫斯科的观感录。韬奋读完这本书之后说:"以著者亲切有味的叙述,通畅流利的文笔,令人非终卷不能自休,看完时觉得没有这么多的页数似的。"韬奋认为,这本书所叙述的事实,处处流露努力于为民众谋经济上及教育上的建设精神。苏联规定以 8 岁到 15 岁的初级学校,为义务教育的期限。一个文盲充斥的国家是建设不成社会主义国家的。苏联消灭文盲的速度是迅速的。他们在革命前识字人数,不过占总人口的 33%,但到了 1930 年,增至 62.6%,到 1933 年,义务教育推行全国,不识字的将减至于零。与之相应的新设学校达 45000 所,学童增加 1400 万人,需要新老师 5 万人。教育经费亦随之增加。《莫斯科印象记》全书共 41 则,韬奋特推出 3 则:"无产者旅行社"、"五日休息制"和"社会主义的生产竞赛"。

胡愈之介绍说,"无产者旅行社"是专为劳动者旅行便利而设的,是一种合作社组织,但有国家津贴,收费甚为低廉,在全国各地都有,在莫斯科就有 10 余处。旅社即低档旅馆,并无单人或双人房间,只有总间,每一间内放有一二十只小铁床,设备简朴而收拾得颇为清洁,男和女有时在一个房间睡觉,大家也不觉得有什么不方便。起床自己动手叠被,吃饭到食堂购票,凭票自端饭菜。在这里大家同样吃饭,同样睡觉,没有贫富高低之分,各人都显得十二分的满足和愉悦,计较和羡慕的杂念消失了,就同自家兄弟一般。"五日休息制",是个立意新颖,工人工作日比前减少的新制度,它把星期日废除了,自从五年计划实施后,劳动者每隔 4 天休息 1 天,

休息日各人不同,轮流休息,星期日的名称消失,连日历都用红、黄、绿、橙、青5色标出,每个工人也按休息日颜色分班。这样,商店、戏院就不会拥挤。"社会主义的生产竞赛",社会主义消灭了剥削,没有个人对个人的掠夺,但各人为全社会福利增加使全体生活水准提高的使命是不可缺少的,提高劳动生产率的任务仍然是很重要的。增加的生产归劳动者自身和国家,并不装入资本家的腰包。因此社会主义生产竞赛,是劳动者自己监督生产的措施。按照他们日常的工作经验,定一生产标准限度,由一工厂的全体工人和另一工厂的全体工人互订竞争契约,厂内的各班工人也互订约,于某限期内增加生产效率。到决算时,如生产能力超出限度而达最高点,则为最高荣誉受奖,反之如不能如约达到限度的,则视为耻辱受罚。工人们明了这是为社会的公共利益也是为自身的利益而劳动,所以能积极主动去做,起到了直接动员的作用,形成了生产竞赛运动。

韬奋读后的感想是:"觉得制度重要,人尤重要;能自治的人才能实行自治的制度,苏联对于国民教育之积极,实尤为基本的基本,处于倡导地位的干部人才(尤其是廉洁公忠艰苦卓绝的人格)也极重要,否则制度与计划都不过成为纸上空谈或落得有名无实的结果而已。"

在《生活》周刊第6卷第41期上,韬奋发表的另一篇读后感的文章是《读〈苏俄视察记〉》。这是天津《大公报》记者曹谷冰于1931年在苏联旅行4个月视察所得的笔记。张季鸾为此书作序,特别提出:"中国国民应秉自己之理想,为自己之建设",要读者们"弃短取长,以为己用",似怕人说是"赤化"宣传,以保存其《大公报》的立场。可见当时文化"围剿"所造成的气氛。韬奋针对这一顾虑,在读后感中说:"愚意我们所知者即仅属其光明方面而非其黑暗方面,然我们倘能取其光明而勿效其黑暗,则于我仍有益而无损。"所以,他对这本书特请读者注意:一是干部人物以及一般为国服务的官吏之能刻苦奉公。苏俄的官吏享用不及一个工人。他们的用车、住房、衣服、吃饭,都和人民一样,没有悬殊高低。这样,可以叫做"公仆",若"升官"便是"发财",便是穷奢极欲,剥削民脂民膏以自肥的捷径,那只是"公贼"!二是积极建设。他们的建设不是少数阔人建设自己的别墅,是替"国计民生"积极建设。三是积极扩充国民教育。

韬奋借著作者的话结束了全文:"制度固然很重要,然而实际的政治设施比制度还重要。"

这两本书所记载的事实，是很多的，但能介绍给广大读者的，却受着很多制约和限制。韬奋冒着风险，敢于推荐这两本书，这表明了他的政治态度，也表明了他的胆量过人。

由于韬奋的上述变化，《生活》周刊在群众中的声誉也越来越大，发行量由 8 万猛增到 12 万，在当时，是突破杂志发行数记录的。韬奋回忆说："《生活》周刊既一天天和社会的现实发生着密切的联系，社会的改造到了现阶段又决不能以个人主义做出发点；如和整个社会的改造脱离关系而斤斤较量个人的问题，这条路是走不通的。于是《生活》周刊应着时代的要求，渐渐注意于社会的问题和政治问题，渐渐由个人出发点而转到集体的出发点了。我个人是在且做且学，且学且做，做到这里，学到这里，除在前进的书报上求锁钥外，无时不皇皇然请益于师友，商讨于同志"。（《韬奋文集》，生活·读书·新知三联书店 1978 年 1 月版，第 3 卷，第 77、78 页）

事实表明，"九一八"不仅是韬奋前进中的转折点，也是《生活》周刊发展的一个新的阶段。

第十一章　笔伐贪官，力驳诬陷

韬奋一生，光明磊落，对黑暗势力，决不妥协，决不迁就。不管达官显贵，还是社会"名流"，韬奋都以主持正义为原则，被他抨击笔伐者，不计其数，比比皆是。因此，必然为之带来些"麻烦"和风险，可是他都置之不顾。现就典型事例，分类介绍于后。

一、揭陈调元

1930 年 11 月间，安徽省政府主席陈调元，为其母做寿，花了 10 多万元。

为此，韬奋写了《民穷财尽中的阔人做寿》的文章予以揭露。文章首先引出 11 月 29 日《申报》消息：陈调元为母做寿，寿期两天，在上海沪西陈宅设置礼堂，遍扎彩色栏杆，并扎五色松柏电灯牌楼。自朝至暮，沪上各机关团体，党政要人，均前往祝贺，京剧歌舞，名角满堂，筵席不断，盛况罕见。对此景况，韬奋写道："呜呼！在此民穷财尽，哀鸿遍野的中国，身居高级官吏，何得有此丧心病狂的举动！""试读陕民最近乞赈之电，'路旁白骨，村中绝户'，'流亡载道，死丧枕藉'，'惨情苦况，亘古罕闻'，苟有人心，能无悲恻……不知他的钱是哪里来的，本人不以为耻，社会不加制裁，且有'党政军界各要人各团体等'趋跄恐后的凑热闹！呜呼！哀莫大于心死，中山先生在天之灵而有知，哀此民生，复见此奢侈荒谬的公仆，其欷歔悲愤之情状必有非吾人所忍言者！"（《生活》周刊第 6 卷第 1 期）

这就是根据正义，站在平民百姓的立场上，呼出了广大群众敢怒而不敢言的义愤心声。在当时的中国，何止一个陈调元？有多少官僚、军阀，独霸一方，视百姓为草芥，为所欲为？又有谁敢奋笔直书公开披露？又有多少人，由于披露真实，被捕坐牢，乃至无辜丧生，贪官多，受害冤案也多。

社会越黑暗,百姓越呼"包青天"！腐败之风为清廉者所不容。韬奋清廉是榜样,笔伐贪官也是榜样。

二、王伯群暴光

交通部部长兼大夏大学校长王伯群,系何应钦(军政部长)之妻弟,此人执政无能,腐败有术,为娶小老婆一事,风波迭起,闹得报刊盛传,造成社会舆论,数月不止,韬奋主编的《生活》周刊,不得不应读者要求连续发表评论。

王伯群家本有一妻二妾,而在他兼校长的大夏大学女生中,又寻新欢,其对象是该校毕业生保志宁,经过周旋,又正式结婚。

《生活》周刊于 1931 年 4 月间,即收到读者反映这个问题,6 月 27 日出版的该刊 6 卷 27 期上,在每周新闻栏内登出记者的《久惹是非之王保婚礼》的消息。消息称,王伯群以巨额聘金纳保女士为新宠,保则提出留学条件,须由王另付准备留学费,而王允许俟结婚生子后再往留学云。学人谓"未有学养子而后嫁者也",是殆"先须学养子而后出洋者也"。该刊不以传说离奇,曾作切实之调查,调查结果,知保之父在南京政府供职,王氏夫人已去世,第一妾已"编遣",第二妾在与保论婚时亦在设法"编遣"中,"现王保已于六月十八日在上海徐园举行结婚典礼,证婚人为许世英、张群,来宾五百余人,许世英致贺词,以王氏职掌交通,特以交通为喻,谓今日之婚礼,如新造巨轮之行下水礼,又如邮政局寄第一次包裹,举行开包礼,又如电报局开幕之行开基礼,希望王部长以后以发展交通事业之精神,同时努力施诸保女士云云。王氏四十六岁,保仅二十岁,保父四十岁,婿年长于岳丈,两方本人年龄相差至二十六岁。颇有人以为位尊多金固可打破一切(闻王赠保嫁妆费十万元),"年龄虽未违法律,"但有人颇以王氏前此已有妾为不满,记者以为以有妾之人任'以身作则'之大学校长,诚不能令人无疑,……复以如此之校长而娶本校之毕业生,以品学兼优之女生而配曾拥数妾之夫婿,虽在法律上均不成问题,在社会一般人心理上的反感,则亦事实上所不免耳。"同时,刊出保志宁的照片。

这则消息刊出后,在读者中引起强烈反映,赞成者有之,反对者有之,补充、纠正、责其不足者亦有之,通过读者来信公布。韬奋对读者的意见,

必作答复,他的态度是:正确的接受,并坚持;不正确的,或作解释,或作分析,也或作反批评;实事求是,有一说一,有二说二,决不人云亦云。

而对王伯群本人的态度,仍然如此。王专门向韬奋写信进行辩解,并要求在《生活》周刊上刊登,他的信加题为《余等婚事》,韬奋全文照登。特摘如下。

"韬奋记者先生:余等婚事,自上海小报误载后,社会纷传已久;独贵刊未轻予附和,方敬佩贵刊之严正,乃顷读贵刊6卷27期每周新闻栏内有《久惹是非之王保婚礼》一则,语长心重,颇多求全之毁,岂真如贵刊所云:'外人颇疑素来好管闲事之本刊……而置此事不论',因'流弹'所伤,不能不略加呻吟欤!"

"贵刊对余等婚事因'传说离奇曾作切实之调查',足见办事精细,与一般以耳代目者迥不相同,……惟贵刊于极端尊重事实之证据中,仍不免于世俗之见,竟摭拾'闻王赠保嫁妆费十万元'之浮言,斯则不无遗憾。伯群素尚俭约,虽备员中央数载,自顾实无此'多金',且买卖式之婚姻,略具新知,均所反对,伯群虽愚,尚能认识,王保世系望族,志宁亦卒业大学,知识阶级,人格具在,断断不为此也。余之婚事经过,前此《申报》记者来询,曾详告之而发表矣,倘如小报之误传,不特厚诬保氏,更且重毁伯群矣。"

"谓师生结婚即为大学教育破产,伯群浅陋,不知彼作者根据何种教育原理。"信末签名,为王伯群的亲笔,实际上是保志宁所写。刊物并附有保写首页和末页的真迹照片。(《生活》周刊第6卷第30期)

当刊出了王伯群的信件之后,自然引起了各方面的注意,对韬奋和《生活》周刊,也自然引起更多人的关注。

不久,《生活》在"信箱"栏里,关于王保一事,又出现了图文并茂的更多篇幅。

在《对王保应作进一步的批评》下,登出了陈淡泉写给韬奋的信件。信中说:"《生活》的态度,先生的人格,一向同样的是我很佩服的。然而在最近的最近,为了毫无价值的王保婚姻,尤其是不惜牺牲了贵刊上可宝贵的篇幅,来替他(王伯群)登载那一封所谓言不由衷,卑不足道,觍颜厚脸的龌龊自辩的信,这真如梁展如君前致先生一函中所说的'我有些疑惑了'。韬奋先生,我做事向来脚踏实地,为了此事,我曾做了个自告奋勇自动的替他(王伯群)纯尽义务的去亲身调查一下,调查的结果是:该新屋在愚园路310号,虽尚未完全竣工,但从那占地几近十亩,并附花园的一所确非四五十万元莫办的宏丽巍峨洋房看来,在这里我真艳羡王部长的'多金'不置,在那里不客气的我并拍了一张照片作为我这次短促旅行的纪念。语云'事实胜于强辩',王部长见此,其又将何以自辩?"并附照片。

信中说:"我以为你对王保应作进一步的批评。骨鲠在喉,一吐为快,直率之言,还祈原宥,此祝撰安。陈淡泉八月一日"。

韬奋说:"倘我得到可以评论值得评论的事实,我便评论;倘我得不到可以评论不值得评论的事实,我便不评论,决不因为怕挨骂而动摇这个标准。我自问对于王保的婚事,始终没有违背这个标准。"这就是韬奋对待客观事物的原则精神。

韬奋将这件事归结为3点进行评论。

"第一点,关于王保个人方面。陈君说他们是由一方出于'威迫利诱',我不说这是绝无可能性,因为就普通心理讲,一是二十岁的青年,一是四十六岁的暮年,学识思想性情乃至性欲的升降都难在一条战线上,况且一方还有姬妾盈堂的历史,在女方似少自愿的理由,所以如果保女士是我的姊妹,或是我的朋友,把这件事来请教我,我就以顾问的地位当然表示反对,但如果她自愿,无论是出于真正的自愿,或是出于'威迫利诱'而勉强表示自愿……本人既自愿,旁人实无置喙之余地,她只有自作自受。我所谓'个人问题',意即在此。"

"第二点,关于教育风化方面。师生结婚,法律无禁止条文,但以姬妾满堂的人而居最高学府的领导地位(校长)复以如此的校长而娶本校的女生,实为教育上的憾事,勿怪引起社会上的反感,这一点我在二十七期评述里已说过。关于以上两点,我自问我的态度并不错。故凡遇放来的'大炮',关于此两点的痛诋极毁,对我徒作空言的攻击,我都不愿接受。"

"最后讲到第三点——奢侈的问题。当此民穷财尽的中国,应以救国为己任的党员而复身处高等官吏地位,个人的穷奢纵欲,实为国民的罪人。这一点我认为确是很重要而值得评论的,而我们所以未加以评论者,因为在最近以前,确未得到证实的材料。……本刊自己的记者亲往实地探查,并摄影五帧,即本期所附刊的。我们去摄影时该屋已落成,装修及花园布置尚未完毕,系由辛峰记营造厂承造,里面尚有该厂办事人二人和工人十余人。我们从附近两人及工人口里探悉确为王伯群氏的私产,证

以《时事新报》上'建筑'特刊所载的愚园路王氏新邸的相片,亦无误,这所宏丽巍峨的洋房及所附的花园,确为王氏所新建,已得'证实'。该屋非由投标,乃径由辛峰记所承造,该厂为营业记,造费若干,当然不愿外泄,不肯见告,惟据我们查悉,该处地皮市价,每亩约值一万四千两,关于造费,约计各方面调查所得,造费自十八万两至二十万两,闻因该厂同时承造交通部房屋,故特廉,否则须四十万元。这样算来,连地及屋总在四五十万元(内部的装修布置所费,尚不在内)……"

为准确计,韬奋又专请极有经验的可靠作头,亲往该新屋作细致考查,"包括新屋四层(地上三层,地下一层)、花园的面积及其用料,一一计算,全部造费,确非四十余万元不办。"这比华侨集资捐赠中山先生之上海住宅大大超过,对比之下,显然了解王伯群自称的"素尚俭约"和"无此多金"的究竟了。

王伯群听说韬奋调查他的罪行,曾派人前往"谈判",并携带 10 万元巨款,试图行贿,他们向韬奋说:"王部长最近拨下巨款,对上海各大小报馆都有补助,因为《生活》周刊是部长最'爱好'的刊物,所以补助的经费特别多些。"韬奋一听,控制不住胸中怒火,异常严厉地指着来人说:"《生活》是一个自力更生的刊物,经费多有困难,但是不受任何方面的津贴,一个小刊物也用不着偌大的巨款。"当面拒绝。来人马上改口说,可否作为对《生活》周刊投资股本。韬奋说这与股份有限公司的章程不合,再次拒绝。他对来人说:"王部长既然这样慷慨,不如替他捐助给仁济堂(当时上海的水灾救济机构)救救几百万嗷嗷待哺的灾民吧!"王伯群此招碰回,又指使人向韬奋写匿名信"警告",要他"小心"。韬奋对王的这些卑劣勾当,更加气愤,对其丑行的揭露,照样不止。韬奋说:"在做贼心虚而自己丧尽人格者,诚有以为只须出几个臭钱,便可无人不入其彀中,以为天下都是要钱不要脸的没有骨气的人,但是钱的效用亦有时而穷。"韬奋最后指出,俗语谓"若要人不知,除非己莫为",苟有亏心之事,必有拆穿之日,终必为社会所唾弃。

从以上所揭露的陈调元和王伯群二人看,一为省主席,一为中央部长,均属手中有权又有钱的高级官僚,通过做寿、婚姻之类常事,使人看到的是,他们已腐败透顶,黑暗之极,同处在水深火热之中的中国广大群众有天地之别。倘若说到陈调元和王伯群有什么区别的话,前者在一省权霸一方,后者则在全国交通领域把持一切;若从舆论揭露角度看,后者比前者复杂得多,其难度也大得多。韬奋所牢牢把握的是以事实为根据,保持冷静分析的态度,不为感情义愤所左右,虽然韬奋为之花了不少时间和精力,但能够真正将事情揭得深挖到痛处,做好这一点,的确是非常不易的。应当说,这对他是一种难得的锻炼。

三、关键是公私经济界限分明

韬奋和他主编的《生活》周刊,得到广大群众的热烈拥护,但也受到了少数别有用心者的攻击和诬陷。不过这并不奇怪,因在那个独裁专政的社会里,若要主持公道,辨明是非,舆论界是要经过各种斗争才能站得住脚的。你要揭露黑暗,流言就说你也并不光明,你反对腐败,造谣者就说你也有份儿。真是像他们所宣传的使你"跳到黄河洗不清"了。韬奋的办法是公布事实真相,让社会评说。他在 1932 年 5 月 21 日,写了一篇题为《公私经济的界限》的文章。现将全文转录如下。

"近来常蒙读者寄示关于批评本刊或记者个人的言论,记者一方面对于指教者之殷切,不胜感谢,一方面对于指教者的诤言,亦无不虚心考虑,尽量容纳,间有出于别有成见,则听诸社会公判,不愿多所费词,或系出于误会,则亦根据事实,径函解释。最近又承一位热心读者寄示某报一张,中有一文,题曰:《〈生活〉周刊之今昔》,劈头就说:邹韬奋主办之《生活》周刊,以立论之清傍犀利,年来甚受普遍的读者欢迎,闻其销数已达十余万份,骎骎乎与'新'、'申'诸大报相埒,邹韬奋亦由一清贫之文人,一跃而为大红特红之时代名人,筑洋房,拥艳妻,出入以汽车代步,举止豪阔,匪复吴蒙。"

"该文接下去就引记者在本刊第十六期所作《艰难缔造中的〈生活日报〉》一文里所提起的本刊最初艰苦备尝的一段事实,引了之后,接着说道:'于此足见邹氏之得有今日地位(此处原注:月入数千元),未尝不惨淡经营,历尽坎坷者,而该周刊突飞猛进一日千里之成绩,信不能不令人叹服⋯⋯'"

"记者看了这两段话,初觉既出于误会,本想径函答复,略作解释,继而觉得该文含有两点颇为重要,似有提出申论的价值:一是公私经济的界

限;还有一个附带的问题,即我们是否值得以个人私利为对象而向前努力?"

"该文一方面叙述本刊的发达,同时即接着断言记者'筑洋房,拥艳妻,出入以汽车代步,举止豪阔',是真好像本刊的公款收入就是记者私人腰包的丰满,公私经济是可以没有界限的。其实本刊的收入须用于本刊自身的事业上面,与记者私人的腰包并未发生连带关系。就事实而言,记者在未接办本刊的五六年前,半天在一个中学里教英文,半天在一个教育机关里编译丛书,现在所得的月薪,与五年前当教书匠时代的每月收入比较一下,还少十只大洋(本刊除月薪外并无分花红的办法),记者是否因本刊的发达而在个人经济上发了财,是不辩自明的事实。讲到我个人数年来的负担,有大家族十余口的牵累,有小家庭六七口的牵累,还须帮助一个弟弟求学,家里一有病人,我就好像热锅上的蚂蚁,幸而自己曾于公余译了两三本书,有些版税拿来贴补贴补,否则早已索我于枯鱼之肆。讲到'妻',确有一个,'艳'不'艳',我自己无须多辩,不过这个'妻'我已娶了七年,我主办本刊迄今不到六年,就是'艳'也不是靠本刊发达才'艳'起来的,这也是不辩自明的事实。讲到'筑洋房'吗?我所租的是单幢两层楼的屋子,和一个也有家眷的亲戚同住,他们住在三层楼,我和'艳妻'以及两男一女,五口子就住在二层楼的一间卧室里,'豪阔'到哪里去?至于'代步',我只有常常对不住我的两腿。我常对我的'艳妻'说,我不过是家里的一个账房先生,每次领到薪水到家,涓滴归公,她当着我的面前就支配给我看,这样若干,那样若干,常常不够,看去已十分省俭,我又无法去叫她紧缩,官署可以裁员,我又未便把哪个儿子或家中人裁出去,只得说等到有版税拿时再说,所以我的'艳妻'常拿'版税'两字和我开玩笑,因为我两手空空,一来就拿'版税'做盾牌。……公私经济应有严格界限。本社平常对此点异常注意,凡与社中公事无涉的信件,记者向来不用社中的信笺信封,不耗费社中的一分邮票,即其一例,不但记者如此,本社各同事都如此。我们的账目,每半年必经过会计师的严密查核,公私经济绝不容有丝毫的含混。愚意公私经济必须严分界限,这是任何事业的基本条件。本社同人不过尽其分所应尔罢了。至于所谓'大红特红之时代名人',记者的工作专注于本社事业的范围,绝不借本刊为个人有所活动,'红'与不'红','名'与不'名',非所愿问。"

"记者不以自己为穷苦……惟当此哀鸿遍野,民不聊生,每念大多数同胞水深火热之痛苦,实不胜其歉疚愧怍,在我们个人方面多一分刻苦,也许少一分不安,少一分罪戾。由此事可略略说到第二问题,即我们如为社会公共福利而努力于一种事业,把它看作社会的事业,而非个人的事业,便觉得奋勉;若不过为个人私利而孜孜,便感觉人生之毫无价值,所以我们应提倡舍己为群的意志与精神。"

的确,从韬奋的所作所为,已充分地体现出了他这种意志和精神。他笔伐贪官为了建树廉洁的社会风尚。他揭露黑暗,重在调查核实,决不人云亦云,或夹杂任何个人恩怨。他竭尽全力发动社会捐献,全是为抗日战士,所有捐款,均公诸报端,并有据可查,没有一分流入私人口袋。他家庭生活清苦,往往入不敷出,但他公私经济严格分开,因而对他的种种诬陷自然不攻自破。

第十二章　在烽火中经受考验

"九一八"后的国民党政府,由于对日妥协投降,对内残酷镇压,致使宋庆龄正式宣布国民党"灭亡"了。她严正指出"当作一个政治力量来说,国民党已经不复存在了",这是由于它背弃了革命政策,向帝国主义者投降;在中央政府中,国民党党员力争高位肥缺,以满足个人的贪欲。所以她说:"国民党今天已名誉扫地,受到全国的厌弃和痛恨。"(《为新中国而奋斗》,人民出版社1952年版,第25、27页)

可是,这个国民党政府,在日本侵略者看来,却是个机不可失的宝贝,他们在东北得手之后,继而在上海发动了进攻,制造了1932年的"一·二八"事变,企图直接威逼华东和长江流域。

一、在炮火下奔波和写作

事情起始于1月28日深夜,日军由租界向闸北进攻。驻守上海的十九路军,以蒋光鼐为总指挥、蔡廷锴为副总指挥兼军长,违背了国民党政府的不抵抗政策,奋起反击,开始了著名的"淞沪抗战"。

此时,上海的抗日救国浪潮,正日益高涨,战火更加激怒了中国人民。首先,宋庆龄、何香凝带着大批急救物资亲赴前线,向英勇的将士们进行亲切慰问,各界纷纷起而响应。日资工厂的工人带头发动了同盟总罢工,各种各样的抗日救国会、抗日义勇军、运输队、救护队和服务队,踊跃建立,积极支援。随着军事要求,宋庆龄、何香凝还设立了若干伤兵医院。

同时韬奋和他领导的《生活》周刊的同事们,都成了抗日救亡的积极参加者。这时,使韬奋更加紧张的是,既要奔赴前线慰问杀敌的将士们,又要参加后方的各种服务活动,白天奔波不止,夜晚又写作不停。他恨不能化作为几人投入这抗日热流,以倾尽自己的全部力量。他深深感到自己主编的周刊,已不能适应现实的要求,于是于1月30日又加编《紧急临时周刊》。在这里韬奋以《痛告全市同胞》为题,发表了他的主张。他写道:"日人此次为有计划之毁灭我国家民族,已暴露无遗。国果亡、族果灭,则国人的福利,家族之安宁,何所希冀?"接着他又向上海市同胞提出4点要求:(一)忠勇军士为民族人格及生存在前方牺牲生命,我们应有财者输财,有力者努力,慰问我前方义军。(二)我国抵抗能多坚持一日,在国际上的信誉及同情即随之而有若干之增进。我们国民应全体动员,作义军后盾,商界表示罢市,各界均应速有秘密之有力组织,各尽能力所及分途并进。(三)我们要想救国保族,必须下决心不怕牺牲,虽死无憾,若再麻木不仁,隔岸观火,则自降于劣等民族,灭亡乃是应得之结果了!(四)时势虽报危机,我们只有向前奋斗,至死不懈,不必恐慌,亦无所用其悲观;我们应利用这种空前的患难,唤醒我们垂死的民族灵魂,携手迈进,前仆后继,拯救我们的国族,复兴我们的国族。

为了适应形势的需要,韬奋加编"号外",因感到第1号不够应急,于2月2日出了第2号,这时,正值前线我军颇占优势,而日军败北不能支持,日方为缓兵之计,日本领事恳求沪上各国领事出面要求我方停战。为此韬奋以《几个紧急建议》出刊,义正词严地指出,如日人再喋喋恳求英、美、法领事向我提出休战,他建议政府与人民必须一致坚持3个条件,丝毫不应退让。(一)日军在上海肇祸,为上海安宁计,日军必须完全离开上海,不许有一兵一舰一机之存留。(二)暴日对我上海市民生命以及公私财产之摧残,在我牺牲极大,我们必须责令日本赔偿……日本在华的公私财产交我暂时保管。(三)以上条件必由英美领事担保。此外,韬奋又提出:全国一致对外,任何旧账不必再提;对外唯一目标,须认定日本,不可自增纠纷,失却他国同情;人人自视为拼死前方的爱国军士之一员;民众自己应有自卫组织。这样出了第2号仍然不够,于是2月8日又出了第3号号外。本来日军原吹3小时即可解决问题的,但事实上10天双方军事仍在对峙,由形势所迫,日本公然说,上海乃地方问题,与东北无关,与整个中国无关云云。韬奋为揭穿这个谎言,写了《沪案与整个国难问题》,他指出,沪案之所由起,是由于日人借口我国国民的抗日救亡运动,而这个运动决不是发生于上海一隅,乃发生于日以暴力侵占我东北国土。倘沪案苟安敷衍,马虎作局部的草率解决,则国难全部问题,更无相当解决的希

望。所以,要根本解决国难,非将沪案和整个国难问题共同解决不可。这样一来,他个人的工作量成倍翻滚,所编出的刊物数量也在成倍地增加了。

二、筹办"生活伤兵医院"

当韬奋亲自护送 7 名伤兵到上海同仁医院时,看到医院床位过少,有些伤兵住在过道里,又听到了医生王以敬的诉说,人员过于紧张,医护工作跟不上,不能迅速减少伤兵的痛苦。谈者恳切,听者沉重。顿时,韬奋泪流满面,他深切感到这是迫不及待需要解决的问题。于是他下决心筹办伤兵医院,当即同王以敬商定,由王挑起重担,担任院长,因王于圣约翰大学毕业后赴美国留学 4 年,荣获圣约翰大学医科博士学位,无论品德和业务,都能使人信赖。就这样韬奋在王以敬的协助下,加紧了筹办伤兵医院的工作。

为浴血抗日的伤病员,韬奋和王以敬连连奔波、走访,到处宣传、交涉,终于在沪西梵王渡青年会中学找到了地方。该校校长瞿同庆乐意清出校内两幢洋房,作为伤兵医院用房。韬奋、以敬高兴地察看了房子:建筑讲究,高大宽敞,加上清洁幽美的院落,感到十分满意。3 月 4 日,"生活伤兵医院"正式开张。

由一个杂志创办伤兵医院,还是件新鲜事情。它的激励和影响是极远极深的。十九路军的将士们得知此事后的兴奋和鼓舞是令人难忘的。蔡廷锴将军于医院开张之日特致电祝贺,他说:"为救国保种而抵抗,虽牺牲至一人一弹,决不退缩,此心此志,质天日而昭世界,炎黄祖宗在天之灵,以此祝贺伤兵医院开院典礼!"当韬奋接到这个电话,按住跳动的心弦,激情地回答:"十九路军将领以尽天职,是给我伤兵医院开院最珍贵的贺礼!"这一天韬奋同院长一起,察看和慰问了医院各个机构的工作人员,他们身着白衣白帽到各个病房,亲切地向每个伤病员慰问和交谈,并将载有韬奋编写的《上海血战抗日记》的《生活》临时特刊,分赠给伤员。这是一篇暴日进攻上海的综合性军事报导,也是一篇我十九路军誓死抵抗的血战记录。它虽然只有 1 个多月的纪实,但今天看来仍是篇具有重要价值的抗日文献。

三、血战纪实录

这篇报导先向读者介绍了事变前日领事馆挑衅寻事的借口,1月18日,日本僧徒5人在引翔乡被人殴伤(后一人殒命),曾向上海市政府提出4项要求,其中"关于抗日侮日之非法越轨行动,一概予以取缔,尤其应将上海各界抗日救国会以及各种抗日团体及时解散之"。市长吴铁城乃决定完全屈服,完全接受日本领事馆的这4项要求,并于当日下午1时45分,函复日领事馆,该领事馆亦表示满意。讵料当晚11时25分,市政府又接到日海军司令盐泽公告,勒令中国将闸北方面所有中国军队及其敌对设施从速撤退。当晚11时45分日本海军陆战队及便衣队即入闸北我军防线,公告15分钟,就采取军事行动并不等我国答复。他们原打算3小时内必可稳占闸北,48小时就可灭亡十九路军,没有料到中国也有忠卫国土的军队。事实却同他们想的相反,从1月28日深夜起,我军迎战甚烈,寸土不让,一直打了半个月,日军的飞机、大炮、铁甲车屡屡进攻,却连连惨败,虽三易主帅,多次增兵,亦未得到什么进展。而我军却越战越勇,十九路军将领通电全国说:"我等分属军人,惟知正当防卫,是其天职,尺土寸草,不能放弃,为救国保族而抵抗,虽牺牲至一人一弹,决不退缩。"蔡廷锴等还与妻写了诀别书。报导还写了前线的进展和变化情况,并附有战区村镇和交通的地图。这篇报导使人清楚地认识到:第一,日方顽凶和狡诈的强盗嘴脸;第二,国民党政府当局的投降可耻形象;第三,我前方将士英勇拼搏的献身精神。伤员们读了之后,一时忘却了病痛,纷纷表示再赴战场杀敌的决心。消息传开,迎来了群众纷纷的捐献和慰问,也感染了更多的读者对《生活》周刊事业的关心和支援。

半个月之后,韬奋又写了《上海血战抗日记》第2号,继续报导了半个月的前方战事的变化情况和敌方提出议和的波折,又画出一幅更加详细的战区图。第3号是记载了3月1日到7日的战事变化。3月1日我十九路军因援兵不到,发生了总退却的悲剧。一个多月来,日军屡屡增兵达10万之多,而我军只有张治中部起而参战者4万人,其他国军都无行动。十九路军只有退守第二线。这3篇报导加图片画刊合编为一小册子发行,受到读者欢迎,给人留下了不能忘怀的血战纪录。

为什么在淞沪战场上浴血奋战的将士们得不到军事上的援助呢？2月29日日军陆军第九师团长向记者宣称："此次本军行动，既非对中国政府，又非对中国社会及人民，完全系单独对十九路军。"此话连3岁的孩子都会辨别清楚，没有哪个爱国的中国人会相信这种谎言，可是作为国民党中央政府的首脑蒋介石、汪精卫、何应钦听得入耳，听了接受，对全国人民的愤怒抗日，无动于衷，对十九路军的强烈呼吁置若罔闻，不但不予援助，反而处处牵制。岂不令人难忍?!

四、思想上的根本转变

入侵者的炮火，燃烧着上海，十九路军的将士，血洒了这片热土，全国人民特别是上海人民在救亡浪潮中得到了考验。韬奋也经历了战争洗礼。当时，"九一八"战地虽远在东北，他却投身于为马占山将军募捐的热潮；"一·二八"战地近在咫尺，他又与蔡廷锴将军更加紧密地联系在一起。他不是一般的呐喊者，更不是旁观者，他是个切切实实的参加者。他的呐喊发自肺腑，他的行动特别真切。

1932年1月9日出版的《生活》周刊第7卷第1期上，韬奋在《我们最近的思想和态度》中说："本刊最近已成为新闻评述性质的周报，故有所论述，多以当前事实为对象。"评论以什么为标准呢？他认为，核心标准是正义。但对正义之解释不同，"帝国主义者所认为正义，与被压迫的弱小民族所认的正义不同；资本家所认为正义，与被剥削的农工群众所认的正义迥异；军阀官僚土豪劣绅所认为正义，与被蹂躏的平民所认的正义亦非一物，故有明定界说之必要。我们所信守的正义，是反对少数特殊阶级剥削大多数劳苦民众的不平行为。""无论何种政策与行为，必须顾到大多数民众的福利，而不得为少数人假借作特殊享用的工具。""我们从此观察点，深刻认识剥削大多数民众以供少数特殊阶级享用的资本主义的社会制度终必崩溃……；为大多数民众谋福利的社会主义的社会制度终必成立。"他对经济和教育，作了如下建议："（一）关于经济方面，以生产工具公有为社会制度之最后基本原则；以国营实业为达到生产工具公有之基本方法。（二）关于教育方面，以劳动教育为全体国民教育之基本原则；以智力及社会需要为升学专门之基本标准。"

　　韬奋在这里，明确地宣布了《生活》周刊的性质不同于以前了；也明确宣布了他的阶级观点和立场不同于以前；更重要的是他深信，资本主义制度必然崩溃，社会主义制度终必成立，并以公有制经济和全体国民教育为基本原则，去实施其社会主义。这绝不是一般文章，而是韬奋思想变化的重要宣言。它自然在社会上产生重大的影响。

　　对反动统治者和军政要员的认识，标志着韬奋思想行动上的根本转变。1932 年 1 月 16 日韬奋在《大演空城计》一文中指出："国势危殆"之际，"最可危者尤在直接应负卫国御侮的责任，而实际却均在大演空城计"！"政府颟顸无能，无异行尸走肉，民众天天在这里做后盾，其如前面不动，后盾无所用其力量何？""现在军政诸公继续不断的大演空城计足以亡国、灭种，如除演空城计外，无力演他种戏，便应该老实下台，因为这个舞台是和全国全民族有生死关系，不能供少数人尽作儿戏"。(《生活》周刊第 7 卷第 2 期)3 月 12 日韬奋在《愤懑哀痛中的民意》中，写道："如今的中央政府则嘴巴上尽量抵抗，行为上尽量不抵抗，这种欺骗民众的勾当，是我们国民所痛心疾首的一件事！嘴巴上尽量抵抗的表现，说得最好听的是蒋介石氏之'北上收复失地'及'置身最前线'，以及为国效死的无数宣言与谈话。而现在为国牺牲惨死的只有十九路军的忠勇军士，及无辜冤死的妇孺平民，满口为国效死的死在哪里？不但自己不肯死，对于援军尚且多方捣鬼，阴阳怪气。说交通不便吗？沪军苦战 30 余日，无论如何绕道，何至但闻其声而不见其人？今天说什么援军来了，除良心曾有一次昙花之一现，派了八十七及八十八两师（尚非全来）一部分少数人之外，在总退却之前，就永无一丝一毫之应援，较之日军由六七千人迭次增至十万人以上者为何如？太无决心作彻底之援助，何怪在事实上无充分之增援？说经费无着吗？从事国民所头痛的内战，尚能发行十余万万国民所不愿付的公债；谓有决心御外以卫国保族，便一筹莫展吗？试看十九路军始终仅得政府三万元之资助，国民资助该军之踊跃为何如？除号称握有国内军事实力的蒋氏外，身居军政部要职的何应钦氏亦为延误军机而为全国全民族的莫大罪人。""何氏的军事报告，只说日本如何厉害，似乎中国人除了任人宰割外，不必再转念头！""十九路军抗日月余，尚不能略壮他的鼠胆"，"据记者所闻，当军事会议开会讨论派援兵时，大多数赞成派援，蒋介石与何应钦两氏反对最力，谓不宜使战事扩大，他们并未想到我

们尽管缩小,自趋绝路,日本却自由扩大,到处横行。"汪精卫氏虽说政府已派了许多援军,"实际上我们所见的是什么? 全是一套欺骗民众的话! 至于上海海军当局拒绝借用高射炮,以须有中央命令为托辞,而中央则假痴装聋,亦为民众所共见的明确事实。"这真是一个"违反民意辱族误国的政府"。韬奋对这个政府及其主要首脑刻画得入木三分,这是他从来没有过的。

到了 1932 年 5 月 7 日,韬奋对国民党政府提出了更加尖锐的问题,即能不能打倒的问题。他在《国民党与中华民国》的评论中,针对着汪精卫所说的"中华民国是国民党所做出来的","如果没有国民党,就断断没有中华民国"云云。韬奋说,诸先烈之舍生取义,绝不是为党而牺牲,"乃为借党的主义与工作之有益于全国同胞而牺牲。"倘若党所"做出来"的中华民国不过是块空招牌,而实际上全国民众所受痛苦无异于以前,甚或较前更加痛苦,则诸先烈在天之灵而有知,必痛哭流涕于后继者之不肖,对全国同胞正觉其歉疚于无穷,决不忍以"所做出来"傲然自得。韬奋指出:国民党之应否打倒或受国民的拥护,其关键应以国民党在实际上的工作是否有益于中华民国为转移,是否有益于大多数民众为转移,而不应以"中华民国是国民党做出来的"为标准。如果"国民党的实际工作不过是挂羊头卖狗肉,我们民众不能承认打倒国民党就是连中华民国都打倒。"(《生活》第 7 卷第 18 期)这种有胆有识,理直气壮的声音,当然代表了广大群众的心声,这决不是偶感的流露,也不是一时之愤慨,而是他长期观察和思索的结果。

1932 年 7 月 2 日,从韬奋写的《我们最近的趋向》一文,就更进一步补充和概括了他和《生活》杂志的立场和态度共列为 4 条:(一)我们的立场:凡遇有所评述或建议,必以劳苦民众的福利为前提,也就是以劳苦民众的立场为出发点。(二)我们认为中国乃至全世界的乱源,都可归结为有榨取的阶级和被榨取的阶级,有压迫的阶级和被压迫的阶级,要消灭这种不幸的现象,只有社会主义一条路走,而绝非行将没落的资本主义和西洋的虚伪民主政治的老把戏所能挽救。中国无出路则已,如有出路,必要走上社会主义的这条路。我们对于此点既有深切的认识,绝对不愿开倒车。(三)欲达到社会主义的境域,倘不幸而不得不为长时期而牺牲短时期,为多数人而牺牲少数人,虽欲避免而无法避免,只得放手做去,不应以短视的态度,姑息养痈,贻无穷的祸患于将来。(四)在中华民族的独立运动的进行中,一方面固不可不注意于本国政治社会问题的根本解决,同时对于反帝国主义的工作尤丝毫不容放松——尤其是对于进攻最猛侵略最急的日本帝国主义者——我们认为要为中华民族求生路,这两个方面有兼程并进的必要。

　　以上这些明显地标志着韬奋对国内形势和国际形势的深刻认识,他既认识到我国社会根本制度的出路,也认识到中华民族的根本出路,既认识了反对帝国主义和国内反动统治者斗争的迫切性,也认识到这种斗争的方式和性质。能跨出这一步是不容易的,韬奋是克服了"实业救国"、改良主义之类的思潮,花了时间和心血的,他是从实际参与斗争中、在烽火的考验下得到的,也是在师友的帮助和自己的求索中得到的。

第十三章 在危难中建立生活书店

在中华民族危难中创建的生活书店,是我国革命出版史上的一件大事,也是韬奋事业的重大转机。它确实起了里程碑的作用,在反文化"围剿"中崛起,在白色恐怖中挺身战斗。这是没有任何出版单位所能代替的。如果把"九一八"后的《生活》周刊比做革命文化事业先锋的话,那么生活书店就是新筑的坚不可摧的堡垒和阵地。

一、苦心筹办《生活日报》

1932 年初,上海的抗日救亡运动正在高涨的时候,邹韬奋常常感到周刊的出版时间间隔太长,不能及时反映对重大时事问题的意见,很想办一份日报。"一·二八"日本发动的侵华战争的第三天,1 月 30 日出版的《生活》周刊上,刊登了读者董浚敏等 6 人的建议《拟请〈生活〉周刊社在上海创办日报之理由及简略组织法说明》,其中说,在上海办日报,责任之重,影响之大,非同一般,而已出之日报,既无救国救民宗旨,又持不痛不痒论调,对于淫盗卑鄙之新闻则大肆铺张,"藉投今日吾国恶浊社会之所好,使今日政治之糟,社会风纪之腐败,及国民道德之堕落,该报等与有一部分造成之过焉。"自《生活》周刊出版以来,"挽救国人恶劣颓丧之意志,殊见有功,但惜乎其为周刊,时间相隔太长……"。韬奋于"编者按"中说:"事真凑巧,在接到此信的前一晚,刚有几位朋友谈及同样的意思。"(《生活》周刊第 7 卷第 4 期)

韬奋所说的几位朋友,是指戈公振、杜重远、李公朴等人,其核心是邹韬奋。他们筹备工作的进展情况和研究的意见,屡屡公布于《生活》周刊。

1932 年 3 月 5 日出版的《生活》第 7 卷第 9 期上,在"生活伤兵医院"

开张的第二天,韬奋发表了《创办〈生活日报〉之建议》,说明自公布董浚敏等6人的信件以后,热心赞助督促之来信,纷至沓来,经过富有办报学识经验之友人,审慎的讨论,反复的研究,拟出了具体建议之纲要。其中说,本报取名《生活日报》,由生活周刊社请定"信托人"6位(后为7位),全权主持关于本报之全部业务;本报特色为大多数民众谋福利,不以赢利为最后目的。版面为1大张4页,第1页为社论和重要新闻,第2页为社会新闻,第3页为经济新闻,第4页为文艺新闻。拒绝大广告,提倡小广告,凡不忠实或有伤风化之广告,虽出重金,亦不为之登载。《生活日报》希望第一年销5万,以后每年增加5万。资本定为30万元,每股定为5元(后为10元),凡系中华国籍而赞成本报办法者均可认股。

《生活日报》股份两合公司章程规定,由无限责任股东和有限责任股东联合组成股东会。无限责任股东,由《生活》周刊社内认股,他们对内执行业务,对外代表公司负担经济上之无限责任,无限责任股东代表为邹韬奋,并由他聘请若干人分头负责。这些人是:

经理部主任——杜重远

副主任——李公朴

总稽核——毕新生(云程)

编辑部主任——戈公振

副主任——陈彬和

撰述部主任——吴颂皋

撰述——陈彬和

撰述——邹韬奋

而有限责任股东,系投资赞助者,他们选出监察5人(任期一年),可随时调查公司财务状况,查核簿册文件,并请求无限责任股东报告公司业务情形。无限责任股东不得为监察人。这样,股份两合,既保证业务上独立自由,又要受有限责任股东之监察,而不受任何大股东之操纵。

有人问《生活》周刊和《生活日报》是什么关系?韬奋回答了这些问题并解释了人们的误会,他说:"《生活》周刊好像阿兄,《生活日报》有如老弟,虽他们俩的人生观和做人的态度在根本上是相同的,但各有各的个性,各有各的贡献,尽可相辅相成,而不至于不能相容的,所以周刊仍然存在。"(《生活》周刊第7卷第14期)照常出版,即除周刊之外,另加出日报。

为了使读者更清楚它们的区别,韬奋曾专门写过两篇短文:《〈生活日报〉与〈生活〉周刊》,《再谈〈生活日报〉与〈生活〉周刊》。文章进一步说明:《生活》周刊内容侧重在评述国内外时事,讨论有关政治经济社会各方面的一般问题,介绍国内外的现状与大势,故其体例有评论、专论、国内外通讯等等。其方法侧重评论和问题研究,以借此一扫国民向来只顾一身一家而漠视整个民族群众福利的心理,引起他们注意时事及研究问题的兴趣,扩大胸怀与放远眼光的感觉。在取材方面,因每周出版一次,力求精彩,只能选用其时间性之不十分急迫者。遇有时间性比较紧迫的材料,想发表我们研究所得以贡献于社会,便感觉有创办日报的需要。日报和周刊不同的是,日报须有迅速真确而编辑得法的新闻材料。周刊所根据的事实当然也须真确,然日报对新闻方面,于真确之外,尚须迅速,其编辑方面与周刊之仅汇集整篇文字,当然也不同,但是这不过于日报中加上原来周刊所未有的东西,与原有周刊更毫无妨碍与冲突。它们都属新闻事业,但各有特色。

当有人问《生活日报》的"背景"时,韬奋回答得直截了当:所谓"背景"的内容,不外是何党何派出了几个钱办报,为自己一党一派培植势力,或干些自私自利的勾当。再进一步地分析,还可分为两点说,一是经费之由来,二是主持者有党派的偏见。可是《生活日报》是由《生活》周刊社产生的,《生活》周刊自韬奋主持以来,事业的维持和进展,所有经费全靠自己在营业上(发行、广告及出版书籍)所得的收入,绝对不受任何团体或私人的津贴,《生活日报》认股一事,均由认股者所填认股书,其职业、性别、年龄、籍贯等等,一一可查。至于是否有党派偏见,其言论与天下共见,无不以民众利益及正义公道为前提,主持《生活日报》者即主持《生活》周刊者,其姓名均已公布,不辩自明。倘若追问生活日报后面是什么?"是民众,因为它是民众所扶持的,因为它下决心为民众而努力。"(《生活》周刊第7卷第17期)

1932年8月20日《生活》刊登《〈生活日报〉继续收股启事》:"本报原定八月底,收足股款十五万元时即行创办,现截至七月底,所收股款已达十万元(股东户已超过二千),连同已认缴之股款,离十五万元之数已甚近。就投资之踊跃,足证各界盼望本报出版之热切。特此再行通告:已认股而未缴者,请速向上海新华银行缴款;其同情本报而尚未认股者,亦请迅速认缴,俾本报得于最近期内筹备发刊,不胜幸甚。"这一启事登出 20 天之后,9 月 10 日,《生活》周刊刊登了《邹韬奋启事》:"关于《生活日报》之筹备,原由《生活》周刊社委托韬奋为代表人主持一切,现以法律规定,社团不能担任无限责任股东,故改由韬奋个人担任,查股款刻已认满十五万元,故决定依照原来计划进行,俟十月十日后正式筹办,并已承戈公振先生充任本报筹备处主任。关于股本方面,因有热心赞助本报之印刷所,愿合作办理印刷事务,无须独立创办印刷厂,故将原定三十万元股本,改为十五万元。"

《生活日报》的筹备,是韬奋和几位朋友共同奔波的大事,经过 10 个多月的努力和奋斗,正在准备出版问世的时候,哪里想到来自社会上的种种压力相继而来,致使邹韬奋不能不苦痛地宣布,《生活日报》停办,没有开台的锣鼓只好就此结束。1932 年 10 月 22 日出版的《生活》周刊上,刊登出《〈生活日报〉宣告停办发还股款启事》:

"《生活日报》系应《生活》周刊读者之建议发起招股,承蒙各界热心赞助,踊跃参加,股款本已足额,曾经登报通告开始筹备。惟自近月来,《生活》周刊遭受压迫,日在挣扎奋斗之中。就目前形势言,周刊存在未卜朝夕,在此环境之下,日报即令勉强出版,亦难为民众喉舌。韬奋受二千余股东付托之重,不愿冒昧将事。为此,决定停办。所有股款自十一月一日起(因计息需时)统由新华银行凭股款收据分别发还,并按该行活期存款给息。……至于筹备时期开支费用,当由无限责任股东设法弥补,特此奉闻,诸希谅察。"

到此为止,韬奋在《生活》周刊上,自《创办〈生活日报〉之建议》起,共发表了 14 篇文章阐发《生活日报》的各个问题和回答读者的疑问,他确实付出了艰苦的劳动。但结果没有实现他的愿望,这是为什么?

二、压力来自蒋介石

韬奋和《生活》周刊,当时遭受到什么压迫,遇到了什么麻烦? 又采取了什么对策和措施呢? 胡愈之对此事的底细,有过一段精彩的回忆。

他说:"在 1931 年冬季到 1932 年初,我最初认识韬奋这一个时期,《生活》周刊主要做了两件事。首先是发动读者募捐支援马占山抗

日。……后来马占山终于战败，由苏联境内流亡到了上海，还见过邹韬奋并表示感谢。接着是'一·二八'战争，当时驻在吴淞、江湾的以蔡廷锴为首的国民党十九路军，不顾蒋介石的命令，自动举兵抗击在吴淞登陆的日军。上海及全国各地人民群众奋起予以支援。《生活》周刊也做了宣传和支援工作。在这时《生活》周刊变成全国闻名的坚决主张抗日救亡的刊物，销数激增到一二十万，这是当时任何报刊没有达到过的。'一·二八'战争时，我在闸北的住房被毁，我害伤寒症住医院，后来回到浙江乡间老家养病，约有半年不在上海。在乡间养病时，看到《申报》登出的《生活日报》招股广告，才知道邹韬奋已经决定由群众集股，创办一家日报。……我当时不在上海，并不在发起人之列。但我看到了发起人名单中有陈彬和、吴颂皋的名字，我怀疑这张报纸能否真正办成进步的报纸。大约六七月间我回到上海，去看韬奋，他告诉我发起《生活日报》这件事，说他和几个朋友发起民众办报，要作为毕生事业，大家都表示决心不当官，决不加入国民党。他又说吴颂皋现已在《生活》周刊办公，由他负责日报的一切筹备事宜。他希望我也作为发起人之一，我当时不置可否。只过了几天，韬奋找我去，说吴颂皋接到汪精卫（当时国民党政府行政院长）电报，到南京去做官了。这件事当然使韬奋大为吃惊，他知道自己看错了人。我也提醒他陈彬和此人也不可靠。以后我和韬奋接连谈心，我觉得韬奋的态度是诚恳的，他没有个人打算，真正想为人民做些事，记得我和他说，马占山黑龙江抗日，十九路军淞沪抗日都遭失败，并不能挽救中国面临危亡。中国只有走苏联道路，来一次彻底革命才有希望。这些谈话，后来有杜重远、毕云程参加。邹和杜、毕3人以后成为《生活》周刊内部的领导核心。至于吴颂皋、陈彬和，韬奋以后再没有同他们来往（吴在抗战时当了大汉奸）。韬奋从此时起思想有很大转变。他抽空读了一些关于苏联和社会主义、共产主义的书。"（《我的回忆》，江苏人民出版社1990年7月版，第152、154页）

韬奋和《生活》周刊自"一·二八"战争起，连续遭到了意想不到的内外压力。所以如此，全是由于当时的最高当局，无论蒋介石还是汪精卫，对日本侵略者只许妥协，不准抵抗，他们决心要"安内"，因而对共产党和革命力量进行军事上、文化上的"围剿"。而对于当时主张抗日反对内战的报刊，却视为眼中钉。据胡愈之回忆："大约1932年底或次年初，蒋把

黄炎培叫到南京。黄当时是史量才所办的《申报》的董事长,《申报》在
'一·二八'战争时也宣传抗日,对国民党政府不满。而《生活》周刊是中
华职业教育社的机关刊物,也和黄炎培有关。因此蒋介石申斥了黄炎培
一顿,要《申报》和《生活》周刊改变态度,拥护国民党,否则就要查封。黄
炎培在蒋面前屈服了,他回上海后,《申报》再不登批评国民党的文章(后
来史量才还是被军统特务暗杀了)。关于《生活》周刊,黄炎培回上海后向
邹韬奋提出要求,改变政治态度,否则申明与中华职业教育社脱离关系。
邹韬奋坚决拒绝改变政治态度,同意与职教社脱离关系,由他自己负责办
下去。当时就在报上登载《生活》周刊社脱离中华职业教育社的启事。"
(《我的回忆》,江苏人民出版社 1990 年 7 月版,第 154 页)

从《生活》周刊所发表的言论,就清楚地表明了韬奋态度的演变。他
对以蒋介石为代表的国民党统治者,初由盲目地拥护,到冷静地相劝,进
而怀疑警告,一直到愤怒地唾弃而主张推翻。他的这种政治态度的转变,
是由种种现实教育的结果:他是一个面对现实的人,一个由梦幻中彻底清
醒的人,因而成为一个真正坚强的斗争勇士。与此同时,蒋介石政府对
《生活》周刊的态度,也是前后变化的,先是称赞,后是恫吓,进而下令禁止
邮递,直到最后查禁。压力和困难,一个接着一个,一浪高过一浪。韬奋
在这些面前"宁为玉碎,不为瓦全",他说:"我的态度是一息尚存,还是要
干,干到不能再干算数,决不屈服。"表现了无畏无惧,坚贞不屈的可贵精
神。

对奉蒋介石之命而来的说客,韬奋又如何具体对付的呢?

1931 年 1 月 9 日,韬奋在《生活》周刊第 7 卷 1 期上发表了《我们最近
的思想和态度》之后,除得到广大读者的拥护和赞扬之外,也得到了国民
党政府的直接恫吓。1 月中旬,蒋介石的心腹胡宗南以高级军官身份奉命
找韬奋谈话,两人就抗日问题和《生活》周刊的主张问题,进行了 4 个小时
的辩论。胡宗南企图对韬奋施加压力,使其改变立场。韬奋义正词严,毫
不动摇。关于抗日问题,韬奋说,站在中国人民大众的立场上,对暴日的
武力侵略,除了抵抗以外,不能再有第二个主张。关于《生活》周刊的主张
问题,韬奋指出,站在中国人民大众的立场上,站在一个认识清楚中国局
势而有良心的新闻记者立场上,对中国前途,认为只有先改变生产关系,
而后可以促进生产力,舍此之外,并无第二条出路。中国民族工业在帝国

主义和封建主义双重压迫之下，决不能抬头，也没有能力达成资产阶级民主革命的任务，因为他们太软弱了。胡宗南要求韬奋拥护国民党政府，韬奋则回答：只拥护抗日"政府"，不论从哪一天起，只要"政府"公开抗日，我们便一定拥护。在"政府"没有公开抗日之前，我们便没有办法拥护。这是民意。违反了这种民意，《生活》周刊便站不住，对于"政府"也没有什么帮助。韬奋这一番慷慨陈词弄得胡灰溜溜地离去。

三、决不为不义屈

1932年7月2日，韬奋在《生活》周刊第7卷第26期，发表《我们最近的趋向》，重申中国"只有社会主义的一条路走"。随即遭到国民党政府以"言论反动，毁谤党国"的罪名，下令禁止《生活》周刊在河南、湖北、江西、安徽等省邮递，后又在全国禁止邮寄，有的学生因购阅这个刊物而遭逮捕。当时国民党元老蔡元培曾经致电蒋介石进行解释，均遭拒绝。又有人为此事进行"疏通"，蒋拿出一厚本合订起来的《生活》周刊，上面凡批评国民党的地方，都用红笔画了出来，并说："批评政府就是反对政府，所以绝对没有商量之余地。"因邮路不通，对刊物发行是个很大的打击。但是，韬奋和徐伯昕以及其他同事，在热心的读者多方面的帮助下，绕过了军警特务的监视，利用铁路、轮船、民航等交通渠道，大捆大包地运往各地。结果，刊物销量不但没有大量降低，反而持高不下。本年《生活》每期发行仍达15万份。

1932年10月，韬奋的笔记本记载了国民党政府对《生活》周刊停邮和封禁的密令：

"第一次接中央密令，饬新闻检查员会同公安局停邮。第二次接中央密令（电报）云《生活》改变寄递方法，立派干员会同公安局守候各码头及各报贩停止送卖。惟无'封闭'字样。10月14日公安局复市党部：封禁《生活》周刊奉命依照出版法办理。"（《韬奋文集》，生活·读书·新知三联书店1978年1月版，第3卷手迹照片）

这就是韬奋和《生活》周刊所遭受的外部压力，在那种特殊条件下，也确实经受了特殊的锻炼。可是同反动的当局所想象的相反，韬奋在"且学且做"中，扎扎实实地前进了。他当时就写下了《与读者诸君告别》文章，指出我们"抱有宁为玉碎不为瓦全的决心"。"本刊同人自痛遭无理压迫以来，所始终自勉者：一为必挣扎奋斗至最后一步；二为保全人格报格而决不为不义屈。"此文于 1933 年《生活》周刊第 8 卷第 50 期发表。从这里可以看到韬奋的大义凛然，铮铮骨气。

四、在胡愈之的建议下建立生活书店

生活书店是怎样开办起来的呢？

正当《生活》周刊遭受到种种压力的时候，在胡愈之的建议下，韬奋于 1932 年 7 月正式办起了生活书店。这在韬奋的事业中，是个重大的转机和具有战略意义的扩展，就摆脱当时的困境说，真是"山重水复疑无路，柳暗花明又一村"。

韬奋与读者联系之密切，服务之周到，是我国出版界前所未有的。《生活》周刊于 1930 年 10 月，应读者之需求，成立了"书报代办部"，专为读者选购各种图书杂志，有时也代办文具和日用品。这项工作，为广大读者所称赞。每年读者来信达二三万封以上。《生活》周刊自脱离中华职业教育社之后，遗下的书报和家具等物，又有订户的预收款项，资金比较充裕。但独立经营就发生了生产资料所有制问题，韬奋自己不愿以老板自居，愿意以全部财产作为同人共有，韬奋问胡愈之怎么办才好？这时，胡愈之向他建议：把《生活》周刊改组为生活书店，除出刊物外，还可以出书。内部办成生产合作社，即把全部财产作为职工共有，以职工过去所得工资数额多少为比例，作为股份，分配给全体职工所有。以后新进职工，则于一定时间，以月薪 1/10 投入书店作为股份资金。分配股息时，凡股份超过 2000 元以上者，其超过部分不再分予股息。

这个建议，由胡愈之起草拟出计划，经过全体职工讨论修改通过，由生活书店执行实施。可是当时国民党政府的法律，合作社组织是非法的，不允许注册登记。因此合作社制度只是在内部行施，而对外则仍然作为股份有限公司注册。合作社社员限于在书店任职领工资的职工。胡愈之对生活书店做了很大贡献，但他本人并没有参加合作社，也不是社员。

生活书店建立后，在广大群众的热情支持下，迅速得到了发展。但它

的职工却仍然很少,共有 20 余人。韬奋负责编辑部,其唯一的助手是艾寒松。徐伯昕负责经理部。胡愈之仍然是全店的主要"参谋"。正是在这样领导下,生活书店逐渐变成了进步文化事业的一个中心,为广大读者真切关注的一个焦点。

第十四章　同胡愈之杜重远之间

　　韬奋做事认真,热情坦率,对敷衍塞责的拆烂污者,从不迁就。他在经历的艰难困苦中,结下了不少称做"忘年交"和"神交"的好友,他们在共赴祖国危难的文化战线上,留下了令人可歌可泣的业绩,凝结着他们之间的深厚的情谊。

一、亲密合作的胡愈之

　　韬奋思想的转变,韬奋事业的发展,其关键时刻,都得到了胡愈之的积极支持和亲密合作。这是知情者所共认的,也是我们现代文化史上具有历史意义的佳话。

　　胡愈之,系浙江上虞人,生于1896年,比韬奋小1岁。他是韬奋志同道合的执友,也是韬奋热爱的新闻出版事业的亲密合作者。

　　1911年,胡愈之在绍兴府中学堂读书时,同鲁迅结下了师生之谊。在鲁迅的教育和影响下,胡愈之对中国社会的认识,有了很大的提高,从而使他的思想得到了开拓和发展。

　　1914年,胡愈之18岁开始步入社会,到商务印书馆编译所当练习生。后来他参加了商务出版的《东方杂志》的编辑工作,由于业务上的方便,他结识了不少文化界的著名人士,如沈雁冰、郑振铎、叶圣陶等,他参加过1919年的"五四"运动和1925年的"五卅"运动,在一系列抗日救亡运动中,是位非常活跃的战士。他在进步的文化界中,是积极的参与者和组织者。虽然他自己当时还没有成为共产党员,但是,当他在1927年目睹了"四一二"的血腥大屠杀时,愤怒地写了"抗议信",指明闸北竟演"空前之屠杀惨剧","军队竟向徒手群众开枪轰击,伤毙至百余人"。"目睹此率兽食人之惨剧,则万难苟安缄默"。要求"最高军事当局应立即交出对于此

次暴行直接负责之官长兵士,组织人民审判委员会加以裁制"。此信写好之后,又邀郑振铎、冯次行、章锡琛、周予同、吴觉农、李石岑一起签名,直接寄给当时国民党中央委员会蔡元培、吴稚晖、李石曾3人。并于第二天送《商报》公开发表。这成了一份重要文献,也是胡愈之对蒋介石国民党的立场鲜明的标志。(《我的回忆》,江苏人民出版社1990年7月版,第11页)在"四一二"的严重白色恐怖下,胡愈之被迫出走西欧,到了法国。他参加了世界语运动的活动,又进巴黎大学,研究国际法。他在法国结识了孟雨,孟是最早去法勤工俭学的,并参加了法国共产党,在孟的帮助和影响下,胡的思想更开阔了,结识的朋友更广泛了。1928年到1930年期间,他对资本主义的认识加深了,特别对新军阀蒋介石对中国的统治,对革命者对共产党人的屠杀,更清醒了,不但没有退缩,反而更激发了他对马克思主义的探索,对共产党组织的追求。他在恶劣的环境中,在尖锐的形势下,攻读了《资本论》等马克思主义的著作,从而使他的思想发生了很大的转变,即由彻底的民主主义者向社会主义、共产主义者的转变。

　　1931年初,胡愈之由欧洲取道苏联回国,在世界语组织的帮助下,他在莫斯科的7天里,参观了苏联的工厂、国营农场、商店和学校,参加了工人和青年的一些集会,接触了工人、农民、学生、作家、教授等方面的人士,因而对苏联留下了很深的印象。特别是正当资本主义世界经历经济危机,弄得一片萧条景象的时候,苏联恰恰渡过了艰难的过渡时期,出现欣欣向荣的建设社会主义的热烈景象。使他觉得"十月革命却已产生了许多奇迹"。他说,这次参观访问"使我深深地认识到一个真理:未来的世界是社会主义,只有社会主义才能救中国。我认清了中国的社会发展前途,心里充满了信心和希望……1931年2月底,我到达了上海。离开3年的中国,正是处于最黑暗的时期,国民党反动派在对革命人民进行政治、军事、文化的全面'围剿'。我对共产党领导下的中国革命充满了热情和信心,但对国内革命斗争的情况却不太了解,我想找共产党,可是到哪里去找呢?我只能回到商务印书馆去,仍当《东方杂志》的编辑。这时主编钱智修年老,于右任又要拉他去南京监察院任事,这样,他把《东方杂志》的编辑责任基本上都交给了我。"(《我的回忆》,江苏人民出版社1990年7月版,第14、15页)

　　胡愈之写的《莫斯科印象记》,是他在苏联的观感,先在樊仲云主办的

《社会与教育》杂志上连篇发表,又在樊主办的新生命书店出版单行本。由于樊仲云同国民党关系密切,在当时文化"围剿"的形势下,此书倒没有引起国民党的注意。而他也没有料到书出版后,影响会很大,单是从 1931 年 8 月到 1932 年 10 月,该书竟再版了 5 次。鲁迅先生对这本书也表示赞赏说:"这一年内,也遇到了两部不必用心戒备,居然看完了的书,一是胡愈之先生的《莫斯科印象记》,一就是《苏联见闻录》。"担任上海法学院副院长的沈钧儒,邀请胡愈之向学生讲述苏联的情况。另外《莫斯科印象记》的发表,对于世界语运动的发展,也有很大的影响,一些青年从这本书中看到了世界语在国际交往中的作用,并开始学习世界语。胡愈之回国后积极联络学习世界语的同志,1931 年底,在楼适夷、叶籁士、张企程等具体努力下,建立了"中国青年世界语者联盟"(后称"中国左翼世界语者联盟"),胡被推为联盟的书记。这是个秘密组织,后来在这个基础上又成立了一个公开的"上海世界语者协会",还出版了《世界》刊物,并办了世界语学习班和函授教学。通过这些活动,胡愈之加强了与左翼文化界的联系,靠近了中国共产党的组织。这样自然引起了国民党的注意。

《莫斯科印象记》等文章的发表,同样也引起了中国共产党的注意。当时任中共中央宣传部长的张闻天对这本书特别关注,通过沈雁冰约见了胡愈之。他们并不陌生,过去张闻天常给《东方杂志》写稿,所以他们早就认识。这次见面,谈了工作,也谈了思想,从谈话中可以看出,张闻天是在了解胡愈之对党的看法,试探胡对党的态度。但以后他们没有再继续深谈。胡的党组织问题,未得及时解决。

韬奋在读《莫斯科印象记》一书时,并不认识胡愈之,觉得文章写得好,深受读者欢迎,出自内心钦佩,于《生活》周刊上发表了读后感,向读者推荐。就此,韬奋想以文会友,专访胡愈之,正好少年时期的友好毕云程,也是胡愈之的老相识,毕虽在穆藕初办的大生纱厂里当高级职员,但一直对新闻出版界的友好非常关心。1931 年 10 月间,韬奋在毕云程的陪同下,到商务印书馆编译所访问了胡愈之。对于这次谈话,胡愈之写道:"邹韬奋给我的最初印象是他为人天真而热情,但我觉得他对一般问题的理解不够深刻,他主编的《生活》周刊内容也还是带些低级趣味,虽然当时邹韬奋已在呼喊抗日救亡,他的抗日救亡热情能不能持久,我还有点怀疑。后来相识日久,才看到他对国家民族有着真正的热情,而且有一副硬骨

头,是一个伟大的爱国者和坚强的战士。"(《我的回忆》,江苏人民出版社1990年7月版,第18页)

韬奋访问胡愈之是为了请他给《生活》周刊写稿,当时胡向韬奋说明,现在办刊物,首先应当宣传抗日,"你要我写文章,我就写抗日的文章"。韬奋同意了胡的意见。这样胡愈之就写了一篇《一年来的国际》的文章,韬奋一字未改地发表了。在这篇文章最后指出:"假如我们的推断不错,1931年日本对我国东三省的强暴侵略行为,亦将成为第二次世界大战的序幕。"此后形势的发展,证明这话成了科学的预言,也给韬奋留下极其深刻的印象。他们自结识以后,韬奋感到增强了力量,他说:"我想竭尽我的心力,随全国同胞共赴国难,一面尽量用我的笔杆,为国难尽一部分宣传和研究责任,一面也尽量运用我的微力,参加救国运动。"胡愈之也经常给《生活》周刊以"伏生"、"景观"笔名写有关国内外形势的文章,从而逐渐改变了《生活》周刊的原定方针,成为密切关心政治的刊物,受到广大读者的热烈欢迎,使刊物发行达到20万份。邹韬奋以聚餐会形式,每期都约几位友好,座谈研究《生活》周刊所宣传的中心内容,每次必请胡愈之参加。对韬奋及其事业的进展胡愈之确实起了促进作用。

在邹韬奋和胡愈之之间,不仅在新闻出版事业上共勉共进,相互磋商,而且在情谊上也是日益密切,合作无间。正如胡愈之后来所说,"我于1931年第一次在上海和韬奋会面。以后韬奋等办刊物,创立生活书店,办《生活日报》,参加救国会运动,有大部分是和我一同商量或一同工作的。"(《我的回忆》,江苏人民出版社1990年7月版,第151页)

《生活》周刊的转变和它的反蒋抗日宣传,引起了蒋介石的注意和不满。他向黄炎培施加压力,企图扭转《生活》周刊的方向。经过大家商讨,为不使黄炎培为难,《生活》周刊决定与中华职业教育社割断从属关系,成为一个独立的刊物。同时,胡愈之又建议邹韬奋创办生活书店,有了生活书店就可以出版书籍和其他刊物,可以扩大宣传阵地,而且《生活》周刊随时都有被国民党封闭的可能。有了书店,刊物即使被封,阵地仍然存在,可以换个名称继续出版刊物。胡愈之说:"这样我协助韬奋,起草了生活书店的章程,做了许多具体筹划工作,在1932年7月,正式办起了生活书店。这以后,我参加了生活书店的许多店务活动和编辑事务,1933年我还协助韬奋进一步把生活书店改组成为出版合作社,规定了经营集体化、管理民主化、盈利归全体的原则,使生活书店的组织形式更适合于革命文化出版事业的需要,它不是私人牟利企业,而是集体经营的文化阵地。"(《我的回忆》,江苏人民出版社1990年7月版,第21页)

在国民党统治区里,在白色恐怖的环境中,生活书店的创立和发展,是我国现代出版史上的创举。它和相继成立的读书生活出版社、新知书店一起,都成为著名的进步书店,并自觉地将自己置于中国共产党的领导之下,谱写了光辉的篇章。

胡愈之在生活书店虽然做了那么多工作,但却长期没在生活书店担任正式职务。人们不禁要问,他是不是以共产党员的身份去尽义务呢?

胡愈之的入党经历是很不顺利的。据他回忆,在"九一八"之后,一位青年地下党员何思敬,约他到青年会参加准备成立苏联之友会。到会10多人,在讨论发表成立宣言时,他发表了以下意见:我们成立苏联之友会,就是要促进政府和苏联恢复邦交,实现联合共同抗日,宣言主要应体现这个精神。不料这个意见遭到了参加会议的同志的反对。他们说:中国苏维埃政府与苏联的联合是没有问题的,现在日本侵略了东北,其根本目的是为了进攻苏联,所以成立苏联之友会的目的,是要号召全国劳动者起来武装保卫苏联。这是当时党中央的"左"倾冒险主义的口号。而胡愈之是不知道的。尽管在当时胡的意见是正确的,是符合中国实际的,但只要同中共中央的意见不一致,那是触犯大忌的,当然为流行的关门主义所排斥。这可能是造成胡愈之不能很快入党的主要原因。

凡胡愈之认定的真理,他是执著追求,锲而不舍的。自1931年回国,他积极地靠拢党,努力为党工作,不管遇到什么困难,他都下决心在实际斗争中,经得起考验,结果他终于实现了心中的愿望,成了无产阶级先锋队的一员。那是在1933年9月,张庆孚正式告诉他:中共中央组织部已通过吸收胡愈之入党。张庆孚还告诉胡愈之:胡属中央特科直接领导,特科是党的秘密机关,作为特别党员,不参加党的基层组织生活,只与张发生单线联系,并要胡在公开活动中不要以共产党员的面目出现,也不参加群众性的革命团体,主要任务还是为党做情报工作。当时,胡愈之的心情是非常激动的,下定决心把自己的一切献给党的事业。后来张庆孚调往中央苏区,直接联系他的换成王学文,不久,又由宣侠父直接联系。胡愈之不管在入党之前还是入党之后,也不管他的组织关系怎样变化,但对邹韬

奋的帮助和联系一直是非常紧密的,情谊是不断增进的。胡愈之成了邹
韬奋更加可靠更加亲密的朋友。这实际上体现了党对知识分子的关怀和
领导作用。

二、勇担风险的杜重远

杜重远也是韬奋从事抗日救亡运动的亲密战友,他是一个坚定的爱
国主义者,是位忠贞的民主主义战士,同韬奋情同兄弟,爱憎一致。"九一
八"之前,杜重远就是《生活》周刊的热心读者,爱读韬奋的文章,"九一
八"之后,杜重远又成了《生活》的作者,进而同韬奋结为好友。

杜重远是辽宁开原人,生于 1898 年,曾留学日本,回国后,在沈阳开
办肇新瓷业公司,具有 60 万元资金,员工 1000 余人,是位有才干的民族资
本家。曾任辽宁商务总会会长,做过张学良的秘书,与张的关系非常密
切,和东北军的上层人物关系颇多,在经常来往的东北人中,高崇民、阎宝
航、陈先舟、车向忱等都是颇有影响的人物。"九一八"之后,在上海参加
抗日救亡运动,发起东北民众抗日救国会,任常务理事。

"九一八"事变期间,杜重远身历国破家亡的惨境,向《生活》周刊写
了篇《虎口余生自述》的文章,真是满纸血泪,催人泪下。他写道:自 9
月 18 日夜间,日本军以野外演习为名,"窃占沈阳,当时所谓军政要人
及外交显宦,皆在高楼暖阁,沉沉醉睡中,直至日人杀进城来,一个一个
才大梦初醒,抱头鼠窜,航空署之飞机一架一架被人驶去,兵工厂之大炮
一车一车被人运走,'无抵抗'三字真是做到十足,而城内外之无辜小百
姓则不堪闻问矣!"当时,他因事外出,20 日上午回到沈阳时,目睹的是
"满街杀气,殊少行人,除得意洋洋往来之倭奴倭官外,只有杀毙之华警
与惨死之商民,横卧道中,伤心惨目,为之挥泪,街内商家坚闭门户,不
敢做声,余觅一素识之旅馆,叩门至半个钟头,始有人自室内窃窥,知为
余,方由后门放入,谈虎色变,语声至低,亡国惨状,有如此者!"(《生活》
周刊第 6 卷第 47 期)

因日军侵占了他的家乡,使他失去了自己创办的企业,被迫南下至上
海,他在上海郊区一面办了一个以养猪为主的农场,一面参加了《生活》周
刊和后来生活书店的文化工作。

由于杜重远深得张学良的信任,他与国民党上层某些人的关系不错。如同宋子文、冯玉祥等也有往来,包括上海淞沪警备司令蔡劲军也是他的旧友,他同时又是积极支持马占山抗日而闻名的东北人士;正是在这一活动中他同韬奋结识而逐渐密切起来,同胡愈之一样成了韬奋的战友。

杜重远在《生活》周刊上,连续发表了到全国各地考察的报道,给读者留下了极深刻的印象。杜重远还一再表示,他愿意做张学良和东北军的工作,使东北军成为抗日的军队,不要变成内战前线上的牺牲品。

1933 年杨杏佛被暗杀后,韬奋被列入"黑名单",胡愈之、杜重远、毕云程、徐伯昕和韬奋共同密商,决定韬奋出国考察,关于筹借路费,杜重远都是积极支持者。韬奋出国之后,《生活》周刊和生活书店的重大事宜,仍由徐伯昕、杜重远和胡愈之共同担当领导核心。

1933 年 12 月,《生活》周刊以"言论反动,思想过激,毁谤党国"的罪名被国民党查封,在停刊号上(8 卷 50 期),发表了韬奋早就写好的《与读者诸君告别》一文:"记者所始终认为绝对不容侵犯的是本刊在言论上的独立精神",并主张坚持自己的"人格和报格",倘这些不能保全时,就"毅然决然听本刊之横遭封闭,义无反顾,不欲苟全"。停刊消息传至伦敦,韬奋又气愤地说:"我深信《生活》周刊的精神是永远存在的,因为它所反映的大众的意志和努力,不是一下子可以消灭的。"正如他所说的那样,生活书店设在租界内是照常可营业的,《生活》周刊被查禁,还可设法继续办其他刊物,利用杜重远的关系,以杜重远的名义又举办《新生》周刊,由杜重远出面办理登记手续,果然得到了国民党的批准。

《新生》周刊的版式、文字内容和政治主张,完全继承《生活》周刊的风格。当《新生》周刊问世以后,过去的《生活》周刊读者都得到了《新生》周刊的赠送,并希望他们订阅,这就使读者懂得这是《生活》周刊的复活和继续,甚至有些读者误认为过去不大闻名的杜重远是韬奋的化名。广大读者基于对国民党查禁《生活》周刊的愤恨,反而使《新生》周刊的信誉和销售量跟《生活》周刊一样增长起来。实际上《新生》周刊的编辑人员仍是胡愈之和艾寒松,在方针原则问题上,是胡愈之、杜重远和毕云程共同商定的。当韬奋在伦敦得知《新生》周刊已出版,欣然感到"接炬"的实现。也就是实现了原来他们共同商定的,若《生活》周刊被查禁,可改换一个名称出版另一份刊物。你查封这个,我就另想办法,出版那个,就像点燃的火

炬,这个被扑灭,那个立即燃起来。名称可以改变,主编也可更换,但是抗日救国的宣传阵地决不放弃。

可是也不能不看到,这个时候的国内形势,国民党除加紧在军事上"围剿"之外,也加紧了文化方面的"围剿",对《生活》周刊的查禁,就是一个明显的标志。另外对新闻出版物的审查,又做出了新的规定,对报刊原稿不送国民党审查,不准刊登。这可以充分证明国民党加强对文化围剿的严峻性。

在这期间,杜重远和胡愈之等人,合作得很好,彼此之间亲如弟兄。据胡愈之回忆:"随着思想认识的提高,杜重远还提出了入党的要求。为此,我介绍他和张庆孚见了面,张庆孚对他进行了鼓励,同时对他说:根据他目前的地位和身份,暂时不参加党,而在党外支持党的工作,比入党更有利。此后,杜重远成了一个党的积极追随者,成了我的亲密战友,在争取东北军抗战的工作中作了重大贡献。"(《我的回忆》,江苏人民出版社1990年7月版,第28页)

三、"新生事件"

当王明"左"倾机会主义路线在中国共产党占有统治地位几年之后,对中国革命造成了极大的危害:在上海的中央已无法继续留在上海,被迫撤到中央苏区,而留下的组织连连遭到破坏,留下来的共产党员,在失掉同中央的联系之后,大多数成了各自为战的状态;中央红军也因丢掉了已往取胜的法宝在第五次反"围剿"中失败,被迫撤离中央苏区,进行了艰苦卓绝的长征。日本政府,正是在蒋介石加紧"安内"而对日妥协投降的关键时刻,提出了"广田三原则",也就是实际上要蒋投降,与日本联盟,共同反对共产党、反对苏联。广大的中国人民看得非常清楚,蒋介石对中国"红军",恨得要死,而对日本"皇军"则怕得要命!

在这样的背景下,1935年5月4日,杜重远主编的《新生》周刊,发表了一篇《闲话皇帝》的短文,作者易水(艾寒松的笔名),仅以一般的笔触,叙述了日本的天皇,是个学生物的,对研究生物还有兴趣,按照日本宪法,皇帝为世袭制,不得不做,实际上并无实权,只是当接见外宾的时候,阅兵的时候,举行重大典礼的时候,用得着天皇,日常工作不过搜集动植物标本云云。这一内容并没有引起读者的注意,而在上海出版的日文报纸却大肆喧嚷,接着日本政府借机挑起事端,以什么"侮辱天皇,妨碍邦交"向中国政府提出抗议,要求向日谢罪;还要求查禁《新生》周刊,审判作者。

实际上,这期《新生》周刊包括《闲话皇帝》原稿,都按照国民党审查机关审查规定送审,由"中央图书杂志审查委员会"委员数人审查通过,没有提出疑义,并在该刊印有"中宣会图书杂志审查委员会审查证字第1536号"字样。经杜重远、胡愈之、毕云程等人商定,这份由审查委员会盖章的清样,放在银行保险库里不予交出。至今还在上海韬奋展览馆里存放着,作为国民党害怕日本、制造假案的铁证。

南京政府为满足日本人要求,派"党国要人"立即到上海,再三向杜重远哀求,要他体谅政府难处,请他在法庭上声明《闲话皇帝》没有送审批准,这样政府就可推卸责任。国民党方面答应如果杜重远把责任承担起来,可避免日本借口向国民党政府讹诈,以引起外交上的大事,对国家不利,如杜应允了,法庭按法律只判决罚款了事,款项不由杜重远出,而由国民党承担,只为应付日本人云云。那些要人并拍胸担保决不会伤害杜重远。就此事他们苦求二三天。在这种状况下,胡愈之说,"此事经大家反复讨论,最后考虑了为了共同对付日寇,只好接受他们的条件。"

上海地方法院对此案进行了公开审判。两次开庭,法庭上旁听席挤满了人,其中有中国记者,也有日本报纸记者,法庭门外还挤满了高喊抗日救亡口号的群众。消息传开来,由《闲话皇帝》而审判杜重远的案件,就成了轰动上海,轰动全国的重大"文字狱"案件。第一次开审以后,日本记者从法官口中,听出了最后要罚款了案,日本当然认为判得太轻了,又向国民党提出抗议,要加重杜重远的罪。国民党只有又对杜施加压力,要改判徒刑。因杜当庭承认了该稿没有送审、是非法登载的,因此也只好接受法庭的最后判决,以处徒刑一年零两个月结案。更可恨的是《新生》周刊也被取消登记,禁止了出版。这样,一次假审判,变成了真冤狱。杜重远被关进曹河泾监狱。艾寒松为避风而出国。现在看来,对国民党"要员"们的奸诈相劝,对他们的软功骗术,耍弄策略,是认识不清,警惕不高的,结果,上了当受了骗,使杜重远吃了苦头。

这就是历史上著名的"新生事件"!

如果了解一下国民党及其政府是怎样配合日本人的意愿来施展他们的镇压本领的，那就更清楚他们的心态了。国民党政府为了讨得日本主子的欢心，以示他们对日本的"诚意"，于6月10日下了个所谓"敦睦邦交令"，说什么："凡以文字图画或演说为反日宣传者，处以妨害邦交罪"。过了20多天，国民党中央党部和国民政府又于7月7日发出联合通令说："此次《新生》事件，确有不敬之处，殊属妨害邦交，以后国民务须尊敬皇家之尊严，严禁同类之记事，违者严惩不贷。"到了7月9日，就是国民党令法庭做出的上述判决。真是主唱奴随的一出双簧戏。

杜重远因爱国而坐牢，就是在牢中，他也不忘爱国。杜重远的声望反而因入狱大大增长了，人民群众为他不平的义愤更加普遍了。他所在的漕河泾监狱，属他的旧友蔡劲军所管辖，加上国民党理亏，杜重远在狱中，受到了特殊优待，在监狱后院的荒地上，专门盖了3间平房单住，还允许外边人随时去探访，凡经他电话允许的，监牢看管一律放人进去。这样，亲朋好友可去交谈，他的东北军的大批熟人，包括张学良的部下、军官和朋友，成批成批的去和他交谈抗日联共问题，打回老家去的问题以及反对内战和撤离"围剿"前线问题，他像个抗日爱国的讲师，不知疲倦的向去访的东北军讲解。胡愈之去访，高崇民去访，更加谈得真切交心，往往促膝相谈整天。就是监管的青年，也成为杜说服的对象。在这里，特务是无法监视的。本来牢狱是限制人身自由的地方，杜重远却把监牢变成了他的抗日反蒋的爱国阵地。真是监牢变战场，囚徒变战士。

1935年8月27日，韬奋自美国回到了上海，他乘坐的轮船一到码头，别的都来不及闻问，"第一件事即将行李交与家人之外，火速乘一辆汽车奔往杜先生狱中去见他。刚踏进他的门栏，已不胜其悲感，两行热泪往下直滚，话在喉里都不大说得出来！我受他这样的感动，倒不仅是由于我们的友谊的笃厚，却是由于他的为公众牺牲的精神。"

后来在抗日战争中，杜重远感到在国民党地区不能发挥他的作用，1938年在汉口，得到周恩来同志的指导和同意，他才下决心去新疆，协助他的留日同学盛世才，主持新疆学院，不幸后遭盛世才惨杀。

胡愈之在《怀念杜重远烈士》一文中说："杜重远不是共产党员，但是从'新生事件'起，他是紧跟党走的。他在监狱中做了许多工作，使张学良和东北军转变过来，促成了第二次国共合作，实现了抗日战争。最后因为他坚持抗日民主,而遭到反动军阀盛世才的残杀。杜重远烈士和把一生献给新民主主义革命的邹韬奋、李公朴、闻一多、陶行知等同志一样,都是我国现代史中的不朽人物。"(《我的回忆》,江苏人民出版社 1990 年 7 月版,第 297 页)这是对杜重远最公正最贴切的评价。

第十五章　参加中国民权保障同盟

韬奋于1933年初，参加了中国民权保障同盟。这是韬奋第一次正式参加的政治组织，时间虽然只有半年，但是在韬奋的政治生涯中，起了直接的推动作用，这的确是具有革命意义的跨越。

一、为什么参加"民权同盟"？

中国民权保障同盟，是由宋庆龄、蔡元培、杨杏佛（铨）发起组织的人权保护组织，它是同当时国民党反动当局所实施的独裁专政针锋相对的，是国民党统治区的革命组织。事实证明，它在揭露暴政毁坏人权和争取保护人权两个方面，都是功垂千秋的。

韬奋本着满腔热血于抗日救亡，执著追求于团结御侮，但是他耳闻目睹的却恰恰相反，人民大众不仅没有自身自由，就连抗日爱国也成了"违法"遭禁的行动，因为"最高当局"沉醉于反共"围剿"，其他均背于"安内"，所以大批共产党人和抗日爱国者，遭到逮捕和屠杀，生活在独裁专政下的人民群众，面临着法西斯的白色恐怖，惶惶不可终日。

针对着这一种政治形势，具有崇高声望的宋庆龄毅然承担起营救"政治犯"的重任。这使邹韬奋异常钦佩。

自1931年算起，反动派竟然逮捕和杀害了下列著名人士：

1931年1月17日，参加苏维埃第一次全国代表大会筹备会议的24位共产党人，在上海被捕。其中有中华全国总工会执行委员兼秘书长林育南、中共中央宣传部干事李求实、中共江苏省委委员何孟雄、上海总工会秘书长龙大道、中共南京市委书记恽雨棠，还有"左联"的5位青年作家胡也频、柔石、冯铿（女）、李伟森、殷夫，由于他们坚决不屈，被国民党淞沪警备司令部秘密分别活埋或枪决。当消息透露之后，"左联"发表了抗议宣言,鲁迅还写了悼念死者的文章。鲁迅以悲愤的心情,写下了"忍看朋辈成新鬼,怒向刀丛觅小诗"的名句。他在《柔石小传》中写道:"一九三一年一月十七日被捕,由巡捕房经特别法庭移交龙华警备司令部,二月七日晚,被秘密枪决,身中十弹。"又在《中国无产阶级革命文学和前驱的血》中说:"统治者……一面禁止书报,封闭书店,颁布恶出版法,通缉著作家,一面用最末的手段,将左翼作家逮捕,拘禁,秘密处以死刑,至今并未宣布。"

1931 年 6 月 15 日,上海泛太洋产业同盟办事处秘书牛兰(实际上是共产国际远东局秘书)和他的夫人汪得利益,于公共租界被捕。他们是被叛徒顾顺章(原中共中央政治局候补委员)出卖的。这一案件引起了国际人士的极大注意。

1931 年 11 月,邓演达是在蒋介石的直接指使下遭到秘密杀害。宋庆龄虽然竭力营救,但未成功。当著名记者斯诺采访宋庆龄时,她强烈地谴责了蒋介石:"把我们最优秀的青年活埋了","他应该对所有的屠杀事件负责","他一背叛革命,就开始杀人。因此,只要他是国民党政府的独裁者,我就决不在其中任职"。(《复始之旅》,新华出版社 1984 年版,第 103 页)

牛兰真实身份暴露后,被引渡给国民党政府,并于 1932 年 7 月,牛兰夫妇被押送到南京。为抗议在狱中所受的折磨,牛兰夫妇曾 4 次绝食,消息传开,上海各界著名人士开展营救活动。各国著名人士也纷纷呼吁,美国德莱塞等 31 名作家致电宋庆龄,德国 10 多位艺术家和版画家珂勒惠支等 10 名妇女,法国的罗曼·罗兰等均致电宋庆龄营救牛兰夫妇。在上海组成了营救牛兰夫妇委员会,由宋庆龄任主席,史沫特莱任书记,杨杏佛、斯诺、伊罗生等都参加了这个委员会。

1932 年 10 月 15 日,陈独秀等人被捕入狱,虽然陈已不是中国共产党党员,但他仍坚持反抗日本侵略,不赞成国民党政府的不抵抗主义,因而也成了宋庆龄等营救的对象。逮捕陈独秀的同时,还有帅孟奇、陈善甫和朱镜我等共产党员,当然也是被营救对象。

1933 年 3 月 24 日,陈赓在上海被捕;26 日,廖承志、罗登贤被国民党特务逮捕;1933 年 5 月 14 日,丁玲和潘梓年在上海被捕。1933 年上半年,国民党特务对共产党人的捕杀,疯狂至极,据不完全统计,仅上海一地便达 600 多人,中共上海中央局书记李竹声被捕叛变,引起更大规模的逮

捕。

    正是在营救这些人物的过程中,宋庆龄等感到对抗日救国力量遭到如此迫害,连起码的生存权利都没有,她认为只靠个人呼吁、谴责、营救,反动派是不予理会的,同时在社会上也得不到真正的理解和支持,这样"政治犯"的遭遇是得不到应有的改善的。

    经过四五个月的酝酿和筹备,专门保障人民基本权利、营救"政治犯"的组织——中国民权保障同盟正式成立于1932年12月。

    根据韬奋在《生活》周刊的报导,1932年12月29日在上海南京路华安人寿保险公司大厦,举行的中外记者招待会,会上宣布由筹备委员会选举产生了中国民权保障同盟临时执行委员会。另有资料表明,这个执行委员会主席为宋庆龄,副主席为蔡元培,总干事为杨杏佛(铨),宣传委员为林语堂等,执行委员为鲁迅、胡愈之、邹韬奋、史沫特莱、王云五、茅盾、周建人、王造时、胡适、郁达夫、许德珩、郑太朴等,北平分会由胡适负责,上海分会由郁达夫负责。

    这个同盟(简称民权同盟)的成立宣言称:它"不是一个政党",是"无党派性"的,"决不专为一党一派的人效力"。"民权同盟"吸收盟员的条件是:"赞成本同盟主张,并愿从事实现此主张而进行实际工作者,不拘国籍、性别及政治信仰。"它的主要任务是:营救"大多数无名与不为社会注意的囚徒",他们是从事革命活动的像共产党人那样的革命者和主张抗日的爱国者。民权同盟就是这样的一个组织。

二、开阔了视野,加深了认识

    据胡愈之回忆说:"记得有一天,鲁迅托人来通知我,蔡元培、宋庆龄发起一个团体,专为营救政治犯的,要我参加,并且要我转邀韬奋参加。韬奋同意了,我和他一起,按照约定的时间和地点,到中央研究院上海分院去开会。这就是中国民权保障同盟的成立会。""执行委员会后来开过大约五六次,每次会议都是揭露国民党政府及特务非法逮捕拷打及屠杀共产党员及进步人士的罪行,向国民党政府提出抗议,要求释放政治犯等等。当然这些抗议及声明在国内国民党地区的报纸无法刊登,而是通过在上海的外国进步记者发电报,登载在英、美等报刊上,接着各国名流如肖伯纳、爱因斯坦、巴比塞等纷纷联名发表宣言，予以声援。蒋介石当时极为恼火，因此命令特务机关暗杀杨杏佛等人。杨杏佛（即杨铨）是中央研究院总干事，和蔡、宋都是国民党名流，杨与中共地下组织有联系。民权保障同盟实际上是由他策动和主持的。而以蔡、宋作掩护。"（《我的回忆》，江苏人民出版社 1990 年 7 月版，第 155 页、156 页）

民权同盟的一个特点，就是有外籍友人参加，每次开会都有外国记者出席，宋庆龄、杨杏佛等讲英语，所有报告大部分是用英语写的。那些向国民党政府抗议的宣言，主要是史沫特莱、伊罗生及其他外国记者，用电报发到外国。当时的西欧和美国的进步著名人士，根据这些材料签名发表致国民党反动派的抗议和宣言。确实做到了内外呼应，对国民党当局不能不是一个威胁。

韬奋对民权同盟一开始就指出："民权之获得保障，决不是出于统治者的恩赐，乃全由民众努力奋斗取得来的。"（《民权保障同盟》，《生活》周刊 8 卷 1 期）后来他又在《患难余生记》中说："在蔡孑民（元培）先生和孙夫人等发起民权保障同盟的时候，所谓特务已经横行，他们避开法院和法律，用绑票方法秘密捕人，酷刑逼供，惨无人道，随意处死，有冤莫伸。在这种无法无天的黑暗情况之下，有用的人才和无辜的青年牺牲的不知多少！我还记得当时有一位很好的南洋大学同学，他有一个亲戚是一个年才十八岁的优秀青年，而且是个独子，他的寡母就只有这一个独一无二的爱子，不幸被特务绑去，硬说他是共产党，但毫无证据。他的母亲哭得满地打滚。求援于我的这位同学。当时特务大权握在 CC 派手里，我的同学和该特务工作主持人亦有同学之谊，便挺身而出，力为担保。答复说可以释放，不过必须写一张悔过书。那个孩子却是一个有骨气的硬汉，他说无过可悔，不肯写什么劳什子的悔过书。结果他终于不明不白地被无辜枪决了。""比这例子更惨酷万倍的，更不知有整千整万，不可胜数！""蔡孑民先生负党国重望，对于构成国家民族奠基石的优秀青年及人才爱护不遗余力。孙夫人向来主持正义，国际闻名。由他们两位出任正副会长，该同盟的力量更为增加，在国际宣传上也更为有力。"由于参加了"人权同盟"这一组织活动，使邹韬奋深深感到开阔了视野，加深了对社会上各种怪现象的认识。

三、胡适风波

处在当时环境下的民权同盟,活动并不顺利,特别是宋庆龄往往为争得被捕者的自由,历尽艰险,奔波不止。她向蒋介石、汪精卫当面质询,愤慨怒斥。就是在同盟内部,也不是团结一致,坚守盟约。有人竟公开背离同盟原则,为统治者美化效力,胡适就是突出的一例。

胡适是民权同盟北平分部的主席,按照民权同盟的使命,本应在北平有更大的影响,起更大的作用。但是,当1932年下半年,蒋介石为镇压华北的抗日救亡运动,派他侄子蒋孝先(宪兵第三团团长)残酷迫害北平各大学师生时,特别是宋庆龄、蔡元培、杨杏佛等以民权保障同盟总会负责人的名义出面向北平当局交涉时,胡适对国民党当局所实行的法西斯暴行,不但不予揭露,反而同情赞美国民党的监牢。

具体情况是这样的:以抗日救亡而被学生拥戴的著名教授许德珩、侯外庐、马哲民等被国民党逮捕。消息传出,宋庆龄、蔡元培、杨杏佛、黎照寰、林语堂5人于1932年12月17日,以民权保障同盟筹备会名义致电国民党中央政治会议常务委员蒋介石、行政院代院长宋子文和北平、天津卫戍司令于学忠,要求释放被非法逮捕的许德珩等北平爱国师生。谴责其"摧残法治,蹂躏民权"的做法。指出"欲求全国精诚团结,共赴国难,惟有即日由政府明令全国,保障人民集会、结社、言论、出版、信仰诸自由,严禁非法拘禁人民、检查新闻。"宋庆龄同时派杨杏佛赴北平具体进行营救工作,并向北平军分会代理委员长张学良当面交涉。在张学良的帮助下许德珩获得释放。许在杨杏佛的动员下,又参加了民权同盟北平分会工作,被选为执行委员。以后在几度争取下,其余被捕师生,也陆续获释。1932年底,中共地下党员、塔斯社及《世界日报》记者刘尊棋,在北平因抗日救亡而被捕,关押在北平陆军监狱,同中共重要领导人薄一波、刘澜涛等同狱。刘得知上海成立民权保障同盟消息后,于1933年初设法向宋庆龄寄发一信,信中揭露了狱中的黑暗生活:"个个带着几公斤重的脚镣,锁在牢房里,饭食十分恶劣,缺医少药,不得看书读报,迫切要求释放出狱,上前线抗敌救亡;关在狱中时应该受到合乎人道主义的政治犯待遇。"宋庆龄对此信极为重视,并提交同盟执委会讨论。决定派杨杏佛利用赴北平成立分会机会,调查北平监狱实况,以进行营救活动。

北平分会成立大会之后,杨杏佛和分会主席胡适,访问了张学良,并转达了宋庆龄的意见,张当即派外事秘书王卓然陪同杨、胡视察监狱。在视察时,杨杏佛用英语对刘尊棋说明他是奉孙夫人之命来北平了解政治犯状况的。

1933年2月1日,民权同盟在记者招待会上,散布了由宋庆龄签发的刘尊棋写的两封信。英文《大陆报》和中英合刊的《燕京报》刊载,经张学良批示,释放了刘尊棋。2月2日,北平报纸纷纷刊登国民党北平市党部致市政府、公安局的信函,诬蔑民权同盟北平分会为"非法组织",要他们不要接受该分会的任何请求。民权同盟总会对北平市党部蛮横干涉和诬陷坚决回击。为此,蔡元培和郁达夫分别发表谈话和文章,驳斥了所谓"非法"的说法。可是身为民权同盟北平分会主席的胡适,不但不起来反击,反而倒转矛头同总会唱起反调来了。

胡适于2月4日写信给蔡元培和林语堂,对宋庆龄签发刘尊棋写的揭露监狱黑暗的信,大为不满,说什么"真感觉失望",他们去监狱调查时并没有一位犯人说及任何私刑和吊打,因而对直接处理刘尊棋来信的宋庆龄、史沫特莱攻击说:"上海总会似应调查此文件的来源,并应考据此种文件的可信程度。若随便信任匿名文件,不经执行委员会慎重考虑决定,由一二人私意发表,是总会自毁其信用,并使我们亲到监狱调查者,蒙携出或捏造此种文件的嫌疑。"2月5日,胡适看到报纸上刊登的刘尊棋的两封信以后,又给蔡、林写信,直接指出控诉书是"捏造的",指责宋庆龄"不加考察、信以为真",酿成"大错",并进而威胁说:"如果一二人可以擅用本会最高机关的名义,发表不负责任的匿名稿件,那么,我们北平的几个朋友,是决定不能参加这种团体的。"(《宋庆龄传》,北京出版社1990年8月版,第289、290页)胡适在写信的同时,又向几家报纸写信和接见记者,散布同样言论,他特别向上海的记者说,在北平监狱里,犯人可以很自由地谈话,而"关于严刑拷打,他们却连一点儿暗示也没有"。甚至还说"对政府逮捕政治犯,并不是无条件的反对"。

对胡适的态度,除林语堂表示支持外,蔡元培、杨杏佛进行了批评和规劝,指出他指责一二人之过是错误的。鲁迅在《光明所到……》的杂文中直截了当地驳斥了胡适:"中国监狱里的拷打,是公然的秘密。"胡适并

不听规劝和批评,而继续发表反对民权同盟的文章。他公开说,民权同盟提出的"立即无条件释放一切政治犯"的口号是不对的。甚至站在反动统治者的立场说:"一个政府要存在,自然不能不制裁一切推翻政府或反抗政府的行动。"(《民权的保障》,《独立评论》1933 年 2 月 19 日第 38 号)"民权保障同盟不应该提出不加区别地释放一切政治犯……一个政府为了保卫它自己,应该允许它有权去对付那些威胁它本身生存的行为。"

胡适的这些言论,引起了民权同盟总会的愤慨,2 月 22 日,同盟致电胡适,指责他违背同盟的三大任务的第一项:"为国内政治犯之释放与一切酷刑及蹂躏民权之拘禁杀戮之废除而奋斗。"要求胡适澄清事实。2 月 23 日,杨杏佛代表同盟执委会致函胡适,谴责其"对外公开反对会章","批评会务","为反对者张目。"2 月 28 日,宋庆龄和蔡元培再次致电胡适,提出最后警告:"释放政治犯,会章万难改变。会员在报章攻击同盟,尤背组织常规,请公开更正,否则惟有自由出会,以全会章。"所有这些,胡适均置之不理。

3 月 3 日,民权同盟中央执委会开会,在会上,鲁迅提出开除胡适盟籍,并获得会议通过。3 月 18 日,民权同盟召开全体会员大会,再次声讨胡适违反会章的行为,并追认执委会开除胡适的决议。

宋庆龄在《民权保障同盟的任务》一文中指出:"由于本同盟不是一个政党,它的行列可以容纳一切真诚支持我们的斗争要求的人们。但是那些帮助政府压迫人民或为这种压迫辩护的人们,在本同盟中是没有立足余地的。本同盟也不容留那些只是软弱地'批评'政府个别专横残暴的行为,而实则拥护那整个压迫人民的'合法的'恐怖制度,并支持国民党——地主、资本家、豪绅和军人的政党——钳制民主权利的人们。"她严厉地指出:"胡适身为同盟的盟员,又是北平分会主席,竟进行反对同盟的活动,他这种行为是反动的和不老实的。胡适是同意了同盟所发表的基本原则才加入同盟的。"但当国民党"公开反对本同盟时,他害怕了起来,并且开始为他的怯懦寻找借口和辩解。本同盟清除了这样一个'朋友'实在是应该庆贺的,同时还要尽力防止类似事件及破坏再发生。在许多基本原则上,我们只有绝对团结,不能容许动摇。"

宋庆龄代表民权同盟的这一坚定立场,是中国人民在法西斯独裁专政统治下的正义呼声,也是当时的中国人的人权宣言,它鲜明地提出了为争取那些被蹂躏、被摧残而丧失一切自由的人们的生存权,而要为正义而斗争,决不允许向反动统治者献媚唱赞歌。这种旗帜鲜明、立场坚定的誓言,今天听起来仍是铿锵有力,掷地有声的。

四、杨杏佛遭暗杀

胡适风波使民权同盟北平分会难以为继,因而遭到瓦解,这也使蒋介石增加了铲除民权同盟的决心,接着他便肆无忌惮地采取暗杀恐怖活动。

由特务机关开列的"黑名单"有 10 多位,如民权同盟的宋庆龄、蔡元培、杨杏佛、鲁迅、邹韬奋、胡愈之等都上了这张"黑名单",也都分别地收到了恐吓信。

据沈醉提供的资料,暗杀杨杏佛一案,是蒋介石直接指示戴笠主持的"蓝衣社"(军统前身)具体策划的。连具体方案的暗杀对象、行动地点,都是蒋介石面授给戴笠的。为什么先从杨杏佛下手? 第一,杨是民权同盟的总干事,是同盟的中坚人物;第二,他反对蒋介石,同情共产党;第三,杀杨可使宋、蔡受到直接威吓,又使宋、蔡失掉得力助手。因此,杨便成了他们选定的"适当"对象。为什么要把杨杏佛杀死在法租界以内? 第一,宋庆龄住法租界,他们决定在宋寓所附近杀杨;第二,中央研究院也在法租界,杨住研究院内;第三,可以不负责破案,少给政府增加麻烦。这就成了在租界内第一次搞暗杀活动的先例。

1933 年 6 月 18 日,杨杏佛与小儿子杨小佛坐汽车由中央研究院外出,车刚到大门口,事前特务严密监视和潜伏,一齐拥向汽车开枪狙击,杨杏佛倾尽全力保护小佛,自己身中 10 多枪而死,小佛腿部中弹,司机也遭枪杀身亡。

爱国学者杨杏佛,早年追随孙中山,参加过同盟会,1912 年孙中山任临时大总统时,他在总统府秘书处工作。后去美国留学,1918 年哈佛大学毕业,回国后执教于东南大学。1924 年去广州再次跟随孙中山,担任秘书。同年 11 月随孙中山北上,孙中山逝世时,任治丧筹备处总干事。随后参加轰轰烈烈的北伐革命,1926 年 1 月,国民党上海特别市党部执行委员会秘密成立,杨被选为执行委员,主持策应北伐军的工作。1927 年 3 月,杨杏佛配合周恩来等共产党人发动上海工人第三次武装起义,胜利后

被选为上海临时政府常务委员。蒋介石"四一二"叛变革命屠杀共产党人和工人时,他与武汉的宋庆龄等国民党"左派"相呼应,同蒋介石进行了尖锐的斗争。他以各种方式极力接济和营救被捕的革命者。1928年中央研究院成立,蔡元培任院长,他任总干事。在他所任各种职务和各项活动中,都显示了他出众的才能。民权同盟成立以来的半年多,也展现了他的战略远见和无畏的勇气。这正是邹韬奋为之钦佩的地方。

宋庆龄和鲁迅都是坚定不屈的榜样。宋庆龄发表了庄严的声明:靠暴力、绑架、酷刑、暗杀统治人民,正说明了整个政权的面目。她在《为杨铨被害而发表的声明》中说:"但是,我们非但没有被压倒,杨铨为同情自由所付出的代价反而使我们更坚决的斗争下去,再接再厉,直到我们达到我们应达到的目的。杀害杨铨的刽子手们要明白,政治罪行必然会给他们带来应得的惩罚。"(《宋庆龄选集》,人民出版社1966年11月版,第79页)鲁迅在《悼杨铨》一文中说:"只要我还活着,就要拿起笔,去回敬他们的手枪。"

1933年6月20日,举行杨杏佛入殓式,宋庆龄、鲁迅毅然参加了,韬奋、胡愈之不顾个人安危,也毅然参加了。据韬奋回忆:"随着谣言四起,有几种'黑名单'的传说,鄙人也蒙他们青睐,列名其中。杨先生死后,送往万国殡仪馆大殓,当时人心浮动,吊者寥寥,不过数十人而已。我和胡愈之先生以杨先生为公而死,殊可钦敬,相约同时偕往灵前致敬,表示哀诚。"(《韬奋文集》,生活·读书·新知三联书店1978年1月版,第3卷,第335页)

此次风波之后,民权同盟被迫停止活动。不久,韬奋在几位好友的相劝下出国暂避,开始了他的第一次流亡。

第十六章　对高尔基及其事迹的传播

在 30 年代初期的几年里,由于统治者的需要,法西斯思潮在中国得到了扶植和传播,希特勒、墨索里尼成为他们推崇的人物。

作为人民大众喉舌的《生活》周刊,选择了世界文豪高尔基作为读者的楷模,这不仅高举起鲜明的旗帜折服了广大读者,也标志着韬奋思想的新发展。事实经过是怎样的呢?

一、两篇文章的连续发表

1932 年 11 月 5 日出版的《生活》周刊,韬奋以"落霞"笔名,发表了《当代革命文豪高尔基》的长篇文章,接连刊载了 4 期(第 7 卷第 44 至 47 期)。接着仍署名"落霞"又发表了《高尔基与革命》的长篇文章,连载 3 期(第 48 至 50 期)。连续 7 期,向读者推荐这位伟大的无产阶级革命文学家和他的感人事迹。因而高尔基成了《生活》周刊读者的热门话题,特别是青年读者反映热烈,认为自己得到了鼓舞,增添了奋进的力量,坚定了正确的信念,树立了执著追求的目标。于是纷纷向韬奋和编辑部写信,要求继续发表更加详细的高尔基传记。韬奋向来重视读者来信及其要求,据他自己说:"第七卷《生活》周刊的末了几期里面,曾有几篇介绍高尔基生平的文章,读者觉得很有趣味,有许多人写信来建议出一本较详细的高尔基的传记,刚巧这个时候我正看完康恩教授所著的《高尔基和他的俄国》一书,觉得其中有许多引人入胜令人奋发的事实,值得我们作更详细的介绍,同时因为受到热心读者来信的督促,便鼓着勇气,根据康恩教授所著的这本书,于百忙中编成了这本《革命文豪高尔基》。"同时,在刊登《当代革命文豪高尔基》(四)的结尾处又有过这样的话:"关于高尔基和俄国革命事业的关系,记者想另文介绍。关于他在文学方面自做码头脚

112

夫而至著作家的奋斗情形,姑以本篇为结束。他的经过情形甚有趣味,惜为篇幅所限,未能尽述。本社现正从事编印专书,大约三个月左右即可出版,特此附告,以慰读者。"这里所说的"编印专书",就是指韬奋编译的《革命文豪高尔基》。

二、《革命文豪高尔基》的编译过程

韬奋所说的"百忙",确实是挤不出别的时间,因为在他的日程表上,已经排得很满了。他怎样编译广大读者督促的这本书呢?

从 1932 年 11 月 1 日起,韬奋利用了早晨赴《生活》周刊上班以前的时间,和晚间看书余下的一些时间,天天如此,一直到 4 月底,全书脱稿为止,其间除几天生病,既须勉强到社办公,早晨、晚间不得不停止两星期的编译工作,加上临时的事务,合起来两三星期,整个编书时间大约五个月。本来只打算 15 万字,后来因为有许多有趣味的事实舍不得割弃,越写越长,最后写了 20 万字左右。韬奋说:"译笔方面虽力求畅达,但为学力所限,自视仍觉觍然。"

韬奋编译的这本书,共分为 6 编 25 章:

第一编《儿童时代》,相当于高尔基本人写的自传三部曲的《童年》;

第二编《幼年时代》,相当于自传三部曲的《在人间》;

第三编《青年时代》,相当于自传三部曲的《我的大学》;

第四编《由漂泊者到著作家》,相当于高尔基的《罗斯纪游》和不少带自传体小说的内容;

第五编《革命的漩涡中》,写他参加 1905 年俄国第一次革命,然后亡命国外,直到十月革命重返俄国为止;

第六编《近几年来》,写了从意大利疗养地喀普里岛回国,直到 1 932 年他从事文学创作活动 40 周年。

这本传记,写到 1932 年为止。其实,高尔基到 1936 年 6 月 18 日,才因病与世长辞。韬奋没有为之再作最后 4 年的生活续篇。1941 年 2 月 21 日,韬奋于重庆,在本书"第六版修订后记"中写过这样一段话:"本书第六版略有修订之处,大概说来有:(一)增加精美铜图十余张,插入书的当中,每编之前,附插铜图两面,图画都与每编内容有关,并略加说明。此外在书的前面,原来的若干铜图,因重新制版关系,有的不甚清楚,减少了一些,余仍照旧。(二)全书的译名已根据最近惯用的(如人名、地名、书名等)加以更改。(三)……(四)尤其重要的是对于第五及第六两编的删改,特别是第五编中的第二十三章及第二十四章。这些删改的部分,都是由于发现原著者有疏忽或不甚正确的地方,参考其他材料加以修正的。"

戈宝权经过长年的考察和研究,对韬奋的这本书,作了这样的补充:韬奋编译的这本传记,"已为这位伟大的革命文豪的一生经历作了全面详细的叙述与描绘。高尔基在回到苏联以后,还生活了4年,1934年主持了第一次全苏联作家代表大会,1935年5月邀请法国著名作家罗曼·罗兰夫妇访苏,1934年至1935年,继续写作《克里姆·萨姆金的一生》的第四部。1936年6月18日就不幸因病弃世长逝。关于他这4年的生活和丰富的创作活动,我们可以从其他有关高尔基的传记中读到。"

三、鲁迅的支援

1933年5月6日,在《生活》周刊上,刊登了下面一幅广告:

韬奋编译

革命文豪高尔基　　五月底出版

高尔基为当代革命文学家,此书叙述其生平奋斗之生涯,由码头脚夫而登世界文坛的经过情形,充满着引人入胜令人发奋的有趣的事实,等于一本令人看了不能释手的极有兴味的小说。全书约20万字。有志奋斗者不可不看,有意在读书中寻乐趣者尤不可不看。

鲁迅看了这幅广告以后,当即在5月9日写了封信给韬奋:

"韬奋先生:今天在《生活》周刊广告上,知道先生已做成《高尔基》,这实在是给中国青年的很好的赠品。

"我以为如果能有插图,就更加有趣味,我有一本《高尔基画像集》,从他壮年到老年的都有,也有漫画。倘要用,我可以奉借制版。制定后,用的是哪几张,我可以将作者的姓名译出来。以上,即请著安。"韬奋在这本

传记的《编译后记》中说:"我接到鲁迅先生的这封信后,就写信去表示欢迎。现在这本书里的插图,除上述三张外,其余的相片和漫画,都是承鲁迅先生借用的,并承他费了工夫把作者的姓名译出来,为本书增光不少,敬在此对鲁迅先生致感。"

这里所说的"除上述三张外",是指韬奋原来搜集的:一张是高尔基和斯大林合影,一张是高尔基在他的文学生活40周年纪念时所摄的肖像,还有一张是他和他的两个孙女儿的合影。

由此可见,鲁迅对这本书的重视和关心,以及韬奋对鲁迅的尊敬和感激。他们之间的情谊,通过《革命文豪高尔基》的纽带,有了新的发展。在《鲁迅日记》中记载:鲁迅5月10日即"得邹韬奋信",5月17日又得"邹韬奋信并还书"(即指《高尔基画像集》)。6月6日又有"得邹韬奋信,即复。"7月15日出版的《生活》周刊第8卷第28期的广告中,又特别提到:"全书二十万言,附铜版插图十余幅,多为外间所罕见之珍品。"书出版后,韬奋当即寄了一本给鲁迅,鲁迅在7月7日的日记中有"邹韬奋寄赠《革命文豪高尔基》一本"的记载。并在同年的书账中也有登记。从鲁迅的书信中,可以了解到鲁迅还曾把这本书购赠一个青年教师,当年8月9日,鲁迅曾接到在广西桂林第三高级中学任教的董永舒来信,向他请教有关创作的问题并请他代购书籍,鲁迅于7月13日复了信,并寄出书籍7本,其中即有《革命文豪高尔基》一本,并且说:"高尔基的传记,我以为写得还好,并且不枯燥,所以寄上一本。"

不仅如此,鲁迅对《革命文豪高尔基》的其他报导或议论,也在涉猎之中。如7月17日上海《申报》副刊《自由谈》上,发表了一位林翼之的《读高尔基》一文,除指出书中的一些缺点,还对这本书有一笔抹杀的意思。鲁迅在9月11日写的《关于翻译》一文,作了以下评论:

"苹果一烂,比别的水果更不好吃,但是也有人买的,不过我们另外还有一种相反的脾气:首饰要'足赤',人物要'完人'。一有缺点,有时就全部都不要了。……我想,还是请批评家用吃烂苹果的方法,来救一救急罢。记得先前有一篇批评邹韬奋先生所著的《高尔基》的短文,除掉指出几个缺点之外,也没有别的话。……"鲁迅说自己对这本书翻过一遍,觉得除批评者所指摘的缺点之外,另有许多记载作者的勇敢的奋斗,胥吏的卑劣的阴谋,是很有益于青年作家的。

这本书一出版,就受到读者的欢迎,当年 7 月初出版,不到 3 个月的时间,就已售完。当年 9 月,韬奋在巴黎,写《再版附言》时说:"我刚到巴黎便接到书店方面转来的通知信说是要再版了。我自己觉得很惭愧,因为这本书是在百忙中译成的,自知错误的地方很多。出版后承读者纷纷赐函谬加赞许,也许是书中主人翁的故事得着大众热烈的同情与欢迎吧!但这却愈增加我的愧恶。"

到了次年 4 月,这本书又三版出书。在当年的上海,正是蒋介石下力气进行文化"围剿"的重点,作为进步书籍的代表,在几个月内,连出三版,让高尔基这样的无产阶级革命文学家,成为广大中国青年的朋友和学习的榜样,它会起什么深远的影响和作用,那是不言而喻的。

四、从一封信中见真情

韬奋在 1934 年 7 月由伦敦前往苏联参观访问,在莫斯科期间,曾用英文向高尔基写了一封信,表示了他对高尔基的敬慕之情,希望能见到他,并准备把他编译的《革命文豪高尔基》这本书送给他本人。信是 7 月 26 日写的,署名邹恩润。

据高尔基的研究者、又同韬奋熟悉的戈宝权同志介绍:"我们过去一向不知道韬奋写过信给高尔基,无论从他遗留来的文字当中,或者从他所写的《萍踪寄语》三集(写在苏联的所见所闻)中,都没有见到有关这一事情的记载。在他和我相处的许多年当中,也从未听见过他提起这件事。假如高尔基接见过他,他可能早就写成专文了。1956 年 5 月间我在莫斯科时,曾专访过高尔基世界文学研究所,当时就听说在高尔基的文献档案中保存着几封中国人写的信,1957 年 6 月间我在访问了阿尔巴尼亚、南斯拉夫和保加利亚之后路过莫斯科时,又重访了高尔基博物馆,才初次发现了韬奋的信。现将这封信的全文译载于此:

英美学院,苏维埃第三屋(苏维埃大厦)

一九三四年七月二十六日

亲爱的高尔基同志:

我是来自中国的您的一位敬慕者,在这个国家里,为了群众的利益正

进行着第一次真正的革命。在我讲明写这封信的目的之前，我想还是简单地介绍一下自己。在过去的八年当中，我担任《生活》周刊的主编，这个刊物的目的，是在中国鼓吹社会主义，同情中国的苏维埃运动，但是它必须在各种伪装的方法之下进行自己的工作，因为它是在白色恐怖最厉害的上海出版的。一年前我离开了中国，一直在欧洲各地旅行。本月二十日我抵达莫斯科，使我特别感兴趣和异常愉快的，就是能访问第一个社会主义的国家。

我高兴地告诉您，我曾经用中文写了一本您的传记，这本书在去年七月间出版，并在中国受到普遍欢迎。革命的青年一代都非常关心您的生平和作品。

昨天，我感到特别高兴，就是知道您目前正在莫斯科。假如您能惠予接见，让我把从中国随身带来的您的中文的传记送给您，那我就更为感谢和感到莫大的荣幸了。我想您不可能阅读这本书，但我相信您会高兴看一看这本书，把它作为一个从遥远的国家来的真诚的敬慕者送给您的一份礼品保存着。我知道您正忙于文学写作的工作，但我只希望能和您有一次短短的会见。假如我的请求蒙您允诺，那么请您告诉我在什么地方、什么时候我能来拜访您。

最后，我请求您原谅我用英文写这封信。我非常抱歉，我不懂俄文，而中文信又是外国人很难理解的。但我希望您的秘书会把这封信为您翻译出来。祝您好！

邹恩润　谨启

高尔基是否接见过韬奋或是复过信，在高尔基的文献史料中都找不到证明，但我从1960年苏联科学院出版社出版的《高尔基生平与创作年谱》第4卷第395页上查到一条记载：

7月26日至27日

收到一位在莫斯科访问的中国进步作家邹韬奋（邹恩润）的来信，他说他在一年前用中文写成的高尔基传，在中国很受欢迎："革命的青年一代都非常关心您的生活和作品。"邹韬奋请求高尔基接见他。

现在这封信（韬奋写给高尔基的信），存在"高尔基文献档案"的第8

卷第 277、278 页。

这是戈宝权所做的考证。

韬奋在莫斯科逗留期间，同当时在苏联的革命诗人萧三有过会晤。当 1944 年 11 月在延安追悼邹韬奋期间，萧三写过《韬奋同志——文化界的劳动英雄》的文章。文章开头是两句诗：

> 在苏联的文化节日，我看见韬奋先生，
> 在边区的文化节日，我悼念韬奋同志！

他回忆起在莫斯科，他和韬奋相见的情景。他说："我在国外时久已仰慕韬奋同志之名。1934 年 8 月间在莫斯科会见了他。那时他和一批英美学生到苏联旅行参观。那正是苏联作家大会时期，到会的有许多外国作家。我去邀请韬奋同志也参加这个大会。我会见他是在他正参观完了一个学校的院子里。我和他坐在花园的长椅上。刚刚说了几句话，就有一个尴尬的中国人走近来，不善意的看了我一眼，然后虚伪地向我'请教'，'台甫'……一起来，韬奋同志立即为我们介绍：'这是×先生'，'这是×先生'，……那个人不马上走开，立了一会，听我们在道寒暄，谈旅行，又立了一会，才悄悄地走开去。就趁这个机会，韬奋同志迅速地对我说：'我很快就回国去的……假如参加了苏联作家的大会，那么回国就会不方便，更不说再写什么文章了。现在我只是一个普通的旅行者，没有作为苏联的宾客，这样人们便不会怀疑我了……这点请你原谅……在这里说话，都有些不方便哩。'说到这里，韬奋同志指那个走不很远的中国人。我当即会意，没有固执自己的邀请，只连称'憾事！可惜！'但心里顿然烧起对法西斯蒂徒孙们的一阵怒火。同时，看见韬奋同志低下头去，也很久没有说话。最后，他想起来了，急急从帆布袋里取出一部厚厚的书——《革命文豪高尔基》来，双手捧着交给我说：'请将我编的这本书，转给高尔基先生……'我拿过来一看，上面已经用英文和中文题好了'敬赠高尔基先生——邹韬奋'几个字。我非常欣喜，恰在苏联举行文化节的日子，中国文化界的战士给高尔基这个心血的礼物。知道再请韬奋同志去参加作家大会是无用的，我也就再没提起那话了。那个盯梢的中国人又走来了。我只得站起来，握了韬奋同志的手，相约通信而别。这就是我第一次，也

是最后一次看见韬奋同志的情景。"（1944 年 11 月 22 日延安《解放日报》）

韬奋没有能够会见高尔基，据他自己在悼念高尔基的文章中说，"不料他正在别处旅行未回，竟错过了这个机会。"

从这里可以看出，韬奋的行踪，在当年的莫斯科，也没有躲过令人讨厌的盯梢和监视，给他的流亡生活增添了烦恼，给他的预想留下了无法弥补的缺憾。在他前进的道路上，迈出任何一步，都付出艰难的代价。

五、唤起了劳动群众

韬奋编译的《革命文豪高尔基》，主人翁高尔基在苏联，受到广大群众的拥护，并为读者群众所热爱。当他因肺病在意大利疗养时，广大劳动群众强烈要求他回到本国。正如他自己所说："在我所收到的联邦中各处工人寄给我的许多贺词里面，他们一致的称我为'我们的自己人''普罗列塔利亚'和'同志'。这些工人的呼声，在我看来，当然比那些批评家的呼声更有深刻的印象。这些工人们把我看做他们自己人的一个，看做他们的'同志'，这是使我感到不胜荣幸的一个事实，这是我的最伟大的荣誉，是我真正可以自豪的事情。"

俄国的大众都喊着："我们要高尔基！"他们所要的是高尔基亲身在俄国。表示这样要求的还有知识阶级，还有政治领袖。在高尔基的 60 寿辰的时期中，在许多纪念的文章和祝词里，大多数都郑重提出这个要求：高尔基必须回来。科学院院长卡宾斯基，教育委员长卢纳卡斯基，人民委员会委员长里科夫，《真理报》编辑布哈林，还有其他苏联的代言人，也都一致的表示同样的请求：高尔基必须回到本国来，亲眼看看当他不在国内的时期中本国干了什么。

布哈林在《我们所需要于高尔基的是什么》的文章中说："俄国需要像高尔基这样的一个作家来描写现代生活。"布哈林特别提出的是，高尔基"是文化和劳动的热心提倡者，他常把劳动看得异常的贵重，认为是世界上任何其他事物所不能相比的。或许没有人能比高尔基，更敏锐地感觉到有建设力和创造力的劳动之最可令人感动；没有人能像这位普罗作家，感觉到劳动之伟大的革命意义。""我们的联邦，我们的工人阶级，以及和高尔基发生了多年关系的我们的党,都等候着高尔基的回国,把他看做和我们情投意合的艺术家。因为我们希望他回到本国来:他必须回到我们这里来,为着工作回来,为着伟大的、良好的、荣耀的劳动回来!"

高尔基从 1921 年于病势危殆中离开俄国,7 年之后于 1928 年春季,回到俄国。若按他的病情和环境,他都不宜于回国,但他不忍冷漠群众对他的渴望和要求,还是冒险回来了。回国后的场面,那是感人的,可也增加了他的麻烦。《真理报》提出过如下警告:"各方面对于高尔基的欢迎的热潮,正在汹涌着。他所应得的个人的凯旋,正在等候着他。将要包围着他的许多群众里面,各人都要想抢到前面去,挤到近处去瞻仰瞻仰高尔基,去和他握手,去和他说几句话。他已经被无数的社团及各界的团体举为名誉会员了。渴望他回国的诚意,将于许多集会里面表示出来。这诚然是一种可以了解的正当的渴望。但是我们要警告仰慕高尔基的人们:他所贡献的是文化的价值,我们也应把文化的价值来看待他。我们必须爱护高尔基的健康和体力。"

韬奋在这本书即将结束的时候,写了如下一段概括:

自从 1892 年 9 月 20 日高尔基在《高加索日报》上发表了他的处女作以来,到 1932 年 9 月 25 日,整整地继续了 40 年的著作生活,小说戏剧等创作共达 160 种之多,苏联全体和全世界的进步的作家、思想家、科学家,为着纪念这位 64 岁还在努力创作的革命文豪的功绩,在这一天举行了世界上从来不曾有过的盛大的庆祝典礼。同日起,在一星期里面,苏联全国各戏剧院竞演高尔基的戏剧,各影戏院放映以他的历史做题材而摄制的影片《我的高尔基》,和他的作品电影化的新影片;国内各地的街道,建筑物,图书馆等等,改以"高尔基"为名的,不可胜数;世界各国的文学团体,都举行高尔基庆贺会,刊行高尔基专号等等。

9 月 26 日,苏联塔斯通讯社,由莫斯科发了关于高尔基创作 40 周年盛大庆祝的一些情况,首先宣布的是若干决定:高尔基出生地尼斯尼诺夫格拉镇,改名为高尔基镇;苏联政府最高荣誉的"列宁奖状"赐予高尔基;莫斯科艺术剧院改名为高尔基剧院;各级学校创立高尔基奖金。其次是参加大会的有:苏联政府的领袖;苏联文学界、艺术界、戏剧界,各公共团体及各工厂的代表;各国使馆的人员和外国记者。在主席台上的有斯大林、加里宁、莫洛托夫等,苏联和国外的文坛代表,法国名作家巴比塞亦远

道来参加。当高尔基入场时,群众热烈欢呼,先由加里宁代表政府及党行开幕礼,向高尔基致正式贺词。随后党代表斯台兹基演讲高尔基的生平及其著作,称他为"代表大众奋斗而创造新世界的最伟大的作家"。人民教育委员长代表苏联的全部文化劳动者及百万学生,向高尔基致敬礼,说他为社会主义文化而奋斗,为劳动者全部解放而奋斗。高尔基于群众再度热烈欢呼中,起立致答词,先向群众恳切致谢,随后勉励苏联的青年努力研求知识,他说:"只有知识能坚固青年对真理的信仰,而此种信仰,即改造旧世界的紧要的工具。"

高尔基在中国的影响,又是怎样呢?

当庆祝高尔基创作 40 周年的时候,中国的文艺界和中国人民,自然不会忘记高尔基所给予中国的正义声援,"九一八"事变和"一·二八"战争之后,高尔基称日本帝国主义对中国人民所施加的是"空前卑劣的暴行",他在苏联《消息报》上发表了《响应宋庆龄的呼吁》的文字,声援中国人民。1934 年 8 月,苏联举行的第一次全苏作家代表大会后,高尔基发表了"致中国的革命作家们"的信,向"中国同志们,致热烈的布尔什维克的敬礼!"

鲁迅、茅盾等人联名对高尔基创作 40 周年,发表了《我们的祝贺》的文章,表达了中国人民对高尔基的尊敬与爱戴,其中说:

"高尔基是世界革命的文学家。他的四十年的创作生活,是四十年的艰苦的斗争。现代的革命作家和无产作家,尤其是苏联的,没有一个不受着他的影响。他是新时代的文学的导师。高尔基的名字代表着世界文学史上的新时期,这里为世界上的新的阶级开辟了一条光明的道路,开始创造真正全人类的新文化。中国的革命的文学界,庆祝高尔基的斗争,庆祝高尔基的四十年的创作生活,同时,也表示我们为着真正的文化革命的决心。我们承认高尔基是我们的导师,我们要向高尔基学习,我们要为中国几万万的劳动群众的文化生活而奋斗!"

高尔基的小说《母亲》,被列宁称之为"一本非常及时的书",教育了广大革命青年自觉地走上革命道路,他那歌颂革命暴风雨即将来临的《海燕之歌》,鼓舞了多少青年英勇地起来向黑暗斗争。茅盾在《高尔基和中国文坛》中说:"高尔基对于中国文坛影响之大,只要举一点就可以明白:外国作家的作品译成中文,其数量之多,且往往一书有两三种译本,没有第二人是超过了高尔基的。……高尔基的作品之所以能在中国受到广大读者的爱好,是因为它抨击了黑暗,指示了光明,它虽然是为俄国人民呼喊,但在中国读者(不但是中国,全世界被压迫的人们亦同具此感)看来,觉得都是自己心里要说的话。而这实在也不足怪,因为真理只有一个。"

《革命文豪高尔基》一书的初版、再版、三版以至六版的事实,生动地说明了,高尔基为中国人民所热爱。韬奋在其《第六版修订后记》中说:

"高尔基逝世后一日,莫斯科的《真理报》社论中第一句话是'理智的明灯熄灭了!'这固然是寓着无限悼惜之意。但在实际上这盏'理智的明灯'是永远不会'熄灭'的。即如本书五版售罄之后,要求再版者仍纷至沓来,可见高尔基一生的艰苦奋斗,学习锻炼,是永远要吸引住无数有志青年的注意,是永远在引导着我们容易地向着光明的大道前进!"

韬奋认为,高尔基不但为了苏联的大众的利益,同时也为了世界的劳动大众的利益,所以他不但是苏联的文豪,也是世界的文豪。韬奋在《悼世界文豪高尔基》一文中说:"高尔基的一生,最使我兴奋的,是他的始终不倦的艰苦奋斗的精神。我们读他的奋斗史,好像读着不可思议的神话。但却都是事实,千磨百折的可惊的事实。这些事实都不能把高尔基压下去,他终于排除了万难,成了今日全世界大众所敬慕的文豪。"

韬奋最后说:"我最喜记诵他所著的《鹰之歌》里面的警句:'我们唱着歌,赞美傻子的勇敢!'在中国——这样危迫的中国——我们所需要的是无数'傻子的勇敢'!"

高尔基是世界无产阶级的伟大艺术家,他的作品,普遍地为中国大众所喜爱并教育了革命的几代人,这与韬奋的这部传记是分不开的。

第十七章　同胡适的争议

日本帝国主义在中国的侵略罪行,不仅引起中国人民大众的强烈反抗,也引起世界人民声援中国人民的正义之声。尽管是这样,日本并没有缩回劫夺之手,反而在"国际联盟"调查团的包庇下,更加猖狂,侵吞不止。而蒋介石为首的国民党政府,却仍抱着"先安内后攘外"的决策不放,将大片大片的祖国河山,恭送给日本,将千百万热血同胞投入到日本人的屠刀之下。这种奇耻大辱所带来的众怒,沸腾于全国,可也还有另一种不同的声音,那就是胡适的言论和主张,这是韬奋所难于沉默的。

一、淞沪战后的重大事态

先看事实,特别是淞沪抗战以后的重大事态,因为它关系着中国的命运和出路。

1932年3月3日,蒋介石无视全国人民的呼声,强令十九路军撤离上海,开往福建"剿匪",以应日本军队的要求。

3月9日,日本占领东北三省之后,便一手炮制了"满洲国",扶植傀儡溥仪为"执政",任命汉奸郑孝胥为"国务总理",后来又改为"满洲帝国",对"执政"改称"皇帝"!其实,真正的实权全在日本人手中。明文规定该"帝国"承认日本在东北的"一切权利",一切重大决策全由日本关东军司令决定。

5月5日,国民党政府同日本军方签订了《淞沪停战协定》,规定日本在上海可以驻扎军队,而中国军队却不能在上海周围设防,并答应取缔全国的抗日运动。

1932年5月,自"九一八"之后,蒋介石的不抵抗主义,对外坚持依赖国际联盟干预,实际上这个国际联盟已变成帝国主义侵略的工具,在中国政府的一再呼吁和请求下，派"国联调查团"前来调查，调查团以李顿为首，参加调查团的中国代表顾维钧，随同记者为戈公振、顾执中。调查团于4月21日抵沈阳。所谓调查是向驻沈阳的各国领事馆的领事们询问，而不是就东三省被侵占的实际了解真实情况，也不接触被奴役被杀戮的老百姓，把日本关东军司令部作为访问对象。日本警察机关和特务，严布岗哨，强迫居民不承认是"中国人"，要说是"满洲国民"。对参加调查团的中国代表随员，规定不准踏入"满洲国"一步！所以，李顿调查团的调查报告，只能是日本控制下反映一些帝国主义国家的意见。这样的报告，日本仍不满意，据《生活》周刊1932年7月9日出版的第7卷第27期"一周要闻"栏，记者报导："国联调查团"李顿等于7月4日抵东京时，有一批日本法西斯党徒分发传单，声称须驱逐李顿出境，竟荒谬地说："满洲是用了许多日本国民之血汗所造出来的，所以日本当然有主张特殊权益之权利"，"满洲须任容日本之特殊政治权，不容外人干涉"等等。这充分说明，不管怎样迁就退让，都不能满足侵略者的胃口。

1933年1月1日，日军向山海关进攻，3日便占领了山海关。

同年1月17日，中华苏维埃中央政府和工农红军革命军事委员会发布宣言，愿在"立即停止进攻苏维埃"、"立即保证民众的民主权利"、"立即武装民众"等3个条件下，同国内任何武装部队订立协定，共同抗日。这一宣言得到了全国各阶层人民的热烈支持，推动了对日抗战的新局面。

当日军于2月25日向热河发动进攻，3月4日，日军只有128人，就攻占热河省会承德时，全国人民怒斥该省省主席汤玉麟，汤席卷财物而逃。但是，驻守长城的宋哲元部队，第二十九军三十七师在正副师长张自忠、冯治安的率领下，不顾蒋介石的"不抵抗主义"，"专心一致剿匪"，"侈言抗日者杀勿赦"的荒谬指令，于1933年3月11日，在喜峰口英勇打退了日军进攻，取得了长城抗战的首捷。接着第二十七军二十五师，在师长关麟征指挥下，同日军激战3昼夜，毙伤日军2000多人，再次告捷。同时，共产党员吉鸿昌在张家口与冯玉祥、方振武组成民众抗日同盟军，给日军沉重打击。随后第二十九军又在遵化北部地区，于3月16日到18日，连续击退日军的进攻。这些振奋人心的捷报，大大鼓舞了全国人民，也激励了要求抗日的我军官兵。

1933年5月，国民党政府与日本签订了《塘沽协定》，承认东三省和热

河被日占领,将绥东、察北、冀东划为日本军可以自由出入的地区。又一次丧权辱国。

鲁迅在《文章与题目》一文中,一针见血地戳穿了"攘外必先安内"的实质,他写道:"新花样的文章,只剩了'安内而不必攘外','不如迎外以安内','外就是内,本无可攘'了……"

二、在国难当头的胡适

在国难当头,我们需要看看从不承认帝国主义为中国敌人,更不主张反帝国主义的胡适在做什么?

这期间,胡适正在北京大学,是教育文化界的名人,被日本人称为中国学术思想界的"泰斗"。由他主编的《独立评论》,一反他曾经主张过的"不问政治"的"超然"态度,每期都评论国内外大事,大谈政治问题。胡适在创刊号"引言"里说:"我们八九个朋友","常常聚会讨论国家和社会的问题。""各人根据自己的知识用公平的态度来研究中国当前的问题。"他又说:"我们叫这刊物做《独立评论》,因为我们都希望永远保持一点独立的精神。不依傍任何党派,不迷信任何成见,用负责的言论来发表我们各人思考的结果:这是独立的精神。"(《独立评论》1932 年 5 月 22 日创刊号)

什么是胡适所说的"独立的精神"? 什么又是胡适所说的"公平的态度"和"不迷信任何成见"呢?

三、胡适主张避战求和

胡适对日本侵略中国的态度是:避战求和。他认为中国还没有资格和条件抵抗日本! 胡适主张直接同日本交涉,直接向"国联"交涉,不战就可和,如何和呢? 他说:"中国政府应该表示愿意依据十月中日本在国联提出的五项原则,进行与日本交涉东三省的善后问题。"五项原则,其中第五项是"尊重日本帝国在满洲之条约上的权益",胡适甚至说:"中国不妨自动的主张东三省的解除军备。中国日本俄国皆不得在东三省驻扎军队。"胡适竟然代表全国民众忏悔说:"我们应该深刻的反省,我们为什么

125

这样的不中用？是不是因为这个国家上上下下整个的没有现代化,整个的没有走科学工业之路？是不是因为在这个现代世界我们还不肯低头做小学生的苦学,所以不能抵抗一个受过现代科学工业文化的洗礼的民族？不先整顿自己的国家,而妄想用空言打倒一切强敌,不先学一点自主的本领,而狂妄的藐视一切先进国家的文化与武备,不肯拼命的去谋自身的现代化,而妄想在这个冷酷的现代世界里争一个自由平等的地位,这都是亡国的征象。"

因为这样,胡适像转达上天老子的训令那样:"要准备使这个民族低头苦志做三十年的小学生",向他指定的"先进文明"国家学习,也就是向美、英、日、德学习。胡适又指出学习样板:"一九一四年比利时全国被德国军队占据之后,过了四年,才有光荣的复国,一八七一年法国割两省给普鲁士,过了四十八年,才收复失地。"所以胡适接着就说:"我们也许应该准备等候四年,我们也许应该准备等候四十八年。在一个国家的千万年生命上,四五年或四五十年算得什么?"这真像一位读者指出的"我几疑说这话的是个外国人,是完全第三者的态度,这不明明做了国际帝国主义者的代言人吗?"(《生活》周刊第8卷第21期)胡适这副洋奴的嘴脸真是暴露无遗了!

《生活》周刊"小言论"栏内,刊登了韬奋的《由抵抗而失败了吗?》的文章,揭露了对日本求和的真实伎俩,义章说:"现在经过了仅仅20个月的短时间,奉送了半个中国,日本在事实上已稳占了东三省、热河及察哈尔,并要求黄河以北为非战区,划平津为政治区域,'双方在自然趋势之下,造成休战状态',中国不是由抵抗而失败了吗?"为回答这一提问,文章接着说,"不!自'九一八'以来,除少数并未奉命而人自为战的孤军外,中国在事实上并未抵抗,失败则有之,说是中国由抵抗而失败,实厚冤了中华民族!"它指出,自"九一八"发生国难以来,抗战最激烈的要算马占山和十九路军,但他们都得到不抵抗的命令和调防的命令,这是公开的事实。最近黄郛以驻平政务整理委员会委员长名义到平,声明"总不违中央意旨",他显明而直截了当的话,是"和外剿共,始为救时救党上策",其事实是,各公共团体及报馆均奉命:以后对日不准用"敌"字,对"满洲国"不准用"伪"字。黄郛何应钦已联电武藤请求停战!文章最后说:"民族的反帝运动是终要起来的,现在的失败并非由抵抗而失败,我们用不着失望。"

（《生活》周刊第 8 卷第 21 期）韬奋虽未点胡适之名，却包括胡适的主张在内。

四、对"国际联盟调查团"

对胡适的"伟论"，《生活》周刊用了"信箱"一栏，连续几期，展开讨论。先刊登了读者何达人的《废话与胡说》长篇评论，何文指出，胡适主张要倒在资本帝国主义的怀里来解决中国的问题，胡适主张信赖"国联"，称颂"国联调查报告"为"最公平最合理的裁判"，实际上就是让帝国主义来共管、来瓜分。也有读者不同意何达人对胡适的批评，说胡适不是帝国主义的代言人！而是大学者对民众负责的言论。这位读者叫唐一鸣。

韬奋在回答唐一鸣时，指出对胡适的意见，"已引起多方面的反感了，虽然有唐先生作义务辩护，这却似乎不能代表多数人的见解。唐先生的辩护，只说胡适之先生的主张是一种负责的主张，因为中国不能战，又不能和，所以不应战，又不应和。这所谓负责，是代帝国主义及其依附者负责，这是对的。但要说对民众负责，那是不对的。因为不战不和的结果，我们已看得很分明，就是暗中把大片领土出卖。而领土的出卖，在出卖者固然得到好处，等待五十年不迟。但被卖的人民，却在帝国主义的铁蹄下呻吟着叫苦，莫说五十年，就是五年也不及等待。这样还能算是对民众负责吗？"韬奋在这回信中，专门表明了《生活》周刊为什么开展这一次讨论，他说：

"最后唐先生误会我们登载了这些通讯，对于'文化界领袖'故意谩骂，其实本刊向来不专攻击个人。对于'名流'也决不愿信口批评，借此'来出风头'。我们所以牵涉到胡适之先生，是因为《独立评论》所发表的他的文章，可以代表目前一部分人的思想，所以以胡适之先生为代表，把这些思想来清算一下。"（《生活》第 8 卷第 23 期）

胡适对国际联盟调查报告的公布，所表现的感激和颂扬，是任何爱国者都会感到愤怒的。如胡愈之对"国联"调查报告书的评价，认为它是在"替帝国主义写了一张供状"，这供状暴露了"帝国主义对中国的瓜分和国际共管"。他写道："自从调查团报告书发表以后，英、美、法、意、德的政府报纸，异口同声地加以赞扬，说报告书所建议的解决方案，是十二分的公平。不错,报告书是很'公平'的,不过是帝国主义所谓'公平'。在帝国主义看来,把中国的整个东三省,抢劫了去,把中国的主权利益偷盗了去,这都不算是不'公平'。但是抢劫偷盗去的赃物,却给日本帝国主义独自享受,其他帝国主义一概不得分肥,这才是十二分的不'公平'。所以应该把日本所独占的东三省,乃至从中国所抢去的一切赃物,用梁山泊'大秤分金银'那样的方法,来平均分配,这便是李顿报告书的所谓'公平'。"

"报告书承认'满洲国'是日本帝国主义的傀儡,所以非取消不可。但是取消了这个日本傀儡的'满洲国'以后,调查团却主张另行建造第二个'满洲国',以充国际帝国主义的傀儡。这第二个'满洲国'和第一个不同的地方,就是第一个完全由日本'顾问'指挥,而第二个'满洲国'则由各国洋'顾问'共同掌握一切统治权。"

关于报告书中又是怎样判断"中日争端"的呢? 它说这是起于"中国内部分裂"以及"排外""抵货"等原因,所以日本为保障其合法"经济利益"起见,武力占领东北,在原则上并没有错,不过手续上有些不合,因为在手续上应该和国际帝国主义共同合作,现在日本却独自下手,并且在满洲创造了一个傀儡国,由日本独占。这一点是不对的,所以建议把满洲变成一个国际共管区域,只剩下一个名义给中国。此外一切军备、政治、经济、金融,都应由各帝国主义者共同支配,不过可以让日本占着较大的份额。

报告书不但主张东三省照如此办法,而且主张整个中国都非照如此办法不可。综观报告书一贯论调是:"中国内部不统一,和抵货排外,足以扰乱世界和平,东三省的中日冲突,不过是一个明显的例子罢了。所以为维持世界和平起见,必须国际合作,以谋中国之统一。在满洲一部分如此,在全中国亦然。"

胡愈之以"优生"名义发表的《报告书发表以后》,韬奋是完全同意的,认为这是"深刻明了的分析"。韬奋以《国联给中国的特惠》为题,发表了自己的意见。他说:"自东北国难发生以来,我国所唯一仰望的救星国际联盟,它的千呼万唤的调查报告书总算公布了。该报告书所加于中国的罪名是'抵货'与'排外';所建议的解决办法是不仅东三省应由国际共管,全中国都应由国际共管。"这是国联于哀矜中所慨然赐给我们的特惠! 韬奋对于这种特惠表示:"我想凡是做中国人没有不想'璧谢'的,因为他们

把'华人'和他们的'殖民地'的奴隶放在同等优遇的地位,这当然要引起我们的反感。"(《生活》周刊第 7 卷第 41 期)

韬奋和胡愈之对国联调查报告书的态度和立场是非常鲜明的,的确代表了中国人民的意志和骨气。可是,也有那么一些人同反动当局的腔调相一致,胡适就是其中一个,他在《独立评论》上唱出了一篇令人作呕的"赞歌",题目叫做《一个代表世界公论的报告》,他说:"我们今天读了外交部的译文,不能不佩服李顿调查团的团员和专家的审慎的考查,他们的公平判断,和他们为国际谋和平的热心是值得我们感谢和敬礼的。"两种完全不同的评价,的确是反映了两种完全不能相容的对立的立场和观点。

的确像读者赵敏所指出的那样,胡适是不抵抗主义的理论家,他能说出不抵抗主义者首创者所不便说或不敢说的"道理",来公开骗人。胡博士被美国的黄金耀得眼花,所以极力否认帝国主义侵略中国的事实,相信帝国主义的强盗是可以维持正义的。其代表机构,当然是国际联盟了,所以胡博士感激涕零。他将国联调查报告书捧到天上,把国联共管、分赃的丑恶粉饰得干干净净。赵敏说:"无怪帝国主义者们称胡博士为头脑最清楚的中国学者了。他是极忠实的帝国主义的拥护论者,同时又是最勇敢的投降论者。"他不仅对国联调查报告书如此,他对丧权辱国的华北停战协定,也是如此。

五、日本人封的中国"思想界泰斗"

韬奋在《听到胡博士的高谈》一文中说:"日本人奉为'中国现代思想界之泰斗'的胡适之先生,最近因赴美讲演和出席太平洋国际学会,途经上海,对新闻记者发表谈话,极力赞美华北停战协定,有这么一段话:'此举虽略似于无形中默认伪国之嫌,然在另一方面言之,实系使东北问题,暂行搁置,盖战事停止后,则日本之文治派及和平派得以抬头,同时世界上和平运动,亦得与日本相接触,否则日本之和平派与文治派,亦只可听命于军部……故余对上海停战与华北停战,均属赞成,须知华北停战后,最低限度,可减少吾人之损失……'胡先生向来也是我所佩服的一位学者,虽则我还够不上说那'肉麻主义'的所谓'我的朋友胡适之',但是听到他近来对国事发表的伟论,实无法'佩服',……只就上面这短短一段他最近所发表的高谈,也不得不感到这位'思想界之泰斗'的'思想'实在有不可思议的奇异!"韬奋指出,认为我们不抵抗,是可以帮助日本的文治派及和平派得以抬头,又可以帮助世界和平运动与日本相接触。如此说来,热血抗战的十九路军,马占山、苏炳文各军,都是莫大的罪人,因为他们既阻碍了日本文治派及和平派的抬头,又阻碍了世界的和平运动与日本相接触!我们所不解的,是从沈阳到热河的奉送,都是在不抵抗中"求和平",日本的两派何以不抬起头来?世界的和平运动又何以不和日本相接触?胡博士所"均属赞成"的"上海停战"实现之后,何以我们也没有眼福看到胡博士所幻想的"抬头"和"接触"的这么一回好事!韬奋最后讽刺说:"日本帝国主义者的一贯政策是'征服支那,先征服满蒙',我们很有充分时间'等候''抬头'和'接触'的实现!怪不得现在不是对外而是尽量对内的时代了!"(《生活》周刊第 8 卷第 25 期)

　　胡适的"献策",要我们"等候五十年",日本侵略者也没有听得进"泰斗"的劝告,其他帝国主义也没有去同日本"接触",摆在中国人民面前的,仍然是被侵略、被奴役!为什么胡适的主张同韬奋南辕北辙如此对立呢?因为韬奋、胡愈之同胡适走的不是一条道路,一种是满腔热忱的爱国主义者,一种是仰承帝国主义鼻息的哈巴狗,不同道则不同谋,又怎么能有共同语言呢!

第十八章 在去西欧的航程中

自杨铨被特务暗杀之后,社会上流传的"黑名单",就是特务再下毒手的对象。邹韬奋被列入"黑名单",是关心韬奋和《生活》周刊的朋友们,非常气愤非常焦心的一件事。可是,在法西斯的白色恐怖中,何谈正义公道? 何谈分辨是非? 在几位执友的密切磋商和安排下,韬奋离开了主编《生活》周刊的战斗岗位,开始了他的第一次流亡生活。

在这一章里,我们只能叙述他在旅途中和几个国家的所见所闻,还不是他重点考察的地方。

一、别离祖国

1933 年 7 月 14 日,韬奋搭船离开了上海。

这是上午 10 时,韬奋登上意大利邮船佛尔第号。下午 1 时开船,前往送行的有胡愈之、李公朴、徐伯昕、毕云程、邹恩泳和沈粹缜。

本来出国考察,是韬奋"数年来萦回梦寐的一件事",但他此时的心情是相当复杂的。第一,国难频仍,特务横行,爱国受阻,连遭不幸。第二,事业正茂,只身远航,无论自己还是亲友,都不能不忐忑不安地分离。好在社内工作做了妥善的安排,编务由胡愈之、艾寒松接手,总务、经营由徐伯昕主持。第三,环游半个地球,筹借一笔 3000 元经费,尽管执友相助,亦靠今后努力写作偿还。这些,都使韬奋心境难以平静。在即将别离祖国的时刻,真是"倚装待发,枨触万端"。他在《萍踪寄语》的第一篇文章中写道:"人生的变化,静默地想来,往往使人愕然。记者提着笔写这篇文字的时候,此身还坐在《生活》周刊社的编辑室里,等到这篇文字和读者诸友相见的时候……我已不在陆地上了——但却很不幸地尚在人间;我说很不幸,因为尚未得到'死得其所'的机会。"

韬奋这次出国,是在诸友好的苦劝下实现的,他和执友们的想法是一致的,被迫暂时出国,是考察世界大势,寻求祖国出路的大好时机,是斗争道路上的积极前进,不是个人的消极避难。正如一位很知己的友好,写信所勉励他的那样:"你将离开这紊乱的祖国,绕过半个地球,到那东欧的古邦去了! 记得什么人,也许是郑振铎? 在出国的轮船上作诗说:'祖国现在需要战士,我却离开了她,那似乎不该,但,我离开她不是一种消极的退避,是到别的地方去,擦亮我的铠甲,磨锐我的兵器,预备来做一个更勇猛的战士!'那诗的大意是如此,我觉得你也正是这样的情形……"

韬奋认为,这位友好的殷切盼望,可谓溢于言表了。"我只常常感到深深的惭愧,从不敢自命是'勇猛的战士',没有'更'字之可言,那更是不消说的了;不过倘有'死得其所'的机会,对于斗争——有益于大众福利的斗争——只须是我的力量所能贡献的,我却也不愿退怯。"最后他自己说:"记者此次离国,实带着苦闷和憧憬而去。漫漫长夜,不甘同流合污的,谁都感到苦闷。但黑暗势力的劲敌是大众的意志,决不是铲除几个个人就能高枕而卧的。最伟大的莫过于大众意志的力量,只须朝这方向努力,不会感到孤独,因为深信大众必有光明的前途,个人的得失存亡是不足道的。"

这段话,如实地描绘了韬奋的思绪,像一位出征的战士留下的誓言。

二、航海旅途生活

韬奋所乘的这艘佛尔第号,是意大利邮轮公司的船只,航行于中意之间,有 18765 吨,是横渡印度洋吨位最大的一只船。它的头等舱每人约合华币 1500 元,二等舱 1200 元,经济二等舱 600 元。韬奋限于经济,购买了经济二等舱位,4 人一个房间。他只是夜间进去睡觉,白天终日不是在吸烟室里写文、看书或谈话,便是在吸烟室两旁外的甲板上活动。每日晨餐一次,午晚大菜两次,下午 5 时还有一次茶点。同桌 4 人,第一次同餐后,以后每次照旧。与韬奋同桌的有:赴德参加农村经济会议的张心一,前广西教育厅长雷宾南及赴德学医的周洪熙。

韬奋在船上,除了吃、住之外,使他最愉快的事,就是和《生活》周刊的10 多位读者相逢,经过互道来历之后,便进行很痛快的畅谈,立刻成了亲

密的友好。他随身带着的几份《生活》周刊，自然成了大家共同关心和交谈的焦点。同朋友交谈，是韬奋在船上的生活乐趣，也是他吸取思想资料的重要源泉，那本来孤寂的航行，也就变得生动丰富起来。

在交谈的读者之中，谈得尤为诚恳的，是位名叫江善敬的，他是国立暨南大学外交系的毕业生，仍在母校服务，为人温和诚恳，善气迎人。他很久就想见韬奋，不料在船上相遇。他从《生活》周刊创刊以来，没有一期漏掉，每期均给本乡亲友转寄数份。他是华侨，家在南洋的勿里洞，离家9年，这次回家探亲。他是个体格极好，又注意思想的英俊少年，还是位具有歌唱天才的人，在甲板上临风引吭高歌，激昂悠扬，令人意远，给韬奋留下很深的印象。可惜的是船到新加坡，就同这位少年分别了。由此，韬奋认为，"本刊本身没有什么固有的力量，如诸同志认为不无价值，便是由于始终不背叛大众的意志罢了；倘认为不无一点力量，这仍是大众的力量。"

写作看书，已是韬奋长年的习惯，在海上航行，尽管条件、环境都不如人意，但韬奋仍坚持不误，照常写读。吸烟室是他写读的阵地，就是吸烟室旁的甲板上，坐在藤椅上双腿曲并放上皮包，就变成写读阵地。不管别人干什么，他都聚精会神，进入角色，排除一切干扰，写下见闻，分析思考。海平微波时是这样，狂风大浪时也是这样。

在船上韬奋接触到不少华侨，听到许多华侨生活在异邦的情况，他们多么渴望祖国富强以长自己的志气呵，虽初相识，亦如亲人，倾吐华人遭受歧视的苦情，有的声泪俱下，控诉统治者对华侨的污辱和迫害。谈起祖国所受日本的侵略和欺凌，义愤填膺，对不抵抗主义之反感，对抗日英雄之钦佩，溢于言表，爱憎分明。共同的情感，共同的命运，他们沐浴在爱国主义的热流中，彼此激励，相互祝愿，时间虽短，情谊却长。这给韬奋留下的是极其可贵的纪念。

三、沿途见闻

途经新加坡。7月20日上午7点钟，佛尔第号船到新加坡抵岸。对新加坡，韬奋作了简略的介绍。这是处在马来半岛的南端与马六甲海峡之口，地势为椭圆形，东西约有40多公里，南北约20多公里，面积只有500多平方公里；为南洋群岛的枢纽，欧亚航运的中心。约在200多年前，华人即到该岛,但 1824 年该岛的统治权却为英国占有。它原是满目荒凉,遍地荆棘的岛屿,经过几十年的开发,一跃成为世界著名商埠之一。船一到码头,即可看到各种各色的面孔,有白的,有黄的,有棕色的,也有黑色的。民族种别可分为中国人、欧洲人、马来人、印度人、混种人及其他。华人中又以福建、广东为最多,约占 90%,欧洲人以英人最多,美、法、德、意等次之。此外如印度人、阿拉伯人、犹太人、暹罗人、爪哇人、安南人、日本人为数也很多。据 1931 年调查,人口总数约 60 万人,华人 40 万,约占 2/3。它位离赤道仅 140 多公里,全年皆夏。船抵岸后,须由移民厅派员来验护照,要等候两三个小时,未验毕之前,一律不准上岸。

韬奋登岸之后,看到新加坡的幽美,平坦整洁的马路两旁娇红艳绿,花草极盛,在绿荫中时时涌现着玲珑宏丽的洋房。他写道:"我们坐在车里驰过时,左顾右盼,赏心悦目,好像'羽化而登仙'了似的!""还有植物园,面积广阔,平坦而曲折,汽车可直通无阻。这里面的鲜花奇草,更是目不暇接,树荫蓊郁,翠绿欲滴。"

适逢经济恐慌,市面很不景气,不少商号厂家以致关闭。遇到华侨李恒亮,为 3 代侨商,亦遭不景气之苦,其盼祖国争气之殷切,实难平静,对国事愤慨已极,切齿握拳,声色俱厉。他说这是海外侨胞公意。韬奋从而得出重要教训:"要获得民众信仰的任何政府,决不能靠宣言或通电上的花言巧语,更不能靠欺骗民众或压迫民众的任何高妙手段,唯一的方法就是只有做出实际有益大众的具体工作来。"后来在码头上又遇闻讯来访的《星洲日报》记者黄汝德,随黄参观了《星洲日报》,该报经理和总编辑热情接待了韬奋,也谈起侨胞的同样境遇。对李恒亮的话,又一次佐证。

到科伦坡。7 月 24 日上午 9 点半到达锡兰岛西南端的科伦坡。锡兰有"印度洋的珍珠"之称。据说是因为该岛的形式好像一颗大珍珠,点缀在印度洋上面。其实,就其地形并不像珍珠,倒是盛产珍珠而闻名于世。它的首都就是科伦坡。

韬奋是被闻名友人邀请登岸观光的。在人陪同下,环游全市 3 小时。先看珍珠宝石陈列馆,继而看了一个佛寺,进佛寺先将各自的皮鞋放在走廊上,只穿着袜子,跟着导游转着看,并听英语讲解,参观一大幅一大幅的关于释迦牟尼从产生到成佛的历史画。最后走进一个大房间,一个 6 米长的佛像侧卧着,旁边还有一立一坐的形式,都大得有趣。此外在动物园

中,有巨虎、巨象及集队成群的各种各式的猴类。

在该埠的华侨仅有 200 余人,大多数是山东籍,做出售丝绸等生意的,他们都很困苦,没有力量开店铺,都是背着包好的货物,到四乡各处去做生意,比货郎担还不如,由于知识程度低浅,又有语言障碍,往往和别人发生冲突,所以给人的印象不佳。别的国家在这里都设有领事馆,办理侨务,而中国却没有。侨胞所遇问题,唯有广东药材商林百全,能说英文,又热心帮助侨胞,实际上代理了中国领事,可是中国政府不理也许不知道这么一个人!

这里的人民穿着特别:不论男女,下半身总包着一条裙,上半身穿一件西装上衣,一面赤着脚,下身的裙子都喜欢用红红绿绿花纹布料。有的男子满脸胡子,下面却包着红的花的裙子!

离开科伦坡的第三天,即 7 月 26 日,风浪大作。大受晕船之苦,韬奋头昏脑涨。

7 月 27 日上午 5 时,船抵印度的工业城市孟买。因为停留时间有限,参观访问只好从简,对孟买只留下表面的印象。

印度古邦同中国一样,有过灿烂的古代文化,人口仅次于中国,3 亿多人,却被 10 万英人统治着。孟买呈现着对比鲜明的两个区域:一是道路宽广,建筑宏丽的新式洋房区,是英人和富人的住宅区;一是房屋低矮,拥挤不堪,居住的是土人和无产者。一位印籍工程师,告诉了韬奋,甘地的"非武力抵抗"主义的那套详情。韬奋认为,这么一套固有两种效用:一种是多少可以暴露帝国主义的罪恶,一种是多少可以鼓动一般印度人的民族意识,但是老靠这类"打我右颊,就给以左颊"的玩意儿,要想脱离帝国主义的束缚,绝对没有这样便宜的事情。工程师说,如能达到人人实行"不合作"主义,英人亦无法统治印度,韬奋说这等于"俟河之清"了。

船离开孟买之后,风浪来势,异常凶猛,"勉强坐在甲板上,好像在小学校里玩着'跷跷板'一样,身体或上或下或左或右地晃着,巨浪打着船旁的声音就和在上海听着淞沪抗日血战时大炮声一样。"到 7 月 28 日,风浪更大,卧室闷得难忍,甲板也难以坐住,不抓住绳索,时有被巨浪卷去的危险。

过苏伊士运河。8 月 3 日,进入苏伊士运河,这同前几天的大风巨浪的航海相比,完全是令人陶醉的诗境,韬奋说:"三日夜里经过苏伊士运河的情形,却给我以悠然意远的印象。此时一轮明月高悬,蔚蓝的青天净洁得没有丝毫的渣滓,清风吹来,爽人心脾,乘客们多聚在船头特高的甲板上远瞩纵览。只见船的两边都是一望无际的沙漠,右为亚洲,左为非洲,离船大都不过十几尺或几尺。”

沟通红海和地中海的这条运河,大大缩短了欧亚航程。这条河是法人勒赛普斯和无数工人花了14年的辛勤劳动,中间战胜了无数次的破坏,克服了种种困难,终于1869年11月17日正式开通。这一工程长达140多公里,阔从90多米到160多米,耗资4亿法郎。一半资本在法国募得,一半几乎全为当时埃及总督塞氏所买,后来他把股份卖给英国政府,于是英政府在管理上便掌握了大权。现在苏伊士运河尽头的赛得港,就是为纪念赛氏而取名。

8月6日,船抵意大利的布林的西港,这是韬奋看到的欧洲第一个城市。是个深水港,除了登岸看了一条街之外,没有留下什么更深的印象。

8月7日,到达世界著名水城威尼斯。

韬奋自7月14日到8月7日,一直是在船上度过。这是第一次度过这样长的海洋生活,共行航程1万多公里。除在大风大浪中不相适应之外,在20多天的时间里,他的写作和读书没有中断,和在上海一样,他把时间抓得紧紧的。

在这段海程结束之时,韬奋写道:

“在船上可供你视察的,有各国各种人同时‘陈列’着任你观看。记者此次所遇着的除几个同国人外,有意大利人、德国人、英国人、美国人、法国人、奥国人、荷兰人、比利时人、印度人,乃至爪哇人、马来人等等。”“架子最大、神气最足的要推英国人,他们最沉默、最富有不睬人的态度,无论是一个或是几个英国人坐在一处,使你一望就知道他们是‘大英帝国的大国民’!”

这是个非常细致非常深入的观察,因而也是一个很有意义的鉴定。它代表着多少人的感受,也生动地刻画了老牌绅士的形象。

第十九章　访意大利和瑞士

韬奋到达西欧的第一个国家是意大利。在这个具有古老文化又被法西斯统治的国家里,他重点访问了 4 个城市,这一方面给人留下美好特色的印象,同时又使人觉得这是块缺乏自由民主的地方,处处感到极不协调。了解一下韬奋自己的感受,就会知道他的所获。

一、威尼斯

《生活》周刊读者所洋溢的热情,是韬奋在旅途中的一大欣慰,在航海时遇到了一批,到了威尼斯也不孤单。同船的有位广州读者李汝亮,赴德留学,他的哥哥李汝昭原在德国学医,特乘暑假到威尼斯来接他的弟弟并陪他游历意大利,李汝昭也是《生活》周刊的读者,同韬奋一见面就如老友,结伴而游,增添不少乐趣。

威尼斯是意大利的一个重要商埠和海军军港,同时也是欧美旅客密集之地。这是一个使人留恋的美丽城市。它长约 40 多公里,宽 14 公里多。它的特色,就是河流多,它是闻名世界的"水城"。除少数几条街道外,简直就把河当做街道,两旁房屋的门口就是河,仿佛像涨了大水似的。这座不大的城市,除有一条 60 多米阔的大运河,像 S 字形似的贯穿全城外,布满全城的还有 150 条小运河,上面架着 378 座桥(大多数是石造的,下有圆门),是名副其实的"水城"。除附近的小岛利都(Lido)上面有电车外,全城没有一辆任何形式的车子,只有小艇和公共汽船;小艇好像端午节的龙船,两头向上翘,不过没有那样长,里面有漆布的软垫椅,可坐 4 人至 6 人,船后有一个人摇桨,在水上来来去去,就好像陆地上的马车。公共汽船也和公共汽车差不多。威尼斯的景象,确如艺术家笔下的画景一样动人。

威尼斯最使游客留恋的是圣马可广场及其附近的宏丽的建筑物。该广场全系长方形的平滑的石头铺成的,有的地方用大理石,长有170多米宽至80多米,三面都有雄伟的皇宫包围着,最下层是咖啡店和各种商店,东边巍然屹立着圣马可大教堂,内外大理石的石柱就有500余根之多,建于9世纪。该广场上夜里电灯辉煌,胜于白昼,游客成群结队,热闹异常。在圣马可广场附近有大侯宫一座,亦建于9世纪。宫前有大广场,观览的游客无数。圣马可大教堂的右边有圣马可钟楼,高100余米,建于9世纪末年。里面设有电梯,登高一望,全城都在脚下。利都小岛有世界著名的游泳场。游泳场后面的花草布置得非常美丽,就是游泳而出入的男男女女,也成了许多人赞美威尼斯的景致之一。

二、佛罗伦萨

韬奋是勤于观察,勤于思考,勤于写作的记者,无论走到哪里,不顾身体疲劳,他都同伙伴按计划旅行。

他们从威尼斯于8月9日午间搭火车,到意大利中部的佛罗伦萨,下午5点多到达。这是个古色古香的最负盛名的一个城市。早在中世纪罗马兴盛的时代,佛罗伦萨就是它的主要文化中心;意大利的语言、文学以及艺术,都是在此地发达起来的。所以这里所遗存的无数的艺术作品和历史纪念建筑物,其丰富多彩为世界所少见,这就是它之所以能成为吸引世界游客的名城之由。韬奋感叹这里的雄伟建筑和艺术作品太多了,自己愧非艺术家,没有办法详尽介绍,希望对艺术特有研究的朋友,最好自己有机会到这里来看看。他写道:"记者在二十年前看到康有为著的《欧洲十一国游记》的《意大利》一书,就看到他尽量赞叹意国的全部用大理石建造的大教堂。此次到佛罗伦萨才看到可以称个'大'字的教堂,建于十三世纪,有五百五十四尺(作者注:1米等于3尺)深,三百四十一尺阔,三百五十一尺高,门用古铜制成,墙和门都有名人的绘画或雕刻,外面炎热异常,走进去立成秋凉气候。在那样高大阴暗的大堂里,人身顿觉小了许多。'大殿'上及许多'旁殿'上插着许多白色长蜡烛,燃着的却是几对灯光如豆的油灯。宗教往往利用伟大的建筑来使人感到自身的微小,由此引起他对于宗教发生崇高无上的观念,其实艺术自艺术,宗教自宗教,不

能假借或混淆的。"(《韬奋文集》,生活·读书·新知三联书店1978年1月版,第2卷,第43页)

在威尼斯和佛罗伦萨的较大的教堂前,都悬有英、德、法、意4国文字的通告,列举禁例。尤其对妇女,作了如下规定:

凡妇女所穿的衣服袖子在臂弯以上的不许进去;颈上露出两寸以上肉体的不许进去;裙和衣服下端不长过膝的不许进去;衣服穿得透明的不许进去。

由此可见,大教堂成了摩登女郎的禁地。

因此,在各教堂里所见跪着祷告的不是老头子,就是老太婆,找不到一个男女青年。

佛罗伦萨的古气磅礴的雄伟建筑物,大概不是教堂,就是城堡。城堡都是用巨石筑成,高四五层六七层不等,上面都有像城墙上的雉堞似的东西。有许多这样的城堡都成了大商店,不过古气磅礴的石墙仍保存着。此外有最大的城堡,里面藏着许多名油画,墙上和天花板上都是。城堡内部的曲折广深尤令人想见最初建造工程的浩大。

在这些古建筑及其艺术创作面前,韬奋赞叹着创造者的劳动和智慧,凝结着多少心血和汗水。一般的游客,也许一掠而过,没有引起更多的思考,而韬奋却从古文化中寻求历史的延续,吸取营养以励自己。

三、罗马和那不勒斯

8月10日午时,韬奋和他的同伴,离开了佛罗伦萨乘火车向罗马进发,到夜晚11点半方到达目的地。由于火车人挤,他们在车上站立了几个小时,搞得筋疲力尽,头昏脑涨。他们都感到需要稍作休息,以复元气。

罗马曾是古罗马帝国的都城,后来又做过教皇的"精神帝国"的都城。自1871年以来,一直是意大利的首都。

这里的名胜古迹很多,韬奋不能一一观光,只是选择了斗兽场。罗马斗兽场是举世闻名的,早就给人留下兽吃人的残忍印象,韬奋所看到的,只是残垣破壁的场景,虽然仍有古色绚烂,但已不是昔日繁华了。想到从前把俘虏放入,让狮子乱咬,坐而围观者相顾而乐,真是惨不忍睹!罗马最雄伟的是圣彼得教堂,近100米高,里面全用大理石修成,雕刻极美。此外,韬奋和他的同伴,在城外的一教堂下,参观了长达1公里的一个地窖,这是专门躲避当时异教徒侵害的。地窖在教堂之下,2000 年前用石建造的,由一个天主教的"和尚"作引导,各执一根小蜡烛点燃,跟着下去,如入山洞,里面黑暗曲折,左右还有不少黑暗的小洞和大窟窿,据说当时异教徒来残杀天主教徒,特在这里躲藏之用,但仍时被发现,追入洞内残杀,他们在洞内看到不少骷髅。窖内冷气袭人,满目惨相,烛光晃晃欲灭,阴森可怕,走起来跟跟跄跄地好像游了一次"地狱"!就是在这样的地窖里,也还遇着靠乞讨为生的乞丐。

8 月 13 日晨 8 点,韬奋等乘火车前往意大利南方的名城那不勒斯,下午 3 点到达。

那不勒斯是以名胜古迹而著称,尤其由地下挖出的 2000 年前被火山湮没的庞贝古城和湮没这个古城的有名的火山维苏威。火山有 1300 多米高,韬奋的经济不富裕时间又紧,只能远处望望,对庞贝古城花了整天时间。此城在 2000 年前是个繁盛的城市,有 2 万居民,纪元前 79 年时,久已静默的火山忽而爆发,将该城湮没至 5 米之深,后来又加深至近 7 米,直到 1860 年才被发现,掘出一半,让人们参观凭吊。全城的房盖都没有了,剩下的只是石铺的街道和砖石造成的大小房屋的围墙,还有遗下的几具全身尸骨,供人观览。

8 月 15 日晨他们离开了那不勒斯,前往意大利西部的比萨,晚上 9 点钟方达目的地。这里最引人留恋的是科学家伽利略研究"引力定律"所在的斜塔。该塔是 12 世纪遗物,高近 60 米,斜出 4 米多,全部用石造成,中心是空的,最外的墙和中心周围的墙的中间,有螺旋式的石级可以上去,共 296 级。韬奋跑到最高一层,可望全城,他在中学时代读物理学就曾耳闻过这个斜塔,不料今天他竟亲历其地,目睹此景了。

8 月 16 日下午,他们从比萨到热那亚,这是发现新大陆的哥伦布的出生地,他们仅一般游览,瞻仰了哥伦布的石像。就向著名的商埠米兰出发了。这是他们在意大利的最后一站。

四、对法西斯的认识

韬奋到意大利之前的 1932 年,法西斯的总头目墨索里尼,成了意大利的最高统治者,一切宣传品,都以墨索里尼为核心,袭人耳目的是法西

斯气氛,难得使人轻松。同蒋介石所推崇的差不多。

还在赛得港时,突然登上船的500多男女青年,他们都是在埃及学校的意大利青年,是法西斯蒂的青年党员,专门回国参加该党10周年纪念的。男的都穿黑衫,女的穿白衫黑裙,体格都很健壮。问他们的真实信仰,却不敢说。韬奋说:"记者曾就他们里面选几个年龄较大的男青年谈谈,有的懂法文,有的懂英文,问他们是不是法西斯蒂党员,答说是;问他们什么是法西斯主义,答不出;不过他们都知道说墨索里尼伟大,问他们为什么伟大,也答不出;只有一个答说,因为只有墨索里尼能使意大利富强;我再问他为什么,又答不出!其实法西斯主义究竟是什么,就是它的老祖宗墨索里尼自己也不很了解,不能怪这般天真烂漫的青年。"

意大利为纪念法西斯10周年,在罗马搞了个大规模的展览会,凡去参观展览会的人火车票一律3折"优待"。韬奋和结伴而行的几个人,都享受了这个优待,他们到了罗马,就去展览会盖戳子,表示看了展览会,方为3折。意大利大张旗鼓地宣传这个展览会,究竟能给人留下什么呢?他们"览"了之后,均"一无所得"。韬奋特别注意的是"他们究竟替意大利人民干出了什么成绩?"原来"只不过按年把该国法西斯一党发展中的杀人照片、'烈士'照片、所用的刺刀旗帜等等,陈列出来,尤多的当然是他们老祖宗墨索里尼的大大小小各种各式的照片。"

从这里可以看出,韬奋对法西斯主义,对墨索里尼的认识是经过了考察和思考的,展览所告诉人们的疑问:这种主义它们对人民大众,究竟有什么建树?有什么贡献?把杀人作成绩,以照片代贡献,这是欺骗不了人民的。韬奋的认识是从国内所见,也从意大利亲身感受而判定的。并由此进一步看清了蒋介石所曾经推崇的人物,所指引的方向是什么东西。法西斯的这些恶作剧,使他通过这次参观访问擦亮了眼睛,认识到真谛。这也是访意的一大收获吧!

五、美丽的瑞士

韬奋于8月17日离开了意大利的米兰,向瑞士进发,两个钟头便到了瑞士边境的齐亚索。一跨入瑞士,便觉得人处在翠绿之中,除了房屋和石地之外,全瑞士没有一亩(作者注:1亩等于0.07公顷)地不是绿草如茵的,誉称为"世界公园",的确名不虚传。

在这个青山碧湖的环境中,树荫花草所陪衬烘托的房屋特别美丽,人们又特喜欢在墙角和窗上排着艳花绿草,更增添美色,房屋小巧玲珑,雅洁整齐,连墙壁颜色都是涂过的,有绿的,有黄的,也有紫的,隐约显露于花木草丛之间,真是美妙绝伦的画图!无论积雪绕云的阿尔卑斯山的山峰矗立,还是平滑如镜的湖面映着青翠欲滴的山景,到处是赏心悦目,会使旅游者如痴如醉。

可惜的是韬奋和他同行的伙伴,在这个美丽的地方各自分手了,他们去了德国,只留下韬奋一人,独览瑞士风光。就是这样迷人的风光,也不能尽情留恋,因韬奋身有任务,时间紧迫,往往在疲惫已极的情况下,也还要赶写通讯。

韬奋对瑞士的自然风光,留下了非常美好的印象。但是在人的心理方面,特别是在对待中国人的态度上,却留下难以忍受的侮辱。在他的接触和访谈中,瑞士人和其他欧洲国家人一样,一谈起日本对中国的侵略,他们就流露出这么一种情感:像日本那样的民族应该让他们繁盛扩充起来,像中国这样的民族,越少越好!意思是中国人为劣等民族!在瑞士有百余来自中国青田的小贩,给外国人留下了很不好的印象。瑞士对外来的小贩原发两种执照:一种是货样执照,每年只须纳费200法郎,但不能直接售货,只能示买户以货样,有要买的,再回去将货物由邮局寄去,价款亦由邮局代收;还有一种是直接售货的执照,那就可以直接售卖货物,可是每月就须纳费数百法郎。因此青田小贩只领货样执照,却私自偷售货物,被警察查出后,第一次罚款,第二次驱逐出境,将护照没收。但青田小贩往往能改换姓名,假造新护照,卷土重来,若再被查出,就关进监牢若干小时后再被驱逐。

这些现象,引起韬奋极深感触,他写道:"我常于深夜独自静默着哀痛,聪明才智并不逊于他国人的中国人,何以就独忍受这样的侮辱和蹂躏!"(《韬奋文集》,生活·读书·新知三联书店1978年1月版,第2卷,第59页)

作为赤诚于自己国家和民族的海外游子,当感到自己的同胞遭受凌辱时,立即想到的是国家和民族的尊严和地位。因个人的荣辱和国家民族的荣辱,是不能截然分开的。这不能不是每个爱国主义者思考的着眼点。

第二十章　对法国的考察

韬奋是 8 月 23 日夜间从日内瓦到达法国首都巴黎的。

对这个世界闻名的都市,韬奋除自己冷静地观察之外,就辗转设法多和久住法国的朋友详谈,因此,得到了颇多的印象和感触。

一、巴黎的特征和优点

巴黎的社会特征之一,是遍地布满了咖啡馆。巴黎的街上,人行道很宽,简直同马路一样宽,而咖啡馆的桌椅就摆在门口的人行道旁,占了人行道的一半,有的两三张椅子围着一只小桌子,这样一堆一堆地摆满了街上。到了华灯初上之时,便男男女女地坐满了人。同时人行道上也拥挤着各色各样的人群,煞是热闹,显现出繁华都市的景象。可是就在这样的咖啡馆前,也可以看到另一种很凄惨的现象! 有的是衣服褴褛、蓬头垢面的乞丐,有的是伸手讨钱的卖唱者。有揽腰倚肩的边走边吻的男女,也有花枝招展、勾搭顾客的称为"野鸡"的妓女。据"老巴黎"介绍,巴黎的咖啡馆和公娼馆并茂。这般公娼的情形,足以表现资本主义化的社会里面的"事事商品化"的标志。把肉体作为商品,有钱即可购买。有的论时间计价钱,如半小时一小时之类,到时间你如果不走,执事者就毫不客气地打你出门。看来,她们的身体还是"自由"的,不同于卖身或押身于"老鸨"那样丧失自由。这反映了 20 世纪 30 年代经济恐慌之后,失业者在经济压迫下的一种"自由"! 可以"自由"地卖淫。"这也便是伪民主政治下的藉来作欺骗幌子的一种实例。"

因韬奋很想探悉法国的下层人生活,曾和朋友于深夜里在街上做过几次"巡阅使"。屡见有瘪三式的人物,臂膀下面夹着一个庞大的枕头,静悄悄地东张西望着跑来跑去,原来这些都是失业工人,他们无家可归,往往就在路旁高枕而卧,遇到警察,还要受到干涉,所以为躲开这种干涉而慌张。当时法国失业工人达 150 万人。失业问题,不能不是法国这类国家的一大麻烦。

当然,发达的资本主义国家,并不是没有优点。韬奋写道:"平心而论,它也有它的优点,不是生产落后、文化落后的殖民地化的国家所能望其项背的。例如记者现在所谈到的法国,第一事使人感到的便是利用科学于交通上的效率。在法国凡是在 5000 户以上的城市,都可以由电车达到;在数小时内可使全国军队集中;巴黎的报纸在本日的午后即可布满全国;本国的信件,无论何处,当天可以到达;巴黎本市的快信,一小时内可以到达。巴黎的交通工具,除汽车、电车及公共汽车外,地道车的办法,据说被认为全世界地道车中的第一。"全巴黎原分为 20 区,有 13 条地道车布满了这 20 区的地下,形成了一个很周密的地道网。对乘车者十分方便,价格也便宜。

全市随处可遇公园,无论什么地方,都有花草和石像雕刻的点缀,使它具有园林之美。各处都设浴室,清洁价廉,对市民十分方便。此外,社会组织也比较严密,户口管理,也是这样,因而社会治安是具有保证的。韬奋对这种管理的利弊是有分析的。有的是颇为赞赏的。

的确巴黎的通讯交通之发展和市政建设的方便是值得城市建设者学习的。

二、巴黎的报业

韬奋以记者身份,赴欧考察,引起他注目的重点是对报业界的考察。

巴黎是世界的政治中心之一,它的报纸不但执法国全国的牛耳,而且是国际上所着重注意的目标。但是巴黎的重要报纸全在资产集团掌握之中。这个集团就是法国特有势力的资本家所组织的"铁业委员会",其实不仅铁业老板,像香水大王古推这样的老板也参加了。

法国的报纸,除"左派"如社会党和共产党的机关报对中国不说坏话外,其余报纸对中国的态度没有不坏的,尤其是在"九一八"之后受了日本的收买。有家晚报名叫《雄辩报》的,就公开地谩骂中国而袒护日本。一个名叫《巴黎回音》报的更坏,在中日事件发生后,该报天天骂中国,把中

国骂得一无是处,由于骂得太不像样子了,以致引起一般读者的怀疑,最后令人反而不能相信他们的话了!有一份社会党所办的《光明周刊》,曾老实公开地说法国报纸都被日本人收买去了!为了捞钱而颠倒是非!这真是一语道破了他们报业的真情。

巴黎报纸销数最大的有4家,不但本埠读者多,外埠读者更多。《小日报》和《小巴黎人报》,每天销数各近200万份。《晨报》和《日报》这两家报的销数,每天各近100万份。这4家报全是"铁业委员会"的,此外,香水大王古推还自办《人民之友》报,价钱比别的报纸便宜一半,早晚报(日出两次)合起来销数有七八十万份。古推本人常在该报大做文章。值得中国人注意的是,他反对中国很厉害,祖护日本很起劲,而他的"古推牌"的香水在中国销路却很好,赚中国人的钱来办报打中国人的脸,真是香水里包着的毒水。

韬奋考察了销数最多的4家报纸之一的《晨报》,并访问了该报政治部的东方部主任,谈了该报组织的情况。他们的编辑部是:总主笔之下,有采访总部、政治部、本国新闻部、运动部、图画部等等。每部有部长一人主持,下面有编辑员及访员多则20余人,少则10余人。社论由各部各就专门研究的范围分任撰述。总主笔之下,有3个襄助主笔,5个特派访员,它不隶属于各部。这5个特派访员重在国际方面,各对所专注的国家都有专门的研究,若一时有特别事故发生,即赶往各该国任特驻记者若干时。这是编务方面的组织和分工。该报印刷部主任又陪同韬奋参观了全部印刷机,看来他们的印刷效率就高多了,我国印刷需要两小时完成的,他们只需10分钟到1刻钟就行了。就组织规模说,同我国大同小异,就效率说,就不可比拟了。

韬奋最感兴趣的是《巴黎晚报》,它的销数虽还不过20万份,但几乎全销在巴黎市内,每到傍晚,好像已布满了巴黎全城,马路上处处可见,地道车里、电车里、个人家里,到处见到人手一份,卖报的老太婆更提高嗓子大叫特叫。《巴黎晚报》有很大特色,那便是有关新闻的相片较多而明晰。它每遇有重要的社会新闻,就有一二十帧的相片插图,夹在文字里面,使读者如亲历其境。

这个晚报的读者很广,不仅是老婆婆老先生、小弟弟妹妹都喜欢看,一般成年人和青年人更不必说;其优点就在于社会新闻特详,插图佳妙,编法新颖,又能处处引人入胜。韬奋说:"不过法国的报纸,有一点却也值得注意,那就是尽管偏重社会新闻,而诲淫的描写却没有,即有讲到男女发生关系的事情,也不过说到开房间,成爱人,并不像在中国有些报上简直天天不忘处女膜,时刻想到生殖器!"(《韬奋文集》,生活·读书·新知三联书店 1978 年 1 月版,第 2 卷,第 71 页)

韬奋对法国报纸所作的考察和评述,既看到它们的缺陷,也看到它们的优点,既有激于国家受辱而气愤,又因感叹落后不如人,当然也还有因别人的发达和先进,而衷心地敬佩和赞扬的。读了他的通讯和文章能不同他一样在感情上波动? 这虽然是在 60 多年前写的文章,而今仍然可启发读者深思:想一想先行者苦思焦虑着什么? 后生者又应当想些什么,做些什么? 难道能不引起共同的心声吗? 难道能不同作者一样系念着自己的祖国应如何富强吗?

三、法国的教育

法国的教育是比较发达的,其制度是非常严格的。但在资本主义制度下,毕竟是不能人人平等的。

他们的小学阶段的教育(七八年毕业),有两种:一种是国民学校,那是完全免费的;另一种称为"利赛"(即中学),教员比较优良,功课比较完善,训育比较严格,但非有钱的子弟不能进去。而进不起"利赛"的,特为他们而设立了职业学校。

他们的中学非常严格,这是各国教育制度中向来有名的。毕业期限六七年,高中分文理科,文科毕业时须能掌握 3 种外国语,其中 1 种为必学的外国语,非拉丁文,即希腊文;理科不必学习 3 种外国语,但仍须学习 2 种外国语。高中毕业即为"学士"。

法国的高等教育,毕业年限自两三年至 6 年,依科而定(医科最长,需6 年)。毕业后称"硕士",奇怪的是,要得到这种"硕士",难于"大学博士"。入学要经严格的考试,平时功课和毕业考试都较严格。所以中国留学生读这种"硕士"的很少,进所谓"博士班"的反而很多,因为进"硕士班"要经过严格的考试,进"博士班"只须有中国的任何大学的一张文凭,都可进去。学理科的还须随着教授在实验室里研究三四年,学文科的就

只须预备一篇论文,学法科的须考8门功课后才作论文。这是讲的是"大学博士"。除此之外还有"国家博士",非经法国本国的大学毕业,不能应考,论文也比较严格。可是只有"国家博士"才能有担任中学教员的资格,"大学博士"和"硕士"都须经过"中学教员考试"合格后,才许任教于中学。这种考试均由大学教授主持。

　　法国的大学教授,值得注意的,有以下几点:(一)资格慎重。他们要当上教授的,在考得"国家博士"后,还须有8年或10年的服务经验和准备工夫。在准备期内,或任助教,或任教务长的助手,最后须经过"教授考试"及格后,才有担任教授的资格,所以做到正教授的大概都在四五十岁的年龄,这样对于他们所担任的功课都有了较高的业务水平和相当充分的研究和经验。另外这种"教授考试",必须是由教育部任命已作为正教授的人所组成的考试委员会主持。(二)职位的稳定保障。他们的教授不是随校长的进退而进退的。他们不是由校长聘请,而是由教育部任命的,只要他不违背服务规程,教育部也不能随意辞退,所以差不多是终身职务。真是进来不易,黜退也难。(三)教授的研究工具有充分的设备。他们的大学,除有公共图书馆外,每一正教授都有各人的几间专门图书室,关于他所专攻的那门书报,都尽量收藏;理科的教授还备有各人的实验室。关于这种图书和实验室的经费,不是由大学校长所任意给予或减少的,是列入国家预算,由国会通过,独立于学校平常经费之外的。正教授每年所担任的授课时间,大概都不过30小时至60小时,每星期至多不过一两小时而已。(四)教授的待遇。正教授最初每月薪金约3000法郎,可逐渐增至每月4000法郎左右,助教每月一两千法郎。(五)研究的精神。理科正教授所教的内容,都是他们在实验室里的心得,所以每年教材不同,因为他们每年都有新的课题进展,都有新的研究成果。这样就必然会促进他们的科学的发展,学术的进步。这是很值得人学习的方面。

四、法国的农村

　　韬奋遇同船到欧洲的张心一,他由德国来法国调查农村经济,又约秦国献同往凡尔赛附近去考察,而这时韬奋正想到农村看看,于是结伴访问了法国农村。

当时法国人口4000万，其中40%从事农业，即1600万农业人口。

他们首先参观了凡尔赛农业研究院。该院由农业部设立，研究结果即由农业局实施于各地农村，院的周围有800亩地专供实验之用。院长系著名的农业教授调任的，亲出招待，情况说明颇为详尽。

韬奋最感兴趣的是，关于植物的病理研究，种种病状的解剖图形和模型，以及实验室里试管中的种种病态研究。看来"我国内地大多数人民的疾病受到科学的研究和卫护的，还远不及这些生长在科学比较发达的地方的植物！"他的这种感叹的确如此，因为他们农村的发达，是建在科学发达的基础之上的，而我们当时是无法相比的。

韬奋又访问了国立格立农业试验场和附近的格立农国立农业专门学校。试验场有1万亩地专供试验之用，规模颇宏大，试验结果也由农业局实行传播于各处农村的实际工作上去。农业专门学校和这个试验场都对农业的改进，影响很大。该校有百余年的历史，凡是在农业发明上有特殊贡献的教授，校里都替他们铸半身铜像，竖立于校园旁，以资纪念。虽系半身，却有其特殊的价值。

法国农村的组织是以"村"为单位，每村有村议会，由村议会选出村长。这种村长是没有薪水的，由原有职业的人兼任；村长之下，由农村小学的校长任书记，农村小学同时也就是"村政府"所在，书记有相当的薪俸。这样一来，农村小学很自然成为农村里的重要的中心，农村小学和农村社会也很自然地发生了密切的关系。人口少的地方，农村小学只有夫妇两人担任，夫教男生，妇教女生，成为夫妇学校。后期"村政府"所管的事情，是关于户籍（人口登记）、土地登记、村民结婚时证婚、丧事须请村政府派人视察、出生人口登记等，还有交通、教育、救济事务以及警察权，也归村政府。村长虽一定的职权，可上有区长监督，下边的村民也在监督，不能任其所为。

法国的农村，不论多小，都有一个邮局，兼理电报和公用电话。小的地方，邮政局长同时就是邮差。他们的农村，交通比较方便，有平坦的马路和电车。农村的咖啡馆，虽很简陋，但却干净卫生。

韬奋访问农村的时间虽只有一整天，但印象却是很深的，同我国农村相比较，那还有一个很大的差距。不过，受资本主义世界经济恐慌的影响，他们的农村经济，是相当萧条的。韬奋对这一点，印象也是非常深刻的。

五、议会的吵闹

　　韬奋到英国两个多月之后,又回到巴黎。这次是去比利时、荷兰和德国,途经巴黎,他抓紧时间补上上次未能了解的情况。

　　法国的阁潮,向来是闻名于世的。自第一次世界大战以来不到 20 年的时间里,已换了 31 次的内阁,有的内阁成立几天就短命,有的刚成立就倒台,但虽换来换去,而政策却差不多,没有什么根本的变化,尤其显著的是对外政策。政党虽有左右派之称,但政权都还是掌握在布尔乔亚手里,尽管一时闹得怪热闹的,其实根本也不过就那么一回事罢了。

　　韬奋这次补看的恰恰是众议院,它比英国的众议院表面上吵闹得还激烈些。4 月 20 日下午,韬奋旁听了法国众议院的会议。他写道:"五点钟开始开会,五点四十分即闭会,简直是四十分钟继续不断的一场大吵大闹。本党人发言,本党的议员大鼓其掌,反对党的议员便同时你一句我一句插着大声瞎闹。此时最难做的是议长,拿着一个戒尺在桌旁打着,不行,就大摇桌上的钟(这钟的声音,好像救火车在马路上驰过时的钟声一样),有时可因此略停数分钟吵闹,不久又闹做一团。有时连这几分钟的效验都没有,议长好像气得发昏的样子,只得尽他们提高嗓子大闹着,待其自然地停止,不久又闹起来!"那天所议的是通过财政预算原则案,政府派希望大体通过,而反政府派主张须逐项付议,结果是政府派占了胜利。那天旁听席上很多人,大家看着那样闹得不亦乐乎的样子,都忍不住大笑。这就是西方一再宣扬的政治民主。韬奋领略了英国的民主,这次又领略了法国的民主。英国的议厅是长方形的,法国则是半圆形的,议厅里的议员们的发言,高声的也好,低声的也好,大吵大闹甚至动手动脚也好,都由议员自选,所谓西方的议会民主,韬奋通过这次的耳闻目睹,以及这真实的描绘,使人对于西方人整日标榜的民主自由政治,有了进一步的具体了解。

第二十一章 在德国的观感

　　在法国与德国之间,有比利时和荷兰。这两个都是小国。韬奋不失时机地游览了比利时和荷兰,接着就去德国访问。

　　·1934年3月2日,韬奋自荷兰的商埠阿姆斯特丹到达了德国首都柏林。

一、一种不同的政治感受

　　到柏林同欧洲其他各国不同,给人一种难以适应的感受,"德国人互相见面打招呼时,不像法国人之叫'日安'或英国人之叫'你好',却叫'希特勒万岁!'"这是希特勒的国社党登台后形成的一种"见面礼"! 韬奋写道:"在实际上所叫的不是希特勒'万岁',是他们自己的饭碗'万岁'!"在意大利,他曾经感到过法西斯所造成的气氛,可是德国的这种令人窒息的气氛,更加浓重。不管是照相馆里还是其他别的什么橱窗里,摆列的全是希特勒的相片和塑像,加上各种各样的宣传品,真像到了希特勒的世界,希特勒的海洋! 国社党也叫纳粹党,是"德国国家社会主义工人党"的简称,也就是德国的法西斯主义政党,其党魁为希特勒。它宣扬大日耳曼主义和反犹太人运动,鼓吹战争并公开主张侵略,积极从事反共反苏活动,1933年初在德国夺取政权,韬奋去考察时,正是希特勒军事专政的第二年,他们的特务组织叫"冲锋队"和"党卫军",对原来的其他党派下令解散,实行恐怖主义,到处捕杀无辜者,大肆宣扬领袖论,把希特勒捧为至尊的"上帝"。希特勒认为世界上所有的好东西,如科学、艺术、技术和发明等,都是白种人的成绩,所以白种人有征服一切其他种族而单独生存的权利。依据这种理论,希特勒的野心是征服欧洲,征服世界! 排斥乃至消灭犹太人和一切有色人种。在第二次世界大战中,希特勒就是按照这一目

标,发动野蛮侵略和进行血腥屠杀的。

由于希特勒的种族歧视政策,他们是禁止德国妇女嫁给外国人的,尤其是东方人。一旦嫁给了外国人,即失掉德国国籍,甚至即有失业的危险。

韬奋认为,德国一般人民,还是很可爱的,对于日耳曼种族也持敬重态度,但对国社党那样排斥其他种族的态度,是不能容忍的;至于征服一切其他种族的念头,更是梦想。

二、德国经济状况

纳粹政府曾公开叫着"德国不再是第二等的国家了!"在没有上台之前,希特勒满口答应国人要把"凡尔赛和约"取消,上台之后仍然没有办法;上台前满口答应国人要把大工厂收为国有,要没收不劳而获的进款,要立刻将大商店收为市有,以低价租给小商人经营等等(都载入 25 条党纲中,党名里镶有"社会"两字,即以此为标榜),上台后也仍然没有办法,反而做了大资本家的保障,这些且不说它,只就希特勒自己承认是用了全副精神对付失业问题,又有什么实际的成绩呢?是一个很值得研究的问题。

希特勒政府是 1933 年 1 月 31 日得到政权的,据政府公布的失业数字是 604.7 万人;到同年 11 月底,据政府公布的失业人数是 371.4 万人。于是希特勒很得意地宣称他在 1 年内已将失业人数减去 220 万人了。如果这是事实,不能说是没有他的成绩,问题是在实际的内容能否经得起分析和研究。

这些数目字既是官方发表的,是否完全可靠,已有疑问,但即就这数字来说,这数字不过是官方准许登记的失业数目,即所谓"登记的失业"者,还有实际上是失业者而却不被政府算作失业的,至少是不在登记范围之内的失业者,那就被推在原来失业范围之外,不减而减少了。例如被拘留在"集中营"里面的有好几万人,犹太人及政治犯之逃亡出境者有六七万人,法律不准已结婚的女子就业等。这类的人虽已失业而不算为失业者,约有 25 万人,都不在失业统计里面。因而官方所公布的失业数字是虚假的,是不可信的。

此外还有两种人不是真正的有职业而却被硬算作有职业的：一种是所谓"劳动服务"，除做筑路等工作外，大多数都送到所谓"劳动营"里面去，受军事训练，有住宿膳食，而没有工资，这里面容纳的约有25万人。还有一种"土地工人"，由政府和大地主说妥，大批地使用，只有膳食，有一些零用钱；大地主雇佣工人本来要出工资的，这样一来只能算作添了不少农奴！据估计亦有25万左右。这两种合计有50万人，也都不在失业统计里面。此外尚有31.4万人是所谓"救济工人"，是一种"试工"，连工人应得的最低工资都没有，度饥而已。这30余万人也不统计在失业里面。以上合计共约100万人。这100多万人的实际失业者，又不被统计在失业之内，那么他们算做什么？

失业统计既靠不住，比较靠得住的是看看疾病保险计划中的得业的统计数，据1933年10月底统计是148万人，上面共计100万人也算在得业之列，148万人除去此数，所余的常态工人得业的增加数目大概不能超过50万人。

而这50万人的得业者，实际还是揩已有职业的工人的油，把他们的工作的钟点减少，因此也依比例地把他们的工资减少，拿来分给失业的工人。依统计所示，有工作的人数虽略有增加，而总工资的数量却反而减少，这种矛盾的现象，症结就在这里。德国工人当时所得的"真实工资"，其低度实为德国50年所未有。据一位统计家很准确的统计，当时德国工人的工资，其净得的平均数量，在1933年9月间是每周21.65马克，而工人家庭（以夫妇两人及两个子女计算，即以两大两小4人计算）的最低限度的生活费是每周38.4马克。（见1934年1月12日《曼彻斯特导报》）在这些统计里，可以看出一方面虽高唱失业人数的减少，一方面却是大揩劳动者的油，使他们过着半饿的生活。

这种情况，仅举德国规模非常宏大的西门子电机厂为实例即可证明。它1933年的营业报告，要点如下：（一）工人人数增加；（二）工资总数减少；（三）红利反而增加，得6%；（四）全部营业及生产减少。

工人的工资既锐减，"购买力"当然也随着锐减，于是间接又影响到必需消费品的销路，而加剧生产过剩。德国自1929年以后，输入比输出一年一年加多，但1934年1月份以前，还略能出超，1934年1月份以后，索性成了入超，而且入超程度一月比一月高！希特勒挽救经济恐慌的口号，

却是"政府已决定增加生产以增加大众的购买力";国外贸易既日减,工人的工资又锐减,新增加的生产往哪里去?这真是纳粹制度无法解决的矛盾。

希特勒政府提倡公共工程,特别是筑路,希特勒号称1934年拿出6.5亿马克来建筑汽车路,但这种事情至多是增多了上面所谓"劳动服务",而且这种汽车路不过是备战之用,在现状下绝不是生产事业。用这一办法是否能解决其经济困难,是令人怀疑的。

纳粹政府对经济没有办法,却同妇女们为难,希特勒明目张胆地说:"一个妇女的地位是在厨房里、教堂里和床铺上。"如此蔑视妇女的政府首脑,除了丧失人性的法西斯党徒外,恐怕是当代少见的。他无非想把从事职业的妇女赶回家庭,以腾出位置让给失业的男子。把妇女推到"床铺上",大半是希特勒的绝招!

三、教育和新闻业

德国的教育和德国的报业,都是在纳粹统治下生存的,当然都具有统治者新加上的色彩。

先看教育。他们的教育是按"双轨制"办学的。一是国民教育,德国的义务教育法定6年,毕业之后便须进入职业学校受短期的职业技能训练,职业学校的年限不一,有1年的,也有两三年的,依所择职业而定,职业学校出来,才能就业糊口;另一种是国民义务教育之后,便一级一级地升学,养成上层阶级的材料。这两个方面全以经济背景为标准。

预备升学的读至第四年终了,即入中学,这4年称之为基本教育。中学9年,分3阶段,每阶段3年,有实科中学与分科中学之分。德国大学,文理科定3年,法科4年,医科5年,但实际因功课来不及做完,每须延展。除工程师有文凭外,其余各科不毕业则已,毕业了都是博士,博士尚有一、二、三、四等之分。

有钱人家的女儿受满义务教育后,往往不再入学校,请私人教师到家里来教外国文学、音乐等等,以养成上层阶级的主妇为主旨。有钱人家的男子则又不同,以学位为社会所重视,大学毕业即当博士,德国人称"博士先生"。

德国的中学生只需中学毕业考试及格后,升大学即可不必再考。本来每年中学毕业的学生有三四万人,同时也就是大学招收的三四万人。可是纳粹统治下改变了,他们的教育主张,首先就是限制升学的人数。1934年限1.5万人升入大学,其余均在失学之列。而对女子升学限制更严,只允许10%升学,失学女子那就只能照希特勒所说的到厨房和"推上床铺"上去了!这两三万预备升学而又不许升学的女子,当局答应她们组织"失业委员会"和教育机关合作,设法把她们介绍到工商界里去服务。在当时德国失业队伍庞大的情况下,"失业委员会"还没有那么大的神通,能够解决这个失学又失业的问题。

对能升学的1.5万人,又以什么标准录取呢?"据当局所宣布,于什么智慧、体格、品性等等条件之外,还加一个条件叫做'民族的可靠性'——换句话说,这升学候补者必须是个'纳粹',或者是个统治阶级的'敬佩者'"。实际上,只有纳粹党员才有升学的权利。

最后,我们知道希特勒是个艺术爱好者,纳粹对艺术教育怎样呢?希特勒的青年时期,曾两次报考艺术院校,但都未考取。他当权之后,并没有发展艺术教育,而是竭尽自己的权势,劫夺艺术珍品,特别是在第二次世界大战中,他成了国际性的艺术珍宝掠夺犯,由专人和专门机构为他搜掠,特别在法国,同戈林争夺世界著名珍品。除了其他罪行之外,抢劫艺术珍品也是他们的主要罪行之一,在他们的抢劫中,不知毁坏了多少稀世的名画名雕。这种毁坏人类文化的罪魁祸首,当然也会把陶冶人的美学观念的教育置诸脑后。所以在纳粹党当权的年份,德国的艺术教育,也和其他文化教育一样,遭到了损害。他们口头上说,一切好的东西都是白种人特别是日耳曼人创造的,而实际上又大肆毁坏甚至毁灭人类的文化珍宝。他们野蛮地残杀手无寸铁的平民百姓,疯狂地毁坏人类文化。打开纳粹的历史,就是血腥的野蛮史!在韬奋的笔下,早在1934年,他已经观察出法西斯党徒们的倒行逆施,是无法令人不厌恶的,是令人无法忍受的。

再看新闻。德国的重要报纸,本来是操纵于几个托拉斯之手。一个是乌斯太音,资本1亿马克,所办几种日报和定期刊物,都是风行一时,闻名世界的。例如1934年3月因受种种压迫停刊的《获惜日报》,具有200年的历史,在各国老资格的报纸中有"获惜姑母"的著名绰号。它就出身

于乌斯太音。该公司的《柏林午报》是午报中的大王。它还出了《柏林画报》，每期销数在百万份以上。

另一个托拉斯，名叫卢笃福·摩塞，资本为5000万马克。该公司所出的《柏林日报》，在全国销售1/3,2/3则销于国外（因用英文字体写法）。此外，它还办了两种有名的晚报。

这两个托拉斯，都由犹太人所办。

还有一个托拉斯名叫"协尔"，系德国大资本家许根堡所办（摄演侮辱中国人电影的乌发公司也是此人办的）。它所出的《本埠日报》和《柏林日报》齐名，此外它还办了两种晚报。

除上述3个托拉斯之外，还有《德国普报》，这是态度比较超然的报纸，它在德国舆论界有相当地位，对中国的态度比较好。韬奋专访了这家报纸，并和该报政治部主笔晤谈过。该报的后台老板是德国实业联合会，该会会长便是大资本家克卢伯（其企业是名震德国的，例如克卢伯钢铁厂）。他是支持纳粹上台的。他们对中国的态度可能与做生意有关。

纳粹党的宣传部长戈培尔，是吹遍全国的发紫人物，他的名言是把假话说1000遍就是真理！他当然要直接掌握报纸，一家党报是《进攻晚报》，另一家是《人民观察日报》。

据德国新闻研究院的调查，在1932年（即希特勒上台的前一年），全德日报有4703家，其中党报（各党的）约1000家，非党而对某党特别接近与同情的约1200余家，超然的约2000多家，可见形势是很复杂的。

韬奋于1934年4月3日参观了乌斯太音系统的印刷厂。这个印刷厂有22架轮转机，专印《柏林画报》，每星期所印数量，在180万册以上。专印期刊的印机，每月所印900万册以上。他最感兴趣的是，在装订部分所看见的自动装订机，机长近30米，一本厚书或一册厚杂志在未装订前的各部分，如插图、封面各页等等，各放在机上相当的地方，它能自动地把各物收集起来，按序拼好叠好，运送到机上一处装订好，最后又会自动地把这些装订好的册子运送到裁机上去裁平，这裁机每小时能裁完原书1.2万册。彩色的印刷机，有三色、有四色的，该厂还有一架六色轮转机。

韬奋写道："我看完了这样大规模的出版机关，心里暗作妄想，如中国有一天真实行了社会主义，或至少真向着了社会主义的大道上走，由大众化的国家办理这类大规模的文化事业，区区小子，得在这样的一个机关里竭其微力,尽我全部的生命在这里面,那真是此生的大快事、大幸事。这样大众化的事业,比之操在资本家的手里,以牟利为前提的事业,又大大地不同了。"这段话绝不是一时的心血来潮的"妄想",而是梦寐以求的掏心话,他把自己心爱的事业,直接联系在日思夜想的社会主义国家制度上。这的确是一种情不自禁的吐露。

在纳粹统治下的德国,是没有言论自由的,德国原有新闻业协会,由各报公举主席,希特勒上台后,即"收为国有",废除原有主席,由宣传部新闻科派人充主席,每晚开会,由各报派代表出席,静听政府中人演说!要从事新闻业的须经政府认为"无碍"后,加入该会,略有不如其意,即被开除出会,从此不准在新闻业做事。新闻记者(无论主笔或访员)都变成了地道十足的应声虫留声机!遇上国际上或本国有何重大事件发生,只要是稍微不合统治者口味的,报上不许泄漏,评论更不必说,德国人便如蒙在鼓里,莫名其妙。统治者就是靠这种手段实施其愚民政策。

不管是非,只顾一致,新闻既是"一个鼻孔出气",结果当然不免单调,就是戈培尔自己对报纸单调也表示不满,可是一家报纸的主笔在社论里对这位宣传部长的不满意,略为报界辩护了几句,就被罚停刊 3 个月,罪名是"不负责任的曲解!"如此上司,报业奈何!

韬奋于 4 月 6 日离开柏林,到达德国中部的莱比锡考察。

首先参观了战胜拿破仑纪念碑,即 1813 年由普鲁士、俄国、奥国和瑞典等联军 27.5 万人战胜了拿破仑率领的 18 万军队的地方。

其次参观了德国图书馆,这个馆的特色,凡德文出版的书报,不论国内还是国外,它均收藏。一层阅览室可容 500 人,图书室里有定期刊物达 2 万种以上。每天读者 1200 人到 1500 人。

莱比锡大理院,是德国的最高法院,其建筑富丽堂皇。韬奋参观时,正在审问一个共产党员的案子,他旁听了半小时。受审的共产党员两旁有两个警察夹着坐,极为森严。纳粹得势之后,穿着褐衫或黑衣的党员,随便可以抓人,随便可以处罚,已不知置法院于何地。

莱比锡向以德国的书业中心著名,书店有 115 家之多,有的街上接连开店,容纳雇员 8400 人,大小印刷所 1026 家,有职工 3.4 万人。

4 月 8 日韬奋到一个小城爱郎根。还到了纽伦堡去游览了一天。这是个中世纪的古城。古的城池、古的城堡、古的教堂、古的房屋和古的街

道。游览者欣赏的也是古色古香的遗留。

4月13日，韬奋到了慕尼黑。这是纳粹的发源地，有该党总部称"褐色屋"，是实行"褐色恐怖"的大本营。这里有世界最大的工业博物馆。

4月15日，韬奋离开慕尼黑到了德国西部的法兰克福。4月17日晚离开了法兰克福，于4月18日下午到伦敦。

韬奋在德国自3月2日到4月17日，共一个半月。这一个半月他认为是非常有收获的，他看到希特勒统治的德国，比墨索里尼统治的意大利更加充满了恐怖气氛和军事专政的色彩，由此联想到蒋介石在中国的宣传以及对中国人民所采取的统治手段。韬奋的这次考察，加深了对法西斯的认识和体会，使他清楚地认识到西欧的法西斯和东方的法西斯的同异。其共同点是反苏反共反民主；其不同点则是西方的是资本主义的传统，东方的是封建主义传统。其目标都是对人民采取血腥镇压。

第二十二章　在英国考察

　　韬奋赴英考察的时间早于在德国的考察,为了叙述上的方便,特意把英国放在后面。因此在时间上,又回到1933年。

一、认真的考察和学习

　　韬奋是1933年9月30日,从巴黎动身前往英国的。为选择最短距离,他先乘火车到法境的加来,乘轮渡过英吉利海峡,到英境的多维尔登岸,然后再乘火车到达伦敦。无论是乘车还是搭船,都面临着风险和劳累,这对韬奋来说,是有精神准备的。为了考察有收获,再大的困难也能挺过。这是他做事的根本态度。

　　他一到伦敦,便把时间安排得很紧,每天都排满了3个单元:上半天用于阅览英国的10多种重要的日报和几种重要的杂志;下半天多用于参观,或就所欲查询的问题和所预约的专家谈话;晚间或看有关所查询问题的书籍,或赴各种演讲会去听讲,或约报馆主笔谈话,或参观报馆的夜间全部工作。他自己说:"每天从床铺上爬起来,就这样眼忙、耳忙、嘴忙,忙个整天。"除此,还必须再加上脑忙和手忙。因为他要不断地思考不断地分析,手还要不断地写作。他珍惜每一时刻,因为每一时刻,对他来说都是难得的,有用的,所以他都需尽情地拼搏!

　　英国是发达资本主义的典型,也是老牌的殖民主义者。对中国人来说,大英帝国并不是陌生的:以毒品诱使中国走向灭亡的是它,以大炮轰开封建主义中国大门的也是它,率先侵略和屡屡侵略我国的还是它。韬奋之所以成为一个爱国主义者,不能不感谢这个凶恶的反面教员。因而认真地了解它、认识它、研究它,这就是韬奋到英国考察的目的。

二、深入察真情

韬奋一踏入英境,就受海关盘查。他们把英国人和外国人分做两起,经过两个地方出入。凡是本国人,只需看一看护照就放过。而一大堆外国人就须验护照后再分别查问。当查到韬奋时就问"来英国干什么?"他回答说是记者,"现在欧洲旅行考察。"查问者又郑重地问:"你不是来找事做的吗?"回答得很幽默:"我是来用钱不是来赚钱的!"还问了钱在何处,他随手从衣袋里取出一张汇票给他看,他没什么话说。经检验后盖了戳子,戳子上面郑重注明:"准许上岸的条件,拿此护照的人在英国境内不得就任何职业……"这就说明:他们总怕外国人来和他们抢饭吃。可见他们的失业恐慌尖锐化到什么程度。由此看来,在这个"日不落帝国"里,远远不是什么富足自由的天堂! 他们在殖民地人民面前,摆出那副骄横十足的架势,是借以吓人的。

韬奋居住在事先由朋友为他租好的房间里。

这栋小住宅,设备整洁讲究,有抽水马桶和自来水浴室,有花绒地毯和美丽的窗帷,楼梯上还铺有草绒地毯。从表面看,这可算一般人民水平线以上的生活。

可是在这一栋栋玲珑雅致的洋房,华美窗帷的里面,又是怎么样呢?他所住的这栋三层楼的住宅,房东是位孤独地在劳苦中挣扎的老太婆,她已66岁,丈夫原做小学教员,30年前因精神病一直住在疯人院里。她有2个儿子,1个女儿。大儿子20岁时就死于世界大战,二儿子也因在大战中受了毒气,拖着病于两年前死去了。女儿嫁给一个做钟表店伙计的男子,日子勉强过得去。这个老太婆成了一个孤苦伶仃的寡妇。这座房子,她已租了20年,房屋依然,而她的生活前后判若两个世界。她还需做二房东以勉强维持自己的生活,租进了6个房客(仅韬奋1人为中国人),因租税的繁重,收入仅仅能勉强糊口。她每天要打扫卫生,要替房客整理房间,要替各房客预备汤水及早餐,整天忙个不停。她每同韬奋谈起她的儿子,便老泪纵流。另外她生怕房客突然退房,那样会房空而租税照付。因此,她经常要韬奋代为介绍房客。若问她为何不和女儿同住,她说有钱可以同住,如今自己穷得要命,依靠女婿生活,徒然破坏女儿夫妇间的快乐,所以不愿。由此,引起韬奋的感慨:在资本主义社会里,金钱往往成为真正情义的障碍物。人的情感已降低到了零度。

住房附近有个女孩,14 岁,她的父亲是在煤炭业里做伙计的。她平日到义务学校就学,每星期六及星期日便来帮助老太婆扫抹楼梯及做其他杂活,所得报酬只是吃一顿饭,取得一两个先令。女孩面色黄而苍白,形容枯槁,衣服单薄而破旧。她每见韬奋,便客气地道声早安。她的那种可怜状态,又引起韬奋的一番哀叹。这也是所谓"大英帝国"的一个国民啊!

韬奋除结识老太婆和小女孩之外,一次在饭店里遇到一位妓女,谈起她的身世,使他了解到更深的社会问题。这个妓女的父亲是参加世界大战死的,母亲再嫁,她自己入中学二年级后,便因经济关系而离校自食其力,先在一个药房里的药剂师处当助手,做了两年,对此业颇具经验,但后来因受不景气的影响,便失业了;忍了许多时候的苦,才在一个商店里找到一个包裹货品的职务,小心谨慎地干着,不久又因经济恐慌而被裁,于是只有加入失业队伍里去了。虽经多方设法,仍无路可走,除求死外,只得干了这不愿干的事情。她说比她更苦的女子还多着哩,有不少女子终夜在街上立着候人,直到天亮,一无所获,只好垂头丧气,涕泪交流,所在多有。韬奋有时考察报业晚归,亲自看见那些候人守夜的"站班小姐"的可怜状况,实在为她们哀伤!

韬奋正是通过这些高楼大厦、珠光豪华的社会现象,明察了这个社会底层的真正现实。在那个殖民地布满全球的"日不落"的"大英帝国"的国旗下,裹藏着多少罪恶、黑暗和丑陋的东西。

三、《泰晤士报》

在英国的报纸中,历史悠久,国际闻名的首推《泰晤士报》。它创刊于 1785 年 1 月 1 日,创办人为华尔德。初办几年成绩平平。自从 1788 年 3 月 6 日,英下议院对于东印度公司问题作彻夜的辩论。第二天早晨的议会新闻,其他报均作一般处理,而唯有《泰晤士报》则将议会新闻、辩论内容和赞成派、反对派两派人数,载有 4 栏之多。随后两天又接连胜过别报的消息,于是引起了人们的注目,随之发行量激增。华尔德又逐渐在国内外布置自己的访员,遇着重要事故发生,都以快讯处理。如 1789 年 7 月的

法国革命刚发生,华尔德预料事变的严重,预先派人采访,用最迅速的方法传递要闻。10 月,路易十六和皇后由凡尔赛移到巴黎以及后来他们被杀的消息,英文报纸中就只有《泰晤士报》最早发表。有的重要消息竟比所谓"官报"早 48 小时。这样,它在读者中自然赢得了信任。

韬奋对华尔德本人进行了研究。他认为华氏有令人佩服的特性:赴事的奋勇、决断的敏捷和意志的坚强。

华尔德所办的报纸,由于力量的渐增,积下的怨债也就渐多。曾经数次因抨击权贵而被处罚金或拘囚。有一次还住了 1 年多的班房,身体虽然受了损害,但他出狱后还是照旧地干着。他 63 岁告老后,于 1802 年由他的幼子华尔德第二接下干。其幼子虽是个 26 岁的青年,但意志的坚强和胆量的壮勇,更胜于他的父亲。因他的努力和他的 40 年的惨淡经营,当时的《泰晤士报》被人称为"英国最大的力量"。当时的政府,对它屡次设法"收买",甚至对它施加种种压力。但华尔德始终不屈,想尽种种方法排除困扰。为此,韬奋曾感慨地写道:"其实统治者的最笨拙的行为,莫过于收买言论机关,他们不知道别的东西可以'买'得来,言论机关是绝对无法'买'得来的,因为言论机关的命根在信用,'收买'就等于宣布它的信用的'死刑',就等于替它鸣丧钟!"

这家报纸后来最大的股东是两个:一是华尔德的玄孙阿瑟,一为亚斯德。在 20 世纪 30 年代,英国人已把这家报当做一种"国宝",规定以后该报如需出售(即换老板),须获得一个委员会的同意。这个委员会由 5 个人组成:(一)英格兰大理院院长,(二)牛津神学会会长,(三)皇家学会会长,(四)会计师公会会长,(五)英格兰银行总裁。这样一来,就不能随个别人的意志而改变该报的性质了。

《泰晤士报》的特点是突出的,可分新闻和言论两个方面。每天出 6 大张,每张 4 大页,共 24 页,而最重要的新闻和引人重视的社论,都集中在 1 张之上。新闻部分称"帝国和国外",下面逐段都是国内外电讯,每段都列有标题,新闻比较确实;言论部分,每篇文章都重质量。6 大张的这 1 张,最为吸引读者,也确能代表该报,取得社会信任。说到它的立场,也是非常鲜明的:对外站在帝国主义的立场,对内则是维护资产阶级权势。它的技术编排是可以学习的,至于它的政治立场,就是另外一回事了。

四、新闻界的杰出人物——史各特

同《泰晤士报》分庭抗礼的《曼彻斯特导报》，不仅是全英的报纸，也是国际的报纸。

韬奋钦佩的是《曼彻斯特导报》主笔史各特。史各特在牛津大学毕业之后，先往苏格兰的最著名报纸《苏格兰人报》实习，在名主笔卢塞尔手下襄助了 1 年，便到《曼彻斯特导报》工作（该报为推勒创办，其子推勒第二继续经营），在该报副主笔古柏指导之下，实习了 1 年，然后才正式担任该报主笔，当时他才 25 岁，而该报刚举行了 50 周年纪念。1921 年当该报举行 100 周年纪念，同时刚巧也是他担任该报笔政的 50 周年纪念。可见他对事业的长期努力，又可看出推勒看重人才，放手让他长期办报。1929年，史各特已 83 岁，自动辞去主笔职务，但仍任该报常务董事，直到 86 岁死的时候，他的一生真是全部尽瘁于这一事业上。死后英国新闻界公认他是"近代英国新闻业上最杰出的人物"。

史各特为什么会得到这么高的评价？

韬奋根据考察，归纳了以下几点：

第一，他一生办报，也一生继续不断地在求学——广义的求学。他的日记反映了他的"求学"之勤。他每次和各种专家谈话之后，便把内容很详细地写在日记上。这是为了写社评的参考，作为自己增进学识之用。他随时随地得到自己的"教师"，也随时随地找到自己的"学校"。他如饥似渴地自动地追求着，学习着。

第二，他对自己所坚信的主张，能够勇敢地坚持到底，不屈不挠地坚持到底。就是有被人"打倒"的危险，甚至影响报纸营业，他认为他的主张是对的，便勇往直前，毫不怯懦动摇。

第三，他把友谊和公论分得清楚。他曾被选为众议院议员，却始终未置身政界。例如大战时劳合·乔治任首相，遇到重要的国事问题总要请教他，因而和他的友谊很厚。但是他对乔治的政策，认为对的就极力拥护，认为不对的，也极力抨击。

第四，他对新闻业的态度。他说："新闻业的根本意义，实包含忠实、纯洁、勇敢、公正和对于读者及社会的责任的感觉……新闻纸的最基本的

一种职务是在采访新闻,这方面最重要的是要不畏艰险的保全真实、不应有丝毫成见掺杂其间。评论尽可以自由,但是事实是神圣的,歪曲事实以作宣传,这是最可痛恨的。反对者的声音也应有被听取的权利,并不应少于赞助者的声音所能得到被听取的机会……"

总之,他的一生对新闻事业的这种精神,是值得后人学习的。

五、访问为自由而斗争的凡勒拉

韬奋访问了英国的重要城市曼彻斯特和利物浦。前者是工业制造业和棉纺业中心,后者则是重要港口和造船业基地。

接着就前往爱尔兰,慕名专访了爱尔兰自由邦总统凡勒拉,因为他是为爱尔兰民族解放努力斗争 20 年的健将。这位斗士确实是在百忙中挤出了时间,接受了韬奋的访问。这是 1933 年 12 月 5 日下午 5 点半开始的。

凡勒拉的总统办公室,是个颇大的长方形的房间,设备很简单,除很大的办公桌之外,右边只放两张沙发。凡勒拉座位的背后墙上挂着一张爱尔兰全岛的大地图,对面墙上挂着很大的半身石膏像,这是 1916 年革命战争的领袖披尔斯的遗像。凡勒拉每天就面对着这个杀身成仁的烈士,后面背着全爱尔兰的版图,办他的公事。凡勒拉有着颀长的个儿,深沉的眼光,好像记载着许多患难经历的事迹,且都反映在他额头的皱纹上。他有薄薄而紧凑的嘴唇,尤其可注意的是,他的那个充满着思虑的面孔和静默镇定的态度。

韬奋首先提问的是,爱尔兰民族是否在实际上现已完全自由,爱尔兰政府和英政府所争者只是共和国的名称问题吗?凡勒拉答说不然。他说实际状况仍为爱尔兰人民所不能满意,并说他在致英国殖民地大臣的牒文中也声明 1921 年的"英爱条约"是用武力强迫爱尔兰人民接受的。当时爱尔兰人民如不接受,除立刻战争外,没有别条路可走。他们从未出于自愿地接受这个条约。但是在我的政府负责宣布共和国以前,还要先把这个问题用投票方法征求全国人民的意向。

其次,韬奋问起北爱尔兰的 6 郡不能并入自由邦,是否由于宗教信仰的不同和经济的理由从中作梗。他说宗教信仰的不同,即南爱尔兰也有,于政治并无妨碍,他深信北爱尔兰的 9 郡中,有 6 郡和其他爱尔兰部分隔离,从中作梗者是由于英政府的政策;一旦英政府的势力和赞助消灭,北爱尔兰问题便可得到圆满的解决。

讲到宣布共和国,爱尔兰人民在经济上是否会受到打击(因英国关税对帝国的殖民地有相当的权利),他认为不成问题。他说:"今日世界上各国都有经济的困难,连英国和它的殖民地都在内。就爱尔兰说,和英国强迫联合及因此所引起的扰乱和不稳固,无疑地是我们的经济困难的主要原因。和英国脱离,便是稳固,这是趋向繁荣的第一步。"

在凡勒拉看来,一个民族要是被帝国主义压迫和剥削,其他的都谈不上。就爱尔兰的斗争史说,民族的自由平等是要用热血牺牲去换来的,任何恩赐都是不可能的。

韬奋从凡勒拉的传记中看到,这个在斗争中在苦难中成长的人物,不是从天上掉下来的英雄,而是在革命斗争实际中产生的。他在他的岗位上,的确有着英勇赴义,浩然置生死于度外的激昂悲壮的牺牲精神,每遇大难,都能处以冷静镇定的态度。韬奋为他的奋斗生涯感到敬佩。

英国是个老牌殖民主义者,积累了极其丰富的统治殖民地的经验,为了"大英帝国",对它所有退出统治的地方,用种种狡诈手段,撒下各种不安的种子,使其自相践踏,它便从中渔利。爱尔兰的自由和独立的长期斗争历史,证明了绑捆的夫妻总不会成为和睦的家庭,也证明了英国统治者确实给人留下了极其深刻的一副不受被压迫者欢迎的形象!

六、伦敦见闻

英国是欧洲各国工业化达到最高度的国家,按从业人口之比是 7 比 1,即工业 7 人,农业 1 人。自世界经济恐慌以来,工业越发达的国家,其失业的救济也越棘手。

英国公布的失业人数,是英国劳工部所发表的统计。这项统计是从该部遍设全国的劳工介绍所登记的失业人数汇编而成的。其实所统计的,并不是全部失业者的数目。失业之后就去劳工介绍所登记,失业者可领得若干时间内(大概为 26 个星期)的救济费,每星期去领。当局要设法削减救济费,便想出种种限制工人登记的法令,如"全家收入调查法","不合格淘汰法"之类。当工人失业的时候,有些职业是有失业保险办法的。

由工人每星期自己省下点钱,雇主出一点,政府出一点,作为失业的保险费。这笔款子原为工人失业时应得的,但是只得 26 个星期(而且 1931 年以来,还要打 9 折),过此期限,你虽仍然失业,登记簿上便把你取消,在统计上便少了一个失业者! 假使你是老子,你失了业,你的儿子未失业,你也得不到救济费,你的名字也不在失业统计上! 假如你身为女子,做了女工,虽然你在有业时照付了失业保险费,失业时如果你嫁了丈夫,那你的失业保险费也不能照领,因此受限制而从失业簿上取消姓名的女工已有数十万人之多。这样一来,你的大名也不在失业统计上! 至于不是单身的工人,一人失了业,后面随着的家属,那当然更不在统计之列了。经过种种限制之后,英政府公布的失业人数仍在 200 万以上。一方是统治者为限制而千方百计,一方则是为糊口而谋求生存。其结果是什么呢? 政府宣布说,自 1931 年 10 月实行"经济计划"以来,截至 1933 年 9 月为止,这两年间对失业工人的救济费,省下了 5450 万英镑!

政府宣布的这一"成绩",则是由下面的代价换得的。据英国各郡医官的报告,失业者家属体格的衰败和学校儿童营养的不足,其数量有惊人的增加。1933 年 4 月英国医学会公推 9 个名医,研究此事,经过 9 个月的调查研究,得出结论:英国失业工人的家属,已没有保证健康的最低限度的粮食。例如有个失业工人名乌伊文,1 妻 7 子,他所得的救济费不够养活他们,他的妻因爱子情切,使子女多吃一些,常常自己挨饿,结果体格日衰,患了肺炎。星期一起病,不肯请医生,星期三她的丈夫出去请医生来到家的时候,她已经死了。一群孩子围着她哭! 后来官厅验尸说:"靠每星期一些救济费要养活 9 个人,还要付租金,我也只能说她是饿死的!"医生也说,她虽生了肺炎,倘若平时粮食充足,身体不致如此虚弱,我相信不至于这样容易受打击。韬奋就此评说:"谁也想不到在这样繁华的伦敦,竟有这样的人间地狱!"

作为世界大都市的伦敦,与豪华阔绰的富人区同在的还有大规模的贫民窟。贫富之间,鲜明对比,一在天上,一在地下。这样的反差,呈现在每个访问者面前,就看在谁的笔下,怎样描绘这些图画罢了。韬奋给了它客观的记录。东伦敦区的贫民窟,是各区贫民窟中最大的,到了这里,就顾不得英人号称的"君学人"的排场了。满街旁的褴褛垢面的孩子,东奔西窜着。贫民窟里的住宅,大都是建筑于百年前的老屋,地板破烂,墙壁

潮湿,破窗裂户。一所屋里住着几十家。一个小小的房间里堆满着许多
人。住在地下室(终年不见阳光)的更惨。据英国劳工调查所(劳工团体
组织的研究机构)调查表明,在伦敦全家拥挤在这种地室里,过暗无天日
生活的工人,至少在 10 万以上。"在伦敦贫民窟的地室,里面既黑暗又潮
湿,糊在墙上的纸都潮湿着下坠飘摇着;老鼠和虱子很多;住在这里面的
人很少和疾病不发生关系的。"据各区医官的统计报告,贫民窟居民的死
亡率常比普通的高 1 至 2 倍,婴儿死亡率更高。

七、英国的大学教育

韬奋在英国的考察中,赞赏了它的大学教育。他认为,除了养成资产
阶级的"意识形态"之外,它们所培养的研究学术的风气,是很可取的。英
国大学每学科每星期上课不过一两个小时,使学生有自己充分研究和从
容自由思考的时间(当然这种充分研究的时间要用得好,滥用是不行的)。
剑桥和牛津等大学都设有导师制,也许出于防备拆烂污的关系,有导师经
常督促询问,实际上是对利用研究时间搞不正常活动的检查。

韬奋到牛津大学几个学院访问,并和几个担任导师的教授或讲师详
谈。他们的做法大体如下:每个导师关顾几个或十几个学生,常常定期和
学生作单独或几个人聚会的谈话(常用茶点的方式,每学期大概都请学生
吃一顿饭)。学生关于选择科目、研究材料等问题,都利用这种谈话的机
会和导师接触,得到种种指导。这种导师制最大的优点,是除了在教室听
讲之外,师生间可以多接触和交换意见。有的话在教室里不便公开讲的,
在茶话会中便可打开天窗说亮话。

韬奋对学术研究的自由是非常重视的。他不主张限制青年研究的禁
区。思路闭塞是思想活跃的大敌。在中国、在意大利,特别是在德国,韬
奋无不注意言论自由问题。他认为没有真正的学术研究的自由,也就不
可能有真正的言论自由。所以韬奋在西欧的一系列考察中,作了各种比
较和鉴别。他把各国进行比较,各国同中国比较,比其差异,比其优劣。
这不仅开阔了韬奋的视野,也加深了韬奋的研究和思考。他考察的是世
界的资本主义,思虑的却是中国的出路问题。一颗心系祖国的爱国主义
的赤心,无论走到哪里,都会很自然地流露和展示出来。

第二十三章　大英博物院的图书馆

　　韬奋对西欧的访问,停留时间最长的是英国的伦敦。他前后两次到伦敦。第一次停留4个月,第二次停留10个月,共计1年多的时间。除了到伦敦大学政治经济学院听讲,到处参观和访问,以及写通讯报道之外,最使他留恋不舍的地方是大英博物院的图书馆。因为他在这里阅读、研究了大量的马克思、恩格斯、列宁的著作和其他的社会科学著作,所以他从这里获得了渴求的思想营养,丰富了自己的知识,这给他带来了深刻的思想转变。

一、学而后知不足

　　韬奋常常感到自己学识浅薄,有一种强烈的求知欲望。出国对他来说,绝不是游山玩水,逍遥自乐。他认为这是一次难得的学习机会,因此走到哪里,都不让时间轻轻溜过。他在常年的学习求知中,形成了自己的学习习惯,不是读,就是写。他越是这样,就越感到自己不足,总觉得自己不是欠缺这个,就是欠缺那个,似乎什么时候都迫切需要补充。正因为这种精神支配着他,无论在轮船上,在火车上,还是在工厂农村参观,专访人和事,都变成他开阔视野,吸取营养的场所。特别是到了久负盛名的、为读书人一致喜爱的伦敦大英博物院图书馆,他如饥似渴地沉醉在知识的海洋里。他全神贯注地阅读、研究了马克思列宁主义著作以及其他社会科学书籍。他在这里攻读,正像他后来所说的那样:“我离开英国的时候,除了几个很知己的英国朋友外,最使我留恋不舍的,要算是英国博物院里的图书馆。”这个图书馆有百年的历史,在伦敦的大拉索街,藏书在500万卷以上。据说书架的长度如果排直起来可达8公里多。“马克思和列宁在伦敦时,都曾用大部分时间在这里面研究。我最喜欢的是这个图书馆里阅读室里的建筑和布置,以及取书方法的便利。"

这个图书馆之所以使人留恋,就是因为它为研究者提供了极为良好的读书条件。

图书室是个大圆形的大厅,上面罩着一个高 100 米左右的玻璃圆顶,宽敞的空间,有着良好的空气,更加可贵的是万籁俱寂好像置身在安静无声的深山里面。大厅中有着 500 多人的座位,地板和桌面都是胶皮造的,所以一点声音都没有。一切设施都是为了阅读方便,而且互不干扰。特别是取书便利,向同一作者或同类书的借阅,有意想不到的快捷。这的确是研究学问者的绝妙场所。

韬奋这次出国考察,一是负债求索,二是带着"苦闷和憧憬",当然不同于轻松旅游。他所到之处,忙于观察,忙于思索,忙于笔录。到了适合研究学问的地方,如饥似渴,分秒必争。他"一面乘此机会把自己充实一些,以作继续为社会勉竭驽骀的准备;一面时常不忘须就浅见所及,记些出来向垂念我的好友们报告报告"。"记者常恨自己学识浅薄,出国后,尤觉好书不胜其看,良师益友不胜其谈,事物不胜其观察,直像饿鬼看见了盛宴佳肴,来不及狼吞虎咽似的;而知识无限,浩如烟海,愈深刻地感觉到自己学识的浅薄,也愈迫切地觉得时间的不够用。因此在这样短促时间里,本想暂时搁笔,但是上面所谓之'时常不忘'的意识又常在督责着自己……"(《韬奋文集》,生活·读书·新知三联书店 1978 年 1 月版,第 2 卷,第 151 页)

应该说这是韬奋寻觅知识的宝地,马克思为研究资本主义社会,得到这里提供的丰富资料,写出了他的巨著《资本论》。列宁也曾在这里吸取自己需要的营养。这都成了督促韬奋在这里勤奋的动力。

二、《读书偶译》

韬奋在这本书的《开头的话》中这样说:这是"我在伦敦博物院图书馆里所写下的英文笔记的一部分。在看书的时候,遇着自己认为可供参考的地方,几句或几段,随手把它写下来,渐渐地不自觉地积下了不少。"

《读书偶译》与韬奋的其他著作不同,正如他在本书《后记》中所说:"我向来有所写作,都偏重于事实的评述;关于理论的介绍,这本译述还是

破题儿第一遭,虽则理论和事实本来就不能截然分离的。依我个人看来——也许是由于我向来工作的性质或方向——评述事实似乎比介绍理论来得容易些,尤其是比用翻译来介绍理论来得容易些。"这本书虽不是韬奋的创作,却是韬奋学习马克思列宁主义的笔记。它是对马列主义基本观点的介绍,反映了韬奋思想认识成熟的标志。确实是韬奋出国考察的重大收获。

韬奋对马克思和列宁是钦敬的,不但喜读其书,亦爱其人,特别是对他们的为革命奋斗不息的精神,是深深感到鼓舞的。为了避开"审查老爷"害怕的刺眼字眼,马克思只以"卡尔"替代,列宁只以"伊里奇"替代。

马克思青年时期的诗句:

> 我永远不能冷静地做
> 那些以伟大力量抓住我心灵的事情;
> 在不断的不歇的奋斗里,
> 我必须向前努力和斗争。

这成了韬奋鼓励自己的格言,他力求付诸实践。

韬奋对列宁同样地钦敬,写道:

"关于伊里奇,我最感到奇异的是以他那样的奔走革命的忙碌,还有工夫写了许多精明锐利正确的著作,后来仔细研究他的生活,才知道他有许多著作是在流离颠沛惊涛骇浪中写的;是在牢狱里,是在充军中,是在东躲西匿干着秘密工作中写的!"

连列宁的政敌对列宁都这样描写:"因为没有一个人能像他那样:每日的全部二十四小时都忙于革命,除了革命的思想以外,没有别的思想,甚至在睡梦中所看见的也只有革命! 看你对这样的一个人有什么办法!"这是从政敌口中吐露的对列宁憎恨的话,因为政敌憎恨革命,所以也憎恨全心全意投入革命的列宁。

韬奋真诚地向读者指引的,就是学习马克思、列宁的革命精神,学习,不能仅仅是背诵他们的理论,更重要的是学习者付诸自己的行动,这才是韬奋下力气编译这本书的真正动机。在韬奋看来,理论和实践是应该统一的,也是能够统一的。他说:"我们研究一个思想家,不能不顾到他的时代和生平。尤其像卡尔和伊里奇一流的思想家。我们要了解卡尔怎样运用他的辩证法,必须在他对于革命运动的参加中,在他对实际问题的应付中,在他的经济理论、唯物史观,以及关于国家和社会的哲学里面,才找得到;关于伊里奇也一样,他的一生奋斗的生活,便是唯物辩证法的'化身',我们也必须在他的实践中去了解他的思想。"

韬奋在这本书里向读者作了怎样的介绍呢?

第一,关于卡尔的生平和理论。

卡尔(1818—1883),德国社会主义者,革命的领袖,作家。依他看来,具有决定力的要素,并不是黑格尔所说的观点,而是社会的物质的设备;这种物质的设备,永远地指挥着新的生产方法,和新的社会的和经济的关系,继续向前发展着。这个学说就是唯物的历史观,把继续不断向前发展的"生产力",视为社会里面的社会机构和阶级关系所以有变化的真正原因。依卡尔的见解,国家不过是"替全体统治阶级管理事务的执行委员会"。因为这个缘故,卡尔主义者认为:只要资本主义存在一天,便没有真正的民主之可能,无论选举能扩充到怎样的广大;因为人们既然要受制于经济的大不平等,空谈政治的平等权利是没有意义的,于是人们所珍爱的19世纪的资产阶级民主概念,被他们一挥手一笔勾销;他们认为要求真正的民主政治,必须废除经济的不平等和阶级的剥削。

卡尔的学说,在著名的《康敏宣言》(《共产党宣言》)里面很清楚地说了大概,这宣言是他和恩格斯(1820—1895)——德国社会学家,共同起草的。但是社会主义革命的时期还未成熟,卡尔理论的实行还要等待它的机会。这宣言的影响,到后来的两次运动才显著出来:一次是1864年第一国际的基础建立之后,社会民主主义的勃兴;还有一次是1917年俄国革命成功之后,社会主义的抬头。

韬奋对卡尔的生平事迹和主要著作,作了简要的叙述。

卡尔在理论上的贡献,韬奋列举以下几点:

(一)卡尔在《费尔巴哈论纲》中说:"从前的哲学家只是用种种方法解释世界;我们的任务是在改造世界。"

(二)卡尔把资本主义制度,视为"阶级社会",不是各个资本家和各个劳动者。却是注意于两个"敌对集团"的阶级;在这里面,一个阶级替另一个阶级出劳动力创造剩余价值。他分析了资本主义的社会,发现了它的

阶级的特质,发现了在这里面活动的各阶级和代理机关的真正的地位、运动和机能。这是卡尔的主要贡献之一。也就是剩余价值学说。

（三）卡尔不像他的前辈那样,把当前盛行的生产方式,把现有的社会秩序,视为永久的、绝对的和合理的社会制度。卡尔研究社会的时候,却把它视为社会发展中的一个相对的过渡的阶段,照他看来,资本主义的生产方式是封建主义的产儿,同时又是尚在胚胎中的康敏（共产主义）生产方式的父母。卡尔的社会学说,不知道观念有永久有效的界说,却认为都是和社会发展的阶段有着联系的,是相对的。

（四）历史唯物论。卡尔在《哲学的贫困》中指出:"社会的关系和生产力有密切的关系。人们因为获得新的生产力,他们也随着改变他们的生产方式——他们谋生的途径——他们并随着改变他们的社会关系。"

决定人们的生活方式,在基本上并不是他们的意识;相反地决定他们的意识的却是他们的社会生活。英雄和历史,只能在这一原则下解释:伟人和领袖,他们不能够抗拒一般的潮流;他们不能够使历史的激流从它的途径上离开,把它驱到新的河道里去。恩格斯曾经解释过:一个真正的领袖,只能了解在一定情况中发生作用的各种力,解释得出时代的符号,促成适当的行动。

韬奋指出,卡尔能很精巧地运用辩证法,靠着辩证法的帮助,他寻出社会主义的发展规律。并且提醒读者,卡尔的辩证法来源于黑格尔,但不同于黑格尔,因黑格尔的辩证法是头脚倒置的,唯心辩证法,卡尔却把颠倒的东西再颠倒过来,叫做唯物辩证法。

卡尔和恩格斯都极重视辩证法。辩证法是他们解决一切神秘的锁钥;是他们多年的"最妙的工具"和"最锐的武器",这是恩格斯自己承认的。他曾经说过:"辩证法在事实上是自然、人类、社会和思想的运动及进化的法则的科学。"

恩格斯在谈到卡尔对理论的贡献时,曾一再强调:一是历史唯物主义,二是剩余价值学说。除此之外,韬奋则强调了卡尔在哲学上的贡献和运用。特别是辩证法的具体运用。

韬奋下工夫研究了卡尔的巨著3卷《资本论》的写作,和构成3卷的主要内容的相互关系。对卡尔的研究方法,十分钦佩。认为卡尔从直接接触的实际中,构成理论。要使理论适合实际,不是要把事实,牵强附会到预存成见的理论里去。用归纳的研究法,从具体的事实进行到抽象的理论。综合各事的时候,是从辩证法的观点,即把世界和社会看做正在运转过程中的东西,而不是固定的和呆板的。

为了说清卡尔学说,从哲学、政治经济学、社会主义的 3 个组成部分,各自的来源加以叙说,也相应地介绍了相关的理论和人物。如黑格尔、李嘉图、圣西门、傅立叶、欧文等,甚至柏拉图、亚里士多德、霍布斯、孟德斯鸠和达尔文等。

第二,恩格斯的生平和工作。

韬奋对恩格斯,叙述了他的生平和他对卡尔的无私帮助以及他们之间的伟大友谊。

恩格斯出生于德国莱茵省的巴门,父亲是个富有的制造家,思想保守,儿子中学没有毕业,就依自己的意愿,从事商业。恩格斯比卡尔小两岁,他们都是从哲学方面进入理论阵地的,成为黑格尔派青年。恩格斯从事商业,成绩不错,业余研究哲学。自 1841 年 10 月到 1842 年 10 月,他又在柏林炮队服兵役,在军营中,借机研究军事学,这确实成了他喜爱的一门学问。恩格斯根据自己在经济方面的实践,对经济学进行了深入的研究。他和卡尔的结识,思想、感情、兴趣逐渐一致起来,以至成为终生的执友,特别是恩格斯在英国的工业中心曼彻斯特工作的 21 个月,对卡尔和自己一生都是非常重要的。他调查研究了劳工阶级的实际苦况,写出了著名的《英国工人阶级状况》,他又专门研究了雇主和雇工之间的关系。他在《德法年鉴》里写的文章,卡尔认为文章显示他是一个真正的天才,其内容已经含有科学社会主义的有效果的胚种了。当时他才 22 岁。

1844 年 9 月,恩格斯从英国回德国的途中,到巴黎去会晤卡尔,他们两人对于哲学的和经济的问题,都有了完全一致的意见,即开始合著《神圣的家族》,对于鲍尔和他的信徒们的批判的批判。他们的巴黎聚会,使两个伟人的友情,凝聚终生,忠诚不变。

韬奋研究了卡尔和恩格斯的 4 卷通信集,详细记录了恩格斯从各个方面都是尽情地帮助卡尔,没有这个帮助,卡尔所遇到的困难是难以克服的。正如卡尔自己说的:"倘若没有你(指恩格斯)我就不能够把这工作(指《资本论》)完成。我可以告诉你,我的心上好像负有万钧的重担,因为你主要地为着我,让你自己的奇才异能在商业里面消耗侵蚀了。"

恩格斯所做的牺牲，不仅是为两人的友谊，也为了他们共同的科学社会主义的伟大事业。

对《资本论》的写作和出版，恩格斯更投入全部身心的劳动。卡尔所写此书的稿子，都与恩格斯认真阅读和商榷过，1867 年 6 月间，卡尔又寄《资本论》的稿子给恩格斯看，并在信中说："我希望你对这四章能满意。以前的稿子得到你的满意，这在我比世界上其余人说的什么，都来得更为重要。"当《资本论》第一卷付印校样时，卡尔于 1876 年 8 月 16 日给恩格斯写信："我刚才校完最后的一张……序言昨天校完，已送去。这样，这卷是完成了。这件事的可能，要感谢你。倘若没有你为着我的自我牺牲，我永远不能成功这三卷的繁重的著作，我要充满着谢意拥抱你。"事实上，《资本论》的二、三两卷，都是恩格斯整理修订而后出版的。

尽管恩格斯对马克思主义理论作出伟大的贡献，特别是 1883 年卡尔死后，他肩负起更加沉重的负荷，他的声誉也像光辉的理论那样传播开来。但是，恩格斯却非常谦虚，从不同卡尔齐誉。例如他在 70 岁生日时就说："我希望这都成了过去。我一点没有兴致做生日。……终究说起来，我只是许多人里面的一个，拾取卡尔盛名的收获。"在《恩格斯的自白》中，表达得更清楚："近来有人提起我对于这个理论（指卡尔的理论）也有我的份，所以我不得不说几句声明的话。我不能否认，在我和卡尔四十年的合作以前，以及在这四十年的合作期间，不但在建立这理论的基础方面，尤其在构成这理论的工作方面，我有我的某种独立的贡献。但是关于主要思考的最大部分，尤其是关于经济学的领域，也尤其是这理论的最后的锐利的叙述，那是要单独归功于卡尔的。除了两三桩关于特殊的实用之外，我所贡献的，卡尔就是没有我，他自己也能够很容易地办到。凡是卡尔所供给的，我却不能够容易地拿出来。卡尔比我们站得都高，看得比我们都远，观察得比我们都更广、更清楚、更快。卡尔是一个天才，我们其他的人，最多只有着特长罢了。倘若没有了他，这理论是不能有今天的成绩，那是要差得很远的。所以这理论是应该冠着他的名字。"

这段自白，不仅是理论工作者应当遵循的至理名言，也是一切知识分子作学问的楷模，做人的典范。

第三，伊里奇的时代。

韬奋在介绍伊里奇的生平和革命业绩时，特别注重时代特点，也就是怎样发展了马克思主义的成就。

伊里奇（1870—1924）一生，正处在 19 世纪最后和 20 世纪最初的年代，这个时期是剧变时期，是人类历史发展的大转机。发生了 1914—1918 年的第一次世界大战，也发生了作为人类新纪元的 1917 年十月社会主义革命，创建了世界上第一个由劳动人民当家做主的社会主义国家。它是旧世界被打破新世界被创建的新时代，也就是伊里奇时代。

伊里奇是卡尔和恩格斯的忠实继承者，但他们所处的时代不同，卡尔和恩格斯看到的资本主义还没有发展到帝国主义阶段，而伊里奇亲身经历着这一时代。他一生的大部分，他的积极的政治生活的 2/3，都费在第一次世界大战前的帝国主义时代。

伊里奇的理论：同国际社会主义的机会主义者伯恩施坦、考茨基等等作了激烈的斗争，一直到世界大战中机会主义崩溃；分析了帝国主义具有的基本特征：生产集中和垄断；银行资本和工业相融合为金融资本，而且越来越走向金融寡头；由商品输出变成资本输出；资本家同盟分割世界；列强瓜分世界；帝国主义是资本主义的特殊阶段，即资本主义发展到一定的很高的阶段，才变成帝国主义；资本主义的寄生和腐朽性。总之，帝国主义处在什么地位呢？一句话——"帝国主义是无产阶级革命的前夜"。

韬奋还介绍了伊里奇从事革命活动各个时期，特别是他领导的前所未有的俄国十月革命，以及他所进行的一个一个的斗争。

韬奋在这本书结束时，特引了伊里奇的名言："在世界革命时代以前，民族解放运动只是一般的民主运动的一部分；现在俄国十月革命胜利和世界革命时代开始以后，民族解放运动便是世界普罗（无产阶级）革命的一部分了。"这不仅是对韬奋的启迪，也是对一切投入民族解放运动的人们的伟大号召和有力的动员。

就是在那种没有出版自由的环境里，同时与韬奋被羁押的李公朴自告奋勇，愿当本书的第一读者，仔细阅读一遍，在译文方面还请张仲实细对了并代为搜集了所有插图。同时，还得到胡愈之、金仲华的帮助。这本书不仅汇集了伟大思想家、革命家的言行，也凝聚了韬奋执友们的智慧。

三、可贵的纪念

无论是学习的地方，还是编译的地方，都使韬奋难以忘却。大英博物院图书馆里的攻读，在他的思想转变上，留下里程碑式的纪念，在此之前，韬奋对马克思和列宁知之甚少，了解不深，很多问题陷于苦闷摸索之中，在此擦亮了眼睛，给自己明确了方向，给生活带来了无穷的力量。以后在牢狱里本是生活中的最大挫折，而他却把它变成了实际斗争的战场，编译一本马列主义的读物，既武装自己，也武装广大青年，在特殊的地方写不平常的读物，这对自己对读者都会是一个不平凡的促动。

韬奋在这里的写作，不是个人的记录，而是给广大青年留下的精神财富。

当韬奋在西欧考察了半年之后，在《萍踪寄语》初集"弁言"里写过，他心目中常常涌现的两个问题：第一是世界大势怎样？第二是中华民族的出路怎样？

这两个重要的问题，不仅是韬奋出国寻求的所在，也是千千万万困惑着的中国人思考的所在。经过对西欧各个发达资本主义国家的认真观察，加上勤奋的读书，反复的探讨，韬奋自己于 1935 年 4 月 25 日在伦敦作了初步回答，他是这样立论的：

第一，在资本主义世界，很显然的现象是生产力的发展已和生产资料私有的社会制度不能相容。据国际著名的统计专家尼布斯的审慎估计，认为依世界上现有的富源和技术，足够供给 4 倍于现有全世界的人口，可见世界经济恐慌，并非由于人口过剩，以如此进步的生产力，又具有充分的天然资源，可是失业者的队伍却如此庞大，绝大多数的劳动大众又那么穷苦，而少数占有生产资料者，那么多的利润，在欧洲"列强"的国家里，一边是少数富人的穷奢极欲，生活异常阔绰；一边是多数穷人困苦在饥饿线上。这样的社会矛盾会导致什么呢？

第二，在上述形势下，只有两条路走：一条路是用更严酷的手段，替旧制度作最后的挣扎，以压制生产力进步所引起的社会革命，保持少数人所享受的利润，连向来用以欺骗民众的国会制度都索性掉在脑后了，即虚名尚在，实权也集中在代表少数人利益的个人独裁者的手中。这便是在欧洲风行一时的所谓法西斯运动之由来。法西斯运动在国内仍维持其剥削制度,在国际间则扩张侵略,抢夺国外市场,掠劫殖民地原料和劳动力。这种发展趋势,必然是加速世界第二次大战的到来。因此各个帝国主义之间的冲突,是其自身矛盾发展的结果,不是什么外来因素所造成。它们的代言人口说志在和平,实则是扩军备战,矛盾愈深,战争危机愈大。韬奋说:"法西斯的风行和备战的狂热,这是欧洲最近的实际的情势,而这两个宝贝却是日暮途穷中的资本主义的一对孪生子。而我们如再根究这种趋势的来源,又可知是由于生产力的进步已和生产工具私有的社会制度不相容。"(《韬奋文集》,生活·读书·新知三联书店 1978 年 1 月版,第 2卷,第 219 页)

另一条路,则是要彻底解决这种"不相容"的问题,只有根本改造束缚这生产力的社会组织,代以为大众福利尽量利用进步生产力的社会组织。要能够为大众福利尽量利用进步的生产力,生产的动机必须是为供给大众的需要,而不是为少数人谋利润。要办到这一层,生产资料必须社会化,即必须为社会所公有。这是社会革命之路。

"现在的欧洲——也许可说是世界——便在这两条路的斗争中。这斗争中的最后的胜利谁属,要看谁能根本解决上面所提出的'不相容'的问题。"第三条路是没有的,虽然也有人设想什么实行"计划的资本主义",其实不过是梦想。"所以我以为欧洲乃至世界的大势,只在两条路的斗争中。第一条路也许因大多数人在意识上或力量上还未有充分的准备,得使没落的旧社会多苟延残喘几时,但最后的胜利必在能根本解放生产力的方面,这是决然无疑的。"

韬奋明确地回答了世界大势问题,而对中华民族的出路,他又怎样回答的呢?

"我们的民族是受帝国主义压迫和剥削的民族。这个事实,想来谁都不能否认的。所以我们的出路,最重要的当然在努力于民族解放的斗争,这也是无疑义的。"

韬奋提出两点值得我们特别注意。

"第一点是这种斗争的中心力量在哪里?这似乎是我们内部的问题,和世界大势无关,其实不然。中国是世界中的一环,中国自己谈不上帝国主义,但有帝国主义在中国;因此中华民族解放的斗争,决不能依靠帝国

主义的代理人和附生虫；中心力量须在和帝国主义的利益根本不两立的中国的劳动大众的组织。这样的中心力量才有努力斗争的决心和勇气，因为他们所失的就只不过一条锁链！"

"第二点是帝国主义自身的矛盾日益尖锐化，一方面对于殖民地和半殖民地的压迫剥削固然要愈益加厉，一方面也是有斗争决心和勇气的被压迫被剥削的民族所可利用的机会。当然，这民族如一味的投降、退让，反而可使帝国主义将从殖民地和半殖民地所抢夺的赃物，用来维持它的残局；反过来，如这民族能积极斗争，使帝国主义不得高枕而卧，无法麻醉本国的大众，由此促进世界人剥削人的制度的崩溃，不但获得民族自身的解放，同时也是有功于全人类福利的增进。这是我们对于民族的责任，同时也是对于世界的责任。我们看清了世界大势，分清了敌和友，应该要把这两种责任担当起来！"

从这里我们清楚地看到了韬奋认识世界的程度，和为中华民族寻找的出路，同时也可以清楚地看到韬奋的思想理论水平和他的坚定不移的立场和态度。

第二十四章　苏联考察纪实

韬奋于出国1周年,即1934年7月14日,由伦敦起程赴苏联,进行预定的考察。

7月14日韬奋自伦敦乘苏轮西比尔,渡北海开往列宁格勒。在船上遇到一批美国青年学生,他们是美国全国学生同盟的会员赴苏进莫斯科星期大学听讲的。乘海船5天,一路上同青年一起生活愉快,精神为之一振。"这五天的海上生活在我心坎中引起的留恋的情绪,我永远不能忘却。"(《韬奋文集》,生活·读书·新知三联书店1978年1月版,第2卷,第238页)在这群学生的领袖戈登的劝说下,韬奋参加了他们在苏联的活动。

韬奋到苏联的重要目的是要看他们在物质及精神(文化)方面的建设情形。他一踏上苏联国土,就投入了全部精力,看一看这个新的世界。

一、列宁格勒初访

韬奋和美国青年一起于1934年7月19日到了列宁格勒。船一靠岸,大家都拥在甲板上东张西望,好像到了一个新发现的陆地,那种好奇心是无意中情不自禁地流露着的。岸上堆满了待运的木材,有的是圆柱,有的是木板。在水面上来来往往奔驰着,汽笛呜呜地欢叫着,原是运货的小轮。韬奋说:"这是正在积极建设中的苏联给予我们的第一印象。我们看见那些运货小轮上的工人,举手摇着和他们打招呼,他们也举手摇着和我们答礼,近些还看得见他们的笑容可掬的愉快态度。"

登岸的码头是新建的,一上岸便是木料建造的一个大广场;这里的饮食店,玻璃窗里的糕饼和饮料是供旅客休息所用;商店里陈列着苏联特产,售货员穿着整齐的制服,看起来是很讲究的。

接待者是苏联旅行社，为该社备用的公共汽车把他们拉到了欧洲旅馆。车是崭新的，向导在车上解答着旅客的提问，这群旅客是好奇的青年，问这样，问那样，问个不休。从这些提问中可以看出，他们对在这个国家看到的感到的，都觉得新鲜，都使他们不能沉默。

由于汽车的机器出了毛病，车停下，立即围上一群孩子，年龄都是10多岁，有些赤着脚，有些衣服褴褛。这些像小叫花子的孩子，围观这群旅客，在资本主义国家，司空见惯，而在苏联却不能不引起注意。他们探询的结果是，革命初期，小孩更多，几乎到处都是，经过收容之后，现已不多了。这群孩子却成为旅游者接触的对象，又是照相，又是交谈，彼此都无所顾忌。当车开动，还举手欢送。

韬奋原打算多留几天，以对十月革命的策源地，即圣彼得堡的后身，作较详细的观察，而又必须和美国青年一致行动，去赶往莫斯科的星期大学，只好匆匆游览而过。

除了好的印象之外，也还遇到不快的现象。他们几乎都听到或遇到，这里盗窃和扒手特多，简直防不胜防，一不小心，便会受到特殊的"照顾"！

在苏联旅游，外国人专由苏联旅行社代为包办车辆和住宿，一切手续不须自理，它为旅客办理得非常便利，参观何地和参观单位，也代为选定。这个机构遍设分社或代理处，不但在国内有，而且美、英、法、德、奥、丹麦、挪威、波斯、土耳其、匈牙利、日本和中国的哈尔滨，都设有它的代理处。它是1929年成立的，经过几年的努力，已得到许多人的称赞，认为它办事严密的精神和可靠的程度是不错的。当然也有缺点，有旅客不满意的地方，像有的职员不肯负责，怕多事。韬奋的照相机被窃，回到旅馆，即向账房报告，请该社代为报告警察，女主任不肯负责，说由陪游的女招待员去办，而女招待员已无踪影。

二、在莫斯科星期大学

韬奋加入的莫斯科星期大学，共300人，比他们先到的100多人，除英国学生4人，加拿大学生3人，其余都是美国人，他们这一批主要是美国学生，也有壮年教授及其他职业者。这期暑期大学青年男女占百分之七八十，充满着生动活泼的新空气！

学校的吃住都是方便的,也是舒适的。

新学科目,有艺术与文学、社会学、政治经济学、教育学及俄文。教授虽全是苏联人,但都以英语教授。每次讲课的内容都是偏重当前的事实或实际情况,作较有系统的研究,并非是抽象的原则或理论上的探讨,这却很有助于学生实际考察时参考。韬奋由于经济的关系,只选听了社会学一科。

韬奋到苏联就抱着学习的目的,一有机会绝不放松。他最感兴趣的是,这班学生听讲的时候,那种聚精会神的态度和质疑问难的精神,那种真是出于求知欲的,不怕麻烦、不知什么是麻烦的精神。社会学有位勒费特教授,尤其得到学生的信仰和敬爱。他上午上了两小时的课,学生们听了还觉不够,他便答应在几个晚上 7 点钟以后再聚拢来讨论,由学生发问,他作解释,尽量做到自由的讨论。这样的讨论本来只打算 1 小时,但每次讨论都到 4 小时之久;他的演讲和解释,不但学识丰富,判断敏捷,而且充满着诚恳的精神,热烈的情绪,不但使你明白,并能使你感动。韬奋对他的课,没有一次漏过。每次上他的课,没有一秒钟分散过注意力。离开莫斯科,最舍不得的是这位教授。

上午学生上课,下午用来参观,教授或助教陪同,以便指示一切。每天总参观三四个单位。时间共约五六个小时。

晚上,有时是公开的讲演会,有时是讨论会,有时又有跳舞会。学校的生活是紧张而愉快的。精神上无疑是一大解放。

三、苏联的儿童和妇女

韬奋在莫斯科第一次参观的是中央文化休养公园。它位于莫斯科河畔,面积达 800 亩,里面有森林,有种种运动游戏场所,有游泳沙滩,有休养所(内有音乐会堂,有阅读室,有卧室,并有医生和护士),还有一个儿童村。

儿童村中有许多建筑和花草,也有许多儿童游戏的设备。走进一个大会堂,三面都是大玻璃窗,里面排着不少小椅子,壁上挂有不少图画。一些穿着白衣、戴着白帽的保姆带着一群活泼天真的儿童。这些儿童的家庭,60%以上属于工人,20%以上属于雇员。

儿童村成立于1928年(莫斯科有3个这样的村),专备在这里休养的父母把子女付托该村看护。依工资付费,每月工资在100卢布以上者付1.60卢布,300元以上付3个卢布,400元以上付4个卢布。儿童的膳费在内(每日上午10点开至下午8点)。由工厂或机关保送,父母只付半费,尚有一半由团体出。儿童由4岁到13岁,依年龄分组,各组的衣服有各组一律的颜色,一望而知。每组20个或25个儿童,由一个保姆照料。每年进过该村的儿童有35万个之多。该村的儿童剧院,坐满几百个儿童,戏台上正演资本主义社会逼债的丑态。

一群十二三岁的孩子,正在机械实验室里搞各种实验,俨然像若干小工程师那样子自己操作。

在苏联,教育和医药已经免费,因此革命后学龄儿童入学者大增,师资也相应增加。

对于职工及其子女所特设的"夜间疗养院",是苏联医药设备上的特色。这种夜间疗养院是专备那些仅在初期的患者或有病患嫌疑者,并未达到必须停止工作而全部时间住院的程度,不然就会招来大病,夜间疗养院就来补这个缺憾。这样病人在白日工作完毕之后,到夜间疗养院去,换掉自己的衣服,穿上医院特备的外衣,并到医院特设的池中洗澡,吃饭也亦改为医院的膳食,经过相当的休息或游戏,安睡在他所适宜的、合于卫生的环境里,有看护照料,有医生诊视,并给其所需药品。到第二天早晨,他们仍然可以照常工作。

韬奋看过这一医疗机构之后,有着如下印象:劳动者和他们的子女都有免费疗养的机会,发挥了预防的效用,使人在不妨碍工作之中获得健康的增进。

托儿所在苏联有着重要的地位,因为它和新社会的建设有着密切的关系。建设工作要成功,必须全国大众,不但男子,而且女子,都要来参加。女子自身的真正解放,她们必须从"家庭的奴隶"圈子里面跳出来,共同努力于新社会的建设工作。而托儿所则是一个重要因素。因为托儿所的第一目的是使女子不致受着看护孩子的牵累,对下一代说,还有一个很重要的目的,就是有健康强壮的身体。

1932年据苏联统计,女工近600万人,约占全国工人的1/3;从事专业的亦近450万人。合计共1000万人以上。托儿所的数量亦随之剧增。自

1929 年至 1932 年,城市托儿所的小榻自 5.6 万个增至 36 万个。乡村托儿所分两种,一是永久托儿所,其小榻自 8500 余个增至 34 万个;一是临时托儿所(即农忙季节的几个月),其小榻自 25 万个增至 450 万个。

韬奋参观了托儿所,看到孩子们的幸福生活,为健壮的下一代感到高兴,也为安心于建设新社会的妇女而高兴。

苏联政府重视妇女解放,在莫斯科设有妇孺卫护博物馆,这是为公布卫护妇孺法律 15 周年纪念于 1933 年建立的。它的重要目的是:灌输关于卫护妇孺的知识于一般群众;协助此种卫护人才的训练。革命前,妇女不幸生了一个私生子,便遭到社会唾弃,革命后凡生一个孩子,不论是否正式结婚,都是社会的正式的一员,便会受到应有的保护。

另外,韬奋参观了莫斯科仅剩下的一个妓女治疗院,这一治疗院,其实除为妓女治疗花柳病外,同时还授以相当的教育和工作的技能,使她们成为能自食其力的有用的公民。该院系一座很大的三层楼房,最下层设有缲丝和缝纫工场,备实习和工作之用。其余各层有寄宿舍、医药室、课堂、音乐室、自治会办公室等,现有妇女 360 人,看起来像个女子学校。它原名只是"治疗院",妓女进院之后,职员和教师们都称她们为"同志",没有"妓女"一词。妓女来院,由于自愿,不用强迫。因为这不是"慈善性质"的施舍的机关,所以妇女进院后,即靠自己的工作,供给自己的膳宿费,养成自食其力的精神。平均每月工资七八十个卢布,膳宿费共约 35 个卢布。每日工作 7 小时,每隔 4 天休息 1 天;如为文盲,须受强迫教育;已有阅读能力的,有两种教育备她们选习,一种是"个别学习组",属普通科目,包括俄文、数学、地理、政治 ABC 和物理学,各科每周 3 小时;还有一种"合群学习组",有戏剧、音乐、歌舞等,由专家组织指导。

据该院院长介绍:已往 10 年进过该院的妇女达 3205 人,其中 17% 受过高等教育,有做工程师的,有做医师的,有做音乐师的;有 12% 为青年团(优秀青年,当局引以为荣);有 19% 为工厂中的社会工作者;有 52% 为女工。她又说,妓女近年锐减,治疗机构也减少,全国只剩 17 所。

妇女们学两个月后,即可由该院送往各工厂做工,而该院自视如家庭,把出院的妇女视为自己的女儿,仍时常照顾,协助一切。该院注重消灭妓女制度,并非和妓女个人为难。这个社会问题是一切资本主义社会根本难以解决的问题。

四、工厂和工人

韬奋于 8 月 1 日参观了莫斯科的佛勒格机械厂。这是 1932 年 5 月 1 日成立的机件原料厂,属于重工业人民委员部管辖,有 4500 名职工,其中 50% 为妇女。工人多由乡间而来,经过辛勤的学习和训练,成了熟练的工人。工程师和技师共有 380 人,都是十月革命培育的。该厂有 2000 架车床,全系苏联自制的。

这是个花园式的工厂,环境布满了花草。男女工人正起劲地运转着机器,个个都有着健康的容态,没有疲惫的样子。人说苏联是"工人的国家",在这里确实有生动的体现。该厂附设有幼儿园,工人补习学校,工人升学预备科(升大学用的)。此外,还有技术宣传部,研究并宣传外国与该厂工作上有关的最新发明等。他们自工程师、技师至工人,都是一面工作,一面继续不断地研究,使经验和学识兼程并进,时时在进步的途程上前进。

该厂管理分 3 部分:厂长(由上级委任)负责主持全厂行政;工厂委员会,其主任由工人选举,是工会在该厂的分部,是代表工人参加厂务的组织;党的委员会,其书记由党委派,代表党的政策,同时和工厂委员会共同努力于工人生产力的增进及工人在经济上、文化上、工作环境及生活环境上的种种改善。剥削制度既不存在,也没有任何私人谋得利润。它们之间易于和衷共济,因为彼此不是敌对地位。

据该厂党委书记说,他们目前正全副精力增进自己的技能,也努力协助工人增进他们的技能,以促进生产力为第一要义。他们正在厂里进行"社会主义竞赛",其成绩最佳者夺得优胜的红旗,挂在自己的部门以显最高荣誉。

工人每日工作 7 小时,较重的工作,每日 6 小时,工资每月最少的 110 卢布,平均 250 至 300 卢布。房租每月付所得工资的 8%。每年每人得例假自两星期至 1 个月,工资照付。厂长每月工资 1500 卢布,工程师每月自 600 至 800 卢布。

在苏联,工人工资随生产力的增加而增加,工作时间却随生产力的增加而减少。

苏联工会,在苏维埃政府和代表工人的工厂委员会之间起了重要的作用。它的使命有二:一是动员工人积极参加生产,成为经济发展的主力军和领导者;二是保障工人的利益,以防管理者方面官僚主义的产生。

苏联工会组织不是以行业为根据,而是以工业部门为根据的。因为这是与计划经济相适应的。

五、集体农庄

暑期大学结业之后,韬奋于 8 月 15 日,由莫斯科乘火车到苏联的粮仓——乌克兰进行访问。

哈尔科夫是乌克兰的第三大城市,它的拖拉机厂年产 5 万辆。世界闻名的第聂伯水电厂也在这里。顿巴斯煤矿区面积近 13 万平方公里,每年为全苏联出产 1/2 的煤,1/2 的铁,1/3 的化学品。

8 月 15 日,韬奋参观了哈尔科夫的博更集体农庄。这个农庄成立于 1929 年,占地 1200 公顷,种植谷类、水果和菜蔬 3 种。有马 130 匹,牛 66 只。拖拉机 3 辆,由拖拉机站供给,每到收获季节,酌用谷类付给拖拉机站。所用工人为 450 人,其中 225 人为女工。每日工作时间为 10 小时,每“工作日”的工资是 4 卢布左右,加上 3 公斤谷类,4 公斤菜蔬。每个工人有自留地半公顷,由此生产的菜蔬归私有,可在本农场的市面上出售。故每个工人每日收入总数约 9 卢布。

农庄的全权在全体大会,由全体大会选举 5 人组织管理部,并选一人为主席,管理本农庄事务,每年报酬为 600“工作日”,其他管理人员为 525“工作日”。一般农业工人每年报酬为 350“工作日”。据说集体化之后,农民的收入约增 50%。管理部的选举每年举行一次,连选得连任。

该农庄有两个托儿所,“七年学校”(小学)1 所,中学(3 年)1 所,医院 1 所。学校和医院由政府出资办理。他还参观了一家农民的住宅,房屋为平房,在他们自有的半公顷菜园的中央,外围短篱,房的周围布满鲜花和绿草,颇有一番乡村风味。

韬奋对苏联的一切都感到新鲜,它确实展现了新的不同于资本主义国家的景象。这都引起韬奋和他的伙伴们的极大兴趣。

苏联第聂伯水电厂及其所属的堤坝,吸引着世人的注意力,当然也吸

引着韬奋和他的伙伴们。他们于 8 月 17 日下午 1 点乘火车到第聂伯彼特罗夫斯克小镇，这是水电厂所在的新建的小镇。这里的马路不很宽，但却已铺平，而这里路两旁的电灯很亮，他们清楚地看到乡下人家的情景。车站附近的广场上，有几十名男女乡民散在各处地上露天睡觉，听说这是在候火车，要到城里去找工作的。说明火车还不敷用，同时农村的生活还落后于城市。

他们到这个镇时，正是午夜，乘汽车 20 分钟就到堤坝。韬奋写道："果然景象宏伟，堤旁有无数铁塔，上面有无数巨大电灯，辉煌如昼，反映在许多水闸中急流奔放的瀑布，声势伟壮，美丽无匹！"

第二天一早，他们观看了新镇的全貌：道路是新的，房屋也是新的；马路两旁有树荫，有宽洁的人行道，工人住宅和各商店都是钢骨的白色房屋。这天是休息日，街上来来往往的男女和小孩都穿得整洁，多欣然微笑地熙来攘往，有些工人便整百成队地在马路上游行，边走边唱，一人先唱，众声随和，歌声与步伐相应。充分地体现了他们的精神风貌。

六、著名胜景克里米亚

从第聂伯水电厂乘火车向克里米亚进发，8 月 19 日便到了克里米亚西南尖端的名城赛瓦斯托波尔。这是韬奋第一次看到碧波汪洋的黑海。

伸向黑海的克里米亚半岛，是苏联的休养胜地。革命前的宏丽的别墅，现已成为勤劳大众的疗养院了。

半岛上的高山崇岭，由西而东，蜿蜒不绝，其特色大部分的山顶都是平的，彼此之间有低平的汽车路联系着；因四季气候都在温暖之中，全年青翠欲滴，鸟语花香，景色宜人。克里米亚的雅尔达，气候很好，全年温差不大，所以全年在春秋中过去。克里米亚的阳光对于疗养有很大效力，因濒临黑海，空气清新，海滨的游泳和日光浴，更是极便利的享受。各疗养院可容纳人数在 2 万以上。此外，尚有医院 60 所，每所有床位 2000 张左右；诊治院约有 100 余所；还有规模宏大的肺病研究院一所。每年来此疗养的至少在 20 万人以上。8 月 20 日韬奋及其同伴乘汽车爬山路 80 多公里，足足 4 个小时才到雅尔达。

克里米亚是全苏联最为美丽的区域，而雅尔达又是克里米亚半岛上最美丽的地方。后面有 1300 多米的高山为屏障,前面是半圆式的凹进,被黑海包围着,差不多没有一所房子没有花园,青山碧海,全城浸在青翠的环境中,沿海滨便是无数的游泳沙滩。

　　韬奋在雅尔达 3 天,被朋友们所鼓励,几乎每天的参观余隙,都随他们到海滨去游泳一些时候。"这种游泳也确是异常舒服。岸上像黄金似地铺满了阳光,脱去衣服,晒得暖暖的,往海里一钻,那水里的温度,使你好像冬季钻在温暖舒适的被窝里一样,简直舍不得出来! 最自然的是在好几处的沙滩上,苏联的男女游泳者都不穿游泳衣,全身脱得精光,习惯成自然,大家一点不觉得奇异。"美国来的男女朋友如法炮制,这在美国要受警察干涉的,英国的男女更加守旧,在这样的环境里,也一起被"解放"了。"我临时买的一条游泳短裤,也被一位朋友抢去,不许穿! 我也只得追随着他们做做'自然人'了! ……赤裸裸一丝不挂,夹在许多男女朋友里面摇摇摆摆,谈的谈,走的走,大家很自然,我至少也要装作很自然的样子,后来的确也真觉很自然了。这倒是我生平破题儿第一遭!"(《韬奋文集》,生活·读书·新知三联书店 1978 年 1 月版,第 2 卷,第 401 页)

　　他们离开了雅尔达,乘船经黑海,于 8 月 24 日到了乌克兰著名港口奥德萨,再乘火车到乌克兰首都基辅,在基辅参观之后,于 29 日乘火车 24 小时,于 30 日回到了莫斯科。

七、苏联的教育

　　韬奋回到莫斯科,就忙于参观访问,他所接触的都是基层单位以及那里的负责人和普通群众。这次花了约一周时间考察学校。

　　苏联的教育制度是同它的社会主义制度密切相连的。它的学前的幼儿教育从 3 岁开始,8 岁结束,这是因为孩子的父母,都从事社会工作,社会化的程度也必须比资本主义普遍。8 岁到 12 岁,进初等或第一级学校,4 年结束;12 岁到 15 岁,进中学或第二级学校,3 年结束;15 岁到 18 岁,进完全中学,3 年结束。苏联总称这 3 级学校为"十年学校",这是他们所要达到的"普通教育",也叫做"普及教育"。因为这种普及教育是他们提高人们一般文化的最重要的因素,也是克服文盲工作成功之后最重要的工作。在第二个五年计划开始的第一年(1933 年),4 年的强迫教育(即第一

级)已实行于全国,7年的强迫教育(即第二级)已实行于工人区域和工业中心城市。

实际上往往突破原规定,例如,"七年教育"之后,有的紧接着即进工厂学校,即职业学校性质,自6个月至1年为期,一般的中等职业学校为4年。使已在工厂做工的工人,可不离开工作岗位,即可增进学识和升学机会。

按制度规定,"十年教育"完毕之后,才得入高等教育机关,时期4年或5年。但目前实际考入大学者,约50%是修完"工人升学预备科"者,约15%是由各种补习科毕业者,约15%是由中等职业学校毕业者,约有13%是由第三级学校毕业者,此外4%是由第二级学校毕业者,3%是由工厂学校毕业者。

苏联的高等教育特别重视培养明确的切实的专门人才,其重要形式有专门学校、大学和研究院(大学后又研究两三年)。如铁路专门学校,机械工程专门学校,纺织专门学校,农业专门学校,师范专门学校等。教育部主管若干大学和专门师范学校,各专门学校由各部分管。

韬奋对苏联教育进行了多方面的考察之后,认为它有以下特点:

第一,教育的大众化。列宁生前曾提出了"文化革命"的口号,教育的大众化为"文化革命"的第一义。当时在幼儿园、小学和中学里就学的达3300万人。成年者在各种教育或补习教育机关就学的约有3000万人。"全人口中几有一半是在求学,是在研究,是在学习——是在做学生!"

第二,教育和金钱势力脱离关系。苏联的小学、中学一律免费,在职业学校和专门学校里,除免费外,学生按月还有津贴。这是韬奋所考察的其他国家所没有的。

第三,大家凭智力都有升学的希望。

第四,教育的"技术化"。他们的职业教育和专门学校,都是为发挥人的专长,为社会具体服务。

第五,有明确的目标和应用的环境鼓励学生勇猛上进。他们学了就有用,而且用的意义是在造成共劳共享而没有人剥削人的新社会。

这是韬奋考察了6个学校的新认识,他的考察,不仅有十月革命前后的对比,也有苏联与其他国家的对比。有了好的比较才有好的鉴定。

八、列宁的召唤

　　韬奋在访苏之前,就以马列主义的信仰为荣,并勤奋地攻读了列宁的著作,真诚地敬慕着列宁的学说和他创建的伟大事业。他在苏联考察期间,紧张地参观、研究和学习,对列宁创建的新的国家和社会,无论物质文明还是精神文明,也无论是革命的遗迹还是新的建树,都成了他分秒争取的对象,两个多月的时光,他没有一天白白流失,全部身心投入到对世界上第一个社会主义国家的了解中。这就是韬奋以自己的实际行动,响应列宁的召唤。

　　韬奋在莫斯科谒列宁墓,是 1934 年 8 月 9 日下午,他记得非常清楚,墓前的红场上排列着几千人的队伍,顺序等候着去瞻仰这位伟大的革命领袖。苏联人向例对外国来宾特别优待,可不必在长队中等候,先行进去。列宁墓背着克里姆林宫的高墙,前面便是红场。遇有阅兵或其他游行集会,就在这里举行。墓的全部是用深红色的大理石建造的,虽不甚高大,而气氛非常严肃。门口有红军的兵士持枪守卫。矮矮的门上刻着俄文“列宁的墓”字样。进门之后,有石阶引着往下走,最后走到一个地宫,靠墙的周围是略凸的两人一行可以通行的人行道,中央便是列宁的玻璃棺所在处。里面有电灯很亮地照耀着,列宁遗体腰以下有绒毡罩着,腰以上全部出现;他身上穿的是工人的衣服,看上去是古铜色的哔叽制的。两臂都放在外边,一双手放在腰际。枕头是红绸制的,头上没有戴帽,可看见红黄色的头发,中央已秃,宛然如生,完全像闭着眼在睡觉。“我们想到列宁虽死,他的后继者仍能本他的主义和策略,努力向前干,天天在那里建设,时刻在那里发扬光大,他虽死而未死”。“在归途中,萦回于我的脑际的,还是刚才看到的在那玻璃棺里的‘闭着眼在睡觉’的那位人物。在苏联的建设得着了成功的今日,我们也许很容易想到他的成功,但我在此时却想到他在失败时期对于艰苦困难的战斗和克服,却想到他的百折不回屡败不屈的精神。他的三十年的政治活动可当做一部战斗史读。”(《韬奋文集》,生活·读书·新知三联书店 1978 年 1 月版,第 2 卷,第 363 页)韬奋坚定地认为:列宁之所以百折不回地斗争,“是根据于他对于主义的彻底的了解和信仰;他拿住了这个舵,无论遇着什么惊风骇浪,别人也许

要吓得惊慌失措,在他却只望清彼岸,更加努力向前迈进。他在无论如何困难、艰苦和失败的时候,他的信仰从来没有丝毫动摇过——我认为这是他所以不受失败沮丧的最大原因。"韬奋最欣赏列宁的一句话:"非战胜即死亡","这不是一句空话,他的一生便是这句话的表现。"(《韬奋文集》,生活·读书·新知三联书店1978年1月版,第2卷,第364页)

韬奋于8月12日,看了名叫《列宁三歌》的电影,列宁的亲切感人的形象,生动地呈现在他的眼前。这部片子,是列宁逝世后,由民间口传的3首歌谣组编的。第一首歌谣是关于苏联东方妇女解放的事实。列宁在他的著作、演说里,屡次主张社会主义的建设非有妇女大众一同来参加是不会成功的。革命后妇女获得了真正的解放。第二首歌谣是关于列宁逝世的情形。整千整万的大众像蜜蜂、蚂蚁似的,像长江大河奔放着似的,对革命领袖致最后的敬礼,悲壮气概,无限哀思,呈现了劳动大众对列宁的哀悼!电影出现了列宁戴着一顶破旧的工人的鸭舌帽,一套破旧的西装,他昂头挥手,大声疾呼,慷慨激昂地鼓动演说,只知革命的努力,完全不知自有其身的模样,那千千万万的听众,更可感到世界大势的转变!时代变了!谁也不能扭转历史的巨轮了!

在列宁遗体旁,每每有肃然含哀,恭而敬之"立正"着的政党领袖,例如有一幕立着的是斯大林,有一幕立着的是加里宁(前全苏联执行委员会主席),有一幕是莫洛托夫(前全苏联人民委员会主席),影幕里把列宁放大,把后继的领袖也放大,同时奏着军号,打着军鼓,声势凛然,异常严肃。"我觉得这些后继者的领袖,能努力使社会主义建设一日千里,不负列宁的付托,看到这电影里前尘影事,可以无愧了!(我同时不禁联想到有的国家是在革命领袖死后,便无恶不作,弄得丧权辱国,民不聊生,老是跑到反革命的路上去,却觍然不以为耻的后继者们!)"韬奋的这些感想,反映了他看大趋势、找出路的心情,随时联想起了自己所负的使命。

第三部分是关于社会主义建设:大规模工厂的建造,实际工作的进展情况,数10万亩集体农庄的耕种,狂奔怒号的水电的涌流,无数高楼大厦的工人住宅区的完成……

这部电影最后是劳动大众口口声声提到的"我们的农场""我们的工厂""我们的国家"!的确,农场、工厂和国家在劳动大众手里,而不是在少数人手里了。

　　韬奋认为,这是部精美伟大的影片,因为它如实反映了在列宁的召唤下的苏联现实。

　　9月16日,韬奋离开莫斯科到了列宁格勒,这个以列宁命名的城市,再一次吸引了韬奋,他又花了3天时间进行访问。冬宫已改为革命博物馆,他对于列宁故居斯莫尔尼有着如下的描述。这个十月革命时的社会革命发动的中心机关,"这屋里三层楼第九十五号房间,便是列宁当时于万难中苦心焦虑指挥革命进行的所在,现在仍照当时原样保存着,所以是游客最感兴趣的遗迹。这第九十五号房里的设备异常简单:一个大房间隔成两个小房间,前面的一间大些,一无所有,后面的一间很小,又用木板矮墙隔而为二:前一小间是办公室,有破旧的办公桌一张,上面放着一个电话听筒,桌后一张圆椅,此外还有一张小圆桌,两张破旧的沙发;小圆桌上放着当时留下的几张已经变为焦黄色的新闻纸,有一大张上的标题是:'克伦斯基临时政府瓦解',我想这在当时一定是列宁所最注目的新闻了;后一小间只有两张小铁床,各就着对面两边墙放着,中间只够一人走路的地位,床上铺着很简单的白布被单,排着一个白布枕头,听说当时列宁和他的夫人即住宿在这里。在常人看来,这是很简单的房间,但在当时聚精会神于革命工作的列宁,他睡的房间是什么样的,也许是全不觉得!而这个简单的房间,却是'震惊全世界的十日'的大本营!"

　　其实,伟大出于平凡,真理更加朴实,列宁召唤起大众,发动了史无前例的消灭剥削制度的伟大革命,创造了人民当家做主的新的国家,新的社会。这个壮举写入了人类社会发展的史册。在历史发展的长河中,曲折肯定会有的,不过任何丑类都不能逆转历史规律,如果有谁胆敢蔑视真理,违背了列宁的召唤,那就会像所有的历史罪人一样,为人民群众所唾弃,被人民群众所审判!

第二十五章　美国行:深入调查,历险剖析

韬奋从苏联回到英国伦敦,又从伦敦出发,赴美国考察。在美3个多月,他不仅考察了美国的繁华区域,而且考察了美国的南方和西部地区。其成果反映在他后来出版的《萍踪忆语》之中,同他对西欧的考察相比,无论深度和广度,都有着明显的进步,表明他思想发展的成熟,因而曾得到过周恩来同志的高度评价,给后人留下的是珍贵的精神财富。

一、不为民族偏见所屈

韬奋出国考察的目的是:看世界大势,找中国出路。到西欧各国,到苏联之后,有了进一步认识,得出进一步概括。他说:"世界上有三个泱泱大国:一个是美国,一个是苏联,一个是中国。这三个国家的土地特广,人民特多,富源特厚。它们对现在和将来的世界大势,都有着左右的力量!不仅如此,这三个大国,在太平洋的关系上有着更大的关系!"(《韬奋文集》,生活·读书·新知三联书店1978年1月版,第2卷,第489页)

可是,在他的实际考察过程中,经常遇到的两个问题使他烦恼,一是种族偏见,一是阶级偏见。这两种偏见是密切相连的,归根到底,还是阶级偏见。韬奋是根据当时所接触的实际得到这一认识的。

在资本主义国家考察和研究,个人方面随时随地可遇到真诚的朋友,但一涉及民族立场或谈到中国的国事,则随时随地可以使你感到被蔑视和受侮辱的刺激,那种把中国人看做"劣等民族"的种族偏见,在一些人身上根深蒂固,随时流露。特别在英国,把中国视为极端落后野蛮的地方,提起中国人便联系到"劣等民族",便把什么吸食鸦片、妇女缠脚扯出来。有一次韬奋同一位中国友人,到一个职工组织的舞会去跳舞,他俩分别约请舞伴,一一遭到拒绝。虽然经请三四个之后,也勉强找到一个应付场

面,但实在大丢面子。从此,韬奋就不再找这种"没趣"! 还有一件事使他难忘,他在伦敦的一位女房东告诉他:当他外出的时候,女房东接待了一位美国中年妇女,她带了一个小女儿到英国旅行,经朋友介绍向她租了一个房间,说明住一个星期。当这位美国妇女知道这里住着一个中国人之后,虽未和韬奋见面,更没有谈话,她却毅然决然地对房东说:"我不能和中国人住在一个屋子里!"第二天一早就匆匆忙忙地搬走! 令人不解的是中国人何以这样使人避若蛇蝎,使人这样地厌恶、痛恨! 由此看来,美国人比英国人的种族偏见更深,给韬奋留下的印象也深。以后他在同美国人的直接接触中,得到了证实。

由欧洲赴美国游历的中国人,所受的待遇,比别国人也有些不同。别国人只须有本国护照经过美领事的签字就算了事;中国人另有专设的"第六项"规定:经过伦敦的美领事的严格查问(假使是由英国去),认为无问题后,原带的中国护照不够,要另备单张护照,并要先由他用公文通知纽约(假使你是在纽约登岸)的移民局备案,然后这个中国人到时才准登岸。韬奋到伦敦美领署时,因为有得力的证明书,跑了两次,第二天就领到护照。美副领事问的许多话里面,有一句是问韬奋有没有极端的政治见解和会不会危害美国政府的行为,这是最为关键的问题。

韬奋未往美领署办护照手续以前,先往通济隆公司定舱位,据说有美国船名叫曼哈乔号于 5 月 9 日由伦敦开往纽约,有空余舱位,他便定了一个"旅客舱"(依例买有折扣的通票至少须乘"旅客舱")。到美领署办护照时,照例要说明乘什么船赴美,这船到美的日期等等,美领事在通知美国移民局的公文中都须一一详细注明。不料韬奋的护照手续已经办好,美领署的公文已寄往纽约移民局之后,通济隆公司忽然由电话告之,说美国船舱位已满,只得请他改乘 5 月 11 日开行的德国船欧罗巴号走。同定舱位时答应的大不一样,令人难解,由于时日所迫,只得再到美领署改船号改日期,通知纽约移民局,不然就不准登岸,要把你投到实际等于牢狱的"天使岛"去吃苦头。那位美国副领事听说改船改日期,很不高兴地对韬奋说:"我们的公文已发寄了,你是太噜苏了!"经他向美国船运和通济隆公司一再查问,了解究竟之后,方答应再通知移民局。这番周折之后,韬奋从知情者那里知道:美国船公司对于中国人另有他们的规则。所谓规则,就是美国船一向把中国人隔离,不许和白种人同舱房,要么单独一

人住一舱房,要么几个中国人同住一个舱房。原订舱位时,未注意韬奋是中国人,后来发现了所以把已答应的舱位临时取消了。

这种刺激,使韬奋愤愤不平,所谓"白种人"的"文明"是建立在他们对所谓"劣等民族"的欺凌、掠夺和污辱上,而韬奋不能容忍这种"中国人和狗不能入进"的殖民哲学,他要求的不仅仅是个人的尊严,而且是整个民族的尊严!那种把种族偏见贯穿于现实生活的"优等人",恰恰说明他们是公开践踏人权的"人上人"!

当乘五六天的欧罗巴号渡过大西洋于 5 月 16 日抵达纽约时,听说登岸也是"优"、"劣"分开的,白种人一行,黄种人一行,不许混杂,以示白种人的"尊严",等白种人走完,黄种人才能随后,还听说日本人可以例外,可混杂于白种人的队伍中。韬奋以自己的亲身经历,体验了美国的"规则"所给予的待遇。在纽约码头上首先入目的是自由女神像,它在离曼哈顿岛约 1 公里多的彼德罗小岛上面,高 50 多米,高撑火炬的右臂 10 多米,头上可立 40 人,火炬上可立 12 人。这神像是法国赠与美国的。韬奋感到:"自由诚然是人类所渴求的宝物,但在这金圆帝国的自由属谁,到如今还是一个问题,所以我们遥望着这个高撑火炬的自由神像,所获得的感想,似乎要替这'自由神'觉得惭愧了。"(《韬奋文集》,生活·读书·新知三联书店 1978 年 1 月版,第 2 卷,第 501 页)

二、天堂地狱话纽约

韬奋对美国考察,首先从纽约开始。纽约不仅是美国的代表,恐怕也是资本主义发达的代表。若和伦敦比较,那就会感到伦敦无所不小,纽约无所不大。

纽约引人注目的是,成群矗立的摩天大楼,像 77 层的克赖斯勒大楼和 102 层的帝国大厦,均拔地 300 多米。像巴黎、伦敦和柏林都是不可比拟的。纽约集中的繁华区曼哈顿岛,其实它只不过是南北长近 20 公里东西宽 3 公里多的小岛。可是,正是这小小的曼哈顿,却掌握着全美国的经济权,统治着全美经济生活的金融资本家的大本营——华尔街的所在地。

纽约最繁华的街道要推百老汇路。在这里最集中的,一是戏院,二是霓虹灯,尤其是在第四十二街以上到五十几街,在那广阔的马路和广阔的人行道上,无数摩天高楼上的装潢和形形色色的霓虹灯,在夜里辉煌如昼。在歌舞戏院、电影院里,"你可以看到在不合理的社会制度里性的诱惑之尽量的被人作为剥削的一种工具。在这里你可以看见成群的年轻女子几乎是完全裸体,在台上作各种舞蹈,还有单独的女子最初穿着舞衣在台上依音乐步行,逐渐把衣服脱去,脱得几乎一丝不挂。这些女子为着生计,每天自午时到深夜要很吃力地舞蹈歌唱数次。你可看出她们的憔悴的容态,强笑的哀音,涌流的热汗,使你感觉到她们是在悲惨的情况中受人利用为谋利的工具——在经营这种戏院的老板们当然要认为千该万该的! 这样的歌女所得并不足以维持生计,所以常须零星把自己的身体'出卖',以资贴补,有不少资本家是以玩玩歌女为一种不可少的娱乐的!"韬奋继续写道:"在不合理的社会中,女子被人当作商品出卖,这是一般人所司空见惯、熟视无睹的现实。惊慕纽约繁华世界的人们,也许还认为这是纽约的一个特色,我看后所感到的印象,是好像处身屠场,和我以后在芝加哥所看见的杀猪宰羊的屠场,竟不觉得有什么两样。"(《韬奋文集》,生活·读书·新知三联书店1978年1月版,第2卷,第504、505页)

从纽约看,美国的科学进步是迅速的。尽量利用机器以代人工,是随处可见的。走进咖啡馆,可以看见油饼机,供人小吃,"自动菜馆"和"自助餐馆",专有代替人工的机器,小巧玲珑,清洁卫生;电车和地道车站,全用机器代替,至于交通,从悬空到地下,来往穿梭,十分便利。一方面可增加人们的物质享受,另一方面,人们由8小时工作日减为7小时或6小时的时间节省,可增加了文化享受。

但是,任何资本主义的生产,都是为利润而生产,没有利润,它就使生产停滞,没有利润,尽管人们多么需要,社会多么需求,资本家也不去理会的。比如在纽约的繁华区里机器代替人工的普遍程度是相当高的,而纽约东区的贫民窟里则是另一番景象。破旧的房屋,拥挤的住户,生活设施之简陋,难于使用现代化的机器,冬天照样挨冻,夏季不能洗澡,许多人1个月洗不到一次澡,因为他们连热水都没有,什么科学进步,都与他们生活无缘。特别是失业工人,物质生活朝不保夕,全部时间疲于奔命,谈不上任何物质享受,更谈不上任何文化享受了。据当时被美国总统特任为纽约的失业救济专员的章生说:"住在纽约——不但是美国而且是世界上

最富有的城市——的每五个人里面,便有一个人不能赚得他的每天的面包。"他还说美国政府于救济失业的制度在目前是过于耗费了,但是若把这个制度废除,"叛乱和革命在两个星期内就在美国爆发起来!"韬奋认为"要凭借救济失业来暂时抑制'叛乱和革命',这是值得我们玩味的现象。"

从这里,韬奋不仅观察到社会现象的矛盾,同时深入地认识到这个社会制度的根本矛盾。纽约既是富人的天堂,也是穷人的地狱。这就是花花世界呈现出来的人们各自不同的命运。

三、剖析华尔街

华尔街是纽约的一条很短的马路,从百老汇路到东河,韬奋把两旁的招牌一一数过,不过四五十家。可是,正是这条华尔街,却是美国资本主义的大本营,它不仅操纵着美国经济生活,而且这个金融中心的势力还伸向全世界。因为它拥挤着美国最有势力的大银行,大托拉斯的总机关,各大工业的大公司的总机关。从这一点说,也可以说它是世界上最长的街道。

为什么华尔街会有如此的权势?

韬奋尖锐地指出:"华尔街的绝大势力就根据于银行业和工业的混合,使掌握几家关系密切的大银行和大公司大权的少数人掌握着全美国的经济生活。他们凭借着经济的无上威权,控制着'共和'和'民主'两个政党的机构,指挥着全国的政治策略,所以号称'公仆'的德谟克拉西的大总统,以及无数的大小官吏,都不过是这些'大亨'们的在后面牵着线的舞台上的傀儡罢了!"(《韬奋文集》,生活·读书·新知三联书店1978年1月版,第2卷,第513、514页)

对华尔街的统治者——也就是美利坚合众国的后台老板进一步分析,会更清楚他们之间的底细了。美国的著名律师,曾任美驻德大使的格拉得,曾于1930年开列一张59人的名单,称59人是美国的统治者。59人中只有梅隆是当时的财政部长,此外有2个电影业大王、5个新闻业大王,其余都是华尔街的台柱子。后来格拉得又加上3个财政家和2个"劳工领袖"(美国劳工联合会正会长格林,副会长窝尔)。对格拉得的名单,引起过不同的议论,有人说它太长,认为大权实际上操于华尔街的少数人中,也有人说它太短,认为若把仰承"大亨"旨意的执行者计算在内,那又太少了。

韬奋对华尔街的若干财团,具体地摆列了各个财团的势力范围和财产总额。

比如,摩根银行的一班人。他们是国外投资的"领袖",同时在美国的银行业、保险业,以及许多各种各类的工业公司,都有他们最巩固的势力。摩根本人虽仅在5个大公司的董事部里占着一把交椅,但是他有20个合伙者却遍及银行、公用事业、铁路、零售商业、重工业,乃至国际外交等等。据说他的合伙者至少在121个大公司里占着重要位置的董事以外,在各银行和各大公司居重要首领地位的,至少有150人,他们在各业里代表摩根的利益。有人估计,在1929年美国资本主义的各公司财富的全部,有1/6是和摩根公司或摩根派所包办的银行有直接的关系。

又如,洛克菲勒,这个煤油大王拥有巨资后,他的家属也转向银行和其他更广阔的范围,他不但有美国也是全世界最大的商业银行,而且由他统治的各公司,在美国经济界也是无孔不入的。洛克菲勒和他的儿子直接参加的工业,范围很广,煤业、化学工业、铁路,以及其他重要工业,到处都有他们的势力。洛克菲勒的弟弟威廉也是华尔街的一个要人,他的儿子波西据有不少工业,包括铜矿、钢铁、化学工业等等。在古巴在波兰等地也有他们的不少工业。洛克菲勒财团,无论在美国还是在世界,都是资本主义不可忽视的势力。

再如,梅隆,这是个美国大资本家的代表,是很多公司的大老板,有铝大王的称号。他的财产总计约105亿金圆!美国铝公司的铝,是很多行业所需要的,电力公司需要铝,汽车、飞机制造业也需要铝,公用事业、家用器具等等都需要铝,铝的应用范围之广,简直成了"梅隆金属",随着铝用范围的扩展,也就扩展了梅隆的财源。因为他不仅占有了铝及其有关的企业,而且收买了铝和有关铝的一切专利权。

梅隆的发财之道,除上述之外,还侵入其他工业部门,有地产、银行、钢、铁路设备、煤油、煤和无数由煤而得来的副产品,乃至其他种种公用事业。从人们生活用具到各种交通车辆,动一动都会增添梅隆财富的砝码。他是工业资本家和金融资本家混合一体的典型,拥有两个大银行,一叫联合托拉斯公司,一叫梅隆全国银行,各拥着2.5亿金圆,共5亿美元。此

外,还有2.5亿元的金融资本,是散在宾夕法尼亚州西部的一大串银行,而且他还和华尔街的摩根银行和洛克菲勒银行业,有着密切的联系。

梅隆做过多年财政部长,他捐助了1501万元做共和党的运动费,共和党上台后,便拥他出来做财政部长。这位部长上任以后,除了自己更发财以外,也使美国其他资本家更加发财。他主张把世界大战期间政府所收的"公司利润税"归还给各个公司,而且要大减"所得税",结果由他归还的"公司利润税"达30亿元,这里面当然也包括他自己的许多公司收入。到底他们发了多少战争横财?据估计自1916年到1921年梅隆任财政部长期间,美国各个公司所获的利润竟达380亿美元。

这位"财神菩萨"自然得到资本家的拥戴,可是他对工人们的态度,就是另一副尊容了。在1933年,据宾夕法尼亚州的"苦工调查"所揭露,梅隆的许多铁工厂里的工人夜班要做11小时半,女工的工资每小时只有0.18元。按照罗斯福总统的复兴计划,他至少要付每小时0.30元的工资,但他有广大的神通,用种种方法躲避隐瞒。工人要罢工吗?要反抗吗?国家的警察和军队都是站在梅隆的方面,你又奈何?他的钢铁业、煤业和铝业的无数工人所住的都是贫民窟,这无数贫民窟后面便是他计算不清的财源。至于他的私人侦探和警察,有机关枪、催泪弹以及其他的武器,一切重要机关都在他手里。在这样的压迫下,还是时时有工潮。他常常整批地开除工人,换用更便宜的黑人工人。国家权力的机构保护着他个人的尽量牟利!从他个人发家致富的历史,也可看出美国资本主义发展的历史。

从最富裕的街道看纽约,又从最富裕的城市看美国。抓住典型解剖,盯着贫富对照,摆出事实,点破关键,让读者自己鉴别,哪是天堂,哪是地狱,诱导人们深思。这是韬奋的艺术,也是他的思想发展的跨度。

四、美国劳工

韬奋考察的一个重要方面是美国劳工,因为了解了财富的占有者,不了解财富的创造者,不了解他们之间的矛盾,那不会是深入全面的考察。韬奋在这方面的考察优势,是他得到了一批进步朋友的帮助,了解了许多难得的内情。

美国全国最富的人,只占全国人口的1%(包括家属),而这1%的人口,却占有全国财富的59%;小资本家占全国人口的12%,占全国财富的31%。也就是占全国人口13%的资产阶级,有全国财富的90%。而工业工人、农业工人和店员大众,占全国人口的87%,却只有全国财富的10%。这个简单的百分比,非常清楚地显示出最少数人对最多数人统治的矛盾。最多数人就是美国的劳工阶级。

在资本主义制度下,工业的全部目的是替那些占有生产、分配和金融机构的人们搜刮利润、利息和租金。在资本家看来,工人们不过是供他们剥削的一大堆工具而已。所以他们对于工资,总是千方百计地减到最低限度,只要能勉强雇到他们所要买的劳力、技巧和工作力,便算了事;工资的数量只是勉强能供给工人在执行工作上所需要的最低限度的粮食、住房罢了。遇到失业时机,因为有了大量的"后备"工人使用,资本家就放胆突破他们所定的最低限度了。女工的工资往往比男工的工资少25%到40%。黑人做工,不论男女,都比白种人少。也有人宣传,美国工人买股票,当了公司的股东云云,在那得到较高工资的1/10的熟练工人里,也可能买股票,每年得到几元的官利,而比资本家百万或千万的收入,又算得了什么呢?

美国讲究效率,是引人称道的。但是当它变成一种剥削利器时,那就成为劳工们的负担了。因此,工人们议论起来就切齿痛恨。

"效率",在美国劳工界有个很普遍而非常热耳的代名词,叫做"赶快"。"赶快"是"资本主义合理化"的核心。所谓"赶快",是由雇主聘用的专家依着所计划的方法,在机器上增加种种特别的机件,在工厂的布置上增加种种紧凑的安排,使工人的工作速度飞速地增加,也就是使工人对工作特别"赶快"。此法使每个工人在极快的速度中做得筋疲力尽,劳瘁到死。这样的"赶快"法,能使高速度尽量榨取工人的劳动力,以获取雇主的更大利润,弄得工人更艰苦、更迅速地工作,更多的危险和更短的生命,以至更多的失业、更少的休息,工资的更甚减少,生活程度的更甚降低。据统计表明,美国工人的死亡率比普通人的死亡率高得多。在45岁和55岁之间的年龄,几乎高1.5倍,在55岁和65岁之间的年龄,高1.3倍。当工人正当年富力强的时候,雇主以最紧张的工作利用他们的劳动力,等到工人不能适应高速紧张的工作时,雇主便一脚踢出,毫不费事。福特汽车

厂,在1920年每星期可造2.5万辆汽车,1925年,用同样的机器,每星期可造3.12万辆。凡是福特各厂,都是要尽量榨出工人最后一滴劳动力。别的工厂招工人员曾这样说过:他们不愿招用曾在福特工厂里做过工的人,因为他们在福特工厂里做过5年到8年的工,总要送去了半条命,不能再担当得起什么重要的工作了。这就是资本主义合理化的结果之一。

实行"赶快"法的又一结果,造成工人失业,从前150人做的工作,经"赶快"之后,100人就够了。于是失业的危机更尖锐起来。经济学专家称为"技术失业",意思是说,技术的进步,反而增加了失业。以钢铁为例,现在7个人炼的生铁产量,从前60个工人才做得完;炼钢炉旁的工作,现在一个人可抵得过从前的128个工人。

美国工人阶级对自己的命运,并不是任人摆布的。韬奋的考察,与他在欧洲的考察不同的地方,就是深入到劳工之中,接近了劳工之中的进步组织。既了解了代表劳工利益的工会组织,也了解了代表雇主利益的"御用工会"组织,同时对劳资双方矛盾的关键也一清二楚。罗斯福总统的"复兴计划"里有"第七节A项"规定:"雇工有组织的权利,有由于他们自己选择的代表从事集体交涉的权利";这就是说,工人有组织工会的自由权利,有选举自己所要选的代表替他们向雇主作集体交涉的权利。这个规定对工人组织工会是一大胜利,在以前工人组织工会总要受很大障碍,经很多折磨。但也不是像有人夸张的那样,是什么"劳工的新的大宪章"。韬奋研究了实际情况之后,认为"这条规定仅仅是劳工借为斗争的工具,他们能否获得这样自由权利的真正享受,还有待于他们的更进一步的斗争,并不是有了这个条文,他们便和和平平地、安安稳稳地享得到这条所规定的权利。"(《韬奋文集》,生活・读书・新知三联书店1978年1月版,第2卷,第541页)

"御用工会"是怎么一回事呢?

当罗斯福提出上述规定的时候,正值全国银行倒闭风潮汹涌,各工厂、大公司都在风雨飘摇之中,工潮澎湃,各"大亨"心惊胆战之际,有的公司正打算组织"公司工会"作为抑制。所谓"御用工会"是由工人代表和厂方同数量的代表共同组织的"联席会议",这个联席会议的主席对会议有很大的权力,总是由厂方的人来担任的。对这样的工会,往往由厂方出一个布告,说某月某日起实行"联席会议"制度,这样一来,凡是这里面的雇工，都成了当然的会员，你"加入"不"加入"都不成问题了。这种工会的选举是由厂方召集几个"公认的领袖"，其实就是特别"忠"于厂方的"公认的走狗"，组织选举委员会，包办一切，厂方为分裂工人队伍计，想尽一切办法不许有一致的选举权：有年龄限制，有国籍限制，有服务时期的限制，还有教育程度的限制。至于被选举为"代表"的，那限制就更严了。若发现有激烈倾向的，在选举前就把他开除掉。结果被选的"代表"，都是"公认的走狗"，被称为"真正的唯唯诺诺的角色"。这样的"御用工会"究竟有多少？还没有正确的统计，因为有些厂家是讳莫如深，不愿受人调查的。据 1935 年最近的调查估计，全美工会会员 420 万人中，有 250 万人是属于"御用工会"的。这样看来，全部工会会员中，竟有过半数的会员是被"御用工会"所操纵，这不能不是美国劳工运动中值得注意的问题。

和美国劳工运动有着重要关系的美国劳工联合会，就一向落在官僚化的领袖们的手里。该会的前任会长龚伯斯高唱"工业民主"，他的"工业民主"就是主张"工会和工厂合作，希望由此替工人们建立一个天国！"这种谎言，一戳即穿。接替他的职位的叫格林，也是为"大亨"们所欣赏的，他一上任，就有一位"大亨"宣言："格林先生是一切人民的代表……他并不激烈。他是为着一切人民的利益而工作的。我们在他手里，可以觉得安稳无患的。"格林也确实使"大亨"们"无患"，他当会长 10 多年来最大的功绩便是努力帮助"大亨"们压迫罢工，把劳工界作为自己的"资本"，有时也要发出即将罢工的宣言，以为恫吓，发一笔大财，便乘风转舵，劳工界的"下层群众"愿意与否，他并不重视。由此可见，美国的统治阶级对付劳工运动中的革命倾向，最重要的政策，就是利用这少数的"劳工贵族"所把持的劳工组织，抑制多数的劳工"下层群众"！这种"以工制工"的方法，是资产阶级使用的毒计。

资产阶级破坏劳工运动的另一毒计，是利用劳工侦探的办法，使"工奸"为老板效忠。大的工厂和公司，都设有"情报部"，专门侦探各种雇工的行为和工会的活动。也有叫其他名目的部，美国钢铁公司设"福利部"，表面上为着工人的福利，实际上干侦探工人的勾当！福特汽车厂都设有"服务部"，表面上替工人"服务"，实际上也是干侦探工人的把戏！还有许多大厂、公司，除自己的侦探外，还用各行业的"雇主联合会"所供给的侦探，这种雇主联合会对它的会员"服务"范围，大小不一，有的是全国性的，

像美国全国金属业联合会遍布全国,到处都有它派出的侦探,侦探们对于热心工会活动或是他们所认为激烈的工人,都由侦探详细报告到联合会,由联合会把这些工人的姓名登记起来,成为所谓"黑单",凡是上了"黑单"的工人,都要被打破饭碗,和这个联合会有关系的各同业公司,以后都不再雇用他们。雇主们要借用这种"黑单",以压制工人们对于剥削榨取的反抗行为。由此可见侦探所起的作用。人们常说,民主政治的国家最重视的是法律。这话诚然不是完全不对,但是有个要点,那便是在不侵犯资产者群的利益的范围内。所以他们对于劳工大众往往不必尊重什么法律,像上面所谈的压迫行为,简直是无法无天到了极点。1930 年的纽约警察总监惠冷曾公开宣言,说他所用的警察侦探最能干,能钻入激烈的工人圈子里面去,破坏工人的组织,说他根据这些"能干"侦探的报告,曾替纽约的各大公司,尤其是银行,造成很有效力的"黑单",把有激烈倾向的工人都登记在里面;他还很自豪地说,当纽约鞋业、粮食业和衣业罢工的时候,他对于激烈工人的铲除,曾和美国劳工部都有密切的合作。这真是权威人士对美国的民主和法律的真实写照!

如此说来,美国劳工运动就此止息了吗? 不,美国劳工并没有在压力面前屈服,有压迫就有反抗,有剥削就有反剥削,"大亨"们所设想的"天堂"是不会平安的。靠"御用工会"加上收买一批"工奸",不过给劳工运动增加了复杂和曲折罢了。

工人们经过对"御用工会"的戳穿和斗争,产生了真能代表自己利益的工会,这就是工会统一同盟,它和劳工联合会最不同的地方,是它公开地领导着工人为他们自己的利益很英勇地奋斗,从不像劳工联合会的领袖们那样总是私自和雇主们关着门讨价还价,用"秘密外交"的手段,弄些什么把戏,根本不让工人们知道。

除工会统一同盟所领导的最前进的劳工运动之外,"独立工会"也很快地加多。独立工会既不属于劳工联合会,也不属于工会统一同盟,有许多是反对劳工联合会而改组的,有不少是受工会统一同盟所鼓舞而成立的。总的发展趋势,是倾向工会统一同盟的。

五、对美国报刊的分析和评价

韬奋作为新闻事业的行家里手，对美国报刊做了全面的考察，并作出概括的准确的评价，给我们留下了难能可贵的新闻史料。

韬奋从杂志入手，就杂志的繁多和销数的巨大，他给予美国以"杂志国"的徽号。仅纽约就有普通杂志 90 种之多。其中有周刊、半月刊和月刊，每期销数统算起来，共达 3500 万份。在 90 种杂志中，有 64 种是粗糙报纸印刷的，取价特廉，广告的力量也特大。这些杂志只登连载小说，但是在小说里面即含着麻醉大众的很厉害的作用，使读者于不知不觉中受到很深的影响。就其内容分 4 大类：

（一）恋爱。取材特别注重于穷苦的女子怎样交上了好运，嫁给富翁，一旦成婚大享其福。当然这是中心的旨趣，另外还要加上许多有声有色的悲欢离合的动人的经过。这类文字显然是为着许多在工厂和商店里工作的苦女子，以及在各机关里薪金微薄的女职员而写的；事实上，这些女子也是这些刊物的最大多数的读者，她们读着那样空中楼阁的情史，读着那样因嫁着富翁而得到的胜利，羡慕的情绪使她们想入非非，只恨自己的命运不好，或存着侥幸的希望；对于现实的斗争和苦痛的真正来源，都一概好像陷入了五里雾中，糊里糊涂地过去。就是青年男子看了，也只觉得富人可羡，以为唯一的出路是各人要各自想法去发财，至于被压迫者团结起来斗争这回事，那就置之度外了。

（二）侦探。以离奇古怪的情节，推崇黩武和侵略的反动意识。

（三）西方探险。把美国掠夺印第安人土地，开发西部的故事说得怎样勇敢，怎样光荣，极力宣扬个人英雄主义。使一般人看了感到惊奇有趣，分散他们对于当前阶级斗争的注意力。

（四）关于战争和飞行。这是极力推崇黩武主义，极力主张压迫少数民族的反动宣传。

在 64 种刊物里，有 38 种是由 5 个大公司出版发行的。就此一点可以说明资产阶级对舆论的垄断和操纵。

韬奋写道："这类杂志对于整千整万的劳动阶级中人所传播的麻醉作用，在美国的革命方面是一件很严重的事情，也是美国最进步的政治组织

所注意的一个重要问题。"(《韬奋文集》,生活·读书·新知三联书店1978年1月版,第2卷,第608页)

对销数每期在200万以上的3份周刊,韬奋分别作了简评。

《星期六晚报》,销数有273万多份。这是一家反动性的周刊,对于劳工阶级和苏联都存着仇视态度。它公然反对劳工,激烈反对苏联。在已往几年里,对苏联攻击诬蔑得最卑劣的文字,便有好几篇出于此刊。据了解出版界内幕者介绍,该刊销数已日趋下跌,渐为比较"开明"的《柯立尔周报》所代替。

《柯立尔周报》,销数有221万多份。它有相当的历史,在美国内战后即已创办,中间经过数次的变迁,自1920年起,在内容和文字的技术上都采用聪明的办法,于是风行起来。它所发表的专论和小说,都是用非常畅达易读的文字来写成的,这是它风行一时的一个理由。在内容方面,它避免反劳工的态度,对于苏联也常有比较同情的文字。

《自由周报》,销数有219万多份。它的内容比较"低级",所登小说大都是迎合"低级"趣味的,但在专论和社评方面,却含有很浓厚的反动的毒素,所以它在美国也是最危险的反动刊物之一,因为它麻醉大众的势力是不小的。主持这个周报的麦克佛登,便是一个著名的反动分子,对于美国的革命运动极尽其摧残的能事。韬奋在美曾看了该报近几个月的言论,认为它"已公然替美国的法西斯运动张目!"

以上3刊,销数合计共700多万份。它们的主要对象是,美国各城市的下层和中等阶级。在出版界占有很重要的位置。

此外,还有美国妇女杂志七八种,都是月刊,每种销数之广,也很可观,每期都有200万份以上。其中著名的有《妇女家庭月刊》,每期销数达250多万份;《妇女家庭伴侣》,每期销数也在250万份以上。这些妇女杂志的内容,大概都是关于家庭、烹饪、服装等等的小说和专论。

韬奋最为关注的是最前进的"自由派"的刊物,一是《民族》,二是《新共和》,销数虽然只有3.5万份,但其作用是被引起重视的,特别是知识界的读者认为,它们促进新运动的效力还是不小的。还有一种后起之秀,名叫《新群众》的刊物。韬奋说这"是最先进的革命组织所主持的,极得革命青年的拥护"。它的销数每期虽是不过2.7万份左右,但是它是有必然发展前途的。韬奋在纽约曾到该社,亲切地看到"办事的男女都是热心于美国革命运动的青年,尤喜询问中国革命的现势,那种一见如故,殷勤恳挚的态度,使我们得到很深刻而愉快的印象"。(《韬奋文集》,生活·读书·新知三联书店1978年1月版,第2卷,第613页)

还有一种杂志,叫《今日中国》,是由同情中国民族解放斗争的一班美国人所组织的"中国人民的美国朋友社"所办,原称"中国人民之友社",后因有人造谣说是在美国的中国人自己干的把戏,为澄清事实,故改现名。这是专评中国问题的进步刊物。韬奋经美国朋友介绍,和《今日的中国》的一位编辑畅谈:"他对于中国革命的热诚,对于中国民族解放的迫切的热望,简直使我感到惊异而惭愧! 他认为中国的革命成功必然地要影响到全世界的革命运动,也必然地要影响到美国的革命运动,因此他们对于中国的革命运动具有异常诚挚的希望。我在他的谈话中看到他们关心中国的事情,比一般的中国人实胜过千百倍。他们给我的印象,是使我更深切地感觉到中国的民族解放斗争在世界上绝对不是孤立的,我们在这方面实有伟大力量的无数的友军!"(《韬奋文集》,生活·读书·新知三联书店1978年1月版,第2卷,第613页)

从这里,可以清楚地看到韬奋的思想感情的流露,他的观点、立场的鲜明,显示了革命战士的本色。

美国的报纸又是怎样的呢?

美国报纸是集中在几个大城市中,除纽约、芝加哥为新闻中心外,华盛顿、旧金山、亚特兰大等也集中了不少报纸。当然各个中小城市也有自己的地方报。不过,当时它们除本地方的消息之外,显得封闭堵塞,消息不多,由于各区域发展很不平衡,东部和西部不同,南方和北方不同,而且差异很大,同其社会化的商品经济,很不适应。这一点它同英国报纸显然有所区别。

美国新闻事业最突出的特点,是他们有所谓"联环报",即由一个老板在全国各地办许多报纸,表面上是各地方的本地报,而实际却是在一个大老板统治之下。新闻界中最著名的两大联环报:一是赫斯特,有新闻业大王之称;一是斯克利浦斯——霍德华,前者已死,后者单独主持。

赫斯特有27种报纸和12种杂志,由美国东海岸分布到西海岸。有人估计,他的日报读者,每天总计近1000万人,每星期六则达2200万人,他的杂志的读者,每月合计起来也有1000万以上。假如星期六的读者余数

里面也有许多是日常的读者,约略计算起来,受到他的出版物影响的人则达5000万人之多。他的报,往往迎合低级趣味的社会心理,把男女的秘闻,强盗的行径,穷形极相的描写和夸大,同时便在这种引人注意的技术里面散布其反动毒素。他公然主张对外侵略,在他的影响下,他的读者对中国人的印象是龌龊、愚蠢、怯懦、无恶不为的劣等民族!他的故乡是加利福尼亚州,而该州却是华工最多的地方,他对于华工更是时常加以诬蔑,主张华工应该驱逐出境,主张移民法对中国人应有严厉的禁止,以及其他种种压迫。他对美国劳工在口头上称"朋友",实际上当敌人,最怕劳工们组织起来,他在南达科他州勒得城的村镇黑山拥有金矿(该镇人口约1万人),当该矿工人联合起来组织工会时,赫斯特便加以种种压迫;工人用罢工来对付,他便把这镇封锁起来,雇佣武装流氓,由镇外进来破坏罢工的联合阵线,凡是不愿撕毁工会证的工人,都被驱逐出境,同时设立侦探制度,密布全镇。

另一联环报的主人霍德华,虽然也是资产阶级,但没有赫斯特那样露骨,表面上比较严正,他的读者以知识分子如大学教授及学生居多。斯大林曾和霍德华谈过一次话,从他的提问中,清楚地看出他的立场是美国现有制度的拥护者。

韬奋最为关心的是"美国最前进的政治集团所主持的日报《工人日报》,这是在纽约出版的,各地还有其他的关于劳工运动和推动革命的报纸,如西部的《西方工人》等。在《工人日报》担任编辑和社评的记者,有几位都是美国新社会运动的言论界的权威作者,所以很得一般先进分子的信仰和重视。它得到很多青年的支持和帮助,有些人在课余或业余,主动义务推销《工人日报》"。韬奋在美国南方考察的时候,亲自看见青年冒着很大风险阅读《工人日报》,因为南方的资本家和政府仇视《工人日报》,他们雇佣的侦探,一旦发现谁有《工人日报》,就要加以逮捕和迫害。就是在这种气氛中,那些进步青年仍把房里的抽屉开着,里面放一份《工人日报》偷着看,他们或她们要从这里面寻得正确的消息和正确的言论,置被捕入狱遭受拷打的危险而不顾,这是使韬奋深受感动的。

韬奋评论报刊,既看思想内容和政治倾向,也看销量高低,材料多少,编辑技巧和读者对象,他的爱憎是明确的,他的态度也是公正的。比如他对纽约的两家大报《纽约时报》和《纽约先驱论坛报》的评论,他认为前者意识反动，而新闻材料丰富，胜于后者，后者言论精彩，并有政论家李普曼设有专栏，胜于前者，前者拥护民主党，后者则拥护共和党。

六、深入到南方披露黑人问题

韬奋专门考察了美国南方，对黑人所受的歧视和遭遇，做了详尽的了解，写下了令人难忘的印象。

在美国的黑人约有 1200 万之多，其中 950 万人都在南方。在南方的黑人中，约 3/4 住在乡村。大部聚集于美国南部地区，叫做"黑带"。这个"黑带"由东到西通过 11 州，其中黑人超过人口 50% 的县有 195 个，黑人占人口 35%~50% 的县有 202 个。这 11 州 397 个县，形成的黑人区域，其中有 20 个县，黑人占人口的 75% 以上。这里的黑人，遭受着非常残酷的压迫和剥削，过着非人的生活。

统治阶级为白种人，造成极其严重的种族偏见，贯穿"黑""白"之间的一切关系之中，就是在工人中也分黑工和白工，在生活上也弄得完全隔离，无论是医院、住宅、学校、街车、火车、车站、工厂，乃至种种娱乐场所，统治者都设法使"黑""白"分开，不许混在一起。

在美国南部有所谓"吉姆·克劳律"，在街车或公共汽车上，黑人不许和白人坐在一起，黑人总是坐在车的后部。依这种法律，城市里面有某种区域是专备白人用的，黑人不准在该处租屋或买屋。有些县城，都不让黑人进去，就是火车经过，黑人也只得关在车外，不许跨越一步。有一次一个黑人居然敢在一个戏院里，坐在白人的座位上（专备给白人坐的），竟被一群盛怒的白人立刻用极刑处死（他们叫做"凌侵"）。无论一个黑人是做什么的，到白人家里去，须从后门进去。诸如此类的侮辱和压迫，黑人无法申冤，因为他们享受不到任何政治权利。

黑人被"凌侵"（处死）者，据统计，自 1889 至 1918 年，达 2522 人，其原因往往说黑人强奸了白人妇女，就是统治者公布数字也只有 19% 被指出于强奸！其他是因为什么，被"凌侵"的妇女又为什么，那就由统治者随意而定了。

南方地主和他们的爪牙们，把黑人妇女看做他们的合法蹂躏品。有很多黑人因为反抗白人强奸黑女和黑妇而牺牲生命的。例如 1931 年 5 月

间,在弗吉尼亚的法兰克福,有一个黑妇危斯受到"凌侵"的惨祸,就是因为她反抗白人强奸她的女儿。又如1931年9月间,在佛罗里达有个黑人叫培恩,被他妻子的雇主所残杀,因为他反抗这个雇主强奸他的妻子。在乔治亚有个老年黑人受到"凌侵"惨祸,因为他看见两个白人强奸两个黑女子,奋力拯救,以致牺牲了自己的生命。看黑人遭到"凌侵",法律说他犯"强奸"白人罪,而白人强奸了黑人妇女,黑人妇女因反抗也遭到同样的"凌侵",这居然成为民主国家司空见惯的事情!

美国对于黑人除了"凌侵"之外,还有一种极为残酷的刑法叫"链队"。这个"链队"即把一大队黑人穿上囚衣,颈上脚上都用很粗的铁链锁起来,前后再用铁链彼此连成一串,由监工们鞭打着强迫他们不停歇地做苦工。夜里睡的时候,也带着铁链睡,睡的地方像猪栏一样,污浊不堪。有的被判10年或20年过着这样非人的生活。这类黑人所犯的罪,有的是黑奴对地主的虐待抗议了几句话,有的是逃遁的黑奴,有的对地主的辱骂回答了一句不平的话,尤其是胆敢参加什么劳工的组织——都可判定罪名,沦入这样的惨境。还有更加残酷的酷刑措施等等,如此残忍景象,视若常事岂不令人愤慨!

美国南方有6州宪法规定禁止黑白通婚,在其他29个州内也有法律禁止黑白通婚,但是据统计所示,美国的黑人竟有80%混杂有白种血液。白人对黑人叫"尼格",充满着种种侮辱的意味。这是黑人极为反感的。

北明翰是美国最南方的阿拉巴马州的名城。在开往北明翰的火车上黑人不许和白人坐在一节车里,车站上标明"白"字的一路是白人出入的,标着"色"的一路为黑人出入的,黑白分得清清楚楚。这是韬奋亲自看见和经历的。

韬奋到南方考察,是经在莫斯科暑期学校认识的美国好友介绍,到北明翰找位C女士,C女士在一个会计事务所里面当会计师,实际上是位极热心的劳工运动者,并通过她的关系,辗转认识了主持劳工运动的重要负责人R君和他的"同志妻"D女士。"他们都是精神焕发,热烈诚恳,对社会工作具有极浓厚兴趣的可爱的青年。"对韬奋的考察帮助很大,韬奋同这些劳工运动者一起,深入到黑奴家中了解真情。

韬奋和R君几次畅谈之后,他们把韬奋当做自己人看待,无话不谈,韬奋才知道R君和D女士都是才出狱几天,原来他们俩为着帮助被压迫的黑工组织起来,被大老板所雇佣的暗探抓去,像绑票似的塞入汽车,风驰电掣地弄到郊外偏僻之处,毒打一顿,再交付警察所关1个月。R君的身体非常健康,谈时他还笑着,说他不怕打,工作还是要干;同时D女士伸出她的臂膊来,欣然把那个一大块打伤的疤痕给韬奋看。在号称法治的国家,竟有这样的事情,真让人出乎意料之外。听说在那里的大老板们,无论是大地主,还是大亨,都可以公然自用侦探,任意在马路上抓人,警察不但不敢干涉,而且还要合作! 你要控诉吗? 法官也是他们的爪牙,可以说你是自己打伤了来诬陷的!

韬奋对这几位青年最为敬佩,是他们吃了许多苦头,对于工作却丝毫不放松,没有丝毫消极的意思,仍是那样兴致淋漓,乐此不疲地向前干着。韬奋动情地说:"我永远不能忘却他们的这样的精神,我真愿意做他们里面的一员! 他们自己不怕危险,但是对于我却爱护得十分周到,有一次他们和几个黑工同志开会,我也被邀请旁听,我坐的位置近窗口(楼上的窗口),R君忽然想到我的座位不妥,即叫我另坐一处,说也许外面有暗探注意到我,致我受到牵累。由他们替我规划,我又由北明翰再南行到一个约有几万人的小镇塞尔马去看黑农所受的惨遇。"(《韬奋文集》,生活·读书·新知三联书店1978年1月版,第2卷,第648页)

韬奋从北明翰到塞尔马,需乘4个小时的公共汽车,他一上车,见前一排已坐满了白人,在第二排就座,上车的黑人在车的后排就座,前白后黑,逐渐坐到交界处,黑白分明,谁都没有越界,当交界处的一排先坐了一个黑人,而后上的白人宁愿坐走道上的加座,也不去坐黑人坐的那排空位上去。

塞尔马,离北明翰200公里,人口有1.7万,这里面白人占5000,服侍白人的仆役占2000,变相的农奴却占了1万。以1.2万的黑人,供奉着那5000的白人! 这是怎样的一个社会,可以想见了。

韬奋游览了这个小镇,小镇的热闹街市不过一二条,市政建设很好,商店装潢得美丽整洁,住宅区的街道也宽广平坦,全是柏油路。"玲珑精美的住宅隐约显露于蓊郁的树荫花草间,使我想到这是一万多黑人的膏血堆砌成的,使我想到在这鸟语花香幽静楼阁的反面,是掩蔽着无数的骷髅,抑制着无数的哀号!"

读过历史的人都知道,林肯曾经解放过美国黑奴,但是经过韬奋实际

考察，美国当时仍然有着变相的农奴。这种变相的农奴除了自己和家人的劳动以外，一无所有。地主把二三十亩的田叫他和他的家人来种棉花——美国南方是产棉区。由地主在田地里的隙地搭一个极粗劣狭隘的板屋给他全家住，供给他农具和耕驴。再提供些极粗劣的衣物和粮食。到了收成的时候，由地主随便结账，七算八算，结果总是除了应"分享"的部分完全抵消外，还欠地主许多债。这样一年一年地积累下去，是无法偿清的，在债务未偿清以前是无法自由的，不但农奴本身要终身替地主做苦工，他的全家，上自老祖母，下至小子女，都同样要替地主做苦工。在南方的地主们数起他有多少变相的农奴，不是以人数，却以家数，因为全家都是变相的农奴。韬奋对农奴继续深探，他到了农村，看到那广阔的大田间，东一个板屋，西一个板屋，这就是黑奴居住的破旧平房，他热切地访问这些农奴之家。当你走进破旧不堪的木板平房时，就可以看到衣不蔽体的男男女女，大大小小，横七竖八坐在门口地下，外面晒着炎热的阳光，星期日也照例无需工作，没有任何娱乐，塞尔马的街上再热闹，都与他们无关，一天就这样呆坐着。他们需要出去时，只靠两腿跑路，因为他们没有车，他们乘车的时候也有，地主用运货的车运输黑奴，黑奴成堆地挤坐在里面，和运猪猡一样！法律上虽然不许买卖人口，但实际上地主却把他们当做货物一样出售给需要他们的地主！世世代代做苦役，世世代代塞在木屋里生活着，看不到他们有什么权利，更看不到什么人权在哪里！

搞劳工运动具有经验的 R 君，曾一再提醒韬奋，到南方调查，一定要谨慎从事，警惕侦探，少说为妙，以免遭受迫害，除向他介绍可靠朋友外，对他如何行动，做了详细安排。

韬奋在塞尔马镇活动了 4 天，一到就住在青年会寄宿舍，第二天就有几个像侦探模样的人来和韬奋攀谈，他已成竹在胸，当然不致上他们的当。韬奋抬出的第一面盾牌便是表示本人是一个道地十足的基督徒，开口耶稣，闭口上帝，他们倒也无可奈何，谈了好些时候，他东拉西扯，他们终于不得要领而去。当韬奋由塞尔马回到北明翰时，按原预定时间迟了些时候，正逢 R 君等立即开会打算营救，疑韬奋被地主抓去！一见面那种欢悦的神情，真如深厚友爱的兄弟姊妹，又是一番亲切地畅谈和交流。

当韬奋正在南方调查时，正闹着一个热心于劳工组织的黑工人失踪的案件，R 君告诉韬奋，据他们多方调查，这个黑人就是被用"暗箭"的方法弄死的。这个黑工人是热心于劳工运动的一个健将,是从纽约负着劳工组织的使命来的,站在他后面的有劳工组织,有"国际劳工保卫团"替他调查,替他延请律师根据法律起诉,不是一死就可以了事的。不像平常打死个黑人算不了什么事。劳工运动的大本营是在美国的北方,尤其是纽约。南方的律师遇着这类案件是不敢接受的,所以由"国际劳工保卫团"从纽约设法请热心于劳工运动的律师到南方来出庭。就是这位律师到南方政府也遭到"闭门羹",到法庭找法官,推脱躲避,拒不相见。律师只好北返,直到大理院控告这个法官违法。南方统治者,为什么在这位律师面前失掉威风呢?

同一切反动统治者一样,他们也害怕组织起来的群众反抗,那位律师后面是劳工组织,也就是受压迫受剥削的广大群众的代表。南方统治者在残害黑工和黑农的历次案件中,已经同劳工组织进行过较量。一次是世界闻名的司各资波罗案件,即 9 个黑人小工人(最小的只有 13 岁)被诬陷强奸白女,宣判死刑。他们让法庭公开审问,结合劳工运动机关有组织的宣传,不但把他们的黑幕暴露到全美国的各个角落,而且暴露到全世界,使他们出丑到不可收拾的地步。另一件也是轰动全美的恩哲罗·亨顿案件,亨顿是 19 岁的黑工,在南方的乔治亚州的亚特兰大城煤矿做工,他是劳工运动的能干青年,他协助当地的黑工和白工组织起来,参加失业工人的示威运动,这当然是南方统治阶级所最恨的事情。于是当地的法庭判定他 20 年的"链队"酷刑,由于"国际劳工保卫团"领导下的群众的努力,竟闹到大理院,引起全国人的注意,引起全国劳工大众的抗议,使统治阶级不得不有所顾忌。亨顿准备上诉,要求保释,法官硬要他出 15 万元保金,在"国际劳工保卫团"的呼吁下,全国工人踊跃捐助,工人在捐款的同时,纷纷向亨顿写信致意,其中一位女工写道:"我十九岁,失业了六个月。附上的十元,还是我得业后第一次的工资。我希望这能帮助恩哲罗·亨顿得到自由。"在很短的时间内,捐款却达 18 万元之多。法官只好意外地望着他出狱! 从这里可以看出劳工组织的力量,更可以看出广大工人的义愤。

这里提到的"国际劳工保卫团",对韬奋的考察有着密切的关系,韬奋对这一劳工组织最为倾慕。这是美国劳工界用民众力量实行民众保卫的一种组织,也是美国统治阶级尤其南方的统治者最怕的劳工组织。它成

立于 1925 年,设总机关于纽约,分部布满全国,当时有 800 个区部,会员 20 万(有个人会员和团体会员两种)。1926 年该团经手案件 150 件;1933 年达 8000 件。1934 年每月所照料的案件以千计。各个城市工人敢于公开活动,统治阶级不易妄加诬陷,大半因有这个组织存在。这个保卫团不仅是一个法律上的协助机关。资本主义国家的法律是为统治阶级服务的;法庭、法官、检察官、警察——乃至国家的一切机构都受统治阶级的控制,所以仅仅在法律上斗争是不够的,该团尤其重要的工作是组织民众的力量,动员民众的力量,用民众的伟大力量来执行民众的保卫。

韬奋之所以了解到许多内情,就因为他不仅是一个客观的报道者,而且是一个热切的参与者。这是作为一般的外国记者难以得到的。韬奋的美国考察,正是揭露了不易揭露的黑幕。

韬奋利用他结识的劳工运动的组织者,和他们一起参加秘密的会议,参与相当危险的地下活动,他目睹了也体验了这段有趣的生活。劳工运动者针对统治者对他们的加害,采取技巧灵活的形式来改变自己的活动方式,开会的时候,时间短促,很快结束,问题实在不能在半小时以内解决,就马上改换地方,再继续开会,因为开会时间一长,很容易被侦探发现,为避免引起麻烦,他们总是选容易隐蔽,容易分散的地方开会。韬奋非常赞赏他们的这种斗争艺术。对于他们的业绩,韬奋振奋地写道:"他们已在北明翰组成一个工会,里面黑工就有三千,这在他们那样艰险的环境中,实在可算是一种'奇迹'!他们曾邀我旁听过好几次的这样的干部会议。说来有趣,在北明翰的街车里,在北明翰的任何公共场所,白人和黑人总是分开的,彼此总是很隔膜的,白的总是看不起黑的,黑的看见白的总是低头的。但是在这种会议里面,空气却大大的不同,虽大多数是黑人同志,但是大家都是很和谐很诚恳,好像弟兄姊妹似的,见时热烈的握手,谈时愉快的表现,和会外的情形简直好像是两个世界。"他们走到开会的地点,那种小心谨慎的情形,那种熟练的敏捷行动,显示了斗争的经验。"他们走到了楼上,踏进房门口,把门轻轻关上,轻轻走路,轻轻招呼同志们,那种轻手、轻脚、轻声,以及那面孔上好像表示胜利的微笑,都使我至今每一想起,便为神往!"(《韬奋全集》,生活·读书·新知三联书店 1978 年 1 月版,第 2 卷,第 664、665 页)他们还以赛足球和看赛球的形式,于"五一"节召开数千人的大会,人一到齐,一声警号,露天大会开始,领袖们的"短小精悍"的言辞,首尾不到 20 分钟,会议结束,迅速分散。韬奋写起这些故事来,简直难于止笔。韬奋对于这段生活,认为是他"生平最最愉快的一件事",是他永生不能忘却的。

七、到西部调查农民运动

韬奋从南方回到纽约之后,又到华盛顿、底特律、芝加哥等地,接着就去美国西部调查农民运动。这是他考察的重要项目,获得了非常可贵的材料。

7 月 6 日,他和陪同他的美国朋友一起,经过著名的尼亚加拉大瀑布,欣赏了大自然的壮观之后,到底特律又参观了美国当时最大的汽车工厂福特汽车总厂,才驱车去芝加哥。

7 月 11 日,韬奋在《芝加哥论坛报》上,看到关于"新生事件"的通讯报道,说杜重远于 7 月 9 日被国民党政府判徒刑,含冤入狱。对这一不幸消息韬奋像触电似的发怔,一面为之惊愕,继则为之伤神,泪珠夺眶而出。他那不可抑制的愤怒,立即通过电报局发电慰问杜重远,从而加速了他的调查日程。决定马上回国参加抗日工作。

陪同韬奋的 P,"是美国最前进政党的青年团员",走到一地他都要先到"党部"去看看,韬奋和他一同去,因为考察劳工的情况,这是一个咨询"最好的地方",彼此一见如故,和久交的好友一样亲切。

7 月 13 日,韬奋和 P 离开芝加哥后,沿着威斯康星州的东部向北进发,经过密尔瓦基转折而西,穿过该州,到 14 日下午 8 点才至明尼阿波利斯。P 持有介绍信,可住在参加农民运动的同志的家里去,并劝韬奋和他一同去住。P 所找的同志叫 M,是一位已结婚的青年女子,她虽有一个孩子,还在襁褓之中,但她对于农民运动却非常出力,美国最先进的农民集团名叫联合农民同盟,她就是这个同盟的健将之一。韬奋和 P 到她家之后,她殷勤招待,亲密得简直好像是家人姊弟一样。P 和她也是第一次见面,不过有可靠的同志作恳切的介绍而已;可是因为思想上的共鸣,志趣上的相应,精神上的融洽,一见面就那样亲密,看着令人钦羡感动。韬奋是 P 的好友,她也以同志相待。她那样精明干练和热烈的情绪,使韬奋也觉得像多年的好友。在她家洗漱,在她家吃饭确无拘束。在她那里,又遇

到 3 位青年女子，都是热心于美国的革新运动和农民运动的同志，话题自然集中于农民运动的情况。

关于美国农民的组织，较重要的有所谓庄园协会、农民组合、农民假期会、联合农民同盟。庄园协会偏重在改良农业方法。农民组合偏重于提倡合作社事业。农民假期会的工作一向重在设法延请律师和巨商替农民和保险公司及银行之间任仲裁之责。只有联合农民同盟是最富于战斗性的。1932 年由各地农民组织的代表会议选出全国农民行动委员会，旨在促成各种农业组织的联合战线，对于现实的切身问题作积极的斗争。她们除了介绍农民运动的情况之外，对农民的种种痛苦，如数家珍。情况清晰，判断正确，主张亦切合当前的需要。她们谈完之后，P 和韬奋就到 3 个青年女子中的一个叫玛利的家中住宿。玛利的父亲 C 是联合农民同盟的书记，是从事农运的健将，正在外埠奔波，玛利的母亲也是一位同情革命的妇女，玛利是只有十七八岁的高中学生，这真是一个革命之家。韬奋感到有说不出的亲切和温暖。

第二天韬奋到了联合农民同盟的办公室，在那里看到 M 和她的几位同志，特别使韬奋喜悦的是碰上了早就认识的好友 G 和从纽约同来的 S，韬奋自然感到这是革命同志汇集的地方。他们和她们正为筹备一个农民大会而做准备，有数千个信封要写，于是韬奋和他们一起愉快地写起信封来，虽然这是种义务工作，却使他们欣然干起来，韬奋认为这种自动精神是值得深思的。晚上，韬奋和 P 回到玛利家，C 已回来，更是一番生动引人的谈话，许多"都是党同志"，韬奋并无生疏之感，C 还为他写了到别处的得力介绍信，使韬奋的调查顺利进行。

美国全国的农业区域，因土壤气候等等的差异，大概可分 5 大农产区：

第一，棉产区：北自北卡罗来纳州，向南至墨西哥湾止，东自大西洋起向西至新墨西哥州的东边止，这 11 个州所产的棉花总量占全国棉产量的98%，占当时世界棉产的 60%，价值 10 亿美元以上。这些州的人口农民居多，如得克萨斯州的全部人口的 59% 为农民，密士失必州的 83% 是农民。

第二，麦产区：在美中北部 5 个州，即堪萨斯、内布拉斯加、南达科他、北达科他和蒙大拿，这个平原区域的干燥地带，只宜于大规模的机械化的农业,而不宜于小农,金融资本利用大规模大机械的方法,排挤了大多数小农。据统计,小农把田地全副抵押的已到67%,变成了金融资本家的奴役。

第三,畜产区:在产麦区西面有7州为畜产区,即新墨西哥、亚利桑那、科罗拉多、犹他、内华达、怀俄明和爱达荷,这是山区和沙漠的区域,所以灌溉特别重要。其面积占美国土地的23.5%,人口93万多,占全国农民的3%。美国每年所养的30%的羊出自这个区域。

第四,牛奶业区:在美国的东北部,地跨22个州的地域,这个区的特色,便是农场和工厂很错杂地混在一处,在这个区里,有最大的城市、商埠、工业及制造业的中心,和散布各处的265.8万个农场夹杂在一起。按人口说,这个区有1250万农民,也有6500万的工业工人并存,在农场中有75%的农场养牛供给各大城镇所需的牛奶。这个区占全国土地面积的24.5%,而人口却占全国人口的63%。这个区也还有其他的农业,如玉米、猪、水果和蔬菜等。

第五,水果区:分布在太平洋沿岸的加利福尼亚、奥勒冈和华盛顿3州,在各个农场工作的有一半是雇工,约有25万人,都是靠时季工作为生的。其中有墨西哥人、菲律宾人,还有其他国家的人,加上水果部门包装厂和罐头厂的3万工人,都是贫苦的劳工。此外,这个区还有小农20万人。这个区气候温和,灌溉容易,宜种水果。据1930年统计,华盛顿和奥勒冈两州,生产了全美国苹果产品的1/3,加利福尼亚生产了全美国的柠檬和杏仁,全美99%的桃子,89%的枣子,67%的橘子等等。

美国全国农村居民共约3000万人,据统计显示,农民600万人里面(农村居民包括农民的家属,这里只指农民),有300万是贫农(每年收入在1000元之下);有250万是中农(每年收入在1000元和3999元之间);有50万是富农(每年收入在4000元以上)。贫农虽占半数,而收入却只占全国农业收入的1/7。全国农民债务在1935年达到130亿元,贫农、中农,由于生产成本飞涨,生活日趋困难,只靠抵押、借债过日子,你到任何农村,同他们谈起,不管思想有前进落后之分,一提到债务,提到华尔街,没有一个不切齿痛恨的。1934年贫民之家收入只有300元,还债、付息、纳捐等等,都要在这里面开支,全家生活之苦,由此可以想见了。政府不是有"农业救济"吗?的确有,但是到农民手中的只有款子的6%,而94%

转到债主手里,也就是金融资本家手里去了。

　　农民的苦干精神,农民被逼无奈的情景,以及他们觉悟到改良主义不能解决他们的生存问题,于是被逼走上抗争之路。这是韬奋所深深感受的。西部同南方不同的地方,就是没有南方那种变相的农奴。

　　要抗争取得胜利,必须运用集体的力量,农运工作者正是掌握了这一契机而搞农民运动的。1935 年 3 月间,有 400 个农民代表在南达科他州的西乌法尔斯,召开农民紧急救济会议,集拢各种农业的组织,造成农民联合阵线。他们所通过的议案里面,直斥金融资本家掠夺农民生计的暴行,要求政府对于农民应给予生产信用贷款,以便振兴农业,等到收获可以顾到农家最低生活之后,再归还政府。同时因为政府既屡次允许银行及大公司取消对政府的债务,农民也要援例取消已往所借的畜牧食料和农产种子的借款。其次反对牺牲小农、中农而偏护大老板的 A. A. A. 计划(罗斯福总统的"农业调整律")。最后决定由该会联合全国各农民组织,用行动来保护他们自己的利益。他们已渐渐走上了集体实际抗争的道路了。

　　韬奋为进一步了解农民,非深入到农民的家中不可,持着 C 开的介绍信,由两位农运工作者陪同,踏上了非常艰苦的路程。

　　一个农家是姓华斯特名孔特的,他们离开了明尼阿波利斯到南达科他州的东北角,一个小镇叫克勒尔城,再到离这个小城 3 公里多的一个小村里面,问了几次路,转了几个弯,才找到孔特的家。"这个农家的全体都成了最前进政党的热心分子,一父两子和两个媳妇都成了农民运动的健将! 他们当然都加入了联合农民同盟。"大儿子叫克勒伦斯。韬奋到他家时,他正印刷大量分发给农民的材料,是揭露"农民救济"的种种黑幕的,他的妻子在旁帮助。父亲孔特和弟弟朱利爱斯从田间回来了。哥哥没有子女,弟弟却有五六个孩子,一时非常热闹。孔特是个健谈的老汉,说话很有风趣。孔特很感慨地向韬奋等人诉说,说他数十年的血汗积蓄,原来已有了两三万元存在银行里,后因银行关闭的狂潮,完全丧失,一无所有。孔特的妻子死了,与两个儿子同居,分享一点有名无实的"救济"。他说他所在这个小村,共有七八百人口,农民苦干得像奴隶一样。在以前繁荣时代,一个勤俭自守的农民还可有数百元或数千元储蓄在银行。那时地价一天高过一天,每亩地价约 125 元。但是 1929 年以后,地价竟跌到每亩

20元,现在虽有一部分农民仍糊里糊涂,还想靠苦干来挽回厄运,但是已有一部分农民觉悟,认为不联合起来抗争是无济于事的。韬奋对这位老农的谈吐,不但感到他认识正确,而且对于革命理论也谈得头头是道,听说他读了不少书,实令听者为之感叹。

朱利爱斯,是农民运动中的最英勇分子,别看他穿着土气,却很受农民拥护。韬奋听说他到附近小学开会,便一起坐上他的老旧破车,到那个小学时,已有不少农民,都开着同样的破旧车,人到齐共三四十人,会议就开始,朱利爱斯发表起意见来,滔滔不绝地讲了半个小时,说得有条有理。他不但能演说,他的行动也很勇敢,本村一家农民,因银行逼债,要把他全家驱逐出屋,朱利爱斯召集起多数农民起来阻止,这家靠群众力量暂时未动,而朱利爱斯却为反动派所嫉恨,曾被绑去毒打过一顿,可是他对农民运动的积极性,并不因此而有一点退却。不久前他曾被推举加入美国农民代表团去苏联参观,回来后写了一本小册子出版,报告他在苏联的见闻。韬奋特别问起他对苏联的感想,他作了如下回答:"我在那里看不见像美国这样在饥饿线上打滚的农民生活。我在那里也看不见有人把农民从他的家里驱逐出来。我在那里也看不见有农民常常惴惴恐惧要失掉他的家和农场。我在那里也看不见有剥削者和被剥削者。我在那里所看见的只是工人和农民为着他们自己的国家努力工作着,他们所造成的结果就是他们自己享用得到的。"

韬奋等3人在孔特家里挤宿了一夜,第二天又去访问第二个农家。这是赶了一天的路程,才到达同州的另一小村——雪菲尔德,一个姓爱尔斯名胡默的农家。

胡默家偏重畜牧,尤其是牧羊。胡默本人约40岁,也是农民运动的前进分子,他的家里除妻子外,只有1个14岁的女儿,他们亲切地招待了韬奋3人,并一直谈到深夜。第二天胡默陪他们参观了好几个农场,并带领韬奋等人去另一农家,那人家有3个成年女儿,她们和胡默的女儿都成了前进政党的青年团员。她们对韬奋特别热情,因为她们都是第一次看到中国人,韬奋感到这一家都诚恳殷勤而又自然,像是老朋友一样,所以留下深深的印象。

7月21日他们经过世界著名的黄石公园,23日到达内华达州的雷诺,这是著名的离婚城,美国人在这里离婚,最容易得到解决。韬奋就此

进行了调查和了解。27 日,韬奋又到旧金山,特别调查了那里的码头工人,了解了码头工人的复杂斗争,对工人们真正拥护的领袖布利哲斯(国际码头工人协会的旧金山分会会长),同工人一起紧密地斗争而取得的胜利。为此他写下了感人的篇章。

韬奋几次提到"前进的政党",有时提到"党同志"或"党部",究竟指什么呢?据徐永煐回忆,韬奋一到美国,"经朋友介绍,我在纽约和他认识,他要我提供一些在美国访问和参观的意见。我直接间接的介绍了几个工会和美国共产党的朋友给他""他对于进步的强烈要求,使得几位美国共产党的同志,敢于介绍他到美国南方黑人区域的美共地下支部的秘密会议去旁听。"在那种艰险的环境中,他和黑人白人共产主义者一起活动,使他深刻地认识了资本主义的本质。从而使他认识到中华民族的彻底解放,只有在无产阶级政党共产党的领导下,才能获致。他特别"和我讨论了一下如何加入共产党的问题"。(《韬奋的道路》,生活·读书·新知三联书店香港分店 1978 年 1 月版,第 180、181 页)

韬奋在美国考察 3 个多月,安排是紧张的,生活却是愉快的,确实有了重大收获。写了长达 20 万字的《萍踪忆语》。韬奋后来说,有一次同周恩来同志见面的时候,提起这本书,周恩来同志说:"关于美国的全貌,从来不曾看过有比这本书所搜集材料之亲切有味和内容丰富的。"坦诚恳切,富于感情,贯串全书。韬奋于 1935 年 8 月 14 日路过美丽的夏威夷。又从这里继续乘船,于 8 月 27 日回到了离开两年多的祖国。

八、富有收获的两年

韬奋从 1933 年 7 月 14 日离开上海,到 1935 年 8 月 27 日又回到上海,共花了 2 年又 44 天的时间,绕地球整整一周,经历了 10 多个国家,着重考察了英国、苏联和美国。

韬奋的出国,是在"中国民权保障同盟"总干事杨杏佛被国民党特务暗杀,他被列上暗杀的"黑单"之后,在朋友们的力劝和催促下,被迫流亡的。他的出走不是消极的退避,而是更加勇猛地前进。当时,他心头沉重,感慨万千,深信大众一定有光明的前途,个人的得失与存亡是不足道的。

他考察各国的目的不是观光旅游,而是了解世界大势,寻找中华民族的出路。

在英国,他留住时间最长,反复进出,一方面学习,一方面采访,特别他在大英博物院图书馆攻读了马克思、恩格斯、列宁的理论著作和他们的生平事迹的有关书籍,对他的思想转变和发展,起了极大的作用和影响,帮助他正确地认定方向和判断是非,取得了他终生受益的收获。他的马克思列宁主义的观点,正是在这里奠定的。

在意大利和德国,韬奋目睹了法西斯执政的国家,怎样把领袖神化,怎样把人民奴化,又怎样把侵略合理化。使他自然地联想起蒋介石在我国的所作所为,想把中国引向何方?

韬奋到苏联的考察,是对有别于资本主义的新的世界的深入了解,所到之处,都有新的感受,新的思考,他亲眼目睹了社会主义,得到了鼓舞,因为这毕竟是第一个社会主义的国家,在翻天覆地的变迁中,总也有它的缺陷和不足,但是,韬奋所投入在新的世界里,接触的人和物,都是启发自己认识新事物的能力。

在美国,韬奋是进行了西欧和苏联的考察之后,更加取得成效的调查和研究,他运用了马克思主义的武器,对美国进行了剖析。他既分析了美国的科学发达、物质丰富的方面,也揭露了它的生产力与生产关系不能相容的一系列的尖锐问题。

韬奋在两年多的国外生活,使他认清了世界大势,也对中华民族的发展趋向有了自己的选择。从他的思想行动上看,他完成了由民主主义者到共产主义者的转变过程。按照他自己的概括是:"他在国内的时候,只是一个爱国主义者,只要求中华民族的解放与强盛。他在游历了苏联之后,觉得社会主义很好。到了英国,觉得资本主义或者有些不妥。到了美国北部纽约等城市参观一些工厂学校,又觉得资本主义还是不错。这时的结论是,只要中国人发奋,好好的干,社会主义与资本主义都是出路;不好好的干,社会主义、资本主义都没有办法。可是,这次在美国南部看到了露骨的贫困、凶残、压迫以及黑人与白人共产主义者的艰苦工作,坚决奋斗,他才深刻地体认到资本主义的本质。他说,许多中国人在那里歌颂美国资本主义的文明与繁荣,但是美国自己的人民,尤其是工农大众的先进分子,却正在计划着用真正文明的社会主义和共产主义来代替。他因

此觉得社会主义与资本主义不是可以任意选择的两条路。中华民族的彻底解放，只有在社会主义的无产阶级政党的共产党领导之下，才能获致。而且也必定朝着社会主义的方向走去。"（《韬奋的道路》，生活·读书·新知三联书店香港分店1978年1月版，第181页）

韬奋的这次出国，是一次特殊的留学，丰硕的成果，标志着特殊的收获。他满载而归，也是凯旋。他同他的执友们的思想感情，更加亲密地交织在一起，他们都信心十足地投入到新的战斗里。

第二十六章 《大众生活》

　　当韬奋回国之际,正是国难更加危机之时。这不能不是他首先关注的大事。无论同胡愈之、杜重远的促膝谈心,还是同生活书店新老伙伴们的坦诚会晤,无不为抗日救亡而愤慨,也无不激起胸中的爱国浪潮。他自己感到他和同志们之间凝聚着一股压不住的力量,大家的方向更明确,步伐更坚定。

一、华北危机

　　1935 年 5 月开始,日军侵占我东北之后,又大批直接入关,要华北五省"自治",于是在华北纷纷挑起事端,日本华北驻屯军军部公然提出:"任何中国人倘若以武力防范自治运动,必将触犯关东军的兵力。"

　　5 月 29 日,日本关东军天津驻屯军借口中国当局援助东北义勇军进入"非武装区",向国民党军事委员会北平分会代委员长何应钦提出种种苛刻要求。31 日,国民党政府电令何应钦与日方举行谈判。6 月 9 日,日本华北驻屯军司令梅津美治郎致何应钦备忘录,列开"中国方面对于日军曾经承认实行之事项";7 月 6 日,何应钦复函梅津美治郎,表示对"所提各事项均承诺之"。这就是罪恶昭彰的"何梅协定"。日军提出什么,何就承诺什么。按这个"协定",国民党取消在河北、北平、天津的党部;撤退驻防河北省内之中央军、东北军和宪兵第三团;撤换国民党河北省主席和平津两市市长;撤销北平军分会政训处,禁止一切抗日活动等。这一"协定",使整个河北的军事、政治、经济,全置于日本的控制之下。10 日,中央军即撤出河北,把东北军调往陕西"剿共",原由张学良主持军委会北平分会,改由何应钦接替。接着日本关东军代表土肥原又借口张北地区中国军队拘留潜入该地绘制地图的 4 个特务(当即释放),向国民党察哈尔省政府

要挟,并派飞机到北平上空示威。6月27日,国民党政府又命察哈尔民政厅长秦德纯代主席与土肥原在北平谈判,达成"秦土协定":国民党方面担保日本人今后在察省可以自由来往无阻;成立察东非武装区;二十九军从察东全部撤退;撤销宋哲元的察哈尔省主席职务等。这就使察省大部分主权丧失。

日本为了进一步吞并华北五省,到处收买汉奸,策动所谓"满洲国第二",搞华北"独立"。11月间,就导演了"冀东事变",汉奸殷汝耕在通县成立了"冀东防共自治政府",宣布脱离中国政府管辖,使冀东22个县归日本控制。这就是蒋介石所说的"对于友邦,务敦睦谊""如有违背,定予严惩"的奇效!

日本的侵略和国民党政府的屈从,呈现在中国人民大众面前,而蒋介石倾全力剿杀的中国共产党领导的工农红军怎样了呢?真是令人难以想象的奇迹,也呈现在中国人民大众以至全世界人民面前,他们离开中央苏区,经历了爬雪山过草地的极度艰辛,跨越两万五千里,进行了举世闻名的长征,于1935年10月胜利地北上抗日,到达了陕北,完全揭穿了国民党宣传的"已被消灭"的谎言,调东北军前往陕北"剿共"本身,就是对谎言的一大讽刺。其实张学良于1935年11月间,曾在上海密访杜重远,杜重远尽情地恳谈了东北人民亡国之痛,蒋介石卖国投降之害,并向张学良透露了前不久共产党发表的《八一宣言》,力劝张联共抗日,张接受了杜的意见,希望杜代为寻找共产党取得联系,以实现他多年未能如愿的苦衷。东北军不少将领,也从杜重远那里知道了真实消息,调他们离开华北,是拒绝他们抗日,命令他们为内战卖命。胡愈之传达信息:到了1936年2月张学良与陕北党中央有了直接来往,决定联合抗日反蒋。后来由联蒋抗日发展到逼蒋抗日。

二、自己的阵地

爱国浪潮,并没有在侵略者面前退缩,团结抗日的呼声,也没有在国民党政府的镇压下,有所减弱。相反,正是在《义勇军进行曲》响遍原野中,"不愿做奴隶的人们"怒吼起来。韬奋系念着祖国,系念着奋起的人民,也时时不忘他的广大读者和他立足战斗的阵地。

在他离开两年多的时间里,生活书店怎样呢? 正如韬奋所说:"本店在我出国后,由于诸位同志的努力……不但不衰落,而且有长足的发展。伯昕先生的辛勤支撑,怨劳不辞,诸同志的同心协力,积极工作,愈之先生的热心赞助,策划周详,以及(毕)云程、(张)仲实诸先生的加入共同努力,为本店发展史造成最灿烂的一页。试举其荦荦大端:(一)杂志种类大增,有《文学》《世界知识》《妇女生活》《太白》《译文》等等,都是风行一时,万人传诵,杂志订户亦随着突飞猛进。(二)本版书大增加,我们最初是以经营外版为大宗,这时自己有了编印本版书的计划。(三)邮购户大增。(四)首创十大银行免费汇款以便读者订购书报。(五)同事人员由二十人左右增至六七十人。(六)租赁四马路店址,并在该屋三楼之上自建四楼。"

这里,特别值得提出的是,生活书店的业务扩展和经营管理,在徐伯昕的辛勤劳动下,确实开拓了新的局面,得到了韬奋很高的评价。韬奋在《生活史话》中说过:伯昕"每天夹着一个黑皮包,里面藏着不少宣传用的印刷品(这都是他一手包办的),他不但有十二万分的热诚,而且还有一副艺术家的本领,把宣传材料做得怪美丽怪动人,东奔西跑,到各行家去用着'苏张之舌',尽游说怂恿的能事,真是'皇天不负苦心人',广告居然一天多一天。"这里说的是徐伯昕的做广告的艺术,他在广告上的创举,就是拉同行做联合广告,并亲自代为设计广告,从而联络了很多同行,带动了发行业务。

徐伯昕的多才多艺,使生活书店在广大读者和同业中,都成了为人喜爱的佼佼者。《生活》周刊的"生活"2字,原为黄炎培所写,后来生活书店开张,急需"生活书店"4字都按原体标出,以照顾广大读者业已熟悉了的字体,再请黄炎培按原字体写出,也实有困难,在无奈的情况下,徐伯昕只好模拟原"生活"2字写出"书店"2字,果然如出一手,放为标准体以后,谁看了都一致称赞这一高超的技艺。

这样在韬奋奠定的基础上,徐伯昕在胡愈之的共同谋划下,生活书店的资金也积累了,利用邮购户的结余存款,和刊物的预收定费,使全店的资金活跃起来。在这样的情况下,刊物也大大地增多了。

另外韬奋自回国后分别同生活书店的新老职工六七十人进行交谈,每天如此,谈完为止。既了解店内的情况,也了解每个职工的状况和要

求。他从这些交谈中,感到生活书店作为战斗的阵地是可靠的,职工们的情绪是昂扬的,同爱国救亡的人民大众的要求是符合的。他自己觉得继续办刊的力量大大增强了,使他满怀信心地投入新的战斗。

三、高举的旗帜

经过两个多月积极筹备,1935 年 11 月 16 日,由韬奋主编兼发行人的《大众生活》,在上海出版了。

《大众生活》在《我们的灯塔》(发刊词)中明确指出:"中国大众的唯一生路是在力求民族解放的实现,从侵略者的剥削压迫中解放出来。这是中国大众的生死问题,也是我们所要特别注意的重要目标。"把办刊物和民族解放紧密地联在一起,当做宣传的重要目标,这是韬奋高高举起的旗帜。

接着,在《发刊词》中又提出了实现民族解放的中心力量问题,这是韬奋已在《萍踪忆语》第 3 集"弁言"里提出过的问题的重申,他说:"中华民族解放的斗争,决不能依靠帝国主义的代理人和附生虫;中心力量须在和帝国主义的利益根本不两立的中国的劳动大众的组织。这样的中心力量才有努力斗争的决心和勇气,因为他们所失的就只不过是一条锁链。"

最后宣布:"力求民族解放的实现,封建残余的铲除,个人主义的克服,这三大目标,——在汪洋大海怒涛骇浪中的我们的灯塔,——是当前全中国大众所要努力的重大使命;我们愿竭诚尽力,排除万难,从文化方面推动这个大运动的前进!"

这一办刊宗旨说明,韬奋在政治思想方面的发展。三大目标的前两项是民主革命的任务,克服个人主义已经超越了民主革命的界限了。他说的中心力量,也明确地指明他选择的革命道路。这都进一步证明他出国两年后的坚定标志。

《大众生活》继承了《生活》周刊和《新生》周刊的优良传统,倾全力为读者服务,创刊号就引起读者的欢迎和支持,它所重视的目标,正是广大人民所追求的。它的"星期评坛"即原来的"小言论",比以前更精确更富有研究,也更为读者注意了。它的"图画的世界"栏目,是精绘的世界地图,以漫画形式,反映世界的动态,由金仲华、沈振黄主持,这种方式给读者以特殊兴趣,确是中国出版界的创举。

　　韬奋于创刊号上的"星期评坛"中,发表的《大报和小报》的评论,尖锐地指出报界的不良倾向,那是富有深远意义的。迄今仍然是值得注意的问题。当时他指出:在大报上,很难找到中肯的评论和重要的消息。因为读者的进步,那种不痛不痒的敷衍的话语,编辑杂乱内容空虚的新闻,已不能满足读者的希望了。报纸为维持经济自主的生存,不得不有相当的广告收入,但我国的大报过于营业化,简直是广告报! 报价并不因广告之多而特别减低,国民的购买力既每况愈下,费了许多钱买着一大堆广告报,反而不及费较低的价钱买一份小型报纸看看。尤其可怪的是竟将特刊地位当广告卖,大发行其"淋病专号",替"包茎专家""花柳病专家"大做广告,为江湖医生推广营业,好像报馆所要的就只是钱,别的都可不负责任。在这方面真是打破了各国报纸的新纪录!

　　第2期的《大众生活》,在"星期评坛"栏里,韬奋以《国事紧张中的言论自由》为题,阐明了读者关注的焦点,他说:"所谓言论自由,就新闻业的观点看来,最简单的是真实的消息,要让民众看得到,正确的评论要让民众听得到。现在的实际情形,民众很关心外交消息,而在报纸上就老实找不到这种消息,民众很关心到底当局对于时局有何办法,而报纸上也得不到要领。诚然要民众'共赴国难'吗? 那至少要让民众知道到底是怎么一回事。"现在的民众却好像蒙在鼓里,透不过气! 结果中国人对于本国报纸的信用简直完全丧失,反而要设法从别方面探听消息,你一句我一句乱猜一阵;在中国的外国报纸是享有特权的,这样反而增加了外国报纸的权威。当局常希望人民"判断谣言""镇静观察","其实只有'开放'真确的消息,才能使人民知道什么是'谣言',只有知道真确的策略的人,才有'镇静'的可能。"

　　韬奋对读者来信一直是关注的,当一位热诚的读者叙谈了他对《生活》周刊的怀念,又提出对《大众生活》的希望时,韬奋作了详细的答复,他特别指出:时代的巨轮是向前进的,《大众生活》产生的时代和《生活》所处的时代已经不同了,读者大众在认识上和思想上的飞跃的进步,就是明显的佐证,有好多刊物因为歪曲了正确的认识和思想,无论在宣传上和发行上怎么努力,还是没有人睬它。

　　关于"人生修养"问题,韬奋恳切地指出,"现在不是由个人主义做出

发点的所谓'独善其身'的时代了,要注意怎样做大众集团中一个前进的英勇的斗士,在集团解放中才能获得个人的解放。"再搬从前的所谓"职业指导",劝青年怎样努力怎样吃苦之类,当然不算错,显然不够了,因为次殖民地的经济破产,不是因为自己的个人过失而遭失业的痛苦,仍指导他们拼命努力,那就牛头不对马嘴了。我们的意思当然不是说人生无须修养,"但修养的出发点却是要注意到社会性;是前进的,不是保守的;是奋斗的,不是屈服的;是要以集团一分子的立场,共同努力来创造新的社会,不是替旧的社会苟延残喘"。所以本刊"引起对于时事及重要问题的特殊注意与研究兴味",也未尝不含在"人生修养"里面。最后他向读者表明:我们也和先生一样希望《大众生活》不要"中途夭折","不过当然还要以不投降黑暗势力为条件,因为无条件的生存,同流合污助桀为虐的生存,虽生犹死,乃至生不如死。"

这就是韬奋的人格和刊格,由他主办的《大众生活》的宗旨,已成为千百万读者为之奋斗的目标和高举的旗帜。他决不会为反动势力的威胁而摇摆或改变,因而他更为反动派所注目,也更为广大群众所拥护。《大众生活》的发行量达到20万份。这是当时刊物破纪录的数量。

四、伟大的运动——"一二·九"

1935年12月,在北平成立由宋哲元任委员长的冀察政务委员会,开始实行华北特殊化,平津上空乌云密布,整个华北处在极端危机之中。人民反应极为强烈。对时局敏感的青年学生,悲愤地喊出:"华北之大,已安放不下一张平静的书桌了!"

1935年12月9日,北平学生在中国共产党领导下,发动了抗日救亡运动,随着运动的深入和发展,在全国人民中掀起了抗日救亡的新高潮。《大众生活》成了这一伟大运动的最响的号角。

《大众生活》1935年11月30日第3期发表了《华北问题》《所谓"三大原则"》的时评,1935年12月7日第4期又发表了《我们的三大原则》。这几篇短文,从正反两方,阐明了华北危急不是局部问题,而是整个中国生死存亡的问题,日本外相广田向中国政府提出的"三大原则",从反面完全证明了日本政府的真实意图在于灭亡全中国。所谓"三大原则":一是取缔中国的抗日运动；二是树立中国日本和"满洲国"的合作制度；三是由中国日本和"满洲国"共同防共的政策。与此相反，韬奋指出："现在我们站在中国民众的立场，也应该向政府提出我们的三大原则，以答复日本广田外相的'三大原则'就是：（一）坚决收回东北失地；（二）恢复革命外交；（三）恢复民众运动和言论自由。"

韬奋最后说："这至少是我们大众在目前所应有的一致的严重主张，是全国在目前应督促实现的拯救国难的基本原则。合于这三大原则的策略和行动，便是真有为中国民族争取生存的诚意的表现，便值得我们大众的拥护，共同奋斗；不合于这三大原则的策略和行动，无论怎样花言巧语，都是欺骗！"

这些，对抗日救亡运动，起到了诱发指导的作用，真正武装了大众的头脑。

《大众生活》自第6期开始，直接评论和报道北平的学生运动和各地学生相应而起的抗日救亡运动，正式吹响了铿锵的号角。

第6期封面上刊登了北平一女学生，大声疾呼："大众起来！"的大幅照片，封面刊登了4幅请愿游行的学生队伍的照片。第一篇文章《学生救亡运动》登于刊首的"星期评坛"，文章说："北平各大学和中学的数千学生，鉴于亡国惨祸的危迫，于本月九日举行请愿和示威游行，在军警严厉威胁之下，全天在寒风凛冽饥渴交困中冒险进行虽经水龙冲击，皮鞭乱打，大刀乱挥，不能阻挡他们的大无畏的牺牲精神。本月十六日北平学生五千余人又作更英勇壮烈的示威运动，军警用武力压迫，手枪乱放，大刀直冲学生仍然从容镇静，受伤被捕的数十人。这至少使全世界知道中国大众并不是甘心做奴隶；至少使全世界知道投降屈辱毫不知耻，并不是出于中国大众的意思。这是中国民族解放斗争的序幕，这是中国大众为民族争生存不怕任何牺牲的先声！"

对学生的救亡运动，韬奋针对着错误思想指出几点重要意义：

第一，北平学生运动，标志着全国大众对于民族解放，像久被压制的火山，迸裂喷放，实在是全国大众对于救亡的坚决的意志之一种有力的表现，全国各地学生的汹涌相应，就是事实的佐证；

第二，学生运动是在全国大众的全盘的努力里面有着一种非常有意义的推动力；

第三，有人劝学生"安心向学"，但是今天失一地，明天去一省，今天这里"自治"，明天那里"进犯"，"友邦"的军队横行示威，"友邦"的军用飞机轧轧头上，汉奸得到实际保护，爱国青年却受到无理的摧残；这样的客观环境怎样"安心"？

韬奋向参加救亡运动的学生提出3点：

第一点是对象要看得清楚。我们的对象是全民族解放的积极斗争，并不是仅限于枝枝节节的一个局部或一件事情的问题。

第二点是只有有目标有策略的集团组织，才有伟大的持久的力量，一个地方的学校要有联络，全国各地的学校也须有联络。

第三点是要有排除万难不怕艰苦的精神。

最后，韬奋高呼"学生救亡运动万岁！这是大众运动的急先锋，民族解放前途的曙光！"

1935年12月28日出版的《大众生活》第7期，几乎成了学生救亡运动专号，从封面封底的照片到评论和报道，大部分是关于北平学生和各地学生游行示威，有些是遭到军警毒打或逮捕的镜头，也有的是打伤后住在医院的情景。韬奋在《再接再厉的学生救亡运动》的评论中，特别提出联合战线问题，他指出："在学生救亡运动发动以后，最重要的是各方面须彻底明白共同起来救亡的急迫和重要，结成民族解放斗争的联合战线，由此扩大救亡运动，督促民族解放战争的实现。"各界都自觉地组织起来，结成联合战线和学生运动联系起来，分工合作，发动全民族的解放战争，抢救这个垂危的国家。他还说，就是在学生本身的组织里面，也须注意联合战线原则的运用，由此整饬自己的阵容。

在通讯报道方面，《北平学生二次示威记》和《中国人起来救中国》，是"一二·一六"北平学生更大规模的游行示威的真实素描，学生和军警搏斗的现场记录；《上海八千余学生救亡运动速写》，是对上海8000多学生义愤怒吼的示威写照；在"大众信箱"栏里，刊登了4篇读者写给韬奋的长信，都谈了他们亲自参加救亡运动的目睹情况和自己的感触，特别亲切感人。

《大众生活》的确无愧于人民大众抗日救亡的喉舌，第8期、第9期上以及以后的多期上，都为伟大的"一二·九"运动呐喊，无论文章、报道还是通讯，都在坚决支持参加运动者的英勇，斥责军警的阻挠和凶残，怒骂汉奸的卖国和政府的退让,也对要学生"埋头读书"、赶快"复课"的说教者以揭露和批判。

在这里,我们提出两个为人关注的人物。

一位是韬奋的挚友杜重远,他虽然为"新生事件"而服刑,但不甘寂寞,救亡热情,从未减缩,《大众生活》从创刊到第 8 期,几乎每期都登载他在狱中写的文章,对学生运动,他和学生一样激动。在《青年的爱国义愤》一文中,他写道:他看了"本刊上所评述的学生运动,又听到外边的种种谣传,怒火上冲,血管胀裂,如鲠在喉,还是一吐为快。老实说,这次学生的运动纯粹出于一种爱国义愤,加上四五年来的郁结,尤其是最近几月的种种刺激,所以一经开始,如江河决口,如火山爆发,触风沙,冒霜寒,水龙大刀毛瑟枪……任何武器,在所不惧。这种情景,可以震天地而泣鬼神。比世界上任何勇敢民族,都当之无愧。中央与地方当局,应如何探本溯源,自己问问自己对国家应有怎样抢救危亡的实际行动……"

他怒骂了造谣者:"最近有人报告我说:'有人说你左倾了',放他娘的狗臭屁! 中国弄到这步田地,有个地缝我都愿意钻进去,谈什么左倾右倾! 听说学生在几次的游行里,从无自动与军警冲突的,都是因为防卫而受伤或被捕,谁有'越轨行为'? 我敢问!"最后他坚定地提出:"我的主张,国势危殆到了这样急迫的地步,凡是能立在救国的共同目标上的人们,都应该结成'民族联合战线'来共同奋斗!"

这哪里像失掉自由的囚徒? 文章表明了他和韬奋是一致的,和人民大众的心是相通的。

另一位是胡适之,他同《大众生活》唱了不同的调子。向以青年导师自居的胡适之,在 1935 年 12 月 15 日的《大公报》上,发表的《为学生运动进一言》的文章,他说:"青年学生的基本责任到底还是在平时努力发展自己的知识与能力。社会的进步是一点一滴的进步……只有拼命培养个人的知识与能力,是报国的真正准备工夫。"胡适之觉得进一言还不够,接着在《独立评论》183 号上,又发表了《再论学生运动》的文章,文章虽然也承认军警鞭打徒手的学生,是"野蛮行为",但是,他却硬劝学生"复课",还说什么"凡大规模的游行,都应该在事前将路线和目的地通告警察机关",以责成其"维持秩序"。并说纽约两次 50 万人大游行就是这样做的,可见北平学生没有按照美国的法规,那就大错特错了!

《大众生活》在第 6 期上,刊登了《为胡适之进一言》一文,质问胡适之:"东北大学的学生,已经不能在中国的沈阳安心求学,而被迫迁到北平,但是现在北平又在大炮飞机威胁之下,什么人都不知道能够'苟安'到什么时候,我们要问胡先生,在这种环境之下,能不能使青年都遵照胡先生的话语去做呢?"《大众生活》第 8 期上,又发表了《再为胡先生进一言》,驳斥了胡适之要学生"复课",是"等于在大火烧的场上,硬劝消防队员抛却水龙不要救火而回家去看小说!"文章讽刺胡适之,他是住在北平城内,坐看中国军警鞭打爱国的中国学生,不是在纽约看运动大游行! 就是通知警察,也不会有胡想的"维持秩序"的效果。

　　正如韬奋在第 8 期"星期评坛"中所指出的:"正因为学生救亡运动在民族解放斗争上有这样重大的意义,所以我们愿以满腔热诚和万分敬意爱护它",不断地及时地对运动作正确的指导,随时批驳那些破坏运动的言论,使学生不致被那些别有用心的错误指导所迷惑。为此,《大众生活》每期出版后,都先寄送到北平学生联合会几千份,由学联和各校去发售,除寄回补偿印刷成本的部分钱外,大部分留作学联经费。这就是韬奋对学生救亡运动的爱护,同胡适之的那套"爱护"就南辕北辙了。

　　震惊中外的"一二·九"运动,很快地引起上海学生的大游行,接着天津、济南、杭州、南京、武汉、广州、长沙、重庆、桂林、西安、开封、南昌等城市,学生不仅游行示威,还深入到工厂、农村、部队,组织南下请愿团,去唤醒全体人民! 在运动中不但组织了地方学联,还组成了全国学联。1936 年 2 月 1 日组建了由中国共产党直接领导的"中华民族解放先锋队",简称"民先"。正如毛泽东所指出的:"'一二·九'是抗战动员的运动,是准备思想和干部的运动,是动员全民族的运动。"(1939 年 12 月 16 日《新中华报》第 3 版)在这样的运动中,《大众生活》活跃在中华大地的每个角落里。

五、在诬陷、恫吓面前

　　国民党政府把抗日救亡运动视为它讲"睦邻友邦"的最大障碍,希望学生"埋头读书",以便他们"埋头卖国"!《大众生活》成了他们打击的对象,邹韬奋自然是他们较量的对手。

针对毁谤者的诬陷和恫吓，1936年2月15日韬奋在《大众生活》第14期上刊登一则《紧要附启》："近来得到各方面读者友好的来信，报告本刊将被封闭和我将被拘捕或陷害的消息。诸位友好垂爱的殷切和关心的恳挚，令我万分感动，永不能忘。""也许变起仓促，来不及留下几句话和许多读者友好道别而遽去，所以特在这里预先略倾我的胸怀。""我个人在海外目睹中国国际地位的低劣，侨胞遭遇的惨苦，回国后又目睹大众所受的侵略压迫，变本加厉，全民族即将沦为奴隶，痛心彻骨，终夜彷徨，只须对民族解放有些微努力的可能，个人的安危生死，早置度外。所欲披肝沥胆，掬诚奉告于读者友好的，是我深信只有大众有伟大的力量，只有始终忠实于大众的工作，才有真正的远大效果。我个人无论如何，必始终坚决保持这个信仰，决不投降于任何和大众势不两立的反动势力。在欲得我而甘心的，必将尽其凭空捏造毁谤诬蔑的能事，创事实胜于雄辩，在我个人原不在意，不过我不愿因人有意破坏我的名誉，侮辱我的人格，而影响到我对于国事的主张和我为着大众的工作，所以在此艰危之际，在这一点上仍略为表明一些我的心意。"

在短短期间连续发生几桩预谋事件，目标均集中在邹韬奋身上。

第一桩，特务一再造谣，诬说邹韬奋侵吞1932年《生活》周刊代收各界援助马占山卫国捐款，韬奋特请律师代他在报刊上再一次发表启事，并把当年会计师所出证明书一起公布，以事实粉碎这一诬陷。韬奋说："他们徒然'心劳力绌'，并不能达到他们的目的。我们只要自己脚跟立得稳，毁谤诬蔑是不足畏的。"（《韬奋文集》，生活·读书·新知三联书店1978年1月版，第3集，第84页）

第二桩，蒋介石指派复兴社总书记刘健群和国民党中宣部部长张道藩为说客，找邹韬奋谈话。中介人为邵洵美，约见地点在邵洵美家里。邹韬奋同刘、张一见面，张道藩就发表长达3个小时的演说，韬奋静心倾听，却始终不得要领。刘健群则鼓吹的是法西斯所宣传的"领袖至上"一套货色，不管中国发生什么重大问题，"全凭领袖的脑壳去决定""一切全在领袖的脑壳之中，领袖的脑壳要怎样就应该怎样；我们一切都不必问，也不该问，只要随着领袖的脑壳走，你可以万无一失！"所谓"领袖"即蒋介石。韬奋在意大利和德国考察时，早就听过这类令人作呕的宣传了。刘健群进一步恐吓说："老实说，今日蒋介石杀一个邹韬奋，绝对不会发生什么问

题,将来等到领袖的脑壳妙用一发生效果,什么国家大事都一概解决,那时看来,今日被杀的邹韬奋不过白死而已!"

对这两个奴才,韬奋做了针锋相对的回答:"我不参加救亡运动则已,既参加救亡运动,必尽力站在最前线,个人生死早置度外!"同时更明确地告诉他们:"政府既有决心保卫国土,即须停止内战,团结全国一致御侮,否则高喊准备,实属南辕北辙。"要说抗日救亡问题,他说:"救亡运动是全国爱国民众的共同要求,绝对不是一二或少数人的'脑壳'所能创造或捏造出来的,所以即令消灭一二'脑壳',整个救亡运动还是要继续下去,非至完全胜利不会停止!"对于所谓"领袖脑壳论",韬奋则直截了当地说:这种领袖观便是独裁的领袖观,和民主领袖观是根本对立的,"民主的领袖观是要领袖采取众长,重视民众'脑壳',即重视民众的要求和舆论的表现,独裁的领袖观便恰恰相反,只有领袖算有'脑壳',其余千亿万的民众算是等于没有'脑壳'!"

这次谈话很久,一直谈到深夜一两点了,韬奋看时间已晚,于是告辞,乘出租车回家。一路觉得可笑,韬奋自己想:"好像看了一出什么喜剧!南京既叫他们两位跑到上海来和我谈判,何以却没有什么重要的有关题目的话提出来谈,一则语无伦次,一则妙论横生,最后即一哄而散,毫无结果可言,真是令人摸不着头脑。"这场辩论结束,事情并未就此了结。

刘健群、张道藩回南京不久,杜月笙又奉蒋介石之命,准备"亲自陪送"邹韬奋到南京"当面一谈"。当杜月笙向韬奋当面传递这个消息时,并拍着胸脯向韬奋说:"有我杜某陪你同往,又陪你回来,安全绝对没有问题。"

杜月笙的出马,非同小可,他既是蒋介石的老搭档,又是上海滩上的土皇帝,上海的行帮,不拜他的码头,那是很难站稳脚跟的。这种通天霸地的人物,自己也说没有他办不成的事。可见他的势力之大。蒋介石既派刘、张失败,也才惊动杜月笙,认为胜券在握,邹韬奋会在他的"陪同"下,顺利到达南京。

事出蒋介石预料之外,韬奋和若干友好共商之后,决定拒绝这次"当面一谈"。当韬奋告诉杜月笙时,才知杜已和南京约好,定于第二天一早在南京火车站由特务头子戴笠迎接,当晚即搭火车前往南京。第二天大雨,戴笠到南京车站接空,结果路滑车翻,弄了个满身污泥。

事隔几年之后,张群在重庆向韬奋无意间透露:"那次接你到南京,是蒋寻'奇才',因为陈布雷太忙,要请你留在南京帮帮布雷先生的忙。"蒋介石竟要韬奋做"陈布雷第二",真是非分之想,以为什么人都可以收买的,殊不知韬奋是硬骨头。

幸而拒绝了南京之行,不然,其后果那就难于想象了。还是韬奋的几位友好分析得接近实际,命运还是不掌握在蒋介石手里为好,韬奋只有再度流亡!

六、停刊号

《大众生活》共办了 16 期,第 16 期也就是《大众生活》向读者告别的停刊号,是读者不会忘记的。它的"星期评坛"上,有《平津学联被禁》的公告,也有韬奋《紧要启事》,读者禁不住激愤的心,含着热泪读完了公告和启事。

国民党政府于 1936 年 2 月 21 日下令禁止平津学联活动,勒令学联解散,"并捕共党操纵分子。"评坛就此事提出评论:"我们回溯平津学联会因平津汉奸横行无忌,层出不穷地演着伪自治运动的丑剧,丝毫不见有何制裁,而学联奋起发动救亡运动,影响全国,震动世界,后来深入民间,扩大宣传,最近对于研究推广国难教育,尤其努力,根据他们事实上的表现,实看不出他们有何大逆不道的事情。最近《密勒氏评论报》主笔鲍惠尔氏亲自调查回上海,在所发表的谈话里也说起华北学生运动实为爱国心所驱动,说受利用,实为荒谬。"这一公正的评论,凡正直的中国人和外国人,无不为之感动,而只有那些汉奸和国民党政府冷若冰霜,仍为捕杀爱国者而效力。

韬奋《紧要启事》,是代表刊物和他本人的心声,今天读来仍会触动爱国之情。

"本刊代表大众的立场和意识,对于万分严重的国难,主张发动整个民族解放的英勇抗战,并主张要在'不压迫民众救国运动'的条件下进行,态度光明,言论公开,但竟因此受到种种压迫,先之以停邮,继之以查禁,在本刊承蒙国内外数十万读者的信任,无数文化工作同志的培成,艰苦支撑,不敢不勉,但在现状下已无法进行,不得不于万分沉痛中暂行停刊,这

一期算是和读者诸友暂别的终刊号。在此临别之际，还有两点要提出来奉告于诸位的：第一是我们深信本刊所以得到数十万同胞的赞助爱护，不是任何个人乃至任何少数人的力量，却在本刊的主张是许多爱国爱民族的同胞的心意的反映，所以本刊虽以迫于环境，暂时停顿，而抗敌救亡的运动却是必然地会持续开展发扬光大的。第二是我个人既是中华民族的一分子，共同努力救此垂危的民族是每个分子所应负起的责任，我决不消极，决不抛弃责任，虽千磨万折，历尽艰辛，还是要尽我的心力，和全国大众向着抗敌救亡的大目标继续前进。敬祝全国大众起来为民族解放前途共同奋斗！"

《大众生活》停刊了，前后只历时3个多月就被国民党封闭了。刊物被封，人心却是封不住的，韬奋的心没有封住，人民大众的心也没封住。

韬奋早就说过，刊物这里被按下去，那里会冒出来。这是国民党逼出来的战斗策略。《大众生活》停刊的第7天，韬奋的战友金仲华，以主编兼发行人的《永生》创刊了。这是1936年3月7日的一大新闻，间隔几天就真的冒出来了。

韬奋在上海的处境非常危险，当《大众生活》的接替者《永生》创刊后，他在杜重远的家中躲避了10天左右，于1936年3月，再度流亡，到了香港。毕云程被捕保释后，也到了香港。共同准备筹办《生活日报》。

第二十七章　参加救国会

　　韬奋除了忙于办刊物办书店的宣传工作之外,还忙于抗日救亡的组织工作。他参加了救国会,并被推选为执行委员,以至后来成为中外闻名的救国领袖之一。这一光辉的史页,是不可空缺的。

一、救国会的成立

　　救国会的建立,是有其斗争过程的。

　　救国会最早发起是上海文化界,同 1935 年北平学生救亡运动"一二·九"相隔 3 天,1935 年 12 月 12 日,上海以著名爱国老人马相伯(96 岁)领衔,有 280 多人签名的《上海文化界救国运动宣言》发表了。宣言称:"国难日亟,东北四省沦亡之后,华北五省又在朝不保夕的危机之下了!'以土事敌,土不尽,敌不厌'。在这生死存亡间不容发的关头,负着指导社会使命的文化界,再也不能够苟且偷安,而应当立刻奋起,站在民众的前面而领导救国运动!""争取民族的解放,不单是中国人民的天经地义,而且是任何被压迫民族的天经地义。敌人的压迫愈严重,中国人民对民族解放的要求,亦愈高涨。尽量的组织民众,一心一德的拿铁和血与敌人作殊死战,是中国民族的唯一出路。"并提出"我们的主张"为:

　　"一、坚持领土和主权的完整,否认一切有损领土主权的条约和协定;

　　二、坚决反对在中国领土内以任何名义成立由外力策动的特殊行政组织;

　　三、坚决否认以地方事件解决东北问题和华北问题——这是整个中国的领土主权问题;

　　四、要求即日出兵讨伐冀东及东北伪组织;

　　五、要求用全国的兵力财力反抗敌人的侵略;

六、严惩一切卖国贼并抄没其财产；

七、要求人民结社集会言论出版之自由；

八、全国民众立刻自动组织起来，采取有效的手段，贯彻我们的救国主张。"

邹韬奋和沈钧儒、章乃器、王造时、李公朴、郑振铎、徐雪寒、金仲华、陶行知、张仲实、薛暮桥、杨卫玉、陈楚云、钱亦石等均签了名。这是具有深远意义的宣言，它随着"一二·九"救亡运动的深入和发展，迅猛地传播开来。

上海文化界之所以首先组织起来，其原因有三：一是胡愈之所说的，《大众生活》成了抗日救亡的一面旗帜，通过聚餐会形式，韬奋、胡愈之和沈钧儒已经非常亲密，沈在文化界德高望重，这就团结了一批文化人。二是中国共产党地下组织遭到严重破坏，已同中央失去联系。可是，在文化界的被分散的党员，从外文报刊上，得知中共中央发表《八一宣言》的消息，于1935年底从法国得到吴玉章寄出的《救国时报》上刊登的《八一宣言》全文，特别兴奋的是中共中央提出了抗日民族统一战线政策，深感"左"倾关门主义的危害。他们摆脱"左"的束缚，积极参加和推动了救亡运动。三是"一二·九"运动爆发的群众抗日运动的直接促动，认为文化界不能仅限于宣传，应该组织起来行动。

1935年12月底，邹韬奋由陶行知介绍，接待了参加"一二·九"运动后由北平来上海的端木蕻良，听了北平学生救亡运动的情况之后，韬奋高兴地介绍了生活书店的发展，并说："生活书店为什么会越来越大呢？这就得'感谢'国民党了。国民党要停刊，广大读者支持，来信说不要退款，款子就捐献了，何时复出，何时重订。"

文化界救国宣言主要起草人之一的章乃器和别人一起，热情地接待了北平学联派往上海的代表陈翰伯、陈元、韦毓梅3同学，并亲自带领他们到各学校演说，介绍北平学运情况，联络和发动了一大批进步的青年学生。

上海文化界救国运动的倡导者们为宣传抗日救国的主张，决定组织一次大规模的游行示威和飞行集会，章乃器被推为这次行动的总指挥。12月23日，章乃器等在南京路大东旅社开了一个房间，摆了两桌麻将牌作为掩护，召集了一些青年学生开会作了严密部署。第二天正值圣诞节前夕,参加示威的学生群众事先分散在南京路的各弄堂内,清晨 7 时许,听到燃放爆竹的信号之后,示威者迅速向马路中心集中,喊口号、贴标语、散发救国会宣言和传单,造成了很大声势,使上海群众救国运动重新活跃起来。

1935 年 12 月 27 日,上海文化界救国会正式成立,并通过了《上海文化界第二次救国宣言》,进一步提出了建立民族统一战线、停止一切内战,释放一切政治犯等。邹韬奋和沈钧儒、章乃器、王造时、陶行知、钱亦石等被选为执行委员和常务委员,韬奋分管宣传,因《大众生活》任务过重,后由章乃器分管会务宣传,章在《大众生活》发表许多文章,这与他分管宣传有关。

上海妇女界救国会,成立于 1935 年 12 月 21 日,主要负责人为:史良、沈兹九、杜君慧、胡子婴等,她们的宣言号召:全国妇女立刻自动地组织起来,贯彻宣言提出的救国主张,并出版了《妇女生活》。

上海职业界救国会,主要负责人是沙千里,核心成员是林枫、顾准、雍文涛等。

上海工人救国会,其核心成员是袁超俊、韩念龙、王大中等。

上海各大学教授救国会和上海大学生救国联合会以及中学生救国联合会等,均同时成立。

国难教育社的主要负责人是陶行知、戴白韬等。也和其他救国会一样是重要的集团组织。

这些救国会组织都相继成立。显然,成了一支庞大的救国队伍。

1936 年 1 月 28 日,成立了上海各界救国联合会,沈钧儒、章乃器、王造时、邹韬奋、李公朴、陶行知、沙千里、史良、刘良模等 30 人为理事。下设干事会,干事有胡子婴、徐雪寒、周钢鸣、朱楚辛等。该会任务是筹备全国总会;扩大救国会队伍;援助被捕的爱国分子;抗议上海公共租界巡捕破坏救国会运动。号召全国民众组织起来,争取民族的解放。

1936 年 5 月 29 日,在上海圆明园路青年会,成立了全国学生救国联合会(全国学联),选出北平、天津、南京、上海等 11 个地区的代表为执行委员,并选出每届执行会主席。

1936 年 5 月 31 日,全国救国会在上海青年会成立,出席人员为 18 省市和十九路军的代表,大会选出马相伯、宋庆龄、何香凝、沈钧儒、章乃器、

陶行知、邹韬奋、李公朴、沙千里、史良、王造时、孙晓村、狄超白、曹孟君、何思敬、刘清扬、黄敬等 41 人为执行委员，其中 15 人为常务委员，组织部长为沈钧儒，宣传部长为章乃器，事务部长为王造时，下设干事会，组织部总干事为徐雪寒，宣传部总干事为吴大琨，事务部总干事为石不烂。

救国会宣言称：救国运动弥漫各地，救国阵线扩大到社会各阶层，表示中国人民坚决不做亡国奴。国内各党各派唯一救亡图存的要道，是全国团结一致，能有一个全国统一的联合救国阵线。宣言揭露国民党政府推行的卖国内战政策。宣言还指出：救国阵线现阶段的主要任务——促成全国各实力派合作抗敌。

以上海为中心的救国抗敌运动，通过各地的救国会，蓬蓬勃勃地开展起来！

1936 年 3 月 28 日，"上海文化界救国会会刊"于上海创刊，马相伯题写刊名，特署"九七叟相伯"。

1936 年 5 月 6 日，《救亡情报》创刊，由徐雪寒主编，系"上海文化界救国会""上海妇女界救国会""上海职业界救国会""上海各大学教授救国会""上海国难教育社"联合会刊，也就是全国救国总会会刊。也由"九七叟相伯"题名。

1937 年 1 月 1 日，全国学生救国联合会，又出了《学生导报》，反映了全国学生救亡运动的情况和要求。

这样全国救国总会，通过上述期刊，指导整个救亡运动，宣传救亡情况和消息。同未停刊之前的《大众生活》相互配合和补充，《大众生活》停刊后，又成了《永生》周刊的战友。

二、中国共产党的引导和帮助

救国会的成立，是在中国共产党的促动及其党员的参与下实现的。救国会在民主党派中是同中国共产党合作得最早最好的，它的领导人沈钧儒被周恩来同志誉为"左派的旗帜"，是十分恰当的，对邹韬奋所经历的道路，认为是"中国知识分子走向进步走向革命的道路"，也是完全正确的。

韬奋在国外考察的最大收获是：在思想上对马克思列宁主义的正确

认识,在行动上参与了美国共产党组织的秘密活动,回国之后下决心跟着中国共产党走。这是韬奋的实践所证明的。

1935 年 8 月 1 日,中共中央发表了《为抗日救国告全体同胞书》,即《八一宣言》。

这时,中国工农红军正在长征途中,宣言是由中国共产党驻共产国际代表团团长王明起草,经过讨论提出的,它是根据 1935 年 7 月共产国际第七次代表大会提出的反法西斯统一战线问题的精神,结合中国危亡形势,由斯大林、季米特洛夫批准通过的。据吴玉章回忆,在莫斯科听到"何梅协定"及平津日寇屠杀我国人民及上海"新生事件"等等难忍的消息,我们急电王明(在黑海边疗养)共商对策,提出了展开新局面的《八一宣言》。

《八一宣言》于同年 10 月 1 日刊登于巴黎的《救国时报》。宣言指出:在日本帝国主义疯狂侵略和国民党政府加紧卖国的情况下,亡国灭种的惨祸,迫在眉睫。"抗日救国,已成为每个同胞的神圣天职!"宣言提出了:停止内战,一致抗日的要求,并郑重声明:"只要国民党军队停止进攻苏区行动,只要任何部队实行对日抗战,不管过去和现在他们与红军之间有任何旧仇宿怨,不管他们与红军之间在对内问题上有何分歧,红军不仅立刻对之停止敌对行为,而且愿与之亲密携手共同救国。"宣言号召:全民总动员,集中一切人力、物力、财力,为抗日救国的神圣事业而奋斗。

这个宣言,在 1935 年年底才盛传于北平、天津、上海、南京、太原等各大城市。上海中共地下党组织,因遭严重破坏,同党中央失掉联系,就是直属中央特科联系的胡愈之,也因联系人严希纯于 1935 年 11 月被捕而失去联系,加上生活书店毕云程被捕,敌人审讯时,明知他不是共产党员,说他们要逮捕的是个"小个子的人",也就是要逮捕胡愈之,却不知他的真实姓名。在这种状况下,韬奋等劝胡愈之离开上海躲避。这时,胡愈之为说服张学良和东北军转向抗日取得成效,急于同上级联系请示,于 12 月 10 日左右,到达香港。找到了原来联系他的宣侠父,宣已担任中共华南工委书记。胡愈之说:"我向他谈了我们对张学良和东北军工作的情况,宣侠父也觉得这事情很重大,应尽快报告给中央。但是,这时香港与党中央也失去联系。所以宣侠父决定让我经法国去苏联,直接向驻共产国际的中国代表团汇报情况。不久,就得到了共产国际中国代表团的答复,同意我立即前往,同时还转来了苏联邀请鲁迅先生前去疗养的信息,要我把鲁迅

先生带着一起去。这样，1936年1月，我又秘密回到了上海"，约鲁迅到一咖啡馆里，向他转达了苏联的邀请，但被鲁迅谢绝了。他认为在国内可以用笔和反动政府作斗争，去苏联就什么也做不成了。他说："国民党政府虽然对我十分仇视，想着把我枪毙了，但我看他们也不敢。"胡愈之当即返回香港，准备去苏的工作，以华侨商人身份弄到了护照，先坐船到法国，在巴黎访《救国时报》的吴玉章，吴玉章接待了他，并为他办好去苏联的手续，1936年2月，胡顺利地到达莫斯科。

在莫斯科车站迎接胡愈之的，是他1927年就认识的潘汉年，潘是在遵义会议以后辗转到苏联的。在苏联还遇到艾寒松，他在"新生事件"以后，流亡出国，这时也到了苏联。

胡愈之向当时任共产国际中共代表团团长的王明，详细地汇报了国内情况，特别是关于张学良思想转变和东北军的动态，又重新写了书面报告。在莫斯科期间，潘汉年向他转达了共产国际第七次代表大会的精神，在中国要实现国共合作，建立抗日民族统一战线和《八一宣言》的内容，这时他才阅读了宣言的全文。

同时，共产国际与中共中央已经取得联系，张学良也与陕北党中央有了直接来往，国民党政府这时已与苏联恢复了外交关系，并通过其驻苏使馆的邓文仪与共产国际中共代表团有所接触，国共合作，建立抗日民族统一战线已在酝酿和行动之中。所以到了1936年4月，王明找胡愈之说：你的任务已经完成，张学良和东北军的事情党中央已经知道，你可以不用管了。你回去把潘汉年带领回香港（因潘不懂外语），以后你的工作就由潘汉年直接领导。这样1936年4月间，胡愈之和潘汉年，又经法国乘船回香港。他们到巴黎，胡愈之就接到邹韬奋从香港发来的电报，要他回港一起筹办报纸。胡愈之和潘汉年商量，潘汉年认为报纸不能再搞反蒋宣传，要胡愈之打电报给邹韬奋，报纸先不要出，等胡回到香港再"择吉开张"。5月初潘汉年和胡愈之回到了香港。胡愈之向邹韬奋专门介绍了共产国际关于建立国际反法西斯统一战线的方针，告诉他我们报纸的宣传也应由反蒋抗日向联蒋抗日转变。这个方针和转变，对于国内来说，的确是重大的，需要做很多工作，才能落实这个转变。

中共上海地下组织的情况，又是怎样的呢？由于连连遭到严重破坏，又与中央失掉联系，可是"文委"系统保存下来的一些党员和组织，通过各种途径，了解到《八一宣言》的内容和精神，特别是"一二·九"运动爆发后，他们秘密活动起来，深感过去工作范围的狭窄，关门主义的危害，于1935年底"文委"决定：解散"左联"、"社联"等团体，使党员分散到社会各阶层开展工作。为进一步适应形势的发展，于1936年2月成立党的"临委"，由邓洁任书记，成员有胡乔木、王翰、丁华等，后来增加了王新元。无论组织和党员，都特别增强了对社会上著名爱国人士的联络工作。这就为党和救国会奠定了密切合作的基础。

当上海各界在党的影响下，纷纷成立救国会，中共地下党组织应时在各团体中秘密建立了党团或核心，例如上海文化界救国会，主要领导人为沈钧儒，而党团书记是钱俊瑞；上海妇女界主要负责人为沈兹九，而党团书记先是杜君慧，后是林立；上海职业界救国会主要负责人为沙千里，党的核心成员是林枫、顾准、雍文涛、王组华、刘峰、陆志仁；上海工人救国会的核心成员是袁超俊、韩念龙、王大中等；国难教育社的主要领导为陶行知，而党的核心成员是王洞若、张劲夫等；后来全国各界救国联合会的领导人为马相伯、宋庆龄、何香凝和沈钧儒、章乃器、邹韬奋、李公朴、沙千里、王造时、史良、陶行知，而党团书记先是钱俊瑞，后是王炳南。

从全国救国会会刊——《救亡情报》看，也如实地反映了中国共产党和全国救国会的密切合作的关系。它是上海文化界、妇女界、职业界、各大学教授和国难教育社联合救国会会刊，是在上海文化界救国会会刊基础上转变而成的。它于1936年5月6日创刊。97岁的马相伯老人题写的刊名，《发刊词》郑重指出："我们明白各社会层分子的利益，只有在整个民族能够赓续存在的时候，才能谈到。在这大难当头，民族的生命，已危在旦夕的时候，我们必须联合一致，与敌人及敌人的走狗——汉奸斗争。""我们深望各地方各界的读者，一切不甘愿做顺民的人们，能组成钢铁一般的阵线！"《救亡情报》除宣传各界和各地的抗日救亡主张及意见外，介绍了全国各地和海外华侨的救亡图存的呼声，还介绍了各实力派人物如冯玉祥、方振武、李宗仁等的抗日救国的要求。《救亡情报》后来在刊头位置每期登出《征求会员启事》："一切愿意参加救国会的民众们！各救国团体都是广大人民的救亡联合战线团体，欢迎一切不愿做亡国奴的人们参加。"这就充分表明了救国会的性质，也告诉人们救国会是抗日统一战线的组织形式。

《救亡情报》既是救国会会刊,负责刊物的是章乃器和王造时,而实际领导则是钱俊瑞,主编是徐雪寒,写稿采访的是恽逸群、陆诒、刘群等。这样,《救亡情报》在中国共产党和救国会之间就成了密切合作的纽带和桥梁,为建立抗日民族统一战线起着重要的作用。

救国会和抗日民族统一战线的建立,得到了中共中央和毛泽东大力支持,并直接指派潘汉年去上海联系。1936年9月18日,毛泽东在给宋庆龄的信中指出:"兹派潘汉年同志前来面申具体组织统一战线之意见,并与先生商酌公开活动之办法,到时敬请接洽,予以指导。"同时,毛泽东又给章乃器、陶行知、沈钧儒、邹韬奋的信中特别说:"我委托潘汉年同志与诸位先生经常交换意见和转达我们对诸位先生的热烈希望。"

这两封信足以证明:中国共产党和救国会之间以及它们领袖之间的关系。

三、一份重要文件的发表

当全国救国联合会在上海成立的时候,宣言和提纲随之就发表了。潘汉年在香港看了之后,觉得都比较"左",对于蒋介石、国民党起不到争取团结的作用。根据这种情况,潘汉年特地找了在香港的邹韬奋和陶行知作了说服工作,并由胡愈之帮助起草了一个《为抗日救亡告全国同胞书》,以纠正"左"的偏向,对救国会的宣言做个补救。据韬奋回忆:"我们几位在港的朋友曾为着这个问题(即抗日民族统一战线问题),讨论了几天几夜,结果草成了一本小册子,名为《团结御侮的几个基本条件与最低要求》,由我亲自带到上海,再和沈钧儒、章乃器诸先生及其他救国会诸同志作详尽的研讨,经过港沪几位朋友多次的商讨和修正之后(当时陶行知先生适因赴美经港,对小册子内容亦曾参与商讨),最后由沈钧儒、章乃器、陶行知诸先生和我四个人共同负责署名发表。这本小册子最初产生于香港的生活日报馆,最后由上海印行普及全国,引起了全国各方面的重大的反应。"(《韬奋文集》,生活·读书·新知三联书店1978年1月版,第3卷,第346页)章乃器于1969年12月是这样回忆的:"潘汉年代表党在我们面前出现,就负着纠正'全救'文件左偏的使命。他提出了一个由沈老、韬奋、行知和我署名的文件的初稿,文件初稿最后经我们订正,叫做

《我们对于团结御侮的最低要求》，初稿的调子太低了，我们接受不了，经过多次的修改才定稿。胡愈之参加了修改的工作。"陶行知在文件发表的同月（即 7 月）写了如下诗歌："大祸已临头，萁豆忍相煎，摩登万言书，我名最先签。"接着他说："团结御侮文件，由胡愈之先生起草，经过修改，与邹韬奋先生在港先签字，再持至上海作最后修正，并由沈钧儒、章乃器二先生加入签名发表。"据起草人胡愈之回忆，"这个文件基本上和《八一宣言》的调子相近，是站在中间派的立场写的，主张国民党要停止内战，共产党要废除苏维埃和工农红军，要团结民族资产阶级。这个文件由邹韬奋、陶行知签名后再由邹韬奋亲自去上海要沈钧儒、章乃器签名，因为他们 4 个人都不是国民党员，也不是共产党员，章乃器是代表民族资产阶级的。邹韬奋到上海后，沈钧儒同意签名，但章乃器却嫌文件太右了，坚决主张修改，甚至连题目也改为《团结御侮的基本条件与最低要求》。"（《我的回忆》，江苏人民出版社 1990 年 7 月版，第 36 页）

这一文件的产生和修改过程，大体如此。文件于 1936 年 7 月 15 日在香港邹韬奋主办的《生活日报》上发表。应该说，这是共产党员和救国会领导人共同合作的产物。

毛泽东于 1936 年 8 月 10 日公开复函给章乃器、陶行知、邹韬奋、沈钧儒和全体救国会会员，表示："我代表我们的党、苏维埃政府与红军表示诚恳的敬意，并向你们和全国人民声明：我们同意你们的宣言、总纲领和要求，诚恳的愿意与你们合作，与一切愿意参加这一斗争的党派的组织和个人合作，以便如你们的纲领与要求上所提出的一样，来共同进行抗日救国的斗争。"蒋介石则对这一文件痛恨至极，他诬蔑说："乘前方剿匪紧张之时，鼓吹人民阵线，摇惑人心！"

潘汉年当时是受共产国际委托到国内和国民党谈判停止内战，共同抗日的。他对胡愈之交代说："以后你只管救国会的事，别的事不要管，有什么问题来找我，没有问题就自己去干吧！"胡愈之在文化战线上是负有众望的，同救国会的领袖们是多年交往的友好。其他的共产党员如钱俊瑞对宋庆龄和其他救国会领袖们，关系是非常密切的。毛泽东的公开信，对参加救国会的秘密党员，是个极大的推动，对救国会的领袖们是个极大的鼓舞，邹韬奋也不例外，这更增强了他的信心和力量，他更加自觉地把抗日救国和自己的工作紧密地融合在一起了。

第二十八章　在香港办《生活日报》

要办一种合于人民大众所需要的日报,是韬奋长久的愿望。1932 年在上海对《生活日报》的筹办,花了时间和精力,得到广大读者的支持和许多挚友的帮助,终于未能冲破国民党的种种压力而停办。每念及此,不免引起韬奋一番愤慨,也不免怀念去世的老战友戈公振,怀念尚在狱中的杜重远。这次在香港筹办《生活日报》,他和几位友好也遇到种种困难,但终于实现了这一心愿,韬奋还是感到欣慰的。

一、在贫民窟里办报

1936 年 6 月 7 日,《生活日报》创刊号在香港出版了。当韬奋看到第一张《生活日报》时,他自己有一段动情的描述:"那天夜里我一夜没有睡,自己跑到印刷所里的工场上去。我亲眼看着铸版完毕,看着铸版装上卷筒机,看着发动机拨动,听着机声隆隆——怎样震动我的心弦的机声呵!第一份《生活日报》刚在印机房的接报机上溜下来的时候,我赶紧跑过去接受下来,独自拿着微笑。那时的心境,说不出的快慰的心境,不是这枝秃笔所能追述的!""我和我的苦干着的朋友们的心血竟得到具体化,竟在艰苦困难中成为事实,这在当时的我实不禁暗中喜出了眼泪的!"(《韬奋文集》,生活·读书·新知三联书店 1978 年 1 月版,第 3 卷,第 138、139 页)

韬奋既有愉快的微笑,也有辛酸的眼泪。生活书店在自由资金中拨付 4 万元为开办费。韬奋从 3 月间到香港,便和金仲华、恽逸群、王纪元、柳湜和后来的胡愈之,以及毕云程等,投入了筹备工作。香港固然是五方杂处的地方,各派力量汇集,但能慨然资助韬奋办报而又不存利用之心者,只是他的几个穷朋友,"辗转凑借了一笔款子",他没有使用公开招股的办法,因为要顾到入股大众的利益和创办者的信用,所以仍按自己艰苦奋斗不被人操纵的办法,试办起来。既办了《生活日报》,也办了《生活日报星期增刊》,后又改为《生活日报周刊》、《生活星期刊》。韬奋解释说:"星期刊就是周刊,所以采用这样累赘的名称,因为《生活》周刊已被封禁,改用另一个名词,在内地发行才不受阻碍。"可见当时一旦考虑不周,就会遭难。

由于经济所限,报馆只好设在贫民窟里。正当韬奋在这种贫困的环境里办报的时候,香港的一家报纸上刊登了一条莫须有的新闻:说什么韬奋被广西的当局请到南宁去,担任广西省府的高等顾问,同时兼任南宁《民国日报》总主笔和广西大学教授,每月收入在 600 元以上云云。把一个自称"穷小子"的人,说成了身兼要职的阔佬,真是可笑。

《生活日报》在利源东街 20 号,是香港零星贫民窟中的一条小街,汽车货车都不许进去,它的地势倒不错,夹在最热闹的德辅道和皇后大道的中间,和印刷所也近。这是一座号称三层楼的破烂房屋,每层只有一个长方形的小房间,房间的后面有一个很小的厨房,前面临街有一个窄得只够立一个人的露台。房屋里没有天花板,仰头一望,便看得见屋顶的瓦片。上楼是由最下层的铺面旁边一个窄小的楼梯走上去的。上下楼两人相遇很难通过,只有一人紧紧身贴墙壁让路,才能错开上下。屋子当然是很脏,不经过彻底粉刷和修整,那会损害人的健康的。韬奋亲自和泥水匠协商,经过一个多月的折腾,房屋经过 5 次粉刷,把原厨房门外的小水沟改装成白瓷砖的小便池,又经过屋内油漆,把破屋改换了"新装",充当了报馆的编辑部。

韬奋的办公室就是二层楼的前一部分,隔一个小小的房间,排着三张办公桌,已是挤得难于回旋。窗关着很闷;窗开着吧,斜对面的一家小铁店的煤烟常常溜进来,那空气中布满灰尘,都使人烦恼。环境更加不安,相邻里弄狭窄,遇事干扰。有一夜,斜对面的楼上死了一个人,全家十几口,男男女女,大大小小,围着死尸哭着,哭得很悲哀,听了令人为之惨然。韬奋坐在小房间写社论,很久很久写不出一个字来!胡愈之的办公室,就在韬奋的办公室对面,也经常为此破屋的环境影响写作而感叹。

二、办报的立场和宗旨

1936 年 5 月 24 日,韬奋收到了来自天津的一封长信,署名"莫文华"。这不是一般的读者来信,"莫文华"是刘少奇的化名。他正主持中共中央华北局,这封信是对韬奋主编的《生活日报》表示有力的支持和声援。他在信中说:"我党得贵刊应担负促成解放民族的伟业,而目前的中心问题是民族解放的人民阵线之实际的组织",并强调指出:这个救亡的组织"应是极广泛的民族统一战线,应是全民族抗敌反卖国贼的各阶层联盟,从最进步的阶层及其政党的武装力量起,直到最落后的同乡会宗教团体与部分抗敌的地主、军人、官吏、资本家、名流学者等",都应包括在救亡的组织之中。他还对《生活日报》的性质与任务提出了期望,"认为贵刊应成为救国人民阵线的指导者和组织者;成为千千万万各种各色群众的权威的刊物。"

韬奋将这封信刊登在《生活日报星期增刊》第 1 期上,并加了编者的话说:莫先生的这封信"有着剀切详明的指示,和我们的意思,可谓不谋而合",提出:"除开在事实上已显然甘心做汉奸,在事实上已在出卖民族利益的奴才们,我们都要尽心力把他拉到民族联合阵线里面来。"

《生活日报》及其星期增刊,正是这样"不谋而合"的。实际上,这封信和潘汉年同他的谈话,精神是一致的,都反映了中国共产党对形势的估计和党的策略转变。完全符合全国人民的心愿。

《生活日报》的《创刊词》写道:"同人愿以自勉的第一义,便是以全国民众的利益为一切记述评判和建议的中心标准。"同时标明:"本报的两大目的是努力促进民族解放,积极推广大众文化,这也是从民众的立场,反映全国民众在现阶段内最迫切的要求。"

韬奋对这两大目的,作了进一步解释:

"全国民众在当前所焦思苦虑,梦寐不忘的,是争取中华民族的平等自由,是要避免亡国奴的惨祸。我们做中国老百姓的人们,不管张三李四,不问何党何派,在行动上抗敌救国的便是全国民众的友好,在行动上降敌卖国的便是全国民众的仇敌;今日在事实上表现抗敌救国的是友,明日在事实上降敌卖国,就即时是敌。'敌乎友乎',全以是否在行动上,或事实上抗敌救国为转移。我们认为须用这样的态度，从各方面扩大民族解放的阵线。"

"其次，我们要郑重指明的是民族解放的斗争是大众的事情，不是少数人的事情；和某一国内的少数特权阶层对别一国内的少数特权阶层争夺少数人利益的斗争是不同的，和某一军阀对另一军阀的争夺个人利益的斗争是不同的。民族解放运动所争取的是民族大众的利益，所以必须唤起民众，共同奋斗，揭破汉奸理论的麻醉，制裁汉奸疯狂的行为，灌输抗敌救亡的知识，指示抗敌救亡的实践。我们要民族解放运动获得广大巩固的基础，必须积极推广大众文化，使大众集中力量对民族的内外敌人作无情的坚决的猛攻与扫除。"

韬奋主编的一报一刊，对团结御侮，一致对外，对抗日民族统一战线，作了详尽的阐述和宣传，对挑起内战，对妥协退让，对投降主义，作了无情的批判，也指出了关门主义的危害和危险。在广大读者中，澄清了许多模糊不清的问题，对抗日救亡起了强烈的影响和作用。

1936年6月间，在中国南方发生了"两广事变"，也叫"六一事变"。桂系实力派李宗仁、白崇禧和广东实力派陈济棠，乘全国人民强烈要求抗日救亡的机会，"吁请中央领导全国抗日"公开打出"反蒋"的旗帜，成立了"西南联军"，自任正副司令。此事一发，南京方面意见不一，有的主张武力解决，有的主张和平解决。这就引起了全国人民又一关注的问题：原来内战未停，又一次内战可能爆发。

正在此时，被称为"广东王"的陈济棠在广州，听说邹韬奋在香港办报，于是特邀请韬奋到广州商谈办报，以鼓吹他们的行动。

韬奋到达广州，同陈济棠谈了两个小时，谈的是抗战问题。当时西南有不少人认为非倒蒋不能抗战，陈济棠在当时也有这类意见，这和韬奋上述的团结御侮的意见不无出入，韬奋便尽其所知，详为说明。指出：西南与南京万一不幸而开火，无论谁打谁，新的内战又起，这对于全国团结抗战都是不利的。韬奋恳切地向陈济棠表示："我们站在全国团结抗战的立场，反对原有的内战继续下去，也反对有任何新的内战又发生出来；不管它是国共战争也好，中央与地方战争也好，都是有利于我们民族的侵略者，都是全国团结抗战的莫大障碍，都是我们所反对的。我们主张中央应采纳西南抗战的请求，同时西南亦应力避与中央武力的冲突。我们的这

种主张,曾在当时言论上作有力的表现,坚持到底,毫不动摇。"(《韬奋文集》,生活·读书·新知三联书店 1978 年 1 月版,第 3 卷,第 346 页)韬奋第二天即回香港。临行前,陪同他的是位老相识,告诉他:陈觉得文化人生活艰苦,如你同意的话,他想送你 3000 元,聊表微意。韬奋表示:我办报办刊物,向来以不接受任何方面一文钱为铁则,所以请他代为婉谢。

后来李宗仁到广州,也约韬奋去谈了一整天;白崇禧到广州也约去谈了大半天。韬奋都以同样的态度,阐明了自己的主张和意见。西南问题,在《生活日报》上,相继发表社论,恳切坦诚地晓之以理。如 6 月 10 日社论说:"我们深信国难的解决要靠全国民众团结起来共同奋斗,决不是可以靠几个'英雄'也绝不是可以靠任何一党一派的少数人。""对于民众的伟大力量,不但不轻视,不但不压迫,而且要认为这是基本的国力所在,要特别加以保护的。"6 月 14 日写道:"我们对于任何政党,或任何集团,或任何个人,不能仅看了他们嘴巴上所承认的党纲或理想,便相信它是真的,必须坚持地把他们所自认的理论和他们在行动上的表现比较。"在全国的舆论呼吁中,蒋介石也采取了软办法,终于和平解决了,陈济棠下台,内战没有发生。

韬奋的广州之行,使他对抗日民族统一战线的形成,增强了信心,也带来了新的希望。

三、苦干和苦恼

韬奋做什么,都是认真负责,埋头苦干。报馆能在贫民窟中开办起来,的确反映了他的执著苦干精神,在条件十分困难的情况下,他就能带着一批硬汉把局面支撑起来。在上海这样,到香港仍然这样,同他在一起工作的人,无不赞叹这位苦干家。

由于经济困窘,报馆没有自己的印刷厂,而是找了别的报馆的印刷单位代印,按期付钱的。结果弄得韬奋十分恼火,他最不愿看到的现象,恰恰出现在他主编的报上了:

第一,不按时出报。他主编的《生活》周刊,从不脱期,连续出了 8 卷,期期如此,卷卷如此,准时出版,已成了他的传统规矩。可是,《生活日报》则相反,按规定每天早 6 点见报,结果八九点钟还出不来,急得他团团转,还是没办法。

第二，差错太多。他拿起迟出的报纸一看，差错连连，难以卒读。他认为搞出版工作的人，出现差错，就是罪过，因为给大众的精神食粮，差之毫厘，就会谬之千里。所以，许多文章和书籍，往往都由他亲看校样。《生活日报》6 月 8 日的报纸上，把"社论"两个大字印倒了；6 月 11 日的报上，又把墨索里尼的漫画翻了个大筋斗。《生活日报星期增刊》上刊登的一则启事："《生活日报》自民国二十五年八月一日起迁移下海。"把上海错成了"下海"！至于一般的错字掉字，那就无法计算了。

为什么会出现这样的错误呢？这个印刷厂实行的是包工制，包工头只知残酷地榨取，不顾工人的死活，弄得工人筋疲力尽，每天工时达十六七个小时。陶行知的诗歌有如下的描写：

"做了八点钟，再做八点钟，还有八点钟：吃饭，睡觉，撒尿，出恭。"

"一家肚子饿通，没有棉衣过冬；破屋呼呼西北风，妈妈病得要死，不能送终。"

"机器冬冬冬，耳朵嗡嗡嗡，脑壳轰轰轰。'再拿稿子来，操他的祖宗'。"

这样，工人哪里有排字的情绪，搞得排字房里处于无人管理的状态，校样上的错字，经校对改正以后拿去，他们随意给你留下几处不改，马马虎虎打张清样就送回来；校对在二样上又作改的，他们仍"随意"应付一番，再打清样送来。校对虽然"埋头苦干"了，三校四校，仍旧是这个错或那个错。

加上印刷厂的铅字不完全，缺字不是以"△"代，就是用"××"代，字体也是大号、小号代用，搞得版面不堪入目，令人啼笑皆非。报纸副刊"前进"，印出来的文章，硬着头皮也读不懂，以致搞得编者掉泪，作家痛心！

韬奋对这种状况，实在坐不住，为了把报纸排得好些，亲自到印刷厂去"坐镇"，他彻宵不睡地看着他们做。当"东方已放射出鱼肚白了"，他"在筋疲力尽中好像和什么人吵了一夜的架！"他过去办刊，也遇到过不少困难，但像在这样的印刷厂里遇到的这类阻碍，还是极为罕见的。香港当局一直强调他们的法制，可是这种黑工头对工人的如此待遇，工人的苦向

何处诉? 编者的苦,又向何处诉?

四、两渡难关

在香港办报,办理登记就是一个难关,英国统治下的香港政府,紧紧地把守这个关。特别是对不是广东人的"外江佬"更加不易。要是被众人知道的文人出面登记,那简直更是雪上加霜了。

香港政府一怕办报刊具有政治背景,怀疑"外江人"总不是安分守法者,尤其对知名文人又增加一怕,认为他们对读者有影响,易于掀起浪潮,引起他们难于统治。因此不是他们熟悉的就很难登记。他们最放心的是商人办报,因为商人只想赚钱。韬奋不是广东佬,也不是商人,而且知名度又不小,是很难使登记通过的。不幸中的有幸,韬奋找到既具资格又非常热心的朋友,这位朋友跑到香港政府,当洋大人问为什么办报时,他咬定为了赚钱。他们听了这"钦佩的大志"和"至高无上的美德"就准予登记了。这个难关就这样通过了。

登记关一过,并不是平安大吉了,因为由韬奋主办,总是包不住的。既已登记,他们也不至取消了,只要不违犯他们的法律就可以办下去。不过,绕开他们的注意力,那就不易办到了。

另一难关是新闻检查。香港政府警务处,对《生活日报》特别注意。有一次香港一银行经理,因为香港政府禁止青年会民众歌咏会的事情去到警务司,刚巧《生活日报》上发表一篇鼓励这歌咏会的社论,那位警务司的人便再三向他诘问韬奋为什么在香港办报,并老实说他们无时不在严密地注意韬奋。同时也有朋友向韬奋说:警务处曾有公文到新闻检查处(香港政府所设),叫他们将每天检查《生活日报》时所抽去的言论和新闻汇送到警务处阅察。他们认为被检查后抽下来的东西,一定会有把柄,以此为证据,便于开刀! 由此可见在当时《生活日报》的工作人员,多么紧张。但是,事实胜于雄辩,他们的侦探,他们的检查员,费了很多工夫之后,其结论却很妙,他们说:"这只是几个读书人办的报,没有什么政治背景!"就是在这一结论下,韬奋等人减少了许多不必要的麻烦。

麻烦虽然减少了,但"言论自由"并没有获得。香港原来是没有新闻检查的,自从受过海员大罢工的重大打击之后,惊于舆论作用的伟大,害怕得很,才实行了新闻检查,明知这与英人自诩的"法治"精神不合,那也顾不得许多了。韬奋说:"据我们的经验,香港新闻检查处有种种最通不过的文字,其一便是关于劳工问题,尤其关于提倡劳工运动的文字。"……例如陶行知的《一个地方的印刷工人生活》那首诗末段:"骂他他不痛,怨天也无用,也不可做梦。拳头联起来,碰!碰!碰!"新闻检查处是不许登出来的,后来带到上海,于《生活星期刊》第 12 期上补登出来才同读者见面的。

在香港是不许用"帝国主义"的,所以各报遇到这个名词,便写"××主义",可是在上海写"抗日救国"时,只有"抗×救国",而这里是开禁的。《生活日报》开张第一天,日本领事馆就派人到报馆里订了一份报,好像要公然来放个炸弹!但是《生活日报》后来对于抗敌救国的主张,还是大胆地发表出来。

他们不仅检查新闻,言论同样要受检查。有的报纸社论,被他们全部抽去,因为夜里迟了,主笔走了,没有第二篇送去检查,第二天社论的位置上便是一片空白,完全开着天窗,抽掉几行或一段、两段,均以"×"代之,一片一段全是××,读者既看不懂,又会感到莫名其妙。《生活日报》没有出现这种奇观,并不是检察官优待,而是韬奋每晚写社论之后,总是要等到检查稿送回才离开报馆。有一夜因检查搁置太迟,韬奋先行回家,不料一到家,踏进门口,就得到报馆电话说社论被删去了一半!韬奋猛转身出门,叫部汽车赶回报馆,飞快地写出半篇送去再试一下,幸得通过,第二天免得开一大块天窗。其实韬奋改换的一半,意思并没有改变,只是写得更技巧些罢了。有时检查者所怕的令人难于理解,韬奋在一篇《民众歌咏会前途无量》时,结语是:"我们希望民众歌咏会普遍到全中国,我们愿听到十万百万的同胞集体的'反抗的呼声'!"他们把"反抗的呼声"几个字去掉了。这本是香港青年歌咏会的小册子中的话,韬奋在文中引用的,他们不讲道理地删去了!也有的检查员对"布尔乔亚"这个名词看不懂,打电话问报馆的主笔,查问究竟是什么家伙,回答说是:"有钱的人!"有钱的人应该是大家敬重的,检查便通过了!

韬奋就这样在英统治下的香港,亲身领略了他们给予报刊的"言论自由"!

五、自动停刊

《生活日报》在香港出版55天,共出55期,日销量为2万份。这比当地的日报五六千份就算好多了,可是若与《生活》周刊和《大众生活》相比,销数就差远了。

按编辑部阵容和报纸版面质量,都引起了新闻界的震惊,韬奋和他的几位执友花的心血和力量,是令人钦佩的。但是香港所处位置,偏于一隅,不仅采访全国性新闻困难,而且发行起来也非常困难,除香港之外,往大陆内地运递就很不方便,到上海靠轮船班期,有时七八天还到不了上海。特别是离救亡运动的中心太远,虽然对南方各地的救亡运动有所推动,对全国来说,那就远远不能满足读者的要求了。加之经济拮据,每月亏损。这不能不使韬奋考虑,不能如此下去,需要往上海转移。于是《生活日报》于7月31日自动停刊,宣告从8月1日起移到上海筹备出版。《生活日报星期增刊》改名为《生活日报周刊》,还继续在香港出了3期。8月16日在香港发行的《生活日报》周刊第11期预告从下一期起改名为《生活星期刊》,移往上海出版发行。

韬奋回到上海,8月间积极进行《生活日报》复刊的筹备工作,一方面向国民党政府办理登记手续,一方面对于编辑、印刷和发行诸方面都进行了设想和准备。但是,国民党政府不予登记,《生活日报》终于未能在上海出版。韬奋一生所办的唯一的报纸,就这样终结了。

《生活日报》虽然刊期很短,却给读者留下深刻的印象,因为它具有自己的特色。以陶行知的赞诗《送〈生活日报〉》为代表:"大报不像大报,小报不像小报。问有什么好处?玩的不是老套。大报不像大报,小报不像小报。笔杆一齐对外,不肯胡说八道。"

第二十九章　情系伟大的斗士

韬奋回到上海之后,除了继续办《生活星期刊》之外,仍然像在香港宣布的那样,积极地投入筹备《生活日报》,公开发表了一系列的"我们要怎样办《生活日报》"的论述,还举办了讨论"我们需要怎样的报纸"的征文,在20天中收到应征文章436篇。1936年9月27日,韬奋发表《阅卷——九月征文总结》。由于国民党政府不给办登记手续,《生活日报》没有再和读者见面。同时,还有一大批书刊被查禁。

10月19日,鲁迅逝世,这不仅震惊了邹韬奋、胡愈之,而且使救国会的成员和人民大众,都陷入沉痛悼念之中。

一、一次秘密的安排

鲁迅不仅是蜚声中外的伟大的作家、思想家,而且是中华民族的坚强不屈的代表,对他的悼念活动,对他的葬礼的组织,都是中共地下党的周密而精心的安排。

话需回头交代:胡愈之回到上海之后,仍到便于掩护的法国通讯社"哈瓦斯"工作,由他介绍到"哈瓦斯"的还有费彝民和杨承芳,这就使胡愈之抽出更多的时间,在潘汉年领导下,从事抗日救亡运动。潘汉年到上海不久去了陕北,回来之后作为中共中央代表身份,从事国共合作的谈判,他经常打交道的对象是国民党中央组织部副部长张冲。还需提及的是冯雪峰,他于4月底从陕北来到上海,他是奉党中央之命到上海了解地下党员情况的,中央领导同志告诉他,可以先去找鲁迅和胡愈之,因为鲁迅是中央信得过的,胡愈之是"特别党员",没有暴露身份,又同鲁迅有深厚情谊,所以冯雪峰先找了鲁迅,又向胡愈之了解了情况,才把分散的地下党员,组织起来,成立了中共党的上海临时委员会,开始重建了党的组织。

冯雪峰并向潘汉年提供了去陕北找中共中央的交通路线。这本是冯雪峰的一大历史贡献,但是1957年在"反右派"运动中,批判冯雪峰从陕北到上海,不先去找党员,而先找两个党外人士为一条"历史罪状"!对这个错误批判,冯雪峰只好忍受委屈,胡愈之当时又不便解释。胡愈之在《我的回忆》中特别写了这个问题,以澄清冯的历史冤屈。

鲁迅的死,是冯雪峰打电话通知胡愈之的,并告诉胡愈之:鲁迅的丧事,由救国会出面组织来办,比较合适,请胡与救国会联系和组织。胡愈之写道:"这样,我把这个沉痛的消息又告诉沈钧儒和救国会的其他领导人。我和救国会的一些领导人共同商讨决定:鲁迅先生的葬仪以上海救国联合会名义主办,并应通过鲁迅葬礼,发动一次民众的政治示威,把抗日救国运动推向新的高潮。并以救国会的领导人为主成立了治丧委员会。

鲁迅的葬仪,正是在这个决定的部署下,周密有序地进行的。

二、隆重的葬礼

鲁迅的遗体安放在万国殡仪馆,让各界民众瞻仰遗容和吊唁3天。前往瞻仰和吊唁的青年学生、工人、职员、妇女、作家、文化界、各救亡团体等1万多群众,向这位"中国的高尔基"作虔诚的最后告别。人们不会忘记,他曾说:"世上如果还有真要活下去的人们,就先该敢说、敢笑、敢怒、敢打,在这可诅咒的地方,击退可诅咒的时代!"人们更不会忘记,他那"横眉冷对千夫指,俯首甘为孺子牛"的鲜明立场,他一生吃下的是草,挤出的却是奶!

10月22日下午2时起灵,于是送葬的仪式就变成了大规模的群众示威游行。本来在租界里是不准游行示威的,这次是送葬,租界当局也不好阻止了。六七千人的送葬队伍,浩浩荡荡。群众已提前到了万国殡仪馆门前集合,在队伍前列的有:宋庆龄、蔡元培、沈钧儒、邹韬奋、胡愈之、章乃器、王造时、李公朴、史良、沈兹九、郑振铎、王统照、叶绍钧(圣陶)、陈子展、夏丏尊、郁达夫、徐调孚、蔡楚生、郑君里、应云卫、欧阳予倩、袁牧之、陈波儿、赵丹、日人内山完造、池田幸子等,当然还有些中共地下党员,未作报告。灵柩是由事前安排的黄源、巴金、黎烈文、胡风等14位作家抬出的,他们个个哀痛,满脸流泪,扶上灵车,排在队伍最前面,由一幅"鲁迅先生殡仪"白布横额打头。

队伍的总指挥是由作家萧军担任的,巴金等多人分任队伍的纠察,4人一排,列队前进,观望者或随行者,无不呈现出苦痛的表情,就是"监护"的马队,也不好无礼挑衅。大队走过,沿途留下救亡的声音。挽联队,花圈队,军乐队,挽歌队等等,井然不紊,也呼口号,也散传单,其内容为鲁迅的传略和治丧委员会印制的鲁迅生前的救亡主张。整个队伍显示了壮烈的群众力量。路线是经胶州路、爱文义路、静安寺路、大西路、中山路,折入虹桥路,再流向万国公墓。大队循着军乐队的乐声,唱着悲壮的挽歌,沿途感召着居民和行人。挽歌的歌词是:

"你的笔尖是枪尖,刺透了旧中国的脸。

你的发言是晨钟,唤醒了奴隶们的迷梦。

在民族解放的斗争里,你从不曾退却。

擎着光芒的大旗,走在新中国的前头。

呵,导师,呵,同志,你死了,

在艰苦的战地,你没有死去,你活在我们心里! 你安息吧!

呵,同志,我们会踏着你的路向前,那一天就会到来,我们站在你的墓前,报告你,我们完成了你的志愿。愿你安息,安息,愿你安息,安息在土地里……"

悲壮的歌声,坚定的步伐。他们还唱着《义勇军进行曲》,唱着《打回老家去》! 高呼着"纪念鲁迅先生,要打倒日本帝国主义!""纪念鲁迅先生,要打倒出卖民族利益的汉奸!""鲁迅精神不死!""中华民族解放万岁!"声音响彻云霄,像股难以阻挡的铁流,流向万国公墓!

三、墓前的演说

大队到达公墓时,已经5点钟,丧仪便在礼厅前的石阶前举行。

主席蔡元培沉痛地说:"我们要使鲁迅先生的精神,永远不死,必须担负起继续发扬他精神的责任来!""我们要踏着前驱的血迹,建造历史的塔

尖!"

沈钧儒接着报告鲁迅生前事略,最后他说:"像鲁迅先生这样伟大的思想家和文学家的死去,无疑是国家民族的巨大损失,当局对于这样文化界的先驱的溘然长逝,毫无表示,这不免有些遗憾。但像目前这样的民众的纪念式,也许更适合于鲁迅先生。他今年还只56岁,假使他多活几年,我们相信他一定可以领导我们,完成民族解放运动的!"

章乃器发表了演说:"鲁迅先生所以伟大,是在于他的笔,肯为全世界被压迫大众讲话,特别肯为被压迫最厉害的中国民众讲话。"他并提出学习鲁迅的几点要求。

在群众强烈要求下讲话的有两人:一位是宋庆龄,她激昂地说:"鲁迅先生是革命的战士,我们要继承他战士的精神,继续他革命的任务!我们要循着他的路,继续打倒帝国主义,消灭一切汉奸,完成民族解放运动!"

一位是邹韬奋,他说:"有人是不战而屈,鲁迅先生是战而不屈。"这句话的概括,给人留下的是学习的榜样和无穷的力量。

讲话的还有内山完造:"鲁迅先生是个大文豪,他给我们日本人的印象,是永远不能磨灭的!"

胡愈之致哀词,萧军也讲了话。

由沈钧儒、章乃器、王造时等4人将绣着"民族魂"3个大字的黄绸大旗献出,覆盖在鲁迅棺柩上,再由14位作家抬棺落入墓穴。

群众唱着挽歌,挥着泪水,握紧拳头向导师告别。

四、韬奋的悼念

各报刊发表了很多悼念鲁迅的文章。救国会会刊《救亡情报》第24期发了专刊:由鲁迅治丧委员会摘发的"鲁迅先生生前救亡主张",其中有关于学生救亡运动的意见;关于联合战线的意见;拥护抗日统一战线的政策。同期刊出的有章乃器的《我们应该怎样纪念鲁迅先生》;沈钧儒、王造时的挽联;记者写的《从万国殡仪馆到万国公墓》和《送鲁迅先生下葬》两篇葬礼的详细报道。

韬奋主编的《生活星期刊》第1卷第22号发了图文并茂的《悼鲁迅先生》的专刊,封面为作家们抬鲁迅棺材的大幅照片,封里刊登了6幅葬仪的照片,如送殡者中的花圈队和挽联队;宋庆龄和治丧委员们;《生活星期刊》社同人送的挽联;许多小学生吊唁等。还有 6 幅照片刊在底封的里封。这几幅照片,除 1 幅是鲁迅生前同木刻家们的谈话外,全部呈现了游行队伍和葬仪的悲壮气氛。

这一期悼念鲁迅的文章,除韬奋刊于卷首的一篇之外,另有郑振铎、许杰、胡仲持、叶圣陶、徐调孚、以群、王统照、吴文祺、天行、征农、倪文宙、重立和全国学生救国联合会代表等 15 篇,特别是司徒乔的鲁迅最后遗容的速写画 1 幅,成了难得的艺术之作。

韬奋和鲁迅是 1932 年相见的,那是在民权保障同盟的会议上,为了共同保障人民群众应有的起码权利,他们一见如故,心心相印。韬奋写作《革命文豪高尔基》这本书,得到了鲁迅的热诚帮助,生活书店又得到鲁迅的恳切支持,像《文学》、《译文》和《太白》等刊物的出版,以及《死魂灵》、《表》等文艺名著的出版,都是在鲁迅的支持下实现的。鲁迅的逝世,韬奋悲痛的情怀是缠绵的,所以他一连写了两篇文章抒发对鲁迅的敬仰。

10 月 25 日的《伟大的斗士》一文说:"中国民族革命的伟大斗士鲁迅先生,不幸于十月十九日早晨五点二十五分去世了。""鲁迅先生不仅是一个文学家,并且是一个思想家。他的伟大是在他对于一般民众的普遍而深入的影响。例如他的《阿 Q 正传》所呈现的阿 Q 典型,无论读过和没有读过而仅仅耳闻《阿 Q 正传》的人们,都感觉到他所提示的深刻的意义。尽管有些人抱着偏见,反对他的工作——伟大的工作——也不能不敬佩的。这种伟大的精神也正像高尔基,尽管在帝国主义各国里有些人对于他的思想要反对,但是对于他的伟大的工作是不能不敬佩的。""我觉得鲁迅先生留给我们的最可宝贵的遗产,是他那样始终不懈的积极的斗争精神。""我以为我们后死的斗争者,应该承袭鲁迅先生的积极的斗争精神,为民族解放的伟大而艰苦的工作,努力前进。"

这是鲁迅逝世之后写的悼文的摘要。当韬奋亲身感受了鲁迅殡仪和棺柩下葬的情景之后,于 11 月 1 日又写了《从心坎里》的悼文。

文中写道:"鲁迅先生逝世和殡葬的情形,还历历如在眼前。我们回想到整千整万的群众瞻仰遗容时候的静默沉痛,回想到整千整万的群众伴送安葬时候的激昂悲怆,再看到全国各报和刊物上对于他的逝世的哀悼,无疑地可以看出鲁迅先生是民众从心坎里所公认的一个伟大的领袖。

我要特别指出：'从心坎里的'公认的领袖不是借权势威胁可以得到的，不是借强制造作可以得到的，是由于永远刚毅不屈不挠的为大众斗争的事实所感应。""这种永远刚毅、不屈不挠的斗争精神，是民族解放斗士的最最重要的一个特性，在今日国难严重时期尤其可以宝贵的特性。这种精神和'亡国大夫'的奴性正是立于相反的两极端。在鲁迅先生下土的时候，群众代表盖在他的棺材上的那'民族魂'的大旗实含有很深的意义。中国的不亡，就是要靠我们积极提倡扩大这'民族魂'，严厉制裁那些不知人世间有羞耻事的'亡国大夫'型的国贼和准国贼！"最后，韬奋高呼："我们永远不能忘记这位民族解放的伟大斗士，更须永远不忘记他的刚毅不屈的伟大人格。"

从这些引语中，可以看出韬奋是尊鲁迅为师的，是自己学习的榜样，也是一切革命者的导师和榜样。

深知鲁迅也深知韬奋的胡愈之，作过精辟的一个概括："我时常想，假如鲁迅是不朽的人民的导师，韬奋却是真正的人民的伙伴，人民的朋友。"

五、没有哭的自由

鲁迅的悼念活动，在上海动员参加的人数最多，葬仪确实成了广大群众的示威，追悼会也确实成了抗日救亡的动员会。救国会圆满地组织了这次隆重的追悼活动。

从《生活星期刊》上，也反映了其他城市的关于鲁迅的追悼情景。

西安，鲁迅的追悼会是11月1日举行的。在马坊门民众教育馆大礼堂，挤满了青年男女学生、工人、士兵、妇女，与会者屏住了气息，眼眶里含满了泪水。门前悬挂着"文化巨人鲁迅追悼大会"，礼堂内挂着鲁迅巨幅画像，张学良、杨虎城、邵力子及北平学联送的花圈、挽联和悼词，布满了礼台。主席为缪石逸，宣读祭文："鲁迅先生逝世使我们感到无可衡量的损失……我们西安文化界一定本先生的遗志，学习先生的教训，向中华民族的敌人，被压迫民众的敌人，人类文化的敌人，作残酷的斗争，不达最后的胜利不止。"党修甫、景梅九、周伯勋、宋绮云等相继讲话。最后大会决议：(一)电全国文化界商定一鲁迅纪念月以资扩大追悼。(二)成立西京文化界协会。(三)以鲁迅逝世之日定为永远鲁迅纪念日。(四)通电鲁迅治丧处建造铜像。(五)改绍兴县为鲁迅县。

《生活星期刊》编辑部,收到了一华北学生寄自天津的来信,报告了天津学生们追悼鲁迅后的遭遇。在《法律和眼泪》的醒人标题下,写着:"编辑先生:鲁迅先生死了,法律是干涉不了人们的哭的!为了哀悼我们的导师,为了奠祭我们民族解放当中始终不屈的英勇的斗士,我们禁不住我们的热泪夺眶而出,法律是干涉不了人们的哭的!"信中继续谈到他们的活动:11月1日天津文化界200多个活泼的青年(包括13个文化团体)聚会一堂,为鲁迅先生开了一个沉痛的追悼会。静默哀伤的空气加快了人们的血的周流。不愿作奴隶的人群为丧失了他们的导师哀号了:"他是我们民族的灵魂,他是新时代的号声,唤起大众来争生存……歌声代替了笑声!"接着追悼,他们又开了一个讨论会。他们一致议决:为永远哀悼和纪念鲁迅先生,(一)成立天津文艺协会的组织,(二)由文艺协会向全国文艺团体发起设立纪念鲁迅先生文艺奖金。大会在庄严肃穆的暮景中平安的闭幕。他们正庆幸自己胜利而感到骄傲时,却被侦探告密,剥夺了他们哭的自由!事情竟这样出乎他们的意外。第二天追悼会的主席某君被拘了;特二区(是中国地!)二十九小学(开会借用的地点所在)校长受了传讯的处分;特二区警察所所长被解职了;昨日又有某校一位同学以同罪被逮了。据说在"友邦"授意下,他们在追悼会场上摄影照相的底片已被搜去,天津政府有关部门是奉"友邦"之命对参加追悼会的有关人员采取行动的。谁在统治天津?!那就不言而明了。连警察所所长和警察都受到处分,可见"友邦"之"关照"了!

《生活星期刊》刊登出天津的学生来信,是向读者宣告:天津乃至华北的广大群众也像全国广大群众一样悼念着伟大的战士鲁迅,可是他们却没有悼念的自由,没有哭的自由!

六、禁不住的巨浪和吼声

鲁迅治丧委员会于11月1日在上海八仙桥青年会开会,参加会的有送殡的各界代表和治丧委员会全体成员。会上除由鲁迅夫人许景宋向各界表示谢意外,由胡愈之、胡风报告治丧经过和丧费开支。专门讨论了永久纪念鲁迅的办法。会上决议:(一)治丧委员会即日结束,以后纪念活

动,应组织广大的"鲁迅先生纪念委员会",包括各界各国与鲁迅个人交谊及敬仰鲁迅的知名人士,负责计划和办理一切永久纪念的事业,并征集各界各国对于纪念事业之意见与捐款;(二)推定蔡元培、宋庆龄、沈钧儒、内山完造、茅盾、许景宋、周建人等7人为筹备委员,先行成立"鲁迅先生纪念委员会筹备会",于最短期间将成立正式纪念委员会组织就绪;(三)在正式纪念委员会成立前,筹备会应先就鲁迅坟地作初步之布置,俾各界瞻仰。

第二天,筹备会即召开第一次会议,决议筹备会的设置事宜,设秘书处,分文书和庶务两股;出面分别向国内外知名人士及其亲友接洽组织正式纪念委员会的准备工作;并即商定鲁迅坟地初步布置手续,同时征求永久坟地设计和征求永久纪念事业之意见;募集办理纪念事业之资金,款交各地中国银行信托部(上海、南京、北平、天津、青岛、汉口、西安、成都、厦门、广州、日本、杭州、新加坡)代收,收款状况及数目,随时登报公布。

这是登于《生活星期刊》第1卷第26期上的两份(第1号、第2号)《鲁迅先生纪念委员会筹备会的公告》。

鲁迅逝世后的纪念文章中,经常提出:伟大的战士倒下去,千百万战士站起来! 这不仅是悲壮的口号,而是鲁迅逝世后中国的现实。

韬奋系念着鲁迅,系念着这位为了祖国而献出终生的巨人! 无论来自何方的禁令,韬奋都设法在自己主编的刊物上刊登出来,让群众掀起的巨浪,让群众呼出的吼声,去冲破,去淹没"禁令"!

第三十章 "七君子"案

1936 年 11 月 22 日深夜,在上海的租界里,却发生了破例捕人的事件。邹韬奋这一夜睡得特别迟,过了 12 点他还思考要写的社论,上床入睡时已到凌晨 1 点多了。可是,时针刚刚指到 2 点半,邹韬奋从睡梦中惊醒,遭到逮捕。同时,被捕的还有沈钧儒、章乃器、李公朴、王造时、史良、沙千里。这些全国救国联合会领导人,因爱国而"犯罪",成了历史上有名的"七君子"案! 听来是奇谈,但却是我国史册上的活剧。

一、救国会关切的两件大事

救国会对有关抗敌救亡的大事,决不放松,当时,日军把天津北平当成了他们的军事演习场地,飞机头上掠,地上坦克跑,部队操练,炮火轰击,已成为他们的常事。当时引起全国人民关注的头等大事是,日本在绥远发起的事端,不管用什么名义,"自治"也好,伪军也好,都是日军一手操纵。救国会于 11 月 12 日的《救亡情报》"中山先生诞辰纪念号外"上发表了《我们反对侵略领土主权的新事实》,明确指出:(一)绥远问题分明是日帝国主义进一步的侵略行动。我们应该毫不犹豫的以全国规模的抗战去答复这个新的侵略,而绝对不能轻描淡写地认为是蒙匪伪军的扰乱,使之变成地方事件。(二)在南京谈判正在进行的时候,敌人一面擅自进行就地交涉,攫夺权利;一面到处以武装威胁,制造事变,已经足以证明其毫无诚意。所以我们应该立即停止南京谈判,而认为外交手段已到无复进行的余地。同时政府也不能一面中止谈判,而一面默认地方当局的非法卖国外交。(三)政府不能签订丧权辱国的条约,而且也不能容忍侵害领土主权的事实。……(四)在抗战的前夕,政府应该开放党禁,开放民众运动,释放政治犯,停止一切内战,以增强抗战力量,完成全民族的抗日统一

战线。

1936 年 11 月 25 日出版的《生活星期刊》的社论,刊登了韬奋的《援助绥远前线将士》,文中说:"绥远前线战士已开始为国血战了!我们全国同胞应该动员整个国家的力量,发动整个民族的解放抗战!自绥远战事爆发以来,最可兴奋的是全国各方的同仇敌忾,纷纷发起援助绥远前线战士的广大运动,一致踊跃输将,各处学校实行绝食一天,集款慰军,上海三十余团体电慰矢志报国的傅作义主席……这是全国联合阵线的端倪,是每一个救国同胞看了都要欢欣鼓舞喜出眼泪来的良好的现象!我们要积极扩大这个救国抗敌的联合阵线!我们要积极提倡并努力实行'一日贡献'来援助正在前线英勇抗战的将士!"

为了实现"一日贡献"的援助,《生活星期刊》全体同事,首先以一日工资所得捐助绥远前线将士。并声明代收捐款,给予正式收据。

接着由 34 家杂志联合发起全国读者"以一日贡献绥军抗战"启事,向读者号召:

"全国敬爱的读者,请你们踊跃参加这援助绥军抗战的一日运动。请节省下你们一天的一部分款项,贡献给英勇抗敌的绥军,请大家快快担负起这最低限度的救亡责任!

发起者(以笔画为序):大家看、大众话、大众论坛、小学生、中学生、中流、文学、东方杂志……

收款处:生活星期刊、世界知识社、现世界社、读书生活社（均刊详细地址）"

同期《生活星期刊》登载了该刊收到的捐款者的第一次报告,公布了捐款者名单和钱数,从 11 月 21 日起到 24 日止,总计 461.44 元。其他 3 家收款处不在其列。《生活星期刊》社于 27 期又刊出收到援绥捐款第二次报告,11 月 25 日到 12 月 1 日,共收款 509.50 元,连第一次收款共计 970.94 元。

绥远前线是全国大众关注的热点,韬奋和救国会的成员们,当然着力于这个热点。而地处后方的上海,却也有另一个惹大众关注的焦点,这就是在上海由日本人开设的几家纱厂的工人联合罢工的事件。同样是韬奋和救国会关注的焦点。所以《救亡情报》和《生活星期刊》都有评论和报道,也引起广大读者对日本老板残酷压迫和剥削的怒火。

据调查,上海日商纱厂的工人4万多人,每天要做12小时以上的工作,要负担比华商纱厂的工人还要加重三四倍的工作;然而他们的工钱,最低的每天只有0.18元,连饭都吃不饱。这样,他们继续工作3年之后,身体糟蹋得不堪设想,一生健康就此牺牲,工作效率也就自然减低了。那时日本厂主对此毫无顾惜,稍为不满就加以开除。这种待遇,真可说"惨无人道"!特别是自"一·二八"战争之后,日商纱厂的资本家公然地对工人说:"你们的政府都已经屈服了,你们以后还敢违抗吗?"跟着,工人的工资不断地降低,工人的待遇更加倍的残酷,稍不如意就辱骂殴打;对于女工的轻薄侮辱,更是常事。不许工人之间谈话,连交头接耳也作违纪处理。此外,任意克扣工资,任意开除工人,工人则绝对没有申辩的余地。这些纱厂的工人,早就处在亡国奴的地位了。

于是,上海工人救国会为日商纱厂工人呼吁,上海学生救国会和职业救国会都为工人鸣怨,韬奋收到的各界和工人的信件,也都为工人请命。纱厂工人们的命运,的确是在生死战线上挣扎着。在这种形势下,工人们联合罢工了。

上海各界救国联合会呼吁全国同胞,行动起来援助日商纱厂罢工工人。

上海4万多日商纱厂工人,已经发动起来直接同民族敌人进行斗争,杨树浦、浦东和沪西十几家日商纱厂工人的联合大罢工,都是不堪日本资本家的无厌榨取和非人待遇而起的,在他们头上有:警察、巡捕、日本陆战队、汉奸流氓、工头、日本资本家六重压迫,不愿做奴隶的工人是压不服的!他们提出一致要求:

"一、增加工资20%;二、饭后休息1小时;三、不得任意拷打工人;四、不得无故开除工人;五、女工生产期不得开除;六、反对星期日增加钟点;七、反对日兵进厂压迫工人;八、包工一律取消;九、工作时间不得任意延长;十、罢工期间工资照给。"

上海各界救国联合会指出:这不是单独的日厂工人的生活问题,而是整个抗日运动一个重要部门,我们得认识日厂工人不但是在争取自身的人的待遇,而是很坚强地表示中国民众不愿做亡国奴。我们认为,解放大

众的压迫,尤其解放大众在日本帝国主义之下的压迫,是救国阵线的基本任务。我们对于抗日罢工的援助,是义不容辞,而且要竭尽心力的,我们除已经举行募捐慰劳的工作之外,并且已经组织了日商纱厂罢工后援会。因为我们感觉到力量还不够,同时认为援助抗日罢工,是每一个不愿做亡国奴同胞的责任,所以,我们号召全国同胞的援助。我们首先希望全上海11万的大中学生,能够发动节食运动,减省饭费1/5,这样我们就可以永远维持罢工工人的生活,而可以使他们长期奋斗下去。其次希望华商纱厂的厂主和工友们,能够悟到日厂的挫败就是华厂的生存,而日厂工人待遇的提高和成本的加重,是华厂战胜日厂的唯一可靠的条件。我们要求华厂厂主及工友一致以实力援助日厂罢工。此外,其他工厂里的工人、店员、公务员、市民和全国同胞,自然应该一致起来,缩衣节食援助日厂罢工。那样,我们就必然可以在这个经济斗争当中,使日本帝国主义完全屈服在我们的前面。

《救亡情报》为援助日厂华工罢工于11月19日,专出了号外,报道了罢工工人的受残酷压榨和剥削的严重情况,也报道了各界支援的呼声,发了支援罢工的评论,也刊登了罢工者的自白。使这场经济斗争和政治斗争,支援绥远前线和支援日厂罢工相互密切地联系起来,希望各界大众,也希望中国政府,在抗日前提下,一致起来,团结起来!使英勇战斗的工人,成为中华民族坚强不屈的先锋!

这是救国会竭力追求的,也是韬奋久久渴望的。就在《救亡情报》的这张号外上,以花边新闻刊登了"生活书店当局及同人实行一日运动","捐款援助罢工工人"写给救国会的一封信,其中说:最近日商纱厂7厂"工友以不堪厂方之无理压迫因于八日起联合罢工以促厂方之觉悟,但事态发生以来厂方非惟不允接受工人之最低要求,抑且施行卑劣手段使工人益处于恐慌不安之境,敝店同人认为此项事件有异于平常之劳资纠纷,而实为展开救国阵线之起点。凡我同胞应予以深切之同情与物质之援助方足以继续持久而获得最后之胜利。敝店全体同人援集一日获资所得,并由敝店照同人捐款之数加捐一倍,聊尽援助之意。兹特送上国币三百一十四元八角敬烦贵会迅予转致罢工工友,并为代致慰问之忱。惟念工友生活素赖工作以图存。罢工期间如无充分之物质援助,则势必难予继续持久。建议贵会请将一日所得捐款办法,向职业界广为提倡,则众志可成城,民族革命前途实利赖之!"

这是韬奋和救国会正在奔忙的有关团结御侮的两件大事。可是哪一件都没有结束,韬奋等 7 人就被捕了,他们抱着遗憾不能为继了。

二、深夜被捕

事前两三天,就有消息传来,有朋友告诫韬奋将有被捕的风险发生,韬奋说:"我以胸怀坦白,不以为意,照常做我的工作。我这时的全部的注意力都集中绥远的被侵略,每日所焦思苦虑的只是这个问题。"就在 11 月 22 日下午 6 点钟他还赶到功德林餐厅参加援助绥远抗战的会议,出席会议的有各界人士,11 点离会,回到家已 12 点了。上床之后,韬奋又想着《生活星期刊》下期的题目,如何写这篇社论,入睡时已是 23 日凌晨 1 点了。睡得正酣,不料被凶猛的打门声所惊醒,这时才 2 点半。当韬奋下楼开后门时,来人一拥而入,其中有一法国人手中持枪,还带了一个翻译,说明来意后并出示法租界巡捕房证件,还有 2 人是公安局来的。他们在楼上问明谁是邹韬奋,没有多问什么,只是公安局的两个侦探在韬奋的小书房里搜查了一番,拿了一些信件、印刷品和从美国带回的小册子。韬奋加穿了衣服,同妻告别,就被巡捕房拘捕了。

在法巡捕房政治部办公室里,由法国人对韬奋作了提问,另有一个翻译,还作了记录。问的是姓名、年岁和职业,加入什么政治团体。韬奋一一告之,并承认是全国各界救国联合会执行委员。没有参加任何党派。问救国会的宗旨时,韬奋坦然地告诉他:是主张抵抗日本对中国的侵略。韬奋还问法国人:"假使你们法国也被别国侵略,你立于国民的地位,要不要起来主张抵抗这侵略?"他点头微笑,还告诉说巡捕房不过是受上海市公安局的要求才捕人的。韬奋又被送到楼下巡长办公室,经历一番他们的手续,关进一个栏杆内的犯人所在的地方,要经过全身搜查,把衣服上的扣子取下,领带、吊袜带、吊裤带和手表一律取下,连眼镜也不能戴。这时,韬奋提出抗议,因为他没有眼镜,看东西就模糊,难于忍受,搜查者不理。正巧,又遇上史良,做了韬奋保留眼镜的"辩护律师",仍然不起作用,只好受苦了。史良也同样取下了类似的东西,这大半是预防犯人寻短见所采取的措施吧。当韬奋被关进监牢的时候,在监门口遇到了章乃器,他

同韬奋一样,身上被解除了带类的东西,走起路来,像穿着拖鞋,因为鞋带被解掉了,韬奋看到他时,偷偷问章:"沈先生怎样?"回答是"大概也被捕了!"他担心着沈钧儒,在这样寒冷之夜,一个老年人怎能经受得起?他默然微叹着这种遭遇。韬奋、章乃器和史良因都住在法租界,由法巡捕房同时逮捕,分别关进了囚室,相互隔离。

这是韬奋第一次被捕,第一次坐牢。

就在这个囚室期间,换过一次牢房,比第一次牢房较暖些。为了他们所要的犯人手续,让韬奋等人一会儿上下下楼梯、去天井、走廊,拖着没鞋带的大皮鞋,每步都很吃力。被叫去提问时要打手印,韬奋说:"这是我生平第一次打手印,最初一念是不胜愤怒,但转念亡国奴的惨状更甚于现在的遭遇,为着参加救国而打手印,算什么!"一会儿又是上上下下的再走一遭去照相,正面拍一张,侧面又拍一张。一会儿又叫去量身体、面部、手臂等等,像耍猴戏的一样,被押来押去。章乃器和史良,也同韬奋一样,来来去去,态度都很从容。

23 日下午 3 点钟,韬奋等 3 人,由巡捕房囚室提出,被押往江苏高等法院第三分院(简称高三分院),几个巡捕和法院的法警押着 3 个犯人:史良在先,韬奋和章乃器并排随后,因为法国人把手铐将他俩套在一起,并加锁锁上。套手铐也是韬奋生平第一次。同打手印一样,他觉得这是不胜愤怒的侮辱,"但想我所以受到这样的侮辱是因为我努力参加救国运动,我应该把这愤怒转变为继续奋斗的力量。"(《韬奋文集》,生活·读书·新知三联书店 1978 年 1 月版,第 3 卷,第 93、95 页)

他们到了高三分院的待审室,韬奋和章乃器的手铐被开了锁,脱了下来。在那里拥聚着几十位亲友,正在等候他们,同时待审室相连的房间里,有几个法警是被派来监视他们的;但是法警们都已知道他们是为着主张团结救国而犯罪的,对于他们表示着很恳切的同情说:"你们的意思,做中国人的谁不赞成!"

在这个待审室里,韬奋、章乃器、史良才可以随便谈话,韬奋才知道他们两人是深夜凌晨 3 点钟被捕的。由外面传来的消息说,前半夜在公共租界被捕的沈钧儒、李公朴、王造时、沙千里 4 人,于上午 10 点钟经高二分院开审后,于当天 12 点钟即由各人的律师保了出来。而且沈钧儒已来待审室外面看望他们了。

　　下午 4 点钟对韬奋等人开庭。张志让律师代表章乃器、史良的律师唐豪、韬奋的律师孙祖基,分别为之辩护。3 人之中,韬奋最后被提审。出席的除一个审判长、两个推事、一个检察官和一个书记外,还有一个法捕房的律师(中国人)。公安局方面也有一个律师代表出席。韬奋说:"我在法庭上坦白承认我是全国各界救国联合会的执行委员之一,因为我深信参加救国运动既是光明磊落的事情,用不着隐瞒。""审判长对于我的问话,总结起来不外两点:一是我和共产党有无关系,二是我有没有参加煽动上海日本纱厂罢工。关于第一点,他们所根据的,是我和沈钧儒、章乃器、陶行知诸先生共同公开发表的小册子,名叫《团结御侮的几个基本条件与最低要求》,以及毛泽东首肯这个小册子的公开发布的印刷品。这小册子里所主张的是全国团结,一致对外,有原文可按,这里用不着多说;我们公开发表了主张,谁都可以看,谁都可以评论。检察官当庭就认为这不能作为犯罪的证据。关于第二点,我所做的只是捐了一天的薪水所得,救济在日本纱厂里过牛马生活,罢工后饥寒交迫的中国同胞! 就是和我们毫无个人关系的法捕房律师,也当庭宣称,捕房政治部曾经把所搜出的印刷品研究一番,觉得只是爱国的文字,一点没有犯罪的证据,所以不允许公安局移提(即引渡,当时租界拥有司法权)。"结果他们 3 人,也由律师保出,再交铺保。当夜 8 点由律师保了出来。首先和韬奋紧紧握手的是沈钧儒。这一天的折磨身体是疲乏的,但精神却是兴奋的。

三、到处都有爱国情

　　韬奋于 23 日夜晚,被律师保出回家,只住了一个夜晚,24 日早 7 点,就听说沈钧儒等又被拘捕。他在友人的劝促下,离家转到一个朋友处,和律师约好"随传随到"。在朋友家接到夫人从家中打来的电话,说里弄口又出现了公安局的侦探监视着。接着就接到律师的电话通知,说定下午 4 时开庭,约韬奋 3 点到律师事务所和律师同往。

　　韬奋按时到"高三分院"报到,但因章乃器、史良未按时到案,延到当夜 12 点才开庭。在开庭前的这段时间里,韬奋被押在法院的法警室,律师和家属都不得进去谈话。不过在法警室里,韬奋并不寂寞,他对几十个法警弟兄们大开其话匣,"说明国难的严重和我们的全国团结御侮的主

张;他们听得津津有味,点头称是,待我格外好起来了,倒茶的倒茶,让座的让座! 后来我发现其中有几位还是我的读者,我们更成了莫逆之交了。"(《韬奋文集》,生活·读书·新知三联书店 1978 年 1 月版,第 3 卷,第 98 页)

夜 12 点开庭,史良仍未到。问的答的还是那一套。律师再请求交保,不许。韬奋和章乃器被法警押送到特区第二监狱关押。审判长在押单上批明"予以优待"。

他们两人被关进了一个小囚室,囚室里排着一个两层的小铁床,一张小木椅,囚室的一个角落里放着一个马桶。小铁床上正睡着一个青年,看守把他叫醒,叫他搬到上层,铁床留下的是一个下层。韬奋和章乃器都争睡地板,后来靠银角猜阳面者睡床,猜阴面者睡地板,结果是韬奋睡铁床。与韬奋同床睡在上层的囚犯,是位政治犯,姓周,韬奋认为是个很可爱的青年! 他当夜听见章乃器在无意中叫了韬奋的名字,引起了他的注意,知道是韬奋,表示了十分的愉快;他原来是韬奋的读者,精神上他们已是好友,所以一说穿了,便感到很深的友谊。他在夜晚争着睡地板,认为自己应当做出谦让。最后十分勉强照旧睡下了。第二天,从隔壁的囚室里,递来一封长信,是一个 20 岁左右的青年写给章乃器的,他只听说章乃器来了,不知道韬奋也来了,所以信里急急问起韬奋被捕的情况,他当夜为这件事,一夜未眠,局促着写了这封长信,"充满着热烈和挚爱的情绪。他的纯洁、诚恳、坦白、激昂,深深地震动了我们的心弦。后来我们见面了,都感到非常的快慰。"当他们面谈了还觉不够,未能尽诉衷情,又局促地在床旁写了一封长信给韬奋,信里诚恳地安慰和尽情地关心,再三叮咛,叫韬奋为国珍重身体。还有一位 19 岁的叫 84 号的青年,他失业为饥饿所迫,做了一次小偷,被捕进牢。他自动地写了几十个字的纸条,写的能力虽然很差,但对于抗日救国的热烈和对于韬奋等人被捕的义愤,已跃然纸上。

当监狱里的许多囚犯知道韬奋、章乃器也和他们同狱时,都一致表示愤慨,尤其令人感动的是一个被判无期徒刑的盗犯,也在一封信里表示对于国难的关心和对于韬奋等人的深切的同情,他那颗火热般的心是谁看了都要感动的。更加动人的是全体犯人绝食向绥远前线将士捐助,他们那篇心里话,感人肺腑。他们写道:"我们全体九百九十余人是被关在社会的另一角落,坚墙厚壁阻断了我们与你们彼此间的联系,然而敌人侵略的狂风,竟冲破了坚墙厚壁而吹入了我们的耳朵:我们得了这消息,真是悲愤欲绝而无可奈何,恨不得冲破铁门来,和你们站在前线携手前进。可是这怎么能够?我们不愿做亡国奴的心是和你们一致的。我们有的是为了不愿做亡国奴起而搏斗而受罪……由于我们的实际遭遇,所以我们之愤恨敌人是达到了顶点,听了你们不屈不挠的抗拒敌人,我们真是欢喜得流出眼泪来。然而你们孤军抗战,艰苦之状可以想象得到的。所以不愿做亡国奴的人们都群起呼号,以物质精神上的接济。我们呢?奔走呼号吗?我们的身体已经失去了自由。物质上的帮助吗?我们是'无薪可捐','无家可破','无衣可节','无食可缩'。我们拿什么来接济你们?没有别的,只有饿肚皮。有弟兄们在前方杀敌,我们这一点'苦头'是愿意忍受的。如果情势需要,我们再一次二次也可以。近千人一日饿肚皮,所得仅百余元,这当然济不得什么急,但物微心重,这不过是表示我们不愿做亡国奴的心而已。"

这封信是韬奋在狱中通过同囚室的青年了解的,特于信末加了附注:"知道全狱囚犯九百余人,对于爱国热诚都异常深挚,对于抗敌情绪都十分激昂,实在令人佩慰。看了这篇绝食援助绥远前线将士书,可以概见,敬为介绍于国人。

上海第二特区监狱囚室里

十一月二十五日黎明

(《生活星期刊》第 27 期)"

韬奋、章乃器在特区第二监狱里关了两天,到 26 日下午仍照例在小小囚室里拥挤着,晚 7 点,忽有看守告之说"接见",即允许囚犯接见家属亲友。他们两人出来才知道是法院开庭,就这样离开了第二监狱,未能和囚友告别。到了三分院的法庭以后,才知道是上海地方法院(租界以外的法院)来"移提"(即引渡)。原来公安局就要"移提",被巡捕房律师以没有犯罪证据而拒绝。据说法租界和中国政府协定,中国司法机关可以无需证据即可"移提",公安局则不可。因此他们便设法转个弯儿,由上海地方法院出面"移提"。结果达到了他们的目的。他们"移提"的理由据说是"妨碍秩序嫌疑!"

他两人到了地方法院之后,被法警押进待审室,这比囚室还陈旧龌龊,一进门就尿臭刺鼻,因为房内摆着一个特大的马桶,门上只留一个四

方的小洞孔，外边可向里望，这是作监视用的。一位青年法警跑来张望，同韬奋一见就很和善，谈得很投机，知道他们弟兄都是很穷苦的，每月9块钱，个人还不够用，养家更困难了，一谈起，就像朋友一样亲切。一会儿又一个青年在洞口张望，并轻声问是不是韬奋先生，原来是韬奋的读者，在法院里任职员，正在吃饭，一听说韬奋来了，连饭也不吃了，特跑来慰问韬奋。他下班时间到了，仍然不走，一定等待审完，好好招呼韬奋进了看守所，才肯回去。真是读者遍布，情满天下。在这里审得简单，问的也没什么新鲜，住囚室还是打手印、照相那一套。韬奋和章乃器仍住一个囚室。

27日下午6点钟，他俩又被转解到公安局。在离开地方法院到公安局的交接过程中，同其他犯人不同的是，没有敌对气氛，倒充满了客气和友谊。韬奋写道："我们又觉到爱国同胞们随处给予我们的同情和厚意的可感。我无意中和章先生说出了这一句话，在旁边同走的那位公安局的科员接着说：'这是各位先生人格的感动。'我说：'这倒不是我们几个个人的人格问题，却是有许多同胞不愿做亡国奴的心理的流露！'"（《韬奋文集》，生活·读书·新知三联书店1978年1月版，第3卷，第106页）

沈钧儒、李公朴、王造时、沙千里已在公安局被押几天了。他们在这里和韬奋、章乃器相逢，患难中畅谈，当然格外快慰，互相诉说了被捕的经过，也说了不少互相安慰的话语。他们的住房，仍睡小铁床，邹、章同住一小间，房内没有马桶，大小便到厕所，每次都有监护者随后，是专门监视他们的。韬奋认为：纵然做侦探，也还是中国人。我们所干的是救国运动，我们所谈的也只是关于抗日救国的事情；我们不但用不着避他们，而且当着他们大谈我们对于救国的主张，大讨论我们对于救国的意见；侦探们听了不但不觉得我们是大逆不道，而且深切地表示同情！他们和我们相聚了几天之后，竟变成我们的同情者，甚至觉得每日来监视我们是一种不得已的痛苦的职务。

在公安局看守所的头几天，每天准许接见亲友，访问者也很多，客厅常告客满，每天都像举行盛会一样。后来只许接见家属，会客就不行了。除史良外，6人是关在一起的，他们有的看书有的下棋，最为有趣的是"讨论会"或"谈话会"。这样，时间过得倒也很快。

这是他们在上海被捕以后的经过，以及他们的精神状况。

同一时间内的外部情况,也不平静。说起来是救国会的 7 领袖,而震动的却是全国,甚至是国际上的一个不小的风波。

首先,宋庆龄为全国各界救国联合会 7 领袖被捕发表声明:

"余以全国救国联合会执行委员之一,鉴于全国救联七领袖被捕,特提出抗议,反对此等违法逮捕,反对以毫无根据的罪名横加于诸领袖。任何理智清晰的人都明白这种逮捕以及这些罪名都是由于日帝国主义者的影响所致。这种有背景的逮捕很明显的证据,就是日本报纸(上海日报上海每日新闻)今天突又传称余今晨亦为法捕房所捕,罪名是共产党活动与第三国际有联系……"

"全国救国联合会众所昭知的目的,完全是促进政府与人民一致成立联合战线抵抗日本侵略,恰恰与日帝国主义的挑拨武断的言词相反,救国会不袒护共产党也不反对政府。这些罪名完全是日帝国主义者故意制造出来,使中国政府与救国会发生恶感,由是将政府与人民分裂,以遂其阴谋的。"

"救国会的七位领袖已经被捕了,可是我们中国还有四万万人民,他们的爱国义愤是压迫不了的,请日本军阀们当心些吧,他们虽可以指使七位领袖的被捕,还有全国的四万万人民在这里啊!

孙宋庆龄　上海莫利爱路二十九号
十一月二十六日"

接着,全国救国联合会发表告当局及全国国人书:

"敝会领袖沈钧儒、章乃器、李公朴、王造时、史良、沙千里、邹韬奋自经当局无辜加以逮捕后,上海市当局已于 25 日正式公布诸领袖之被捕原因如下:'李公朴等自从非法组织所谓上海各界救国会后,托名救国,肆意造谣,其用意无非欲削弱人民对于政府之信仰,近且勾结赤匪,妄倡人民阵线,煽动阶级斗争,更主张推翻国民政府……'还说密谋鼓动上海总罢工,救国会内尚有共产党分子潜伏云云。"

"救国会根据事实逐条加以驳斥,最后呼吁:当中华民族生死存亡之秋,政府如真欲取信于民,明示抗敌之决心。则首先对民众自动组织之救

国团体即应开放而允许民众以最大限度之救国自由。"

"其次更必须以事实昭信于民，表示政府决心愿停止一切内争，一致抗日。而不再以'剿匪'之名，使神圣之民族解放战争仍无从发动，或为他人的误解。"

"其三，应集中全国注意力于日帝国主义之侵略行动，及日帝国主义者对华所有之汉奸活动，勿再以赤诚之爱国者作为罪犯。政府当局其真欲抗战乎？敝会全体同人当以此三点观之。

全国各界救国联合会

十一月二十七日"

中共中央也立即通电营救。30 日，延安《红色中华》报发表了沈钧儒等人被捕的消息，谴责国民党政府的高压政策，指出："全国人民决不会为南京政府的爱国有罪政策所威胁，而坐视中国的灭亡，必须再接再厉，前仆后继来发展正在开展着的全国救亡运动。"

其次，《生活星期刊》第 26 期、第 27 期，都于卷首发表《向读者报告一件意外的事情》和《向读者的第二次报告》，详细说明了韬奋和其他 6 人被捕经过，并转换几个地方的审讯情况。特别向读者报告了各地广大群众的电函反映：（一）北平教育文化界李达、许寿棠、张东荪、梁实秋等 107 人于 25 日联名致电国民政府行政院，其中说"国难严重，端赖合作御侮，不应再事萁豆之争。"（二）天津文化界于 25 日开会，决议援救。（三）北平各大中学学生派代表 5 人赴京请愿释放救国领袖，并特罢课两天。（四）暹罗（泰国）华侨文化界 200 多人电请行政院，实行保护救国运动之诺言，立即释放救国领袖。（五）新加坡全体华侨致电行政院，请保护爱国志士，将被捕诸人迅速释放。

《生活星期刊》特别启事：本刊主编韬奋恢复自由之前，同人公推金仲华代理本刊主编，负责编辑部一切责任。

其三，全国各报刊发表消息，很多把这一案件称"爱国无罪"案；世界著名作家罗曼·罗兰和著名科学家爱因斯坦以及杜威、罗素、孟禄等也纷纷致电国民党政府，要求立即释放爱国志士。

这一震惊中外的"七君子"事件，并没有像国民党反动派所想象的那样把爱国浪潮压下去，而恰恰相反，当"七君子"被捕的初级阶段，就掀起更大更猛的救国运动,使被捕的爱国义士们,随时听到救国之声,处处感到洋溢的爱国之情。

四、在苏州看守所的生活

12月4日下午,韬奋等6人(史良未到案)从上海公安局出发,乘坐一辆大汽车和押送人员一起到了苏州高等法院。当他们告别上海,汽车正奔驰在路上的时候,李公朴向押送者讲演国难的严重和他们7人的全国团结御侮的主张,他讲到激昂时,声泪俱下,连押送者听了都很感动,有些眼眶里还涌上了热泪。随后他们还跟着李公朴等高唱《义勇军进行曲》。沿途听众听了好像这是一群青年歌咏队,谁也不会想到这是辆囚车,押的是一些因爱国而有"罪"的特殊囚犯。

在高等法院候审室,6个人被审问,所问的内容同上海所问大同小异,无非是有背"先安内后攘外"的那一套。问完之后就把他们关押在看守所。看守所在吴县横街,距高等法院还有一段路程。

这个看守所,作为他们囚室的,是刚落成的新造病室,名为分所。它虽在看守所大门以内,但与其他囚室却是以墙隔离的。一排房共6间,门前是水门汀的走廊,再出去便是一个颇大的泥地天井。就是病室也免不了监狱式的设备,所以房屋前后都有铁格子护窗,房门是厚厚的板门,门的上部有5寸直径的小圆洞,门的外面有很粗的铁门,铁门上有把大锁。夜里在犯人睡觉以后,有看守把房门锁起来;早7点左右,再把锁打开。此外附在这座病室旁边的,右边有一个浴池式的浴室,左边有两个房间是看守所主任住的。天井和外面相通的地方有两道门:靠在里边的一个是木栅门,经过一个小天井,还有一个门,门上和囚室一样也有一个小圆洞。在这两道门中间,白天有一个看守监视着,夜里排房的前面也有一个看守梭巡着,一直巡到天亮。

那排病房共6间,每个房间均不空闲,各房门楣上均有珐琅牌子做记号。1号和6号的房间是看守和工役住的。2号为他们的餐室和看书写字的地方;3号是沈钧儒和王造时;4号是李公朴和沙千里;5号是邹韬奋和章乃器。这种住房安排,是普通犯人所没有的,大概当局也感到这里关押的不是普通的犯人。

他们每个人睡的小铁床,沈老(钧儒)的学生满天下,看了他那样大的年岁,再睡铁床不好,于是就买了一架有棕垫的木床送给他,沈老不肯用,要与大家共患难,应有难同当,不愿单独舒适,经再三劝说,他才勉强收下来用。沈老的学生对他非常敬爱,情意殷勤,看了令人感动。

李公朴习字最勤,由他写了一张作息时间表贴在公共活动的餐室里:

羁押生活

作息表		值日表	
时间	作息	星期	值日者
八时前	起身	一	沈
九时	早餐	二	邹
十时至十二时	工作	三	章
十二时	午睡	四	李
二时至五时	工作	五	沙
六时半	晚饭	六	王
七时半至十时	工作	日	合作
十一时前	就寝	二十六年元旦立	

(《七人之狱》,生活·读书·新知三联书店 1984 年 2 月版,第 119 页)这里表明,他们虽在狱中,却和平日一样的工作和学习。

餐室是他们白天集中的地方,里面摆着两张方桌,放着几把带靠背的椅子和方凳。有的看书有的写作,也有的写字,还有的下棋,既是他们的工作室,也是他们的俱乐部。由于浴室出了毛病不能用,每星期天,用红漆大木盆,也在这里洗澡。

他们的生活是规律的,早晨起来之后,各自洗漱,都到天井里运动,沿着天井四周跑步,公朴跑达 50 圈,乃器跑 25 圈,造时和韬奋各跑 20 圈,千里跑到 17 圈,63 岁的沈老初跑 5 圈,后跑七八圈。然后,沈老打太极拳,其余各自做柔软体操。早饭后,便各进行工作,各自都有自己的设想和要求。韬奋就是利用在押的工作时间,整理、编译、写成了《读书偶译》、《萍踪忆语》和《经历》等书,沙千里也写了《七人之狱》等著作。当他们休息时谈笑风生,工作时各自入静,他们谁也没有把自己看做囚犯,而始终掌握主动。当允许接见时,亲友不断,信息灵通,生活得相当充实。但是在"西安事变"之后,从 12 月 14 日起,看守所的形势突然紧张起来,不但朋友不准接见,连家属都不准接见了。门口忽然加了武装保安队,还加派了宪兵进行监视。这种突变情况使他们议论过可能会遇到不测之祸,他们想到如若"把我们几个人绑出去枪毙,我们应该怎样?我们的一致回答是应该一致的从容就义。我们一致主张出去的时候应该高唱《义勇军进行曲》——'起来!不愿做奴隶的人们!'……临刑时应该一致大呼:打倒日本帝国主义!民族解放万岁!"这反映了他们为救国运动下了最大牺牲的决心。(《韬奋文集》,生活·读书·新知三联书店 1978 年 1 月版,第 3卷,第 132 页)

他们 6 人,心胸宽畅,苦中取乐(史良于 12 月底自动投案,关押在女牢房,同男牢房不在一街)。自己组织起来,生活得更加有序:公推沈钧儒为"家长";章乃器为会计部主任;王造时做文书部主任;李公朴做事务部主任;沙千里是卫生部主任;韬奋为监察。为什么要成立这样以家长为首的组织呢?韬奋说:"我们完全是纯洁爱国,偏有人要误会我们为'反动',所以不用'领袖'或其他含有政治意味的什么'长'来称呼我们所共同爱戴的沈先生,却用'家长'这个名称来推崇他;我们想无论如何,总没有人再能不许我们有我们的'家长'吧!此外也许还有两个理由:一个理由是我们这几个'难兄难弟'在患难中的确亲爱得像兄弟一般;还有一个理由便是沈先生对我们这班'难兄难弟'的爱护备至,仁慈亲切,比之慈父有过之无不及,虽则以他那样的年龄,而天真、活泼、勇敢、前进,却和青年们没有两样。"(《韬奋文集》,生活·读书·新知三联书店 1978 年 1 月版,第 3卷,第 114 页)这使人们清楚地可以看出:这个充满温馨的家庭,凝聚着彼此之间的爱国之心和爱国之情,体现着他们的集体力量和集体智慧,多么感人的肺腑之言呵!有哪一个中华儿女会忘却这个集体所创造的光辉范例呵!只有丧尽天良的汉奸和卖国贼才视他们为仇寇呢!

五、营救和诬害交织进行

营救"七君子",是一场极其复杂的尖锐斗争。要把革命正义树起来,必须把阴谋邪恶压下去,历史也正是这样前进的。

当沈钧儒、章乃器、邹韬奋、李公朴等 7 人被捕的消息一传出,就震惊了爱国将领张学良,他激于义愤,于 1936 年 10 月初独飞洛阳,会见蒋介石,央请他改变内外政策,释放爱国领袖,被蒋拒绝。张质问蒋:"这样专

制,这样摧残爱国人士,和袁世凯、张宗昌有什么区别?"蒋回答说:"全国只有你这样看,我是革命政府,我这样做,就是革命。"12 月 12 日张学良、杨虎城在西安发动兵谏,扣留了蒋介石。当日,张、杨通电全国,痛斥蒋介石丧权辱国,背逆人心,残害爱国忠良,指出:"自上海爱国冤狱爆发,世界震惊,举国痛心,爱国获罪,令人发指。"通电提出 8 项主张,其中之一,即要求立即释放被捕的爱国领袖。随后,张、杨还与到西安调停事变的中共代表周恩来向蒋介石、宋子文提出,安排沈钧儒和宋庆龄、杜重远、章乃器在改组后的国民政府中任职。(《救国会》,中国社会科学出版社 1981 年 10 月版,第 219、220 页)

同此一主张完全相反的是,当西安事变之初,南京方面国民党 CC 派陈果夫、陈立夫连连提出将沈钧儒等 7 人立即枪决,幸为冯玉祥所阻。

经过几个月的反复较量,国民党反动当局不顾全国人民之公愤,江苏高等法院对"七君子"提起公诉,硬说他们犯"危害民国罪",按《危害民国紧急治罪法》判刑。这种功罪颠倒的宣扬,只会激起不可抑制的更大的公愤。

1936 年 4 月 12 日,中共中央发表宣言说:沈钧儒、章乃器、邹韬奋、李公朴等诸先生均为"救国运动之民众爱戴之领袖,诸先生以坦白之襟怀,热烈之情感,光明磊落之态度,提倡全国团结,共赴国难,停止内战,一致抗日,此实我中华男女之应尽责任与光荣模范,而为中国及全世界人民所敬仰。然亦因此而遭日寇之愤……以莫须有之罪名,被逮入狱,铁窗风味,于兹五月。国民党政府此种举动,非特为全国民众所反对,亦为世界有识人士所不满,甚且国民党内部爱国人士亦多愤愤不平"。"吾人要求立即释放沈钧儒、章乃器、邹韬奋、李公朴、王造时、沙千里、史良及全体政治爱国犯,立即取消陶行知等及一切政治犯之通缉令! 吾人要求立即彻底修改《危害民国紧急治罪法》!"(《抗战时期国共合作纪实》,重庆出版社 1992 年 1 月版,上卷,第 146 页)

4 月 15 日,周恩来致信蒋介石,要求释放"七君子":"阅报见上海被捕之沈钧儒、章乃器、邹韬奋等七个人,竟以救国罪名为苏州法院提起公诉,并通缉陶行知等五人,此举已引起全国不安。"沈、章、邹诸人,"其行容或激越,其心纯在救国,其拥护统一尤具真诚,锒铛入狱已极冤,抑乃苏州法院竟违背先生意旨诉以危害民国之罪,不特群情难平,抑大有碍于政府开放民主之旨。先生洞照四方,想能平反此狱,释沈等七人并取消陶等通缉,以一新天下耳目"。

全国救国联合会,本是一个具有广泛性的群众爱国团体,它并没有办公的机构,由于邹韬奋和胡愈之的关系,他们的工作业务均在生活书店,于是生活书店就成了救国会的联络机构。这时的胡愈之,就成了声援营救"七君子"的实际的组织者和指挥者,自然潘汉年和中共驻救国会的党团组织,中共上海临委也都参与和领导了这一工作。

在这个核心领导之下,造成了一场声势浩大的有组织、有力量的群众斗争。怎样进行了这场斗争呢?

第一,胡愈之利用舆论界、文化界的优势,发动各报刊,广泛宣传"爱国无罪"逮捕违法,使当局者处在强大的舆论压力之下,无理无据,极其被动。

第二,1936 年 12 月 12 日,发生"西安事变"之后,看守所不许"七君子"接见亲友,也不允许他们看报,使他们成了与世隔绝的囚徒,为了互通信息,内外配合,胡愈之将国内外斗争形势和各种设想,写成长信,贴身放在韬奋、公朴、乃器的几个小孩子身上(通过看守所所长的特殊通融,允许小孩探望),带进监狱。并设法使单独关押在女牢的史良,也和男牢互通信息。由原来的"六个是一个人"变成"七个人是一个人"了。

第三,组织律师。为"七君子"做辩护的律师,是需要从严挑选的。不仅要有业务水平,而且要有影响和抗日爱国热情。按当时规定,每人请 3 位律师,共 21 位,出庭辩护,是一个阵容强大的辩护团。在 7 人中,有几位就是著名律师,像沈钧儒、史良、沙千里等对律师界是熟悉的,谁能胜任,他们也是了解的。这个律师团有担任过司法部长、大理院审判,也有法学院院长、大学教授、苏州等地律师公会会长等,都有一定的社会声望和知名度。请这么多著名律师作辩护,这在中国司法界的历史上是空前的。

第四,组织记者及时发布新闻。当苏州高等法院第一次审判的当天,胡愈之和上海各报联系,要他们留出第二天报纸的版面,准备报道这次审判的情况。晚上去苏州听审的记者一回来,他就在生活书店听取他们的汇报,同时他又执笔赶写了《爱国无罪听审记》的长篇报道,他写完一部分立即交人刻印,随即送各报馆拣字排版。就是这样写一部分送一部分,一共分为 4 次,最后部分完稿送走时已是晨 3 时左右,终于使这篇文章在第

二天上海各报上以整版篇幅登载出来,揭露了反动政府所谓审判的真实情况,引起了很大轰动。

平津各界1690余人委托律师为"七君子"代拟答辩书驳硬加在"七君子"头上的"危害民国"的裁诬,认定被告无罪可言。广州7000学生签名要立即释放"七君子"。6月初上海市民4800余人联合签名请愿,递交江苏高等法院,要求撤回起诉,恢复"七君子"自由。6月13日上海召开各界群众5000人参加的抗议大会,一致通过要求将"七君子"宣布无罪释放,取消"危害民国紧急治罪法",肃清亲日派,打倒日本帝国主义等决议。在南京,由冯玉祥、于右任带头发起征集10万人签名营救运动。"以示民意之所依归,而促使南京最高当局之觉悟。"(1936年12月10日《救国时报》)这样,就大大地增加了对国民党的压力。经过了几月的侦讯,法院进行了第一次审判,未能结案,又延长到6月25日,法庭进行第二次审判,这次国民党又想玩弄花招,企图使审判草率结案,给"七君子"加上一些"罪名",然后送反省院悔过后再予释放。这是国民党搞的诱降迫降阴谋,遭到沈、章、邹等7人的坚决拒绝。经"七君子"和律师的共同研究,按《刑事诉讼法》条文规定,写具声请回避状。回避状以合议庭推事"已具成见,不能虚衷听讼,而将专采起诉书所举不利于被告之主张以为诉讼资料,断难求得合法公允之审判"为由,一致要求审判长和推事概行回避,并决定全体辩护律师拒绝出席审理,实行"罢席"。结果打乱了法庭草率结案的企图。

第五,发动"救国入狱运动"。为了强烈反对非法逮捕救国人士,6月25日特请宋庆龄、何香凝牵头,胡愈之、诸青来、彭文应、潘大逵、王统照、张天翼、张宗麟、陈波儿、沈兹九等16人,向苏州高等法院送了一个呈文,提出"七君子"爱国有罪,我们愿和他们一起领罪。第二天,胡愈之又向新闻界发表书面谈话,并发布了《救国入狱运动宣言》。这样一来,引起了社会上极大的震动,全国各界纷纷响应,都签名要求爱国入狱。7月5日,宋庆龄、胡愈之、潘大逵、彭文应、沈兹九、陈波儿、张天翼、胡子婴、汪馥炎、张劲夫、张宗麟等十九人又一起到达苏州见高等法院院长,自请入狱,当面责问,弄得法院院长狼狈不堪。爱国入狱运动进一步揭露了国民党不抗日又迫害爱国者的罪行,进一步争取了国内外舆论对"七君子"和救国会的同情。真是像毛泽东所尖锐提出的那样:"爱国有罪,冤狱遍于国中;

卖国有赏,汉奸弹冠相庆。"(《周恩来选集》,人民出版社 1980 年 12 月版,上卷,第 192 页)纵然如此,由各方不断地施压,全国人民不断地呼吁。这就迫使国民党法院迟迟不敢对"七君子"判罪。

六、日本人插手,蒋介石下令

当"七君子"被捕之初,宋庆龄在《抗议书》中就曾说过:"任何理智清晰的人士都明白,这种逮捕以及这些罪名都是由于日本帝国主义的影响所致。"据现在发现的有关材料证明,这是完全正确的,《上海滩》杂志 1987 年第 4 期,载有《日本插手"七君子"事件的有关材料》一文,文中列举了下列事实:

第一,"七君子"被捕之前。10 月 25 日,日人在上海办的《日日新闻》刊载了国民党政府即将镇压救国会负责人的消息。

第二,"七君子"被捕的前 5 天,即 11 月 18 日,正当上海日商纱厂工人大罢工进入高潮时,丰田纺织公司船津总务到上海市政府会见吴铁城和秘书长俞鸿钧,提出要"取缔隐藏在罢工背后的赤色分子"。同日下午,日本驻沪总领事若杉命令领事寺崎又找俞鸿钧,明确要求:"(一)逮捕抗日救国会的幕后人物章乃器(原浙江实业银行副经理)、沈钧儒(律师)、李公朴以及其他五人;(二)抓共产党;(三)镇压大学生的危险分子。"俞鸿钧表示,沈钧儒等人,早已在监视之中,但是要有确凿证据才能加以逮捕,不可操之过急。寺崎说,要等确凿证据,那将是遥遥无期的,必须立即动手,并以正在待命的日本陆战队相威胁,说"倘使今后再惹起同样事态,说不定将发生不测的情况"。

第三,在日本的威胁下,11 月 23 日逮捕了沈钧儒等 7 人的当天上午,俞鸿钧有些做贼心虚,秘密通知日本驻沪领事馆,说明这是"不顾法律常规加以逮捕","希望勿登报纸"。日方对此心领神会,表示默许。

就以上几个角色的对话和行动,活现了主子和奴才的丑恶形象。作为上海市市长的吴铁城和秘书长俞鸿钧竟如此听命于日本人,而又丧心病狂地对待中国人,"七君子"之案是他们的"献礼"吗?不,事情的真相会更加令人吃惊了!

原来是蒋介石直接下令的。事实证明:

11 月 23 日,上海市公安局代表唐豹及律师詹纪凤在法院提审沈钧儒等人时,均明白声称:"各被告均有共产党嫌疑,奉中央密令拘捕";"本案系奉南京密电令拘"。

　　11 月 26 日,冯玉祥密电蒋介石,认为沈钧儒等热心国事,设立救国会,宣传救国,并非如某些人所指为共产党和捣乱者。"其存心可为一般人所谅解,今若羁押,未免引起社会之反感,而为日本挑拨离间之口实。拟请电令释放。"蒋介石复电说:"沈钧儒、章乃器等诸人,有为中(蒋自称,下同)所素识者,亦有接谈数次者。前曾以国家大势,救国要义,向之详切劝导,乃彼等不唯不听,而言论行动,反日益乖张,若非存心祸国,亦为左倾幼稚病,中毒已深,故尔执迷不悟。近更乘前方剿匪紧张之时,鼓吹人民阵线,摇蛊人心,煽动罢工,扰乱秩序。中处迭据确报,沪上罢工,其经费均由章乃器以救国会经费散发,每日七千元,其背景可知。若非迅予制裁,不特破坏秩序,危害民国,即彼等自身,亦必重陷于不可赎之重大罪恶。值此国难严重,固当集中心力,爱惜人才,但纲纪不能不明,根本不能不固,故此时处置,正所以保全彼等,使不得更趋绝路以祸国。中意除依法惩处,不令放任外,仍当酌予宽待,以观其后。务望兄等同此主张,以遏乱萌,而正视听。"(《冯玉祥为营救"七君子"与蒋介石来往密电》,《历史档案》1981 年第 1 期)此时之蒋介石正沉迷在"剿共"兴头上,也正是犯恐日症未醒之际,对日本疯狂之侵略不置一词,而对他梦想的"秩序"则极力维护,把"七君子"的爱国,看成了"祸国"! 把中华仇敌当成依从的恩主! 这就是他宁加害于国人,也不敢在日本面前说半个不字的根由。

七、谁之罪

　　救国会的宗旨,是团结御侮,也就是中华民族团结起来,一致抗日。不管在宣传上还是在行动上,救国会的领导及其成员,是这样说的,也是这样做的。但是,在国民党当局及政府看来,这恰恰是他们所反对的,也就是违法的。究竟是"救国有罪"还是救国无罪? 集中地反映在"七君子"在法庭上的斗争。

　　1937 年 6 月 11 日和 25 日,苏州高等法院两次开庭审理。现将审问记录,摘抄如下。

279

有关对沈钧儒的审问：

审判长方闻问：你们的宣言是什么用的？

沈钧儒答：是表明全国各界救国联合会的宗旨的，以民众对政府陈述我们的抗敌主张。

问：是作宣传用的吗？

答：也可以说是作宣传用的，是向民众而且也要向政府说明我们全救会的宗旨。次日宣言送给吴市长，也是这个意思。

问：你们的政治纲领呢？

答：那时大家对抗日意见还不能全然相同，所以，我们提出了这个初步政治纲领，向各方征求意见，并供大家的研究。

问：政治纲领里面关于联合各党各派及召集救亡会议两点是怎样解释的？

答：集中全国力量共同抗日。

问：希望抗日的是指哪些人？

答：全国的人民大众都应该救国，都应该把他们在抗日救国之下统一起来。

问：所谓联合各党各派是指哪些党派呢？

答：并没有指定是哪一党哪一派，希望全国各党各派，都放弃成见共同联合起来抗敌。当然，凡是中国人，除了汉奸都在内。

问：你们指哪些党派还没有联合起来？

答：在全救会成立的当时，西南两广当局与共产党的红军都显然与中央站在对抗的地位，所以我们那时主张联合起来。

问：那么，你们就愿意负这个联合之责吗？

答：我们觉得当时中央政府与地方政府，与共产党之间，的确并未统一，我们以为内部的纠纷不解决，是不能说到抗敌的。所以当时主张由人民来呼号，促进大家团结。我们希望是要各方的实力不要自相消耗。

问：国民党是不是被联合的一个党呢？

答：国民党当然是联合中的一个，并且，当然居于领导的地位。

问：还有共产党呢？

答：假使西南与共产党是抗日的，我们认为当然应该联合。我们主张在中央政府的领导下，把抗敌的一切力量统一起来。从前蒋委员长也说

要安内而后攘外,我们主张和平统一,消除内部纠纷,也就是要安内的意思。

……

问:你赞成共产主义吗?

答:赞成不赞成共产主义,这是很滑稽的。我请审判长注意这一点,就是,我们从不谈所谓主义。起诉书竟指被告等宣传与三民主义不相容的主义,不知检察官何所依据?如果一定要说被告等宣传什么主义的话,那么,我们的主义就是抗日主义,就是救国主义。

问:抗日救国不是共产党的口号吗?

答:共产党吃饭,我们也吃饭,难道共产党抗日,我们就不能抗日吗?审判长的话,被告不能明白。

问:那么你同意共产党抗日统一的口号了?

答:我想抗日统一,当然是人人所同意的。如果因为共产党说要抗日,我们就须要说"不抗日";共产党说统一,我们就须说"不统一",这一种的说法,是被告所不懂得的。

问:你们反对政府剿共吗?

答:这不是这样简单说法的。我们最反对的是日本要来与我们合作防共;关于剿共,我们没说过。不过政府剿共10年,政府与人民很苦,我们不能不关心。

……

问:你知道你们被共产党利用么?

答:假使共产党利用我抗日,我甘愿被他们利用;并且不论谁都可以利用我抗日,我都甘愿被他们为抗日而利用。(《救国会》,中国社会科学出版社1981年10月版,第275、279页)

有关对章乃器的审问:

审判长问:你对各党各派是主张联合的吗?

章乃器答:在这国难空前严重的时候,每一个中国人都愿意各党各派联合起来一致抗日。

问:用什么方法去联合呢?

答:我认为只要中央能够提出一个具体的抗日国策,向各党各派说明,取得他们的谅解,各党各派一定可以联合起来一致抗日的。

问:你对共产党的抗日有什么意见?

答:如果共产党要求抗日,自然应该让它来一同抗日的。

问:剿共是错误的吗?

答:我们认为我们内部不应该再有摩擦,在亡国的威胁之下,自己内部还有什么恩怨可说呢?

问:毛泽东的油印品什么时候收到的?

答:去年八九月间。

问:你知道共产党抗日另有作用吗?

答:我相信大多数有良心的中国人,决不会另有作用;倘使少数人另有作用,我们不必怕。

问:你们主张抗日,不是和共产党一样吗?

答:我相信,在抗日这一点上,政府现在的主张与我们也是一样的。

问:你是主张抗日的,你对于抗日的主张怎样?

答:我们相信,每一个有良心的中国人,都有主张抗日的义务。(《救国会》,中国社会科学出版社1981年10月版,第288、289页)

另据沙千里在《漫话救国会》中记载:6月25日第二次开庭时,审判长问章乃器:"你们主张抗日救国,是被共产党利用,你知道吗?"章乃器反问道:"我想审判长是和我一样主张抗日的吧,难道也是被共产党利用吗?"记者陆诒在《"七君子"受审旁听记》中写道:当审判长问"你们发表文章批评宪法,这算不算违法?"时,章乃器莞尔一笑,答道:"当宪法草案公布之日,政府曾公开登报,征求人民发表批评意见,而各界人民批评宪草的文章在报章杂志上也发得很多,可见审判长是少见多怪,才问出这样幼稚可笑的问题。""七君子"在法庭上同检察官翁赞年进行唇枪舌剑的辩论,当检察官诬蔑"七君子"煽动"西安事变"时,被告和律师群起驳斥,要求传讯张学良作证,庭上群情激奋,章乃器大声疾呼:"检察官代表国家行使他的职权是应当的,但我希望他能够代表中华民族的人格,否则他做一个中国人,也丢尽我们老百姓的脸!"这下子,检察官暴跳如雷,既怒斥章乃器,又大嚷"记明笔录"。在"七君子"和全体律师严正质问下,检察官狼狈不堪,完全处于被告地位。

章乃器的雄辩之才,是震惊各个法院的。还在上海特区三分院审问

的时候,就弄得审判长哑口无言。当审判长问他是否煽动上海的日本纱厂罢工,引起了章的抑制不住的愤怒,大声疾呼地答道:"我觉得很惭愧!因为我的力量还不够!倘若我有力量煽动日本纱厂罢工,我要很骄傲地回答审判长:我曾经煽动日本纱厂罢工!"审判长停了好一会,才又问道:"你如果有力量,是要煽动的,那你至少是同情的。"他高声说:"是!"接着吼道:"中国工人在日本纱厂所受的虐待,和猪猡一样,请审判长问一问全法庭的每一个有良心的中国人,对于本国同胞遭受到侵略者这样惨酷的待遇,谁不表同情!"连站在左右的法警们听了此话之后,也不自觉地大点其头!

邹韬奋和章乃器自入狱以来,就被羁押在一起,因而对章乃器的认识,特别深刻。韬奋写道:"他所念念不忘的只是民族解放的前途,救国运动的开展;至于对他自身的遭遇,我从未听见过他有一言一语的自怨自艾。我对于他的纯洁爱国的精神,得到了更深刻的认识。"对章乃器平时的争辩,韬奋特别指出:"乃器的性格是偏于刚强的方面,但却不是无理的执拗;他和朋友讨论问题,每喜作激烈的争辩,只要你辩得过他,他也肯容纳你的意见,否则他便始终不肯让步。有些朋友觉得他在争辩的时候有时未免过于严厉些,但是知道他的性格的人,便知道他心里是很纯洁的,是很热烈的,一点没有什么恶意。"(《韬奋文集》,生活·读书·新知三联书店 1978 年 1 月版,第 3 卷,第 120、121 页)

关于对李公朴的审问:

问:联合各党各派,就是容共吗?

答:不同的。联合各党,是"九一八"以后国难会议以来上下的共同主张。内容是化除成见,共同抗日。检察长大惊小怪,竟牵涉到容共去了,真是不懂。

问:共产党也主张抗日吗?

答:是。

问:共产党要建立国防政府你知道吗?

答:这与我们无关。

问:所谓建立统一的抗日政权,是否就是指那国防政府?

答:我没有机会看到共产党的建议,见了起诉书以后才知道一些,根本上两者没有丝毫关系。

问：救国会的宣言上和纲领上不是有建立抗日政权吗？

答：我很奇怪，现在竟有人以为共产党说过的话，别人都不能说，共产党说抗日，别人就不能说抗日。国难如此危急，共产党既然愿意抗日，我们当然欢迎。

问：你们的主张是容共？

答：我们以抗日为最大前提。无论国内国外的势力都要联合。

问：你被共产党利用，你知道吗？

答：四万万人都要抗日，我相信审判长也要抗日的，难道也被共产党利用吗？（《救国会》，中国社会科学出版社 1981 年 10 月版，第 314、315 页）

从李公朴的日记中，可以看出其民族正气。6 月 26 日，他写道："关于悔过书一点，在最早的时候，就有人暗示过，我们曾坚决地明白说，这是不可能的。""吾人力争人格，乃为国家民族保存正气"。"到庐山是蒋先生要我们去，非我们要求去，今以具悔过书的条件，是直等于不要我们赴庐耳……吾人是决不会签署任何有失立场、有丧人格之文件耳。"

李公朴在这里所提的悔过之书，是蒋介石指派的杜月笙、钱新之等人向"七君子""周旋"，让他们写出悔过书后，上庐山与蒋介石会见。实际上是劝降或诱降，所以遭到 7 人的坚决反对。

李在另一篇日记中，又写道："六月二十六日新闻报载，关外一次活埋抗日分子三百人，最后有一学校校长，请求给以二分钟精神自由说两句话，日人许之。此人乃大呼中华民族万岁！打倒日本帝国……语未毕，被一棍打落坑中，顷，土埋之。壮哉！惨哉！此民族之魂，将与中华历史永垂不朽。"

"家属来说及各方面入狱运动之发起，闻之甚感动。民不畏死。奈何以死惧之。为了民族的生存来力争民族的权利，与其不争而待将来受辱地死于敌人汉奸的魔手中（如现在东北同胞所受者），反不如在我自己人统治下而入狱。"

"入狱入狱，是谁所欲！爱国有罪，入狱何辱。"

深知李公朴的邹韬奋，在同狱中写道："我觉得公朴的最大特点是有勇气，不怕难。"（《韬奋文集》，生活·读书·新知三联书店 1978 年 1 月版，第 3 卷，第 122 页）

有关对史良的审问：

史良是作为第七被告受审的，下边是审判长审讯她的记录。

问：你在救国会担任什么工作？

答：妇救常委及全救常委。

问：全救大会宣言和纲领是什么意思？

答：团结抗日。

问：你赞成各党各派联合救国吗？

答：凡是中国人，除汉奸卖国贼外，都应该联合一起抗日的。

问：联合各党各派是联合共产党吗？

答：救国会的意思任何党派都要联合，不管它是国民党也好，共产党也好，不分党派，不分阶级，不分男女，分的只是抗日不抗日。

问：建立统一的抗敌政权是不是指另组政府？

答：政府与政权是有分别的，政府是国家的机构，政权是这个机构发挥的力量。譬如五权宪法的五权也就是政权，并不能说要五个政府！我们主张的是扩大政权，始终未想到改组政府。

问：你反对宪法吗？

答：并不是反对宪法，不过是要把抗日放在第一。

问：你们主张联合各党各派，这不是共产党提出的口号吗？

答：救国会主张不分阶级，不分党派，不分男女，一致抗日救国，是由于全国大众的要求，不是跟着共产党喊的口号。

问：你们是组织人民战线吗？

答：救国会从来没有讲过"人民战线"这句话，并且中国也不需要人民战线。

问：那么，救国战线呢？

答：救国战线就是人民大众起来站在一条抗日救国的阵线上。

问：上海日本纱厂罢工后援会是救国会组织的吗？

答：11月12日我们举行中山先生诞辰纪念会时，有一个工人代表报告，于是由出席的人站在同胞的同情心上，援助他们。

问：事前知道不知道他们罢工？

答：顾名思义，这是后援会，事前当然不知道。

问：西安事变你知道吗？

答：事前不知道。

问：你知道救国会是违法的吗？

答：不知道，我们觉得起诉书对被告等援引的《危害民国紧急治罪法》是绝对错误的。如果一个国民真的犯了《危害民国紧急治罪法》，在今日，也只有劝导才是道理。我们并没有犯《危害民国紧急治罪法》，把我们所有的抗日行动和救国主张硬硬地拉到危害民国上面去，不知是何用意。

问：救国会登记了没有？

答：本来要登记的，因怕政府为难，所以没有登记。我们知道，如果政府准许我们立案，日本一定要和政府过不去。事实上，我们救国会代表曾不少次数正式和上海党政当局接洽；二中全会开会时用全救会的名义到南京去请愿，中央派中委马超俊正式接见我们，接受我们的主张。这一切证明救国会是合法的。

问：你还有话说吗？

答：没有别的话，我觉得我们的一切行动都是本着爱国心的。（《救国会》，中国社会科学出版社1981年10月版，第306、308页）

对王造时、沙千里的审问情况，大都相同于上述各个的审问，王造时和沙千里都理直气壮地驳斥了审判长的提问。这里从略了。

对邹韬奋的整个审讯过程，大体如下。

当7人被捕之初，国民党通讯社中央社就扬言，政府是依据《危害民国治罪法》逮捕他们的。以后上海市政府又宣布他们的"罪状"，说什么"非法组织所谓上海各界救国会"，"妄倡人民阵线，煽动阶级斗争，更主张推翻国民政府"，"密谋鼓动上海总罢工，以遂其扰乱治安颠覆政府之企图"。（1936年11月25日《申报》）救国会为此发表过《紧急宣言》和《告全国同胞书》，驳斥了这种为镇压爱国运动而颠倒黑白、横加莫须有的罪名，并严正表示："救国会的人士，既以身许国，决不是逮捕等等足以阻遏其志的。"（《救亡情报》1936年11月29日第28期）

7人之中，6男1女，6人拘禁一处，史良拘禁在另一处。他们年岁不同，经历各异，但是却同案被捕，都为爱国而遭"罪"。他们在狱中抱定风雨同舟、患难与共的决心，共同商定：在被捕期间，采取一致的主张和行动，"七个人是一个人"，羁押，大家羁押；释放，大家释放；共同议决了3条基本原则：一、关于团体（指救国会）的事情，应由团体去解决；二、关于大

家的共同事,应由大家的共同决议去解决;三、关于各个人的事,应由各个人负责。他们公推沈钧儒为"家长",其余的为"难兄难弟"和"难妹"。这个同狱难友组成的新家庭,确实达到了亲密无间的程度。他们既是抗日救国的领导,又是名震文坛的健将,既有法律专家(沈、史、沙),又有雄辩里手(邹、章、王),还有热情组织的活动家(李)。各自都能战斗,联合起来就成为铜墙铁壁了。尽管国民党当局变换多少花招,罗织"罪名"施压也好,蒋介石使人"周旋"(劝降)也好,都被他们攻破抵挡了。

且看法院对邹韬奋的审讯,就展现了双方的较量了。

法院对韬奋盘问最多,纠缠最凶的是关于"人民阵线"和"民族联合阵线"问题。正如沙千里在当时所作的笔记中所说:"问来问去,老是问那一套。三翻四覆地问不出新花样来,尤其关于人民阵线和民族阵线的问题,差不多没有一次不问,没有一人不问,我们一而再再而三的说明,说得简直有些舌疲唇焦之苦;还是法兰西、西班牙,西班牙、法兰西这样不断地问。这个情形,直像一桶水在两个桶里倒来倒去,一会把水倒在这个桶里,又一会把这一桶的水倒到那一桶去,倒去倒来,倒来倒去,依然还是这一桶水。"(《七人之狱》,生活·读书·新知三联书店1984年2月版,第93页)

这个问题是这样引起的,韬奋在香港编《生活日报》时,在刊登莫文华的第二次来信时,题目为《人民阵线与关门主义》,进一步阐明了民族统一战线政策,批判了关门主义思想,韬奋在编者答复中表示:对信中的意思,"我们可以完全接受,不过我们还有一点愿意提出研究,那就是'人民阵线'这个名称用在中国的民族解放运动很容易令人误解,不如用'民族联合阵线'来得清楚"。(《生活日报星期增刊》第1卷第6号)可见"人民阵线"和"民族联合阵线",韬奋明白清楚地回答了它们的区别,不可混同。本来在30年代法西斯抬头时,共产国际运动中由法国和西班牙共产党提出的反法西斯的联合的人民阵线,1936年两国人民阵线在大选中先后获胜,建立了人民阵线的政府。而救国会提出的是抗日"民族联合阵线",其来源、内容、性质都不相同。这一点韬奋的文章和答读者问,是清清楚楚的,而法官企图硬将"妄倡人民阵线",主张阶级斗争以推翻政府的"罪名",加在韬奋头上。为此韬奋向家里要来《生活日报》合订本(包括《生活日报星期增刊》)交给法院,并在法庭上举出合订本中由他执笔的关于

民族联合阵线的言论,证明他不是主张人民阵线的。法官却说:"文人著述全是言不由衷的。"韬奋气愤地大呼:"抗议!抗议!"他肯定地说:"我对自己的文字负百分之百的责任,没有一篇没有一字不是由衷之言",抗议法官侮辱他的人格,并要求"记入笔录"。

6月25日,举行第二次审讯,当法官问到关于救国会与西安事变的关系时,邹韬奋指着救国会给张学良的电报说:这个电报内容明明说希望张学良请命中央出兵援绥抗日,并非叫他举行兵谏。而且同时打同样性质的电报给国民政府,为什么不说勾结国民政府? 请检察官说明电报与"西安事变"究竟什么因果关系! 检察官竟强词夺理地说:"因为你们给张学良的电报引起西安事变,给国民政府及宋哲元、韩复榘、傅作义的电报并未引起事变。"从而硬说7人与张学良有勾结,应对西安事变承担责任。韬奋驳斥道:"我们七人是11月22日在上海被捕的,西安事变发生在12月12日,请问法官,我们在牢狱中如何能与张学良联络?"法官无言答对。辩护律师张志让等21人,一致要求请张学良作证。

法庭上的阵容是鲜明的:一边是检察官、法官和审判长;一边是"七君子"及其律师辩护团和旁听席上的听众。争辩的焦点是检察官对7人提出的"起诉书"。这份起诉书,"第一个印象,是起诉书完全不了解政治上的新形势,和肆意诬蔑救国会的主张,不但咬文嚼字断章取义,曲尽罗织的能事;而且张冠李戴,指鹿为马,惟恐我们的言行不构成犯罪。……被告有利的情形,竟然无一注意,我们万料不料侦查四个月之久,起诉书理由竟然如此空洞、歪曲,真是诬蔑了国家,诬蔑了神圣的职务!"(《七人之狱》,生活·读书·新知三联书店1984年2月版,第117页)邹韬奋在法庭上慷慨激昂地精确地讲述了救国会的各项主张,对起诉书上所罗织的十大"罪行",一一进行了驳斥。法官听了,如坐针毡,恼羞成怒,竟大发雷霆,要求审判长禁止邹韬奋继续发表意见。邹韬奋愤然地说:我不能侵害检察官发表起诉意见的权利,但是检察官也没有无理禁止我发表意见的权利。

整个法庭以起诉书为中心,展开了异常激烈的辩论,一边是法官、检察官和审判长;一边则是七君子和他们的辩护律师们。前者生拉硬扯,胡乱扣"罪";后者口枪舌剑,句句力驳;弄得审判长理屈词穷,狼狈不堪,倒成了被审判者,七君子则大义凛然,被人民看成了当然的审判者。针对

"起诉书"的谬误，七君子的辩护人张耀曾、江庸、汪有龄、江一平、陆鸿仪、刘崇仪、俞钟骆、张志让等21位著名律师的长篇答辩书，详加驳斥，集中地指出："以被告等爱国之行为，而诬为害国；以救亡之呼吁，而指为宣传违反三民主义之主义，实属颠倒是非，混淆黑白，摧残法律之尊严，妄断历史之功罪"；并要求国民党司法当局"依法判决，谕知无罪，以雪冤狱，而伸正义"。

争辩双方，话虽长，概括起来，只有一句话：抗日爱国是有罪还是无罪？倘若有罪，究竟是谁有罪？这是全国人民不言自明的了。谁也不应忘记这个著名历史案件。

八、胜利出狱

七君子的爱国正义，坚贞不屈的表现，赢得了广大群众的热烈拥护，声势浩大的声援和营救，并没有在反动势力的阻挡下减弱，相反却日益发展，特别是7月5日，宋庆龄、胡愈之等12人再一次到苏州高等法院"自请入狱"，给高等法院极大的压力，使之非常被动，感到茫然不知所措，不敢再坚持"救国有罪"的谬说。加上"七七"抗战爆发，群情难抑，形势随之大变。7月31日，在蒋介石的密电下，江苏高等法院拟具裁定书，以求"体面收场"。

谓："沈钧儒，邹韬奋等羁押时逾半载，精神痛苦，家属失其赡养等情，声请停止羁押……可以交保释放。"

当7月31日上午，法庭向7人宣读这一裁定时，沈钧儒当即责问："一起重大的政治案件，兴师动众的审查了八个多月，怎么突然以'家庭困难'了之?!"

邹韬奋问道："拘押243天，(作者注：自1936年12月4日，到苏州入狱算起)我们为争一个理——爱国无罪。今天释放是否争得了这个理?"法官和审判长，都无言以对，低头不语。

7月31日下午，邹韬奋夫人沈粹缜、章乃器夫人胡子婴、李公朴夫人张曼筠、王造时夫人朱透芳等和律师30余人，前往看守所门口欢迎。

下午5点20分，七君子步出看守所，频频向等候在门前的200多群众招手，群众高呼："欢迎七君子出狱！""向七君子致敬！""抗日救国必胜！"

一时军乐声、欢呼声、爆竹声齐鸣,还有抗日救亡歌曲也唱起来。七君子和群众一起,高唱着《义勇军进行曲》,踩着矫健的步伐前进!群众热烈地拥随着爱国英雄们,形成了一支不小的欢迎队伍。由各方学生代表数十人,手持旗帜列队为前导,行人自觉走进行列,加大了游行队伍。护送七君子及其家属到花园饭店休息,并出席张一麐、李根源等举行的欢迎宴会。苏州各界原定在第二天举行庆祝大会,被沈钧儒、邹韬奋等婉言谢绝了。

8月1日凌晨,7人和家属乘京沪快车到达上海。一到上海,就受到胡愈之、钱俊瑞等百余亲友的热烈欢迎。沈钧儒、邹韬奋、章乃器、李公朴等7人,高唱着:"压平路上的崎岖,碾碎前面的艰难,我们好比上火线,没有后退只向前。"这既是《大路歌》的歌词,也是他们的共同心声。接着出席了在"邓脱摩"饭店举行的联合欢宴。在容纳数百人的宴厅里,座无虚席。在热烈的掌声中,沈钧儒代表7人讲了话,他说:"我等过去主张只有两个:一为团结,即全民族联合战线;二为抗日,目下全国团结已有坚强基础,抗日已为全国一致之要求,深信在中央领导之下,必可展开伟大之民族解放战争,而且必可取得最后之胜利。我等唯有准备一切,在民族战争中尽一份人民的天职。"韬奋说:"在狱里觉得心安意得,因为始终不是争个人的自由胜利。现在出来是大众的胜利,以后也只求得心安意得,永不背叛大众。可以告慰大家的是没有背叛大众,也没有说过辜负大众的话。"韬奋当时还题写一句话:"个人没有胜利,只有民族解放是真正的胜利。"(《七人之狱》,生活·读书·新知三联书店1984年2月版,第122页)有朋友问他:在狱中有何感觉时,他脱口而出:"我常感觉的只是自己的渺小,大众的伟大。"韬奋在被捕过程中,所表现的铮铮铁骨,赤诚爱国,正像他称颂鲁迅那样"战而不屈"!

"七君子"案之所以成为我国现代史上的爱国名案,正因为"七君子"无愧于"中国脊梁"!邹韬奋的被捕生活,虽然只有8个多月,但在他的人生道路上,却是经得起考验的光辉亮点。

第三十一章 抗战初期的奔波

韬奋从苏州牢中释放到上海沦陷,再绕道到达武汉,共 4 个半月。在这期间,他像出笼之鸟,脱缰之马,既飞翔天空,又驰骋草原。他紧张而愉快地弥补失去的时光,他不停地讲演和写作,既没有安静的书房,也没有一般的课堂。他迈开双脚,不是为救亡呐喊,就是为抗战奔波。他从不想自己安乐,一切为了垂危的祖国!走到哪里,哪里便有他的声音在传播。

一、全面抗战前后

邹韬奋等人回到上海的第三天,即 8 月 3 日,应南京国民党最高当局的邀请,要他们"贡献一些关于救国运动的意见","到南京约作十日勾留"。他们 7 人对全国洋溢着的团结御侮的气氛,感到满意,顺利地到达了南京。他们分头同中枢各方面晤谈了多天,会见了蒋介石、冯玉祥,和陈立夫、叶楚伧进行了谈判。叶以国民党中央秘书长的身份提出解散救国会,他说:"救国会有很光荣的开始,有很光荣的过程,但是,到现在救国会的主张已经变成了政府的行动,所以救国会的任务已经完成,我希望救国会能做一个光荣的结束。"沈钧儒、章乃器、邹韬奋、李公朴、王造时、沙千里、史良一致拒绝了这一无理要求,坚定地表示:政府既已对日作战,救国会会员愿在既定国策之下,"努力全民救国运动。"

后因上海事务,尚待处理,沈钧儒、章乃器、李公朴先回上海,邹韬奋、王造时、沙千里、史良仍继续留南京同当局晤谈。

沈钧儒回到上海谈话表示:"我等在狱时读蒋委员长在庐山谈话,深为感动,当即拍电表示热忱拥护。(作者注:即 7 月 17 日蒋的"严正声明",其中说:"地无分南北,人无分老幼,无论何人,皆有守土抗战之责任,皆应抱定牺牲一切之决心。")出狱后晋见党政军当局,大家对于抗战决心,均表示完全一致。""对国内问题,无不以宽大仁厚坦白率直为依归,此与全国民众之祈求者,真可谓上下一心。深信各地党政工作人员,必能本此精神,积极领导群众,使每一个爱国民众,均能贡献其赤诚,为国家尽最大之努力,以筑成如钢铁之民众壁垒,以保证民族战争之最后胜利。""人民对于战争,千万不可斤斤于一时之胜负与一隅之得失,而只要记住'打到底'三个字。对于军士打胜仗需要慰劳,打败仗尤其需要慰劳,谁能打到底,谁就是民族英雄。"(1937年8月8日南京《中央日报》)这表明了他们7人的共同态度。

他们7人在南京,特走访了98岁的爱国老人马相伯。马相伯既是他们尊敬的前辈,又是救国会的领袖之一,年虽近百,但对救国时事,特别是七君子事件之关切,紧牵胸怀。当七君子与马老欢聚一堂时,韬奋特将马老于1935年12月书赠的"耻莫大于亡国,战虽死亦犹生"展示给大家共赏。韬奋谈及到南京之心境时表示:不管国民党军政要人如何软硬兼施,坚持抗日,血战到底。马相伯高兴地问韬奋:"你的打算是……"韬奋说:"创办一个刊物。"马又问:"那刊名呢?"韬奋说这抗战最重要的意义,是在事实上表现中国的确能够抵抗到底!所以,这个刊物就叫《抗战》。在座者一致认为:这刊名,亮出了全民族抗战的旗帜,表达了我们破釜沉舟的决心。马相伯和他们(还有杜重远)一起照了相。这相片成了珍贵的历史文物。

8月13日,日军疯狂地进攻上海。韬奋等匆匆离开南京回到上海。我国的抗战在实际上虽开始于1937年的7月7日,但全面抗战的发动,却在1937年8月13日。故史称"七七抗战"和"八一三全面抗战"。

韬奋一到上海,便积极筹备《抗战》三日刊的工作,并立即召开撰稿人会议。韬奋为编辑人,胡愈之、金仲华、张仲实、柳湜、钱俊瑞、沈志远、胡绳、艾思奇等为撰稿人。

经过5昼夜紧张的筹备,于8月19日《抗战》第1号问世了。韬奋宣布该刊的任务:"在一方面是要对直接间接和抗战有关的国内和国际形势,作有系统的分析和报导,显现重要意义和相互间的关系;在又一方面,是要反映大众在抗战期间的迫切要求,并贡献我们观察讨论所得的结果。"还增加出版6天1期的《抗战画报》。这是韬奋出狱后创办的第一个刊物。同时,他又兼任《国民周刊》的评论委员会委员。统由生活书店发

行。

8月19日出版的《抗战》创刊号上，韬奋在《上海抗战的重要意义》一文中，分析了日本帝国主义妄图灭亡中国的野心，批判了那种"亡国论"的思潮，豪情满怀地说："现在上海我国陆空军的顽强抵抗已在事实上给予这些幻想和谬想以重大打击了；在积极方面，更巩固了中华民族的自信力。这如民族解放的光明前途有着很密切的关系，是很显然的。"

韬奋在这一时期的工作是紧张的，战局的变化所引起的各个方面动向，他是紧抓不舍的。批判了汉奸和准汉奸的"亡国论"之后，又有一种急于求成的"速胜论"思想。韬奋于《抗战》第4号上，写了《持久战的重要条件》，深入地分析了持久战的主客观因素，指出，日本帝国主义侵略中国，渴求速决战以达到掠夺的目的，被侵略的中国必须与之相反用持久战来促成敌人的崩溃。持久战的条件，除"军事方面的不失时机，坚持抗战；外交方面的积极推动，运用灵敏"外，还有"心理的基础和物质的基础"。在心理上要认清"这次为抢救危亡而抗战的历程是艰苦的历程"，"应该存着百折不回义无反顾的沉着心理"。在物质上，我们一面抗战，一面仍须注意生产的继续，"在整个的国防经济建设的计划之下，作加速的更紧张的工作"。

二、抗日统一战线的形成

对于民族抗日统一战线的形成方面，更是韬奋久牵心弦的。入狱之前是这样，出狱之后更是这样。因为有团结才能抗日，没有团结根本谈不上抗日。韬奋和救国会视若国家民族生存关键的正是这个问题。

抗日统一战线的核心，是国共合作，这个问题关系着整个抗日战争的大事，关系着中华民族的前途，韬奋密切地注视着。

"七七"事变的第二天，即7月8日，中国共产党中央委员会向全国发了通电："平津危急！华北危急！中华民族危急！只有民族实行抗战，才是我们的出路！我们要求要立刻给进攻的日军以坚决的反攻，并立刻准备应付新的大事变，全国上下应立刻放弃任何与日寇和平苟安的希望和估计。"通电最后说："全国同胞、政府和军队团结起来筑成民族统一战线的坚固长城，抵抗日寇的侵略！国共两党亲密合作抵抗日寇的新进攻！

驱逐日寇出中国！"

《中国共产党公布《国共合作宣言》，本宣言于 7 月 15 日由中共中央送交国民党，拖压至 9 月 22 日才由国民党中央通讯社发布，刊登在 23 日全国各报上。宣言指出："当此国难极端严重民族生命存亡绝续之时，我们为着挽救祖国的危亡，在和平统一团结御侮的基础上，已经与中国国民党获得了谅解，而共赴国难了。这对于我们伟大的中华民族前途有着怎样的重大意义啊！因为大家都知道，在民族生命危急万状的现在，只有我们内部的民族团结，才能战胜日本帝国主义的侵略。现在民族团结的基础已经定下了，我们民族独立自由解放的前提也已经创设了，中共中央特为我们民族的光明灿烂的前途庆祝。"为取消敌人阴谋之借口，为解除一切善意的怀疑者之误会，中共中央有披沥自己对于民族解放事业的赤忱之必要，因此，"郑重向全国宣言：一、孙中山先生的三民主义为中国今日之必需，本党愿为其彻底的实现而奋斗。二、取消一切推翻国民党政权的暴动政策及赤化运动，停止以暴力没收地主土地的政策。三、取消现在的苏维埃政府，实行民权政治，以期国家政权之统一。四、取消红军名义及其番号，改编为国民革命军，受国民政府军事委员会之统辖，并待命出动，担任抗日前线之职责。"

这是为全国人民极为重视的一个文件，国民党当局当然也很重视，虽然迟迟不与人民群众见面，但也无法遮盖大势，只有由蒋介石直接评议。

蒋介石在中国共产党《国共合作宣言》公布之次日，发表谈话说："宣言中所举诸项如放弃暴动政策与赤化运动，取消苏区与红军，皆为集中力量，救亡御侮之必要条件，且均与本党三中全会之宣言及决议案相合，而其宣称愿为实现三民主义而奋斗，更是证明中国今日只能有一个努力之方向。""在存亡危急之秋，更不应计较过去之一切，而当使全国国民彻底更始，力谋团结，以共保国家之生命与生存。今日凡为中国国民，但能信奉三民主义而努力救国者，政府当不问其过去如何而咸使有效忠国家之机会。对于国内任何派别，只要诚意救国，愿在国民革命抗敌御侮之旗帜下，共同奋斗者，政府无不开诚接纳，咸使集中于本党领导之下，而一致努力。中国共产党人即捐弃成见，确认国家独立与民族利益之重要，吾人唯望其真诚一致，实践其宣言所举之诸点。"蒋氏最后说："中国民族既已一致觉醒，绝对团结，自动坚守不偏不倚之国策，集中整个国家民族之力量，

自卫自助,以抵抗暴敌,挽救危亡。"蒋介石这番话,是 9 月 24 日于南京《中央日报》上发表的。

接着中共中央负责人对蒋的谈话,发表了评论,既客观地肯定了蒋的正确意见,也指出了他的自大主义、缺乏自我批评等缺点。

张闻天、毛泽东代表中共中央向负责谈判的周恩来致电,对合作宣言及蒋介石的谈话,作了如下评价。

第一,你们谈话请根据下列诸点:我们宣言及蒋谈话宣布了统一战线的成功,建立了两党团结救国的必要基础。

第二,这个宣言不但将成为两党团结的方针,而且将成为全国国民大团结的根本方针,中华民族之复兴,日本帝国主义打倒,将予今后的两党团结与全国团结得到基础。

第三,蒋谈话指出了团结救国的深切意义,确定了共产党在全国的合法地位,发出了"与全国人民彻底更始(的诺言)。但还表现着自大主义精神,缺乏自我批评,未免遗憾。今后问题是彻底实现三民主义及与三民主义相符合的中共提出的十大纲领。"(《抗战时期国共合作纪实》,重庆出版社 1992 年 1 月版,上卷,第 398、404 页)

宋庆龄读了共产党的《国共合作宣言》和蒋介石团结御侮的谈话之后,异常兴奋,她 1937 年 9 月 24 日在《国共统一运动感言》中说:"我听到这个消息,感动得几乎要下眼泪。孙中山先生主张国共合作,因为共产党是代表工农大众利益的党,没有广大的工农群众的拥护与积极参加,中国国民党所担任的国民革命使命,是不可能完成的。……但是,不幸得很,十年以来,国共分裂,国民党放弃总理的联俄、联共、工农利益三大政策,共产党提出推翻国民党政府的口号,以致两党互相残杀,牺牲无数有为的青年,损失无数宝贵的精力,以从事内战,致令国家民族的真正敌人——日本帝国主义——乘隙而入。"最后,她语重心长地说:"前事不忘,后事之师,在这民族危机千钧一发的今日,过去的恩怨,往日的牙眼,自然一笔勾销,大家都一心一意,为争取对日抗战的最后胜利而共同努力。""我相信两党同志,经过十年以来长期的惨痛教训,再加上日寇无情的残酷的进攻,一定能够本'兄弟阋墙,外御其侮'的古训,诚信地、友爱地团结成一体。唯有这样,才能使中华民国走上独立解放的胜利途径,孙中山先生死而有知也应该含笑九泉了!"

抗日统一战线的形成和确立,我国各党派和社会著名人士,都纷纷发表了或拥护或欢迎或支持的声明和意见,广大人民群众为团结抗日的新局面而欢欣鼓舞,整个国家民族呈现出了新的希望和新的景象。

韬奋在这种形势下的心境,充满了兴奋和激动。他永远不会忘记这种空前的感受。他说:"我国这次反侵略的神圣抗战时代,是历史上空前伟大的时代,也是最值得我们学习的极可宝贵的时期,抗战期中令人感奋令人警惕的种种事实都是我们的课程。我们对于这种事实的观察和研究,应该具着求真理的精神和客观的科学的态度,好像我们在学校里研究历史、地理、物理、化学等等的课程一样,我在这个伟大的学习时期和学校里,始终未曾离开文化的岗位,所以也许可以说我所选习的这是文化一部门,我愿以有关抗战建国文化这一部门的观察感想报告给读者诸友。"(《韬奋文集》,生活·读书·新知三联书店1978年1月版,第3卷,第168页)这是在《抗战以来》中的一段回想,也是他一生中听到看到感受到的极深的一段生活。

三、警惕亲日派,揭露投降派

韬奋深深体验到:为团结御侮而呐喊,为团结御侮而坐牢,一生坎坷,一生奋斗,不就是今天实现的抗日民族统一战线吗? 付出多少代价,作出多少牺牲,它确实来之不易,也确实需要为之珍惜而继续奋斗啊!

他的阵地就是文化宣传战线,他的武器就是宣讲的嘴和锋利的笔。为了坚守自己的岗位,他既对时局作出敏锐的观察,又对各方的动向作出深刻的分析,他参加很多社会活动,接触许多人。他的据点,还是生活书店和《抗战》三日刊。

《抗战》出刊至9月9日第7号时,因租界的干预,改名为《抵抗》,在上海出至第29号,移至武汉,自30号起,又恢复原名《抗战》,名字虽改,其他未变,均由韬奋主持。三日刊比原来的周刊,更能适应抗战的需要。韬奋认为:"在整个民族生死存亡的最后关头的时候,个人的前途与国族的前途已混织在一起而无法分离。个人的前途只有在争取国族前途里面得到。国族如没有前途,个人即得苟存性命,过奴隶生活,也是生不如死,故为国族争光明的前途,必要时虽牺牲个人而无所怨悔。"

　　当"八一三"全面抗战爆发后的短短三四个月的时间里,韬奋怀着愉快的心情,颂扬了抗日统一战线的建立,民主政治的初步开展,共赴国难的党派团结,总的是围绕着抗战国策,各个方面的积极努力是令人振奋的,韬奋肯定了这种为抗战奠定的基础。特别是整整 3 个月的淞沪阵地战所取得的成果,坚定了国人抗战必胜的决心。但也有令人担忧和不安的另一方面,这就是以汪精卫为首的反对抗战的对日妥协投降派,他们还隐藏在南京政府内部,得机就造起谣言以破坏国策。

　　这似乎并非秘密,冯玉祥将军以国民政府军事委员会副委员长的身份,回答记者提问时,就公开指出:必须坚决要求立即驱逐在南京政府及各地政府之亲日分子,要求南京当局不要堕入日寇的陷阱,而下定决心,立即领导全国实行抗战到底。

　　韬奋对汪精卫的亲日仇战的丑态,不仅耳闻,而且目睹。韬奋等人在南京同各方晤谈时,也同汪精卫会晤,当时他是国民党中常会副主席,可以说官高位显了,可是出人意料的是,当韬奋等问起抗战前途的时候,汪精卫却泪下如雨,仰首呜咽好些时候,才颤声说道:"抗战! 抗战! 中国抗战不到三个月,全国人民都要饿死了!"他对抗战充满了失败主义情绪,对抗战的光明前途没有任何信念。所以一提抗战,便触痛神经,如丧考妣。自此之后,汪精卫便利用窃取之高位,有机便发诽战谋和的谬论,传播其投降妥协的祸音,每当战局失利,他就散布"和谣"以蛊惑人心。韬奋一直视亲日派、妥协派为汉奸卖国之隐患,对他们的动向,保持静观揭露的态度。《抵抗》三日刊连连登载文章,一再驳斥:发表了胡愈之对汪精卫的投降谬论的专论之外,他自己又写杂感,驳斥汪精卫广播稿《怎样才能持久》中的反对动员群众抗战的胡言。韬奋考虑到,汪精卫当时在国民党党政的位置,在人民群众中尚未揭穿他的真正面目之前的伪装,其风险之大,材料之准,笔锋之妙,都给揭露者带来很大的难度,他和胡愈之下决心狠狠击中这个目标,为国为民都是无他选择的。1937 年 10 月 26 日夜晚,上海我守军迫于形势退出江湾闸北,撤到第二道防线继续抗击日寇,27 日上海市民对撤军不明,一度表示恐慌,亲日派和汉奸乘机捣乱,一时停战妥协的谣言四起,跟着叫嚷"中日亲善"、"经济提携"也传播开来,借以进行策动妥协和平运动。在这种状况下,上海各界人士都主张扩大保卫大上海的宣传,以与阴谋妥协投降的汉奸活动相对抗,因此曾要求各报刊登载

一条标语:"主张妥协和平者就是汉奸。"10 月 29 日出版的《抵抗》第 22 号,在封面上用大字显著地登出了这条标语。这本来是没有疑义的,就是汉奸卖国贼也不敢公开出面干涉。但是不料却引起了国民党特务的不满,他们不说这个口号本身,却认为"这个口号是故意诽谤政府,甚至要追寻这个口号来源是否出自共产党"。真是平地陷阱,无风起浪,前线如此危急,特务竟这样刁难,说不清他们到底和谁是一家了。韬奋不便同他们纠缠,只好立即约人在 11 月 3 日出版的《抵抗》第 23 号上写一篇反驳文章,文章特意引用了蒋介石在庐山讲的"中途妥协,就是灭亡",还引了陈诚说过的"中途言和者……是亡国灭种的罪人"。就这样,他们也不说针对着政府,不再追查其来源了。斗争固然是复杂的,运用策略,讲究艺术,是胜利者不可忽视的。

无论《抗战》,还是《抵抗》,对亲日派、妥协派、汉奸卖国贼,无论有什么动向,玩什么花招,韬奋是穷追不舍的,一直把丑类暴露于光天化日之下为止。这要算他赤诚爱国的性格之一,也是作为文化战士的天职之一。

四、不容关门主义

抗日统一战线的实践,务必遭到来自右的方面的破坏,那就是妥协投降的倾向出来干扰;同时,也有来自"左"的方面的破坏,把自己封闭在狭小的圈子,对谁都不信任,对谁都怀疑的关门主义,就是这种干扰的表现。韬奋在自己的岗位上,既要同妥协投降主义者斗争,也同关门主义者斗争。

当韬奋收到读者莫文华(刘少奇同志)的两次长信时,就已经领略过批判关门主义的必要。其实,早在 1935 年 12 月 27 日,毛泽东就在陕北瓦窑堡会议的报告上,明确地指出过:"马克思主义者看问题,不但要看到部分,而且要看到全体。党的基本的策略任务是什么呢?不是别的,就是建立广泛的民族革命统一战线。"又特别指出:"目前的时局,要求我们勇敢地抛弃关门主义,采取广泛的统一战线,防止冒险主义。"(《毛泽东选集》,人民出版社 1991 年 6 月版,第 1 卷,第 152、153 页)韬奋当时领会不深。在编辑《抗战》的过程中,就干扰他的工作了。

冯玉祥将军的诗,通俗易懂,在群众中很受欢迎。韬奋于 9 月 6 日致

信向冯约稿,冯应约寄诗稿若干,后在《抗战》上连续发表。一曰《九八》,是歌颂爱国老人马相伯的;二曰《二百条鱼》是揭露日本帝国主义穷兵黩武的;三曰《打蝗蚣》是号召抗日的。三诗刊出,立即引起社会反响,韬奋为之兴奋。

可是却有人以密信向韬奋泼来一盆冷水。

"韬奋先生:冯玉祥和蒋介石是一丘之貉,严防冯玉祥借诗扬名,欺骗舆论。切记。

S朋友即日"

这封信虽短,却摆出唯我独革的架势,俨然以王明代表自居。韬奋气愤地连说:"关门主义!关门主义!"在钱俊瑞的劝慰下,韬奋直奔S处当面听个清楚,而S讲不出什么道理,只是手里不断地抖动王明的《两条路线斗争》那本小册子为依据,还是板着说教的面孔,"统一战线嘛,对冯玉祥不应抱什么幻想。"根本不顾天下大势,似乎在S的脑子里,既不存在"七七"事变,也没有发生"八一三"的全民抗战!凡上了《两条路线斗争》的,就是不能触动的"天条"。韬奋厌恶脱离事实说话的教条主义者。他既然提的冯玉祥,就不能不评价冯玉祥的功与过,别的且不说,"'九一八'事变后,他为中国人民做了3件好事:第一,他主张抗日,多次指责蒋介石的不抵抗政策;第二,1933年5月,冯玉祥同共产党人吉鸿昌等合作,组织成察哈尔民众抗日同盟军,一举把日本侵略者赶出察哈尔省;第三,在国民党召开五届三中全会上,冯玉祥同宋庆龄、何香凝等一起提出了恢复孙中山联俄联共,扶助工农三大政策。"

S听了这些,无动于衷,却把另一份剪辑的资料,硬塞在韬奋手里,原来里面有1928年冯玉祥同蒋介石结把兄弟的证据。韬奋认为,S君恐怕还根本不懂当前中国人民需要什么,自己应当干些什么。对于抗日统一战线的历史任务和光明前途,那就格格不入了。对这种朋友,不说不好,说也很难。根据抗日民族统一战线的正确要求,除了汉奸卖国贼之外,凡是主张抗日救国的团体和个人,都应欢迎,都应团结,特别是像冯玉祥、蔡廷锴等抗日名将,更应如此,不然,就有背于统一战线的原则。这是几个月来一再宣传的道理,S却仍咬着王明那本使人恐怖的小册子吓人,怎么能使韬奋平静！接着 S 又说"我替你担心"的话，并进一步问韬奋："今天是朋友，明天是敌人怎么办？"回答是："今天是朋友褒之，明天是敌人诛之。"又问："对主张攘外必先安内的蒋介石呢？"韬奋理直气壮地说："在民族矛盾上升为主要矛盾时期，先劝后逼，边劝边逼，现在是劝逼阶段。""那两条路线斗争呢？"对这位如此头脑僵化的人，韬奋干脆告诉他："站在人民大众的立场上，一切为了抗日救亡。"

虽然这是简短的争论，却体现了两种理论政策的对立。究竟是组织广泛的抗日统一战线，动员全民抗战呢？还是关起门来，视中间势力为"最危险的敌人"，搞"纯之又纯"呢？韬奋以行动维护了抗日统一战线的政策，也坚持了《抗战》办刊的正确方针。对冯玉祥的诗篇照登不误。

没有几天，韬奋就收到冯玉祥的来信：

"韬奋先生：

接读九月六日大书，至为欣感。前寄奉拙作诗稿数首，承陆续在尊编《抵抗》三日刊发表，玉祥业已看到。贵刊内容丰富切实，而眼光尤为正确远大，成为今日抗战中之指针，若能努力推行内地，以获取更广大之读者，必收更多更佳之效益也。兹另邮再奉拙稿十首，望请斧正，斟酌录用。玉祥以后军中得暇，拟每日写作一首，俾于本分职守外，略尽鼓吹之力。惟文字拙劣，不脱丘八本色，如蒙予以不客气的批评，幸甚幸甚。专布。敬颂

编安

　　　　　　　　　　　　　冯玉祥敬启　一九三七年九月十四日"

（《抵抗》1937 年 9 月 23 日第 11 号）

10 首发表之后，冯又从前线寄来 5 首，韬奋全部刊出。其中《攻克敌族司令部》：

　　我们不怕死不怕伤，
　　　唯有拼命才能打胜仗。
　　我们是死里求生，
　　我们是向强盗抵抗，

胜一次固然光荣，

败一次亦决不沮丧。

我们抱定了牺牲的决心，

直打到敌人投降。

广大读者的眼睛是雪亮的，韬奋主持的刊物发行量更多了，读者更广了，可见它的号召力更强了，这正是他坚定地站在人民大众立场上的结果。

排除关门主义的干扰，是为了更好地动员广大群众起来战胜日本强盗。韬奋在《抗战》上和后来的《抵抗》上，都是按照这个方针而开展工作的。

9月26日，韬奋在《抵抗》第12号上，发表《全国团结的重要表现》一文，这是在国民党中央通讯社发表《为公布国共合作宣言》之后，韬奋在文中表示了十分欢迎的态度，充分肯定了国共合作的重要意义，指出宣言和蒋介石谈话的发表，"是全国团结御侮的一个非常重要的表现。"还说"这样一来，我国已恢复了民国十六年前民族一致团结以谋民族复兴的精神。这样的全国团结，是保障抗战胜利最重要的一个条件，是对日本帝国主义的一个重大的打击！"

与此同时，关于这个问题，毛泽东于9月29日，在《国共合作成立后的迫切任务》中郑重指出："共产党的这个宣言和蒋介石氏的这个谈话，宣布了两党合作的成立，对于两党联合救国的伟大事业，建立了必要的基础。共产党的宣言，不但将成为两党团结的方针，而且将成为全国人民大团结的根本方针。蒋氏的谈话，承认了共产党在全国的合法地位，指出了团结救国的必要，这是很好的"；除指出了蒋介石谈话没有放弃自大精神和没有必要的自我批评外，进一步指出："两党的统一战线是宣告成立了。这在中国革命史上开辟了一个新纪元。这将给予中国革命以广大的深刻的影响，将对于打倒日本帝国主义发生决定的作用。"

在这个期间，全国各种报刊，异常活跃，确实显示了中国人民前所未有的团结气氛。中国共产党中央政治局扩大会议通过的《中国共产党抗日救国十大纲领》，于8月25日由毛泽东宣布的，并通过各种渠道向全国人民进行宣传。韬奋和他的战友们，得到这一纲领，结合自己刊物的实

际,大力地开展了宣传工作。

第一,释放被国民党监禁的共产党人和爱国志士,早就是国人注目和一再呼吁的问题,国民党应之而难于落实。韬奋通过他办的刊物,释放所有政治犯成了他的一项政治任务,不管他认识与否,凡找他帮助的,毫不避嫌,勇于尽力募捐以助获释出狱者的困难,并设法使其离开上海,便于参加抗战工作。其中,老共产党员朱宝庭于1937年8月从上海漕河泾监狱被释后,处境困难,就是在韬奋帮助下离开上海,前往武汉参加抗战工作的。韬奋的四弟邹恩泂是位因救亡而在江西被捕的青年共产党员,国民党政府以"汉奸"罪名而诬陷。韬奋得知便积极营救,把邹恩泂的全部讯问材料要了去,作为替弟弟辩护的依据,使国民党政府技尽词穷,只好借口"误会"以释放了之。后来邹恩泂在《我们是兄弟,是战友,是同志》的文章中,吐露了他们之间的深情。(《忆韬奋》,学林出版社1985年11月版,第41、43页)

第二,宣传共产党的主张、政策和八路军的事迹。

国共合作之后,广大群众对中国共产党的抗日救亡的主张和政策,是被国民党层层封锁的,特别是蒋管区的群众,在过去歪曲宣传影响下,很难得到澄清的机会。《抗战》、《抵抗》就义不容辞地承担了这一任务。

关于中国工农红军改名为第八路军的情况,是广大群众的热门话题。实际上,当时中共中央军事委员会主席毛泽东、副主席朱德、周恩来,曾于1937年8月25日发布了如下命令:"南京已经开始对日抗战,国共两党合作初步成功。为着实现共产党中央给国民党三中全会红军改名之保证,使红军成为抗日民族战争的模范,推动这一抗战成为全民族的抗日革命战争,以争取最后的彻底胜利,特依据与国民党及南京政府谈判结果,宣布红军改名为国民革命军第八路军(按抗日战争序列为第十八集团军),着将:

前总指挥部改为第八路军总指挥部,以朱德为总指挥,彭德怀为副总指挥,叶剑英为参谋长,左权为副参谋长。

总政治部改为第八路军政治部,以任弼时为主任,邓小平为副主任。

第一军团十五军团及七十四师合编为陆军一一五师,以林彪为该师师长,聂荣臻为副师长,周昆为参谋长,罗荣桓为该师政训处主任,萧华为副主任。

二方面军二十七军、二十八军独立第一、第二两师及赤水警卫营前总直之一部等部,合编为陆军第一二〇师,以贺龙为师长,萧克为副师长,周士第为参谋长,关向应为政训处主任,甘泗淇为副主任。

四方面军二十九军、三十军陕甘宁独立第一、二、三、四团等部,改编为陆军第一二九师,以刘伯承为师长,徐向前为副师长,倪志亮为参谋长,张浩为政训处主任,宋任穷为副主任。……"(《抗战时期国共合作纪实》,重庆出版社1992年1月版,第461、462页)

在此前后,南京政府都曾发表过极为简单的通告,外国通讯社像美联社和美国纽约《前驱论坛报》等,也有过简短的报道。

韬奋在《抵抗》上连连刊载了《朱德等就职抗战通电——坚决抗战众志成城》,八路军开赴战场,取得重大胜利的报道,以及八路军纪律严明,军民合作的动人故事。

这样,广大的读者,特别是青年,同韬奋的联系更多更密了,在他们的来信中,有询问陕甘宁边区和八路军情况的,有关如何去抗日军政大学和陕北公学的,有关参加抗战遇到阻挠的,甚至把救亡工作当做扰乱治安的,总之把个人的不满和委屈,均向韬奋倾诉。凡是不宜登载的,他就写信答复了,问题集中反映的,他就在刊物上登出了。韬奋给读者写信,同读者接谈,不管多忙,他都作为乐趣,从来不认为是自己的负担。所以他同读者之间的友情,是有增无减的。

五、在撤离上海的途中

11月9日,《抵抗》从第25号起又恢复《抗战》原名,并注明移往武汉出版。这就意味着刊物迁出租界,撤往武汉。

上海的战局,在我军的坚持下,抗击日寇3个月,终于西撤。11月12日,上海沦陷于敌手。留在英、法等租界的也成了孤岛。韬奋和他的挚友以及生活书店的大部分干部数十人准备西撤,重点是重庆和西安等地并部署向内地开设分店。上海设"远东图书杂志公司"作为据点,留下少数人员。日军横行淞沪,给一切抗日分子带来很大危险,临时藏身也成了问题。

11月27日,韬奋和何香凝、郭沫若、金仲华等,乘法国船离开上海开往香港。临离码头到登轮船,尚有一段水程,适逢日军乘小轮穿梭检查,韬奋夹杂于人群中躲过。

韬奋对这次流亡的心情曾说:"第三次流亡的心理,和第一、第二两次以及以后几次都迥然不同。"因为"在八一三淞沪战争坚持三个多月以后转移阵地而随着流亡,也只是为工作的转移地点,而和因为内部政治的逼迫而流亡,其看法是完全不同的"。"这次的流亡更富有向前积极努力奋斗的意义"。(《韬奋文集》,生活·读书·新知三联书店 1978 年 1 月版,第 3 卷,第 356、357 页)

在船上,韬奋和郭沫若有一次深入的交谈。它给郭沫若留下了难忘的印象:"在开船后,韬奋先生和我在二层的甲板上品排着走来走去,一面走一面说,说了将近有一个钟头的光景。这可以说是我同韬奋先生最亲密地谈话的第一次。而且也是唯一的一次。""韬奋先生是最关心青年的人,他真是一位理想的青年导师。而韬奋先生所给他人的印象,特别在我的心目中,也始终显得是一位青年。"(《韬奋的道路》,生活·读书·新知三联书店香港分店 1978 年 1 月版,第 159、161 页)正像郭沫若所指出的那样,广大的青年群众,对韬奋的热爱,既包含着对敬慕导师之情,也包含着对祖国之爱。

韬奋对航船之颠簸,业已有了经验,一到香港,就决定由广州绕道广西再往武汉。

韬奋乘小轮从香港动身,同行者有金仲华、钱俊瑞、张仲实、沈兹九等,还有白崇禧秘书陪同前往。据钱俊瑞回忆:一路上韬奋同他谈得很多很深,因为韬奋知道钱是救国会党组书记,地下党员。

12 月 4 日,韬奋等到达广西的梧州,这里有广西大学理工学院和一些中学。他们刚走进旅馆,就有一些青年男女学生来探望。韬奋说:"最使我们感动的就是那么多的青年对于求知有着那么高度的热情。我们所住的旅馆里,从天一亮直至晚间十二点钟,一批又一批的男女青年络绎不绝地来找我们谈话。我每晨刚从床上起来,还未洗脸,就发现房门外坐着几十个男女青年,等候着晤谈,这种情形使我们不得不受到深深的感动。"(《韬奋文集》,生活·读书·新知三联书店 1978 年 1 月版,第 3 卷,第 216 页)这些青年提出了许多思想问题、抗战的问题、战时教育问题以及与青年切身有关的种种问题。人数太多了,他们只好作大规模的讲演,人数达

数千,以满足青年朋友的要求。沿途各点,情形都是这样,离开梧州,于12月6日到了郁林(今玉林),大群男女青年围了上来,前呼后拥地伴送韬奋等人,他们一致要求多留一天给同学们讲演。韬奋等再三婉谢,还是被热情的青年连夜请到学校里去,全校700多人,一听说韬奋来了,都集合到大操场听讲。次日凌晨3点多钟,青年们又赶早起床,高唱着《义勇军进行曲》和《抗战歌》前来送行,看了实在感人。

12月10日左右,韬奋等经柳州到达桂林,每经一地都有无数青年来请他们去讲演。桂林学校很多,为了使更多的青年听到他们的声音和所讲的内容,他们作了分工:韬奋讲团结抗战问题,金仲华讲国际问题,张仲实讲思想问题,钱俊瑞讲农村经济问题,杨东莼讲战时教育问题,沈兹九讲妇女问题。韬奋戏称为"马戏班"。一天在桂林,韬奋和金仲华应广西大学之约,同去讲演,本打算每人只讲1小时,但是他们讲完之后,挤满着大礼堂的男女同学,异常热烈地提出了许多关于国内国际的重要问题。韬奋和仲华轮流答复,"全场空气的紧张热烈,近千同学的专心一致,都使我和金先生赞叹无已,除讲演的时间外,讨论的时间增加了三小时,同学们还没有散座的意思。他们对于求知的无比热情,是要振奋每一个人的心弦。"(《韬奋文集》,生活·读书·新知三联书店1978年1月版,第3卷,第216页)

这样的紧张而愉快的生活,韬奋从来没有表现过疲惫,在青年活力的感染中,他确实像青年一样振奋。

第三十二章 在武汉的开拓

1937 年冬,战局发生了变化,11 月 8 日上海沦陷,12 月 13 日南京又陷敌手。接着南京国民政府大部分军政机关迁到武汉,全国性的救亡团体和著名爱国人士,也相继汇聚在这里。文化机关、文艺团体和全国性报刊,像《全民周刊》、《抗战》、《抗战文艺》、《战地》、《自由中国》等,纷纷在武汉出版。中国共产党于 9 月间已派董必武以中共中央代表的身份来到武汉。10 月,成立八路军驻武汉办事处。12 月 1 日,中国共产党在国民党统治区的机关刊物《群众》在汉公开出版,12 月初,叶剑英和八路军驻南京办事处部分成员从南京撤退到武汉。周恩来和王明、博古、邓颖超等也于 12 月 18 日到达武汉。23 日,中共中央代表团同长江局召开联席会议,会上决定:代表团同长江局成员大致相同,为工作集中和便利起见,合为一个组织,对外叫中共中央代表团,对内为长江局。由项英、博古、周恩来、叶剑英、王明、董必武、林伯渠组成。暂以王明为书记,周恩来为副书记。下设 5 个机构:参谋处,叶剑英为参谋长;秘书处,李克农为秘书长;民运部,董必武兼部长;组织部,博古兼部长;党报委员会,王明任主席。在国民党地区的中国共产党机关报《新华日报》于 1938 年 1 月 11 日于汉口公开出版。长江局的工作由王明主持。周恩来作为长江局副书记和中共中央代表团负责人,主要是负责统一战线方面的工作。

这样,武汉就成了当时的政治、文化中心。

12 月中旬,韬奋从广西到达了这个中心。韬奋在武汉的 10 个月,是非常充实、紧张而愉快的 10 个月。他在这里接触到中国共产党高级领导人特别是和周恩来的交往,使他得到新的启示和教育。这是他终生难忘的一段历程。

一、生活书店迅速发展

韬奋一到武汉,就和先到达这里的徐伯昕等相聚,他和大家一起住在交通路金城文具公司楼上。交通路地处市中心,路虽短却有响亮的"文化街"的名称,因为它是书店、报馆等文化机构集中的地方,文化信息相当灵通。特别是亲如兄弟的读书出版社和新知书店在一起,它们都是与韬奋和生活书店血肉相连,患难与共的。3家书店之间,无论领导还是店员,都亲如一家。《群众》杂志由读书出版社总经销,中国共产党的出版物由新知书店出版,生活书店分担印了部分。3家的共产党员,像生活书店的胡愈之、张仲实,读书出版社的黄洛峰,新知书店的钱俊瑞、徐雪寒等都由长江局领导,后由南方局周恩来领导。

韬奋认为,从形势看大局,从周围看小局,都是难逢的时机。他经常向人说:"最大的愿望是办好一个刊物。"一到武汉他紧紧抓住《抗战》的继续出版,以新的内容,在新的天地里,同更多的读者交心。正如金仲华所说,韬奋"爱刊如命,办刊成癖",生活书店除办韬奋主编的刊物以外,还办过《文学》、《世界知识》、《太白》、《光明》、《译文》、《新生》、《永生》、《妇女生活》、《生活教育》、《国民》等10多种刊物。他的"爱"和"癖"都是着眼于读者。不管他多么忙,他都挤出时间,阅读读者来信和接待读者来访,他从不让读者失望。因为他一直把读者看做是激发自己的不可缺少的力量。

到武汉所不同的,是中国共产党中央代表团和八路军办事处,是公开的合法机构,共产党人是受到各方敬慕和拥戴的人物。这使人耳目一新,团结抗日是使人喜悦的新气象。在抗战创造的大好形势下,韬奋没有一天不心系着生活书店,在他看来办刊办店,不仅是他进行抗战的斗争据点,也是他从事文化事业的基地。当然,自生活书店建店以来,刊店就是合一的。直到离开上海之前,只有汉口和广州开设了分店。韬奋认为在这种新的形势下,不抓紧时机发展生活书店,是跟不上群众的渴求的。他常被朋友们誉为以店为家,为公忘我的人。如果把书店和家庭比较的话,在韬奋那里是先店后家的。无怪他的夫人开玩笑时所说,他只差没有把床搬进他的办公室了。所以,他从上海西撤,绕来武汉,家人并没有随到,他的家仍然留在上海孤岛上。

1938 年元旦,在韬奋主持下生活书店成立了编辑委员会,成员为:韬奋、胡愈之、范长江、金仲华、钱俊瑞、杜重远、柳湜、张仲实等。有了这个阵容很强的编委会,就给生活书店的发展方向和出版内容,奠定了可靠的基础。同时,生活书店的大批骨干,经过韬奋的带领和示范,通过一段实际工作的锻炼和战争的考验,都具备了生活所特有的作风和传统。韬奋和徐伯昕等商量后,就陆续派人到西安、重庆、长沙、成都、桂林、兰州、贵阳、南昌、宜昌、恩施、昆明、福州、常德、金华、衡阳、柳州、南宁、万县、梅县、郁林、天水等地开设分店,在不到 2 年的时间里,一共达 50 多处,确实是件令人振奋的事。

这是生活书店发展的鼎盛时期,韬奋忆起这一时期时,一方面感到兴奋和欣慰,另一方面也回味着其中的辛酸和苦辣。他在《抗战以来》中写道:"往内地建立工作据点的同事,号称'经理',实际上等于流亡。因为交通拥挤,曾有同事乘船被挤得落下水去,勉强获救,得全生命。有的同事因经济困窘,登岸后即在码头露宿一宵,然后努力建立新的工作据点,执行'经理'职务。"

生活书店的每个分支机构,尽管情况各异,发展快慢有所不同。但是它们却都具有如下的共同点:

第一,生活的精神作风和传统,按照韬奋的要求结合当地的情况贯彻执行;得到各地八路军办事处和当地中共地下组织的支持;

第二,靠自己的艰辛劳动,靠群众支持,靠热心读者帮助,大家一齐努力克服困难;

第三,旗帜鲜明,配合抗战宣传,经售广大群众喜爱的进步书刊,拒售危害群众身心健康和违背抗日统一战线的书刊;

第四,热诚地为读者服务,密切地联系抗日民众团体,同作者和文化界的朋友交往,成为文化界的热点;

第五,扩大与同行的交往和合力推进业务,相互支持,消除顽固派所设置的种种障碍,把同行团结在自己周围。

这是生活书店在实践中摸索的结晶,也是韬奋在《店务通讯》上经常提示并总结的。生活书店在广大群众中是颗灿烂的星星,它给人们送去的是宝贵的精神食粮。因此,生活书店成为一个坚强的文化堡垒,它的成

员成了一支革命文化的劲旅。

二、同周恩来的相会

韬奋到武汉不久，蒋介石约见他和杜重远谈话，在座的还有陈布雷。这次谈话，蒋介石不提过去，却一再提醒他们要特别注重组织的重要。说了许多组织重要的理由，他说"尤其是社会上的'知名人士'须注意到组织的重要"。

陈布雷怕韬奋和杜重远听不明白，特别加以注解："这里所提的组织，是指党的组织。委员长十余年来有个理想，要集中中国一切人才组织一个伟大的政党，由他领导起来。"韬奋曾问他在《时事新报》的老同事陈布雷："据你看来，中国共产党肯毁党加入吗？"陈布雷说："这确是问题，毛泽东第一个就不赞成。"韬奋又问："那怎么办呢？"陈布雷的确是蒋介石的心腹，他代蒋介石宣布："那也希望除中国共产党外，其他一致集合起来组织一个政党。"这就清楚了，原来这次约他们来谈话，就是要诱使他们加入国民党！韬奋也直截了当地告诉陈布雷和蒋介石："中国是否能够只有一个政党，这是值得研究的问题。"韬奋立即想起意大利墨索里尼的法西斯党和德意志希特勒的党，他们的一个政党、一个主义和一个领袖的情景。

此后，国民党又设法诱使韬奋加入国民党，并以高位相许，以"三民主义青年团"的"中央干事"作条件，被韬奋坚决地拒绝了。杜重远也同样地拒绝了。杜后来在周恩来的鼓励下，去新疆工作了。

韬奋接触过不少国民党高级官员，就是蒋介石，他在出狱后也有两次接触，但没有给他留下感人的印象。

对共产党的高级领导人，韬奋还没有会见过，最早和韬奋通信的是毛泽东和刘少奇，虽然是谈国事的信函，韬奋也感到真挚坦诚的温暖，就是在《抗战》发表朱德总司令的就职通告和叶剑英的《把敌人的后方变为前线》专文，都使韬奋感到增发活力和喜悦。因为他们的书面谈话和文章，讲的是中国的真正大局，说的是中国人民存亡的大事，看了听了都令人心服。

韬奋对周恩来，只慕其名未见其人，若能会见，确实是他久久渴望的宿愿。

周恩来同各党派民主人士"都保持着密切的交往。有一段时间,他几乎每周都到汉口中央银行楼上同救国会的沈钧儒、史良、邹韬奋、李公朴,国社党的张君劢,青年党的左舜生等聚商国事,向他们介绍国共谈判的情况,分析政治形势,也听取他们对时局的意见。"(《周恩来传》,人民出版社·中央文献出版社1993年1月版,第412、413页)

邹韬奋是在张仲实的陪同下,第一次会见周恩来的。他们一见面就像遇到老朋友一样,周恩来对邹韬奋说:"我们还没见面的时候已经是朋友、好朋友了。救国会的抗日主张和我们是一致的,爱国七君子的风节我是很佩服的。"谈话中,周恩来关切地询问他出狱后的身体和家庭情况,向他分析抗战的形势和任务,指出:"现在我们一起奋斗,以彻底打败日本帝国主义。将来,我们还要共同努力,以建设繁荣富强的新中国。"临别时,周恩来紧紧地握住邹韬奋的手说:"请你们记住,爱国知识分子是国家的宝贵财富,无论什么时候都需要。有什么要求,请随时提出来,我们共产党一定会尽可能地帮助解决。"周恩来的热情强烈地感染了邹韬奋。他后来不止一次地对别人说:"周恩来先生的确是我的良师益友","是最可敬佩的朋友。"(张仲实:《言犹在耳,记忆仍新——对周恩来同志的回忆片断》,1985年1月8日《人民日报》)

不仅韬奋有这种感受,其他的人同周恩来相见之后,都留下极其深刻的印象。例如郭沫若早韬奋10年,就同周恩来一起进行北伐了。郭沫若写的《看今日之蒋介石》,成了当时风行的讨蒋檄文,被很多革命者传颂着。他正是由周恩来介绍入党并亲自将他转移到日本,才免遭蒋介石毒手的。在郭沫若的笔下,周恩来在武汉又是怎样呢?他写道:"我对周公向来是心悦诚服的。他思考事物的周密有如水银泻地,处理问题的敏捷有如电火行空,而他一切都以献身的精神应付,就好像永不疲劳。他可以几天几夜不眠不休,你看他似乎疲劳了,然而一和工作接触,他的全部心身便和上了发条一样,有条有理地又发挥着规律性的紧张,发出和谐而有力的律吕。"能使郭沫若如此折服和倾倒的人,恐怕是不多的;同样,被邹韬奋那么钦佩,久念师情友情的人,恐怕也是不多的。

据钱俊瑞回忆:"1938年5月的一天,他(指韬奋)恳切地同我谈过迫切要求入党的愿望,并要我做他的入党介绍人。我向组织作了汇报。"(《忆韬奋》,学林出版社1985年11月版,第314页)不久,邹韬奋直接向

周恩来坦诚地提出参加中国共产党的要求。周恩来亲切地告诉他:你现在以党外民主人士身份在国民党地区和国民党作政治斗争,与你以一个共产党员身份所起到的作用不一样,这是党需要你这样做的。

此后,邹韬奋同周恩来之间的交往多起来,生活书店邀请周恩来作报告,参加座谈会,每一次都使韬奋和参加会的人感到是一次生动的课堂,得到的是深刻的教益。韬奋也经常是周恩来的座上客。每次交谈,彼此都亲切热诚,谈笑自如。其情谊也随着时间日益增长,日益深厚。韬奋自己韵重大行动,也都与周恩来商榷后进行。对周恩来的提示和号召,他无不愉快地倾注自己的力量去贯彻。

周恩来出任国民政府军事委员会政治部副部长,郭沫若任政治部下的第三厅厅长,这是蒋介石为了装潢门面、笼络人才,因为政治部部长是陈诚,派刘健群做第三厅副厅长,来控制第三厅,使周、郭都变成"空头"而无实权。郭沫若先拒任,后经周恩来说服,而且刘健群因桃色事件出丑,去第三厅未成。到第三厅工作的有:胡愈之任掌管动员工作的第五处处长;田汉任掌管艺术宣传的第六处处长;范寿康任掌管对敌宣传的第七处处长;阳翰笙为第三厅主任秘书。任科长和科员的还有:张志让、洪深、杜国庠、冯乃超、史东山、应云卫、马彦祥、冼星海、张曙等。其中有共产党员和文化界进步人士。这场复杂的斗争,就在周恩来的指挥下,在武汉有声有色地进行的。周恩来对参加第三厅工作的共产党员说:"我们到第三厅去,不是去做官,而是去工作,去斗争,去坚决斗争,而且是一种非常尖锐复杂的斗争。我们要有高度的警惕性,要有很高的策略思想,不要那么天真,不要那么盲目乐观,工作是不会一帆风顺的,但也不要悲观。你们三厅的人要团结起来,要放手工作。"

郭沫若到第三厅工作,向陈诚提出 3 个条件:一、工作计划由我们提出,在抗战第一的原则下,应该不受限制;二、人事问题应有相对的自由;三、事业费要确定,预算由我们提出。陈诚件件依从,没有提出别的意见。问题得到基本解决之后,周恩来和郭沫若在 3 月 28 日才第一次出席政治部部务会议。郭在会上报告说:第三厅正在加紧筹备,决定 4 月 1 日开始办公,并于同日在武昌的昙华林成立。

第三厅成立以来的第一件大事,是举办抗战扩大宣传周。这是由周恩来于 4 月 4 日和 7 日主持的政治部会议上决定的。事前周恩来和第三厅一起作了多次研究。目的是通过扩大宣传,提高工农群众的抗战意识和激励战士的杀敌情绪,利用漫画、电影和演剧等形式,深入到工厂、农村。同时,也组织宣传队,分赴前线宣传和慰劳。这是抗战以来,中国共产党在国民党统治区里第一次大规模的抗日宣传活动,其意义和影响都是重大的。

4月6日出版的《抗战》三日刊,积极响应这一宣传活动,结合台儿庄的胜利,专文论述了抗战扩大宣传的重大问题,增强了广大读者的自觉性和自信心。

4月7日,声势浩大的宣传周开始了,震撼了武汉三镇,沸腾着每个角落,标语、漫画,高呼口号和响亮歌声,几十个演剧队和几百个宣传队全部出动。晚7时起,10万人火炬大游行,使整个江城卷起滚热的抗战浪潮。

郭沫若在《洪波曲》里这样描写着:

"参加火炬游行的,通合武汉三镇,怕有四五十万人。特别是在武昌的黄鹤楼下,被大众拥挤得水泄不通,轮渡的乘客无法下船,火炬照红了长江两岸。唱歌声、爆竹声、高呼口号声,仿佛要把整个空间炸破。武汉三镇的确复活了!"

武汉是"九省通衢"的地方,抗敌的朝气和声音也随之传到四面八方。《新华日报》、《群众》、《抗战》、《全民》、《抗战文艺》等带动了大多数报刊投入了宣传周的活动,加上演剧队和宣传队的形象表演,对广大群众是广泛而深入的动员,像十年前北伐革命那样,武汉的风云又活跃起来。

韬奋主编的《抗战》三日刊,迁到武汉之后,内容充实了,读者扩大了,随之加在韬奋肩上的任务也就更重了。几乎每期都载有他的文章,不是短评,就是社论,或答复读者的提问,或"桂游回忆"的连载,确实成了读者亲切的导师和执友。

三、统一战线是门新学科

通过敏锐的观察和冷静的分析,韬奋深深感受到武汉的抗战优势,是抗日统一战线的实施,其关键是国共两党的团结和合作。在韬奋看来,这是抗击日寇的核心和基础,也是我们国家生死存亡的问题。他始终不能忘记的是,周恩来在武汉八路军办事处回答友人提出的问题时,诚挚地

说:"我们的机械不如敌人,在抗战初期,在军事上要一时失利谁都可以预料得到。所以问题不在于我们前线怎样失利,土地失了多少,主要的还在于我们怎样克服目前的各种困难,继续抗战下去。在过去四个月里面,大家对于统一战线,还不大相信,彼此猜忌,怀疑,抱怨,以致浪费了好多的精力。今后大家都要诚恳坦白,消释各种误会,全力设法解决各种问题,把抗战支持下去。假使中国亡了,不仅国民党不能生存,就是共产党也不能生存。"(《与周陈秦三位先生谈话记略》,《抗战》1937 年 12 月 29 日第32 号》)

韬奋正是为了这个关键问题,使自己主办的刊物和书店,更好地适应抗战需要,以满足广大群众的要求。

只要注意一下生活书店的出版物,就可以看出韬奋的思想脉络。

以"黑白丛书战时特刊"为例:

书　　名	作　者	价格
街头壁报	曹伯韩	5 分
弄堂组织	杨弗根	5 分
战时知识青年的修养与任务	满力涛	8 分
救济难民	张劲夫	5 分
战时妇女工作	姜平等	8 分
战时的宣传工作	刘　群	5 分
战时的儿童工作	张宗麟	8 分
战时的文化工作	张幄筹	5 分
战时的农民运动	孙冶方	6 分
战时的金融问题	骆耕漠	5 分
怎样清除汉奸	童振华	6 分
怎样做内地工作	石　础	6 分
战时财政问题	骆耕漠	即出
战时的民众训练	杨弗根	即出
救亡工作的理论和实践	钱俊瑞	在印刷中
救亡工作中的干部问题	石　础	在印刷中
内地工作的经验	柳乃夫	在印刷中
抗战期中的民主问题	杨东莼	在印刷中

| 中日战争与世界大战 | 姜君辰 | 在印刷中 |
| 论抗战期中的文化运动 | 宰　木 | 在印刷中 |

此外，还有《战时大众知识丛书》、《战时读本》、《救亡文丛》、《抗战中的中国丛书》、《战时社会科学丛书》、《大众读物丛书》、《救亡手册》、《抗战形势发展图解》、《军事技术丛刊》等。

此时的期刊除《抗战》之外，同时还出有《世界知识》、《妇女生活》、《新学识》半月刊、《战时教育》旬刊、《文艺阵地》月刊、《国民公论》月刊等。

如果再把生活书店的 50 多个分支店加上去，把书、刊的读者全算上，那真是一支浩浩荡荡的抗日大军，而且是新的崛起的文化大军。作为这支大军的总指挥部的韬奋和他的战友，所思考的问题既要照顾全局，又不能放松其关键细节，若略有偏差，那便会谬以千里！矛盾是极复杂的，韬奋肩上的负重，也是相当艰巨的。

从生活书店的书籍和刊物中，可以清楚地看出，我们的抗战要坚持持久战，而且要广泛地深入地动员人民群众一起配合军队进行全民抗战，这正是中国共产党的抗战方针；可是国民党、蒋介石所梦想的是速胜战，是政府和军队的片面抗战，甚至由外国友军支援代替中国抗战，原希望苏联，后又希望英美。它的要害就是害怕群众起来不利于他们的统治。本来蒋介石走上抗日之路是一步步被逼的，到武汉之后，仍然是"逼蒋抗日阶段"。在这个阶段里的斗争，我们除了抗敌之外，还被迫应付国民党所制造的"摩擦"。

韬奋对蒋介石并不是陌生的，而对蒋的宣传是经过分析研究才公布的，既肯定他的抗战主张和抗战到底的一面，如蒋介石的告全国国民书中，郑重表示必须坚持"贯彻抗战到底之主旨，求得国家民族最后之胜利"，劝告"全国同胞，在今日形势之下，不能徒顾虑一时之胜负，而当彻底认识抗战到底之意义与坚决抱定最后胜利之信心"。但又指出其空泛有待落实的另一面。正如《抗战》第 30 号上的一篇《怎样拥护蒋委员长抗战到底》的社论中所表示的，人们一看便知，它不同于一般的拥护，也不同于一般的批评和建议，关键是坚持抗战到底，拥护的是团结抗日的蒋委员长！而不是闹分裂打内战的蒋介石！这种向全国人民"立此存照"的办法，蒋介石和国民党也哭笑不得。

这种统一战线中的团结和斗争,确实是政治艺术,如何做得恰如其分,如何在实践中促进事业的发展,又丰富统战工作的内容,这是韬奋在武汉的实际生活中,不能不探究的学科,他的确在这里得到了新的启发和新的收获。不过当时他对处在长江局高位的王明由于过分相信蒋介石和过分冷漠进步人士是颇有感受的。比如,以救国会友好的身份,沈钧儒和邹韬奋一起向王明提出,要看看《新华日报》和《群众》之外的油印内部刊物,王明不但不作解释,却板着面孔说:中共现在只搞合法活动,除公开的党报、党刊之外,并没有什么油印的秘密刊物。周恩来之所以使韬奋念念不忘,正是韬奋受益很深的缘故,这也是他实事求是地将周、王进行分析对比的结果。

四、和青年在一起

韬奋一到武汉,每天都有不少青年来访,他的工作再忙,也要挤出时间接待。几乎每次接待都会听到热诚的申诉,有多少青年因救国无门而盲目奔波,也有的为报国受到阻难,更有的被招考而误入歧途要求解脱。有很多青年投奔延安,不知如何办理必备手续,前来咨询,也有的询问报考抗日军政大学和陕北公学的诸多问题,还有的战区青年,流亡到武汉,前途渺茫,不知所措。对于遇到困难和问题的青年,韬奋都循循善诱,恳切回答。来访者无不由于得到导师的教益而高兴,韬奋也为争取了爱国友谊而喜悦。这种接待,总是在欢声笑语流连忘返的气氛中结束。

在韬奋的读者中,青年是最为活跃的部分,在他的书店伙伴中,也是青年占多数,他自己觉得溶化在青年中是一种乐趣。当他得到了前线传来的捷报,就为英勇杀敌的将士们而雀跃,也为壮烈牺牲的献身者而流泪。在他主编的刊物中,几乎每期都有相当篇幅是青年喜爱的文章,因而这些刊物成了青年争阅的刊物。

1938年3月19日,第55号《抗战》上,韬奋以《青年运动与抗战》为社论,祝贺3月25日在武汉开幕的中国学生救国联合会,全国各地青年代表在民族解放战争的伟大时代,为报效祖国作出可能的贡献,跋山涉水集中武汉,这些纯洁诚挚的青年,是救国运动的先锋,他们继承了"五四"运动、"一二·九"运动的光荣传统。"自'八一三'全面抗战以来,青年同胞参加战地服务的,参加陆军空军的,参加游击队的,其中为国牺牲的可歌可泣的事迹,尤难于尽述,令人感奋。"社论精辟地阐明了青年运动与国事关系的深远意义。指出了青年运动的开展和抗战胜利的争取的重要关系。韬奋又在《抗战》第 57 号上,发表了学生救国联合会即全国学联代表会的短评,他恳切指出:大敌当前,"我们内部无论如何必须巩固并扩大团结,必须避免内部的一切摩擦和纠纷,如此才能用全副精神和力量来对付我们民族的共同敌人,这在原则上虽已受到全国维护,而在事实上还有待于全国的积极努力。"

韬奋热爱流亡到武汉的抗日救亡的青年团体和在武汉成立的青年救亡组织,像"青年救国团"、"蚁社"、"救亡总会"、"东北救亡总会"、"中华民族解放先锋队"、"中国青年新闻记者学会"等等,同它们他都有着交往和联系,并经常给予支持,他还是范长江为会长的中国青年新闻记者学会的名誉会长。

但是,有一个青年团体,韬奋很不喜欢,也没有联系,那就是国民党直接控制的"三民主义青年团"(简称三青团)!

蒋介石曾以三青团中央干事作诱饵,遭到过韬奋的坚决拒绝,为什么?

本来这是国共两党在武汉谈判中的一个问题。直接谈判的周恩来同志,在 1945 年 4 月的中国共产党第七次全国代表大会上讲:"在武汉谈判当中,我们还是继续坚持各党派联盟的主张,就是建立统一战线组织,制订共同纲领,改革那时的政治机构。而国民党方面呢? 他们提出一个政党、一个主义、一个领袖的口号,想把我们吸收到国民党里头去,加以溶化。他们那时叫'溶共政策',好像要拿水把我们化了。国民党是水做的林黛玉,但是我们没有做贾宝玉,化不了。另外,他们提议,只要你们加进来就好了。我们说,组织一个联合的同盟是可以的,你们是一份,我们也是一份,各有独立的组织。我们进到国民党里面去,要保持我们共产党的独立的组织,也可以像大革命时期第一次国共合作一样。但蒋介石又不干,他说,党外不能有党。我们说,你那个党内就有派,党外有党有什么关系! 他说,你们可以进党来作为共产派,不要在外面。他就是想把我们溶化,当然用这个办法是谈不通的。他组织三青团,我们也主张共同参加,发展青年运动,但蒋介石也不干,他就是要拿三青团把一切青年组织都取

消,统一到他那里,不许有别的党派在里面活动。这当然也就谈不通。他对我们在敌后的政策,就是让我们到敌后打敌人,削弱我们。"(《周恩来选集》,人民出版社 1980 年 12 月版,上卷,第 197、198 页)

这就更进一步了解蒋介石约见邹韬奋和杜重远两人时所说的组织是怎么一回事了,也明白韬奋拒绝接受三青团中央干事的真情了。

1938 年 3 月 29 日到 4 月 1 日,国民党在武汉召开临时全国代表大会,这次大会通过了《抗战建国纲领》,中共中央认为这个纲领同中国共产党提出的十大纲领基本上是一致的,"应该坚决赞助其实现","今天的中心策略,不是要国民党定出一个更完善的纲领,而是站在主动的积极地位,帮助国民党实施这个纲领,在实施中发展与提高它。"

但是,这个大会还宣布,成立三民主义青年团,6 月 16 日,蒋介石发表告全国青年书,并公布三民主义青年团的团章,规定凡加入者不得参加任何党派行动。这一公布却给抗日救国的进步青年带来了很大灾难。

首先蒙难的是"中华民族解放先锋队",简称民先队。早在 1936 年 2 月,民先队在北平成立,这是在中国共产党领导下的抗日救国青年组织,继而在天津、武汉、广州、成都、西安、山西、郑州等地的青年,都成立了分队。它是已经作出很大贡献的抗日救国的青年组织,应当是三青团仿效的先锋和模范。按照蒋介石所宣布的三青团的宗旨说:组织与训练全国青年,"使能成为……真正足以担当抗战建国干部之青年",也没有任何理由把民先队当成发展三青团的障碍。出人意料的是,蒋介石表面上向全国青年大讲:"求抗战建国之成功;求国民革命新的力量之集中;求三民主义之具体实现。"而背后又下令各地解散民先队!

1938 年 6 月 26 日出版的第 84 号《抗战》上,刊登了民先队队员和队部的申诉。这些申诉都是直接写给韬奋的。

一封是蒋云从西安于 6 月 12 日写来的:

"我是一个中华民族解放先锋队的队员。最近我们的队部遭遇到了空前的劫难:起先是陕西省党部对我们的西安地方队部下了解散令,要我们具结停止活动。"因队长不具结,队长遭到了逮捕。"接着我们的西北队部,总队部(自临汾失陷后方迁来西安的),都遭到同样的命运,好多警探去搜查,并且还要逮捕我们的总队长。""跟我们受着同样待遇的有其余十二个救亡团体,都是西安以至西北最能够干得起劲同时也是包含青年挺多的救亡组织,据我知道的民先队员有五万多人,西北青年救国联合会有二十多万队员,西安中文拉丁化研究会也有几千会员,……而现在这三个团体的负责人首先被扣起来了,又到各学校以及其他机关去调查那些人是民先和民先负责人……"

另一封是6个救亡团体为"陕西省党(国民党)部重令解散十三民众团体拘押爱国青年"的快邮代电。其中说:

"本年二月二十二日陕西省党部下令取缔西安文化界协会、西安世界语学会等十三团体,据宣布理由为:'未经合法筹备,擅自活动,且意见分歧,互相攻讦',然此与事实并未尽相符,十三团体中,诚多未完成立案手续者,然呈请登记未蒙批示者有之,久已立案获得政府正式许可证者亦有之,至所谓意见分歧,互相攻讦,尤与事实相反。……吾人在抗敌救亡总目标下,兢兢业业互勉互助,恐统一之未易实现,团结之未能巩固,更何敢亦何忍再事阋墙之争。……五月十七日省党部重申前令,限各团体于七日内结束解散,并拘捕了若干团体负责人。"

最后,向全国最高当局呼吁:

"一、请求陕西省党政当局释放西安被捕爱国青年;二、请求陕西省党政当局依据《抗战建国纲领》解决西安十三民众团体问题;三、请求陕西省党部积极领导民众运动;四、为动员民众争取中原抗战胜利而奋斗;五、为《抗战建国纲领》之实现而奋斗。

西安文化界协会
西北青年救国联合会
西安世界语学会
西北中文拉丁化研究会　　　　六月十一日启"
中华民族解放先锋队
漫画木刻研究会

这里摘录的两信，虽都是陕西省发生的事情，国民党的动作却是全国性的，凡是国民党管辖的地区，都有救亡青年团体遭到类似的摧残，因为这种罪恶指令来自国民党最高当局。

不久，武汉也同样遭到劫难的袭击。

1938年8月，国民党武汉卫戍司令部，勒令解散"中华民族解放先锋队"、"中国青年救国会"和"蚁社"3个青年团体。当时国民党的《武汉日报》对这3个团体的抗日救亡活动进行了歪曲和诬蔑，《新华日报》于8月21日发表社论，表示严重抗议："当武汉危急的时候，正是需要动员民众保卫武汉的时候，而最有工作历史、最有群众基础的三个团体却被解散，这不但违背了全国人民一致动员保卫武汉的呼声，而且也违背了政府坚守武汉的国策。"3个团体也先后发表宣言和敬告全国各界人士书，给予驳斥。

关于"蚁社"，本是1930年12月在上海成立的青年文化团体，赞扬蚂蚁团结自立的精神，而取名"蚁社"。"九一八"事变后，便投入抗日救亡的洪流，沙千里是组织领导者之一。上海沦陷后，迁来武汉，在周恩来的关怀下，成立了以沈钧儒、沙千里为首，以何惧为总干事的武汉蚁社，其主要工作为：办过战时训练班，送过数十人到前线；办过后方伤兵医院；成立流通文库；组织群众大会和剧团、歌咏团公开演出；参加第三厅的扩大宣传活动，仅募捐一项即达1600元。社员发展到四五百人，是个很有影响的青年救亡团体。对于这3个团体，郭沫若说："这些团体和三厅的工作是能够桴鼓相应的，三厅的几次扩大宣传，被称为在武汉'轰轰烈烈'过来的，事实上一多半就靠着这些团体和青年们的热烈响应与支持。在"七七"周年纪念时，单是临时下乡的宣传队，我们就着这些青年，曾经组织过七百几十队。"

蒋介石、国民党的这种措施，引起了武汉人民的极大震动和反感。韬奋愤怒地揭露了这一抗战以来一面喊成立民主机关，另一方面又解散民众团体的新丑剧。韬奋像沈钧儒、沙千里所感受的一样，也同因动员工人而被陈诚扣押1个月的李公朴一样，过去是"爱国有罪"，现在则是"唤起民众有罪"了！应当说，这3个团体的被解散，是王明投降主义的恶果之一，因为王明的"一切通过统一战线"，实际上是一切通过蒋介石，向王明请示，他只强调合法，强调统一，他不问清理由，更不讲实际需要，只要蒋介石向他提出的,他不同别人商量,就满口答应。3个团体的命运就是由他葬送的。不仅如此,连中共湖北省委主办的:七里坪训练班(在黄安)和汤池训练班(在应城),以及汤池临时学校,七里坪训练班班主任为方毅,汤池训练班由陶铸负责,专门培养游击队干部和农村合作社干部的,都各自培养了600多人,受到新四军和农村的欢迎,但蒋介石也通过王明给取消了。所以,王明很受蒋介石的赏识。不过,抗战到了武汉阶段,蒋介石的指挥棒也不那么如意了,被解散的青年团体,不可能全部逮捕起来,他们到前线去,到延安去,到抗日救亡最需要的地方去! 摆脱了蒋介石想一统青年天下的三青团。

五、办《全民抗战》

韬奋主编的《抗战》,执笔者除韬奋外,还有胡愈之、钱俊瑞、金仲华、杜重远、章乃器等,《抗战》极力主张加强全民族的团结,以进行持久的抗日战争,并主张开放民众运动,反对国民党压制群众的片面抗战政策和妥协投降的阴谋。沈钧儒到达武汉后,创办了《全民周刊》,他兼任社长,李公朴、柳湜等任编辑。《全民周刊》的宗旨,在其发刊词中说:本刊"最基本的任务,是加强全民族的统一战线,接受抗战以来的血的教训,将单纯的政府与军队的抗战,转变为全面的全民族的抗战,以突破当前民族的危机"。为了集中力量,两刊于1938年7月决定合并,改为《全民抗战》三日刊,于"七七"1周年问世,邹韬奋、沈钧儒、张仲实、艾寒松、胡绳、柳湜为编委,邹韬奋与柳湜为主编,新刊吸收了《抗战》和《全民周刊》的优势,无论在内容方面还是在形式方面,都作了很大的改进,并编印战地版,大量送往前线,以激励士气,得到广大群众和将士的喜爱,销量很快上升到30万份,是当时最受读者欢迎的刊物之一。

《全民抗战》的发刊词,题为《全民抗战的使命》,由韬奋执笔,他说,本刊将继承过去的进步传统,服从抗战建国的总任务,肩负政治和教育宣传两大使命:"一是巩固全国团结,提高民族意识,灌输抗战知识,传达解释政府的国策,剖析国内政治、军事、经济、文化以及国际之情势,为教育宣传的任务。另一是以使政府经常听到人民的声音,民间的疾苦,动员的状况,行政的优劣,使政府在领导抗战,实施庶政上得到一种参考,为我们的

政治任务。"《全民抗战》正是历尽艰辛来实现这个神圣使命的。

韬奋办刊,确实出色,为读者评论家所赞扬,但令人折服难忘的评价却出自周恩来之口。那还是 1938 年 4 月下旬,以郭沫若为社长的《救亡日报》,由上海迁往广州,总编辑夏衍到武汉向周恩来汇报工作,周问了报社情况、报纸销路以及各方面对报纸的反映之后,对夏衍说:"问题不单在销数,而在于读者敢不敢看你们的报和喜欢不喜欢看你们的报。这张报纸是以郭沫若为社长的上海文化界救亡协会的机关报,这一点规定了你们的办报方针。办成像国民党的报纸一样,当然不行。办成像《新华日报》一样,有些人就不敢看了。总的方针是宣传抗日、团结、进步,但要办出独特的风格来,办出一份左、中、右三方面的人都要看、都喜欢看的报纸。"周恩来还特别说:"要好好学习邹韬奋办《生活》的作风,通俗易懂,精辟动人,讲人民大众想讲的话,讲国民党不肯讲的,讲《新华日报》不便讲的,这就是方针。"(《周恩来传》,人民出版社·中央文献出版社 1993 年 1月版,第 416 页)

7 月底,国民党政府公布《战时图书杂志原稿审查办法》和《修正抗战期间图书杂志审查标准》,规定除自然科学应用科学之无关国防者,及大中小学与民众学校教科书外,原稿均须一律呈送所在地审查机关审查。韬奋认为这两个规定,是国民党压制言论自由的措施,于 8 月 3 日和 6 日的《全民抗战》第 9 号和第 10 号上,连续发表《审查书报原稿的严重性》和《再论审查原稿的严重性》两文,他指出:"采取审查原稿的办法,对于舆论的反映及文化的开展实有莫大的妨碍","这件事在抗战建国及民主政治初基刚才奠定的时期,尤其严重。"

更加使韬奋难忍的,是这两个压制言论自由的文件的出笼,国民党当局却硬说是接受了邹韬奋在国民参政会的提案拟定的。为辩解这种栽赃陷害,韬奋花费了很大的周折和精力,才揭穿这一可耻的阴谋。

1938 年 6 月,"似民主机关而又说不上民主机关的国民参政会"组成了,因为民主机关应该是由民选而来,参政会不是民选组成的,而是由政府以"请客"的方式聘任的。国民党副总裁、国防最高会议副主席汪精卫兼议长,南开大学校长张伯苓为副议长。1939 年 2 月 12 日,参政会举行第三次会议,由于汪精卫公开投敌叛国,议长之职被撤销,由蒋委员长兼任议长。副议长仍由张伯苓担任。参政员人数共 200 人。这些参政员分为4类：各省市"著有信望"的人员；蒙古西藏地方"有信望"和"信望久著"的人员；海外华侨的"信望久著"人员；"来宾"在实际上包括各党派领袖们和无党派"知名人士"名额100人，占全数之半。怎样选定，其权全在主人。有"来宾"就有"家里人"作"陪客"。虽有听取报告、建议、询问等职权，但决议案必须经国防最高会议通过才算有效，所以并不是真正的民主机关，而规定的宗旨，又一再郑重指出"团结全国力量"、"集恩广益"、"集全国之思虑及识见，以利国策之决定与实行"云云。邹韬奋就是"来宾"中的参政员。

　　7月，在汉口召开的第一次国民参政会上，邹韬奋抱着满腔的热诚和希望，接连提了3个提案：一是"调整民众团体以发挥民力案"；二是"具体规定检查书报标准并统一执行案"；三是"改善青年训练以解除青年苦闷而培植救国干部案"。三案都是当时迫切需要提出的。第二案所提，是针对当时有许多机关人员，宪兵也好，警察也好，卫戍司令部的特务人员也好，党部的特务人员也好，军委会的特务人员也好，都可以随便到书店里去随便指哪几本书是违禁的，随便拿着就走，没有收条可付，也没有理由可讲。韬奋说："有一次我亲眼看见有一位这样的仁兄到一个书铺里去，指着孙夫人所著的《中国不亡论》为禁书，要拿着就走，店铺里的职员对他说这是孙夫人对外国发表的呼吁国际朋友援助中国抗战文章的译文，他说不管内容援助不援助，他是来执行命令的，结果还是被他掠夺而去！这只是随手拈来的例子，诸如此类的事情很多。我在第一次大会中，所以有那个提案，就是要想纠正这种混乱的情形，但是据说却成了'原稿审查'的根据，你看冤不冤！"（《韬奋文集》，生活·读书·新知三联书店1978年1月版，第3卷，第188页）

　　表面上是一回事，骨子里又是一回事，会议上通过是一回事，而实行又是一回事！这成了当时国民党政治上的特征。这也是使韬奋对政治感触最深的一点。

　　自从图书杂志原稿审查办法公布之后，立即引起全国出版界及编著人的强烈反响，商务、中华、开明、世界、生活等10余家书店联合具文吁请有关当局撤销该项决定。

　　韬奋没有想到，他的正义立场和主张，不仅没有取得当局的同情，却取得了相反的效果。

《全民抗战》杂志，尽管宣传抗日救亡，却被国民党当局于 8 月暗中禁止学校、机关等单位订阅。生活书店汉口总店于 1 月 16 日将其在全国的几十个分支机构在地图上标明，绘制成图，以半版广告形式，送武汉各报刊出，而《扫荡报》拒绝刊载，探询究竟，答复是奉上级命令不准刊登。

上述动向表明，韬奋初到武汉后的几个月的团结向上的气氛，已经发生变化，而亲日派的议和之声随着武汉战局的危迫，又时隐时现地活动起来！但是《抗战建国纲领》在广大群众的拥护下，"保卫大武汉"的声势，还是异常感人的。

9 月 18 日，韬奋和沈钧儒等代表全国救国会到前线去慰劳抗战军队。目的地是江西北部一带，从武汉出发，经南昌前往德安。途中韬奋先到湖北阳新前线慰问，遇到了前线记者范长江和陆诒，并同在一个村庄上住宿，夜谈 3 个小时。韬奋说，不到前线，不亲身接触到前线军民，不了解他们的需要和愿望，就不可能真正为抗战服务。当时他们还讨论了前线部队急需的药品和书报等的供应问题。第二天，韬奋即前往江西前线。

韬奋写道："我们要看到黑暗方面，才能消除黑暗，也要看到光明方面，才能扩大光明。"对于他在前线看到的情景，写道："一方面看到士兵及伤兵的艰苦，一方面听到许多令人兴奋的关于民族战士的英勇故事。我们在途中可以看到三五成群蓬头垢面的伤兵负着伤勉强支撑着走，他们走不动时便倒在路边，辗转于来往的轮辙之间，有的自知无望，便尽着所有的力量爬到田里，结束最后一息，为祖国贡献了最后一滴血，为祖国贡献了整个的生命。我们的动员不够，增加了民族战士所处环境的艰苦，这是一件莫大的憾事，在另一面，我们的民族战士在怎样艰苦的环境中，为着保卫祖国，保卫同胞，却不畏难，不怕死，留下了许多可歌可泣的故事。奉令坚守任何据点的将士，若无退却命令，虽至全体殉职，也不肯后退一步，这种作战精神真是可以动天地，泣鬼神！"（《韬奋文集》，生活·读书·新知三联书店 1978 年 1 月版，第 3 卷，第 212、213 页）韬奋乘火车到岳阳车站停留时，遇到几个被遗弃的伤兵，韬奋等捐助车费帮助他们前往医院。9 月底，返回武汉。

10 月中旬，武汉战局吃紧，生活书店迁往重庆，《全民抗战》亦迁重庆出版，为了不误时间，韬奋和柳湜随身带着大批稿件和读者来信，于 10 月 20 日乘飞机赴重庆。他们正担心在机场检查被扣时，不巧走进机场，就遇上两个宪兵向他们走来,口里还喊"韬奋先生",并举手敬礼。韬奋装着没有听见,不予理睬,两个宪兵对这种冷遇失望地说:"你不要以为我们是坏人,我们是大夏大学的学生,都是你的读者!"说着流下了眼泪,一面忙着招待韬奋和柳湜,为两人拿行李,送茶水等,还说要"永远跟着韬奋走"。韬奋一时感动得不知说什么好,立刻向两人表示歉意,又安慰他们,鼓励他们。在他们两人的帮助下,韬奋和柳湜顺利地登上了飞机。在飞机上,韬奋兴奋地向柳湜说:"中国革命一定胜利,只要看这一代青年的心就可保证。"他一想起读者,就觉得增强了信心,增强了力量,什么疲劳都会消逝,什么烦恼都会丢掉。

10 月 25 日武汉沦陷。

1938 年 9 月至 11 月,中共中央召开的六届六中全会,决定撤销长江局。

1939 年 1 月 5 日,中共中央书记处决定将华南和西南各省合并成立一中央局,建议改名为西南局,后按周恩来提议,定名为南方局。其参加名单为:周恩来、博古、凯丰、张文彬、徐特立、吴玉章、叶剑英、廖承志、吴克坚、邓颖超、刘晓、高文华、董必武,以周恩来为书记。

1 月 13 日又指示以周、博、凯、吴、叶、董 6 人为常委。(《南方局党史资料·大事记》,重庆出版社 1986 年 5 月版,第 10、11 页)

第三十三章　在"雾重庆"（上）

重庆,是抗日战争时期的陪都,国民党统治区的政治、军事、经济、文化的枢纽。武汉沦陷之后,国民党首脑机关,中国共产党中央代表团和南方局、八路军办事处都在这里,各党派各群众团体,以及各报刊和各大书店也在这里。邹韬奋和生活书店总管理处也迁来此地。

从1938年8月到1941年2月,韬奋在这个地处嘉陵江和扬子江汇合口的山城,生活了两年半的时间。山城云雾漫天,很少晴朗天气,被人称为"雾重庆"。韬奋尽管迎雾爬坡,却在坚定的斗争中积累了经验。他积极响应中国共产党的号召,坚持抗战,坚持团结,坚持进步,集中地反对国民党反动派的妥协投降、反共内战的阴谋。这是一段充满磨砺和斗争的日子,也是一幕幕战绩辉煌的场景。

一、参政会上的雄辩

国民参政会自汉口第一次会议之后,就为书报审查问题,引起了一场风波。

1938年8月28日,参政会在重庆召开第二次会议,由于第一次会议的影响,各方都在关注着这次会议。

韬奋以编著者的身份,兼受全国各大出版家的委托,在会上提出了"撤销图书杂志原稿审查办法以充分反映舆论及保障出版自由"一案。每一提案原来只须20位"来宾"联署就够了,韬奋竭尽全力,花费了几天工夫奔走接洽,竟然得到74位"来宾"的联署,连若干"陪客"也联署了,使韬奋感到非常高兴。可是,后来才知道联署本提案的"陪客",大受"主人"的责备。

这一提案在审查会上及大会上,都引起了非常激烈的辩论。韬奋说:

"我虽在审查会中费了很大的力气争论,但在审查会中,'撤销'二字终被改为'改善'二字,这和原案的精神完全不符,所以我不得不准备在大会中作最后的力争(因为审查会的修正必须经大会通过)。在审查辩论时,'陪客'刘百闵先生说图书杂志原稿审查办法(又改口说)是王云五先生向政府请求的(刘先生当时系在中央党部主持审查的事),我不相信,但觉得这一点太关重要,立刻打电报到香港询问王先生(王先生也是'来宾'之一,唯该次未到),在最后关头(指大会)的最后几分钟,接到王先生的回电如下:'国民参政会秘书处即转邹韬奋先生:渝冬电敬悉。图书杂志原稿审查,弟去年绝未向政府请求举办。反之,(邵)力子先生初长中宣部时,曾以应否恢复审查见商,弟详举窒碍情形,力劝不可,兹当交通梗滞之时,如欲审查原稿,更无异禁止一切新刊物,或使新刊物绝迹于内地,窒碍尤多,务望先生等坚持撤销。幸甚! 王云五江。'我得到了这个电报,拍案叫绝,即在大会辩论时公开宣布,又得罗隆基诸先生等桴鼓相应,竟恢复'撤销'字样,得到大多数的通过,震动了全会场。"(《韬奋文集》,生活·读书·新知三联书店 1978 年 1 月版,第 3 卷,第 189 页)

邹韬奋在当时的大会上,慷慨陈词,不卑不亢,晓之以理,动之以情,听众无不折服,对手却理屈词穷。当付表决的时候,连素来反对他的,也有人不自觉地举起手来,实为从来会场所未有,足以证明韬奋的自信力和说服力量之强。这场辩论,对手以栽赃不成,后又诬赖,终被戳穿而告终。邹韬奋在参政会内外与周恩来来往密切,随时得到周的鼓舞和支持。周恩来曾称邹韬奋是"很好的鼓动家"。

第一届参政会,共开 5 次大会,韬奋前后共提 9 案,其中 3 案都是为了力争言论和出版自由的。第一案第二案已于上述,第三案是"请改善审查搜查书报办法"案,针对着国民党胡乱删削报刊文章、胡乱查抄查禁书店的野蛮行径。韬奋对每一提案,都花很大工夫,又是调查准备,又是对联署者一一解释说明,以求提案通过。其实国民党根本无视参政会的存在,正如周恩来所说:他们"一方面搞参政会,另一方面还是一党专政,参政会只是一个'作客的机关'。"(《周恩来选集》,人民出版社 1980 年 12 月版,上卷,第 198 页)提案通过了,不一定被国防最高会议批准,就是批准了,也不一定能执行。因为国民党并不把参政会当做民主机关,不过是个咨询机构罢了。不是吗? 邹韬奋的撤销原稿审查的提案虽然通过了,可是

《全民抗战》每期原稿送去审查,每期都要准备被扣被删的相当多的篇幅去替补,平均可占 1/4,多的占 1/2 以上,社论有时写 3 次。不然就会出现大大小小的"天窗"给读者。沈钧儒在第一次会上提的"切实保障人民权利案"也是被通过了的,而武汉被解散的青年救国会、民族解放先锋队和蚁社 3 个青年团体,恰恰也是他和他的联署者领导和支持的,因为提案上还有救国会参政员邹韬奋、史良、张申府和中共参政员董必武、林伯渠、吴玉章、秦邦宪、邓颖超的签署。这使韬奋更清楚地看到,国民党当局在会上是一套,在会下是另一套,提案不通过的不理,通过的也不理,这是他们惯用的手法。不过,参政会毕竟是来自各个方面的宾客,有这样一个讲坛,"主人"也可以听到不同的声音!

二、一腔赤情

在抗战过程中,韬奋触动最深的是报效祖国的一腔赤情。他说:"我们看到种种令人兴奋的事情,像我们所谈过的震动寰宇的民族战士,自动奋发的千万青年,都是最显著的例子。"(《韬奋文集》,生活·读书·新知三联书店 1978 年 1 月版,第 3 卷,第 218 页)他对华北敌后建起的抗日革命根据地:晋西北、晋东南、晋察冀、冀中、冀南、鲁西北、胶东、鲁南、苏鲁边、豫北等,数千万同胞,从血的斗争中成长起来的新的伟大力量,不但在军事上削弱着敌人,粉碎着敌人的进攻,并且在政治经济文化各方面都开展着向敌人作反"扫荡"的战争。这给他带来了憧憬和希望。他听朋友讲过关于游击队袭击敌人的故事,使他难以忘怀的是那些可歌可泣的生动事迹,那些为新中国创造基础的人们。

在重庆,韬奋越来越多地接触来自北国的新消息和新事物:

第一,他和周恩来之间的交往更加密切了,交谈的内容广阔了、深入了,使韬奋对八路军的战绩和边区政府的建设的真情,以及对中共中央的重大举措,特别是对文化建设的政策,了解得越来越多了,自己也觉得开朗多了,信心更坚定了。他成为红岩村(八路军办事处)和"周公馆"(曾家岩 50 号)的座上客,有一次韬奋又向周恩来提出加入中国共产党的问题。周恩来亲切告诉他留在党外更便于工作,并说:"党还是需要你这样做。"他愉快地接受了。他还向周提出经常请教的要求,周也愉快地答应了。而且生活书店也成了周恩来、叶剑英、博古、凯丰等人的座谈、讲话的地方。在生活书店里的讲话和座谈,那就不仅是韬奋和他的同事们受益,除此还有店友读书出版社和新知书店的同志们参加,因为这3家书店实际上在各个方面都是一致的。当听者议论时,远远不是生活一店受益,而是3家兄弟店都为之振奋而受益。

　　第二,李公朴是邹韬奋的老战友,从韬奋主编《生活》周刊时起,李在美留学时就兼该刊通讯员,以后又一同参加救国会,也是同牢狱友,他们确是同苦同乐的交心朋友。往往一席话就引起了共鸣。1938年11月,李公朴同夫人张曼筠从重庆经成都到西安,乘八路军西安办事处汽车去延安。12月24日抵达延安,适逢大雪纷飞,李氏夫妇却情绪盎然地住进了鲁迅艺术学院的窑洞,感到特别温暖,毛泽东多次接见了这位善于组织宣传的爱国"七君子"之一,还亲自到窑洞看望他们夫妇,并为张曼筠所画的长城画幅亲自题写旧作《清平乐·六盘山》,张为之感动得流下眼泪。李公朴说,他觉得自己像个流浪之子一样,这时才找到了自己的家。毛主席对于书业界特别指出,广大农村和游击区根据地很需要开展这方面的工作,希望书业界能够适应新的形势。李公朴当时记在自己的《战地日记》上,同时在座的还有生活书店的谷军(杜国钧)也作了记录。李公朴将毛主席的指示写信寄给读书出版社经理黄洛峰,后发表在读书出版社内部刊物《业务通讯》上。谷军也将记录寄给生活书店,发表在内部刊物《店务通讯》上。这样在周恩来的具体安排下,生活、读书、新知3家书店共同贯彻了而且落实了在太行、在延安和苏北开办书店的任务。李公朴在延安一个月,会见了很多新老朋友,参观访问了不少民众组织、机关和学校,包括抗大、延安女大、鲁艺和陕北公学、冬学、夜校等。毛主席曾恳切地告诉他:"延安是一个抗日的实验区,一切都在试验中进行工作,既无什么神秘的了不起的好处,也没有像有些人说的那样莫名其妙的坏处。"而他调查后的结论是这和蒋管区大不一样,在这里:"没有森严,没有恐怖,一切都平凡,一切都是人对待人的样子。"他认为,延安是"革命的摇篮,因为许多中华民族的优秀子孙,都在这里得到孕育、成长,然后又到四面八方去发展壮大。它在历史上的巨大影响,是至为深远的。"(《李公朴纪念文集》,云南人民出版社1983年6月版,第337、344、349页)1939年1月,他离延安,东渡黄河到山西游击区,1939年5月他曾回到延安,率领一个由抗大

和鲁艺抽调10名干部组成的教学团,他们是"即教即学、边教边学"的抗战建国教学团。又到晋察冀根据地,一面教育别人,一面教育自己。四五个月后,李公朴从敌后到了重庆,向韬奋详细而亲切地谈了他这段不平凡的战地生活,韬奋说:"他告诉了我们不少关于我们的同胞在敌后苦斗的情形。他自己在那里就把手枪做枕头,睡梦中一闻'警报',即须'应战'!那生活是够紧张的!"(《韬奋文集》,生活·读书·新知三联书店1978年1月版,第3卷,第219、220页)特别是他率团穿过敌人封锁线时,都由八路军保护,彭德怀、贺龙等将军,对他们的热情接待,以及战斗的勇猛,军民团结的动人故事。韬奋听了他这段有声有色的记述,留下极为深刻的印象。

第三,张友渔于1939年3月,从华北敌后来到重庆,邹韬奋得知他是北方救国会负责人之一,也是位老共产党员,来参加重庆文化工作,立即约他到生活书店总管理处谈话。张友渔后来回忆说:他"很用心地,听我给他叙述华北敌后的实际情况。我的话,有时说得不够详尽、不够明了或为他所不易了解,他一定要追根究底地问,决不客气,决不含糊,但态度却是非常谦逊的。另一方面,每听到哪里人民大众英勇斗争的事实,便立刻兴奋起来,鼓舞起来,而对于敌伪的残暴和反动势力的卑劣,则表示切齿痛恨。我发现他是一个具有深刻的理智和丰富的感情的人,是一个追求真理和拥护真理的人。"(《韬奋的道路》,生活·读书·新知三联书店香港分店1978年1月版,第78页)此后,张友渔便成了《全民抗战》的经常撰稿人,也成了韬奋的好友。1943年以后张友渔在中共南方局文委工作并兼任生活书店的总编辑。

韬奋在重庆还接触到相当复杂的情况,那就同上述完全不同了。

以汪精卫为首的亲日派,乘广州、武汉相继失陷、战局不稳、人心动荡之际,从台后跳到台前,先放烟幕,后就公开叛国投敌去当汉奸了!按照当时汪精卫的头衔是,国防最高会议副主席、中国国民党副总裁和国民参政会议长,他正是靠这些头衔来蒙骗、吓唬老百姓的。当抗战已经进行1年多的时候,他公然大谈"和平",结束战争,长篇演说和谈,发表在报纸上,谁若反对他,谁就违犯"铁的纪律",理由就是"批评官吏就是反对政府"!汪氏一呼,汪派就吵吵嚷嚷地响应起来!正是闹得乌烟瘴气的时候,南洋华侨领袖陈嘉庚(因事未到重庆),以参政员身份,从新加坡向参政会二次会议发了一个"电报提案",提案只有 11 个字:"官吏谈和平者以汉奸论罪!"韬奋认为,这是"内容极简,而意义极大"的提案。据查,陈嘉庚当时代表南洋华侨 800 万人,于 10 月 25 日"电报提案"三宗提请公决:"一、日寇未退出我国土之前,凡公务员对任何人谈和平条件,概以汉奸国贼论;二、大中学校在抗战期间,禁放暑假;三、长衣马褂,限期废除,以振我民族雄武精神。"10 月 26 日上午国民参政会秘书处收到陈的提案,当即以收文第 713 号形式摘报秘书长王世杰。王批示:"列报第四次会议(电复:已报告议长及大会),"汪精卫对陈的电报提案,既不敢隐匿不报,又不甘心原文通过,于是怂恿爪牙作了多次修改:

第一次,砍掉二、三两案,又将第一案中的"条件"二字删去。成为"日寇未退出我国土之前,凡公务员对任何人谈和平,概以汉奸国贼论。"由 30 字变成 28 字。"条件"二字是汪精卫的关键,也是陈提案中最有针对性的两个字。汪在会上念的即此案。

第二次,由汪坐镇,汪派人控制会场,对陈案再改:"日寇未退出我国土前,凡公务员对任何人不得言和。"由 28 字改成 21 字。

第三次,汪仍不满意。再改"公务员不得谈和平案"9 个字。

第四次,11 月 1 日下午,参政会举行大会,到会参政员 122 名,政府首脑也到会,汪派人员认为"公务员"一词,专指国家工作人员,再作改动:"日寇未退出我国土前,不得言和案",成为 14 个字。并与其他提案并提,"鼓掌通过"。

第五次,参政会通过的提案须经国防最高会议批准,方能执行。11 月 2 日《中央日报》公布此案时,又有修改:"在日寇未退出我国土之前,公务员不得言和案",共 19 个字。据文史出版社的《陈嘉庚画册》,陈亲笔书写过:"在敌寇未退出国土以前,公务人员任何人谈和平条件者以汉奸国贼论。"看来,韬奋回忆的 11 字有些失误。特录此材料,供参考。霹雳一声打响,在几秒钟内,联署者就超过 20 多位,汪"议长"朗诵此案,虽也有"汪记""陪客"反对,但终于通过。陈嘉庚一炮打得汪"议长"脸变苍白,神色不安了。

1938 年 12 月 18 日,汪精卫离渝飞往昆明,次日,与陈璧君、陈公博、周佛海、陶希圣等 10 余人逃离祖国。29 日在香港发表"艳电",公开投降日本帝国主义。

国民党中央对汪精卫等人的投敌叛国问题，进行了揭发和处理：永远开除其党籍，撤销其一切职务。

1939年1月5日，中共中央发出《关于汪精卫出走后时局的指示》指出：在目前形势下，我党的任务是：拥护蒋介石国民党坚持抗战，开除汪精卫出国民党的进步行动；坚决打击卖国的汉奸汪精卫和一切投降反共活动，批判其汉奸理论。汪精卫的反共主张是他的汉奸理论的组成部分，而一切反对八路军、新四军、边区与共产党的主张者，实为汪精卫之应声虫。"（《南方局党史资料·大事记》，重庆出版社1986年5月版，第37、38页）

《新华日报》发表了《汪精卫叛国》的社论，指出了汪精卫投敌，自绝于中华民族的反动实质，批判了汪精卫之流的民族叛贼们对抗战前途丧失信心的亡国论调。

接着就在重庆、成都、昆明等地，开展了声讨国贼的群众运动，对坚持抗战者是一大鼓舞，对一切投降分子是一大打击。

韬奋是在紧张而兴奋中，积极地参与了讨汪斗争，他把发动群众，认清形势，坚定信心，使抗战到底，这一中华民族的生路，作为他宣传的基调，特别对海外华侨的爱国行动，给予了很高的评价。以此来激发广大群众的憎和爱。

他说："千万侨胞出于至诚的爱国情绪，不是没有来源的，他们冒风霜、排万难，在海外过着'寄人篱下'的生活，事实的教训使他们对于祖国热诚爱护，极端关切。"仅就南洋侨胞而言，据南侨总会的报告，"他们自抗战以来对于祖国的捐输，总数已达三万万元以上。"在这惊人的数字后面，包含着多少侨胞热爱祖国的无限心情和热泪。"最令人感动的故事，莫过于倾听刚从海外回来的朋友谈起工作勤苦的侨胞，尽其所有的历年积蓄，倾囊倒出以捐助祖国抗战的种种情形。"韬奋肯定地说："中国抗战的胜利，和每一个中国人的福利都有着不可分离的关系，这个真理的认识，以侨胞为最深刻，所以他们对于有益于抗战的事情，无不尽力拥护，竭诚努力，对于少数人的妥协投降危害国家民族的行为，也极端愤怒、严厉制裁。例如汪精卫和他的走狗们的妥协投降，便受到广大侨胞的最严厉的制裁。"即使在汪精卫的叛国阴谋尚未完全公开以前，陈嘉庚的"电报提案"，在实际上也代表了海外侨胞的意志，后来汪公开投敌了，更引起侨胞的怒火。"政府对汪的叛国行为,在最初阶段尚存着宽大态度,在决定对汪下通缉令以前,政府接到海外侨胞请求对汪通缉的电报如雪片飞来,至少在一千封以上,政府鉴于舆论情绪的激昂,毅然提早决定下令通缉。这在一方面可以看到侨胞拥护抗战国策的坚决,在另一方面也可以看到侨胞左右国事力量的伟大。"（《韬奋文集》,生活·读书·新知三联书店1978年1月版,第3卷,第220、221页）

韬奋一腔爱国赤情,无论分析问题,还是观察形势,着眼点都是人民大众,落脚点都是国家民族。他告诉读者:英勇卫国的民族战士,奋发英俊的千万青年,艰苦奋斗的沦陷区同胞,热诚爱国的海外华侨,是广大爱国民众的巩固基础,是中华民族的骨干。因此,我们祖国有着无限光明的前途。同时,也不否认中国有着局部的黑暗,有一时的逆流,但是我们只有共同努力消除这局部的黑暗,制止这一时的逆流,使我们的祖国渡过难关,踏上坦途,而不应该发生消极或悲观的情绪,这才是中华儿女应当采取的态度。

"我说不得不爱我们的祖国,这是因为身为中国人,只有使中国独立自由,个人在这世界上才能得到真正的保障。这种感觉,在海外的侨胞以及曾经到过国外游历视察的人所最深刻感到的。"的确凡饱受日本强盗摧残蹂躏、奸淫残杀的每一个中国同胞,虽不出国门,也都深深感到祖国的可贵,深深地感到自己所不得不负起的严重责任。他强调说:"我们要做一个堂堂正正的人,就不得不爱我们的祖国!"（《韬奋文集》,生活·读书·新知三联书店1978年1月版,第3卷,第222页）

韬奋所给人们的不单是提高认识问题的能力,还教人们学会全面分析问题的思想方法。所以凡接触到他的人,都感到受益很大。

三、为捍卫生活书店而斗争

生活书店是韬奋从事文化出版事业的基地,也是他为之斗争的据点,在重庆的这段时间里韬奋和生活书店,在曲折复杂的斗争中,绕过了艰险,取得了难能的胜利。

韬奋到重庆不久,就邀请胡愈之从桂林来渝,在生活书店总管理处,连续开会,总结上一段工作,提出新的方针规划。明确了3条工作原则:

第一，促进大众文化；第二，供应抗战需要；第三，发展服务精神。同时还调整了总管理处的机构。总处下设总务、生产、主计、营业、服务 5 个部，总经理及经理之下，设秘书处。另设一个编审委员会，聘胡愈之任主席，沈志远、金仲华为副主席，艾寒松为秘书，邹韬奋、柳湜、史枚、刘思慕、沈兹九、张仲实、戈宝权、茅盾、戴白陶为编审委员。

这一时期的刊物，除《全民抗战》之外，还有：

《文艺阵地》，主编茅盾、楼适夷；

《文艺战线》，主编周扬；

《读书月报》，主编胡绳；

《理论与现实》，主编沈志远；

《战时教育》，主编戴白陶；

《妇女生活》，主编沈兹九；

《世界知识》，主编金仲华，在香港出版发行；

《国民公论》，主编胡愈之，在桂林出版发行。

这些刊物，都各具特色，读者也不尽相同，但是都遵循着"坚持抗战，反对投降，坚持团结，反对分裂，坚持进步，反对倒退"的政治主张，结合各自的实际情况，积极地进行宣传工作。因而读者越来越多，影响越来越大，加上马列主义著作和进步书籍的大批出版，这就引起了国民党反动派的嫉恨，于是生活书店和邹韬奋便成了他们连连打击的目标。这里摘列若干事例，看韬奋是怎样同他们进行斗争的。

第一，工作人员被捕。

1938 年 10 月，生活书店西安分店经理张锡荣被捕，罪名是"售卖禁书"，经韬奋以参政员身份反复交涉，结果关了 11 天，判处罚 300 元钱了案。这是生活书店工作人员在抗战中首次被捕，也是国民党在抗战中大造"文化摩擦"的开端。

第二，大批分店遭封。

从 1939 年 4 月至 7 月，连续被查封的分店达 11 处之多，8 人被捕。

4 月 21 日，国民党警察局等搜查西安分店，搜去书刊 1800 余册及公私文件信函等，并将经理周名寰拘捕。后来周病死在集中营中。

4 月 30 日，又去搜查南郑支店，拘押了经理贺尚华。

5 月，天水支店，被迫迁入陋巷，经理薛天鹏等人被捕。

6月9日,沅陵分店被搜查,代经理诸佩被捕。

6月9日,金华分店被搜查,拘捕了职员阮贤道。

6月17日,宜昌分店被搜查,拘押了职员杨罕人。

6月15日,吉安、赣州两个分店,同日被搜查、被封闭。

6月29日,屯溪支店被搜查,并限定7月2日前收歇。

7月8日,搜查曲江分店。

国民党对"生活"分支店如此摧残,韬奋愤怒不止,在短短几个月内,成批封闭书店和逮捕人员,这不可能是各地随意胡来,一定是国民党中央有密令下达。为此韬奋直到中宣部,找到部长叶楚伧、副部长潘公展,请他们主持公道。韬奋说明"生活"并没有不服从法令,也没有不接受纠正的事实。叶、潘佯说他们不知道此事,是"地方党部的行为",让韬奋静候"查明具报"。其实,这是推托的谎言,有朋友谈起从国民党中央党部传出的消息:说中央党部已决定先封闭"生活"的各分店,然后进而封闭重庆总店,而且他们看到这种密令。当面一套,背后另一套,已成为国民党当局的惯用伎俩。

韬奋后来说:"我在那几个月的生活,回想起来是辛酸的,每隔几日即有一个分店的'报丧'电报呈在眼前,尤使我哀痛欲绝的是艰苦忠贞于抗建文化事业的青年干部一个又一个的被拘捕。我曾经愤然对中宣部负责人提出抗议,说我是本店总负责人(全体同事选举出来的理事会主席),如本店有犯罪证据,应该捕我,绝不卸责,何必摧残许多无辜青年呢? 但是这种抗议不发生丝毫的效力。"(《韬奋文集》,生活·读书·新知三联书店1978年1月版,第3卷,第293、294页)

第三,妄图并吞。

国民党中央党部把生活书店看做既定拔除的眼中钉,所以一招不成,又来一招。叶楚伧、潘公展公然提出:要生活书店和正中书局及独立出版社联合,在3个机构之上组织一个总管理处或成立一个董事会,主持一切。这样,一则可能使党部放心;二则可由竞争而增加效益;三则可避免各地方当局对"生活"为难,得到依法保障云云。邹韬奋当即拒绝。

为捍卫生活书店,韬奋曾访陈布雷。当听了韬奋的诚恳讲述的事实之后,陈布雷说:"韬奋兄! 党里有些同志认为你们所办的文化事业的发展,妨碍了他们所办的文化事业的发展。"韬奋对这种说法指出:"事业发

展有其本身积极努力的因素,应该在工作努力上比赛,不应凭借政治力量给予对方以压迫和摧残。"(《韬奋文集》,生活·读书·新知三联书店1978年1月版,第3卷,第296页)韬奋下决心顶住这股摧残风,不仅是为"生活"一店,而是不愿看到一个一个的文化堡垒被摧残,他顶的是抗战中的专门破坏团结和搞文化摩擦的反动势力。

第四,和徐恩曾的谈话。

国民党中央党部的"调查统计局",简称"中统局",是党中央系统的特务机关,其首脑叫徐恩曾,与陈立夫、陈果夫有表兄弟关系,为二陈的亲信。此人曾在上海的南洋大学读书,和邹韬奋从中学到大学的电机科是同班同学,后来韬奋转文科,他仍学电机,毕业后,曾到美国留学。他与韬奋私人友谊就建立在同班同学的关系上。他们几次会晤,都还是老同学的样子,彼此都没有什么拘束。

按徐的身份和地位,对于共产党当然破口大骂,这并不奇怪。而韬奋向徐恩曾说明,国民党摧残进步文化事业的如此不合理,并直接问他:"依我们老同学的友谊,彼此都可以说老实话,你是主持特务的,依你所得材料,我究竟是不是共产党?"徐微笑着说:"我'跟'了你七年之久,未能证明你是共产党。"韬奋说:"既然如此,你何必对我说了许多关于共产党的话?"徐很直率地说:"到了现在的时候,不做国民党就是共产党,其间没有中立的余地,无所谓民众的立场!你们这班文化人不加入国民党就是替共产党工作!"韬奋说:"我的工作是完全公开的,无论是出书还是出刊物,无论是写书还是写文章在刊物上发表,都经过政府设立的审查机关的审查,审查通过的文章不能再归罪于我吧?如果我们做的工作是为共产党工作,审查机关是国民党的机关,为什么通过呢?"徐说:"有许多事情不能见于法令,与审查的通过不相干,要你自己明白其意而为之。"要"明白其意而为之",大概是"仰承意旨"的意思吧,韬奋老实地对他说:"做一个光明磊落的国民,只能做有益国家民族的光明磊落的事情,遵守国家法令就是光明磊落的事情,我不能于国家法令之外,做任何私人或私党的走狗!'仰承意旨'的玩意儿是我这副硬骨头所干不来的!"

这样,他们就无法再谈下去了。

徐恩曾希望邹韬奋加入国民党,讲了三民主义如何如何。韬奋说:无缘无故连封10多家书店,把无辜的工作人员拘捕,"在这样无理压迫下要我入党,无异叫我屈膝,中国读书人是最讲气节的,这也是民族气节的一个根源,即使我屈膝,你们得到这样一个无人格的党员有何益处?"徐恩曾一听邹把加入国民党视为屈膝,忽然怒形于色,也没有再谈下去。

关于"生活",徐说中宣部主张和党办的正中书局等合并,是表示国民党看得起"生活",应该赶紧接受!韬奋当然无法"仰承意旨",也就歉然结束了这番谈话。

第五,造谣和查账。

国民党为了要生活书店和国民党官办书店合并,命令恫吓都未尽其效,于是又放出谣言,说中国共产党在经济上支持生活书店,津贴10万元。弄得沸沸扬扬,国民党似又抓住把柄,于是派人到生活书店总管理处查账。先是要全部账簿搬出店外去查,被韬奋拒绝,仍在店内查证。结果,没有找出任何漏洞,一无所获而罢。谣言不攻自破。

第六,派党代表监视。

到1940年6月,生活书店50多个分支店,在国民党打击摧残下,只剩下6个分支店。对此严重的政治迫害,韬奋以参政员的身份,直接向议长蒋介石写信交涉,信的内容注重说明两点:一点是用出版物的统计数字证明售卖违禁刊物的不确,另一点是举出党部派人到"生活"查账的事实,证明津贴10万元的不确。这封信是用铁一般的事实,粉碎了国民党的诬陷阴谋。蒋介石看到此信后,叫叶楚伧(当时为中央党部秘书长)转告,大意说生活书店在社会上有着它的信誉,不可弄得太利害,免引起社会上的反感。这几句话所起的作用,是国民党党部方面从1940年7月起的半年中,对于当时生活书店所仅仅剩下的6个分店,暂时停止了封店和捕人。

1940年7月中旬,国民党中央党部又派了一位"大员",做非正式代表到生活书店总管理处找邹韬奋谈话,他不知道韬奋已得知上述蒋的谈话消息,仍然强调如不与正中书局等合并即继续封店捕人的恫吓。他问韬奋想不想保全"生活",如想,非接受条件不可,不然蒋委员长已决定把"生活"全部消灭。韬奋心里明白这个狐假虎威的勾当,不便当面戳穿,只说:"我们要保全的是精神和实际,而不是躯壳和形式。""强迫和党办的机关合并"必然保全不住,"'生活'也就等于被毁灭"。再次拒绝接受所谓合并。该"大员"花了很多口舌,见韬奋态度坚决,丝毫不为之动摇,合并不成,又来了另一套办法,他表示:中央党部要派党代表经常驻店监督一切,

他再三郑重声明，如果这个办法你不接受，那就非全部消灭不可。韬奋听后说："派党代表经常驻店监督，出版界无此先例，万难接受。"而且还说，人有人格，店有店格，接受监督等于失掉店格，失掉店格，就是灭亡。最后这个"大员"只有宣布派代表办法破产。

韬奋对生活书店花费的心血，是生活书店的全体人员感受最深的，在捍卫生活书店的斗争中，韬奋也是率先冲锋陷阵的，不管遇到什么激流暗礁，他都抱着这样的决心：抵抗到底，决不屈服；宁为玉碎，不为瓦全！终于像他所说的，保全了生活书店的精神和实际，这就是胜利。

四、在敌机轰炸之下

1939 年初，韬奋一家五口（妻、二子一女），搬入重庆学田湾"衡舍"租屋寓居。此屋在陈果夫的公馆一个大门里的另一座屋子，因为出不起更多的房租，只在那座屋的楼下租了一个房间，全家挤在一个房间里。

这里距沈钧儒的家不远，相隔一坡之地，出门就需爬坡。萨空了也住在附近的犹庄。韬奋同他们交往比较方便。

萨空了对韬奋的家境，了解得非常真切，他家的一切家务都由夫人沈粹缜主持，家中的经济困窘，生活如何安派和支配，韬奋从不过问，他全心全意一头扎在工作上，他回到家里，除写作、阅读之外，有时同孩子们耍乐逗闹一番，以调剂家庭气氛，连他自己的生活细节，比如换衣、出门的零用钱，放在哪个口袋，怎么花法，都由夫人具体安排，沈粹缜像照顾孩子一样照顾他。朋友们都知道，由于他有着如此能干的夫人，对他如此周密的照顾，这是对他事业上的最大支持。对于家内店里的经济支配他概不过问。如生活书店的收支都由徐伯昕管理。本来他的家庭经济是很困难的，有时朋友知道了，代为借支，他却不知底细。有一次小孩子同他开玩笑，从他的口袋中拿了钱，过了几天他都不知道，等孩子告诉他时，他竟反问他们："会有这种事么？"当韬奋聚精会神写作的时候，孩子们不得干扰，这是沈粹缜在家中定的规矩，孩子们都自觉地遵守。

4 月 28 日，生活书店第五届理事会举行第一次会议，韬奋当选为生活书店总经理。韬奋所承担的任务，无论在店内，还是在社会上，都更加重了，他从来没有推托过。读者的来访来信，也从来没有放松过。白天的时间不够，只好加点开夜车了。

　　5月3日、4日，敌机对重庆狂炸，这是抗战历史上著名的大轰炸，无论财物损失还是人员伤亡，都很惨重。当大火逼近生活书店时，当时虽出重资雇人搬移，亦无人受雇。韬奋带头，全体同事自动搬移公物及货物至安全地点，使店没有受到损失。这种共患难同甘苦的精神，体现了生活书店的集体管理和民主纪律的素养，也体现了领导示范的作用。

　　此后，在相当长的一段时间里，日机轮番轰炸重庆，因而空袭警报非常频繁。重庆的防空洞是著名的，既多又大，这要算山城的优势。警报一响，人们各自就近排队入洞，大人牵着孩子，提着珍贵的东西，韬奋走进防空洞，总是提着大包稿件和大批读者来信。别人进洞往里钻到保险的深处，韬奋不到敌机临头不进洞，进洞就到洞门口，光线明亮的地方，抓紧时间，不是读来信，就是写稿子，和平时一样，从不停止他的工作。

　　《新华日报》记者陆诒，被韬奋称为"同行"，他们经常交往，谈些彼此需要的情况和问题。有一次，陆诒在学田湾附近采访，听到警报声后，急步奔到韬奋家里，约他们全家一起去躲空袭，走进房间看到韬奋正埋头写稿。韬奋看到陆诒，很风趣的对陆说："警报声中记者到，你来得正巧，我家里的人先走了，你就帮我拿一点随身行李一起进防空洞吧！"说着就塞给陆诒两大包东西，韬奋自己也拿了两大包。进了防空洞，韬奋抓紧时间打开自己带来的一包读者来信仔细地看，连一分钟也不肯浪费。1个小时以后，空袭警报解除了，他们一起回家，陆把两大包东西交还给他。他向陆连声谢道："你帮我带了我的家当进防空洞，立了大功。"陆诒起初觉得有点诧异，韬奋就当场把两大包东西打开来看，原来里面是一大批作者来稿，陆才恍然大悟。韬奋把作者来稿和读者来信作为最珍贵的财产带进了防空洞。陆诒说："这种对待来稿来信认真负责的工作作风，全力以赴干新闻出版工作的事业精神，给了我毕生难忘的教育！"（《忆韬奋》，学林出版社1985年11月版，第341页）

　　在大轰炸之后的重庆，由于印厂被毁，很多报纸缩小篇幅。《全民抗战》改五日刊为周刊，同时为了适应广大群众的需要，采取临时加印出版油印壁报的办法，名叫《全民抗战临时壁报》。这是别的报刊没有的"急救"措施。这不仅是战时新闻的特殊形式，也充分表明了韬奋抗战的决心，他不为敌人残酷轰炸而吓倒。使读者所得到的是无限鼓舞和坚强的

信心。

　5月12日，敌机数十架狂炸给重庆隔江相望的江北县造成很大伤亡。自大轰炸起，生活书店为援救难民，自己组织了抢救难民的服务队，叫"生活服务队"。13日一早，"生活服务队"就到被炸区服务，从火烧一夜的大火中，救出30多位难胞，这些难胞饥饿一天，被带到生活书店吃饱饭以后，再转往重庆市青年会内的难民救济总社去。

　韬奋经常在店内向同事们表示："生活书店是进步的文化事业。进步的文化事业是要适应进步时代的需要，是要推动国家民族走上进步的大道。因而凡是对国家民族有益的事，我们都要坚决支持，努力去做。"

第三十四章　在"雾重庆"(下)

由于国民党中央于1939年1月21日在重庆召开了五届五中全会,它不顾中国共产党和全国人民的共同要求,制订了"溶共"、"反共"、"限共"的反动方针,通过了《中国国民党中央防制异党活动办法》等具体政策,强化了法西斯的统治。这次会议是国民党在方针政策上的重大转变,它是由片面抗战转到消极抗日、积极反共的一个转折点。因而给邹韬奋的工作和斗争,带来了新的内容和方式,无论在"文化摩擦"、"政治摩擦"方面还是"军事摩擦"方面,他都成了人们关注的角色。

一、与"审查老爷"之争

韬奋在重庆,主要的工作是编刊物、办书店。《全民抗战》由三日刊,改为五日,后来又变成周刊;生活书店出版书籍的任务,也加重起来。他编写书刊的工作,成了他生活中不可缺少的日程。而国民党的图书杂志的审查机关,成了进步书刊的死对头。尽管参政会上提案也通过了撤销原稿审查,可审查机关根本不顾,死死盯着邹韬奋和生活书店,篇篇必送,句句乃至字字必查!韬奋为维护编著者的权利和出版者的严正立场,与"审查老爷"的矛盾不可调和,不经过面对面的拉锯战的抢救,稿件不是被删得面目全非,就是全篇检扣,在报刊和书籍上"开天窗"。

在韬奋笔下,可以明显地看出,他跑审查机关之多,与审查人员接触之繁,情绪之波动,争辩之激烈,真是一个个使人哭笑不得的故事。

他的注意点是以下几点。第一点关于时间:"重庆审查会不讲理。起先是在星期日只办半天公,送审查的稿子已不免搁积,后来索性星期全天不办公,使定期刊物,尤其是周刊,发生很大的困难,因为比较有紧迫时间性的文章都受此影响。……为便利出版界计,只应实行轮流值班的办法,

不应置出版界的困难于不顾。"时间关系着广大读者的期盼,也关系着作者的苦心。

第二点是地点问题。重庆空袭很多,做编辑的人,只能在重庆城里躲进防空洞。"但是重庆审查会的老爷们对于这一点是无须理睬的,他们的生命比什么人都特别重要,把办公处搬到高高的南岸山上(真武山)去,于是依审查条例稿子隔日可以审查完毕索回的,要增加一日,而且稿子只许一次总送审,不得像以前那样可以分次送。"稿件送审是编者的苦差,距离近点,周折少点,编者工作就顺利些;而南岸的真武山距城里几十里,既过江又爬山,交通工具除两条腿外,只有坐"滑竿"(两人抬的竹椅),光来回路程半天也不够。如果稿子遇到麻烦,一天也难回来。

第三点是审批程序变动。以前稿子通不过的,除批示理由外,原稿随同发还,后来不通过的稿子不但"应予免登",而且把原稿一概扣留,这样一来,原稿不在手边,批示的对不对,你无从详细地检讨,就是你记得原稿大意,跑去"讲理",他们把原稿死不拿出来,你就是要"讲理"也无从"讲"起!"依审查条例,并没有扣留原稿不许发还的规定,但是审查会的老爷们可不管这些,只须他们高兴,突然给你一个通告,说以后原稿不许发表的,都一概要扣留,你就得'绝对服从法令'……"以前他们对于你送审的文章,认为其中有不妥的句子应该修改的,只在句子旁边用红笔画上红条,叫你自己修改,后来他们老实不客气地拿起笔来替你修改,把你的原文用墨浓浓地涂得丝毫看不见,另外替你写上他们的意见,算为你的文章! 拿回原稿已经改得浓墨一团,发表时文章仍署名作者,可是内容已有审查老爷的"意见",文字究竟通不通,意思究竟对不对,都是你的责任!

第四点,审查老爷怎样改文章? 他们认为必要时,可以把你的文章随便删去几句,使你的文章上下脱节,连贯不上,但你却需"绝对服从",还得把上下不连的句子排紧,有的编者觉得太对不住读者,于是在脱节之处用括号注上"中被略"字样,也被他们下令禁止。后来编者又改注"中略",仍不许,非严禁不可,并严厉警告,说以后再敢故犯,当以不服从审查论罪,刊物没收! 投稿者的文章若被免登,因无地址,编者通知该稿"奉令免登",也是犯禁的事情。查遍审查条例,没有禁用"中略"和"奉令免登"的规定!

这些,对编者来说,比"文字狱"还厉害,比坐牢还不自由!

韬奋为了抢救一篇文章,跑到真武山找审查官去争辩,已成了他的一个历险故事。

1940 年 7 月,《全民抗战》第 129 期,准备发表一篇《论法国战败速降,变更国体》的文章,被审查官删改得一塌糊涂,特别删掉其中最为精彩的段落,韬奋难于忍受,他认为非力争恢复原文不可,邀了一位同事一起去爬真武山,他说:"一则因为我路途不熟,二则万一有三长两短,让他知道我的下落。我当时下了决心,如果审查老爷不讲理,自知理屈而仍要以官力糟蹋这篇重要文章的话,我打算赖在那里,死不下山,非救回这篇为许多读者所急迫需要的好文章不可。"(《韬奋文集》,生活·读书·新知三联书店 1978 年 1 月版,第 3 卷,第 194 页)他们爬到山顶,踏入审查机关,一位秘书出来应付。他说"我首先请他说明那篇文章里被删去部分的理由,他最初指出的是那里面有'阶级'的字样,很不妥当。我说法国是资本主义发展的国家,他们国内有资产阶级,也有无产阶级,是全世界公认的事实,这篇是研究法国的事情,为什么不可以用'阶级'的字样? 他没有话说,但仍叽里咕噜地说,最好不要用! 我说就是中山先生在'三民主义'中也不讳言外国有'资本家',资本家不是资产阶级中人是什么? 中山先生在国民党第一次代表大会宣言中更明白说到'近世各国所谓民权制度,往往为资产阶级所专有'。为什么三民主义的中国发展到今天,作家研究法国的问题,提到法国的资产阶级都有人发抖,这是什么道理?"

这位秘书无话可说,跑回去向审查老爷请示一番,再出来说,那篇文章里指出法国迅速投降,是由于要镇压国内革命,是由于资产阶级保全自己的财产,很不妥当。韬奋说:"这是法国的事实,有什么不妥当?","作为研究法国迅速投降的根据,为什么三民主义的中国一定要替法国的资产阶级做保镖? 为什么三民主义中国的作家一定要对于国际上这类铁的事实闭拢眼睛说假话,以自欺而欺国人,让那些人硬说法国的投降是由于民主的失败,以打击民主政治在中国的发展?"

秘书又没有话说,像演双簧的那样又回去请示出来说:明说法国,实有意暗射中国的情形,所以很不妥当! 韬奋听这一胡说,实在抑压不住气愤,很严正地提出抗议:"法国投降是事实,但是中国政府和领袖是在领导全国坚持抗战,为什么我们分析法国的投降就是暗射中国情形,你的话实在是侮辱政府、侮辱领袖、侮辱整个中国的人民!"这个秘书再次跑进里面

出来又说:我们对于法国的失败,实在是应该同情的。韬奋毫不踌躇地回答:"即使我们对于法国的失败应该同情,对于法国的投降却绝对不应该同情,只有中国的汉奸对于法国的投降才表示同情!"(《韬奋文集》,生活·读书·新知三联书店1978年1月版,第3卷,第195、196页)对方无言以对,韬奋进一步声称,审查人的"理由",既然没有一丝一毫可以成立,那篇文章非全部恢复原状不可。这位秘书略略静默了一会儿,悻悻然把那篇文章往桌上一掷说,你要登就登吧。当时天已近黑,韬奋和伴行者抓起稿子,脚步如飞,高兴地胜利归来。

此后,韬奋几次再上真武山,也曾遇到蛮不讲理,架子十足的官僚。

有一次韬奋与一个总干事去讲理,这个总干事发挥了一通"官老爷与老百姓不平等"的"大理论"! 他向韬奋脱口而出:"你和我讲理没有用!只有处于平等地位的彼此才可以讲理,我是主管机关,我说怎么办就要怎么办,你和我是不平等的,你不能和我讲理!"韬奋心想再同这种人争辩,那岂不是对牛弹琴? 不过对这种典型的专制思想,确是值得研究的政治倾向,这不正是"朕即国家"的变种吗? 从这个审查会中,可以更加清楚地看到种种闹剧,也从这种闹剧中看到他们的水平。请看:例一,名作家欧阳山写了篇小说,题为《农民的智慧》,里面描写一个伪军司令叫宋文楷,说他地主出身,有500亩地,40多岁。审查老爷说"地主"二字必须删去,用浓墨全部抹掉,连"40多岁"几字也抹掉。读者看了莫名其妙! 不知所云。

例二,韬奋和茅盾谈起这件事,挑起茅盾创痛的心情,他说这类笑话实在多,审查老爷把文艺作品中的"前进"字样抹去,又把"顽固"字样也抹去,看到"光明"两字也必须抹去! 这样一改,往往和原作者的意思完全相反!

例三,作家沙汀写的一篇小说,叫《老烟的故事》,那里面描写到一个爱国青年因被特务所追踪,恐惧烦恼紧张得很,他的朋友安慰他说:"现在救国无罪,你怕什么呢?"审查老爷看了这句话不以为然,拿起笔来把它抹掉,换上这样一句:"这里又不是租界,你怕什么呢?"不知为什么审查老爷把"救国"列为禁词,而却能使"租界"畅行于他们的关口。

例四,审查官害怕"解放"二字,凡稿子上写有"解放"的,都被涂改,如"妇女解放",必须改为"妇女复兴","民族解放"要改为"民族复兴"。倘若写到美国历史上的"黑奴解放"，那也得对审查老爷"绝对服从"，只好改为"黑奴复兴"了！这会引起什么后果，恐怕在他们脑袋里从来不想其他的事。

至于"阶级"，在他们的字典里就更不允许存在了。所有送审稿上的"阶级"字样，一律涂改为"社会集团"，"工人阶级"，改为"工人社会集团"，"农民阶级"改为"农民社会集团"，诸如此类，实在难于述说，但编辑者和著作人必须听命，别无选择。

对"原稿审查"，确实是对言论出版自由的首要障碍，以这里作为探索宪政、政治民主的突破口，无论就现实讲还是长远讲，都是富有意义的一场斗争，韬奋从不放松这方面勇猛的拼搏，这是有口皆碑的。

二、宪政运动的掀起

第四次国民参政会，1939 年 9 月 9 日于重庆召开。这是参政会历史上的一次重要会议。它通过了实行宪政案，议长蒋介石在闭幕词中声称这一议案是这次大会的最大贡献。他还说："提高民权，加强国本，为最要之务，用是决议请政府依照中国国民党过去之决议，召开国民大会，建立宪政规模。"（《国民参政会纪实》，重庆出版社 1985 年版，上卷，第 570 页）当时启动的宪政运动，自此次大会开始。在参政会之初，中国共产党毛泽东等 7 位参政员就指出："国民参政会之召开，显然表示着我国政治生活向着民主制度的一个进步，显然表示着我国各党派……的团结统一的一个进展。"（《国民参政会纪实》，重庆出版社 1985 年版，上卷，第 507 页）

宪政运动是争取、巩固和发展民主政治的运动。有些人认为民主政治是不需要的，打仗就是打仗好了，何必谈什么民主政治？韬奋从抗战的实践中反驳了不要民主政治的意见。他认为，我们在长期抗战中体会到，"内部的政治改革和对外的抗战在本质上是有着密切联系，而不能截然地把它们分开的，结论是抗战期间更迫切需要民主政治的建立和发展。"（《韬奋文集》，生活·读书·新知三联书店 1978 年 1 月版，第 3 卷，第 224 页）

国民参政会第四次大会在重庆大学举行，由于参政员寄住"重大"宿舍，彼此有交换意见的机会，大家所商谈最多的是当前的政治问题。尤其

是"来宾"中的在野各抗日党派分子，认为政治须有重要的改革，才能适应当前的要求。

忠诚爱国的张一麟在大会开幕时，代表全体参政员致词，沉痛地指出："精神集中，力量集中，除少数丧尽天良之汉奸外，必须以汉贼不两立为目标，断不容于同受三民主义洗礼中，自相残害……默察各地党政军各级人员，对于民众运动往往有所歧视，道路传闻，尚有假借取缔与指导名义，摧残合法组织，钳制正当言论，拘捕热血青年。致为亲者所痛，而为仇者所快。若任其摩擦，勇于私斗，必怯于公战，敌人与汉奸之所喜，即仁人志士之所忧。"这的确代表了许多参政员的心里话。经过大家商讨的结果，认为如果真正实行宪法，实现民主政治，便可制止危机，使国家走向康庄大道。于是各方面分头起草提案。关于这件事，共有7个提案，重要的党派差不多都包括在内。

第一，国民党方面的提案，由参政员孔庚提出：

"遵照中国国民党第五次全国代表大会决议，原已定期召集国民大会，并经积极筹备。嗣以抗战军兴，致陷停顿。唯抗战军事，攸赖长期努力，建国工作，必须同时进展，爰提请大会建议政府，召开国民大会，制定宪法，开始宪政。"这个虽短而重要的提案，因为它立于"主人"的地位郑重提出了民主政治的实现，韬奋认为是非常宝贵的。

第二，共产党的提案，是由参政员陈绍禹提出的：

"请政府明令保障各抗日党派合法地位案"。本提案内容分3个部分：

其一，各抗日党派团结的由来和重要性。"在大敌当前之际，我国各抗日党派秉承'兄弟阋墙外御其侮'的伟大民族传统，抛弃内争，共抗外敌，……国民参政会选取各党派领导人物，充任参政员。而此抗日党派之精诚团结，实为全民族力量统一团结之坚强基础，同时全民族力量之统一团结，实为坚持抗战和复兴民族的基本保证，正因为如此，所以全中华民族及其忠诚友人，莫不珍贵我国各抗日党派的团结事业，而日寇汉奸及一切中华民族的死敌，莫不尽力破坏我各抗日党派的合作。"

其二，当前的危机。该提案郑重提出："近半年来，同为抗战最高国策而努力奋斗之我国各党派间，疑虑增多，纠纷时起。因所谓'异党'党籍及思想问题之关系，若干积极抗日分子，受排斥者有之，被屠杀遭暗杀者有之,被拘禁或被开除职业或学籍者有之,影响所及,不仅使抗日各党派间,关系日益恶化……如果长此下去,势将动摇国本,破坏抗战。而此类不幸现象发生之主要原因,一方面由于日寇汉奸之阴谋挑拨离间,另方面实由于我政府对于保障各抗日党派合法权利一层,迄今尚无明文发表,因而使日寇汉奸,易售其奸,妥协投降分子,易逞其技。"

其三,建议"公平合理之解决"。其办法有3个:由国民政府明令保障各抗战党派之合法权利;由政府明令取消各种所谓防制异党活动办法,严令禁止借口所谓"异党"党籍或思想问题,而对人民和青年,施行非法压迫之行为(如拘捕、杀害、开除职业或学籍等);在各种抗战工作中,各抗日派之党员,一律有服务之权利,严禁因党派私见,而摒国家有用之人才。

韬奋对这一提案是赞成的,他认为如果真能这样,对于精诚团结也有莫大之裨益。

第三,青年党、国社党和第三党的提案,是由左舜生、张君劢、章伯钧共同提出的。

"请结束党治立施宪政以安定人心发扬民力而利抗战案",其提案分理由和办法两部分。

对其理由,从政治改革方面,从应付敌伪方面,从抗战与宪政关系方面,从政府应对全国人民负责方面,从巩固团结,避免摩擦方面5点阐述了结束党治实施宪政的理由。

其办法是:(一)由政府授权国民参政会本届大会,推选若干人,组织宪法起草委员会,以制定一可使全国共同遵守之宪法;(二)在大会未召开以前,行政院暂对国民参政会负责,省县市政府分别暂对各级临时民意机关负责;(三)于最短期内,颁布宪法,结束党治,全国各党派一律公开活动,平流并进,永杜纠纷,共维国命。

这里所说的"结束党治",很明显地指国民党一党专政的"党治",不是指民主国家的"政党政治"。由于没有说明,结果引起一个"陪客"的长篇大会争辩。

此外,国社党自己又提一案,由张君劢领衔,青年党第三党共同提出。"改革政治以应付非常局面案"。内容是两个具体主张:(一)立即结束党治,实行宪法,以求全国政治上之彻底开放。(二)立即成立举国一致之战时行政院,以求全国行政上之全盘改革。韬奋认为,中国政治改革上的真

正效果,还是要看整个的政治动向与政策,不是随便加入几个人去"画诺"就能奏效。

第四,救国会的提案,是由王造时提出的。

他分别提出"建议集中人才办法案"和"为加紧精诚团结以增抗战力量而保证最后胜利案"。

第一案的主要理由为"国家遭遇大难,必须集中人才,团结一致,合力对外。此乃天经地义,为免覆败,必须遵行……以便抗战早日胜利,更使建国顺利成功。"建议办法四项:"(一)用人但问其材不材,不问其党不党。并戒以是否亲故为进退人之标准。(二)承认各党各派之合法存在。今日有党派是事实。党派取消,既不可能,则何不公开承认其存在,而详定合力之办法。如此既免纠纷,又减疑猜。党派纠纷既除,人才集中自易。(三)限制兼差,使人当其职,使人无过忙,亦无过闲。免废人亦免废事。(四)推进民权主义,实施民主制度。……使人人得贡献意见,发挥其才能。"

第二案亦指出"敌人利我之分裂,而不利我之统一,利我之摩擦,而不利我之团结,乃利用'以华制华'之阴谋,肆其挑拨离间之毒计,冀我内部发生问题,以便利其侵略野心之实现……我全国人民,深知非团结不足以抗战,非抗战不足以图存,自不至堕入敌人之奸计,唯杜渐防微,不可不慎。"

其办法有三:(一)由各党分别告诫地方各级党员,不得有摩擦行动,以免增加抗战建国前途之障碍;(二)为集中人才起见,政府用人行政,不宜因党派关系而有所歧视;(三)从速完成地方自治,实行宪政,纳政党政治于民主法治之常规。

韬奋对这两个提案是积极支持的。救国会的参政员对上述关于宪政的 7 个提案,都是支持并联署的。

对王造时提案中所说的集中人才,避免摩擦问题,韬奋就以王造时的遭遇为例,介绍了一个生动的故事。

此事发生在 1939 年 2 月上旬,中山大学许校长钦仰王造时博士的博学,以很大的诚意请王担任该校的法学院院长,王博士慨然答应了,但是因为他"不是本党的同志",被党中主持教育的某要人所反对,以入党为"给予"法学院院长的"代价",王博士不愿做这笔"买卖",同时(即 1939

年 1 月 21 日,国民党五届五中全会制订了"溶共"、"反共"、"限共"的方针,通过了《中国国民党中央防制异党活动办法》之后）中山大学和某地街上,忽然发现法学院"全体同学"名义拒绝王博士长法学院的标语和传单,反对的主要理由是王造时"不是本党的同志",法学院的同学看到这份传单和标语,大家非常诧异,于是于 2 月 13 日他们便开了第一次全体学生大会,大会决议郑重否认以法学院"全体同学"名义发出反对王造时的标语和传单,并决议以全体同学名义电请王博士从速来院,同时请许校长彻查冒名分子。王造时得电后,写了婉言谢绝,"另聘贤明"的辞职书。

王造时当时是位才学出众的博士,在救国会的活动中,他的确展示了能写善辩的才华,得到过韬奋的好评。这样的人才,竟因为"不是本党同志"的"缺点",就被排斥于大学之外! 这种待遇难道只是王博士一人吗? 作为"来宾"的参政员们,心里都是清楚的。

由此,引起了"来宾"参政员的共鸣,在大会上左舜生、李璜等向教育部长提问,说中小学教员只是被迫加入国民党,否则即被解职,这样是否其他党员(如青年党)即不准许在教育界服务? 陈只说欢迎入党,否认强迫。而实际上各在野党的亲历经验,确实是被强迫。

关于宪政提案有一场激烈的舌战。

这次大会上,有关宪政的提案共有 7 个,都被联署超过规定人数,即为大会的成立提案,这 7 个提案除国民党"陪客"提出一个外,其余 6 个均为在野党派提出。原设 5 个审查委员会,分别审查所有提案,宪政 7 个提案,都归第三审查委员会审查,各参政员可自选参加各审查会。这样,大批"陪客"向"来宾"最多的第三审查会转移,使小会变成了大会。也就是执政的国民党参政员和在野的各党派的参政员,面对面地发表对 7 个提案的意见。

这个"扩大会议"是在重庆大学大礼堂举行的,晚饭后会议由黄炎培主持。国民党出马"参战"的有李中襄、许孝炎、陶百川、刘百闵;共产党"参战"的有陈绍禹、董必武、林祖涵;青年党出马的有曾琦、左舜生、李璜;国社党出马的有罗隆基、徐傅霖;第三党临阵的有章伯钧。此外,救国会派、职教派、村治派、教授派、东北派等等都有大将"参战"。会议一开始,"你起我立,火并似的舌战,没有一分一秒的停止,一直到深夜三点钟模样,那热烈的情况虽不敢说是绝后,恐怕总可以算是空前的。"这样"交战

数十合"之多。

本来都是宪政提案，目标既然相同，大家意见应该是相差不远的。但是辩论的结果表明，针锋相对，异常尖锐。焦点问题是关于抗日各党派的合法保障问题。"来宾"们一致认为很有必要，而"陪客"们却一致大发挥其"不必要论"，因为他们是国民党成员，已经得到充分的保障，所以感觉到"不必要"。但是事实上中国并不止一个国民党，还有其他各党各派没有保障。韬奋说："我看到济济一堂有着各党各派的许多领袖们，同时想到许多为着'防制异党活动办法'而被关在牢狱里或集中营里受罪的无辜青年，悲痛已极。我不禁立起痛陈一番。我说：我有一个诚恳的要求，要求今夜在这里相聚讨论的各党派的领袖们，勿忘正在此时有着无数的无辜青年正在牢狱里在集中营里宛转呻吟哀号着啊！"

韬奋感到这一时机不能放过，理直气壮地质问："我今夜张眼四望，明明看见在座的确有各党派的许多领袖，被允许开口共产党，闭口青年党，似乎是允许党派公开存在似的，但同时何以又有许多青年仅仅因党派嫌疑，甚至仅仅因被人陷害，随便被戴上一顶不相干的帽子，就身陷囹圄，呼吁无门。敢问这究竟是怎么一回事？承认有党派就老实承认有党派，要消灭一切党派就明说要消灭一切党派，否则尽这样扭扭捏捏，真是误尽苍生！"（《韬奋文集》，生活·读书·新知三联书店1978年1月版，第3卷，第238、239页）

这番话，动情析理，感人肺腑，"陪客"惊呆，"来宾"折服。立即引起陶行知的共鸣，列举许多事实，以证明韬奋的正确。罗隆基和李璜激昂慷慨的发言，徐傅霖高呼"一党专政不取消，一切都是空谈！"致使辩论达到高潮。真是唇枪舌剑，各显身手，好像刀光闪烁，电掣雷鸣。"陪客"见辩势不妙，以人多票广为最后武器，大喊"付表决！"此时李璜突兀放炮："表决是你们的事，毫不相干，敝党要找贵党领袖说话！"于是不敢付表决。时已深夜3点，主席宣布，这场舌战方告结束。至于结果呢？那还待文字上如何颁布。

"舌战"之后，韬奋更加清醒：一党专政之势未减，摩擦消息却日益增多，从军事摩擦、党派摩擦到文化摩擦，都跟宪政意识薄弱有关。因此，宪政实现，不能停留在口头上，也不能只限于会议室里。他认为，如果希望宪政的实施能获得真正的成功，绝对不能坐待其宪法自然的到来，而要推动宪政运动,推动最大多数民众参加宪政运动。参政会大会限期闭幕,而宪政运动不能就此结束。韬奋和救国会其他参政员以及热心于宪政的其他人士,联合各党派的参政员,在推动着宪政运动的实际发展。

参政会第四次大会关于实现宪政问题,只留两个组织继续工作:一是由蒋介石指定 19 名(后增 25 名)参政员组成宪政促成会,其主要任务是讨论并修订 1936 年 5 月 5 日制定的《中华民国宪法草案》(即"五五宪草");二是由 25 名参政员共同发起召集宪政座谈会。

宪政座谈会,第一次会于 10 月 1 日在重庆银行公会礼堂召开,由沈钧儒主持。到会各界代表把会场挤得水泄不通,讨论得非常激烈。经与会者要求,发起成立宪政促进会,并公推 85 名代表为筹备员,其中包括国民党、共产党、救国会、青年党、国社党等党派,在这些人的推动下,重庆有妇女团体发起的妇女宪政座谈会,青年团体发起的青年宪政座谈会等等,很快地使宪政运动蓬蓬勃勃地发展起来,接着成都、桂林、延安等地也应时发动起来。但是国民党当局却不仅不配合、不支持,而且相反,在他们的党报党刊上大造舆论,说什么提倡宪政意在反对政府,夺取政权。理由是政府不做的事才用得着人民来促进,政府已经答应要做的事情,便无须人民来促进,否则便是反对政府。他们还派人捣乱会场。在第五次座谈会上有大批人轮流发言,破口大骂还未成立的宪政促进会,提出当场表决取消这一组织,并声称表决之后立即登报声明否认组织宪政促进会其事,结果遭到了与会其他人坚决抵制,方告结束。倘若说这是下边的人在搞鬼,而上层人物又怎样呢?有一次,邹韬奋被中央大学请去讲宪政运动,可是该校却又邀请了中宣部副部长潘公展在宪政演讲会上发表演说。潘在会上大肆反对宪政运动,宣扬国民党的一党专政,主张"消灭异党",特别诬蔑苏联的民主。接着讲演的邹韬奋则与此相反,大讲各党派团结抗日的道理。他说:"我是国民参政员,不是国民党党员,也不是共产党党员,在国民参政会开会的时候,我在会场中向前望望,看见国民党参政员;向左望望,看见中共参政员;向右望望,看见青年党参政员;向后望望,看见国社党参政员。他们都是由国民党所领导的国民政府延聘而来的,可见团结抗日各党派共同努力抗战建国大业,是政府已宣布的国策",可见这得到全国爱国同胞的竭诚拥护,而潘说要想"消灭异党",岂不同国策背道而驰,阻碍或减少国策所能发挥的伟大力量。"我们如就实际问题的角度看

去,是非所在,更为明显。团结抗战建国,各党派没有话说,如国民党必欲置自己所宣布的国策于不顾而要'消灭异党',那么即就国共两党而论,都有武器,势非引起内战不可,此外有没有办法?"韬奋进一步问:"大敌当前,不团结御侮而反自相残杀,只等于破坏抗战,陷国家民族于危亡之境,此外没有什么可得。全场又默然,我说全场又默然,可见大家都默认这话是对的。"(《韬奋文集》,生活·读书·新知三联书店 1978 年 1 月版,第 3 卷,第 365、366 页)后来叶楚伧对人说:"研究宪政是可以的,最好由少数学者在房间里研究研究,不要发表文章,来什么运动!"(《韬奋文集》,生活·读书·新知三联书店 1978 年 1 月版,第 3 卷,第 363 页)

对"五五宪草"的内容,大批专家进行了认真的研究,特别是救国会的知名学者们,1940 年初,由沈钧儒主持,邹韬奋、沙千里、张友渔、韩幽桐、张申府、钱俊瑞、柳湜等,先后开了七八次讨论会,最后讨论的结果,由邹韬奋、沙千里、张友渔等分别写出初稿,然后经过讨论修正定稿,题名为《我们对"五五宪草"的意见》。

本来"五五宪草"是独裁专政下的产物,在救国会的政纲中就曾批评过这一"宪草","七君子"在苏州狱中被提审时还涉及到这个问题。上述专家对"宪草"是素有研究的。因此,《我们对"五五宪草"的意见》是集体智慧的结晶,也是本精辟的专著。它最主要的有两条:

一是"宪草"中关于人民自由权利的条文中都规定"非依法律不得限制"的问题,这个规定是限制政府不得在法律以外,任意侵犯人民的民主自由,"但同时也就是允许立法机关以法律限制人民自由权利。假定立法机关制定一治安警察法,则人民的集会结社的自由权利,便要受到侵犯;假使立法机关制定一新闻报纸法,则人民的言论、出版的自由权利,便要受限制。这样一来,宪法上所定的人民自由权利,还不是具文?"因此,《意见》要求全部删去"非依法律"的字样,而另作适当的具体规定。

二是要求扩大国民大会的职权,缩小"宪草"中规定的总统的权利;提出在扩大和提高国民大会的职权后,总统必须依据全体国民大会的主旨来执行政务,这样才不致造成独裁专制的局面。《意见》指出:"我们虽然赞成总统的权利可以集中,却不能同意他的权利凌驾五权,高于一切。因此'宪草'赋以发布紧急命令权一项,我们主张应该取消"。因为它"潜伏着一个危机,总统可以随便发布紧急命令以破坏宪法,蹂躏法律。"《意见》

还要求将总统的任期由 6 年改为 4 年,以避免"总统觊觎政权的野心。"这些意见,除由宪政促成会转达大会有关部门作为参考材料外,还由生活书店印成书籍出版发行。

生活书店之所以出版发行此书,是韬奋认为国民党是不会真正实行宪政的,虽然兴师动众,都是为了装潢门面,骨子里则是另外一套,《意见》的命运,必然被他们束之高阁。与其如此,不如呈送到广大读者面前,作为一种精神食粮,对作者也是一种安慰。

关于宪政问题,1940 年 4 月 1 日举行的国民参政会的第五次会议上,仍是议题之一。邹韬奋的提案是"严禁违法拘捕迅速实行提审法以保障人民言论自由案",是以他在国民党掀起的第一次反共高潮中,以耳闻目睹的突出实例为依据的。

韬奋参加了历届参政会,也认真提出了不少提案,投入多少精力去找联署者,动员、解释、说服、辩论,好不容易争取大会通过,可是通过又怎么样呢?比如他为"请撤销图书杂志原稿审查办法,以充分反映舆论及保障出版自由案",以 74 人联署,大会通过,这是参政会历史上少有的联署,因每次参政会实到人数不过一百二三十人。这个提案虽然通过时间长达两年之久,但图书杂志原稿审查照旧送到审查机关,没有什么变化。不管什么提案,只要"和实际比较比较,便可以断言要研究中国的政治,光看白纸上的黑字是不够的。要改善中国政治,光从条文上做工夫更是绝对不够的。"(《国民参政会纪实续编》,重庆出版社 1987 年版,第 420 页)这是韬奋的痛苦经验,也是他分析现实的结果,是他"傻干"付出劳动的教训。一句话,现实的课堂,使他在思想上政治上都成熟起来了。

三、话说"笔杆暴动"与"青年惨剧"

在宪政运动中,救国会的成员们起了很大的推动作用。《全民抗战》发表了不少文章,生活书店还出版了韬奋翻译的《苏联的民主》和宪政运动的有关书籍、资料等。于是,救国会在广大群众中,获得了支持和拥护,特别是沈钧儒和邹韬奋,走到哪里都受到群众的热烈欢迎,要求他们讲话和接待。这本来是件正常的事,爱国志士得到人民的喜爱,说明人民的希望和要求,要求抗战,要求团结,也要求进步,希望我们国家这样,各党各

派和每个中华儿女都这样。

可是国民党蒋介石却不这样看,他把救国会看做同共产党一样要被"消灭"的"异党",对"七君子"一个一个的盯梢监视着。据沙千里讲,李公朴从重庆到延安,曾三次会见毛泽东,彼此亲切友好地交谈。1939年6月他到晋察冀根据地,给《全民抗战》写过敌后通讯,反映过军民抗日的实际情况,以事实验斥了国民党诬蔑八路军"游而不击"的谎言。"国民党对李公朴在华北敌后的活动十分仇视,蒋介石曾密电鹿钟麟对抗战建国教育团予以查禁,密电朱怀冰'如捉到李公朴等,立即就地枪决'。在八路军保护下,国民党顽固派的阴谋没有得逞。"(《国民参政会纪实续编》,重庆出版社1987年版,第482页)

每当国民党顽固派对抗战放风妥协投降的时候,总要以谎言作攻势,制造事端。所谓"笔杆暴动"就是何应钦编导的一出拙劣的以迫害为内容的"摩擦"剧。被迫害的对象就是救国会的沈钧儒、邹韬奋和沙千里。

故事情节是这样的。

1940年5月初旬,总参谋长兼军政部部长何应钦,在国防最高会议中报告说,据"情报":沙千里在沙坪坝学校区,邹韬奋、沈钧儒在城里,将于"七七"在重庆领导暴动,如不成改在"双十节"再暴动!当场就有二三位比较明白的国民党要人起来纠正,说这几个人绝对不会干这样的事情,必然是有人故意挑拨离间,企图破坏抗战分子的精诚团结。但当场也有陈果夫起来认为这事有可能!

韬奋说:"我们听到这个消息之后,诧为奇闻,最初一笑置之,认为无辩明的价值,但是后来听说各军警机关及下级党部都得到关于此事的密令,嘱严密防范。我和沈、沙二先生觉得此事显然是有组织的'谣言攻势',便三人同往军事委员会访问何应钦氏,详询这件事的原委。"何氏承认确有此报告,是根据政治部干训团的两个自首学生的报告,两个自首者之一,曾经看过韬奋,他说韬奋有一个管理军械的重要任务,并已将军械布置好,要用时就来领取。他们3人听了何讲的这段奇闻,都感到太有趣了!韬奋问何氏那两个自首的学生现在在哪里,可否叫出来对质,何氏说党部方面为安全计,已把他们好好地藏在别处去了。"我们说陪都军警森严,特务密布,军械不是小东西,究竟有无,不难查明,而且我们平日拥护抗战国策的言行,光明磊落,一切公开,暴动是否我们干的事情,显然易见,何总长竟然相信此种无稽谣言,报告于国防最高会议,实属不可思议!何氏很客气地说:'我相信诸位先生绝不会干这样的事情,这个报告恐怕是汉奸有意挑拨,企图使政府把诸位先生一抓,便可在后方引起很大的骚乱,我是不相信这个情报的,请诸位先生不必介意。'他这样表示,我们也没有话说,以为这件事可以告一段落了。"

本来事情就很简单,造谣和信谣本系一家,就在国防最高会议上,明白人已经说明白,而搅混者继续坚持,说"有可能"的陈果夫和邹韬奋同住一院,同出入一个大门,韬奋的家,不过简陋一斗室,加上平时就有二三个特务监视,他有没有军械储存,一眼即明,连三岁孩子都可辨清。真是应了当时重庆流行的一句话:栽诬容易洗清难!

事情是不是何总长所说的那样呢? 不,摩擦剧还没有收场。

根据"情报"发出的"密令",仍然继续地发出,看到"密令"的朋友,又把信息原本反馈给邹、沈、沙 3 人。到了"七七"前一天,韬奋白天专心致志写作了一天,他说是多造了些"纸弹",他感到疲惫不堪,忘记了第二天就是"领导暴动"的重要日期,晚 8 点就鼾睡,一直睡到天亮,刚起床,"我的妻就现着十分诧异的神气,说前一夜里及当天早晨,我们的门口,沿马路的右边(竹篱隔开),以及后门,都有好几位持枪实弹的武装同志防守着,不知道为的什么事情? 我初听的时候也摸不着头脑……"后来才恍然大悟,那些武装人员大概是来保护"军械"的! 经他一说穿此事,他的妻子不免大笑,他们的很多朋友谈起来,也都禁不住大笑。"七七"过后不久,即到"双十节",又有朋友纷纷来说,各军警机关及各级党支部又接到"密令",仍然督促下边要格外小心防范!

为此韬奋等 3 人写信质问何应钦:为什么仍然发生这样的怪剧,何氏回信说,查无其事。国民党当局,对沈钧儒、邹韬奋、沙千里 3 位参政员的迫害冤案,从上层国防最高会议到各级军警机关和党部,可以说上下结合闹得满城风雨,深恐无人不知,结果还是"查无其事",真是从谎言起到谎言终。又一次使韬奋深深感受到:国民党"当面郑重声明是一件事,暗中的'密令'又是一件事,国民党政治奥妙就在于此。"(《韬奋文集》,生活·读书·新知三联书店 1978 年 1 月版,第 3 卷,第 261、262、263 页)

说了未了,"笔杆暴动"虽告一段落,而由"笔杆暴动"引发的"青年惨剧",却远远未了。

在四川綦江有政治部干训团,学生 1000 余人,忽有青年被诬,说他们也将由邹韬奋和沙千里"笔杆暴动"所"领导"。这种干训团,多为特务所把持,按法西斯一套来管理,决非一般训练班所要求。对被诬青年,即由该团加以拘捕,由该团教官加以刑讯,拷打成供,由一二人株连到数十人,由数十人株连到一二百人,加以"暴动"的罪名还不够,又用刑讯(吊起酷打)逼出一二人承认是"汉奸",这一二人又株连至数十人,乃至株连至一二百人,于是总数达四五百人之多!结果打死了十几人,重伤了数十人。后来不知怎样闹开了,特由国民党中央提审,因人数过多,分由三个机关审问:一是宪兵第三团,二是调查统计局(中统特务机关),三是军政部的军法处。

军法处的军法官,在审讯中发现,同一案件,口供太不一致,产生疑点。但在审讯时,干训团派有教官旁听,被诬者不敢说明,审至夜深,旁听教官先退睡觉,经军法官再三询问,被审青年泪如雨下,呜咽着:"我们在綦江受审时,实在忍受不住酷刑,所以编造出这样的口供,以免暂时的痛苦。"

在这些被诬的青年中,举两人的口供为例。

一是在綦江受刑时,说他用无线电收音机与外面通消息,教官听这话一再迫使他拿出证据来,他因受刑太酷,又只得自己找证据,便偷到勤务兵的一个表,把外壳取下丢掉,把内部齿轮等物取下,作为无线电收音机的零件,这样就定了他的罪状!军法官听了这种情形之后,就问表壳丢在什么地方,他说丢在綦江干训团的粪坑里。军法官为证实起见,第二日派妥实人员去该粪坑查找,果然在粪坑内找到了表壳,这个无辜青年的冤案才得到了申雪。

还有一个被判定为"汉奸"的青年,唯一的根据是他写给他的姑母请求汇款接济的一封信(大概未发被检的)。他受刑难堪,就说信内所称姑母是日本人的代名词,这样就定了他的罪状!军法官问他究竟有没有姑母,现在何处?他说确有姑母,仍在湖南某处。军法官特照地址打电报叫他姑母赶来,结果真有一个姑母,并非日本人!这个青年的冤案也得到了申雪。

这个冤案一部分经军法处这样平反之后,死的酌给恤金,伤者送医院治疗,而在调查统计局的十几人如何处理不得而知。冤案元凶,如何惩办? 也不知何应钦如何处理。轰动陪都半年之久的冤案,就这样不了了之了。靠诬害升官者,仍厚着脸皮说,那是下边的"误会"!

牵动邹韬奋心怀的是,惨死者不得复生,重伤者不免残废,自己和沈老、千里所遭受到的诬蔑乃至迫害,虽然尚能幸存人间进行斗争,但是当他知道"青年惨案"真情时,竟然有那么多的无辜青年遭受到那样惨的无妄之灾,上诉无门,求生无路,如此景象,如此悲愤,何谈宪政,何论是非?叹今日之黑暗,步德意之后尘,呜呼! 只有念念于孙夫人所领导之人权保障运动,以慰蓄积之不平。

四、"皖南事变"前后

每当时局的发展,令人困惑的时候,邹韬奋就很想听听周恩来的看法,从而感到启发和振奋。有机会见面,韬奋即提问,倘若不能及时见面,韬奋就重温有关的讲话,他记得1939年秋,周恩来对局势的发展,曾预言过:不论好转还是坏转,其前途总是复杂的,曲折的,而且还有新的变化可能。这就是说,一切变化都在潜伏中发展,而存在着突变的投降危险。这是目前时局之不平衡发展中的一个主要特点。韬奋铭记这一深刻的分析,根据自己的经历和磨难,有了进一步的体会。

1940年10月19日,何应钦、白崇禧以国民党政府军事委员会正副参谋总长的名义,向朱德、彭德怀、叶挺发出"皓电",命令坚持敌后的八路军、新四军限期撤至黄河以北。这就开始了抗战期间的第二次反共高潮。

10月24日,周恩来致电中共中央、毛泽东说,目前国内的政治形势和军事动态,已证明国民党顽固派发动的反共高潮在着着上升,何、白19日电表明了他们的决心。中间势力一部分已在畏缩,一部分已参加反苏反共。如果国际形势更有利于英美派,局部剿共会进入全面反共,形势将会日益恶化。次日,毛泽东电复周恩来说,国民党现在发动反共新高潮的目的,一方面在为参加英美同盟肃清道路,好把民族资产阶级、上层小资产阶级拉过去;另一方面有向日本示意的作用,以求交换日本对他的让步。我们要准备对付黑暗的局面,而任何黑暗局面都是不怕的。

10月31日,周恩来、秦邦宪与沈钧儒、邹韬奋、章伯钧、左舜生、张申府等民主党派人士讨论当前形势,并听取他们对国内团结的意见。通过

这种讨论,通告国民党的所作所为和共产党的严正立场。

韬奋了解了真情,联系了生活书店一系列的遭遇和他的亲身感受。自从 1940 年 6 月底蒋介石看到韬奋给他的信,叫叶楚伧向有关部门转达几句话之后,看来有所收敛,表面上没有继续张狂,生活书店没有继续封店捕人,是不是停止继续摧残了呢? 事实上由封店捕人改变为文化封锁! 请看下列种种妙法:

第一,查禁已经审查过的书籍。仅举几例,《新生代》,经广西图书杂志审查委员会审查通过,并有桂审字第 14 号审查证,中央审查委员会却命令查禁。《鹰和它的奴隶们》、《苏联作家七人集》,都经重庆市图书杂志审查会审查通过,前有渝图字第 678 号审查证,后有渝图字第 959 号审查证,但先后都遭中央审查会查禁。又如已经内政部审查通过准予注册发行的书籍多种,《中国不亡论》(警字第 9738 号)、《给初学写作者的一封信》(警字第 9842 号)、《抗战歌曲第一集》(警字第 9871 号)、《中国外交史》(警字第 9972 号)、《救亡手册》(警字第 9803 号)等等,都被查禁。

一经查禁,不被没收就被扣留,每本书就是几千册,损失严重,无人过问。上级否定下级,甲地否定乙地,都是审查统一标准,就看由谁掌握,使守法的出版者、发行者无所适从。

第二,随意扣留邮包。由各地驻邮局的检查员、三青团、宪兵团等等,随意扣留生活书店的挂号邮包(内系邮寄审查通过的书刊)。除邮局外,通过航空、陆运(火车、汽车)和水运(轮船)的书刊,也随意加以扣留。真是海陆空渠道加上政出多门,什么官方机关都可在老百姓头上拉屎拉尿。向谁交涉,谁都一推了之。向中央图书杂志审查委员会要求纠正,答复你个"等候查明办理",便一了百了,永远不"查",永远不"明"。

第三,密令禁读。国民党中央党部密令各地机关和学校,禁止阅读生活书店所出书刊。这种密令发到下边,党部和学校都加翻印,由广大读者承受禁读之祸,有些读者又把密令抄寄生活书店。教育部的一份密令说,《全民抗战》是宣传共产主义的刊物! 韬奋说:"其实《全民抗战》每期都是经过了重庆市图书杂志审查委员会审查通过的,领有审查证清清楚楚地印在刊物上,图书杂志审查会是在国民党中央党部领导下的,教育部不是在打中央党部的嘴巴吗? 其实你在《全民抗战》中找不到'共产主义'这四个字,哪里宣传过什么共产主义? 该刊广布海内外的读者可作证人。

但是党老爷写在'密令'上,以为我们看不见,所以尽可昧着良心含血喷人。"(《韬奋文集》,生活·读书·新知三联书店1978年1月版,第3卷,第309页)三青团已经布满学校了,党部成员和宪兵都成了读者的监视者。一位作家在成都车站,由于看一份《全民抗战》,即被宪兵干涉!可见文化封锁已不止学校机关,真是天上地下,封得滴水不漏,查得人人不放。

对生活书店和邹韬奋,在蒋介石国民党那里,被看做同共产党一样,非消灭不可!封店捕人,文化封锁,由店内到店外,表面形式不同,而骨子实质一样,目的是要消灭你!

蒋介石掀起的这次反共高潮,引起了各民主党派的议论,因为他关系抗战团结的大局。邹韬奋和沈钧儒以及其他著名人士,都在关注着这位中心人物,也都想从了解情况最多,道理讲得最服人的周恩来那里听到对此公正的评价。

周恩来对蒋介石的评价,这样说过:

"蒋的思想基本上是反共的,不承认统一战线,实际政策也在那里限共防共,破坏统一战线,存在着妥协投降的危险;但目前的方针及形式上还讲团结,还主抗战,还不愿造成全国破裂的局面,这是蒋之思想与政策的最矛盾处,也就是他的政治特点。"

周恩来还指出蒋介石的另一特点:就是"承认现实,只要现实对他有利,也能影响他改变一些办法,但阶级的根本思想是不会变的。幻想蒋放弃其阶级立场,特别是对敌妥协性、对英美依赖性、对内反共性,是绝对不可能的。可能的只是使抗战延长,国内情形相当好转,以便于各方面的进步而已。"但就是这样,"基本的矛盾依然存在,仍然会随着进步而发展,常常妨害着进步,有时更会发生新的危险。"(《周恩来传》,人民出版社·中央文献出版社1993年1月版,第453、454页)

1940年9月27日,德、意、日在柏林签订协定,正式结成三国同盟。同时,英、美也签订协定。在这种国际关系复杂形势下,日本、英美和苏联三方都在争取蒋,蒋的气焰也随之高升,他在国内,让其夫人及英美派拉英美,让朱家骅、桂永清拉德,让亲日派谈和,让孙科、冯玉祥亲苏,又命何应钦、白崇禧反共。两大集团几个方面他都应付,以坐收其利。形势和部署,都加快了蒋介石反共的步骤。

周恩来处理问题之公正,待人之诚恳,这是各民主党派人士和国民党

中的开明人士公认的,对蒋介石的分析,深入透底,无不令人由衷赞许。因此,维护精诚团结,一致抗日的国民参政员,对国共摩擦焦虑,寄希望于周恩来身上,从与他的倾心交谈中,总能得到不少宽慰,越是危机,越愿听到他的忠告。

进入 11 月和 12 月,国民党蒋介石对八路军和新四军的逼迫,日益猖狂起来,国共两党之间的接触和谈判增多起来:

11 月 1 日,周恩来致电中共中央:"破裂的危险已到","反共的局部战争开始"。同日,周恩来又致电毛泽东:"反共高潮中的各方意见:大家一致望我们拿出办法来,并望我们让步,以缓和破裂。"他还转达了冯玉祥的建议:"要软硬两用,表面让步,实际自干。"2 日,毛泽东致电周恩来说:"今日会议,讨论你一日来电,仍主表面缓和,实际抵抗。"3 日,中共中央致电周恩来,指示同意南方局意见"作紧迫布置",博古、凯丰即回。同日,毛泽东致电周恩来:"蒋介石目前还处在三角交叉点上:投降还在讨价还价;依靠英美取胜,近一二年内不大可能;一心要剿灭共产党,又怕内乱,更怕共产党和苏联。""我们的政策是:一方面极力争取好转,避免内战;一方面准备应付投降,应付内战,而把重点放在后一方面。立即准备对付黑暗局面,这是全党的中心任务。""现在是一个历史转变时机,是一个中国革命带突变性的时机,故须紧张的应付之。"(《南方局党史资料·大事记》,重庆出版社 1986 年 5 月版,第 119 页)

11 月 7 日,中共中央发出《关于反对投降挽救时局的指示》:"我国目前严重存在着投降分裂的危险。要求全党动员起来,联合一切积极分子,利用一切可能的方法,向政府当局、向国民党、向军队、向各党各派各界诚恳积极地说明:剿共就会亡国,投降必使中国四分五裂,必使抗日军瓦解,必使中国人民陷入牛马奴隶的境地。我们共产党愿与各党各派各军各界,为挽救民族危亡团结到底,而对亲日派与内战挑拨者决不容忍。"并要国统区内的一切共产党组织,必须"全部的完全的有秩序的隐藏起来,并准备长期埋伏,积蓄力量,以待时机。""不论时局如何黑暗,我党是有一切把握去最后战胜这些黑暗的,全世界与全中国的任何黑暗都是暂时的,只有依靠着自己坚决斗争与坚固团结的革命政党与革命人民,才是最后的胜利者。"(《南方局党史资料·大事记》,重庆出版社 1986 年 5 月版,第120、121 页)

11月17日,周恩来、叶剑英与民主党派的张君劢、梁漱溟、沈钧儒、邹韬奋、左舜生、章伯钧、黄炎培在张申府家集会,交谈国民党制造的摩擦情况。周恩来告诉他们江南的新四军正在北移中。

12月8日,国民党何应钦、白崇禧再次向朱德、彭德怀、叶挺、项英发电,进一步作反共舆论动员。12月9日,蒋介石发出手令,要"凡在长江以南之新四军,全部限本年12月31日开到长江以北地区,明年1月31日止开到黄河以北地区作战……"

12月23日,周恩来与张君劢、梁漱溟、左舜生、章伯钧、黄炎培、邹韬奋、陶行知在良庄沈钧儒家会见美国进步女作家斯特朗,进行广泛的交谈。周恩来以大量的材料,揭露了蒋介石的内战投降阴谋,并预言更大的反共事变将接踵而至。后来,斯特朗将这些材料在美国发表,起了很重要的作用。

12月25日,周恩来与邹韬奋、沈钧儒、张申府、左舜生、张君劢、梁漱溟在章伯钧家,商谈了当前的时局问题。

从上列电报可以清楚地看出,形势发展到极其严峻的时刻,国民党顽固派制造的种种摩擦,已经弄到破裂的边缘;从周恩来所约谈的一系列民主党派人士会议,也可以清楚地看出韬奋倾尽心血关注的焦点,以统一战线为核心的团结抗战问题,已经被国民党顽固派践踏到什么程度。一句话,作为中国人民大众的儿子的邹韬奋,怎么能在国家民族命运危急关头不废寝忘食呢?

据韬奋自己说:"我对于国家民族的血没有冷,是滚烫着的",无论在参政会中,还是会外,抗日各党派和无党派的主持正义的参政员,为调解国共摩擦,"我无次不参加,无次……不竭尽心力,不辞劳瘁,以期有所救济"。"站在国家民族利益的立场,谁不虔诚希望全国团结御侮?但是我一参加调解国共摩擦,国民党的反动派便振振有词,说国民党请我做参政员,我却帮助共产党,他们好像把参政员看做养走狗似的,一旦豢养,便感恩图报,助桀为恶,便当闭着眼睛帮助他们'消灭异党',置国家民族的前途于不顾!他们自己也许这样做惯了!为什么不略为张开眼睛把人看看清楚?说得出这样肮脏的话,听了令人作三日呕!记下来都污了我的笔!"(《韬奋文集》,生活·读书·新知三联书店1978年1月版,第3卷,第374、375页)

正是在这样的时候，与邹韬奋共过患难的杜重远，于1940年12月在新疆被军阀盛世才逮捕了。邹韬奋不顾顽固派的疯狂迫害，挺身而出，以生活书店的名义，为杜重远被捕提出严重抗议。

1941年元旦，韬奋针对国民党的反动统治，在《全民抗战》上，发表了题为《欢迎胜利的一九四一年》的社论，提出6项主张："一、加强团结，坚持抗战；二、实现民主政治，保障言论、出版、集会、结社的自由；三、加强亲苏联美的外交政策；四、实施战时的财政经济政策，平抑物价，安定民生；五、实施抗战建国教育，保障学术讲习的自由；六、保障妇女在政治、经济、社会、教育、职业各方面的平等。"尽管白色恐怖，韬奋还是堂堂正正地提出自己的政治主张，决不做半点畏缩和后退！

1941年1月11日，是《新华日报》创刊3周年纪念日，周恩来、叶剑英和八路军办事处的同志都到会祝贺。会间，周恩来接到中共中央和苏北新四军关于新四军皖南部队奉命北移，途中遭国民党大军包围、袭击的急电。这一紧急消息，就是震惊中外的"皖南事变"！会场上电灯突然熄灭，一会即亮。周恩来激励大家："黑暗是暂时的，光明一定会到来！"他又说："有革命斗争经验的人都懂得怎样在光明和黑暗中奋斗。不但遇着光明不骄傲，主要是遇着黑暗不灰心丧气。只要大家坚持信念，不顾艰难向前奋斗，并且在黑暗中显示英勇卓绝的战斗精神，胜利是会到来的，黑暗是必然被击破的。"（《南方局党史资料·大事记》，重庆出版社1986年5月版，第130页）

"皖南事变"的详情是这样的：1941年1月4日，新四军军部和直属部队9000余人奉命北调。6日行经安徽泾县茂林地区时，突然遭到国民党7个师8万多人的重重包围和袭击。经过7个昼夜的血战，终因弹尽粮绝，除2000人突围外，大部分壮烈牺牲。军长叶挺被扣，项英、袁国平、周子昆等遇难。

周恩来虽于事前就分别向蒋介石、何应钦、白崇禧、顾祝同分别提出抗议，但未奏效。

1月17日，蒋介石以国民政府军事委员会名义，发表命令和谈话：诬陷新四军为"叛军"，宣布取消其番号，军长叶挺"革职"并"交军法审判"。

同日，周恩来对此令提出抗议，并怒斥何应钦说："你们的行为，使亲者痛，仇者快，你们做了日寇想做而做不到的事。你何应钦是中华民族的千古罪人!"当晚,周恩来在红岩嘴召集南方局工作人员会议,向大家讲述了皖南事变的发生和全部过程,并告诉大家应怎样进行斗争。他指出时局发展有两种可能:一是国共合作完全破裂;二是国民党还不敢全面反共,在经过我们的斗争之后,两党继续维持合作抗日的关系。我们应从最坏的可能准备,争取最好的结果。对国统区的应变对策作了全面部署,鼓励大家坚持斗争,并表示他和同志们一道斗争到底。

当周恩来得知国民党当局扣留《新华日报》揭露皖南事变真相的稿件之后,以极其愤慨和沉痛的心情题写了:

《为江南死国难者志哀》:"千古奇冤,江南一叶,同室操戈,相煎何急?!"

将这两幅毛笔题词,刊在被扣稿件的位置上,要赶在重庆各大报纸之前发出。《新华日报》社一面巧妙地避开到社检查的人员,一面组织好发送报纸的队伍。一场极其紧张的斗争开始了,他们于次日凌晨,冲破国民党的封锁,把刊有上述题词的报纸送到广大群众手中,轰动了整个重庆。19日,在周恩来、叶剑英主持下,将顽固派制造的皖南事变的罪恶事实,编印成《新四军皖南部队惨被围歼真相》,向国内外秘密散发,还巧妙地送到民主党派和国民党高级将领手中。邹韬奋及时地看到了《新华日报》和密传的《真相》。1月18日,董必武与沈钧儒、邹韬奋、黄炎培等共进午餐,交换对皖南事变的态度问题。

皖南事变之后的韬奋,对文化摩擦,耳闻目睹得更多了。他写道:国民党当局变本加厉,国共两党的机关报处于明显的对立地位,《新华日报》在极艰苦的环境中努力奋斗,要把事实真相及真正是非表白于世,以求公正;而《中央日报》(国民党中央机关报)和《扫荡报》(军委会政治部机关报),则凭借执政党的便利,运用审查机关及军警宪兵作压迫工具,最莫名其妙的是,警察宪兵在大街上乱打乱捕售卖《新华日报》的无辜小贩,后来觉得在战时首都,国际观瞻所系,究竟不大方便,特妙想天开,雇用小流氓,无缘无故随便打这样的无辜小贩的耳光,小贩受侮反抗,当然引起吵闹,于是宪警出面弹压,把他们一同捉到官里去,不管三七二十一,将所有报纸全部没收! 中国记者沉痛地告诉你真相,而善于探听的外国记者,则就想方设法披露到香港或外国去了。这就引起了外国公正友人和侨胞各团体,电函上千,如雪片飞来! 这使当局不得不稍稍有所顾忌,才能使事

态不致再扩大,侨胞对于祖国的关怀和急难时的贡献,实在值得我们钦敬。

国民党中宣部下令让各报刊对皖南事变表态,除他们的党报破口大骂,给对方扣上"汉奸"帽子之外,中间层的好几家日报,十分为难,在那种环境下,说实话不准,说谎话不忍,只好在社论中一字不提。国民党中宣部负责人着了慌,对各报的主笔分别劝导,这篇文章应该这样做,应该那样说,有的回去胡扯一篇,敷衍应差,第二天又被请去,说同原指示不符,重来!有的主笔倔强,老实置之不理,结果受到严重警告。有的主笔被催得没有办法,情急生智,特来一篇不痛不痒的短评,登在报末,被指示者叫去大骂一顿,说再不识抬举,那就只有请关门大吉!黄炎培很费苦心,写了一篇顾全大局又给国民党十足面子的大作,可是文中必说的几句公道话也被检查员删得一干二净。看到的是风雨飘摇,听到的是唉声叹气。

邹韬奋在这种气氛中,又怎样呢?

他说:我对于皖南事变并不否认表面上含有军令政令的因素,因为新四军是归军委会指挥,在国民政府抗战国策下作战,由军委会发出的命令是军令,由国民政府发出的命令是政令,这是常识,"但是在实质上我们却不能否认其为党派斗争的问题,因为在事实上新四军是中共领导的,军委会及国民政府也在事实上是由执政的国民党一党所主持的。我们要解决问题,必须面对事实,不能以军令政令几个表面上的名词抹杀问题的真实内容,而不从根本上加强民主政治,巩固抗日党派的精诚团结与合作。我有一篇文章很婉转地表达我的这种态度,我自信是很持平的,原拟登在《全民抗战》(第156号)周刊上面,但是全文被审查会扣留,在那期周刊上的社论地位留下一个大空白——开个大天窗。"(《韬奋文集》,生活·读书·新知三联书店1978年1月版,第3卷,第380页)

没有几天,《全民抗战》被迫停刊,韬奋在最后一期第157号上写了《言行一致的政治》,这篇社论抨击了当局的黑暗统治:"世间实在不少满口仁义道德,实际男盗女娼的人!这类人公开说的话,有时听来,也好像头头是道,像煞有介事。但是你如仔细观察他在实际上的行动,却和他们所说的恰恰相反","说尽好话,做尽坏事,在这种人自己也洋洋得意,我们旁观者清的人,却不禁为之慨叹不置!"一针见血,那些靠谎报荣升,靠欺骗人民的统治者,岂能忍受!恨而消灭!不是这样吗?请看皖南事变制造者之一的一段自白吧!

韬奋有位信任的江苏老前辈,告诉他,皖南事变发生后,顾祝同曾亲到重庆,召集过一个江苏同乡谈话会,顾氏在会上报告:老实说原定计划是要消灭新四军,后来未能成功,竟被跑到苏北,很对不起云云。显而易见,这并不是所谓军令政令问题,而确是党派问题。韬奋认为,要说根本来源,"不是仅仅来自国共两党的关系问题,也不是仅仅来自抗日各党派的关系问题,而是来自有关国家前途的基本的政治问题——具体说来,就是民主与反民主的斗争。"

五、积极的泪别

1941 年 2 月,国民党顽固派对进步的文化事业,进一步大肆摧残。首当其冲的是生活书店,自 2 月 8 日到 21 日,昆明、成都、桂林、贵阳等 5 个分店,全被查封,只保留重庆 1 个分店了。同样,读书出版社和新知书店的所有分店,除重庆外,也被封闭了。

韬奋心急如焚,食眠俱废。21 日夜晚,他匆匆到了沈钧儒家,推门进屋,神色有点仓皇,手里拿着几份电报,眼眶里含着带怒的泪水,向沈老说:"这是什么景象! 一点不要理由,就这样干完了我的书店! 我无法保障它,还能保障什么! 我决意走了。"(《韬奋的道路》,生活·读书·新知三联书店香港分店 1978 年 1 月版,第 64 页)

一天晚上,邹韬奋与沈粹缜一起去曾家岩 50 号拜访周恩来与邓颖超。周恩来与邹韬奋"走进里间谈话","在那个时候,他们必然要谈到整个时局的问题,生活书店的问题,还有他个人的去向问题。这是邹韬奋和周恩来最后的一次见面。"周恩来也正按中共中央指示,将重庆、桂林大批民主人士和文化界人士,转往香港,以便保护。

适逢国民参政会第二届第一次大会定于 3 月 1 日在重庆召开。本届人数由 200 人增加到 240 人。邹韬奋仍被聘为参政员,昆明的几位教授参政员已到渝报到,大家深为政治"逆流"担忧,开会仅仅粉饰场面,实在没有意思。韬奋说:"我在这几天的心境是苦痛得厉害","眼巴巴地望着硕果仅存的几个生活分店被暴风雨似地摧残着,不但违法背理大封其店,而且违法背理大捕其人! '团结'作何解释? '正义'作何解释? '民意'又

作何解释？……请中央党部予以最后商谈的机会，勿欺凌太甚，勿逼迫太甚。""我那几天真是忍耐又忍耐，万分的忍耐着。我有一二天实在觉得忍耐不住，我想粉饰场面实在是莫大的罪恶！"这是一种强烈的抗议。

2月23日，韬奋得知贵阳生活分店于2月20日深夜封闭，而且全体职工无故被捕。他说："被迫到这样的田地，我伤心惨目想到为抗战文化而艰苦奋斗的青年干部遭受到这样冤抑惨遇而无法援救，任何稍稍有心肝的人，没有还能抑制愤怒的。我愤怒得目瞪口呆，眠食俱废！""我的稳健的妻看到这种情形，她也知道再留不住我，沈老先生看到这种情形，也知道再留不住我了。""我直到23日傍晚才决定辞去国民参政员，不能参加这次的会议。……愿以光明磊落的辞职行动，唤起国人对于政治改革的深刻注意与推进。就这一点说，我的辞职和出走，不是消极而仍是积极的。"

韬奋决定乘商车走，为便于出走起见，2月24日仍到国民参政会报到，领到国府主席及各院院长署名盖章的聘请状，领到一个新制的参政员徽章，并抽签抽了第20号的议席，中央通讯社特派的摄影员还拍了一张半身照片。

韬奋匆匆回到家，已经中午，吃过午饭，又去参加在野党派参政员的会议，商量联名向蒋写信的问题。商定好签了名，当他回到家，已是万家灯火了。忙着收拾行李，接着拟就辞去参政员的电稿，并给各抗日民主党派领袖们的一封信。

邹韬奋的辞职书，全文如下：

"国民参政会主席团并转全体参政员公鉴：

本会上届第一次大会通过公布《抗战建国纲领》，在抗战期间，于不违反三民主义最高原则及法令范围内，对于言论、出版、集会、结社自由，当予以合理之充分保障。此种最低限度之民权，必须在实际上得到合法保障，始有推进政治之可言。韬奋参加工作之生活书店，努力抗战建国文化，现在所出杂志八种及书籍千余种，均经政府机关审查通过，毫无违法行为。乃最近又于二月八日起至二十一日止不及半个月，成都、桂林、贵阳、昆明等处分店，均无故被封或勒令停业。十六年之惨淡经营，五十余处分店，至此已全部被毁。屡向中央及地方有关之党政各机关请求纠正，毫无结果。夫一部分文化事业被违法摧毁之事小,民权毫无保障之事大,国民参政会号称民意机关,决议等于废纸,念及民主政治前途,不胜痛心。韬奋忝列议席,无补时艰,深自愧疚,敬请转呈国民政府辞去国民参政员;嗣后仍当以国民一分子资格,抗战到底。所望民权得到实际保障,民主机关开始有实效,由此巩固团结,发扬民力,改善政治,争取最后胜利,不胜大愿。

邹韬奋 有叩

一九四一年二月二十四日"

信的内容说:"二三年来之实际经验,深觉提议等于废纸,会议徒具形式,精神上时感深刻之痛苦,但以顾全大局,希望有徐图挽救之机会,故未忍遽尔言去耳。"生活书店努力抗战建国文化"十六年之惨淡经营,五十余处分店,至此已全部被毁。""一部分文化事业被违法摧残之事小,民权毫无保障之事大。在此种惨酷压迫之情况下,法治无存,是非不论,韬奋苟犹列身议席,无异自侮。即在会外欲勉守文化岗位,有所努力,亦为事实所不许。故决计远离,暂以尽心于译著,自藏愚拙。临行匆促,未能尽所欲言。"(《韬奋文集》,生活·读书·新知三联书店 1978 年 1 月版,第 3 卷,第 319、320 页)这又是一次辛酸的控诉。

当晚 10 点钟,韬奋往访黄炎培,和他告别,并说明不得不走的理由。回家已经是 1 点了。匆匆略睡一二小时,凌晨 4 点钟动身离家。

2 月 25 日,凌晨到达南岸汽车站,沈钧儒与沈粹缜送行。韬奋化装为重庆某汽车公司的商人,乘坐的是福建省政府的长途汽车,与胡绳同行。韬奋就这样离开了重庆,离开了"这种地狱似的凄惨环境"。(《韬奋文集》,生活·读书·新知三联书店 1978 年 1 月版,第 3 卷,第 317 页)他怎么能不怀念着他的亲人和朋友,又怎么能不苦思焦虑着变幻莫测的时局呢!

第三十五章　出走香港争取民主

　　韬奋告别重庆,出走香港。这是他第四次流亡。虽然他对当局满怀愤慨,但对国家命运的关注,却丝毫没有放松。他在香港复刊了《大众生活》,针对国民党反动派的专制独裁,发动了别开生面的挑战,为政治改革、争取民主,作出了光辉的贡献。在留港9个多月的时间里,他在《华商报》上长篇连载的《抗战以来》和在《大众生活》等报刊上发表的诸多政论文章,成了激励千千万读者积极起来参与斗争的名著,至今都会使人感到鼓舞。

一、闯关历险

　　与韬奋同乘一辆汽车离开重庆的老朋友胡绳,本是很熟的伙伴,但在那种条件下,怕引起别人的注意,只好装作彼此并不相识,因为谁也不知道有没有"尾巴"(当时专跟人身后的特务)盯梢! 在汽车上是不好丢掉"尾巴"的。韬奋的邻座是某省政府参议之类的人物,却同扮作商人的韬奋攀谈起来,先问尊姓大名,又问高就哪里? 韬奋把事前编好的"履历"告诉他,他却追问起该公司的细节来,什么有多少汽车啦,目前汽油的价格啦,韬奋说本人是技术顾问,不管其他事务性问题,把他软顶了回去。

　　有一次,车子在一个站口停住,乘客多半下车,活动活动或散散步。突然有位青年急步抢到韬奋面前喊着说:"你不是韬奋先生吗?"这使韬奋和胡绳都吃了一惊,他连忙回答:"你认错人了,我不是的……"那个青年失望地走去。纵然是误解,韬奋却又闯过一关,只要途中不碰上什么不幸的遭遇,安全抵港,那就是家人和朋友的期盼了。

　　胡绳也是在周恩来的安排下转往香港的。他对韬奋的出走,是这样评价的:"他的出走自然不是消极的逃避,而是作为对于当时的政治逆流的一个积极的抗议,对于他所身受到的种种压迫的一个坚决的控诉,而且是为了到海外去更有力更有效地从事民主运动和进步的文化工作。""他到香港去,确不是容易的事。他在渝所住的衡舍门前经常有两个不相识的人徘徊,那遥远的旅程,对于他,更是荆棘满途,豺狼载道。但他竟毅然决然地孑身走了(我和他同行了一程,不过是由于临时的偶然机会)。"(《韬奋的道路》,生活·读书·新知三联书店香港分店 1978 年 1 月版,第71 页)

离开他的家是一关,到南岸登汽车又是一关,途中的每次盘查,都是更加危险的关卡。在特务、宪警暗访明查的要道和站口,韬奋都能闯过,真要一番勇敢和机智的斗争,才能顺利通过。

胡绳和韬奋在汽车上相伴了 6 天。当他们到达贵阳时,胡绳写道:"我们只在城外的一个旅馆中住了一夜。找了一个僻静的小饭店吃了一餐简单的晚饭后,他一个人守在旅馆里,我到城里转了一圈。这里的生活书店分店和别的几家书店都在闹市中悄悄地紧关着门,门上贴着鲜明的十字封条。这虽然是我们已经知道的事,但我回旅馆后把所看到的各种情形告诉他时,他是何等凝神细听,而愤怒的光芒在他眼镜片的后面闪烁着。——这神情是我至今一闭目时还能看见的。在这 6 天旅程中,有两次,他是满车人中特别受到了严格的盘问的。然而我看到,他完全没有对于自己的安危作过分的忧虑。"(《韬奋的道路》,生活·读书·新知三联书店香港分店 1978 年 1 月版,第71、72 页)

车到衡阳,已是 3 月 3 日,韬奋与胡绳分手。韬奋搭乘湘桂铁路火车,夜间前往桂林。

韬奋一人走进车厢,白天在衡阳买了几份报纸,以解几天来看不到报纸的苦恼。入座之后,翻开报纸,想找一找他离开的关于雾重庆的消息。没有这方面的消息。就是有,审查老爷也不许登出来。他悬想着夫人怎么应付不相识的探问者,也悬念着留渝的同事怎样顶住那些挑衅者!

事实上,2 月 28 日,国民党特务就去韬奋家搜查了,沈粹缜已经几次被盘问了,两个不速之客进来干扰,他们无理地推门而进,眼睛向各处打转,似在寻找什么,而后盯着书桌,想从这里得到点什么。沈粹缜问他们干什么?"我们知道邹韬奋先生已经离开了重庆,是到什么地方去了? 有没有寄信回来?"这两个家伙想逼问出韬奋的去向。沈告诉他们:"这次是

激于气愤出走的，并无一定的目的地，我也不知道他将飘流到什么地方去，离家以后，并没有来信。"他们说："希望邹太太不要走，我们一定要把韬奋先生找回来。因为几日来我们看到邹太太常到寄售商店去卖掉旧的衣物。"沈沉着地说："我现在还没有这样的打算，在韬奋先生出走以后，我们为了生活不得不卖掉一部分旧东西。"

过了两天，那两个不速之客又来光临，沈粹缜起床尚未整装，他们于清早就奉命而到，当沈开门，他们便说："听说韬奋先生到了桂林，住在什么地方，桂林有哪些熟朋友？"沈不耐烦地说："我全然没有接得他的消息，我没有办法回答你的这些问题。"他们这样反复干扰，无非是想追问出韬奋的行踪。以后，他们无论怎样威吓纠缠，总也得不到满意的回答。

此时，韬奋正坐在开往桂林火车上，打开报纸细读。有一个青年从车厢里经过，走过他的座位时，对他疑惑地看了看，这个青年就这样走过去又走回来，韬奋觉得可能遇到了麻烦，万一出了事，连个传递信息的人都没有，于是把报纸尽量遮住面孔，谁知那个青年来回走到第四次，就站定探身近前轻轻地问："你是韬奋先生吧，你不认识我了，我是某某某"，原来这位青年是生活书店的一个职员，这使两人喜出望外，韬奋的险疑心态方才轻松下来。

3月4日，到达桂林，由这位青年照料，韬奋去寻访当地救国会负责人陈此生，陈此生是桂林文化供应社的负责人之一，是胡愈之的执友，于是韬奋就住在陈此生家里隐蔽起来，受到陈此生夫妇的盛情接待。韬奋从陈处得到了生活书店桂林分店被摧残的详情。谈及近来遭受蒋介石迫害的惨案和进步人士，加深了韬奋对蒋介石独裁专政的认识，他气愤地说："我还有嘴，还有笔，我一定要让前方和后方的中国人知道，这是怎样可耻可鄙的一个阴谋！"陈此生当即去找李济深请替韬奋订购飞往香港的飞机票。当时每天都有飞机，机票好买，保人难找。李济深就要他在军委会工作的一个亲戚作保人，这样，韬奋于第二天飞往香港了。

蒋介石知道邹韬奋离渝，立嘱秘书长王世杰用参政会主席团的名义，电告桂林"挽留"。同时通过密电要特务当即将邹韬奋扣留！

听说该电于3月5日下午5时由军委会桂林办公厅主任李济深收到，幸而同日下午2点韬奋于桂林起飞前往香港，如果再迟走，那就到不了香港。这一着未成，把平时监视韬奋的两个特务以"失职"之罪拘押起来。

韬奋后来说:"这却是使我感到非常抱歉的一件事,其实怪不得他们,我在陪都时平日光明磊落,事事公开,既无'暴动'阴谋,又无任何其他秘密行动,他们觉得监无可监,视无可视,所以不免松懈了下来。就是我的出走,也是被逼到最后……事出仓促,我自己也是临时才知道,实在不能怪这几位'特务'……"

韬奋在桂林机场,遇到不少熟人,比如张友渔、韩幽桐,由于"身份"不同,都装作素不相识,彼此相对无言,只好心照不宣了。

3月初,韬奋夫人和3个孩子,乘躲空袭的时机,在生活书店同事的帮助下,秘密离开重庆去桂林,后又经柳州、玉林,从广州湾乘船到了香港,与韬奋团聚。

二、促进民主运动

韬奋一到香港,在金仲华家里落脚,自然会到不少好友,大家也清楚,在国民党顽固派所统治的地区,被排挤得不能留在原岗位上继续工作了,来到香港并不是消极的避难,而是利用自己的口和笔,进行业已熟练的战斗。

韬奋首先约先于他抵达香港的范长江,作了一次心情舒畅的交谈。因为他们有共同的语言,共同的见解,彼此都是献身于新闻记者所从事的事业。长江尊敬韬奋,韬奋喜爱长江,既是同行,又是同志。

长江以中国新闻社创办人的身份,到了香港又与胡愈之的弟弟胡仲持和港绅邓文田等筹备《华商报》。

韬奋问起长江怎么也来香港?

长江说他离开桂林以前,李济深请客时,席间向客人说:"今天我们要痛饮一番,此后恐怕很少这样的机会了!"在这种暗示下,长江意会到桂林不能再住下去了,于是赶紧将桂林的国新社办理结束——重庆的国新社已奉令停止工作,长江便来香港国新社分社。

当长江问韬奋今后的计划时,韬奋表示自己并不适宜在政治方面发展,还是愿做一个新闻记者,站在人民的立场对国事提供一些意见。两年多参加参政会中,原想当国家危急存亡的关头,有效地尽一点力量。现在,事实离开这一希望已越来越远了,抗战军事陷于停滞状态,政治上发

生了种种黑暗倒退的现象,国内团结问题,更呈现了剑拔弩张的形势,情况十分的危急。

他说他的出走,并不是对国事绝望,相反,正是一种积极的表示,用他的行动来唤起国人的注意,以及一部分人的反省。现在的问题是先要求政治的改革,而政治的改革前,先要实行政治民主化,政治民主化了,然后才能用人民的力量推动军事,获得最后的胜利。此后,本着他新闻记者的责任,要竭力从舆论方面为民主政治而呼吁。"当一个人民的喇叭手,吹出人民大众的要求。"目前的重庆不容许他这样做,远离祖国不能够影响国内,所以他预备留在香港,为民主运动而努力。

在长江鼓动下,韬奋答应为《华商报》撰写长篇,把他在重庆参加政治活动所接触的事实做一番检讨,以助民主运动。这就是长篇连载的《抗战以来》。当时,韬奋全家生活费用困难,包括房租、吃饭、子女等,虽然生活书店总管理处已搬迁香港,由于损失过重,韬奋不忍增加其负担。在此状况下,《华商报》友人提出采用预支稿费办法应急(每月400元港币)。

自4月8日,《华商报》创刊起,到6月30日,《抗战以来》登完,约20万字。

韬奋以自己的亲身经历,揭露了国民参政会虚假民主,拒绝实施宪政的内幕,揭穿国民党钳制舆论、摧残进步文化事业的种种卑劣手段,特别是特务横行、侵犯人权、残害青年的暴行,不仅得不到制止,而且日益凶残。总之把国民党的消极抗日、积极反共的妥协投降的阴谋和践踏民主的法西斯原形,暴露于光天化日之下。在国内外引起了强烈反响。当然,国民党更加憎恨韬奋。

同时,韬奋还为《华商报》写了不少政论文章,后来编辑成为《对反民主的抗争》一书。

1941年4月间,大批文化人从重庆、桂林等地纷纷到了香港,报刊也顿时增多起来。除了《华商报》外,参政员梁漱溟也来香港筹办了《光明报》,黄炎培赴马尼拉劝募战时公债,返国途经香港,也筹办了《国讯》旬刊香港版。一些救国会留港会员出了一种丛书叫《救国丛刊》。香港的文化空气盛极一时。

正是这个时候,韬奋想把在上海出刊被查禁的《大众生活》周刊在香港复刊。和几位朋友商量,按香港规定,报刊出版须由港绅经办,方能通过。刚巧，当时香港有位曹某想办一份刊物，其父即为港绅，登记手续已经办妥，正在物色主编，徐伯昕得知后，立即去找曹相商，一说韬奋主编，立刻成功。因曹是原《生活》周刊的读者，对韬奋非常钦佩。他唯恐办刊一事遭到特务破坏，议定两星期后出版复刊号第 1 期，马上付诸行动。

5 月 3 日，组成《大众生活》编委会：韬奋任主编，金仲华、茅盾、乔冠华、夏衍、胡绳、千家驹为编委。第一次编委会在香港湾仔凤凰台生活书店办公室召开，此后每星期六在太子行二楼开会。在第一次编委会上主要讨论了何时出刊的问题。大家分析了香港的政治情况，认为各方人杂，既有蒋家特务，也有汪记特务，他们如果听到韬奋要在香港办刊，必将设法进行破坏。因而，韬奋提出，必须尽快地出版。

5 月 17 日，《大众生活》复刊第 1 期问世。邹韬奋在《复刊词》中写道："现在摆在全国人民面前的紧急问题就是如何使分裂的危机根本消灭，巩固团结统一，建立民主政治，由此使抗战坚持到底，以达到最后胜利。"他还指出：《大众生活》作为一个"为了大众也是属于大众"的刊物，"不愿意讳疾忌医，对于进步的、有利于民族前途的一切设施固极愿尽其鼓吹宣扬之力，但对于退步的、有害于民族前途的现象，我们也不能默而无言。纵使因此受到误会与攻讦，但我们对民族前途的信心与这信心不惜一切牺牲的决心是必能为读者读友们共鉴的。"韬奋在这里，确实表达了《大众生活》的编者、作者和读者共同的心态。立即受到广大读者的热烈欢迎，销数很快达到 10 万份。茅盾的著名小说《腐蚀》也在《大众生活》上连载。只有国民党反动派视之为仇寇。

《大众生活》的其他编委，都兼有其他工作，韬奋的工作更加重了，写社论、审稿件、处理来信等等，极其繁忙。当时他写信给沈钧儒说："每一天要写若干字数的文字，还要开会，忙得不亦乐乎；到了晚上，放下笔杆，倒头便睡，'真如僵尸一般'。"（《韬奋的道路》，生活·读书·新知三联书店香港分店 1978 年 1 月版，第 62 页）他的撰述工作，这样忙碌，几乎每天都要写到深夜一二点钟。同时，还要从事翻译工作。他的夫人屡次劝告他要注意身体，不可疲劳过度，他还是不能搁笔。

《大众生活》出版后，受到香港、澳门、新加坡等地读者欢迎。但由于国民党的封锁，该刊无法到达内地，但仍有"漏网之鱼"进来。获得者即油印分发。不久，被国民党邮局查出，国民党当局惊慌不迭地连忙下令各地

邮局检扣、查禁。

韬奋除主持《大众生活》外,还在《保卫中国大同盟》英文半月刊和救国会同人所办的《救国丛书》上发表论文,宣传抗日救国。胡愈之说:"他写的当然离不开现实,离不开他的遭遇,离不开他们的主张,每逢写文章的时候,他的情感也就跟着笔尖的起落而澎湃,多写一文也就多一次激荡。"(《我的回忆》,江苏人民出版社 1990 年 7 月版,第 331 页)

三、"我们对于国事的态度和主张"

5 月 29 日,韬奋与救国会留港代表茅盾、金仲华、恽逸群、范长江、于毅夫、沈志远、沈兹九、韩幽桐共 9 人,在《大众生活》第 4 期上,郑重地发表了《我们对于国事的态度和主张》,这是一篇重要的宣言,非常明确地向国内外公布了韬奋等人几年来为之奋斗的政治主张,现详摘如下。

"我全民族英勇抗战已近四年,赖前线数百万民族战士及全国同胞的艰苦奋斗,已经奠定了最后胜利的基础。然而敌寇汉奸,民族败类,正出其全力,作最后的挣扎,以图挽救他们溃败的命运。……今天祖国抗战所遭逢的危机,不仅在于日本帝国主义者要集中全力以结束'中国事变',而尤在于国内根本的政治问题始终未曾获得合理的彻底解决。四年来的事实,昭示我们,要争取抗战最后胜利,必须团结和动员全民族的力量,而要团结和动员全民族的力量,主要的条件是实现民主政治。这是全国人民和各抗日党派一致的要求,不幸这一要求显然并未获得积极的反应。由于政治的不进步,民族统一战线只具形式,没有内容,不仅未能逐渐巩固,反而每况愈下,纠纷时起,党派摩擦事件层见叠出。由于政治的不进步,培养反攻的新生力量既受到极大的限制,而在若干抗日部队间,复强分畛域,以致抗战力量,蒙受牵制,甚至互相抵消。由于政治的不进步,战时经济政策无从确立,因而影响到战费的筹措,影响到一般人民大众的生活。……"

"四年来,全国成千成万的文化工作者都抱着这样(有决心,有热情,有诚意)坚定的信念,各就自己的岗位,在前线,在敌后,在大后方,不顾任何艰难,不辞任何牺牲,为祖国的自由与独立而战斗。……然而在这四年来,曾不断发生痛心的现象,至最近而愈烈。他们在工作上受到种种阻碍、嫉视、压迫和摧残,行动失去自由,生命遭遇危险。"有些作出贡献的文化团体,"或被无故解散,或被勒令改组,或奉命停止活动,既不考核功过,也不宣布罪状;服务于各学校机关,各社团的公正人士与优秀青年,一举一动,都受'特务'的监视,根据片面的报告,就有名列'黑单'的危险;拥护团结,坚持抗战,力争进步的书店、报纸、杂志、通讯社及其他文化团体,则封闭的封闭,封锁的封锁,甚至无故拘捕工作人员,囚系经年累月,不经公开审讯。在兰州、西安、洛阳、綦江、曲江等地;则竟有所谓'集中营'和'劳动营',成为伤害青年身心的修罗场,无数纯洁的青年男女,因同情于进步光明,不满于倒退腐化,即被认为大逆不道。新四军事件发生以后,政治上的逆流,更有急转直下之势。即以中外观瞻所系的陪都重庆而言,就有许多无辜而告'失踪'的青年被送入'防空洞'。而且不仅知识青年的自由安全毫无保障,甚至年高望重为中外人士所敬佩的经济学家马寅初先生,也因暴露发国难财者的罪恶,坚持'有钱出钱'的战时经济政策,而被'遣送前方考察经济'。马先生的下落迄今音讯杳然……"

"令人痛心的另一现象,是国内的政治逆流,逐渐向海外侨胞中间扩大其影响。""对于坚持团结抗战,要求实现民主政治的忠贞爱国人士,或称为'异党分子',或竟诬为'汉奸'与'第五纵队',混淆黑白,颠倒是非"。"而对于潜藏在抗战阵营中的汪逆残余,以及佩戴各种面具的主张妥协分子反熟视无睹,……所以不得不大声疾呼,希望唤起舆论,督促政府,共谋匡救。"

"为了克服当前的困难,为了保证抗战胜利,我们提出下列几项原则,作为我们对于改革政治的最低限度的主张。"

"第一,坚持抗战国策,求其更须彻底。"

"第二,团结须更具诚意。"

"第三,民主政治须即实施。"

"第四,确定独立自主的外交原则。"

"第五,严惩贪污,整饬官常。"

"第六,为改善民生,宜迅作有效的处置。"

"第七,解除抗战文化的压迫与封锁。"

"第八,特务工作必须改变方向。"

"第九,应切实保障侨胞回国投资及回国参加抗建工作的安全,保证

侨胞捐款的合理运用"。

"以上诸端,我们认为当务之急,由之则全国团结必能加强,军心民心,必能巩固,抗战必得最后胜利。国事至此,万不能再事因循,深望领导抗战之领袖与政府,以大勇大公之心,毅然决然,当机立断。但使政治进步有望,则我们不但对目前之流离与诽谤,视为无物,即使粉身碎骨,亦甘之如饴,对于阴谋出卖国家、破坏抗战之恶势力,则一息尚存,誓当与之奋斗到底。"

此文已纳入救国会文献,它只能在复刊的《大众生活》刊出,如果在当时的重庆,那就会遭审查老爷的毒手,同读者永远隔绝了。《大众生活》毕竟是广大读者热爱的读物,在香港复刊之后,像重新点燃的火焰,在海内外广大的读者中炽烈地燃烧起来。

6月22日,苏德战争爆发,韬奋认为,这是反法西斯的战争的极好时机,同时可借此反对国民党的若干报纸的反苏滥调和宣扬法西斯的一些言论。他在《华商报》上撰写了《对苏联的态度问题》,文中强调提出:"中苏两大伟大民族是全世界反法西斯侵略的两大支柱,它们的利益是相辅相成而不是相对立的,它们的友好关系和密切的合作是全世界光明前途的源泉。它们反法西斯侵略的战争,能够得到最后的胜利,是全世界的人类解放的两盏明灯,是全世界最优秀的儿女们所渴望的。这是我们所应有的基本认识。"当希特勒的军队逼近莫斯科时,有些人不顾中国人民的焦急,而幸灾乐祸,谣言四起。11月7日,收音机里一传出斯大林在克里姆林宫的声音,韬奋笑了,他满怀信心地说:"我定心了。"

6月30日,韬奋收到了菲律宾怡朗华侨救亡会的来信,该会欢呼《大众生活》的复刊,并代为"鼓吹订阅"。韬奋为华侨的这种热情所鼓舞,于7月26日,在《大众生活》上发表复信《海外侨胞对祖国政治的关心》,他说:"《生活》周刊所发展出来的生活书店的读者更以千百万计","《生活》十余年来所培养的爱国、正义、进步的精神,却不是任何倒退的黑暗势力所能损其毫末,却是要永远发扬光大下去的。"韬奋的"简复",虽话短情长,但却绞尽脑汁,往往花费比写社论还要多的心血。这是他作编辑工作的一个特色,也是他密切联系群众,同广大读者相互交心,相互激励的主要渠道。

7月14日,韬奋为在《华商报》上长篇连载的《抗战以来》成书写序,他说："我的这本书的写出,也意在以光明磊落的公开言论,唤起国人对于政治改革的认识和努力","本书里所谈到的实况及所引起的问题,主要的是集中于说明要加速抗战胜利,政治实有迅速彻底改革的必要……政治改革实为一切改革的枢纽,这个基本问题若能得到合理的解决,其他一切都可迎刃而解。为着中国政治的光明前途,为着中国抗战建国的光明前途,我很诚恳地贡献《抗战以来》这本书。"(《韬奋文集》,生活·读书·新知三联书店1978年1月版,第3卷,第165、166页)这本书由华商报馆出版,书一出就为读者抢购一空,在两个月内,印了3版,销数达1.5万册。在当时的战争环境和交通条件下,实属奇迹。

秋季来临,双十节《光明报》上,刊出了中国"民主政团同盟"的宣言和政纲。这一同盟在重庆成立,包含国共两党以外的各个党派:国家社会党、青年党、第三党、职教派、村治派以及教授派。它们的宣言和政纲不能在重庆公开发表,所以《光明报》刊载还是第一次宣布。韬奋同意该同盟政纲中的巩固团结实行民主,加紧反攻的主张。因此,韬奋以个人资格和他们经常联系,所以除写文章以外,又忙于开会,从事民主运动。

韬奋来港以后的这段时间里,除了参与民主政治活动外,主要的精力和时间,投入编刊物和写文章中,复刊后的《大众生活》共出了30期。这是他主编的诸多刊物中的最后一种,也是他办得最引人关切的刊物。这次终刊是因太平洋战争爆发被迫停刊的。

至于他的写作之勤,文章之多,真是紧张得恨不能分身去承担,有人说他"性急",他自己也承认"性急"的缺点,但与他一起相处、亲自目睹他这段紧张生活的茅盾则说:"我倒觉得韬奋的疾恶如仇、说干就干、充满信心、极端负责的精神,正是我们应当学习的。"(《韬奋的道路》,生活·读书·新知三联书店香港分店1978年1月版,第205页)这种"性急",不是难能可贵的吗?

若从韬奋在这一时期的写作看,他对国民党反动派阻碍中国发展的实际,大大提高了认识,乘在香港之机,针对着蒋政权,放射了千百万群众欢呼之火:团结抗战到底之火;实行民主政治之火;揭穿分裂投降阴谋之火;严惩贪污腐败之火;反对法西斯侵略之火。这5把火把蒋介石和他的亲信们,烧得坐卧不安,烧得有口难言。因为韬奋以犀利的笔锋,揭穿了自抗战以来国民党反动派玩弄的欺骗人民的一切伎俩,还它法西斯的真

实面目,说出了广大人民群众蓄积很久的心里话。这是他抗战时期写作的精华,也是他思想进一步成熟的表现。

正如胡愈之所说,"他总是保持着年轻人的一种生龙活虎般朝气,文如其人。"(《忆韬奋》,学林出版社1985年11月版,第139页)

第三十六章　太平洋战争爆发后的流离

1941 年 12 月 8 日,太平洋战争爆发,日本法西斯侵略者向英美宣战:一方面偷袭珍珠港;一方面沿广九铁路向九龙进攻。突然间香港和九龙便成了战火笼罩下的混乱世界。

韬奋一家,在 1 个多月的时间里,搬迁、躲藏,流离失所,没有一天安静日子。在这种状况下,韬奋不仅编刊不能,写作停止,就是必要的食宿也成了问题。这要算他生平最不安定的一段逃亡生活。

一、在炮火空袭之下

12 月 8 日早晨,先听见飞机的轰炸,韬奋一家人都从睡梦中惊醒,还以为是防空演习,但爆炸的声音太过逼真,又不像是防空演习。他们住九龙的弥敦道尖沙咀口 30 号 4 楼。在没有判明情况下,只好观察附近的动向。于是从窗口看下去,见码头上挤满了人,又有不少卡车装载着印度兵向北行驶而去。在此之前,香港不断地举行防空演习,也有过一道道的紧急疏散命令,但这次不同,没有几分钟,日本飞机已经飞临九龙上空,并向九龙的东北角俯冲下来,轰炸启德机场和深水埗兵营,宋皇台附近的民房也遭轰炸。因而炮声、飞机声和人流的喊叫声,造成一片恐怖气氛。这时,他们知道确实发生了战争。正在紧张无措的时候,与韬奋相距不远的友好范长江匆匆跑来,说日本已向英国宣战,新界以北的敌人已经从广九路向大埔等地进攻。渡船停驶,广九交通中断。

韬奋和长江商量了一番,认为九龙难以持久,为避免危险起见,还是先过海到香港较妥。于是,长江派人去寻找过海船只,韬奋派人通知住在九龙的其他朋友。

这时,中共党的地下组织考虑到韬奋的安全,让他从九龙转移到香

378

港,并派出租车将其全家拉到海边小船渡口。(《忆韬奋》,学林出版社1985年11月版,第366页)

当天下午5点多,国新社朋友通知,说已经雇到过海的船只。韬奋一家人来不及携带衣物,赶到油麻地上一只小木船,船上已经挤满了很多熟人。船趁暮色昏暗中偷渡到香港。先在靠海边的一家小旅馆里住了一夜,第二天就搬到金仲华的家中。

香港这边也和九龙一样,人心惶惶,一片混乱景象。英国情报部的公报发布后,许多商店不再开门,食品价格立即上涨,传闻更加使人紧张,战争灾难似已落在头上。一到晚上,实行灯火管制,全港一片漆黑,给人增加的是更大恐怖。只有汉奸和日本雇佣的法西斯"第五纵队"乘机捣乱,到处抢劫,谁也说不清楚哪里比较安全。

第二天清早,就传来警报,人们更加慌乱,弄得整个上午,相继吼叫,警报、轰炸,解除之后,人们还没有松气,接着又来,一连5次之多,使人喘不过气来。人们每次都是东窜西跑,有的跑半山,有的跑海边,空袭、炸弹,谁也感到自己身边最不安全。兵荒马乱之际,也是小偷流氓趁火打劫之时,后来听说,韬奋离家之时,其家不久即被偷抢一空,韬奋惋惜的是稿件,至于衣物,算不了什么。

九龙战事变化很快,新界以北敌人正沿广九路猛攻大埔,英国当局封锁了港九交通,切断港九之间的联系。日军攻势猛烈,接着占领了青山道一带。香港当局发出警告,说敌人已经攻占了九龙的几个山头,其炮位对准香港的所有目标,要居民小心防备。香港的电车和公共汽车,有些遭到弹击,主要交通,陷于停顿状态。

金仲华家住峡道15号5楼,由于地势很高,可望见隔海九龙景象,已经是对炮相击,民房被炸,除战争恐怖外,也增加了更为紧张的气氛。面对着红天火地,到香港的友人,不能不聚到一块儿议论这种局势之下的对策。

苏德战争和太平洋战争的爆发,使第二次世界大战的规模空前扩大了,不仅被卷进的国家和地区增多了,而且阵营更加明确了。一边是德、意、日法西斯轴心国家;一边是苏、英、美、中为首的反法西斯国家。中国的抗日战争,是反对法西斯战争的一个重要组成部分。全世界人民的反法西斯统一战线也就初步形成了。此后,正如胡绳主编的《中国共产党的七十年》中所说："1942年1月1日,以美、英、苏、中四国为首的参加对德、意、日轴心国作战的26个国家,在华盛顿签署共同进行反法西斯战争的《联合国家共同宣言》,标志着国际反法西斯统一战线的正式形成。这是中国人民争取抗战胜利的有利条件。"日本强盗不仅是中国人民的死对头,而且也成为全世界人民的公敌。这些朋友们虽然当时还不知道《联合国家共同宣言》,但对总的形势,感到欣慰也受到鼓舞;身处在战争残酷折磨之下的人,首先接触到的是生活上难以忍耐的苦痛,韬奋一家和他的朋友们,已经真正体会到了这样的厄运。

11日战局更加不妙,九龙处在朝不保夕的境地,日军可能随时冲过海来。朋友们最为担心的是韬奋,因为他早就是日本的"第五纵队"和汉奸仇视的对象。为了安全,朋友们劝韬奋同眷属暂时分开,先找个地方隐藏起来。韬奋感到在危险关头,要他与家人分开,彼此不能相顾,实在为难。后经朋友相劝,他还是答应下来,并急忙和夫人商量,说明朋友们的好意,还委托一块儿住的朋友照料夫人和孩子。沈粹缜含着眼泪劝他快些躲藏起来:"既然这样,你还是早一点去吧,天色已暗,晚上走路不便。"

他又急急忙忙地走到街上。

当天晚上,他由一位朋友带到半山一所房子里暂住着,这所房子是空空荡荡的两个大房间,什么都没有。孤零零地没有一个陪伴的人。窗外闪着炮火的红光,红光一闪,跟着便是一声山崩地裂的爆炸声,似乎这所房子中弹一样。这一夜比坐牢还苦,好不容易熬过漫长之夜。

第二天早晨,他的夫人终于找了来,带来了食品和报纸。解除了韬奋坐立不安的苦恼。

12日午间,韬奋要去看看茅盾的寓所是否"安全"。茅盾介绍说,如果日本人进了香港,那么,我这寓所一定不能再用,就是日本人还没有进香港而战事日益不利,我这寓所也未必"安全",因为才只打了两三天,日本的间谍和汉奸就已很活跃了。当韬奋了解这一情况时,他就颇为踌躇了。茅盾还是请他暂住在那里再说,他同意了。

当茅盾听说:"这时候他还没有吃中饭,我们就把冷饭炒起来,他一面吃,一面说:'那边连一口开水也弄不到。'"

韬奋说:有关生活琐事,我从不过问,因而一点经验也没有。他看见茅盾望着他微笑点头;他又补充道:"当真没有经验,人家告诉我怎么做我

就怎么做。你看我学得会么?"说着自己笑了,这笑是非常天真的。茅盾也笑了:"包你一学就会。"

韬奋说:"不过,我是粗心的。日常生活的琐屑事务,一向都是粹缜照料我的。"茅盾笑了。忽然韬奋想起了什么似的拍着身上的背心笑了起来。原来他背心口袋里装着钞票,为防掉落,袋口有线缝住,——当然这是细心的太太为他这样准备好的,然而他来到茅盾家以后一次上茅厕,出来时可就把这件背心忘掉在茅厕挂内衣的钩上了,幸而茅盾跟着就发现了,总算没有被房东的佣人们顺手牵了羊去。果然有点粗心,茅盾说:"但这是你的细心的太太养成你的。""以后跟你们学吧。"他说着又高兴地笑了。

半个小时以后,当时在《星岛日报》任职的著名作家杨潮到茅盾家来找韬奋。据他说,九龙吃紧,说不定今夜即会不守,而香港能坚持多少日子,也未可知。他对韬奋说:"你住在这里是不妥当的。"

"那么住什么地方去呢?"韬奋问。

"还是那两间空房间。虽然不大方便,问题是没有的。"

"好,好,"韬奋完全赞同。他又邀茅盾也去,"你也到那边去吧,房间大得很,打地铺,再多几个也住得下去。"

茅盾辞谢了他的好意,向韬奋说:"我本来要搬下山去,房子已经在找了,我等候朋友的回音。"

"那么,要是回音来了找不到,你还是到我们那边去。"他边走边叮嘱就和杨一同去了。

韬奋与杨潮回到那两间空房之后,又得到消息证实:12月12日,九龙陷于日军之手!

杨潮在香港是比较熟悉的,他和一些朋友担心着韬奋的安全问题,半山腰的两间空房不宜再住下去,经过商量,还是另找地方比较妥当。于是杨潮便把韬奋带到自己的住所暂住,以免遭到不测的灾祸。

杨潮带韬奋到永安街16号,同住在这里的还有《光明报》总编辑俞颂华。他们住的是3楼的一个大房间。房子倒是干净的,除了放一只新沙发之外,只有几个很小的陶瓷茶杯和一个洗脸盆,他们还带来一只小饭锅。晚上,他们都躺在地板上休息。这里的条件,就比上个场所好多了。

更不同的是,在这里有杨潮的夫人沈强负责照顾他们的生活。这是韬奋没有想到的。虽然她还住在战前租好的房子里,到这里还有一段路程,在当时经常戒严的情况下,每天上午、下午各有两个小时可通行,但是沈强的本领却不小,每次照例来"上班",身着"唐装",上身装得鼓鼓的:一口袋装的是大米;另一口袋装的用旧报纸包的木炭屑。这就是他们4个人用的两顿饭的必需品,韬奋他们在房内用洗脸盆蓄点水,由于水管被炸毁,用水没有保证,时断时续。沈强做饭,每顿一小锅,每人只有两小茶杯,别无所供,只好限量填腹了。沈强吃完饭,就在通行时间,赶回住处,以便第二天再来。有时候一点米也买不到,便从黑市以很高价格买点麦片或米粉条来煮汤吃。有次沈强病了,他们3人饿了一天,还以为她出了什么问题。

他们住在这里,并不寂寞,天南海北地"大摆龙门阵",成了他们的课题。韬奋是健谈的人,彼此都感到乐趣。打破这一乐趣的是敌机的轰炸。有一次一颗炸弹在附近爆炸,把门窗的玻璃全炸碎了。韬奋觉得,这是从来没有过的一段值得回味的生活,他向大家说:"我要把这段生活写成书。"他还指着沈强说:"将来我写的书,女主角就是你。"

住在这里,韬奋担心的是夫人和孩子,他写了一字条,请沈强去找断了消息的家属,而沈却从未见过他的家属。沈强费了很大周折,终于给他带来了家属平安的消息。

二、在贫民窟里度日

12月18日,日军在香港登陆。本来九龙与香港仅一水之隔,渡船只要几分钟就过去了。问题是日军攻下九龙之后,曾向港督劝降,因而炮击曾沉寂一两天,13日港督拒绝了日本的要求,并刊于报纸。此后香港遭到激烈的炮击和轰炸。最初几个山头是轰击目标,而后整个香港成了日本狂轰乱炸的目标,湾仔英京酒家附近,跑马地峡道一带和铜锣湾区域,都成了不安全地带。惨景满目,弹声充耳,油库燃烧,水电断源。居民生存,受到严重威胁。

韬奋与杨潮、俞颂华再也不能继续在永安街住下去了,经过商量,还是分散较好。于是他们先在杨潮家等候,由沈强出去再寻住处。这时找房谈何容易,一是房价奇昂,二是条件极苛。经过沈强的奔波,给杨潮找

到一间,为他与沈强合住。俞颂华在跑马地与一个老朋友一起居住,为韬奋找房,难度更大;终于在湾仔一家西餐馆的楼上,韬奋可以安身,老板是个比较厚道的老实人,政治上比较可靠,沈强同他的家属相识,因而也与老板相识。沈强向老板介绍韬奋时,说他是个新闻记者,日军来了恐怕会对他不利,他没有眷属在香港。这位老板很同情他,当韬奋进来的时候,每餐都特为他备了荤菜,在咸菜中放上几条牛肉丝,或煮一块咸鱼。韬奋看见伙计都没有吃,自己也不好意思下筷。这时他用身上穿的西装向菜馆的侍者换了一套法兰绒的"唐装",装扮成老百姓,使人不易认出。

韬奋夫人很悬念他,要去看看他,但若走漏风声,那会更加危险。还是杨潮设想了一个办法,事前约定好时间,把他夫人领到隔壁一家骑楼上去,韬奋也站到西餐馆的骑楼上,两人只谈了几句话,就这样离开了。

西餐馆是韬奋第三次搬的住所,在这里住了 4 天,又需要另换住所了。还是沈强的关系,又在云咸街找了洗衣店躲起来,这个第四次住所,比以前的几次都别扭,是个很小很小的房子,连个大小便的地方都没有,既没有水喝,也没有饭吃,只有一个睡的地方,还是在熨衣服的木板上,一切日常生活的东西,都由韬奋夫人从外边送进来,这地方虽然诸多不便,但也有它的好处:一是租起来没有什么苛刻的条件,二是从隐蔽说,它是不被人注意的地方。暂时住下,也会尝到一番别处没有的滋味。

不久,在朋友的帮助下,韬奋再一次变换住所——在湾仔登龙街一个贫民窟里,条件那就更差了,称不起房间,只能说铺位。这是他第五次的住处。

这个贫民窟是在一家小照相馆的二楼上,有楼梯直通街道。沿门的一边排了 4 张铺位,每张铺位住一家人,这家人的食宿、工作和坐卧、休息,全部活动都在这张铺位上,铺位与铺位之间,拉上白布隔开,就是若干住所了。当然没有厕所,不管大人还是小孩,都到小得不能再小的厨房里去便溺。地下的肮脏和臭味刺鼻,这要算贫民窟的特点。与前几处住所不同的是有他夫人陪伴着,孩子由朋友照料,没有同他们住在一起。这种生活,对韬奋夫妇来说是生平第一次。韬奋对此,虽不习惯,但既不叫苦,也不悲叹,反而觉得对自己是一个锻炼,从不会做生活琐事的他,这时也亲自动手,帮助夫人烧火劈柴了。

12 月 25 日,香港沦陷于日本人手里,港督向日军投降,挂起白旗,街面也挂起不少白旗。战火停息了,可是给人们威胁却更加严重了。日本法西斯的烧杀、抢掠、奸淫、闯户,耳闻目睹,到处都是,同中国的其他沦陷区一样,疯狂的野兽行为,成了他们"东亚共荣的新秩序"! 这一点,同德国法西斯在欧洲所进行的杀人比赛,都不可能从人类历史上一笔勾销。因为历史是不能用谎言去掩盖的。

九龙沦陷没有几天,就变成人间地狱;而香港会更快,因为香港是个孤岛,仅同大陆相连,战火一起,交通断绝,粮食、水源威胁着它,使它立刻变成死城,纵令在日军强令下,居民的吃粮吃水,它也毫无办法。日军无非驱使汉奸和一些流氓参加他们的抢劫队伍,这就加剧了香港的极度混乱,增长了居民的愤恨。韬奋处境当然危险,但隐居在贫民窟中,倒换来了在这种特殊形势下的安全。

三、有力的援救

韬奋在日本法西斯魔掌之下,隐藏在一个不被人注意的住所里,究竟如何从这种危险境地中走出来? 这是需要交代一下。

12 月 8 日,当太平洋战争爆发之日,中共中央致电周恩来、廖承志、潘汉年、刘少文(刘晓),指示与英美等国建立广泛的真诚的反法西斯统一战线,组织在香港的文化界人士和党的工作人员撤退。

同日,周恩来按中共中央指示,向香港廖承志、潘汉年、刘少文两次急电布置工作:估计菲律宾将不保,新加坡或可守一时期,而上海交通已断绝,因此,在港人员的退路,除去广州湾和东江外,马来西亚亦可去一些;将撤回内地朋友先接至澳门转广州湾,或先赴广州湾然后集中到桂林。文化界的可先到桂林,《新华日报》出去的人可来重庆,戏剧界的朋友可由夏衍组织一旅行团,赴西南各地,暂不来重庆。极少数的朋友可去马来西亚。少部分能留港者尽量留下,但必须符合秘密条件。继而又致电廖承志,询问香港文化界人士撤退和安置情况,并叮嘱派人帮助宋庆龄、何香凝及柳亚子、邹韬奋、梁漱溟等,以便使他们安全离港。他特别关注当时国民党特务准备迫害的柳亚子和邹韬奋,又电嘱南委书记方方,要指定专人负责护送,确保他们的安全。撤退、疏散及帮助朋友的经费,均由我党在港的存款中开支。这些均由周恩来直接领导,共营救爱国民主人士、进

步文化界人士和他们的家属 800 人。(《周恩来传》,人民出版社·中央文献出版社 1993 年 1 月版,第 536、537 页)

12 月 9 日,周恩来在发出上述急电的第二天,又向廖承志、潘汉年、刘少文并中央书记处致电,再次对撤退在港朋友和党的同志工作作具体布置。同时,分电南委、桂林统战委员会,要他们作好接应及转送工作。

以后,周恩来又对撤出人员的去向、工作、家属的安排、交通生活费用的支付,留港人员的工作等等,作了详尽的指示。

廖承志、潘汉年、刘少文根据党中央和周恩来的指示,立即组织在港同志投入工作,及时同南委、粤南省委、东江游击队、琼崖游击队、桂林统战委员会等取得了联系,并由廖承志、张文彬在香港、惠阳召集有关领导人尹林平、梁广、梁鸿钧、连贯、曾生、王作尧、杨康华、黄宇、刘少文、乔冠华等研究了具体的实施方案。在大家的共同努力和密切合作下,经过艰苦的工作,圆满地完成了党中央和南方局交给的任务。(《南方局党史资料·大事记》,重庆出版社 1986 年 5 月版,第 179、181 页)

韬奋当时虽然还不清楚上述具体详情,只知从九龙开始转移起,以及每次变换都亲自感受到有朋友尽力相助友情,而且都那么自觉,那么积极,那么热情,他并没有由于战争的苦难而带来的委屈。不久,他就从朋友口中知道了来自中央"恩来同志"的发电和廖承志同志的布置。

韬奋是个感情丰富、激情满怀的人,听到这些令人激动的消息,他确实抑制不住跳动的心弦,热泪盈眶,又不能显露出来,只是觉得全身充满活力,什么灾难,也不会压垮自己这条硬汉了。无论思想和感情,他都觉得促使他在变化,他想到共产党,想到党中央,更想到"恩来同志",想到他那循循善诱的说理,娓娓动听的分析和那亲切感人的关怀。韬奋由衷地感到这位亲密的师友所给予自己的前进力量。

比如,1941 年 12 月 13 日《新华日报》发表的周恩来的《太平洋战争与世界战局》一文,成了他急需的精神食粮。文章全面论述了太平洋战争与世界战局之密不可分的关系和世界战局的规律。文章一开始就指出:"今天的战争,已经是世界人类绝续存亡的战争,亦即是侵略者与反侵略者你死我活的斗争。"文章论证了 7 个方面的有利条件和战争胜利必属于抵抗侵略者,而不属德、意、日法西斯国家。他认为要争取光明的胜利前途,需要排除诸多困难,决不可盲目乐观。并特别着重分析了整个世界反法西斯战争的 6 个特点:长期性、不平衡性、全面性(人力、物力、生产力的全部动力)、一致性(世界各国的反侵略战争变成一体)、阶段性、主从性(在世界战局来说,德为主,日、意为辅)。希望全世界一切反法西斯力量联合起来共同消灭法西斯。只有懂得目前世界战局的规律,才能正确地认识太平洋战争在世界反法西斯阵线中的任务,同时,也必须从世界反法西斯的任务的分担上来解决太平洋战争问题。(《周恩来传》,人民出版社·中央文献出版社 1993 年 1 月版,第 538、539 页)

韬奋的观察是敏锐的,他结识的著名记者也是较多的,如《西行漫记》的作者斯诺、著名作家斯特朗等和国际友好如艾黎、爱泼斯坦等,以及国内友好如胡愈之、金仲华、范长江、萨空了、陆诒等,他们都分别地听过周恩来的讲话,无不惊服他的洞察能力和远见卓识。对太平洋战争的分析和判断,韬奋认为比身临其境的人还透彻,因而他从内心感到在这位伟大的政治家、军事家亲自关怀下,自己作为一名胜利的战士,满怀坚强信心,为反对法西斯战争,贡献自己的一份力量,这是作为不屈强暴的人应尽的义务,也是作为中国人民的儿子应尽的义务。想到这里,韬奋从内心深处,感到喜悦,感到荣幸。

四、冲破敌人的封锁

香港经战火毁坏,日军和汉奸的猖狂加剧,韬奋处境日益困难,危险性也与日俱增。

12 月 28 日,即香港沦陷的第三天,汪精卫的国民党所办的汉奸报复刊,还有原来就很反动的几家报纸也出版了。这当然引起中共地下党的警惕,也引起韬奋的戒心。日本间谍和汪记特务、蒋记特务,在对付中国共产党上是一致的,将中国共产党共同视若仇寇。站在中国人民大众立场上的邹韬奋,是那样憎恨日寇,那样憎恨法西斯,是同敌人不共戴天的仇敌,敌人当然不会放过他。

可是中国共产党的香港地下组织对韬奋等人如何撤离香港都作了非常具体周密的安排,因而韬奋的安全有了保证。

新年前后,日军在汉奸带领下,到处搜查抗日分子,可他们真正感兴趣的是抢财宝、奸淫妇女。当时隐蔽在贫民窟里的韬奋夫妇,因整天躲在

布帐内,也就逃过了这种搜查。他们所能听到的是些传说中的劫案,夜里站在骑楼上能看到的,是灯火不亮下的一些"膏药旗"。他们感到快慰的是地下党派来的联络员所带来出走的消息。他们已经知道,从 1 月 5 日起,已有韬奋的老朋友,偷渡到九龙,经新界到深圳,再转往东江。韬奋听后,感到有希望告别这个"蛰居"布帐的生活了,自然是一番新的兴奋。

经过地下党的充分研究和布置,了解了各种情况和可能遇到的困难,韬奋离开香港的日子,终于确定了。就像演戏一样,导演是指定的地下党员,撤退人员都像演员一样,听从导演的指挥。

1 月 11 日下午,有韬奋的相识友人来到贫民窟,通知韬奋出走,于是他穿着他的法兰绒"唐装",提起了夫人代他准备的小包袱,忍痛告别了夫人,走出了这个贫民窟的避难所,和别人一齐向香港告别!

带领韬奋的朋友,尽量避开大路,穿过垃圾成堆的小巷,走到铜锣湾,又走过一条嘈杂的小街道,一直到海边。

此时天色已黑,他们走下码头,在崎岖不平的海边上,由领路人雇了一只小木船,划进海里,小船在一只大船边停下,韬奋被人搀扶着爬上了大船。在这只船上遇到许多朋友,不免一番喜悦,像隔绝很久,互通心照不宣的音讯和心情。韬奋见到茅盾夫妇,自然念起夫人和孩子。让他孤身单行,本是因事前考虑到他身处险境,容易引起不测,所以他的眷属暂留香港,同韬奋分开离港。

他们在大船上过了一夜,黎明时间,雾气未消,大家静坐船中收拾行装,朦胧中模糊地看到九龙海堤。登岸的地点是精心选择的。堤岸里有个小湾,几只小船停靠在一起,自然对大船起了掩护作用,稍远的地方就看不清这里有船。有几个把守渡口的当地流氓,向偷渡者"敲竹杠",由领路人同这班流氓统一周旋,结果,每人交一元就准许登岸了。

领路人带着走在前头,随后一个紧跟一个,共十五六人,九龙街上紊乱拥挤的惨景,同香港一样,但开门的店铺,比香港多一些。他们走到一处地方住下,这是比较好的一家住宅,房子还算考究。领路人向大家说:"各位都不习惯走路,今天恐怕相当累乏,请在这儿休息一夜,明晨再从九龙出发。明天的路更长,还要爬山,要步行三天才到达游击区,所以不必性急。但请诸位绝对不要外出,日本人在九龙开始清查户口,并在搜索他们认为与政治有关的人物。诸位千万不要上街头去。"

大家听了，又欢喜又担心。欢喜的是偷渡香港已经成功；担心的是情况还是很复杂，路上说不定又会出什么问题。

韬奋看了看同伴，个个走得面红气急，便对大家说："我们这班文弱书生，真不济事，既不能上马立功，连逃性命也力不从心。今天不过是小试锋芒，明天恐怕还要大大地出动呢！"大家听了，都忍不住笑出来了，把屋内紧张的空气缓和下来。

五、爬过梅岭

第二天一早，天还未亮，他们就准备出发了。原定解除戒严就走。早餐之后，就上路了。

韬奋把自己的行李，斜套在背上，将眼镜取下来放进上衣口袋里。有位青年过来对他说："韬奋先生！你背着包袱太重了，我带的东西很少，让我帮助您吧！"韬奋很谦和地说："谢谢你，我觉得还可以背负，等我实在不能够的时候，再请你帮忙。"

他们从九龙街道向青山道迈进，由于街上的人很少，冷冷清清，队伍在骑楼下蠕动着。领路的人走在最前面，大家跟着他拉成纵队。

不久，成群结队的难民都汇流到这条路上来。领队的时紧时松，有时拉得更长一些，这队伍由10多人加大到五六十人。如果和难民加在一起，那就是很长的难民流了。

领路人的脚步加快，大家紧紧追赶着。

马路上迎面开来的卡车，载着一些日本兵驰来，路旁村庄里也有日本人搬运粮草。这使难民流的每个人默默地低头赶路，谁也怕掉队。韬奋紧张地向前追赶，眼睛望着地，前身倾斜着，脚步一直不敢放松。

到了荃湾，他们这支数十人的队伍，跟领路人走向一条小路，离开了那个难民的长流。再翻过一个小山头，望见了一簇木寮，也就是五六户人家的小村落。领路人把大家引进一间宽敞的平房，说是在这里休息、喝水和吃饭。大家高兴地松了口气，韬奋虽然也又累又饿，但看到这么多同伴，却又感到从来没有过的新感受。吃的是红米饭，每桌都有两三个菜，还有少量的腊肠和咸鱼。这是受到大家欢迎的一顿饭，吃来感到别有乐趣。

饭后,即步入艰难的路程,迎面而来的是座高山,山上似乎什么都没有,光秃秃的,引不起观赏的兴趣,爬山的这支队伍有五六十人,已经是汗流满面了,前边的爬到山顶,有些人还爬在山腰。领路人声声催促着快走,缺少锻炼的人,腿脚都感到难忍了。韬奋在重庆有爬观音岩的经验,但对这种山路还是初试。

爬过山头,又下坡到山谷,由于没有正式山路,上坡难,下坡也难,脚下踩着草滑,山谷不同于山顶的是有茂盛的草木。领路者一直叮嘱着,队伍不可拉得太长,前后都能见到人,一旦迷路,失去联络,也是麻烦。

过一峰,又一峰,走一程,又一程,人们身上随着汗流,衣服脱了一件又一件。"哎呀!"一声,大家吃了一惊,原来是韬奋的声音。他的绒线背心终于忘在九龙了,那件经他夫人将钞票缝在口袋里,曾在茅盾家的茅厕中丢过一次的背心,这次又丢了,他笑着对人说,他向来不会管理自己的生活,只知道写文章,刚才在九龙发生的事情,真有些惭愧!同行的几个女孩子安慰说:"邹先生!不要紧,弄到绒线,我们给你结好了。"

他们走到距元朗七八里处的一个村庄住下来。领路人对这里的两条大汉喊了声"江大哥、王大哥",他们身上都带有短枪,韬奋误认为游击队了,领路人要他代表向主人答谢时,于伶急抢过来向他耳语:"是绿林好汉,土匪区",韬奋马上深深一鞠躬:"感谢江大哥!"并与之热烈握手!有些人走起来,腿过于吃力,连续走了两天,的确不休息就走不动了。韬奋扭了左脚,右脚起了泡,起坐都不方便,脚腕也有些肿,茅盾带了万金油,殷国秀、吴全衡原来都是生活书店的工作人员,一起替他涂抹上,大家围着他,又找了根竹竿作拐杖,他说不要紧,休息一夜,明天会好的。

第二天一早,大家正闲谈等待,走进一位身穿皮夹克的文质彬彬的大汉,提着左轮手枪,有人起立叫他"王大哥",据说他很有点势力,国民党不敢惹他,日军、汉奸也难于对付他,他与游击队打交道还比较客气。他向大家点点头,热情地问好,道辛苦、致慰问,并说他已派人探路,保证诸位路上安全,请放心,说着环顾大家,连向于伶点头,招手,于伶迟疑地跟他走进一间精致的厢房,可能是他的指挥部吧。他客气地让座、倒茶、敬烟,称呼于伶为"邹韬奋先生",不容分说,连声久仰、幸会等等,原来他把于伶错认为韬奋了。他叙述如何爱看邹先生办的刊物,拜读邹先生的文章,赞成邹先生的主张,钦佩邹先生的为人,今天见面,真是三生有幸,很是光荣等等,闹得于伶局促不安,处于点头不是,摇头亦不好的尴尬窘境之中。于伶心想,对方若是真诚的,证明他是韬公(韬奋)的忠实读者,那是幸事,倘若有诈,其后果就不堪设想了。只好就此而止,即刻跟大家上路了。领路人说,过元朗要有日本人检查,需要绕过关卡,有段路是平坦好走的。

于伶事后说:"连山大王也如此尊敬韬公,足见韬公的品格感人之深,连我这个假韬奋也沾了光了。"(《忆韬奋》,学林出版社 1985 年 11 月版,第 408、409 页)

韬奋休息了一夜,又拄了一根竹手杖,因为扭伤走起路来总还是蹒跚些,但他的精神得到了不少安慰,紧紧跟着队伍,经领路人的巧妙安排,没有经日本人检查,就闯过元朗上路了。在元朗通往深圳的柏油路上,有日本军车和运输汽车来往穿过。领路人又步入土路,把队伍带向避开柏油马路的另一条路,立即引起附近村庄的日军注意,出来大喊,四五个日本兵持着枪跑过来,韬奋和大家都有点不安,但很快就镇静下来。领路人喊着大家停下,由他和日本兵交涉,他说,这些都是从香港逃出来的难民,他们又是宝安县人,想从梅岭回到家乡去。日本兵看看这群人穿着俭朴,行李简单,彼此咕噜一番,两个日军在这群人之前,两个日军在他们之后,说是护送他们到岭下。

韬奋、茅盾等这群文化人被这 4 个日军送到岭下后,日军照着山上向他们挥了挥手,就回去了。要过一条河,由 3 只木船把这群文化人渡过去。而渡河是领路人事先谈妥的,很顺利就一齐过去了。矗立在他们面前的是梅岭,这群人不由得呼出:"啊,梅岭!"像是磁铁立在他们面前,个个使劲地爬了上去,韬奋感到脚伤已好,一鼓劲爬上梅岭,身上轻松了许多。

走上了梅岭,迎来一片不同的风光,山上有茂密的树林,忽然看见山上有两处火焰在树林中燃起,似有蔓延之势。

领路的人说:这是日本兵放的火,他们生怕游击队战士隐藏在树林里袭击他们。

大家一听,似乎在各自的心头,都燃起了喜悦的火焰,再也压不住它向外冒了!

有一位朋友高声说:"敌人烧光这个山头,还有别的山头呢。"

韬奋激动地说:"在这次战争中,我死的机会非常之多,现在居然逃出了危险的境界,可以说是日本人留下的一个活的山头。"

　　另一个朋友补充说:"这个山头不但打击敌人,还攻击一切倒退黑暗的阵营。"(《我的回忆》,江苏人民出版社 1990 年 7 月版,第 339 页)

第三十七章　在东江游击区

邹韬奋进入东江游击区,前后共3个月,是他生平从没有过的农村游击队生活。时间虽然不长,但给他的印象却是非常深刻的,他始终是兴奋的、愉快的。朋友们都说:他比在室内埋头写作的时候,变得更活泼更年轻了。

这个游击区驻扎着东江人民抗日游击队,该队是由华南几省的人民,还有回国的华侨所组成。参加的有知识分子、农民、工人、商人。其中有一部分是共产党员,也是他们领导的。因这支游击队还在生长中,没有固定的区域,也没有建立抗日政权,只是以广东的东莞、宝安、惠阳几县作为他们打击敌人的根据地。他们的队伍驻扎的地方,大半是深山荒野。他们的经费靠自己经商和一些爱国商人的捐款来支持。他们的工作除了抗日军事而外,还有宣传出版、训练干部等工作。他们绝对不扰民,也不干预民政,一般乡下的老百姓都诚心尽力地和他们合作,欢迎他们的领导。

一、一支"文化游击队"的到来

从梅岭走下来,就是梅林坳。不远就到了白石垅村,这里就是东江抗日游击队的司令部所在地,属于宝安县。

邹韬奋、茅盾等一群文化工作者,步行3天,终于从虎口中脱离了险境,他们兴奋地觉得到家了。这个群体立即活跃起来。一说到家了,大家欢呼起来,个个笑容满面,大家都看韬公,这时,韬公高声说:"不蹩脚了!"大家高兴地唱起《义勇军进行曲》。都从内心祝贺这次胜利。韬奋一再称:我们是支"文化游击队"。

在一座已遭战火破坏了的耶稣教堂前的广场上,游击队大队部的同志和村民们已经摆下了许多橙子和大量茶水接待。稍作休息,有位同志

来邀请韬奋、茅盾夫妇等，由胡绳陪同到大队部去了。大家在教堂内外吃了晚饭。副司令员王作尧的夫人安排妇女到村民家去住。于伶、恽逸群、黎澍、叶以群、廖沫沙、胡仲持、叶籁士、戈宝权等，被带到村边小山岗上的空庙里安歇。大队政委尹林平同志特地到各个住处慰问。据尹林平讲，廖承志早在香港总督还不曾挂白旗、香港还未沦陷之前，就冒险来到东江跟游击大队部商定了营救计划，开列了他所能记忆得起的在港九的朋友名单。

当天，又接待了一批人，还是民主人士和文化界人士：胡风和宋之的两家、章泯以及旅港剧人协会的三四十人，都无一损失地安全到达目的地。香港的爱国侨领、著名教授与医生、电影工作者纷纷到来。生活书店、读书出版社和新知书店等部分职工，也分批到来。一直跟杨刚、乔冠华有联系的外国进步记者如爱泼斯坦、培特兰等，以及一些外国侨民、英国逃兵也来了。连广东省长的夫人吴菊芳也被接来，先后共达五六千人。这确实是一项伟大的抢救工作。

二、欢迎会上的演说

第二天上午，游击队大队部把昨天到达的民主人士和文化界人士请到小庙前的广场上，这片空地成了临时会场，男男女女坐了一片人。中间的一张方桌上，摆着当地土产的蔗糖块、糕点和茶水、香烟等。在这个欢迎会上，政委尹林平、正副司令员曾生、王作尧同大家见面，向大家问候，表示游击队对大家的欢迎和慰问，并和大家进行亲密的交谈，也谈到游击队的现状和当前的困难，限于条件，还不能使大家休息、生活得更好，大家遇到的问题，尽量同大家商量解决，营救从香港撤退人员，是上级党组织交给东江游击队的政治任务，保证大家的安全，是游击队的光荣职责，也是应尽的义务。

当时，东江游击队的战斗力量还不够强大，它周旋于惠阳、东莞与宝安三县之间的三角地带，处于敌、伪、顽反动武装的夹攻之中。完成了这样大规模的营救工作，困难已够重大，而要保卫与供养这么多的非战斗人员，尤其是大批著名的民主人士、文化人士与著名文艺家，其任务之重可想而知。恰在这时，大队部由于频繁的夜行军转移，电台损坏，无法向延安党中央请示报告,同时因廖承志秘密活动在粤北地区,亦难于随时同他取得联系。

当时大队部苦心周密的决策是:根据当前的紧迫情势与本人的意向,应分批作适当的疏散。例如年高望重的茅盾夫妇,难于适应随时突然转移的夜行军,经尹林平政委妥善安排了行程,由叶以群、廖沫沙和胡仲持等陪护,先行离开。柳亚子一家暂时去梅县,杨刚、胡风、宋之的、袁水拍、徐伯昕以及旅港剧协同仁较有公开露面活动条件的,分散或分批去桂林。恽逸群带领一些人,迂回转往上海。许多广东青年、学生、工人,以及外国人士等,由游击队帮助他们公开过境回去。韬奋家属只能暂时隐居香港,等待条件成熟再行转移。

东江游击队在廖承志为首的华南工委的直接领导下,在坚决贯彻中共中央和南方局的指示方面,对撤自香港的大批爱国人士和文化界人士的营救工作,是立了大功的,不仅为被抢救者所难忘,而且是对国家和人民的一大贡献。

韬奋在这个欢迎会上,自喻是跟随“文化游击队”从香港转移阵地回来。他作了朴实纯真、深沉动人的长篇发言。他一再强调地说:“没有人民的枪杆子就没有人民的笔杆子。”他的发言被称为既是肺腑之言,又是感人的一课。

三、要补上战士生活的一课

东江游击区位于惠阳、东莞、宝安三县交界处,是四面受敌的三角地带。要保护这群文化人的安全,需要一支战斗力很强的队伍,能善于对付分散的敌人。大队部时时流动搬家,这群客人们既居住分散,又随时流动,韬奋等10多人住一个草寮,一离开白石坳,这群人便分散居住在10多个大草寮中,从都市来的人,的确还很不习惯,条件自然是很差的。这草寮本是给战士们住的,大都在深山荒野,用竹竿或用木杆架成人字形的草棚,在北方就叫草窝棚;不过,没有这种草寮大,里面是竹竿架成的大通铺,铺面用宽竹片编扎,铺上稻草,如果有毛毯就加上毛毯或其他行李御寒,躺下来很轻软,一个大通铺可睡10多个人,这种通铺是游击区里特有的设备,战士们住上它,就可以“不扰民”了,流动起来也方便。

游击区里的交通十分不便,路也崎岖不平,若习惯了越溪踩石,空气又清新,是别有一番风味的,年轻的战士们边跳边唱,颇有乐趣。战士们为了给新来的客人们买谷米,增加点菜蔬,改善点伙食,要到东莞县,来回要走百余里,担着或背着东西,爬山越岭,渡河过卡,一遇上"伙合鸡"即伪顽的"狗腿子",便会是竹篮子打水"一场空",弄不好还会被他们绑了去。为防敌人突然袭击,大队部在这些新来的文化人的住处,既增岗放哨,又要加派战士负责伙食供应,他们责任重大工作分外认真负责。

　　同韬奋一起生活的于伶写道:"韬公和我等八人同编一'吃饭小组'。有时菜蔬很好,'赛老哥'(一位十三四岁的少年,很活跃,赛是广东土话小的音)特别高兴。有时石块饭桌子上是一碗菜叶汤和一碟小鱼——往返百余里从东莞境内买到的一种长仅半寸、一寸的小鱼干;有时只有一二方红腐乳下饭。韬公总是在他用漱口盅盛的饭面上,夹上一尾小鱼干或者一小点腐乳,坐到石块或土埂上去,高高兴兴有说有笑地吃着。最年轻的'饭小组长'江韵辉同志恭敬地捧着菜碟子前去请他多取一点,韬奋总是说:大家吃,我够了,你们小青年应该多吃一点才好。他端着口盅边吃边避开,坚决不肯多加一点。这样的事情虽小,而一尾小鱼见深情,同志们深受感动,连'赛老哥'在他们四位服务员的小组会上,也不止一次表扬韬公的为人。当然四十来位客人中,悄悄地诉苦、说怪话的也不止一二人。"(《忆韬奋》,学林出版社 1985 年 11 月版,第 416 页)

　　每逢有突然情况,得紧急转移。黑夜里摸索着,大雨中滑行,或钻进茂密的山林,或穿越刺人的菠萝地。这对没有战斗经验的青年人,也是相当困难的,有的走几步路就滑倒,这种情形之下,韬奋却始终精神饱满,行动敏捷,全力用在行军上。在行军中的纪律是,不许高声说话,他常提醒别人,照顾别人,有时用一两句幽默的话低声鼓励同行者。每当转移到一个新的住地,他总是关心着同行者,看一看或问一问,有无受伤人员,或者找点破旧的报纸来研究,字里行间,往往有他想知道的消息和问题。到了夜间,他还争着去担任放哨的任务。韬奋的这种表现,若同有的来客对照,那就有明显的区别了。有的对这种生活,有怨气,说怪话,认为难受煎熬,早走为妙。也有的一不高兴,把香烟头扔到山茅竹丛中,烧了半座山,动员很大力量才能扑灭,这给主人带来了很大麻烦。因为得罪了群众,那是游击队赖以存亡的关键问题,不是什么一般的自由散漫的小节问题。

韬奋到这里虽然时间很短,但却得到上下一致的赞扬。他处处时时都将自己作为群众中的普通一员,把东江游击区当作自己学习锻炼的场所。用他自己的话说:"要补上战士生活课,学习行军,炼成一个戎马书生。"

四、在《东江民报》

韬奋无论走到哪里,都不失新闻记者的职责,就是来到很不稳定的游击区,也要关注报纸宣传的情况。他刚到东江区没几天,就和一些文化工作者,专门去参观了丛林中的《东江民报》(东江纵队机关报——《前进报》的前身)。他十分关心游击区新闻出版工作的情况,仔细地观看了各式各样的抗日宣传品,他对油印出版技术的创造,感到很大兴趣。临走前,他十分热情地题写了《东江民报》的报头,茅盾题写了副刊"民声",他们那浑厚有劲的字迹,被印在每期的报纸上。

据当时青年记者杨奇介绍,此后不久,他们报社接到命令,去陪同韬奋、茅盾等20多位文化界人士,从白石坳转移到深坑村山谷,在新建的茅寮里住下来。这样,他同韬奋接触和相处的机会多起来,韬奋给《东江民报》社和同志们留下了很深的印象。

第一,他留下了津津有味的"巧克力"。因为韬奋在这里的心情始终是舒畅的,所以他吃的虽是"大锅饭",却从来都说是好吃的。他把烤番薯当作最好的午点,把红片糖称为土制的"巧克力",吃得津津有味。每当招待员问他需要什么的时候,韬奋总是婉言推却,并说已给部队增加不少负担了,连"巧克力"都吃上了,不应再有特殊的待遇。

第二,让"小鬼"用更多的时间学文化。为了照顾文化界人士的生活,部队首长派了些"小鬼"给他们洗衣服,但韬奋照例是自己动手洗衣。他想起在茅盾家中所讲的,生活上的事情总得样样学会,也是可以样样学会的。这样才能适应战争环境,符合自力更生的精神。当"小鬼"觉得没有完成自己的任务时,韬奋说:希望让"小鬼"有更多的时间学文化。这种克己爱人的精神,给整个部队很大启发。大家知道他曾说过,没有人民的枪杆子,就没有人民的笔杆子,这会使人们联想到若没有文化的人民的枪杆子,能建设我们的社会主义国家吗? 东江的有些同志认为,韬公一句话,

唤醒"东江"人，他留下的是无价的财富！他说的学文化，何止那些"小鬼"，又何止仅识几个字？学习文化的境界是深远的，无止境的。

第三，诲人不倦的精神。韬奋最珍惜的是时间，他认为让时间白白流逝，是最大的浪费。他在监牢里写书，在防空洞阅读读者来信和写稿，都充分说明了他对时光的抓紧。到游击区里阅读和写作的条件极差，他又怎样进行他的工作呢？

韬奋除了有犀利的笔之外，还有健谈的嘴，他的话题很广，从个人生活到国家大事，无所不谈，无不引人。有时他身边堆满了人。他谈得很多，又饶有风趣。大家特别喜欢听他讲话，尤其喜欢听的是他在《抗战以来》一书中所没有写出的许多官场秘史和蒋管区的黑暗生活。他没有"架子"，在他身边感到特别亲切，他对青年记者和编辑，一见如故，坦诚交心，他讲编辑工作中应注意的问题，要着眼于人民群众，要讲大家关心的事情，写出来要通俗易懂，要生动活泼，不可枯燥乏味。并且当记者要有很高的政治水平，还要有广博的知识，不抓紧学习，是当不了好记者的。他对青年提出的要求，有求必应。有一次杨奇找他个别谈心，他就和杨坐在小溪边倾谈起来，他语重心长地鼓励杨奇：要把新闻工作作为自己的终生事业，还劝杨在战争结束以后尽可能多跑一些地方，增广自己的见闻。关于韬奋同志对新闻出版工作的高度热爱，以及他在工作中的那种不知疲倦、丝毫不苟的精神，杨是早已衷心敬佩的。在这次谈话中，他并不是一本正经的谈什么工作体会，而是那么谦逊，谈得那么轻松，然而，他说的一字一句，都强烈地感染了杨。杨真想向他发誓：我一定要在新闻工作岗位上干到老、干到死！(《忆韬奋》，学林出版社1985年11月版，第243页)

第四，写下了一篇社论《惠博失陷的教训》。韬奋到《东江民报》时，正逢敌人进攻惠州、博罗，国民党军队未同敌人接触就逃之夭夭了。编辑部请韬奋去座谈，向他汇报了这一情况，并要求他为报社写篇社论，韬奋欣然应诺，立即动笔，很快就写好了。文章中一再呼吁国民党军队，要立即停止消极抗战积极内战的政策，同人民游击队一道，坚决打击敌人。这种说干就干的精神，使全报社赞叹不已。可惜的是这篇社论未能保存下来。

第五，喜演卓别林。韬奋生活的愉快，体现在各个方面。早晨起来，自己到小溪边洗漱，青山野林，流水潺潺，云雾缭绕，花草相间，虽非仙境，但韬奋认为这是从未有过的享受。无论游击队员持枪放哨，还是听同伴青年歌唱,都给自己增加了生气,也给游击队增添了文化气息。同伴们都说他年轻了,他常说学得还不够。他参加青年的活动,有说有笑,一点也不示弱。有一次《东江民报》社同文化界人士共同举办联欢晚会。忽然,不知谁先发现了幽默大师卓别林走进会场,于是大家站起来热烈鼓掌,有的笑得捧腹弯腰,而扮演卓别林的头顶高毡帽,拖着一双大皮靴,嘴唇上堆着一小撮黑胡子,上身穿着一件深色西装,手里还提着一根手杖,走起路来横着两只大皮靴。走到广场上认真地表演了一番。由于化装逼真,演员动作娴熟,成了联欢会上的精彩节目。当大家知道扮演者是韬奋时,对该节目更增加了浓厚的兴趣,以至成为欢庆会上保留的节目。

五、生日的祝贺和珍贵的反省

由于东江游击队随着形势和敌情的变化,随时流动,这帮文化人也随之转移。他们在一个多月的紧张的日子里,转换了七八个山林和村庄,有几个地方,往往住上一夜就紧张地转移。他们在白石垅住了几天,转到一个叫雪竹径的地方,过了一天又转移到龙岗圩附近的阳台山。阳台山大约七八百米高,是个云雾迷漫的隐蔽的地方。在这里不能轻易下山,四野的景物经常模糊得看不清楚,有时透过云雾可以看到一片田野。从山顶稍稍往下,有条溪流,可以洗濯。在这里,爬山钻林,已经成为乐趣。

韬奋仍是兴致勃勃,他教大家做健身操,或带领大家讨论政治时事问题,或作专题报告,谈古论今,说笑自如,完全适应了游击队的生活。这群客人住的还是草寮,吃的仍是"大锅饭"。和白石垅不同的是,他们分住两个大竹寮,每个竹寮可睡二三十人,不用紧急转移,也不必在竹寮周边站岗放哨,从心理上讲,大家对"家"的观念,比较稳定了。

每逢雨天,大家只能坐在稻草铺上时,叶籁士戏说这是班禅喇嘛的坐床大典。大家要于伶主持开游艺会,于是手打锣鼓立即开场,几位青年妇女唱起来,有的高歌传山野,有的唱湖南民歌,也有的唱《同志妹同志哥》和《送郎当红军》等江西歌谣,还有的演唱一段京戏,节目丰富多彩。而韬奋在这种场合决不空白,不是讲引人的故事,就是幽默的表演,他的压轴戏,闹得所有的人笑得喘不过气来。

不知是谁叫了一声:"今天是韬公生日",于是大家齐声祝贺!韬奋极

力否认,也无法阻止大家的手脚。由殷国秀和吴全衡两位生活书店的姑娘,筹办了一些土产甘蔗熬制的片糖,又花了五毛钱向老乡买了双手捧不了的大块生姜,借老乡家的锅灶,烧了一大木桶姜汤,大家围坐在一丘农田里,一个别致的祝寿会开起来。各人高举一碗又辣又甜的姜汤代酒,祝韬公健康长寿。韬奋起来感谢大家,满口笑语,显得更加活跃。可惜那夜只有星光,只能听到欢腾,看不清他的幽默的表情。

大家要求韬奋讲话,他端着一碗姜汤正坐在田埂上慢慢品味着,这时他站起来严肃地讲话了,讲的大意是:过生日是假,我不承认,但我理解大家的心意是借题发挥,欢叙谈心,我本人也正好反省一番。有人说这姜糖汤是土咖啡,我只觉得它甜太多,辣有余,而苦味不够。我邹韬奋是一个平凡的人,人生47,只想在苦的辣的酸的时代里干一点苦事业。后来偶然的机会,认识了潘汉年,我眼睛一亮。由于他,我跟胡愈之、鲁迅、宋庆龄、沈衡老(钧儒)等人多了来往,初步认识到要辣!再后来,跟周恩来、董必老(武)、王稼祥等几位相处,我才认识到我自己是太弱、太浅、太不够、太差了。今天的辣姜汤是太甜了。

这番极端有分量的话,是难于听到的。它反映了韬奋的坦诚,也反映了韬奋胸中蓄积的深沉。他提到的上述诸公,都是我们民族的精英,国家的脊梁。他当时同他们的接触和相处,成为彼此密切的友谊,都在韬奋发展的道路上,增光添彩。这番讲话,可惜没有留下更翔实的记录,真是难补的憾事。

六、来自延安的慰问

韬奋除了对《东江民报》社同志们进行帮助教育之外,对游击队的其他团体也有求必应。

大队部的领导几次请韬奋去作报告,向干部作国际国内战争与政治形势的报告。

他有一次到大队部作报告,是由胡绳陪着去的。想不到大队部的电台修好了,能与延安中共中央联系了,党中央发来了指示。这个特大的喜讯,得到了所有同志的欢呼,韬奋也和同志们一样,感到无比的高兴,激动得使他跳了起来。

　　正是农历除夕，政委尹林平领着一队人来到阳台山上，带来好不容易搞到的糖果、糕点、香烟等慰劳品。尹林平代表曾生、王作尧司令员和全体指战员向大家祝贺春节，郑重热烈地代表党中央对大家进行慰问，代表当时正在延安的周恩来副主席，首先对韬奋同志致了亲切的慰问，然后逐一转达恩来同志对这时还留在阳台山上的每个同志的问候。大家起立鼓掌，一面接受慰问物品，一面拭着激动的眼泪，看着，笑着，想着延安党中央，久久不能平静。林平同志对大家传达了周恩来同志对国际国内战争与政治形势的分析，对东江游击区形势作了估计，谈了对仍留在这里的人员将作妥善安排的考虑等等。在《周恩来年谱》中，提及"致电方方：关于招待柳亚子、邹韬奋等事，即移交廖承志指定专人负责，南委绝对不能再负责，以免暴露。"（当时有人被捕，组织遭到破坏）

　　韬奋对这次传达来自延安的指示，句句怀在心中，刻在脑际，特别是周恩来同志两次提到他的名字，他感到又像在重庆那样的亲切交谈，使他再次重温所受的教益，从中吸取无限的力量。他检查了自己进入东江区以来的日日夜夜，没有让日子空空流失，他从没有停止过工作。他谈话、讲演、报告、讲历史、谈故事以及个别交谈，其主要对象是青年人。郭沫若对韬奋曾作过精辟的概括：他是"最关心青年的人，他真是一位理想的青年导师。而韬奋先生所给他人的印象，特别在我的心目中，也始终显得是一位青年。不仅他的精神是那么年青，就是他的面貌、风度也总是那么年青。他的身材适中，面目秀丽，口齿清白，态度纯真，我始终感觉着他只有三十岁左右那样的年龄。我相信别的朋友对于这一层一定也有共感吧。而韬奋先生是极热忱的爱国者，他的文章有神，为国事慷慨陈词，感人至深也至广，这更是大家所公认的事。"（《韬奋的道路》，生活·读书·新知三联书店香港分店 1978 年 1 月版，第 161 页）

　　韬奋在东江抗日游击区的表现正是这样，其实，他过去在上海、在武汉、在广西、在重庆、在香港等地，也都是这样。在国内是这样，到国外周游列国时，也还是这样。他的主要动力，就是他热爱祖国、热爱青年；他的活力源泉，就是学习马列主义，学习毛泽东思想。

七、一个真正的战士

在"绿林区"所遇到的"王大哥",突然又出现在真假韬奋面前,一个戏剧性的场面,引起了韬奋、于伶和其他同志的一场好笑。

故事是这样展开的,春节期间,尹林平带领一些战士到阳台山慰问韬奋等文化界人士,于伶发现跟在尹林平后面的一位战士,和于伶一见面就热情地打招呼,热烈握手,原来他是于伶"冒充"韬奋代为交谈过的"王大哥"。于伶有些惊奇,赶快拉着政委问个究竟,尹林平低声简要地告诉他:这位王同志原是爱国抗日青年,自发拉起队伍,跟我们配合作战。因为这次大规模抢救港九人员,最近在敌、伪、顽三方面配合袭击围攻之下,他的队伍伤亡不小。我们把他们接进来,他叫王大哥。于伶听后马上把韬奋拉过来,特作介绍:王大哥,不,王同志,这就是你和我同样尊敬的邹韬奋先生,当时在杨家祠堂,是因为,因为……。不待于伶说下去,王同志惊讶诧异,有点不好意思地握着韬奋和于伶的手。倒是韬奋先开口:谢谢你,杨家祠堂一路上对我们的关心和爱护。这位于同志已经对我都讲了,你对他所说的那些,对于我的心意,我实在愧不敢当。政委插进来说:我们有些战士们已经知道韬公在这里,都想见见面,握握韬奋先生的手呢!……这样大家笑着尽欢而散。这虽是件小事,但说明东江大队的领导为营救工作,动员了抗日力量,也说明了韬奋在青年中的威信。

1942年2月底3月初的一段时间,按照周恩来的电报指示,东江大队分批护送几批人从东江疏散,有的去桂林,有的回重庆,也有的到上海。

这时,韬奋夫人沈粹缜和3个孩子,经地下党组织护送到了阳台山,韬奋全家在大草寮中欢聚团圆。同伴们为之欢庆,特别是带着3个孩子历经周折的"邹师母",大家对她衷心崇敬,崇敬她那越过重重险阻去分担韬奋的苦难,崇敬她为韬奋所热爱的事业而进行的斗争。

由于大批人员涌进了东江游击区,大约上万人,又分批地疏散出去,自然引起了敌特的特别关注。紧急艰险的战事,日益增多。这时既要应付前面强大的敌人——日本侵略者,又要应付从背后来的国内顽固派日渐加紧的迫害,特别是中共华南工委的个别知情人被国民党逮捕,立即叛变,并直接带领特务搜捕。在这种形势下,游击队方面并不希望把韬奋留在这样危险的小区里,因为他们知道韬奋应在全国范围的抗战团结与民主事业上起更大的作用,而且这里的环境很不安全。

按原计划,韬奋是去桂林的,但是,接到中共中央南方局的来电,说国民党反动当局已秘密下令通缉邹韬奋,并命各地特务机关,严密监视和搜索韬奋行踪,如若发现随即"就地惩办,格杀勿论",从东江到韶关、衡阳一线的国民党特务站都放着韬奋的照片。在重庆韬奋经常为图书杂志审查而打交道的刘百闵,为捕捉韬奋专赴广东督办。这样,韬奋不得不暂留东江,夫人和孩子先去桂林等候。

在敌人发动大进攻、大扫荡的情况下,韬奋一家和胡绳、吴全衡、于伶、章泯等最后一批人,又转移到大队部新住地叫光头仔的小山村。他们原住的阳台山的两大草寮,改成了伤兵医院。如何保证韬奋的安全是个重大问题,上下都在精心研究和思考,根据上级指示,韬奋不能去桂林,更不能回重庆转延安,最好是在广东境内,找个妥当的地方隐蔽较长时间,静待时机。

在光头仔时,于伶、章泯为纪念"三八"妇女节排练了活报剧及"叠罗汉"式妇女塑像默剧,也有唱歌节目,在容得下一团人避雨的大榕树下演出。这次演出对游击队要筹建文工团有了个好的开端。

4月初,东江大队部负责同志,聚集在光头仔山村边的一座国民党军队留下的破碉堡内,为韬公全家和胡绳、于伶、章泯等将离开的一些人饯行。饭桌上摆了几样难得的菜,大家一面吃饭,一面交谈,谁也不愿意流露出别离的情绪和语言。上了一道"大菜",是用脸盆装的炖得烂熟的一只大公鸡。这一下宾主同样都动了情,大家举着筷子谁也不愿先动。沉默了一会儿,司令员夹了鸡腿放在韬公碗里,韬公立即夹了另一鸡腿回敬司令员。在这个无声的动作中,政委尹林平才说:祝韬公和同志们,也祝我们的部队,前程远大!于是大家互祝互勉。这真是一次不寻常的饯行宴会。

韬奋和家人告别,也和最后一批离开的人告别,正好是清明节,在春雨中撑着伞,他和司令员、政委、大家挥手,离开的人们,满脸是雨水和泪水……就这样分手了。对有些朋友来说,没有想到这是同韬奋的永别!

东江的人们,会永远记得韬奋生活在这里近 3 个月,日日夜夜所撒下

的情和爱,同他在这里一起相处的朋友们也不会忘记他的东江行。正像胡绳所说的那样:"一个真正战士的人格会在艰难的境况中更辉煌地表露出来。"(《韬奋的道路》,生活·读书·新知三联书店香港分店 1978 年 1 月版,第 74 页)

第三十八章　在梅县隐居

邹韬奋离开东江纵队,到广东梅县乡间隐居的半年中,是他一生中不平凡的农村生活,他自己认为这是一段可贵的锻炼,使他向农民学到了很多东西,从而认识了中国农村和中国农民对中国革命的地位和作用。特别是他利用了具体环境中的特殊条件,使他得到了研究中国共产党历史的机会,补习自己认识上的不足,因而更加坚定了他对共产主义的信念和执著追求,从而他下定决心奔赴苏北转往延安。

同时,国共两党在怎样对待邹韬奋的问题上,展现了极其尖锐而复杂的斗争。它虽然是非武装斗争形式,但确实是皖南事变之后,国共两党在华南地区的一次意义深远的较量。

前曾提到,国民党反动派以蒋介石为首,指令中统局和军统局两大特务系统,加紧了对邹韬奋的迫害活动;而中国共产党中央则针锋相对,由周恩来副主席亲自主持,组织中南局、华南工委廖承志、连贯等有关同志,巧妙地采取了保护邹韬奋安全的一系列措施,使国民党特务到处扑空,而韬奋却胜利脱险。这场斗争,是在广东展开的。

一、选定了江头村

中共华南工委接到党中央关于保卫中国文化界精华的紧急指示,立即集中力量组织营救。工作分三方面进行:在香港进行联络集中,秘密返回;在东江游击区组织武装力量进行接应、护送;在国民党统治区由廖承志、连贯两人分别到曲江、老隆,部署向内地撤退的安全措施。

与此同时,国民党反动派从重庆派往广东大批"中统"和"军统"骨干分子,并调遣广东所有"中统"、"军统"特务,到东江一带开展侦缉活动。他们以防日特、汉奸混入内地为名,在粤东地区遍设港九难侨登记处。一

方面通令所有从港九回来的同胞必须亲往登记,领取难侨身份证;另一方面增派特务,对各登记处和水陆所有关卡进行检查。

在国民党统治区的迎接护送韬奋等人的安全工作,是由廖承志、连贯直接领导的。他们原以"争取中间势力"为目的建立起来的商行,以及商行所发展的社会关系来组织掩护,又通过商行的关系,向国民党惠龙师管司令部领到几百张港九难侨身份证,送到游击区发给文化界战士们。再利用国民党驻老隆税警团的掩护,在当地设立商行办事处,以招待香港股东逃难家属的公开名义,把文化战士们接到预设的招待所里。此外特别利用平日以经济利害和军统特务西南运输局监察处运输检查建立的关系,使自己商行的车辆在老隆、曲江一带不受检查。这样,便避开了特务的登记审查,及遍布酒馆、旅店和沿途关卡的侦缉爪牙。在上述关系理顺,而且多次运用之后,结合韬奋暂留广东的具体情况,经过反复研究和思考才决定他的去向。承担这一"公开隐蔽,严密防范,保证安全"的重大任务,是冒着很大风险来进行的。

1942年4月间,郑展奉连贯之命,前往梅县找到刚从香港奉命调回参加营救任务的胡一声,要他在梅县找一安全妥当的地方安置邹韬奋。胡系中共党员,香港中国新闻社负责人之一,也是广东救国会负责人之一,他曾在上海和钱俊瑞合办过《现世界》杂志和引擎出版社。他这次从香港调回后,先在惠阳、老隆建立接待分站,再到兴宁、梅县做种种部署。他对韬奋很敬佩,也知道韬奋滞留东江的情况,可惜尚未会面。

胡一声写道:"我再三考虑,选中了畲江、丰顺交界处江头村的陈启昌家。启昌是我在大革命时期的战友,他的父亲陈卓民也是老同志。大革命失败后,他们父子被通缉,全家跑到南洋住了十多年。1940年陈启昌也被英殖民主义者驱逐出境,他们回到故乡,修复旧居。那时,陈启昌又在韶关、兴宁、惠阳各地与东江纵队商业机构联系,经营生意,人们以为他是大老板,交游的客商很多。我觉得把韬奋作为商人安置在他们家里是最为安全妥当的。我和郑展同到江头村与陈家父子商量。他们一口答应,很快作了稳妥而慎重的安排,我们又征得连贯同志的同意,韬奋也满意。"(《忆韬奋》,学林出版社1985年11月版,第361、362页)这里需要补充陈启昌的一些情况,他原名陈炳传,又名陈劲军,系中共党员。他在第一、二次国内革命战争时期,曾先后任广东梅县特支组织委员、团县委书记、团地委书记等职,后在马来西亚、印尼、香港等地从事革命活动。解放后在广州社会科学研究所工作。十年动乱中受迫害,1969 年 4 月含冤去世。当时,他是位经过地下党组织考验过的共产党员,是位作出贡献的好同志。

据陈启昌介绍,他的家乡江头村具有几个有利条件:它是梅南的一个山村,有六七十户人家,多是姓陈的。地处梅、丰两县的边区。大革命失败后,青壮年男子多已逃亡海外,这里不再是反动派注目的地方。政治条件好,各阶层群众对国民党的反动统治极为不满,而且有过历史上的血海深仇,陈的祖母被杀。第一次国内革命战争时,梅县第一个搞农民运动的陈嘉模就是以同姓关系入手,在这里组织起第一个乡农民协会。第二次国内革命战争时,这里也是一个苏维埃村,畲江区苏维埃政府曾一度设在这里,曾遭受反动派多次围剿,屠杀了 30 多人。

当郑展陪同韬奋到陈启昌家时,受到他全家老少的欢迎和招待。韬奋常说,他好像在自己家里一样。

二、住在一个革命家庭中

陈启昌和父亲陈卓民,他们都早就知道韬奋,因阅读过他办的刊物,他写的书籍,也知道他主办的生活书店是进步书店。无须多作介绍就倍感亲切,连陈启昌的 11 岁的二儿子(漫涛)陈汉辉,都觉得他家中来了个亲人——"李伯伯",每天都由爷爷和他陪伴。

韬奋一到江头村,就改名换姓,也改变了身份。当时,给他代领的难侨证上的名字叫"李尚清",香港某某商行的股东。向外人讲,由于战争的关系,他入股的商行停业,经济上受了重大损失,因而他的精神受了很大刺激,需要在乡间休养一个时期。

陈启昌安排他父亲和儿子专职保护韬奋,因为他父亲是位老革命,在第一、二次国内革命战争时期,曾同陈嘉模一起搞过农民运动,组织农民起来革命,具有丰富的经验,虽然长期流亡国外,也没有放弃革命工作,在马来西亚发动民族解放运动,后被英国殖民主义者驱逐。全面抗战爆发,国共第二次合作后,回到家乡是以归国华侨的身份。他一向为人正直,在乡间有一定的社会威望,历史上经受过残酷的政治斗争,因而也有应付各

种事变的经验和能力。他同韬奋也有共同的思想和语言,交谈起来充满了坦率和真诚。

由于陈启昌是在中共地下党组织安排下,承担社会职业的,他既是归国华侨,又是商行经理,无论到临时省会曲江,还是到梅县县府,结交的文武官员,富商乡绅,都是"上层人物"或社会名流,大小衙门,都有他的亲朋好友,这在别人的心中,他已不是"危险分子",而是显要的巨商,因而不会引起任何人的怀疑。

韬奋住在陈家,的确是个绝妙的选择。它本是一个久经考验的革命家庭,却经过许多社会装潢,成了"财源通四海,来往无白丁"的保险库了。当陈启昌陪伴韬奋在老隆商行办事处候车往梅县时,韬奋喜悦地向"炳哥"(启昌)开了一次玩笑,说:"我们现在有点像《水浒传》的好汉上梁山的情景。一想到上梁山,我便联想到你这位'柴大官人',今天我要到贵庄奉扰大官人了!"说完话张口大笑,脸上没有半点逃难的苦容。韬奋接着又补充说:"不过我们的柴大官人,祖上却没有陈桥让位之功,也没有先朝钦赐的丹书铁券,但囊里却有党授予的抗日民族统一战线的法宝,运用起这套法宝,使现代沧州衙门不敢正视您,高唐州的殷天赐和高廉辈也无所逞其伎俩。"说完又是开怀大笑。(《忆韬奋》,学林出版社 1985 年 11 月版,第 474、475 页)

陈启昌陪韬奋到了江头村他的老家,向他父亲说了真情,他父亲一听是韬奋,就特别钦敬,格外亲热,唤起了这位老革命的情感,处处关心新来客人的安全。启昌把韬奋安排在一个老学堂里,这里经过打扫,既安静又清洁。一排三间房,中间为客厅,东西两间都是卧室,东间住老人和孩子,西间住韬奋。

在漫涛眼里,新来的客人,身穿灰布中式唐装,头戴灰色毡帽,鼻梁上架着一副深色框架的眼镜,左手腕上还挂着一根手杖。看样子又是他父亲的商界朋友,所以深表敬意。启昌拉着二儿子漫涛(因为他出生在曼谷,大家都叫他曼谷),向韬奋介绍:他是村中有名的调皮鬼,会和大人斗智,顽皮透顶,韬奋抚摸着漫涛的头,微笑着说:"很老实嘛!"启昌向儿子说:"这是李伯伯,是和爸爸一起做生意的。"并向孩子布置:"每天早晨起床,烧水、抹桌、扫地、泡茶,照顾好伯伯。"他祖父又单独交代:"细心照料伯伯的生活、饮食,看到大人们做的事,不能向外人多嘴,要你做的就做,不要你插手的不要多问,外地来的报纸信件要及时送来,不许拆看!"

韬奋和陪住的一老一小,彼此照顾,亲如家人,通过短短几天工夫,全村都称韬奋"李伯伯",特别是孩子们,都愿跟着漫涛同"李伯伯"一道游泳。韬奋原说要"闭门读书"的,由于启昌一家老小妥善的安排,他感到住进了革命的家庭中,深感安全和满意。

三、特务刺探和保卫准备

风来树响,匪来扰民。从各种迹象看,国民党特务对邹韬奋的侦缉活动,日益加紧了。

日军占领香港以后不久,国民党在曲江出版的报纸上,以《时人行踪》栏目,登出了 3 次有关韬奋的消息:

一次说:"邹韬奋、茅盾、夏衍等 10 余人,由香港乘小渔船逃往广州湾,因中途遇风覆舟,估计可能已因此丧命。"

这则消息真真假假,反动派、特务作为喜讯相传;中国共产党、进步人士和其亲友们,或识破虚假而提高警惕,或不明真相引起疑虑而担心,或误信以为真,认为是报丧!

又一次消息是:"据闻邹韬奋等已到东江游击区,在游击区担任政治文化工作,前讯广州湾遇险消息不确。"

此消息说明特务侦缉活动加紧,侦来的真假消息既要向敌、伪通报,也给他们的上级通报。

当韬奋离开东江游击区之后,第三次发出消息是:"邹韬奋原在东江游击队,后因日寇进攻,闻已离住在东江乡间。"

这说明国民党特务,对邹韬奋追踪侦察,"就地惩办,格杀勿论"的罪恶指令,是准确无误的。

"过了几天,我到梅县城里去'摸行情'。"陈启昌写道:"到了该县县长处,他当着我和几个老同学的面大发牢骚,责骂特务尽找他的麻烦,'谁知道柳亚子在什么地方? 我和他又有什么关系?'一边说一边从抽屉里找出一封电报,该电报是假柳亚子的友人从重庆发出的:'梅县县政府探交柳亚子先生,老友均好,请即回渝,并转告其他由港回梅诸友。'特务试探性的毒爪已伸到梅县了。柳亚子当时也是国民党特务'就地格杀'的对象

之一。在一月前已由我们接送到曲江,隐蔽在曲江××商行一个股东家里。"(《忆韬奋》,学林出版社1985年11月版,第475页)

陈启昌由梅县城回到家里,把情况与韬奋和他父亲研究,都一致认为,必须严密戒备,一面组织保卫,一面作易地隐蔽的准备。

他们估计,特务纵使发现韬奋疑踪,还要经过一番深入侦查,收买内线,组织拘捕等一系列活动。村里可能充当内线的人极少,即使找到,由于许多条件限制,特务不会采取公开拘捕办法,很可能采取秘密绑架的方式,而且夜间行动的可能性大。经过这种分析,大家心中有数了,就开始做准备工作。

他们家里,有一支左轮枪,一支驳壳枪,他把启昌的外甥李彩凤叫来在家同住,万一发生意外,由他和陈卓民两人进行武装抵抗,另教漫涛领着韬奋跑往隐蔽的地方和道路。此外,并添购武器,发交族内贫苦正派的可靠青年。对他们公开的说法是:李伯伯是外来的客人,因地方不宁,为防土匪绑票,必须做好准备。不论白天黑夜,只要听到老学堂的螺号声或枪声,便来救援。氏族祖上存有步枪10多支。通过陈氏父子建议,全部发给族内青年保管使用,并议定村内盗匪警报信号一响,大家便勇敢上阵。告诉大家提高警惕,严密注意来村的担贩及陌生人的行动。他们有多次反围剿的历史经验,现在重新准备着。

陈卓民是有反围剿的丰富经验的,他反复告诉大家,在晚上如何辨别狗吠的声音,从中判断是个别过路人还是大队人马,距离是近还是远。一连几个晚上,大家都进行了辨别狗吠的演习。韬奋觉得新鲜有趣,几次匍匐在地上静听村头村尾狗吠的声音,进行了在各种不同条件和情况下跑往隐蔽地的演习,还进行了利用地形地物进行武装抵抗的演习。韬奋对这些实际演习,认为是很难得的学习机会,也很难找到这样有实践经验的教师,他认为这是对自己的补课。

连续几个白天,陈卓民背着罗盘带领韬奋,以察看陈姓祖屋、祖坟"寻龙找穴"为名,熟悉全村的地形地势和通路,以及穿山过屋,进行调查访问。韬奋兴趣很浓,每次回来,不但没有疲倦面容,而且认为这是极有意义的生活和锻炼,因为从调查访问中,了解很多情况,得到很多知识,特别是深入到农民中访贫问苦,使他了解到农民为什么在历史上不断起义,农民被逼无奈,要活下去,只能推翻压在他们身上的大山。在他看来,这是他一生历史上别开生面的新篇章。

四、难忘的"山村夜谈"

在这个只有六七十户人家的山村里,人们的主要业余活动,就是晚饭后聚在一起聊天。话题是很多的,村内村外的大事,天文地理,古今中外,奇闻异事,故事笑话,若有说书唱戏者,那就更加吸引人。

自从陈卓民陪同韬奋住进老学堂之后,老学堂变成了大家聚会的场所,一是它是全村的中心,二是这里来了新人物——"李伯伯",大家有了新话题。本来陈氏父子是全村聚议的中心人物,现在"李伯伯"一参加,聚会的人更加活跃了。每晚总有二三十人次,大家围绕着中心提问题,有的解答,有的补充,有质问,也有争论,无拘无束,各抒己见。比一人讲大家听好。这样形式活泼,内容丰富。韬奋对这种农村夜谈,评价极高,兴趣极浓。他说:这是农村人民生活经验交流的场所,是思想智慧的源泉,也是乡村文化的特种形式。他又说:这对他来说是一所"夜大学",在这"夜大学"里,可以听到过去没有听到过也难于听到的课程。他愿意在这样的"大学"里当个学生。他是夜谈会中最积极的成员。

韬奋在夜谈会上,听到群众提供的许多生动具体的材料,有现实的,有历史的。每当听到惊心动魄的故事时,韬奋都激动不已,白天他让陈卓民带领,仍以"勘察祖坟"、"寻龙捉脉"为名,背着罗盘,进行实地调查。

一次夜谈中,群众讲述了两年前关在本村的新兵,因不堪国民党军官的虐待,破监逃走,其中有5个受伤,被捉回来后活活地惨遭杀害,挖出心肝,并一个个用竹片撑开,挂在水怡楼门口的竹竿上,直到晒干了才收回去。住在水怡楼的陈福连,这时正害着病,一看见人心肝便被吓死了!

听了这个骇人听闻的事件,韬奋和陈卓民以看被杀害的祖母坟墓为名,到对面山岭,顺路踏看国民党军官戮杀新兵的刑场,以及挂竿晒人心肝的墙头,访问被吓死者的家属。韬奋非常沉痛地倾听死者家属的泣诉。这使他回忆起,在武汉时他曾到前线慰问抗日战士,亲眼看到伤兵的悲惨遭遇,由于国民党当时还在抗战,未加深责。但后来逐步暴露国民党不是决心抗日,不是走向民主进步,而是日益反共反人民,他们无视前线战士的疾苦,甚至在后方屠杀新兵,绝不是偶然的,而是反动政治本质的必然

表现。这对热爱祖国、热爱人民的韬奋来说，不仅是感情上的触动，而且是更加深刻地认识了封建法西斯的本性，也进一步认识了崇高的道德品质和崇高的正义感，是同共产主义的觉悟分不开的。这是他在"夜大学"的收获。

在夜谈会上，有人谈到本村人民斗争的历史，这引起了韬奋的异常重视。他对谈到的事件和人物，总要问个清楚和明白。夜间听了，白天就作实际调查和访问，对有的房屋和作战的山头，他都跟着陈卓民走遍。由于这种执著追求的精神，也促动了陈卓民回顾和重温他所经历的第一、二次国内革命战争的历史。他设法把埋藏在梅县一个亲戚家里的两箱子历史文献取回来，其中有整套当时党中央机关报《响导》周刊、团中央机关报《中国青年》、广东党区委机关报《政治》周刊、团区委的《少年先锋》、梅县地委的《青年旗帜》以及《犁头》周刊，《梅县妇女》、《东山校志》、鲁迅的著作、毛泽东的著作单行本、《资本论》等。

陈卓民在距老学堂不远的鸣岗楼特辟了一个秘密书房，供韬奋读书所用。他又带领孙子漫涛等到兰园屋的一间芦草间，从地下挖出两只用油布、石灰泥密封的水缸，一大一小，缸里藏着满满的书，还有大革命时期的农运党旗、农会袖章、会印等；还有陈启昌近几年从外面弄来的书刊，都放在秘密书房。

韬奋看到这批文献和书刊，如获至宝，认真阅读和研究。每天早饭后和午饭后，村里人都到田里干活时，便由漫涛陪着韬奋从楼的后门到秘密书房阅读。当韬奋一走进这个书房，就连声说："好极了！""我要利用这个时间认真补课。""中国人民革命的火炬在广东炽烈燃起来的时候，我还是一个不大关心政治的人，后来国共分裂，我也还是当做党派斗争。我自己不想卷入到任何党派斗争方面去。我认为谁执政都没有问题，只要能够政治清明，使祖国逐步走上富强的道路。我自己总是希望脚踏实地，为国家及人民切切实实做一些具体有效的事情。直到'九一八'事件发生，我投身到挽救祖国危亡的战线上，才逐步认识到挽救中国的唯一道路，只有唤起全国人民，实行反帝反封建的民族民主革命。从此，才认识中国共产党，按着党所指的方向努力。我对中国革命是半路出家，是通过自己的摸索，走了不少迂回道路的。"（《忆韬奋》，学林出版社1985年11月版，第479页）韬奋这番话，倾吐了肺腑之言，也勾画了自己发展的艰难道路。

　　韬奋在一次夜谈会上,听人说起一个名叫吴六奇的历史人物。此人在本村群众中,老少皆知,因他原名叫吴钩,即本村附近的丰顺县人。韬奋说他在一本名叫《风雪英雄》的书上,看到这是"知恩必报"的"风雪英雄"。但大家讲述的民间传说,并不是什么知恩必报的英雄,而是一个忘恩负义杀人不眨眼的魔王。韬奋觉得十分惊诧,于是一连几天邀陈卓民去参观离村五六华里的"吴钩岩",即相传是吴六奇未发迹时的山岩住地。又访问了相传是吴六奇部将隐居的莲花庵和回龙寺,还在附近访问一些老人,参阅丰顺的地方志,从各个方面考证这个历史人物。结果,考查证明:事实上吴六奇原系一个富家纨绔子弟,是一个赌徒,后来赌得倾家荡产,连房子也卖得精光,万不得已钻进附近的山洞里乞食过日,这就是"吴钩岩"的由来。他在附近庄稼地里偷茨挖芋,或在近处山村的屋前屋后偷鸡摸狗,交结了不少"江湖好汉",逐渐成为丰顺县内著名的黑社会大头目。明末,张献忠、李自成领导农民起义,广东农民随后也揭竿四起,吴钩也在丰顺起义,在埔丰一带做了土皇帝。清朝军队打到广东,他便接受招安,做了清朝的铁印总兵,清朝皇帝赐给他"援剿无分疆界"的权力,自此之后,他在潮梅东江一带疯狂镇压农民起义,成为一个杀人不眨眼的魔王。他得势后,许多过去的穷朋友去找他,他都说不认识。来找的人为了证明他们是老朋友,当面讲述当年穷困时如何一道去"偷茨挖芋"的往事,吴六奇冒起火来就判他个匪盗罪名立即推出斩首。后来索性命令门官,凡有以旧相识为名来求见的,一律杀掉。和他一齐起义的将官在他降清之后都陆续被杀了。剩下还有两个得力的将官,则私自隐居到莲花山和回龙寺当了和尚。

　　经过韬奋认真调查,使民间传说得到了证实,澄清了《风雪英雄》的颠倒和夸张,对吴六奇的真实面貌,认识更清楚了。再不能把"忘恩负义"、"杀人魔王"当作英雄来传播了,就像不能把汪精卫之流说成英雄一样!群众对韬奋的调查是赞扬的,韬奋自己认为,这是他有生以来第一次真正深入下层群众,因而也是"夜大学"的又一收获。

五、苦学客家话

　　韬奋初到江头村,不懂客家话,要陈卓民为他做翻译,为克服语言困

难,曾下苦工学习客家话,拜漫涛为师,并把日常用语写出来用英文字母注音。日常生活中学一句用一句,讲了就请人纠正。他是怎样在这样短时间内,掌握了客家话的呢?

韬奋每天晚上临睡前,像上课提问一样,要漫涛用客家话复述一遍全天他们的生活,还让他用客家话反复讲述生活中遇到的趣事,以便韬奋学用客家话。此外,每晚上的"夜谈会"上,无论和什么人打交道,都必须用客家话对话。就这样不到两个月,韬奋就在"夜谈会"上用客家话交谈自如了。

语言一通,同群众交往更加方便。韬奋认为,通过学和做,一定能把自己武装起来。他的做法是:需要什么学什么,要学什么就做什么。他不同意只学不做,也不同意动口不动手。

农民下地做活,韬奋争着送茶水,一说"李伯伯送水来",田野就响起欢笑声;农民收割打禾,他争取打禾的绞棒,都说"李伯伯怎能干这粗活",他说"我要学一学,尝尝辛苦的味儿。"

最有趣的是他学着做豆腐。这本是在"夜谈会"上,有人讲起孔夫子不吃豆腐的故事引起的。为了学会做豆腐,韬奋下了苦工夫,硬把这一课题攻下来。事前据他了解,七八斤豆子,可以做出一锅二三十斤的豆腐,剩六七斤豆渣,1斤多豆壳,还有10多斤豆浆水可做猪、牛的饲料。

正是端阳节,陈启昌家做豆腐,韬奋便和陈卓民、李彩风约定,他要自始至终都参加,并和李彩风作了一个考察记录的计划。从买回来的大豆过秤登记开始,再从大豆制成豆腐的每一个工序中,所加进和新产生的物质的增减数量,都分别进行过秤和登记。到了豆腐制成,便将记录的数字亲自核算,列出物质数量变化平衡表。韬奋通过这一系列实践,找到了大豆磨成豆浆后,在一定的温度条件下与盐卤发生化合而制成豆腐的客观规律,以及在这一化合过程中所发生的各种物质数量变化及平衡的客观规律。他掌握了豆腐生产的全部知识。

在一次"夜谈会"上,他向群众作了生动的解释。他说:孔夫子不吃豆腐只是传说,但他不懂得如何把黄豆制成豆腐这倒是可能的。幸好我在大家的帮助下弄清了制作豆腐的过程,否则一天两天,一月两月都还弄不清楚,我也许也会不吃豆腐的。这一解释,既有趣又有理,听的人哈哈大笑。韬奋告诉大家,这些道理就叫做科学。无论什么事情都有它的科学道理,将来大家都懂得了科学,就不会迷信,就能够相信自己的力量。大家听了从内心佩服,对他们来说,这也是第一次。

韬奋这种边学边做边教的方式,他同农民这样心心相印打成一片,对自己来说也是第一次。

韬奋在江头村,对成年农民和老年农民这样深入的联系,成为他们之中的一员,并与他们相处融洽,使村民们感到亲切,他受到了特别的敬佩。

他对这里的青少年呢?

韬奋对青少年的爱护备至是闻名全国的,普遍称他为青年导师,确实是当之无愧的。他在江头村的半年中,从生活感情到思想教育,都融为一体了,谁都不愿离开谁。韬奋自己也感到同他们一样年轻了。

不论谁也不管在什么地方找到他,提出什么问题,他都耐心地细致地帮助分析,都使提问者感到满意。陈启昌有个五弟在曲江读书,暑假回来因花钱太多,给他父亲大骂一顿,他五弟大哭起来。在这种情况下,韬奋一面劝老人息怒,一面将五弟拉在一边细说,并将五弟的日用账拿来,亲自核算,根据各个项目,分别总结。然后,用总结的数字对老人和五弟详加分析,指出哪一笔是必须用的,哪一笔是可用可不用的,哪一笔是多用的。经他这一实事求是的教育,老人和五弟都感动得相对流泪。

村里儿童每有急病,必找陈卓民设法抢救。这时韬奋也一定一起携带药便前往病儿家中协助护理。

韬奋对青少年特别注意爱国主义教育,常常对不同的对象,采取不同形式的方法。比如漫涛经常跟他在一起,又很聪明,有了一定的基础。有一次他和"李伯伯"一起到了村对面的立面岭,到了山顶,5公里以外的梅江和一眼望去的重叠起伏的山野,全在脚下。韬奋向四处一望,突然问:

"曼谷,看,多好河山,你喜欢吗?"

"喜欢。"

"要是被人抢走了,怎么办?"

"这么大的土地谁能抢得走?"

"日本鬼子!"

"啊,他们不敢到我们这里来。"

"为什么?"

"我们这里有东江游击队。"他指着梅江上游的远方。

"你知道谁领导我们打日本？"

"共产党！毛主席！八路军！新四军！"孩子说得既神秘，又有力，充分表达了他的信心。韬奋两眼湿润了，情不自禁地把漫涛抱起来，吻了又吻，亲了又亲。

韬奋身边经常有一群孩子围着他，总是要听"李伯伯"讲故事，于是，不是讲述中国历史上的民族英雄的故事，就是抗日战争的英雄故事。讲完了一个，就拉着"李伯伯"到村前溪中去游泳。在长200多米、宽30多米的清澈见底的溪水中，孩子们最喜欢与"李伯伯"一起游泳，有时打起水仗，好不热闹，"李伯伯"和陈启昌为一方，孩子们为另一方，打累了，往沙滩上一躺，孩子们有的骑在"李伯伯"背上，有的拉着他的脚，他一滚身，一伸脚，把孩子们滚入水中，弄得一场大笑。有时躺在溪边，他便给孩子们讲起故事来。这种边娱乐边教育，给孩子们留下极为深刻的印象，也给全村老少留下难忘的印象。

六、泪别江头村

韬奋初到江头村时，经几个人的共同研究，估计隐居时间可能很长，他曾打算写一本用马克思主义观点分析中国历史的书，以利于革命斗争的发展，还委托陈启昌代为搜集资料。

当韬奋想念到达桂林的夫人和孩子时，还曾想把他们迁过来，与他一起共享隐居之乐。可是写了一次普通平安信，还几经周转，才知道他们住在桂林郊区的陋室中，也不宜立即移动，通信亦不能直接邮寄，迁动只能待时机了。

8月间，韬奋的战友徐伯昕专程从桂林去重庆，向周恩来同志汇报了韬奋的情况，周恩来认为，韬奋隐居在广东乡间不一定就不出问题，为了保证他的安全，并使他能为革命继续发挥他的作用，建议韬奋考虑是否前去苏北抗日民主根据地，还可以从那里转赴延安。

9月中旬，中共党组织派原生活书店的干部冯舒之来到梅县迎接并护送韬奋北上去上海。

同时，中共华南工委，立即电示胡一声去韶关。胡在韶关得知国民党特务已侦察到邹韬奋隐居梅县乡下，增派刘百闵亲往，加紧侦缉，沿途关卡哨所,都放着韬奋的照片和密缉令。中共地下党组织布置的任务是:必须立即设法把邹韬奋护送出去。胡一声和冯舒之一起到达江头村,当面与韬奋、陈卓民、陈启昌共同商量研究。郑展由连贯派来参加护送。

韬奋充分理解党对他无微不至的关怀和爱护,坚决表示按照恩来同志所指的方向,到苏北去,在中国共产党领导下参加斗争,以贡献自己的一切,他也相信党必能把在桂林的夫人和孩子送到苏北去,和他共同参加民族解放运动的神圣事业。他非常感慨地说:他"过去主张实业救国,提倡职业教育,是资产阶级改良主义的空想;后来主张放弃武装,与蒋介石和平协商,联合救国,这简直是与虎谋皮!"他也十分愤慨地认识到:"我毕生办刊物、作记者、开书店,简直是'题残稿纸百万张,写秃毛锥十万管'了,但政权军权还在蒋介石手里,他一声令下,就可以使千万个人头落地!千万本书籍杂志焚毁! 连我这样的文弱书生、空谈爱国者,他都一再使我流离失所,家散人亡呢! 我现在彻底觉悟了,我要到八路军新四军方面去,在毛泽东、周恩来、朱德等同志领导下,参加革命斗争,争取加入中国共产党。"

韬奋还恳切地对胡一声说:你们是华侨,华侨对于中国革命运动历来是很有贡献的。孙中山的辛亥革命;黄花岗七十二烈士;讨伐袁世凯窃国称帝;省港罢工的胜利;北伐战争的胜利;抗日救国、民族解放运动都有华侨的功绩。据我所知对敢于抗日作战的东北义勇军、十九路军和八路军、新四军、东江纵队等,华侨都以人力、物力加以最大的支援。你们做华侨革命爱国运动的工作是极有意义的,万万不可放弃。对于日寇占领南洋各地后,华侨的处境,他尤其表示关切,对被沦陷在敌占领区的家属,表示了最深切的同情和安慰。

1942 年 9 月 24 日,在决定行程的前两三天,正是农历中秋节之夜,用"李伯伯"的名义,在江头村老学堂设便餐,邀请村里长辈和青年,表面上是过中秋节,实际上是韬奋向全村亲人告别。大家心里明白,几十双惜别的眼睛凝望着韬奋,一时谁都说不出话来,失去过去"夜谈会"上的欢声笑语。

夜深人散。韬奋和相处半年的陈启昌,漫步在老学堂门前的芙蓉树下,望着月夜的村景。韬奋满怀惜别地浩叹:"啊,江头村,革命的江头村哟!"接着又说:"炳哥! 我不能忘记江头村,这里是我第一次深入接触的

祖国农村,是我第一次和祖国劳动人民交往的场所。从这里我学到了许多东西,领受到语言说不出的深情厚意,从这里引起了我不少惨酷与壮烈的想象。在想象中,我看到历史的和现实世界的屠夫们的血手,也看见中国人民对着屠夫们的浴血搏斗。在这里的半年生活是我一生经历中有极深刻意义的一段,将来我一定要把这段生活写出一本详细的回忆录来。"(《忆韬奋》,学林出版社 1985 年 11 月版,第 483 页)

临别之前,胡一声和韬奋议论起鲁迅的著作,在"秘密书房"里,韬奋刚读过《鲁迅全集》,过去,韬奋也读鲁迅的著作,这次重温,就感到新的深刻认识,他对胡一声说:"鲁迅先生的作品都很好,我喜读他的小说,尤其喜欢他的匕首投枪式的杂文。他的旧诗也是意味特别隽永,感情特别炽烈。至于他的散文诗,我觉得尤其深刻动人,沁人肺腑!"(《忆韬奋》,学林出版社 1985 年 11 月版,第 363 页)

韬奋兴致勃勃地给胡一声写了一幅中堂,内容是录鲁迅的一首散文诗:

"历史上都写着中国的灵魂,指示着将来的命运。只因为涂饰太厚,废话太多,所以很不容易察出底细来。正如通过密叶投射在莓苔上面的日光,只看见点点的碎影。"

给陈启昌写的,是《狂人日记》上的语句:

"翻开历史一查,歪歪斜斜的每页上都写着仁义道德几个字。仔细看了半夜,才从字缝里看出字来,满本都写着两个大字是'吃人'。"

这两幅中堂,都是在"秘密书房"里,由漫涛磨墨写的。均署名"韬奋"于"九月二十二日"。这才使漫涛知道"李伯伯"的真名了。

陈卓民老人陪伴韬奋半年,确实具有生死与共的感情,他造了为全家住的新屋,尚未完成,作为新屋"作庐"落成纪念,特请韬奋作屏条留念。韬奋应命写了 4 个条幅以示庆祝。这 4 个条幅共 350 多字,是韬奋留在这里最长的墨迹。一直为陈卓民老人珍藏,需要说明的是落款时间为"十一月十四日",据说这是"良辰吉日",是准备搬进新屋的日期,不是书写日期。(作者注:韬奋所写以上 6 个条幅,解放后均由保存者献给韬奋纪念馆)

9 月 27 日晨 4 点左右,韬奋告别江头村,胡一声先期离开,陈卓民、陈启昌、漫涛祖孙 3 人送行,李彩风提前"探路",了解"行情",直接护送的是郑展和冯舒之 2 人。韬奋走走停停,真是难舍难离,走到溪水边,他站住了,这是他常来游泳的地方,走到班鱼塘路口,他又站住了,这是他常来散步的地方。

　　当说"再见"、"再见"的时候,个个都是眼泪盈眶,谁也看不清对方的面孔了!

第三十九章　奔向苏北抗日根据地

这次韬奋离开梅县江头村,踏上去苏北的路,是他生活经历中的第六次流亡。前五次的流亡情况如下:

第一次,1933年7月至1935年8月,环绕地球一周;

第二次,1936年2月,蒋介石派杜月笙逼赴南京,未果,韬奋流亡香港;

第三次,1937年11月,离上海,为避开日寇,绕行到武汉;

第四次,1941年2月,离重庆,出走香港;

第五次,1942年1月,从香港偷渡到九龙,日军占领港九,逃亡到东江游击区。

一、冒险踏征途

这次与前几次不同的是在国民党反动派紧急侦缉下,沿途布满特务,并奉命可就地格杀,随时都可能遭到不幸,虽如此严重,但由于有着中国共产党组织的护卫工作,一路上险情横生,可都幸免闯过。总之在这6次流亡中,其中4次为蒋介石所迫,两次系摆脱日伪控制。

在江头村未动身之前,研究了离开的两个方案:一是江头村走东北到福建,从闽北,经赣北转上海到苏北,这一路比较安全,但山路崎岖,交通不便,多是步行,恐韬奋吃不消;另一方案是直奔粤北到湖南,经长沙、武汉,水路乘船达上海转苏北,这一路好走,交通顺利,但风险很大。结果否定了前者,选定了后者。

当韬奋在郑展、冯舒之护送下离开江头村的前一天,就约定胡一声先到兴宁县城作准备,胡准备了两辆货车,由兴宁直赴韶关(当时的曲江)。韬奋、郑展、冯舒之乘前一辆,郑展装做和他两人不认识,以防万一。胡一声乘后一辆尾随前往,万一发生意外,或韬奋被绑架等事,胡还可以设法营救,因当时这类事情经常出现。由韶关坐火车到湖南渌口,由郑展、冯舒之继续护送,而胡一声在韶关等候消息。以后由冯舒之一人护送到上海交接。这一计划是研究决定的。他们按计划在兴宁乘车,顺利地到达连平,在连平住了一夜,第二天到达韶关东郊牛头潭住店。

韶关是广东当时的军政中心,交通枢纽,也是特务密布、军警林立的重要关卡,他们事先研究,到此特别谨慎。他们的车之所以到牛头潭一家梅县人开的"香港汽车材料行"就住下来,因为这里聚集着许多汽车材料商人,便于摸清"行情",怎样才能顺利乘上火车。他们当天就去车站买了火车票,准备第二天早6点赶往火车站,继而离开韶关。

第二天早晨,他们分乘3辆人力车,冯舒之在前,韬奋在中间,郑展在最后,本想躲过车站严查,计划按时间赶到,人上火车立即开动。不料,当人力车穿过闹市时,由于人多,韬奋乘坐的人力车,撞了一个国民党下级军官,车夫向军官忙赔不是,那个军官又打又骂,拦住车子不许走,一大群看热闹的人把他们团团围住。郑展见势不妙,从人群中挤了进去,忙把坐在车上正着急的韬奋接引出来,另雇一辆车子赶路。由于事前把时间扣得过紧,经这一阻挠,他们到达火车站,已误了开车时间,眼看着火车开走了。他们抱憾而回牛头潭。

经这一番折腾,引起了一个国民党特务的注意,在回牛头潭的路上,郑展发觉后面有人骑自行车紧追不舍,心里正在着急,恰巧遇到一个国民党下级军官的梅县同乡,郑展让人力车停下,装做很亲热地大声和那个同乡军官谈话。那个跟踪的特务听了一会儿,以为是跟"自家人"发生了"误会",就这样扫兴回头了。

郑展是中共地下党派出的"交通员",对粤北一带很熟悉,他是梅县人,结交很广,处理事情很机警,应变能力很强,由他负责护送韬奋出广东,是很恰当的人选。

第二天,他们买的是下午的头等卧铺票,韬奋和冯舒之一间,郑展在隔壁一间。火车开动后,照例进行严格检查,韬奋装做患重病,睡下不动,一切事情都由冯舒之对付。宪兵虽然来势汹汹,但他们妥为应付,特别是看了韬奋的一套假证件之后,也就无言以对了。

火车只通到株洲以南的渌口。他们下车后,到一家小饭铺里吃过饭,

改乘汽船去长沙。这样郑展完成了任务,到这里就同他们分手了。韬奋临上船时看到郑展在后面,他一时忘了他们装不认识,突然过去走到郑展面前,郑展想暗示他已来不及,连忙说:"李伯伯,你快请上船,祝你一路平安!"韬奋仍情不自禁地过去同郑展握别:"你辛苦了,我非常感谢你!请你回去告诉南方的朋友,感谢他们的大力协助,到了目的地我要写一本《民主在中国》的书,和大家见面,决不辜负朋友们的关切。"韬奋那种诚挚激动的表情使这个青年人也忍不住落下泪来。(《韬奋的流亡生活》,生活·读书·新知三联书店1979年12月版,第108页)

韬奋和冯舒之乘坐的船,于午后1点多离开渌口,当晚就到了长沙。次日又乘小汽船前往益阳,后因水浅改乘木船去南县。过了湖南湖北两省交界的藕池口,即进入敌占区。

冯舒之原为生活书店职员,专在上海和衡阳、桂林之间搞运输贸易工作,他对旅途上如何随机应变地进行掩护,有丰富的经验。这时他为更能证明商人身份,在藕池口买了一批湖南出产的土碗装到船上,准备带到汉口卖出。可是船行不久,又因水路中断,只得弃船登陆。冯又把土碗卖掉,雇了一个挑夫挑着行李,准备吃点东西再走。

他们刚到一家小茶馆坐定,忽然有五六个伪军跑了过来,挑夫看见伪军来了,忙把放在店门口的行李搬进店老板的房间里,伪军看见了搬动行李,引起了他们的怀疑。这几个伪军就把韬奋和冯舒之分开严加盘问。他们按照事前商量好的口径,说他们原在香港经商,韬奋是老板,冯是伙计,现在要回上海去。这几个家伙看了证件,又翻检了行李,没有发现可疑的东西,就放了他们。韬奋的一只手表被拿走了。一场虚惊过去,他们离开小茶馆,走了一段路,又乘上了船,夜晚到了汉口市郊。他们为避开日伪岗哨,趁夜步行去汉口市区。因路较长,韬奋又没有戴眼镜,艰难地拖着两条腿走着,到晚11点才找了一家小旅馆住下。

次日,冯舒之经过别人的介绍到一家金铺,请他们代买了身份证,又定了两张去上海的头等舱船票。他们为候船在汉口住了三四天。每天有日本宪兵来旅馆盘查,虽没有引起大的麻烦,但总有些提心吊胆地怕出问题。

韬奋和冯舒之乘船,顺流而下,四五天之后,就到达上海。在船上也经受了盘查,都由冯舒之的机警应付而过关。韬奋对于一路精心照料他的冯舒之非常感谢,恳切地对他说:"如果没有你,我真没有能力使自己平安地到达上海。"从梅县到上海,共花了20多天的时间。他们一到上海,就去复兴中路(当时叫辣斐德路)东升里陈其襄家里。

陈其襄是自1930年就在生活书店的同事,抗战初期曾任南昌分店经理。当时陈为生活书店留在上海主持后方的运输贸易工作。他的寓所门口挂着"正泰行"的牌子,他担任这个商行的经理,副经理也是生活书店的老同事张锡荣。为内地贸易进货的方便,他们还找了一些朋友合伙开了一家"德和企业公司",也由陈其襄兼任经理。"德和"设有百货门市部,是一个完全公开的商行。

大家皆为韬奋逃脱蒋介石的魔掌而高兴。而韬奋希望迅速离开上海去苏北。经陈、张等人研究,必须找可靠人选护送。他们想到原在桂林生活书店后撤到苏北大众书店工作的诸侃正任交通员,对来往上海苏北最熟悉,他正好要来上海汇报工作,据他说,陈毅司令已知此事,很欢迎韬奋到苏北。他们共同研究了行动的每个细节。

韬奋在陈其襄家里住了两夜,即搬到一个"济公坛"的楼上去住。"济公坛"是陈的叔父和一些信仰佛教的朋友设立的一个弄堂里的佛堂。陈的叔父是一个邮递工人,和生活书店有着友好关系。

上海自日寇侵占后,采取法西斯的恐怖政策,镇压人民,特别是太平洋战争爆发以后,上海的公共租界和法租界被日军接管,进步的文化界人士,或遭暗杀,或由日本宪兵司令部公开关押,此类事屡屡发生。韬奋在上海的熟人较多,因而他到上海后,不能外出走动,只能藏在室内,等候苏北的消息。

原来韬奋在梅县江头村的时候,发现右耳开始鸣叫,后来红肿起来,接着从耳中流出些黏液,还有阵痛。陈卓民老人是村上的名医,对韬奋的耳病非常关切,认为这是一种"脓肿病",忙用民间土方给他治疗:到山上采集一些草药,将其捣烂敷在耳朵外面,再把草药捣碎,榨出水汁拌上蜂蜜内服,经过这样外敷内服了三四个星期,耳朵里的黏液逐渐减少,疼痛程度逐渐减轻,红肿也逐渐消失,韬奋以为病起自游泳时灌进脏物引起,经老人治疗已好,没有在意。到了汉口,右耳又淌黄水,虽未大疼痛,韬奋已在疑虑,由于人地生疏,停留短暂,不便治疗,冯舒之只到街上买了一瓶药水擦用。到了上海之后,不好外出治疗,直到决定了去苏北的日期,才

跟静安寺路(今南京西路)一位有名的 X 光专家约定,利用晚间这位医师停止门诊的时间,前去诊断。这次诊断只说患的是中耳炎,韬奋以为,不久就会痊愈,当时环境险恶,也不允许作进一步医疗,就带着病到苏北去了。

1942 年 11 月初,韬奋从上海准备去苏北。本来上海与苏北仅一江之隔,但一切通往苏北抗日根据地的港口和道路,都被日本宪兵、特务和暗探严密地监视着,一旦他们认为是可疑分子,不是立即拘捕,就是暗探追踪。因此,韬奋去苏北,就需要十分周密的准备和布置,瞒过敌人的眼睛,安全才有保证。这是中共上海地下组织与苏北根据地一致妥善研究的问题。

苏北根据地派一位 20 多岁的女同志到了上海,她名叫王兰芬,是原生活书店华青禾的爱人,现在苏中大众书店工作。她是地道的苏北人。这时恰好有位华老太太听说此事,情愿伴送韬奋前往苏北。她是位爱国母亲,原籍无锡。她的一个儿子两个女儿都在年轻时就参加革命。她曾帮她的女儿携带宣传品,风尘仆仆地奔波在上海无锡之间。她的一个女儿在抗战以前因加入共产主义青年团在上海被捕,她也被牵累入狱。她爱她的女儿,更相信她的女儿,相信她女儿的行动是正义的,是为了祖国,为了大多数人民的幸福,所以她被捕期间毫不畏惧,获释以后,也不干涉女儿的行动。她的另一个女儿是共产党员,在福建参加革命工作被国民党杀害。她为这个女儿的牺牲很伤痛,但是她知道,女儿是为革命献出自己年轻的生命的。华老太太从她女儿身上了解韬奋,同情韬奋,愿意冒着很大的危险伴送韬奋。

韬奋、华老太太和王兰芬,临时结成一个"家庭",岳母、女婿和女儿。另外还有两个青年交通员(其中之一为诸侃)领路,沿路有新四军秘密设立的联络站照料。韬奋等 3 人在德和公司门口分乘人力车启程,张锡荣另雇一人力车尾随于后。到黄浦江外滩,离停靠岸边的航轮尚有一段距离的地方停车,华老太太、王兰芬搀扶着"病人"韬奋缓缓前行。张锡荣下车后抢在 3 人前面找到离航轮不远的诸侃,诸侃向黄浦江上一挥手,一艘小舢板飞快驰来岸边,"一家"3 人登上舢板,诸侃随后,立即向航轮驰去。回头看岸边,人山人海,正在逐个受日本宪兵和伪警的检查。"一家人"则避免了这道关卡。"一家人"登航轮之后,由诸侃带领乘上 4 个铺位:"岳母"念佛,"女儿"悲戚,"女婿"重病叹息,"商人"诸侃则同他们"一家"是初相识,以瞒骗各种检查。"一家人"的装扮是这样的:韬奋身着古铜色的呢袍,戴上一顶黑色毛皮筒帽,脱掉了眼镜,装扮成了一个商人,化名"季晋卿"。华老太太提着一个烧香的香篮,衣襟上挂着一串佛珠。王兰芬穿着布短衫,长裤,手上拎一个小包袱。让人家一看就知道他们是普通的老百姓。韬奋不戴眼镜看不清楚,只得装做有病,由王兰芬和华老太太搀扶着行走。一路需要说话的事情,都由从小在苏北生长的王兰芬去对付。他们安全地渡过了长江,通过敌人的封锁,在靖江上了岸,顺利地到达共产党领导的苏中抗日民主根据地。韬奋兴奋异常,倍感亲切和温暖,虽然花了一个多月的时间,经历重重险境,但终于如愿地到达了久久期盼的苏北,心头有说不出的喜悦。华老太太一完成伴送的任务,就要回江南,那时没有适当的人相送,她说:"不要紧,我一个人会走。"她独自回上海了。以后,韬奋常常想起这爱国的慈母。

二、看到了新中国的光明前途

11月22日,韬奋在王兰芬和诸侃的陪同下,先到大众书店落脚,顿时大众书店的员工激动起来,纷纷出来迎接。说起大众书店,这是毛主席同读书出版社创始人李公朴的谈话中倡议的,进步文化出版工作应逐步向敌后抗日根据地转移,周恩来在重庆和韬奋商谈过怎样贯彻这一指示的问题,又和徐伯昕、黄洛峰、徐雪寒具体安排过这件事情,他要生活书店、读书出版社、新知书店调派干部在苏北开设大众书店,此是其中之一。同样在延安、在太行山都分别去开了书店。韬奋对这个书店和同志们都感到特别亲切,当王兰芬搀着韬奋,诸侃随在后边,徐步走进书店,王欢叫着:"邹先生来看我们了!"大家简直不敢相信。韬奋激动地和大家握手,说"我回到家了。"从大后方转来的生活书店的同志个个流了热泪。在大家的一致要求下,韬奋留在书店住宿。他和书店的同志们像久别重逢的家人在一起欢聚,他说:"我到了书店,看到了你们,也就像到了自己的家一样。"他勉励他们为供应根据地军民文化生活的需要,在敌我斗争极为尖锐的环境里战斗,他说:"眼前的困难是暂时的,党需要我们,敌后军民需要我们,要克服一切困难,坚守岗位,决不能后退。"(《忆韬奋》,学林出

版社 1985 年 11 月版,第 352 页)他对每个同志嘘寒问暖,关心大家是否适应这里的生活。大家感到了极大的鼓舞,增强了无限的信心。大家称之为"难忘的一夜"。

同大众书店在一起的还有新四军苏中军区第三军分区的《江潮报》。韬奋又兴致勃勃地参观了这家油印小报,并亲切询问了编辑、通联、发行的情况,他赞赏这张报刻写蜡纸的功夫,说东江游击队也有这样的油印报,像铅印报一样。

当大家共同要求座谈时,韬奋忘记了途中的劳累,以身临其境、亲闻目睹的生动形象,介绍起他在东江游击队的见闻来,在说到游击队的两位领导人时,出身、相貌、性格、群众称呼他们的绰号,带出传奇性的故事。谈到游击队的艰苦生活时,着重从自己的体验谈起,几乎天天要跋山涉水,急行军,有一次自己怎样从山坡上滚下来,边谈边动作,衬托出游击健儿们在艰险中磨炼出来的本领和自己爱慕他们的心情。他又精辟地分析了时局,把中国的命运寄托在共产党和八路军、新四军身上。当有人问道:国民党蒋介石积极反共消极抗战结果会不会投降日本?他回答说:"蒋先生是很为难的,他挂着两块招牌,一块是三民主义,一块是抗战,两块招牌全丢了,他也就什么都完了!"引起了群众会心的笑声。(《忆韬奋》,学林出版社 1985 年 11 月版,第 444 页)

第二天,韬奋被接到东台县东部的三仓地区。住了半个月。这里是中共苏中区党委、苏中区的行政机关和新四军一师师部的所在地,党、政、军首长粟裕、陈丕显对韬奋热诚款待。当时,陈毅军长曾去电苏中区要求保证韬奋的安全,并希望在盐城地区新四军军部会见韬奋,共商如何在华东广大解放区开展文化出版事业。

韬奋在苏中区党委委员、苏中行政公署文教处处长刘季平陪同下去垦区调查、访问,他对解放区的一切,都有强烈的兴趣,走到哪里都可以提出一连串的问题,一面提问题,一面作记录。同时他也兴高采烈地回答向他提出的问题,通过对比,揭露了蒋管区的腐败和黑暗,他说他到了解放区,亲自看了乡上进行的选举,找公署民政处处长深夜长谈之后,才看到真正的民主,也才有力地驳斥了资产阶级学者所说的解放区没有文化,不会运用民主的瞎说。韬奋了解解放区真实情况,不是为了自己的"学问",而是为了同敌人战斗,为了保卫革命事业。

　　韬奋所到之处,都有不少人向他提问题,要求同大家讲一讲,他从不拒绝,他认为这是一个文化战士的责任,就是他在发病时,也要服药忍痛,一一解答,绝不让群众失望。特别令人感动的是:他不顾病痛,不顾危险,而主动向公署领导要求,去敌占边沿地区向群众讲演。他要以讲演作武器,作号角,去唤醒边沿地区群众的爱国心,鼓舞他们的抗日斗争意志,给那里的群众留下了难忘的印象。

　　11 月底,韬奋从三仓随同苏中行政公署与一部分部队转移至南通县骑岸镇,又住了半个多月,继续进行社会调查。

　　1943 年元旦,在温家桥南通县中学讲演,群众听说后,四面八方,纷纷涌来,不仅附近 5 至 10 公里的镇上和乡村,就是敌占区的南通县城和镇上,也有人偷偷跑来!把整个场子挤得满满的,连附近麦田、教室前后的走廊上也都站满了人,到会的有师生、干部和青年几千近万人,事前就知道他讲演内容是根据地的观感和大后方的情况。几千双眼睛热切盼望着这位坚强不屈的战士,他在热烈的掌声中走上讲台。

　　韬奋身穿新四军的蓝色大衣,虽经长途跋涉,又患严重耳疾,面容显得有些瘦削,但精神状态仍是那样神采奕奕。刘季平致简短的欢迎词,他说:“我现在给诸位介绍一个人,这个人为中国的进步文化奋斗了二十多年,他教育了全国广大的民众,许许多多人都在他的指示之下站了起来;这个人鼓吹抗战,呼吁团结,使我国团结抗战的政策能够坚持到今天;这个人为全国人民争取自由,提倡民主,和顽固派反动派作坚决的斗争,他自己宁愿过着流亡的生活,但对顽固派反动派决不让步;这个人在病痛中间一面熬着痛苦,一面还是不肯放弃他的工作,停止他的斗争;这个人不是别人,就是我现在所欲介绍给诸位的邹韬奋先生。”(《韬奋的道路》,生活·读书·新知三联书店香港分店 1978 年 1 月版,第 122 页)接着韬奋就滔滔不绝地讲起来。他讲了当时的国内外形势,揭露“大后方”的黑暗情景,也谈到了对根据地的观感。他坦诚地说:“我到根据地来不久,对一切都很生疏,正像一个刚进学校的小学生一样,懂得的东西是很肤浅的,然而使我感奋的是我从事民族解放、民主政治和进步的文化事业,虽然有了 20 多年,可是看到真正的民主政治和进步文化,还在今天开始。”他在讲演结束时打了个生动的比喻说:“抗战已到了恭贺新禧的阶段。我目睹中国人民的伟大斗争,使我看到新中国的光明已经在望了。努力吧!我向大

家恭贺新禧!"(《忆韬奋》,学林出版社1985年11月版,第306页)他的讲话充满了抗战的胜利信心,听众也像他一样满怀胜利激情!

讲完之后,他的病又发作了,头部、耳部都像针扎一样刺痛。可是,就是在这种情况下,他并不停止工作,他仍在修改第二天的座谈会讲话稿,时而托腮凝思,时而奋笔疾书,时而抚摸痛处,时而来回踱步。后来由学校出面到敌占区请来一位医师,给他打了止痛针。就是如此,他也工作到深夜。

第二天,韬奋在座谈会上为通西青年以及各界人士解答问题,提问来自各个方面,有政治的,有学术的,也有生活修养的,还有恋爱婚姻的。有问必答,字字铿锵,爱憎分明,给大家上了满意的一课。

最后,有人要求题词,有人要求合影留念,也有新朋友要求留下墨迹。在这里,他一连写了4幅字。其中为姜孝如医师写的是文天祥的《过零丁洋》一诗:

"辛苦艰难起一经,干戈寥落四周星,
河山破碎风飘瓦,生死浮沉雨打萍,
惶恐滩头说惶恐,零丁洋里叹零丁,
人生自古谁无死,留取丹心照汗青。"

给刘谷风题写的是陈毅《卫岗初战》一诗:

"故国旌旗到江南,
夜半惊呼敌胆寒,
镇江城下初遭遇,
脱手斩得小楼兰。"

韬奋到达根据地以后,总是以一个普通战士的身份要求自己。当时苏中行政公署的驻地在南通县的骑岸镇,物质条件较差,他的一切安排,都是为了适应战斗环境,锻炼自己,他在当时公署文教处办公室的一间房里,布置得像战士的住房一样简单朴素。一张门板搭的床,床上一个行军包。房内放一张旧小方桌,桌上放了几本书、日记本和稿纸。白天去讲演,夜晚在灯光如豆的情况下,还要埋头写作。别人劝他休息,他说心里话很多,要向群众倾吐出来,才能轻松。

三、再次要求加入中国共产党

韬奋自进入苏中解放区,1个多月以来,同刘季平朝夕相处,他们本来在上海彼此就很熟悉,到苏中相处更为亲切,平时议论颇多,毫无拘束。据刘季平介绍,这期间韬奋曾谈到如下一些内容:

第一,反占领论。韬奋说,在敌后从表面上看来敌伪是占领了一些地方,特别是城镇。但由于中国共产党的政治工作深入群众,深入人心,以至渗透到敌伪的内部,这些地方实际上并没有沦陷。不作这种实际分析,势必长敌人威风,灭自己志气。

第二,反扫荡论。敌人大肆宣扬对我"扫荡",由于敌人大规模进攻,我们主动放弃一些地方。韬奋认为,我军乘机利用敌人后方的空虚,捣毁他们的老巢,我们的势力范围更加扩大。敌人"扫荡"是越扫越散越弱,我们反扫荡是越包越紧越强。他对农村包围城市有了具体的体会。

第三,反伪化论。韬奋说,敌人在占领区想伪化中国人民的思想,遭到了游击学校、地方群众组织和广大群众的抵制。伪军伪组织也不是铁板一块,有不少人听从新四军的指挥。并非一伪全伪或纯伪,而是上伪下不伪,或是表伪里不伪,关键是要做分化瓦解工作。这些都说明日本侵略者伪化工作的失败。

第四,反投降论。韬奋还说,国民党一心对付共产党,他们同日本侵略者相互默契,指使伪军投降为敌效劳,镇压和杀害群众,他们搞的是投降、分裂、倒退。共产党团结根据地各阶层人民,坚持抗战,实行民主,干的是抗战、团结、进步。看来是:路子不同,效果相异。

韬奋和刘季平在议论中,把敌后敌我双方的形势归纳为以下几点:一是占领反占领,二是"扫荡"反扫荡,三是伪化反伪化,四是投降反投降。结论是什么呢? 韬奋一再地说:"中国是不会亡的。"(《韬奋的流亡生活》,生活·读书·新知三联书店 1979 年 12 月版,第 118、119 页)

韬奋在这里突出地运用了马克思主义的辩证法武器,从他深入的调查研究中所得的具体材料,上升到哲学高度进行分析。说明他的理论和

实际结合的精华所在。清晰地表达了"从群众中来，到群众中去"的工作方法和思想方法。使人不能不钦佩他的观察敏锐，思路清晰。

韬奋自进入苏中解放区的第一天起，当他同大众书店的同志们欢聚的时候，曾有一位尊他为师的青年沈一展，向他率直地提出了久压心头的疑问说："你对中华民族解放运动和共产主义事业，鞠躬尽瘁，是否允许我问一声，你是什么时候参加中国共产党的？"当时韬奋满怀激情，恳切而和蔼地回答说："我在抗日战争开始时，在武汉曾向恩来同志提出要求入党，他回答说，'你现在以党外民主人士身份在国民党地区和国民党作政治斗争，和你以一个共产党员身份所起到的作用不一样。这是党需要你这样做的。'"韬奋接着又说："我接受恩来同志的指示，到重庆后，又向恩来同志提出要求入党，他还是以前的意见，目前党还是需要你这样做。从武汉到重庆，直到我离开重庆到香港，其后，回到上海，转到解放区，我的一切工作和行动都是在党和恩来同志指示下进行的。"（《忆韬奋》，学林出版社1985年11月版，第353页）这一番掏心话，只有在这一场合，和这些战斗的伙伴们，他才倾吐出来。

韬奋的这番话，是真诚感人的，对听者是难忘的，对自己更是难忘的。他在苏中解放区考察的日日夜夜里，都在思考自己的信念加以印证，遇到一人一事，都和自己的追求联系起来。

在苏中解放区的考察告一段落了，韬奋希望接着到苏北去，因为那里有新四军军部，也是政治、文化的中心，从那里再转往延安去。

当韬奋和一直陪同他的刘季平告别的前一天，韬奋郑重而恳切地向刘季平表示："我曾经向周恩来同志提出过要求加入中国共产党。周恩来同志回答说，'你现在以党外人士的身份同国民党斗争，比一个共产党员的身份作用更大。'现在我已经不能在国民党统治区公开露面，这样的时期已经过去。我希望同意我入党。"（《韬奋的流亡生活》，生活·读书·新知三联书店1979年12月版，第120页）

刘季平同志答应韬奋立即向中共苏中区党委汇报，并向中共华中局报告。

邹韬奋正式提出要求加入中国共产党，这已经是第四次了，因为在武汉在重庆直接向周恩来两次提出之前，还向钱俊瑞提出过这一要求。但，当时均未如愿。

四、"这才看到了真正的民主政治"

1942 年底至 1943 春,日寇聚集 5 万人的队伍,向苏北解放区大举进攻,实际上是一场极残酷的大"扫荡"!正是新四军组织军民进行反"扫荡"的时期,这时韬奋刚从苏中转移到苏北,新四军军部却从盐阜区转移到了洪泽湖以南的盱眙县境内。韬奋仍按原计划进行。

韬奋由新四军一师师部派了一个连的战士护送他去盐阜区,他骑着马,战士们步行,沿着海岸向北进发。

当他们北行到大丰县的北面时,远远看到海边有一些人在走动,走近看时,其中有位韬奋很熟悉的朋友——戴白韬,韬奋急忙下马,和戴白韬紧紧地拥抱在一起,高兴得像孩子一样跳了起来,并热情洋溢地说:"到了解放区,解放了,自由了!"(《韬奋的流亡生活》,生活·读书·新知三联书店 1979 年 12 月版,第 121 页)

戴白韬对他们这次会见,有这样一段记录:"那时,他已害着严重的脑癌,一阵阵的头痛,使他有时不得不呻吟起来。但他仍然不放弃一切机会,向我们问长问短,一面谈,一面从怀里掏出笔记本来不停地写,他问得是那末仔细,那末虚心。他觉得敌后抗日民主根据地是全国最模范最理想的地方,他所憧憬着的民主自由,在共产党领导下的敌后根据地实现了,他衷心地表示推崇,他觉得把理想变成事实不是一件容易的事,所以他细心地调查研究,虚心地学习,他愿意留在敌后跟大家一起工作和学习。""分别时,他紧紧握住我的手说:'我本来可以到延安好好学习了,哪知事与愿违,希望病快快好,好了我立刻就回来!'"(《忆韬奋》,学林出版社 1985 年 11 月版,第 201 页)这里,写出了韬奋的真实思想和矛盾的心情,在那种情况下,能写则写,能记则记,一分钟也不肯放下他的武器。

戴白韬还告诉韬奋,他和曹荻秋等率领了一个连队,是新四军第三师的正规部队,由一个富有战斗经验的老战士担任连长,他们做政治思想工作。他把韬奋到达的消息,电告了师长黄克诚。师部回电:尊重韬奋意见,即派正规部队和地方部队护送韬奋去阜东县境内三师师部。新四军第三师是由华北八路军派遣的一部分南下部队改编的,这时正在阜宁以东的孙河庄进行整训和生产。

韬奋到了三师师部,受到了黄克诚等领导同志的热烈欢迎和款待。他不顾病情的发展,一有时间,就抓紧学习和调查,往往工作到深夜,方才放笔。

正当严寒侵袭之际,新四军军长陈毅同志特地让人缝制了一件崭新的羊皮袍送给韬奋。他穿在身上,暖在心里。

韬奋从师部了解到,新四军所管辖的苏皖各个地区,遵照中共中央和毛泽东主席的指示,部队和所属机关正在实行精兵简政,并积极开展生产运动,以减轻人民群众的负担。两年前已在农村实行减租减息和交租交息的重大政策,从而调动广大农民群众的抗日和生产的积极性,改善了农民群众的生活,也有利于团结抗战的工作。在这里之所以看到军民的鱼水之情,与这一政策的贯彻是分不开的,若同蒋管区的欺诈农民拉夫拉丁相比,那真是令人惊异的完全相反的情景。

苏北解放区还建立了一些小型工业、手工业和运输业的公营经济组织,对民营工商业给予扶持,对于发展解放区的经济,保障军民方面的供给起了重要的作用。韬奋对解放区的各种类型的经济,分类进行了调查和访问,从工、农、商的从业者口中得到第一手资料,然后再向其领导部门综合了解,这种上下结合的调查方法,是难能可贵的。韬奋的赤诚,对于解放区坚持抗战的坚定信念,不是表面见闻,而是从物质条件、政治团结到文化宣传的全面工作,都精心作了可靠的翔实分析,并为自己要写的著作打下基础。他所以抱病都不停止工作,就是因为他更加深刻地体会到,按照中国共产党在敌后抗日根据地的全套政策和措施,是"抗战必胜"的一大创举,应该让更多的人民群众了解这套法宝,不是像一些人说的宣传口号,更不是国民党顽固派所捏造的骗人宣传!

韬奋当过几年国民参政会的参政员,那是国民党政府最高当局聘请的"客人",参政会并不是正式的民意机关。他一到解放区,就注意民意机构的建设。苏北解放区的参议会,就是韬奋调查了解的对象。这个参议会,有工人代表、农民代表、士兵代表,也有工商业家代表,还有开明士绅代表。有共产党员,也有民主人士和非党群众,共产党员只占1/3。这些代表共商国家大事和地方上的重大问题。无论在座谈会上,还是个别访谈中,韬奋听到的,都是由衷之言,他们关心的事,正是群众想做或正在做的事,也正是共产党和新四军正在做和就要做的事。这不是什么形式主义,更不是什么摆样子,而是实实在在的"军民团结"、"上下一心"。正如韬奋公正地评价,过去搞了10多年民主运动,只是隔靴搔痒,看到苏中、苏北解放区的实际,这才看到了真正的民主政治。(《忆韬奋》,学林出版社1985年11月版,第92页)

五、爱国巨威惊天地

　　韬奋在三师师部驻地期间,他的病情进一步加重,右耳右颊都感到刺痛,有时难以忍受。师部找了一位医生给他诊治,这位医生根据病情分析,认为他患的不是中耳炎,很可能是一种不治之症。当时并没有让韬奋本人知道,只是说耳病病情既然较重,还是去上海治疗,待痊愈后再来苏北,并转往延安。韬奋接受了这一劝告,决定回上海治病。

　　陈毅将军得悉后说:"此病非开刀不能治愈,而全中国只有北平某医院一美国医师能施行这个手术,可是太平洋战争爆发后,这位医生被日本法西斯逮捕了。以后又打听到这位美国医生有个助手,是中国人,也能开刀,我们就派人秘密赴北平请他到上海来,他已应允但他要治疗费20万元。为了救活为民主运动奋斗了10余年、中华民族的优秀战士韬奋先生,我们是不惜巨款,立刻答应了他。但这位中国医生在动身离平以前,又被日寇逮捕了。"(《忆韬奋》,学林出版社1985年11月版,第92、93页)

　　正当日本侵略军大举进攻盐阜地区的时候,新四军第三师师部正部署反"扫荡",情况非常紧急,经组织研究决定,为了保障韬奋的安全,先在苏北的边缘地区八滩一带隐蔽下来。黄克诚师长为此,专门指派原师部参谋、现在师特务营第一连任副连长的杨绪亮,并亲自告诉他:"杨参谋,交给你一个重要任务,你带一班人,护送邹韬奋先生到大杨庄杨芷江先生家去。"又告诉他,韬奋正患耳病,经常疼痛难忍,跟着部队打游击,对他的身体是不利的,党中央和毛主席也指示必须保护他的安全。特别注意照顾他的身体,同行的还有贺绿汀、杨帆、阿英等人。杨绪亮过去曾听过韬奋的抗日救国事迹,现在接受护送他的任务,感到非常高兴。

　　韬奋病发,一不能走路,二不能骑马,只能坐轿子。为了保密,又不能请民夫。抬轿子只好由战士轮流担任。由于战士没有抬轿经验,为防止摇摆不稳,又加派两人在两边扶助,遇有崎岖不平,实在很难走之路,还要

搀扶韬奋下来走几步。从出发点到大杨庄40公里路,这样他们的行程很慢,一天只走了20多公里。天黑时,他们到了一个村庄住下,吃饭之后,先安排韬奋睡下,杨绪亮又和杨帆部长去找中共阜东县委了解情况。县委负责人说:现在情况很紧张,阜宁的敌人明天可能来进攻东坎,你们应该赶快离开这里。于是,他们又上路,走了3个小时,在离东坎20多公里的地方,才住下休息。第二天,他们又走了一天,才到达大杨庄,住在杨芷江家里。

杨芷江是盐阜区参议会副议长。据说他曾经当过军阀吴佩孚的秘书长,也担任过上海复旦大学的教授,作为开明士绅能和共产党合作,又富有民族正义感,和邹韬奋谈得很融洽,这是很难得的。

中共阜东县委的情报很准确,日寇由阜宁出发,向东北进攻,占领了东坎、八滩,由连云港出发的敌人,向南进攻,占领了响水口、陈家港。在进攻的敌人中,有个叫徐继泰的,原是国民党韩德勤部下的旅长,向日军投降后,任徐海"剿共副总指挥"。此人曾在复旦大学读过书,是杨芷江的学生。为了配合日军"扫荡",他带兵占领了响水口。

有一天,徐继泰带领一团人,突然进占了大杨庄。他带着一些人来到了杨芷江家里,在客厅中向杨芷江说:"你过去在复旦大学教书时,我是你的学生,今天我特地来看望你,给你带来了一点礼物。请你收下吧!"杨芷江说:"我没有你这样一个学生。你是个汉奸,我不要你的礼物。"徐继泰说:"我得到情报,邹韬奋先生现住在你家里,我想看看他,把他请出来吧!"杨芷江说:"我家里没有邹韬奋,你的情报不确实。"徐继泰说:"杨老师,你不要怕,我不会伤害邹韬奋先生的。我把我的手枪交给你,如果我伤害邹先生,你可以立即把我打死。"杨芷江仍说:"没有。"两个人争论起来,气氛十分紧张。邹韬奋在里间屋里,只有一门之隔,听得很清楚。他怕徐继泰真的伤害杨芷江,便挺身而出,站在徐继泰的面前说:"我就是邹韬奋,你们要怎么办就怎么办吧!不要难为杨芷江先生!"徐继泰恭恭敬敬地向邹韬奋行了一个礼,说:"我叫徐继泰,受国民党的指使,实行'曲线救国'。我并不是真想当汉奸。我过去看过邹先生的文章,对你很佩服。你是抗日救国'七君子',我今天到这里来,就是想来保护你的,怕日本鬼子来了伤害你。"邹韬奋说:"我是抗日救国的,不能接受你的保护。希望你今后能为祖国立功赎罪,不要再死心塌地地为日本帝国主义效劳,杀害自己的同胞了。"徐继泰说："希望邹先生以后写文章,不要再骂我是汉奸。"杨芷江看到这种情景,紧张的心情才松弛下来。徐继泰并对韬奋说："邹先生,让你受惊了!"他立刻出外,告诉跟随他前来的伪军说："这里是我们的亲戚,没有事!"把伪军遣走了。杨芷江对邹韬奋临危不惧,大义凛然的气概,深为敬佩!

伪军撤走之后,韬奋跟护送他的杨绪亮说："我碰上了一个有良心的汉奸。"

两天之后,韬奋转移到阜宁东南、盐城东北的合德,即现在的射阳县。护送他到斗龙港附近的是戴白韬他们那个连队。韬奋对白韬说："在师部师首长对我很优待、很照顾。就是我的耳病加重了,痛得难以忍受。"戴白韬看到韬奋比前次见到时瘦多了。前次他耳部疼痛只是呻吟几声就忍着顶过去,这次疼痛起来就在铺上打滚,有时还痛得喊叫。在当时的战争动乱中,医药条件极端困难,不得已找上一点鸦片烟泡给他吞服,能起到一点镇痛作用,使他能够睡一会儿。稍加休息,他仍不放弃可能做的工作。在这种情况下,他坚持在战争环境中,要做一个战士!

六、胜利的感受

盐阜区的反"扫荡"斗争,经过了 20 多天的激烈交火,使敌人疲于奔命,在苏北军民共筑的铜墙铁壁下,碰得头破血流,敌人不得不收敛他们的攻势,而龟缩在坚壁清野的包围中。

共产党领导下的军民,欢欣鼓舞地庆祝这个巨大胜利。韬奋虽然带病随军流动,但他从不把自己摆在旁观者的地位,时时处处都以一个战士的姿态参与这场斗争,而且同部队一起同敌人对抗,他深深体验了游击战争中的苦和乐,他无愧于是个双重战士:一是向日伪斗争;二是向疾病斗争。他庆祝这个胜利,从内心感到振奋。他在致陈毅同志的信中说道:

"今天我真正的了解了共产党的统一战线绝对不是只有形式上的寒暄请客,而是和各阶层人民结成了生死之交,在这次战斗中,敌人用这样强大的兵力'扫荡',可是共产党新四军和所有的地主资本家团结一致,互相保证,坚持不屈,最后取得胜利,这是共产党的伟大成功。"(《忆韬奋》,学林出版社 1985 年 11 月版,第 92 页)

韬奋在护送的战士细致的照料下,经过几个昼夜艰辛的行程,渡过了盐河到了盐城地区的龙王庙,找到了三师师部驻地。师部负责同志看到他们脱险归来,非常高兴。在党组织的照护下,让韬奋在一个僻静的小村子里休养。关于他的行止,为根据地各界人士所关怀,新华通讯社特派记者来访,那天他作了如下的问答:

问:近几年来邹先生的行踪如何?

答:去年冬天,我扶病经过苏中到盐阜区,适遇敌寇"扫荡",同时为了养病,就隐蔽下来,现在身体虽未复原,但为了早日到达延安,我仍一路养病,一路走路。

问:你对根据地的印象如何?

答:我到根据地来是我生平最兴奋的事情,在这里我有两个最深刻的印象,一是共产党在抗日民族统一战线中的忠实而充分的照顾各阶级的利益,使全根据地的人民团结起来坚持抗战;二是民主政治的实现,根据地内人民普遍参加政治生活,热烈拥护政府的情形,使我 10 余年来为民主政治而奔走的信心更加坚定了。

他说罢并表示复原后,要求参加整风学习。他迫切要求以一个共产党员的标准来改造自己。

韬奋在前边所说的"一个伟大成功"和这里所说的"两个最深刻的印象",确实诚挚地表达了他 3 个月的亲身体验,也集中地概括了他的思想感情。更充分证明了韬奋的爱,他爱祖国、爱人民、爱真理、爱中国共产党,他爱得实在,爱得炽烈。

韬奋对于自己,确实达到了忘我,他的病情和生活,层层组织安排得无微不至,可是病魔就像日本法西斯一样,紧逼不放,致使病情日趋恶化。

韬奋追求不停地前进,但是他的病阻止了他的前进,中共华中局和新四军军部,为了挽救他的生命,决定让他去上海进行治疗。

在 3 月底 4 月初光景,新四军军部派人送韬奋到一师再转上海,又考虑到他行动不便,于是组织上委派田丰护送,陪韬奋从华成公司上了船(是一盐垦公司,在当地已形成了地名,那里有出海的港湾),同行的还有贺绿汀。

航程到苏中地区的一个港停泊,下了小船还是上不了岸,大家便赤着脚涉水登陆,韬奋由船员背上了岸,到长沙镇时天已黑,找到县府住了一宿。据县府的工作同志说,苏中正在部署反扫荡,情况很紧张,嘱明天一早到师部去。第二天在去师部的路上,忽听前面人声嘈杂,听说前面正在过队伍,道路拥挤不好走。正在焦急,发现前面部队都是些青年学生,其中有些听过韬奋上一次在苏中的报告,因此就热情地称呼韬奋同志,叫跟着一起走。到北新桥一师师部驻地,会见了师长粟裕,在粟的十分关怀下吃过晚饭,还听了一会儿苏联广播,韬奋一身疲劳消失了。粟司令介绍了苏中战况,敌人进攻很紧,因此认为他们明天非走不可。

第二天早上,跟随着韬奋很久的一个勤务员,临别时很难过,但是不得不分手了。师部派了4位战士护送,身上都带着盒子枪,骑4部自行车,韬奋勉力坐在一辆自行车的后面,一路上不知经过了几座敌人的碉堡炮楼,心情是紧张的,但韬奋觉得在敌占区里我们的战士能够长驱直入,如入无人之境,暗暗叹为奇迹。在安全到达天生港北面的某部时,通过特殊的组织关系,弄了一张伪证件,搭上了赴上海的轮船。结束了他在根据地的全部生活。

韬奋在苏中和苏北抗日根据地,紧张地进行了3个多月的活动。无论在政治上、经济上、文化上,还是军事上,他都在亲身体验的基础上,进行过认真的调查研究和深入思考,使他思想更加开阔,收获更加丰硕了。因此,这段不平凡的生活,是他生平的幸事。

陈毅同志虽然没有同韬奋见面,一是韬奋刚到苏北时,陈毅到新四军四师视察,接着就启程前往延安出席中共第七次代表大会。可是他们彼此敬佩,互致书信,确如故交,情谊至深。陈毅曾向中共上海地下党派往根据地的张又新说:"韬奋的病虽然危险,但你们要用尽一切力量,想尽一切办法,不惜任何代价来医治他的病……"而韬奋则说:"我死也要死在抗日民主根据地。"(《忆韬奋》,学林出版社1985年11月版,第256、258页)可见两颗伟大的心是心心相印的。在这段生活中,韬奋无论在上下军民中,还是新老友人中,都备受赞扬,"深得人心",这是他收获的更大的硕果。

第四十章　同病魔搏斗

　　韬奋回到上海,为躲避敌人的耳目,化名医疗,化名隐居。在中共上海地下党组织和生活书店留沪同人的安排下,前后变换5次医院、3次隐蔽亲友之家,各方面相互配合,共同帮助韬奋同病魔展开搏斗。这一年多的病床生活,是他生平的最后阶段,他生也紧张,病也紧张,一方面苦痛挣扎,一方面握笔写作,他像鲁迅一样,战而不屈,笔耕不止。

一、又回到"正泰行"

　　1943年3月,由新四军军部派两位同志化装护送韬奋回到了上海,由于韬奋一时记不起路名,只记得"东升里",后来才想起辣斐德路,费了一番周折,终于找到了东升里挂着"正泰行"招牌的陈其襄家里。陈其襄看见韬奋筋疲力尽,气喘吁吁,两人双手紧握,良久无语。陈其襄夫妇为欢迎客人准备了饭菜,饭桌上共叙别情。

　　饭后,护送韬奋的两位同志感谢陈的接待,并向他传达了中共华中局送韬奋回上海治病的决定。陈说:"我们保证无条件执行党的决定。"两位护送的同志告别时,韬奋挣扎着软瘫的身子,站起来说:"来去数十里,谢谢你们!"

　　陈其襄、张锡荣、张又新相商,对韬奋的病情及时向地下党组织汇报,以得到党组织的支持。他们知道上海有韬奋的二妹邹恩俊,为及时通知她,陈其襄骑上自行车去寻找。

　　陈其襄从早年起就和韬奋一起工作,据他了解,"兄妹之好,莫过于邹韬奋与邹恩俊!"妹妹正是在哥哥的熏陶教育下成为爱国积极分子的。

　　陈其襄找到了邹恩俊的住处——天厨味精厂宿舍。她现任该厂化验员,结识了不少医师。

当夜,邹恩俊来到了陈其襄家,原生活书店的医师顾问、韬奋的好友曾耀仲也来到陈的家中,加上原来他们3人,共5人开了个秘密的小会,共同商议韬奋的病,如何迅速进院医疗的问题。商议结果是:让韬奋化名进院治疗。

次晨,陈其襄向中共上海地下党组织汇报,获得批准。于是他们分头准备:张锡荣通过特殊关系,花钱搞到杭州的一张"良民证",名为"李晋卿"。上面贴着半寸脱帽的韬奋的旧照片,手印虽是别人的,但已模糊不清,难于认辨了。为掩人耳目,上海地下党组织在"李"字上加了一撇,韬奋便以"季晋卿"的化名可以进住医院了。

二、住进上海红十字会医院

通过曾耀仲介绍,约请了著名耳鼻喉专家穆瑞芬,请她为韬奋耳病作检查,她系上海红十字会医院耳鼻喉科主任。陈其襄以德和公司经理身份具保,假称系韬奋的亲戚,进住上海红十字会医院,经检查,韬奋的耳病确诊为中耳癌!这使陈其襄、邹恩俊、张锡荣、张又新闻之就像触电一样,他们急切要求:由穆医生施行手术治疗。

但是,穆医生提出:病人身体过于虚弱,需要调理休养1个月,方能开刀。

陈其襄的爱人陈云霞和邹恩俊,每天轮番探视,为适应手术条件的要求,她们想方设法做出鲜美可口的菜肴和富有营养的食品,以便韬奋愿吃和多吃,韬奋一想到及早开刀,强作精神,把带来的菜点,一条大鱼或一碗红烧肉,完全吃光。结果,显然有效,时间刚满1个月,便改变了软弱不堪的状况,身子有所丰满,面色也有些红润了。大家兴奋地告诉曾耀仲和穆医生。

穆医生见了,决定即刻开刀。

邹恩俊听后,高兴地对韬奋说:"大哥,你吃了这么多东西,就是为了这一刀呀!"

韬奋也会心地笑了,信心增强了。

5月间,由穆医生主持手术。

手术前,陈其襄全权代表亲属签字。

手术在韬奋的密切配合下，进行了三四个小时。

事后，穆医生在他们医院的会议中报告："这是一个非常困难的手术：患部的神经和其他结构都非常复杂，现在是否还有癌细胞遗留在里面，或者由于不小心使得神经受到损坏，实在没有把握。"这虽然是医院内的客观估计，可是这位医生的胆识和敏捷的手术，已经够令人惊服了。(《韬奋的道路》，生活·读书·新知三联书店香港分店1978年1月版，第126页)

韬奋清醒之后痛苦地呻吟着，过了两三天可以进一些流汁。疗养了将近1个月的光景，他的体力逐渐恢复，创口也长好了，就是右耳里还淌着脓水，右鼻孔也时常被堵塞，要用"鼻通"一类的药水滴入，才能通畅。

手术之后，韬奋的形貌有些改变了，右腮特别尖削，整个的面部轮廓有一点歪，两只眼睛显得不一般大小。医生嘱咐说要开始照镭锭了，他理了一次发，留了一撮小胡子，他从镜子里端详了一番，他说："这倒很好，别人再认不出是我了。"

镭锭照一次十几分钟，每天下午去照。前后一共照了50多个小时。因为多照了镭锭的缘故，患部异常痛楚，医生嘱咐用冰袋罨着。他右手托着冰袋可以下地走动，或者坐着休息。

这时，韬奋夫人沈粹缜和长子嘉骅、小女嘉骊从桂林赶来上海。韬奋将分别后的情况以及在苏北敌后的见闻，详细地告诉了他的夫人。从这些谈话看，他的记忆力很好，谈话的风趣也和平时一样。

三、拼搏与呼吁

韬奋在手术后，过了一些日子，他的右边面部的剧痛，越来越厉害。有时剧痛起来，不能自持地在地板上爬滚，面部的肌肉抽搐，眼泪滚滚落下。他问穆医生，剧痛是什么原因，穆医生则咬着嘴唇含着眼泪安慰他说：是照深度X光的反应。

9月底生活书店的另一负责人徐伯昕从桂林来到上海。他到医院探视韬奋，沈粹缜正在陪伴着，起身告诉伯昕："刚打针，睡了！"伯昕轻步走到床前，透过纱帐，望着韬奋躺在那里，黑黑的胡须，瘦削的面孔，有些歪。伯昕正凝视着泪水模糊的韬奋病相。一会儿，韬奋醒了，看见老战友，他要挣扎着起来说:"我又要痛了,你不要怕!"

看着他双手抱头,在铺上打滚,一面呻吟,一面翻滚,泪珠横流,实难忍受。

痛定之后,韬奋解释说:"我的眼泪不是软弱的表示,也不是悲观,我对任何事情从来不悲观。我只是痛到最最不能忍受的时候,用眼泪来同病痛作斗争!"(《韬奋的流亡生活》,生活·读书·新知三联书店1979年12月版,第132、133页)讲完之后,他又笑起来!不时还风趣地安慰夫人和战友。他这种同病魔的搏斗,表现出的是战士的不屈,战士的毅力!使探视者暗叹他的倔强!钦佩他的乐观精神。

从3月到9月的半年,韬奋在上海红十字医院医疗期间,生活书店的一批老战友,都有兄弟之情,除徐伯昕、陈其襄之外,张锡荣、张又新、王泰雷、许觉民也前往探视,邹恩俊和沈粹缜交替护理。很可能引起了敌人的注意。

果然,陈其襄匆匆相告一则"秘闻":在申报工作的汉奸陈彬龢告了密,日本宪兵要来逮捕韬奋。

这个陈彬龢就是韬奋第一次公开筹办《生活日报》参与筹备者之一,后由胡愈之向韬奋说明不妥的那个投奔汪精卫的陈彬龢!当时《生活日报》没有办成,退股。现在正式当起文化界的汉奸来了。

他们一听这一消息,当即由沈粹缜、徐伯昕、陈其襄决定:迅速转移。

当日军小分队气势汹汹冲进上海红十字医院时,韬奋已经转移到旧法租界一家私人的小医院——剑桥医院。这是通过曾耀仲的介绍转来的。"良民证"上又改为"邹恒逊"。

日军到医院扑了空,气得小分队长怒叫,狠狠打了陈彬龢几个耳光。

为此,曾耀仲曾几次被日本宪兵队传讯,被曾医师推诿过去了,敌人一无所获。

这个小医院,不为人注意,韬奋住在这里,更加注意"保密",除几个人知道外,严防外传。

韬奋一安下身来,急切要了解的:一是国事,二是店事。他拉着徐伯昕的手说:"伯昕兄,你是了解我的,躺在病榻上,愈加心怀国事,请介绍点真实情况吧!"

伯昕清楚韬奋的思绪,他关心的是烽火弥漫的战场,急切要了解的

是:西安与延安的对抗,卖国求荣与抗日救国的较量。

可是,考虑到韬奋的病势,看见面前骨瘦如柴的韬奋的双手,硬握着伯昕的手不放,伯昕还是排除了犹豫,作为一种特殊安慰,真实地向他说:"今年5月以前,国民党在陕甘宁边区周围的兵力共三个集团军,其中两个集团军用于包围边区,一个集团军驻守河防。6月,蒋介石慑于共产党政治、军事上的紧急动员和国内外舆论的谴责,不得不改变计划,但大兵压境,虎视眈眈,延安危在旦夕!"

韬奋听了,自然想起3月间他还在苏北时,对蒋介石的《中国之命运》一书,指为"反共高潮作政治动员。"仍是分裂、内战、倒退那一套!

韬奋挣扎着坐起,想疾笔直书,写出自己要说的话,可是一阵剧痛,他不得不躺下。刚刚躺下,又想起来,又一阵绞痛,再躺下来。几经折腾,均不如愿。

不能动笔,就动口,韬奋示他夫人,自己要口授文章。徐伯昕立即挪动椅子,靠近床边,打开平日韬奋的采访本,细心听取。

韬奋说:"我正处在长期惨苦的病痛中,环境的压迫和重病的折磨都可用我坚强的意志与之抗争,还能泰然处之,但每一念及祖国的前途则忧心如捣,难安缄默。"

"抗战到了第七个年头,国际形势使民主阵线一天天的胜利,法西斯一天天的崩溃,对中国抗战很为有利,敌伪在沦陷区虽然实行欺骗怀柔政策,但人心向着祖国,向着抗战的胜利,足见我们的前途充满了光明。然而当这民族的苦难快到尽头,光明的胜利临到面前的时候,国民党内反动派却变本加厉,策动对日妥协、调回大军围攻陕甘宁边区及其他抗日民主根据地的阴谋,内战危机系于一发。我们知道,以国共合作为中心的全国各抗日党派的团结,是发动抗战,坚持抗战,争取最后胜利的最基本条件之一,也是抗战胜利以后建设新中国的最基本条件之一。而且团结与抗战二者是不可分离的,能团结才能抗战,破坏团结必然要走上妥协的道路。七年多来,国民党内反动派始终企图中途停止抗战,施尽一切阴谋诡计破坏团结,靠着全国人民的力量,克服时时发生的阴谋危机,才使团结抗战坚持到今天。……最近国民党十一中全会又宣布需在抗战结束一年之后方可召开国民大会,实行宪政,便是延宕欺骗政策的一再重演。再不然就是实行挂羊头卖狗肉的民主,我所亲自经过的国民参政会演变至于今日,已成为国民党某某派所操纵的御用工具。国民党反动派的反对民主政治,其目的无非为实行法西斯的一党专政而已。……"

"最后,我们知道文化教育是近代国家最基本最重要的工作之一,在抗战时期应该更加发扬和提倡文化教育的活动,然而国民党反动派害怕人民知识的启发,进步思想的普遍,不惜用种种的方法来摧残文化教育。近数年来不依标准审查书刊,任意停止书刊出版,把持新闻出版事业,违法封闭书店报馆,包办学校教育,停聘有正义感的教授教员,学校管理特务化,与摧残文化教育,戕害青年的罪行,罄竹难书,而于今尤烈。我认为人民应有思想研究的自由,言论出版的自由,必须立即取消不合理的图书审查制度,必须立即取消将青年当囚犯的特务教育,必须立即取消残害进步文化人士和青年知识分子的罪行。"

"我自愧能力薄弱,贡献微少,二十年来追随诸先进努力于民族解放、民主政治和进步文化事业,竭尽愚钝,全力以赴,虽颠沛流离,艰苦危难,甘之如饴。此次在敌后视察研究,目击人民的伟大斗争,使我更看到新中国光明的未来,我正增加百倍的勇气和信心,奋勉自励,为我伟大祖国与伟大人民继续奋斗。但三四年来由于环境的压迫,我的行动不能自由,最近更不幸卧病经年,呻吟床褥,不得不暂时停止我二十余年来几于日不停挥,用笔管为民族解放人民自由及进步文化事业呼喊倡导的工作。"

韬奋口述至此,他又剧痛起来,在床上连滚带爬,折腾了好一会儿。徐伯昕和沈粹缜忙于扶持或按摩,为了减轻他一点痛苦,几乎手足无措,不知如何是好。一阵子忙乱之后,韬奋双手撑床,脚尖登着地板,缓缓坐起,向沈粹缜说:"给我准备毛笔,让我来试试腕力。"沈粹缜忙把纸墨准备放置妥当。

韬奋忍着疼痛,伏床就椅,在口授文章末尾写道:"我个人的安危早置之度外,但我心怀祖国,眷念同胞,苦思焦虑,中夜彷徨,心所谓危,不敢不告。故强支病体,以最沉痛迫切的心情,提出几个当前最严重的问题,对海内同胞作最诚挚恳切的呼吁,希望共同奋起各尽所能,挽此危机,保卫祖国。"

徐伯昕看到他的字迹仍然清秀,但笔力却没有那样劲健了。

题目是:《对国事的呼吁》。

写于 1943 年 10 月 23 日上海病榻。

这是韬奋费尽心力的文章,也是他写的最后一篇文章。

韬奋写毕说:"请转呈党组织。"

《对国事的呼吁》一文,经中共上海地下党组织转送延安。《解放日报》以显著版面发表,各解放区的报纸同时转载。可惜的是,这篇文章在蒋管区没有及时发表,很多读者没有读到这篇文章。

四、未完成的著作

10 月间,韬奋的病情突然变化,他的右目生了红翳,视觉模糊,右后脑疼痛,不能安枕,只能向左侧眠,喉头肿胀,痰块满涌,呕吐不止。这样经过 20 多天,痰涌呕吐停止,额部剧痛依旧。

韬奋的二妹邹恩俊是长年从事药物化验的,观察到哥哥的病势,哭着同一些友人商量,照病情看无疑癌症在继续发展,不但向上发展,而且已经向下发展,恐怕只有提早预备后事,以免一时措手不及。但是韬奋自己还以为癌症已经治愈,目前只是神经作祟。

11 月间,为避开敌人耳目,又转进瞿直夫医院。不久,再转德济医院,并一再化名为"邹恒逊"、"邹白甫"、"季晋卿"等。

1944 年 1 月间,韬奋的病情又发生了第二次的变化,右下颚及右颈红肿,呼吸不畅,饮食难以下咽,经曾耀仲医师施以消肿消炎的办法,后又告平定。

病势稍稍平定,韬奋觉得长久的病苦生活十分乏味,朋友们劝他随便写一点东西来调剂生活,他很高兴地接受了这一建议。他将他一生在患难中所经历的未曾发表过的故事,开始写一部《患难余生记》。

韬奋每天早晨梳洗完毕用完早餐以后,即催着在被子上替他放上一个木案,"他就坐在被窝里面,伏在木案上开始写作。看护走进来,他立刻用书将稿纸遮掩住。他的右目用纱布和赛璐珞片遮着,鼻梁上架着一副眼镜。他全神贯注在写作上面,不晓得疲倦,不觉得腿酸,饮食也没有心思,连病痛也忘记了。每天写到天黑,还不肯休息,开了电灯继续再写。最多的时候,一天竟写了 5000 多字。在三四星期内,写成了 5 万余字,不能再写下去了。"(《韬奋的道路》,生活·读书·新知三联书店香港分店1978 年 1 月版,第 128 页)

他这样废寝忘食,努力地工作,同他身体健康时一样拼搏。沈粹缜有过一段动人的回忆,她说:韬奋"癌病愈益发展,每天痛楚急剧增加,他咬紧牙齿与疾病斗争,不肯放下武器,硬撑着在病榻上伏枕写作。有人劝他休息,他总是以'能写多少是多少,写一些是一些'的话来回答。有时一面写一面痛得发抖,眼泪直流,我劝他休息一下再写,但他回答我:'不,我要尽快把心里要说的话全部写出来,供到读者的面前。'他又安慰我说:'你不要看到我流泪而难过,我不是为了伤心而流泪,而是被脑痛逼出来的眼泪。'"(《忆韬奋》,学林出版社 1985 年 11 月版,第 224 页)

《患难余生记》只写了第三章,还没有写完,他的虚弱的肢体已无法支持下去了,只好停笔。多么难呵!硬要战士放下武器比要他的命还难呵!按照他原来的设想,要写《苏北观感录》,还要写《各国民主政治史》,就是他在东江纵队说过的要写的那段生活和隐居江头村的情景以及向郑展说的要写一部《民主在中国》,都没有放弃,他要用笔来表达他那爱国赤诚之心和对进步文化事业惨遭反动派摧毁之恨以及对法西斯暴徒践踏民主之仇。总之满腔愤慨,一肚子要说的话,统统通过他的笔写出来。他以通俗易懂,精辟动人的语言,倾吐他的思绪,折服他的读者。

目睹他病势状况的亲友,只能忍痛苦劝,他也只能忍痛停笔,成为终生不能挽回的憾事了!

五、对于后事的嘱咐

1944 年 2 月间,日军谍报机关知道了邹韬奋在上海治病的情报,遂下令侦缉。

这时,韬奋不能再继续住院,由沈粹缜陪同,转移到生活书店同事毕青家中,住了 1 个多月,化名"季晋卿"。沈粹缜说:毕青"不顾自己与家庭的安全,说服了母亲和妻子,让出自己居住的亭子间,安顿了我们,保住了他生前没有遭到敌人的毒手。"(《忆韬奋》,学林出版社 1985 年 11 月版,第 244 页)

韬奋住在这里,沈粹缜不敢离开一步。后来他食欲渐减,只能吃稀粥。剧痛次数有所增加,麻醉性的针药只能维持三四小时,每天要打针五六次。打针略减痛苦,可以安睡片刻,但药性过了立刻便痛醒,醒了立刻

坐起,吵着再要打针。他的夫人按着他的手臂或腿部打针的时候,觉得他的肌肉已经消瘦得快没有了,她非常恐惧,她说这样等于销蚀他的生命。她将针药"度冷丁"的药量减少,由 1/2 减到 1/3,每天有几次用蒸馏水打进去,希望他少受麻药的毒害。

韬奋病情继续恶化,3 月的一天夜里,他痛得昏厥过去,大约十几分钟才清醒过来。

第二天,沈粹缜、徐伯昕、陈其襄商量,韬奋生命垂危,应立即住院抢救。决定再找曾耀仲医师。

自日本宪兵传讯曾医师之后,他的住处附近经常出现来历不明的人。曾医师不顾暗探监视,与沈、徐、陈约定地点,设法前往。依据韬奋病情,当即决定,马上转曾医师自己开设的上海医院。曾医师的这一决断,使他们敬佩,也使他们担心,因为日本宪兵已几次对他传讯,日本特务也不放松盯逐。曾医师解释说:"在我医院的同事都是我的好友,能严守秘密,尽心照顾。"这反映他对韬奋的钦敬,置一切风险于度外。

于是,在一个浓雾的早晨,避开了敌伪耳目,沈粹缜护送韬奋住进了上海医院。

韬奋住院后,中共上海地下党组织派张又新去淮南,向中共华中局和陈毅同志汇报。

张又新赶到新四军军部,并向陈毅军长和其他领导汇报了韬奋病危和医疗无望的情况,陈毅召开了紧急会议,钱俊瑞、范长江、曾山等都参加了会议,当即寻求名医未成,陈毅并要张转达向韬奋的诚挚问候和珍重关怀,还向中共上海地下党提出:想尽一切办法,不惜任何代价为他治病。张又新听后自己想:"我被我们党的无比的阶级友情所感动,思潮起伏,不由得联想到国民党反动派一再对韬奋同志进行的迫害,鲜明的对比,引起了我很多感想,记起了有一次韬奋同志对我说:'国难当头,我是热诚地要爱自己的国家,但在国民党统治地区,爱国有罪,爱国无路,我只有到解放区去追求真理⋯⋯'"(《忆韬奋》,学林出版社 1985 年 11 月版,第 258 页)张又新回到上海——作了汇报,特别向韬奋转达了陈毅将军的致意,韬奋会心地表达了他的感谢。

当韬奋住进上海医院的当天,他特地找到徐伯昕去谈话。对于后事作了如下嘱咐。

他说,他这两天看到报纸上关于陈友仁在沪病故的一篇声明真相的文字,他的病半年来很少进步,照昨天晚上的情形,很可能有一个突变。为了防止敌伪利用他的在上海病故散布谣言,他对于以后的许多事情,情愿早点有一个交代,以示他的清白。

他说在他病故以后,将他的遗体由名医解剖研究,希望对医药界有所贡献,以利日后患同样疾病的人的医治,然后再举行火葬。为避免敌人的追究,暂时不要发表是在上海病故。

关于他的著作,他说 20 余年来,写了数百万言,但自认早期作品中,尚有需加修改之处,希望由一位他最钦佩的朋友全权决定取舍,将全部著作加以整理。

他说他在《患难余生记》以后本想接着写《苏北观感录》及《各国民主政治史》,这一个愿望恐怕不能实现了。

他一再申说他的政治主张,始终不变,完全以一个纯粹爱国者的立场,希望全国坚持团结抗战,早日实行真正的民主政治,建设独立自由幸福的新中国。

对于他的家属,他说他生平不治私产,尚有老父在平,需要赡养。他希望他的夫人参加社会工作贡献其专长。两子一女,各就他们的志趣,各求深造,继承他的遗志,为社会进步事业努力。

最后他遗憾地说,他一生的发展至目前为止,恰当成熟的阶段,正可以为国家做一番事业,可是他的生命究竟能延续到几时!

他谈得很理智,但是他实在不愿意自己死,他还要活下去,他还有许多工作要做,他还要著作,他要继续奋斗二三十年!(《韬奋的道路》,生活·读书·新知三联书店香港分店 1978 年 1 月版,第 129、130 页)

韬奋对他热爱的事业是非常关切的,当他在病榻上听了徐伯昕汇报关于生活书店在内地的工作,化整为零以后的部署时,韬奋高兴地说,他20 多年的奋斗,自信对社会不无贡献。希望病愈之后再和大家一起继续努力二三十年。第一他要恢复生活书店;第二他想为失学青年办一个图书馆;第三他要办一个日报,以偿他的夙愿。

韬奋常说,他永远站在人民大众的立场上,用笔杆全力以赴地为人民服务,就是在心力交瘁的时候,也没有离开过这个基本点。

六、人民的儿子党关怀

自张又新向中共中央华中局和陈毅将军汇报韬奋的病情之后，华中局立即电告党中央。很快地收到了党中央毛泽东主席和周恩来副主席发给陈毅军长的电示：要华中局派人去探望韬奋病情，向他表示慰问，并赠医药费用。

陈毅军长决定派华中银行副行长徐雪寒前往上海，他沉痛地向徐雪寒说："韬奋同志在上海病势危殆，华中局根据城工部的报告，决定再度派你去上海探望病情，表示慰问，并送去一笔医疗费用，希望摒挡一切，尽速成行。"一听到韬奋"病情危殆"，雪寒心里十分着急，无论于公于私，他都理应有此一行，这使他引起许多回忆。

雪寒对韬奋是早就熟悉的，1935年9月，为创办新知书店，雪寒专程访问韬奋，第一次见面，韬奋不仅热情接待了雪寒，并大力帮助创办了新知书店。雪寒认为"自从鲁迅先生这颗巨星陨落以后，韬奋先生就一直站在文化战线的前列英勇作战。"在救国会工作期间，特别是"皖南事变"以后的几年间，因为工作关系，他们时有过从。韬奋到苏北，雪寒总以为在新四军军部一定可以看到韬奋，以叙别情。后来听说韬奋因中耳炎回上海看病。他于1943年10月第一次到上海探视韬奋，想到那次由陈其襄引到剑桥医院的情景，沈粹缜和徐伯昕在韬奋身边，韬奋躺在床上，消瘦多了，脸有些歪斜，为避开敌人的侦查，还有意留了一撮小胡子。雪寒说："但我一眼认出了他，他那副正直认真的面容依然如故，双目熠熠有光。当时是一次大手术之后，正在进行镭锭放射治疗，他尽管遭受着同癌细胞剧烈搏斗的痛苦，却仍然热情地和我握手。我向他缕述党中央毛主席、周恩来同志对他的关注之情，和奉华中局命令专程前来探望的经过。他一边静静听着，一边不间断地对党表示感谢，反复说明自己对祖国对人民并没有作出什么贡献，不值得党中央如此关怀。""谈话一个多小时，我只得离开他的病榻。过了几天，第二次去看他，向他告别。他要我向党中央毛主席转达他的感谢，表示病好之后，一定去根据地，转而去延安的心愿。他说，如有可能，就要写他苏北之行的经历。他交给我一封给华中局的亲笔信，说明了这些意思。"时间过了半年，华中局再派徐雪寒到上海探视韬奋。

当徐雪寒知道韬奋病后的费用情况时,他说:"我完全没有想到,韬奋先生在上海安全治疗的周密布置和巨额医疗费用筹措的重担,都压在其襄和他们几位同志的身上。我把从军部领来的一笔伪币现钞交给了他。……革命事业尚在艰难之中,全体战士正在节衣缩食同敌人浴血战斗,这一点钱只不过是表达党中央和华中局对韬奋先生的尊敬和关注而已。其襄默默地代收了下来,然后陪我去医院探望韬奋先生。"

当徐雪寒再次走近韬奋病榻,看见他那消瘦极了的面容,除了大轮廓和一双眼睛之外,几乎很难认识他了。韬奋看到雪寒,依然露出很高兴的样子,艰难地从棉被里伸出瘦弱的手,和他握了握。当雪寒说明来意,韬奋低声道谢,迫不及待地对雪寒说:"我看来是不行了,日本帝国主义还没有赶出去,我却再也不能拿起笔保卫祖国,保卫人民了!我的心意,我的希望,寄托在延安,寄托在党中央,我要求入党,请你代我起草一份遗嘱,也就是一份申请书,请求在我死了之后,审查我的一生行为,如果还够得上共产党党员这样光荣的称号,请求追认我为伟大的中国共产党的党员。"接着还说了一些对于抗日建国的重大政治问题的意见。他用了最后的生命力量,说出这些出自肺腑的话。雪寒听了这些话,心潮起伏,于哀痛万千中感到韬奋崇高的精神世界的无比力量。他恳切地对韬奋说:"我相信党中央一定会认真考虑你的请求,作出正确的决定,请你安心治疗,争取早日痊愈。我这个人,跑跑腿是行的,文字上却毫无能耐,不堪完成你的嘱咐。"但是韬奋却坚持他的要求,雪寒不能违背他的好意,只好答应了。

陈其襄也说:"我们在病榻旁,目睹韬奋同志病重时,对党的一往情深、无限崇敬和追求真理的坚定神情,至今不能忘怀。韬奋同志曾多次对我说:'我很清楚你这样关心照顾我,不是一般的朋友关系,也不是出于同在生活书店工作,上下级的关系,而是世界上最珍贵最高尚的同志间的革命情谊'。在患难中结成的真挚情谊,是永远深印在心坎里的。"(《忆韬奋》,学林出版社 1985 年 11 月版,第 507 页)

徐雪寒的落脚处,是在一位地下党同志的家中,4 个人挤在一个 6 平方米的小亭子间住,白天,他们出去奔波,雪寒占有了晚上作为床用的两屉桌,来写韬奋嘱咐要写的东西。他感到在短短的几百字中,要表达那正

义的崇高的要求，实在很难。写成的稿子总觉不满意，只得拿去交给韬奋。雪寒给他念了一遍，他点点头，说声"谢谢"，就放在枕头旁边。雪寒特意说："后来正式公布的他的遗嘱，应该说是韬奋先生亲自起草而且是亲笔缮写而成的，同我的草稿是无关的。"（《忆韬奋》，学林出版社 1985 年 11 月版，第 385、389 页）

韬奋在精神稍好时，就拿出遗嘱文稿进行修改，有时并亲笔缮写。

6 月 1 日深夜，韬奋突然又昏厥了几分钟，他怕病情突变，于 6 月 2 日，召集亲友，向他们口授了遗嘱：

"我自愧能力薄弱，贡献微少，二十余年来追随诸先进，努力民族解放、民主政治和进步文化事业，竭尽愚钝，全力以赴，虽颠沛流离，艰苦危难，甘之如饴。此次在敌后根据地视察研究，目睹人民的伟大斗争，使我更看到新中国光明的未来。我正增加百倍的勇气和信心，奋勉自励，为我伟大祖国与伟大人民继续斗争。但四五年来，由于环境的压迫，我的行动不能自由，最近更不幸卧床经年，呻吟床褥，竟至不起。但我心怀祖国，眷念同胞，愿以最沉痛的迫切的心情，最后一次呼吁全国坚持团结抗战，早日实行真正的民主政治，建设独立自由幸福的新中国。我死后，希望能遗体先行解剖，或可对医学上有所贡献，然后举行火葬，骨灰尽可能带往延安，请中国共产党中央严格审查我一生奋斗历史，如其合格，请追认入党。遗嘱亦望能妥送延安。我妻沈粹缜女士可参加社会工作，大儿嘉骅专攻机械工程，次子嘉骝研习医学，幼女嘉骊爱好文学，均望予以深造机会，俾可贡献于伟大的革命事业。"

据韬奋夫人沈粹缜说，6 月间，他的病势已极危殆，常有昏迷现象，她一步也不敢离开他的病榻，偶然一天，他的神色特别清新，眼角流露着光芒，带有兴奋的情绪和她谈话，他说："我要使我的病很快地好起来，让我好早些到延安去。过去在重庆，我也不止一次的告诉过你，只有中国共产党才是中国人民的救星，我虽然不会使用枪炮作武器，但是我能用锋利的笔尖，挑开国民党无耻阴谋的黑幕，号召民族团结起来，反对敌人，那时我还能起着中国共产党政治上助手的作用。我要在敌人的地区内坚持斗争，不愿就此离开。今天国民党已经对我发出了通缉令，黑暗势力愈加恶劣，敌人想制我死命，可是我不怕死，因此我要尽快到延安去，争取入党，我要为党多做一些工作……"（《忆韬奋》，学林出版社 1985 年 11 月版，第

224、225 页）.

　　这段话虽在病危中说,但其意志之坚,仍如往常,铮铮铁骨,句句铿锵,真乃精英本色,感人肺腑。

七、最后一息

　　韬奋病危的最后时刻,有时还有些清醒,他曾和沈粹缜谈了些家务方面的事情。这时,他的 3 个孩子中有两个来到了他的身边,即嘉骅和嘉骊,他说第二个男孩子(嘉骝)他恐怕见不着了。

　　7 月上旬,韬奋又昏厥了一次,他的亲属和朋友觉得他不仅是一个家庭或一个团体的一分子,他是一个属于社会的人物。过去为了对敌伪隐蔽,所以将他的消息紧紧瞒着许多人,现在他的病以至于他的死,需要给亲友以外的社会人士知道,所以特地去告诉郑振铎先生,和其他两位文化界朋友。郑先生曾赴医院去看他,可惜他已终日在昏迷状态中,没有能够和郑先生多谈话。

　　7 月 21 日他的病势开始剧变,体力衰弱至极点。22 日,他嗓音失声,不能言语,但还能以笔代言,字迹颤抖,勉强可以辨认。23 日清晨,他精神较好,他用笔在一张纸上歪斜地写了 3 行字,一行是"不要怕"这是对他夫人说的。一行是"一切照办,不要打折扣!"这是叮嘱朋友遵照他的遗嘱实行的。最后一行是"快快打针!"过了片刻又复昏沉入睡。

　　韬奋在昏迷中有次低沉地吃力地说:

　　"恩——来——同——志——"

　　这使他夫人想起他经常说过的一句话:

　　"周恩来是我毕生最敬佩的朋友。"

　　1944 年 7 月 24 日早晨 7 时 20 分,伟大的爱国者、杰出的革命文化战士、人民的好儿子邹韬奋与世长辞了! 终年 49 岁。

第四十一章 纪念和悼念活动

　　韬奋逝世之后，亲人啼哭，友人致哀，敌人还在缉捕，尸首也要化名。他脚下的路，总是崎岖不平，生在斗争，死也斗争。

　　他热爱祖国，热爱人民，满腔赤情，鞠躬尽瘁。他真正做到了富贵不淫，威武不屈。他为争取抗战胜利而呐喊，为实现民主而斗争。他呼吁团结，反对分裂，驳斥倒退，歌颂进步。他一生献身于进步文化事业，编刊物、办书店，工作认真，一丝不苟。他诲人不倦，真诚服务，他且做且学，执著追求，他专门利人，却清贫一生，他立下人间丰碑，青春常在。这是悼念者对这位战士的评价和概括。

一、上海秘密办丧事

　　当韬奋心脏停止跳动之时，正是日本谍报机关密令侦缉韬奋之际。特务汉奸为此加紧了活动，所以当时风声很紧，敌人不惜重金，在追寻韬奋下落。中共上海地下党组织立即部署了对策。

　　徐伯昕哭着说：韬奋先生在流亡与忧愤中奋斗终生，决不能让他的尸体落入敌人手中，这是一场特殊的战斗。陈其襄、沈粹缜、邹恩俊、张又新、张锡荣、胡耐秋、王泰富、许觉民都泪流满面，痛声齐哭地说：韬奋是人民的儿子，他的一切属于人民，决不让日伪的罪恶企图得逞！

　　为了不让敌人发现韬奋的遗体，徐伯昕、陈其襄、沈粹缜共同商请曾耀仲医师，在韬奋的死亡证明书上除仍用化名"季晋卿"外，死亡原因填的是"肺炎"。张又新请来了一个摄影师，拍了两张遗容。徐伯昕派张锡荣出面治丧。张锡荣以"外甥张全富为舅舅季晋卿治丧"的名义到殡仪馆登记，办理丧事。遗体放在殡仪馆的小礼堂里。徐伯昕用4张黄纸写上4个大字"懿范犹存"贴在灵堂前。大殓仪式不得不采用完全旧的习俗：披麻戴孝,跪拜叩头,陈其襄又找了几位老太太、老爷爷做佛事,烧纸钱。灵柩一时不能落葬,寄放在上海殡仪馆内。预交了 1 年的厝费。

治丧完毕后,徐伯昕于 8 月中旬,怀揣韬奋的遗嘱,秘密地去苏北,向中央华中局报告韬奋逝世前后的情况,请求把韬奋的遗嘱转向延安中共中央报告,并请将韬奋逝世的消息转告在重庆的救国会和文化界的朋友们。

同时,张锡荣前往重庆报告。他到重庆已是 9 月初,由薛迪畅陪同在重庆曾家岩 50 号"周公馆",向徐冰同志(周恩来同志已赴延安)作了汇报。徐冰已得知来自延安的关于韬奋逝世的消息,让张锡荣将全部情况写成书面报告,即转延安中共中央。

二、华中局召开的追悼会

接着中共华中局和新四军军部,召开了韬奋追悼会,到会干部和战士数千人,黑压压地坐在一个大草坪上。由政治部秘书长邓逸凡主持,张云逸代军长作报告,讲了韬奋生平事迹,以及在临危前写下遗嘱,申请入党的感人事迹。范长江、钱俊瑞、徐雪寒等在会上也讲了话。会议开得沉痛、严肃、振奋。

三、光荣地被追认为共产党员

中共中央接得华中局和南方局先后转来的两份报告之后,于 9 月 28 日向韬奋的家属发出唁电,并告已按照韬奋的请求追认他入党。

唁电全文:

"邹韬奋先生家属礼鉴:惊闻韬奋先生病逝,使我们十分悲悼;接读先生遗嘱,更增加我们的感奋。韬奋先生二十余年为救国运动,为民主政治,为文化事业,奋斗不息,虽坐监流亡,决不屈于强暴,决不改变主张,直至最后一息,犹殷殷以祖国人民为念;其精神将长在人间,其著作将永垂不朽。先生遗嘱,要求追认入党,骨灰移葬延安,我们谨以严肃而沉痛的心情,接受先生临终的请求,并引此为吾党的光荣。韬奋先生逝世了,愿中国人民齐颂先生最后呼吁,为坚持团结抗战,实行真正民主,建立独立、

自由、繁荣、和平的新中国而共同奋斗到底。谨此电唁,更望家属诸位节哀承志,遵守先生遗嘱于永久。"

当沈粹缜手捧着唁电读后,忍不住热泪直流,唁电抚慰了她心灵的伤痛,她也感到非常的自豪和光荣。她喃喃地说:

"韬奋,你的愿望实现了!你是中国共产党正式党员了!"

这唁电,无疑是韬奋纪念馆的重要文献了。

四、延安的悼念活动

延安当时系中共中央所在地,悼念韬奋的活动,是在中共中央直接领导下组织和部署的。据直接参加筹备工作的张仲实,于1978年7月,纪念邹韬奋逝世34周年写的《怀念邹韬奋同志》的文章以及其他文章中,关于在延安的悼念活动情况,综合简要作辑录如下。

韬奋逝世的消息是9月间传到延安的。

10月5日,周恩来副主席从百忙中,抽出时间到延安北门外华北书店门市部,对书店同志表示慰问,并同若干同志一起座谈,共同回忆韬奋生前创办《生活》周刊、生活书店,与国民党反动派进行不屈不挠斗争的英勇事迹。周副主席说:"《解放日报》要发表韬奋先生逝世的消息,在延安要召开追悼大会,要在边区政府教育厅柳湜同志那里开筹备会。"

1944年10月7日,延安《解放日报》头版头条以特大黑体字发表了邹韬奋先生病逝的报导,登载了韬奋的木刻遗像。报导说:"为全国民所深切关怀的中国文化界先进战士邹韬奋先生,因患脑癌病不治,于七月二十四日在上海病逝。先生努力于民族解放、民主政治和进步文化事业,历二十多年。……先生弥留时,仍念念不忘于祖国的解放事业,呼吁坚持团结抗战,早日实行真正的民主政治,建设独立自由幸福的新中国。邹先生……正值奋发有为之时,不幸赍志以殁,全国人民莫不同声哀悼,誓为实现先生未竟之志而奋斗。"

同日,《解放日报》发表社论:《悼邹韬奋先生》。社论开头说:"接华中最新消息:为抗日、民主、为大众文化事业战斗了十几年的革命老战士,邹韬奋先生,因脑癌症不治而逝世了。这是一个令人十分哀痛的噩耗。……是中国人民的一个重大的损失。"

社论说:"他所创办的刊物以及他所首创的生活书店,都和广大的读者群众建立着密切的联系,他是那样正确地掌握了当时广大群众的思想、要求和情绪,使得《生活》周刊,以及后来《生活》周刊被封后代之而出的《新生》、《永生》、《大众生活》、《生活星期刊》等刊物,自然而然地成为全国人民的喉舌,成为抗日民主运动中起最大指导作用的,读者最多的刊物。经过这些刊物,从思想上和行动上训练出了无数青年,成为革命斗争中的骨干。"

社论还说:"由于他的真诚为国,由于他从广大人民的利益出发的立场,他和中国共产党很早就成为最接近的战友。他不是共产党员,但在争取民族独立和民主自由的战斗中,他始终和共产党结着亲密联盟。他对于中国的前途是乐观的,知道新的中国一定会要形成。而在共产党所领导的广大中国解放区里,他已亲自目睹了人民的伟大斗争。看到了新民主主义中国的光明未来。他相信有共产党的存在,有中国广大人民的存在,也就是有中国民族的不可磨灭的伟大力量的存在,这力量会使抗战必然胜利,使自由幸福的新中国必然生长起来。韬奋先生临终遗嘱要求共产党中央追认他为党员,证明他对共产党的事业的伟大意义,是有了深刻的认识。"

10月10日前,周恩来和陈毅到柳湜那里,同大家一起商讨召开延安各界追悼韬奋先生大会筹备事项,出席的有周扬、张仲实等。商定筹委会委员为:柳湜、周扬、艾思奇、张宗麟、张仲实、林默涵等,以柳湜、周扬为正副主席,张仲实为秘书长。

10月11日,周恩来召集同韬奋熟识的吴玉章、秦博古、邓颖超和筹委会委员等,开发起人第一次会议,由张仲实根据记录整理了《纪念和追悼韬奋先生办法》,经周恩来批阅转请毛主席批示。毛主席批示为:"照此办理。"

《纪念和追悼韬奋先生办法》原文如下。

(一)纪念办法。

1.提议华北书店改名为"韬奋书店"。

2.向边区政府提议,设立韬奋出版奖金,专用以奖励对杂志、报纸及出版发行事业有特别成绩之人,专设委员主持,其委员和办法另定之。

3.提议在先生骨灰运到延安安葬后,建立纪念碑。

（二）电渝商量在全国发起纪念和追悼韬奋先生运动。

1.征集纪念文（诗歌、论文），刊行纪念册，委托《新华日报》及各根据地报纸办理。

2.在重庆设韬奋图书馆，由各界人士自愿捐助书报。

3.登报征集先生未发表之信件和著作。

（三）向陕甘宁边区文教会议提议电唁韬奋先生家属，并在大会上介绍先生生平。周恩来提议以韬奋为出版事业模范。

（四）在延安纪念和追悼办法。

1.出版先生选集。

2.举行追悼会时展览先生著作。

3.举行追悼会时由《解放日报》出专刊，纪念文由艾思奇、柳湜、张仲实三人负责计划。

4.制追悼歌，由周扬负责。

5.追悼会定先生百日祭——十一月一日举行。

周恩来审阅中，凡加着重号的字系他所加，最后他又写道："我们在昨天集会上，到了十多个人，定出如上的办法。关于全国性的，已电林（伯渠）董（必武）转商沈老（钧儒），关于在延安要做的，正在筹备中。你们有何增改的指示也请告之。十月十二日"。

华北书店于1944年11月1日，改名为韬奋书店，并刊登在《解放日报》，予以公布。

11月20日、21日，筹委会在《解放日报》上又发出通知，追悼大会程序：上午9时开放会场，各界人士可自由到会场瞻仰遗像及参观先生著作展览。下午1时开追悼会。

边区政府大礼堂大门上悬挂着"邹韬奋先生追悼大会"巨幅横联，入口处铺着签到白布。会场讲台正中挂着邹韬奋遗像，两旁挂着先生的遗言和中共中央致韬奋家属唁电以及毛主席和朱总司令的题词。

毛主席题词：

"热爱人民，真诚地为人民服务，鞠躬尽瘁，死而后已，这就是邹韬奋先生的精神，这就是他之所以感动人的地方。"

朱总司令题词：

"韬奋同志,爱国志士,民主先锋。"

　　大礼堂的两旁,挂满了挽联,摆放了花圈,这些诗词与并放的挽联,集中谱写了韬奋的高风亮节。这里摘选若干。

　　　　　为坚强民主战士

　　　　　是广大青年导师

　　　　　　　　　　　　　　　　　　　　　　　　朱德　敬挽

　　忧时从不后人办文化机关组救亡团体力争民主痛培独裁哪怕冤狱摧残宵小枉徒劳更显先生正气

　　历史终须前进开国事会议建联合政权准备反攻驱除日寇正待吾曹努力哲人今竟逝倍令后死伤神

　　　　　　　　　　　　　　　　　　　　周恩来　邓颖超　敬挽

　　是屈大夫贾太傅一流爱国忧时文采光芒长万丈

　　与杜国辅徐仲车同病孙言危行德人风节动千秋

　　　　　　　　　　　　　　　　　　　　　　林祖涵　董必武　敬挽

　　噩耗传来,忆抗敌冤狱,民主文章,革命气骨,涕泪满襟哭贤哲。

　　胜利在望,看欧西革故,敌后鼎新,人民抬头,光芒到处慰英灵。

　　　　　　　　　　　　　　　　　　　　　　刘少奇　陈毅　敬挽

　　生不愿当亡国奴,大义凛然,愧煞国贼。

　　死亦必归民主地,仪型宛在,激励主人。

　　　　　　　　　　　　　　　　　　　　　　　　吴玉章　敬挽

　　　　　生前作勇敢的民主战士

　　　　　死后是光荣的共产党员

　　　　　　　　　　　　　　　　　　　　　　　　博古　敬挽

法西主义对头,鞠躬尽瘁,韬奋毕生五十岁。
革命文化旗手,誓死不屈,鲁迅而后第一人。

续范亭 敬挽

廿余载,文坛蜚声,功在国家,誉满天下。
毕生力,尽瘁国事,呼号奔走,责负兴亡。

谭政 傅钟 甘泗淇 敬挽

反对黑暗,反对倒退,生前不容于专制。
坚持光明,坚持进步,死后犹思葬延安。

习仲勋 白治民 袁任远 杨和亭 敬挽

法庭抗辩,监狱吼声,参会诤言,发行伟绩,向黑暗进军,忧患余生拯祖国。
异域播迁,萍踪寄语,忠心似铁,傲骨如钢,同光明握手,弥留遗嘱眷延安。

周扬 王子宣 敬挽

功业救中国,属念在延安,追求新民主,胜利在望愈遗憾。
迫害离重庆,困逝于上海,消灭法西斯,英才早死有余悲。

中共中央书记处办公厅 敬挽

毕生向真理追求,横眉冷对千夫指。
廿载替大众服务,俯首甘为孺子牛。

中共中央宣传部 敬挽

廿年任文化先锋,坚决追求是民主。
毕生为人民服务,弥留属望在延安。

中共中央党校 敬挽

办书店，办周刊，灌输进步思想，作青年导师，功业不朽。

为抗战，为民主，坚持韧性斗争，为我党同志，楷模永垂。

八路军总政治部　敬挽

延安各界2000人集会追悼邹韬奋。

11月22日，《解放日报》第三、四、五、六版，全部刊载纪念和悼念韬奋的文章。

追悼大会于下午1时许，开始进入会场，场内1500个座位全满，场内空隙和场外空地共2000人。

在悲愤沉痛的挽歌中，主祭人吴玉章及陪祭人柳湜、周扬就位。柳湜报告韬奋生平事略。

朱总司令讲话说：韬奋的著作，都是为了中国的民族民主革命。他的遗嘱对我们感触甚深。临终时他把希望寄托在中国共产党身上，请求追认入党，因为他到华中根据地后，亲眼看到了共产党的主张符合于全国人民的要求。目前中国民主势力与反民主势力正在剧烈斗争中，我们要更努力于民主运动，团结全中国人民，争取抗战建国的胜利。

吴玉章赞扬韬奋与群众联系的作风和他实事求是的科学方法。

陈毅特别指出：韬奋是由民主主义者走上共产主义者的道路，他的业绩，对于每个中国的民主主义者和共产主义者都是很好的教育。

陈毅除在追悼大会上的讲演外，另有一篇文章，对韬奋作了高度评价。他说："能以一个中国最优秀的知识分子的代表而坚决走上为工农兵大众服务的道路，这是韬奋先生永垂不朽，可为示范的地方。""他是以一个民主主义者走入战场，伟大的革命实践推动他向前迈步，直至与共产主义相结合，最后以他的为国家为民族为人民服务的品质和事业说，置诸共产主义者前列，可说毫无愧色。因此邹先生的道路，是彻底的革命民主主义者与共产主义最终结合的道路。"陈毅指出，孙中山晚年正确的承认共产主义是革命民主主义的朋友，而后鲁迅晚年不但与共产主义相结合，而且成为献身前列的最坚强的舵手和战士。继孙、鲁两公之后的韬奋，这不是偶然的巧合，"我想这里极其庄严郑重地指出了中国革命的总规律，这一条定理有不可抗拒的伟大力量。""我肯定的说韬奋先生一生的奋斗，其伟大成功便是继孙、鲁两公之后，再度指出中国革命的总规律。"（《韬奋的

道路》,生活·读书·新知三联书店香港分店 1978 年 1 月版,第 12、13 页)

李鼎铭说:除了陕甘宁边区和敌后解放区,中国还在漫漫长夜中,而邹韬奋有如一盏明灯,给全国党无派人士提出了一条道路,只有和共产党合作,团结抗战,争取民主,才能建立独立自由幸福的新中国。

接着,由韬奋的胞弟邹恩恂代表家属致答词。

最后,由张仲实代表筹委会报告:第一,向大会提议,成立纪念委员会,办理此后有关纪念韬奋的一切事宜,经大会一致通过,周恩来、吴玉章、林伯渠、秦博古、陈毅、续范亭、杨秀峰、成仿吾、贾拓夫、柳湜、周扬、艾思奇、丁玲、张宗麟、林默涵、李文、张仲实等同志为纪念会委员。第二,陕甘宁边区政府为纪念邹韬奋起见,已决定设立"韬奋出版奖金",其基金管理办法,曾委托筹委会草拟,今后移交纪念委员会办理。

追悼大会通过致邹韬奋家属唁电,全体高唱《义勇军进行曲》,大会即在雄壮的歌声中散会。

据李文介绍:大会通过的纪念委员会和"韬奋出版奖金"基金,因当时形势变化,均未能进行。

五、在重庆召开的不凡的追悼会

韬奋逝世的噩耗,是 9 月初传到重庆的。在中共南方局的关怀和指导下,救国会和各界爱国民主人士,在重庆开展了一次规模大、时间长的悼念活动,重庆生活书店的同志参与了许多具体工作。《新华日报》充分地反映了这一悼念活动。

当时,正是日寇进攻湘桂,国民党军队大溃退,引起全国人民极大愤慨之时。中国共产党代表林祖涵在国民参政会上正式提出了废止一党专政,建立联合政府以救危局的主张,促使各民主党派、各界爱国民主人士和大后方人民,怀着悼念韬奋的悲愤,掀起了民主运动的新高潮。

据仲秋元 1990 年在《联谊通讯》第 16 期上,发表的《重庆悼念韬奋逝世活动的若干史料》一文,辑录了很有意义的史料。摘要如下。

9 月 12 日,由沈钧儒、黄炎培、陶行知、章乃器、沙千里、史良、张申府、王志莘、杨卫玉、徐伯昕 10 人联名,在《新华日报》第一版刊登:邹韬奋逝世的讣告,说在渝戚友定期开会追悼,日期另行登报。如有纪念哀挽文件请送民生路73号生活书店代收。这则讣告,于9月14、15两日连续刊登。

9月中旬,生活书店同人,读书出版社、新知书店的同志也参加,在生活书店二楼举行了追悼会,由沈钧儒主持,胡绳讲了话。9月26日,中华职业教育社、中华职业学校及校友会3团体,联合举行了追悼会。

9月17日,《新华日报》第一次报导,其标题:

"苏北解放区各界追悼邹韬奋先生"。

"邹韬奋遗嘱呼吁国人加强民主团结"。

报导说:韬奋先生因脑癌病不治,在上海逝世后,在渝戚友,除生活书店同人已有追悼外,沈钧儒、张申府等正筹备另行定期开会追悼。兹据本报苏北通讯,邹韬奋原在苏北解放区养病,因病势日趋严重,到上海就医,卒至不起。苏北解放区人民听到噩耗,莫不深感哀悼,军政文化各界联合召开追悼会,并出版纪念书刊。

同时,《新华日报》开始刊登纪念文章和悼念活动。

纪念文章之前,"新华副刊"编者的按语是:"这是一个坚贞不屈的民主战士,是人民中的一个勇敢的先驱者,反动派的一个顽强的敌人;在他逝世的消息传出以后,已涌起了千万人的哀痛和悲愤。现在,我们从读者投来的哀悼文章中,先选两篇刊出。"两文的总标题是:"青年们用无限的悲痛和哀愤悼念邹韬奋先生"。

两文的篇名分别是:《你的死激励我们更坚决地走向民主》、《他最了解中国青年的苦恼》。

从9月中旬起,重庆的《新华日报》、《新民报》、《群众》周刊、《国讯》旬刊等报刊陆续发表了沈钧儒、黄炎培、陶行知、郭沫若、茅盾、沙千里、胡绳、张友渔、陈北鸥等进步人士的悼念文章、诗歌等。前后历时约1个月。

9月25、26、27日连续3天在《新华日报》上刊登了由宋庆龄领衔的72人发起的《邹韬奋先生追悼大会启事》。

"兹定于十月一日(星期日)上午九时,假座道门口银社开会追悼

先生友好届时均请莅会参加以表哀思,如有纪念哀挽文件并请先期送交民生路七十三号生活书店代收此启。"

发起人为:

宋庆龄、于右任、孙科、冯玉祥、柳亚子、邵力子、陈布雷、李根源、李烈

钧、林祖涵、张澜、张君劢、左舜生、李璜、章伯钧、董必武、黄炎培、钱永铭、江恒源、冷御秋、褚辅成、王云五、刘王立明、江庸、陈霆锐、程希孟、许德珩、郭沫若、马寅初、杜月笙、卢作孚、王志莘、潘序伦、曾虚白、周鲸文、阎宝航、杨卫玉、王昆仑、陆鸿仪、张似旅、潘梓年、徐盈、戈宝权、毕云程、夏衍、王卓然、高崇民、曹靖华、胡绳、黄洛峰、徐雪寒、沈钧儒、张申府、刘清扬、金仲华、章乃器、史良、陶行知、王造时、沙千里、李公朴、沈志远、沈雁冰、张志让、邓初民、胡子婴、曹孟君、王炳南、张友渔、韩幽桐、罗叔章、徐伯昕

10月1日的《新华日报》，4个版都登载了悼念邹韬奋的消息和文章。

生活、读书、新知3家书店都发了公告："今日上午因参加邹韬奋先生追悼会，休业半天，下午营业，邹韬奋的著作：《革命文豪高尔基》和《事业管理和职业修养》两书，七折优待半天。"

同日，《新华日报》发表了社论：《实现韬奋先生的呼吁》，还发表了悼念活动的其他消息。

社论说：韬奋之死"令人悲痛，是因为他死得太早，病得太苦，更是因为他一生公忠体国、壮志未酬。他热爱祖国，紧紧的和人民站在一起，……始终在替人民说话，为人民的民主自由而斗争。""如他自己所说：'每期的小言论虽仅仅数百字，却每次必尽我心力，就一般读者所认为最该说几句话的事情发表我的意见'，'对黑暗势力不免要迎头痛击'，'这决不能以个人主义做出发点。如和整个社会的改造脱离关系，而斤斤较量个人的问题，这条路是走不通的。'这几句话，证明了他一生立身行事的坚定立场。在他以后的行动中，从没有因任何苦难而移动过这个人民的立场。这个立场是革命的立场，是使中华民族能够获得独立解放的立场，是使炎黄子孙能够获得自由幸福的立场。中华民族解放事业，正需要有千千万万站在这个立场上的人，而像韬奋先生这样站在坚定的人民立场的竟这样死了，怎不令人悲痛！"

10月1日的追悼会，既是一次极其庄严的会，又是一次非常悲痛的控诉会，还是一次真正的战斗动员会。《新华日报》的翔实报导和追悼会上的几篇讲话，特别是老泪横流的沈钧儒的报告和铿锵有力的郭沫若的哭诉，把会场变成怒讨法西斯的罪行会。这份报纸不仅如实地记录了会情，也反映了重庆和大后方人民群众的情感。

虽然那天是凄风苦雨,涌进银社大门的,不仅是成群结队的青年,也有白发长须的老人,有共产党员和进步人士,也有不是为悼念而是专门来监视的特务,有韬奋生前的执友,也有敌对的潘公展和刘百闵!

会场四壁挂满了挽辞挽联。

宋庆龄的"精诚爱国"横额挂在当中。

中国救国会的挽联是:"历廿余年文化斗争,卓识匡时,早就提到民主政治。有数十万读者拥护,真诚爱国,永远站在大众立场。"

章乃器挽辞:"韬奋之死所给我的感想不是哀伤,而是悲愤。我所悲愤的是社会太残酷,太虚伪,使一个纯洁而富于热情的人难以生存。"

沙千里的挽辞:"你活在千万人的心里,他们必将踏着你的脚迹,照你指出的途径,来实现你所期望的新世界。"

重庆生活书店挽辞:"不私不阿,不屈不挠,为祖国,为大众,一支铁笔,二十年卓绝奋斗,争取民主、自由、解放。敢说敢骂,敢哭敢笑,编杂志,办书店,生活作风,十五载艰辛缔造,哪怕检扣、查禁、封门。"

读书出版社挽联:"唤起救亡,拘上海囚苏州,为民族解放,留得精神千古在。笔柄千秋,走百粤入淮海,怀三户亡秦,长昭壮心薄海悲。"

新知书店挽联:"大众生活呼号救亡,领导群众求解放。全民抗战坚持团结,争取民主到临终。"

《新华日报》挽联:"奋斗不懈,为的是团结抗战。救国有道,所求在民主自由。"

许多职业青年,很多大学生,他们从北碚、从沙坪坝、从歌乐山、从璧山、从万县赶来参加这个追悼会,他们没有带挽辞挽联,他们只愿在韬奋的祭坛前默默站几分钟。

挽歌是陶行知作的,当挽歌响起的时候,像铁链冲击着每一个人的心一样,全场沉浸在无限悲愤中。沈钧儒、左舜生陪祭,黄炎培主祭。

沈钧儒报告邹韬奋事略。沈老热泪横流,泣不成声,他沉痛宣告:"韬奋先生为民主而死!"他介绍了韬奋的生平之后,指出韬奋"长于理解而又富于情感,平时言动性格,确自有其与他人迥异的特点",他以韬奋自己的话来阐明5个特点。

"第一是认真,他说:'我自己做事没有什么别的特长,凡是承担了一件事,我总是要认真,要负责,否则宁愿不干';'可是我生性不做事则已,

既做事就要尽力做得像样。'……'我的工作当然偏重于编辑和著述方面，我不愿有一个字或一句为我所不懂的，或为我所不称心的，就随便付排，校样亦完全由我一人看，看校样的聚精会神，就和写作的时候一样，因为我的目的，要使它没有一个错字。'"

"第二是性急，他解释他为什么后来不干教员生活时说：'一因我的性太急，很容易生气，易于疾言厉色，事后往往懊悔，对于我自己的健康也有损害，我觉得我的忍耐性太缺乏'；""他又在'韬奋自述'里面，说他自己'特征近视，特性性急，牛性发时容易得罪人'。诚然，依先生所说，性急也许是他的缺点，但也许就正是他的优点吧。"

"第三是求知（虚怀），他说：'十几年来，在舆论界困知勉行的我，时刻感念的是许多指导我的师友'，又说：'我个人是在且做且学，且学且做，做到这里，学到这里；除在前进书报上求锁钥外，无时不皇皇然请益于师友，商讨于同志。'"

"第四是硬，他在少年求学时代，因为费用不够，同时又要担任家庭教师，常自称'硬汉教师'，并自己加以分析，说'只是好像生成了一副这样的性格，遇着当前的实际环境，觉得就应该这样做，否则便感觉得痛苦不堪'；'觉得我不是瞎硬，不是要争什么义气，只是要争我在职务上本分所应有的主权，不能容许任何方面无理的干涉或破坏'；……到了他办《生活》周刊时，他说：'我只知道周刊的内容应该怎样精彩，不知道什么叫做情面，不知道什么叫做恩怨，不知其他的一切'，'我只要自己的脚跟立得稳，毁谤诬蔑是不足畏的'"。

"第五是光明磊落，他讲到他在政治上的态度时，说：'我向来并未加入任何党派，我现在还是如此'；又说：'我服务于言论界者十几年，当然有我的立场和主张。'我相信，韬奋的话当然不是信口而说的，绝对可以他的一生言论和行动来作最好的证明。"

沈老最后说："我在韬奋灵前，向今天到会的朋友宣誓：我虽然老了，我要为中国的民主政治实现而奋斗到底，才能对得起我的朋友！"（长时间鼓掌）

讲话的有邵力子、林祖涵、诸辅成、左舜生、黄炎培，还有《纽约新闻周报》记者伊罗生。

莫德惠老泪长流，宣布了杜重远的遇害！这时，邓初民沉痛地高呼：

现在是我们向法西斯进军的时候了！

郭沫若满腔悲愤，走上祭坛，几分钟时间他没有发言，凝视着韬奋的遗像和人群，沉痛地说："我刚从乡下赶来，我很难过，昨夜一夜睡不着觉，想来想去，想要向韬奋先生说的话，今天在韬奋的灵前，当着大家的面，就说给韬奋先生听吧！"

"韬奋先生：你是我们中国人民的一位好儿子，我们中国青年的一位好兄长，中国新文化的一位好工程师。你的一生，为了人民的解放，为了青年的领导，为了文化的建设，尤其在抗日战争发动以来，为了争取反法西斯战争的胜利，你是很慷慨地、很热诚地用尽了你最后的一滴血。在目前我们大家最需要你的时候，而你离开了我们，这在我们是一个多么大的损失呀！这是一个无可补救的损失呀！"（泣声和掌声）

"韬奋先生：在你自己，怕应该是没有什么遗憾的吧。你把你自己慷慨地奉献给了人民，而你自己已经成为了一个很庄严的完整的艺术品，在你自己怕应该是没有什么遗憾的吧！（鼓掌）要说有什么遗憾，那一定是在目前反法西斯战争已经接近胜利的期间，而你没有可能亲眼看见中国人民的得到解放，中国青年的无拘无束的成长，反而在弥留的时候，你所接触的是中原失利的消息，湖南失利的消息，这怕是使你含着滚热的眼泪，一直把眼睛闭不下的吧！（大鼓掌）……韬奋先生！你是真的离开了我们吗？你是真的放下了武器倒下去了吗？没有的，永远没有的！你并没有离开我们，你还活着，你还活在我们每一个人的心里，每一个青年的心里，千千万万人民大众的心里。你是活着的，永远活着的，从中国的历史上，从我们人民的心目中，谁能够把邹韬奋的存在灭掉呢？（鼓掌）你的武器，你的最犀利的武器也交代在我们手里来了，我们每一个人的身上都有你的武器，这就是这么一支笔。你依靠着这支笔，为人民的解放，为反法西斯的胜利战斗过来；我们也应该仗着这支笔，为人民的解放，为反法西斯的胜利战斗过去。（大鼓掌）这是一支不折不扣的名实相符的钢笔，有了这支笔存在的地方，便是民主存在的地方；没有这支笔的地方，便是法西斯存在的地方。（鼓掌）像德国、日本这样法西斯国家，它们的笔是没有了，是变了质，变成了刷把，（鼓掌）替统治者刷糨糊，（鼓掌）刷粉墙，（鼓掌）刷断头台，（鼓掌）刷枪筒，（鼓掌）甚至刷马桶。（鼓掌）这样的刷把，迟早是要和着法西斯一道拿来拖进茅厕里去的……"（鼓掌不息）

"韬奋先生,我们就要永远地保卫这支笔杆,我们不让法西斯再有抬头的一天,不让人类的文化再有倒流的一天;这也怕就是你通过你的笔所留给我们的遗嘱!"(鼓掌经久不息)

郭沫若的这篇讲话,像是悼诗颂,又是悲痛的控诉,自然使人联想起曾经在重庆上演过的《屈原》一剧中的《雷电颂》,他那篇悼诗颂唤起了整个追悼会上的群众的心声,大家的号啕,变成了向法西斯战斗的共鸣。就是今天读来,也还使人心潮不能平静,虽然是50年前的诗朗诵,人们不能忘却也不应忘却,因为法西斯孽种并没有灭绝,就是现在的德国特别是日本,有人始终不承认他们发动的侵略战争是灭绝人类的罪恶,不是还在说是"对亚洲人的解放"吗?! 不是还在说"南京大屠杀"是个"编造"吗!?韬奋的笔,是刺向法西斯的,韬奋留给我们的笔,也还是不能放弃这个任务的。

事实的发展证明,德、日法西斯被打败了,投降了。而蒋介石的反动气焰并没有得到教训,却在美国的扶持下发动了内战,向解放区的民主力量发动疯狂进攻,向蒋管区的民主进步人士,按照法西斯的办法采取暗杀恐怖活动。1946 年 7 月 11 日在昆明杀害了民盟负责人李公朴,接着于 15 日又杀了西南联大教授闻一多。名列"黑名单"的还不知有多少! 1946 年 7 月 22 日,邹韬奋被安葬在上海虹桥公墓。这一天,上海文化界和韬奋生前友好,随同灵枢到墓地,在墓前举行了韬奋逝世 2 周年的祭仪。沈钧儒主祭,陶行知读祭文,郑振铎、王志莘、沙千里、艾寒松、罗淑章、许广平、戈宝权、孙起孟、胡绳、徐伯昕、胡子婴、杨卫玉等 50 余人参加。大家不胜悲痛。沈老对着灵枢说:"我们在你面前宣誓:我们要学习你的榜样,不计生死,为争取民主的胜利。"(《忆韬奋》,学林出版社 1985 年 11 月版,第 166 页)

六、周恩来的寄语

韬奋在弥留之际,还说"周恩来同志是我一生最好的朋友",这是一句肺腑之言,从他在武汉第一次同周交谈起,一直到他出走香港、第六次流亡、病痛期间、逝世和追悼会的发起和部署,都是在周恩来的具体关怀和安排下进行的。悼念活动之后,周恩来仍在亲切慰问韬奋的家属,并对韬奋作出实事求是的评价并指出其深远的影响。

1945 年 9 月 12 日,日本刚刚宣布投降,抗日战争取得胜利,周恩来向沈粹缜写了慰问信:

"在抗战胜利欢呼声中,想起毕生为民族的自由解放而奋斗的韬奋先生,已经不能和我们同享欢喜,我们不能不感到无限的痛苦。您所感到的痛苦自然更加深切了。我们知道,韬奋先生生前尽瘁国事,不治私产,由于您的协助和鼓励,才使他能够无所顾虑地为他的事业而努力。现在他的一生光辉的努力已经开始获得报偿了。在他的笔底,培育了中国人民的觉醒和团结,促成了现在中国人民的胜利。中国人民更一定要继续努力,为实现韬奋先生所全心向往的和平团结民主的新中国而奋斗不懈。韬奋先生的功业在中国人民心目中永垂不朽,他的名字将永远是引导中国人民前进的旗帜。——想到这些,您,最亲切地了解韬奋先生的人,一定也会在苦痛中感到安慰的吧! 你的孩子——嘉骝(作者注:邹嘉骝原在桂林跟母亲、兄、妹一起隐居,后经生活书店友人带往重庆,由周恩来亲自送到延安)在延安过得很好,他的品格和勤学,都使他能无负于他的父亲,这也一定是可以使您欣慰的事吧!

谨向你致衷心的慰问,并祝您和您的孩子们健康!

周恩来启"

1949 年 7 月,纪念韬奋去世 5 周年,周恩来同志于新中国建立前夕,写了更加光辉的题词:

"邹韬奋同志经历的道路是中国知识分子走向进步走向革命的道路"。

这条崎岖艰难之路,充满了斗争和胜利,所有追求进步、追求革命、追求真理的中国知识分子,都会从韬奋的经历中,受到启发,得到智慧,增加奋斗的勇气。

第四十二章　韬奋精神常青

纪念韬奋,常常为韬奋精神所吸引。那么,什么是韬奋精神? 毛泽东作过精辟的概括:"热爱人民,真诚地为人民服务,鞠躬尽瘁,死而后已,这就是邹韬奋先生的精神,这就是他之所以感动人的地方。"

韬奋虽然已经离开人间半个多世纪,但是,韬奋精神却是常青的,它成为后人要求进取的精神支柱和可贵的思想财富。

因而,学习韬奋,研究韬奋,仍然是我们当代人的一个重要课题。

一、认真负责,一丝不苟

凡是接触过韬奋或与韬奋相处过的人,对他待人的真诚和热情,都有着极为深刻的印象,而他的工作态度和工作作风,则更令人敬佩不已。

韬奋说:"我生性不做事则已,既做事就要尽力做到像样。"他还说:"我自己做事,没有别的什么特长,只要担任了一件事,我总是要认真,要负责,否则宁愿不干。"

他主办的刊物,都能做到定期准时出版,从不脱期。所以能做到这一点,就是因为他能发动大家齐抓共管,个个认真负责,步步紧盯不放,若在一个环节上出现失误,就会产生大的纰漏,影响整个刊物,不能实现预期目标。因而韬奋要生活书店全体职工,都以参加者的态度,不要以旁观者的态度,对待自己的工作,每个成员,都是店里的主人,不是店里的客人。他自己以身作则,严格要求,尽心尽力,从不马虎。所以他坚决反对那种"拆烂污"现象。无论谁不负责,他都抓住不放,决不客气。

韬奋的工作偏重于编辑和著述方面,他说:"我不愿有一字或一句为我所不懂的,或我所不称心的,就随便付排,校样亦完全由我一人看,看校样的聚精会神,就和在写作的时候一样,因为我的目的,要使它没有一个错字。"

他写文章,特别注意广大读者的需求,他说:"要用敏锐的眼光,深切的注意和诚挚的同情,研究当前一般大众读者所需要的是怎样的'精神粮食',这是主持大众刊物的编者所必须负起的责任。"(《韬奋文集》,生活·读书·新知三联书店1978年1月版,第3卷,第80页)

《生活》周刊的"小言论",是韬奋长期执笔的栏目,每期虽然只有几百字,但它却是韬奋的力作,正如他说的"是我每周最费心血的一篇,每次必尽我的心力就一般读者所认为最该说几句话的事情,发表我的意见。"

正因为他树立了这样的工作态度和工作作风,所以带动和影响了全店职工,乃至与生活书店并肩战斗的读书出版社和新知书店,从而使革命出版事业得到迅速发展,也培育了大批人才。

吴玉章说过:"近代中国文化界,在新闻事业、出版事业上,最有成绩、最有创造能力的,要算邹韬奋同志。"这一历史评价,是完全符合客观实际的。

周恩来誉韬奋为"出版事业模范"的称号,是呼出了广大出版工作者共同的心声。

二、决不屈于强暴,决不改变主张

韬奋一生坎坷,从种种艰难困苦中走出来,成为一位坚强的革命战士,他的事业之所以能够发展,而且取得了巨大成就,正是他和他的伙伴们进行顽强斗争的结果。

在他的编务中,经常遇到来自各方的种种麻烦。他对麻烦处理的原则有两条:

一条是,"我只知周刊的内容应该怎样精彩,不知什么叫做情面,不知什么叫做恩怨,不知道其他的一切。"

一条是,"我们只要自己脚跟立得稳,毁谤诬蔑是不足畏的。"

1931年的"九一八"事变和1932年的"一·二八"事变之后,韬奋和《生活》周刊发生了前所未有的转变,被激发起的爱国热情,空前高涨,从不问政治、少问政治,到面向现实面向政治。他积极主张抗日救国,团结御侮,而同当权者的对日妥协、不抵抗主义,对内全力"剿共",完全相背,

当然为国民党政府所不容,于是蒋介石为使邹韬奋屈从,采用了种种手段,但都未达目的,被韬奋一一驳斥或拒绝。

第一,指使特务暗杀,名列"黑单",韬奋被迫出国流亡。

第二,先后指派胡宗南、刘健群、张道藩约谈,实际上辩论僵持数小时,每次都使"说客"哑口无言,结果不欢而散。

第三,《大众生活》受到广大读者的欢迎,发行量达30万册,有人担心它"中途夭折",劝韬奋注意,韬奋回答说:"以不投降黑暗势力为条件,因为无条件的生存,同流合污,助桀为恶的生存,虽生犹死,乃至生不如死。"

第四,蒋介石见派人"说降"不成,又要杜月笙出面"邀请"并陪送韬奋去南京"面谈",又指派戴笠在南京下关车站"迎接",韬奋仍未应约,只好再次流亡。

第五,查禁期刊,在独裁盛行的年代,在失缺言论自由的地方,韬奋和他的执友们提高了斗争艺术:你封了《生活》,我另辟途径,由杜重远主办的《新生》来接替,《新生》又遭查封,韬奋再来创刊《大众生活》,而《大众生活》被禁,又由金仲华接手续办《生活星期刊》和《永生》来接替。这样,刊物既定宗旨不变,刊物名称可以变更,像火炬接力传递一样,经久不息。这就是:你干掉一个,我再来一个,你干你的,我干我的,你有法西斯专政,我靠人民大众支持。

第六,欲加之罪,何患无辞。国民党当局硬说爱国"有罪",对救国运动领袖邹韬奋、沈钧儒等7人,横加逮捕,入狱坐牢,史称"七君子"案。不仅未达其预期目的,反引起全国上下强烈反对,在抗战爆发后,国民党政府被迫放人收场。

第七,在武汉,蒋介石亲自约邹韬奋、杜重远谈话,要他们加入国民党,遭邹、杜两人拒绝。还私许邹为"三民主义青年团中央干事",亦被邹拒绝。

第八,生活书店的发展,引起国民党的嫉恨,造谣它领受共产党的"津贴",于是派人查账,结果一无所获。"诬陷"成了不打自招的事实。

第九,国民党又派中央宣传部副部长潘公展,直接向邹韬奋提出:生活书店必须和官方书店正中书局、独立出版社"合并",说这是部长叶楚伧之命,韬奋严正拒绝。此后又提出派员进驻生活书店进行"监督"亦遭拒绝。韬奋回答他们:人有人格,店有店格,"宁为玉碎,毋为瓦全","决不为不义屈"！"我五十多个书店可以不要,但方针必须坚持,不能有丝毫改变。"

第十,"皖南事变"之后,全国各地生活书店,连连遭到封店捕人的厄运,除重庆一店外,无不被毁。韬奋愤然辞去国民参政员,出走香港,蒋介石闻之,电令广西扣留,未成。韬奋在香港复刊《大众生活》,在《华商报》发表长篇连载《抗战以来》,揭露了国民党统治区的种种黑暗。

日军侵占香港,韬奋在中国共产党的保护下,脱险到东江、梅县隐蔽,国民党派特务搜捕,并下令"就地惩办",迫使韬奋奔往苏北解放区。

上述所列事实,无不证明韬奋决不屈于强暴,决不改变主张的铮铮铁骨的光辉形象。最后,韬奋就是在病榻上仍然向国人呼吁他的主张,在遗嘱中仍以加入中国共产党作为自己一生的总结。

三、密切联系群众,热诚为人民服务

韬奋联系最多的是广大读者,他把接待读者来访,阅读读者来信和解答读者问题,看做是自己的光荣职责。

韬奋说:"做编辑最快乐的一件事就是看读者的来信,尽自己的心力,替读者解答或商讨种种问题。把读者的事看做自己的事,与读者的悲欢离合、酸甜苦辣,打成一片。"他向读者写信的热情"不逊于写情书,一点也不马虎。鞠躬尽瘁,写而后已。"

应当怎样对待读者的来信呢? 韬奋说:"投函者以知己待编者,编者也以极诚恳的极真挚的感情待他们,简直随他们的歌泣而歌泣,随他们的喜怒而喜怒。"他又说:"与无数至诚的执友言欢,或共诉衷曲似的,辄感负托之重,期望之殷,竭我智能,尽忠代谋"。

韬奋的读者遍布各地,当他处在危难之际,例如被关押期间,或在流亡途中,都有不相识的读者自觉地出来支持和帮助他,他在刊物上的号召或启事,总会得到广泛的积极的响应。如为抗日英雄马占山募捐,为淞沪抗战创办"生活伤兵医院",为筹办《生活日报》集资等,都得到了广大群众的支持。特别是对救亡图存的抗日爱国运动,韬奋投入了全副精力,发表了无数文章,作了无数讲演,受到广大群众的热烈欢迎。

韬奋在主办的刊物上,增设"信箱"栏目,专门讨论读者提出的问题。

生活书店所设的邮购部,专为读者代购书刊,实际上,除书刊之外,如买衣料、鞋子、药品等,也均为之代理。至于读者提出的:求学问题、家庭问题、婚姻问题、恋爱问题、职业问题,特别是读者为求进步遭受到迫害问题、投奔延安报考抗日军政大学、鲁迅艺术学院和寻找八路军、新四军诸类问题,都要求为之解答并要求给予解决的妥善方法。凡带有普遍性的即以"信箱"刊出,不便公开的,只有直接写信联系。这样,每年收到读者来信两三万封以上,复信都留存底稿;来信者姓名和地址,都编入卡片,以便保持经常联系。开始时,都由韬奋自己拆信,自己复信,每天要花半天时间处理这些信件,后来最盛时,韬奋忙不过来,有4位同事专门担任拆信和复信的任务,但最后都须经韬奋一一看过,并亲笔签名,他常常工作到午夜,和几位同事一样,不怕麻烦,不避辛苦,不知疲乏。诚心恳意地为读者服务。

他为说服一个多疑青年,写了3000多字的一封信,结果成全了一门婚事,挽救了一对青年,夫妇俩来信中,由衷地感谢他。据袁信之说,韬奋在重庆编《全民抗战》期间,曾经接到一个昆明读者的来信,表示因患肺病而消极厌世,企图自杀以结束生命。韬奋以万分关怀的心情,写了一封万言长信,讲清道理,循循诱导,同时说明肺病并非绝症。隔了一个时期,韬奋正担心后果的时候,这位读者来信了,说韬奋的长信真正感动了他,从而放弃了自杀念头,心胸开阔了,病情也随之有所好转,决心同病魔作斗争。韬奋急切地读完了来信,舒了一口气说:"我终于挽救了一个人的生命。"

处理读者来信,韬奋认为自己是"夹在无数友好丛中工作","好像天天和许多友好谈话,静心倾听许多读者友好的衷情","乃至感到无上荣幸。"读者信任他,把他当做亲人,有的"把不敢对母亲说的话,也向他倾吐"了。正是这样,韬奋感到这是件快慰之事,并不是像有人说的那样麻烦,那样辛苦,在他看来,诚心恳意地为读者服务,是自己的一桩乐事。

四、不断追求,不断创新

韬奋是以刻苦学习著称的。对于他的学习过程,他曾说过:"我个人是在且做且学,且学且做,做到这里,学到这里,除了在前进的书报上求锁钥外,无时不皇皇然诸益于师友,讨论于同志。"正因为他科学地解决了认识和实践的关系问题,他才不断地追求,不断地进步。既没有落入一般知识分子所易犯的教条主义,也没有脱离群众而带来的孤傲。

1935年他在《大众生活》发刊词中,提出的克服个人主义,是他认识上的一个突破,他说:"现在不是由个人主义做出发点的所谓独善于身的时代了,要注意怎样做大集团中的一个前进的英勇的斗士,在集团中能获得个人的解放。"他在答复一读者来信中说:"为个人利害而研究学问,检讨问题,是充满了自私自利的意味,而且也得不到出路,无疑是要没落的;为大众福利而研究学问,检讨问题,乃至谈一段话,作一篇文,以及其他精神活动,都以为鹄的,方向既有所专注,心神自有所集中,随时随地都可会有推进新时代车轮的可能性。"

当他谈到编刊物时,他强调:"刊物的内容如果只是人云亦云,格式如果只是亦步亦趋,那是刊物的尾巴主义",这种刊物就没有"个性和特点"。他主编的刊物,正如他所说的"单张的时候,有单张的特殊格式,订本的时候,有订本的特殊格式","刊物的编排也极力独出心裁"。上海出版的《生活星期刊》,采用8开本,在编排上有所创造。《大众生活》是韬奋风格发展到高峰的例子,它的彩照套色封面,就给人留下深刻的印象,而且巧妙地配合刊物的内容,这是当时期刊中少见的。更为重要的是内容的不断改进,韬奋一贯在刊物中,恰当地利用插图,比如时事必附地图,以增强文字的效果。抗战以前的《国难地图》,抗战中的《战争发展图》,都为广大读者所称颂,其他的如《时事漫画》、《社会漫画》等,也受到读者的欢迎。

韬奋编刊物之所以具有自己的风格和特色,就在于他深刻认识现实,他深入倾听群众意见。

据夏衍回忆,1938年4月在武汉,他到广州去办《救亡日报》,他提出许多自己认为很难处理的问题请示周恩来同志,得到的答复是:"你要好好学习邹韬奋办《生活》的作风,通俗易懂,精辟动人,讲人民大众想讲的话,讲国民党不肯讲的话,讲《新华日报》不便讲的。这就是方针。"这一简明精辟的总结,既透彻地说明了韬奋办刊的创新,也说明了韬奋办刊的特色。创新是韬奋不断探索不断追求的结果。

五、热爱事业，热爱干部

韬奋是在白色恐怖中办进步刊物和进步书店的。因此，事业的命运和从业者的命运是息息相关的。韬奋谈到生活书店的积累时说：这是"由全体同事在这十几年中流血汗，绞脑汁，劳瘁心力，忍饥耐寒，对国内外读者竭诚服务的一片丹心赤诚凝结而成的。"韬奋的事业，并不是私产，而是合作社性质的全体员工的共同的事业；它没有什么拨款，也没有谁来津贴，而是从无到有，从小到大，逐渐发展到全国50多家分店，完全靠他们自己投入的劳动，得到人民大众的支持，才有摧不垮的强大的生命力，他们热爱自己的事业，胜过热爱自己的生命和家庭。

1940年出版的《事业管理与职业修养》，是韬奋对生活书店的经验总结，也是革命出版事业员工的一部教科书。它既阐明了民主集中制原则在事业管理方面的具体运用，也详述了个人怎样为读者服务的工作素养。从这里可以了解集体管理的生活书店，为什么长胜不衰，生气勃勃的发展，也会清楚员工们那样诚恳、热情、周到的服务作风怎样会贯彻始终。的确像韬奋自己说的是"血汗乃至血泪的结晶品。"实践证明，这本书确实培育了代代书业人才，其影响是很大的，意义也是深远的。

韬奋作为生活书店的主要领导人，对全店的同事充满了真诚的关切和爱护。

有位青年王永德，从14岁考入《生活》周刊作练习生，他勤奋好学，执著追求，在韬奋身边工作，受益很多，进步很快。他的学识由于数年间的自修，已超过一般大学毕业生的文化水平，他的办事能力，由于数年间的训练，也已丰富熟练。他是帮助韬奋处理读者来信的人之一，每日来信由韬奋亲自阅看之后，口授答复要旨，他写作已很纯熟，常识也很丰富，每日持笔复数十封信，在不声不响中办得妥妥帖帖。韬奋认为，他是个进步的很可爱的青年。在工作期间，他参加了中国共产党的地下组织，可不知怎样竟被特务所注意，于是魔掌的暗影渐渐向他笼罩过来。韬奋了解这一情况后，几次帮他转移，千方百计保护他，到香港办报时，也把他带往香港，作《生活星期刊》的助理编辑。后来他随韬奋于1936年六七月间回到上海，又被特务所扰，韬奋帮助他隐蔽起来，不料就在隐蔽期间，王永德突然患伤寒病逝,年仅 20 岁。韬奋闻之,失声痛哭,为这位青年战友的死,悲愤不已,亲为扶棺入殓。事隔 8 年,韬奋在《患难余生记》中,仍对永德念念不忘,他说:"我为着这个文化战士的夭折,想起他的苦战的精神,他死后,我在编辑室里独自办公的时候,为着他哭了好几回。"并下定决心,"更坚决地、更英勇地拿起我的武器,在苦难中对黑暗势力作继续不断的奋斗。我应该战至最后一滴血!"

还有,生活书店昆明分店经理毕子桂,19 岁考入生活书店作练习生,工作 6 年逐渐成为"最可敬爱、最得力的贤智干部之一"。1940 年 2 月,患盲肠炎,因逢敌机轰炸,手术延误,抢救无效而死,年仅 25 岁。当韬奋接到毕病重住院消息,忧心如焚,夜不能寐。在 4 天中连发 3 个急电,殷殷嘱告要多请名医会诊,要尽最大努力救治。最后接到毕子桂不幸病逝的电报,韬奋泪如泉涌,悲痛万分。在《痛悼子桂同事》的文章中,韬奋满怀痛惜,充满了真挚的同志之爱,深厚的手足之情。

从两位青年战士的病逝,可以看出以韬奋为首的这个战斗集体的同志爱,手足情,使人难以忘怀的是:爱人之诚,感人之深的韬奋风范。

六、廉洁奉公,一尘不染

韬奋热爱事业,一心为了事业,从来不谋私利,这是当时文化界传颂的佳话。正如他自己所说:"像我这样苦干了十几年,所以能够得到许多朋友们不顾艰难地共同努力,所以能够始终得到许多共同努力的朋友们的信任,最大的原因还是因为我始终未曾为自己打算,始终未曾梦想替自己刮一些什么。不但我这样,凡是和我共同努力于文化事业的朋友们都是这样的。"

他和生活书店的同事说:"我们这伙人的聚集,不是为了发财,而是致力于进步文化事业。"

韬奋献身于最艰苦的文化事业,而至于"乐此不疲",这是人所共知的。他在经济生活方面,一生都是困窘的,没有什么宽裕的时候,他的家庭,一切经济负担,都由他的稿费支撑着,夫妇俩和 3 个孩子的生活费、孩子的学费,以及让他赡养的父亲一家人和他义务负担的弟妹们(五六人)的学习费等都由他承担。直接负责开支的是他的夫人沈粹缜,每当入不

敷出时还需要她到处张罗着去借债来应付。

韬奋出国两年考察的费用，是靠稿费来维持的。

在重庆，他居住在斗室之中，生活之清苦是文化界的朋友们都了解的。为躲敌机空袭，别人进防空洞多带着细软和金钱，而韬奋带进防空洞的却是稿件和读者来信两大包，因为他没有什么财物积蓄，他只有把他这些最珍贵的东西带在身边。

他遇有突发事件，比如出走香港，他的旅途费用，也都是靠沈粹缜临时筹措的。

以韬奋为主要领导人的生活书店，凝聚着他和同事们的辛勤劳动，成为进步文化事业的坚强堡垒。当然，在经济方面，它也积累了丰富的财富。但是，这决不是私产，个人是无权动用公款的。韬奋是严格遵循共同讨论并通过的店规的。他无论遇到多大困难，都是自己设法解决。

不仅如此，就是日常使用的办公用品，也是公私分明的，比如他给朋友或家人写信的信纸、信封，都是自备的，和读者写信，才用公家的。他在家中业余时间写作，才收稿费，在办公时间写作，就不要稿费。廉洁奉公，一尘不染，这成了生活书店的传统和店风。

总之，韬奋无愧于革命知识分子的杰出代表，他用毕生精力，为人民大众所需要的精神食粮而奋斗，他追求真理，不畏强暴，下定决心铲除黑暗势力，他高举爱国主义大旗，脚踏实地，一步一步奋勇前进，终于从民主主义者转变为共产主义战士。学习韬奋，韬奋精神永存人间，这是历史的回响，也是人民大众的心声。

邹韬奋年谱

1895 年（诞生）

1895 年 11 月 5 日（清光绪二十一年九月十九日），邹韬奋生于福建永安，取名恩润，乳名荫书，韬奋是他的笔名，祖籍江西余江沙塘村。

祖父邹舒宇，号晓村，曾考中前清拔贡，初以七品小官分发至福建省候补知县，后任永安县知县，官至福建延平府知府。父亲邹国珍，号庸倩，母亲查氏，浙江海宁人。韬奋为长子，有同母兄弟姐妹 6 人。

1900 年（5 岁）

韬奋童年随做候补官的父亲到福州市生活。当时家中生活贫困，常靠领"施米"过活，韬奋 5 岁开始接受私塾教育，先由父亲教他《三字经》，后又请位老先生执教，父亲执教严格，经常考查他的功课。

1904 年（9 岁）

年底，父亲考查他在家塾的学习，在夜里亲自听他背书，桌上放着一条二指宽的竹板，背不下去，经父亲提一个字，打一下手心，再背不下，再提再打。他呜呜咽咽地背着那位前世冤家的"见梁惠王"的"孟子"。

1907 年（12 岁）

母亲查氏因病去世，年仅 29 岁。第二年，祖父在江西余江老家病故，这年 11 月，韬奋随父奔丧，他第一次回到余江的老家，并将母亲的棺椁运回老家安葬。4 个月后返回福州。

1909 年(14 岁)

与他的小叔邹国珂同时考入福州工业学校。学校为 6 年制,预科 2 年,本科 4 年。韬奋学习优秀,喜爱文学,各科考试成绩名列前茅。

1911 年(16 岁)

辛亥革命爆发,学校停课。同年 12 月,孙中山从国外回国途中经过福州,韬奋参加到人们欢迎革命领袖的热烈场面之中。

1912 年(17 岁)

父亲希望他成为一名工程师,将他由福州工业学校转至上海南洋公学(交通大学前身)附属小学学习。教国文和历史的沈永癯先生对韬奋影响很大,是他"生平最敬爱的一位先生"。在上小学的最后一年,韬奋就认定"自己宜于做一名新闻记者。"

1913 年(18 岁)

升入南洋附属中学,韬奋刻苦攻读,广泛涉猎各种书籍,作文多次被选入报刊,因家中经济困难,他争取到每学期"优行生"的免学费待遇。

1915 年(20 岁)

韬奋开始向《申报》副刊投稿,用"谷僧"笔名,并第一次领到稿费。同年 5 月,向商务印书馆出版的《学生杂志》投稿,用"邹恩润"真名。本年父亲迁居北平,在财政部印花税处任科长,欲筹办厂未成,反欠巨债,潦倒终生。

1917 年—1918 年(22 岁—23 岁)

进南洋公学上院(大学)电机工程科(系)学习。由于经济困难,经常在课余或假期,担任家庭教师的工作。此时,韬奋不仅要挣得自己的学费,还担负起弟妹们的学习费用。

1919 年(24 岁)

韬奋为筹集学费而停学。去江苏宜兴蜀山镇当家庭教师。同年 5 月,北京爆发"五四"运动。7 月,韬奋在"五四"运动高潮时回到上海,参加《学生联合会日刊》的编辑工作。

9 月,韬奋以电机工程系大学二年级生的资格考入上海圣约翰大学文科三年级学习,主修西洋文学。韬奋仍要兼做家庭教师和图书管理员,并且不断向报刊投稿,生活紧张而清贫。本年对父母包办的婚姻提出"抗议"。

1920 年(25 岁)

韬奋着手翻译杜威所著《民主主义与教育》一书,译文第一篇 1 月 15 日发表于《新中国杂志》第 2 卷第 1 号。由于原著晦涩,译述颇费时日。

韬奋在《约翰季刊》、《约翰年刊》和《约翰声》上发表一些文章。

1921 年(26 岁)

以优异成绩毕业于圣约翰大学,获文学士学位。因没有机会进入新闻界,9 月,由毕云程介绍到厚生纱厂工作,后又转到上海纱布交易所担任英文秘书,同时还兼任其他工作。

1922 年(27 岁)

1922 年,由黄炎培介绍到中华职业教育社担任编辑股主任,主编《教育与职业)月刊,编译《职业教育丛书》,同时兼任英文秘书,辞去纱布交易所职务,开始从事职业教育工作。

从这时至 1925 年,韬奋编著、编译职业教育丛书 6 种《民主主义与教育》、《职业教育研究》、《职业指导》、《职业心理学》、《职业智能测验法》、《书记之知能与任务》。均署名邹恩润,由商务印书馆出版。

1923 年(28 岁)

由于韬奋"抗婚",女方叶复琼坚持他人"不嫁",韬奋了解后,改变原意,与叶结婚,婚后感情甚笃。

1925 年(30 岁)

10 月,在黄炎培主持的职教社社务会议上,决定将原中华职业教育社的机关刊物,改为向社会发行的周刊,取名《生活》,该刊宗旨为"专门宣传职业教育及职业指导的消息和简要的言论",王志莘担任主编,韬奋为撰稿人,从此,韬奋开始了他毕生热爱的新闻出版工作。韬奋为《生活》周刊撰稿,写的多是青年修养方面的文章,同时为职教社编辑英文年刊。

本年初,叶复琼女士因患伤寒去世,韬奋异常痛苦,常到棺前痛哭。

7 月,韬奋与沈粹缜女士在苏州留园订婚。

1926 年(31 岁)

元旦,韬奋在上海与沈粹缜女士结婚。本年 10 月,长子嘉骅出生。王志莘转入银行界,由黄炎培推荐韬奋接任《生活》周刊主编。韬奋确定刊物宗旨为:"暗示人生修养,唤起服务精神,力谋社会改造。"增设"读者信箱、人物介绍、国外生活概况"等新栏目,变换内容,注意短小精悍的评论和有趣味有价值的材料,改进版面,与读者建立密切联系。到年底,发行数已由 1000 多份增加到 2800 份。

1927 年(32 岁)

由《时事新报》董事长张竹平介绍,韬奋兼任该报秘书主任并主持该报副刊"人生"的编务。这一年,他白天在报社工作,《生活》周刊的编务工作全部移到夜晚,相当紧张,韬奋认为"比进什么大学的新闻科都来得切实,来得更有益处。"

这一年,蒋介石、汪精卫叛变革命,制造"四一二"和"七一五"反革命政变,对共产党和工人阶级进行血腥大屠杀。韬奋在《生活》周刊发表许多文章,反映民众苦难生活和痛斥封建礼教、贪官污吏的文章,还刊有大量研究孙中山理论的文章,呼吁以民众福利为前提,提出"政治清明"、"实业振兴"等救国政策。

9 月 25 日,从《生活》周刊第 2 卷第 47 期起,开辟"小言论"专栏,发表署名"恩润"的文章,每期 1 篇。韬奋很重视这个专栏,在这里,就一般读者认为最该说几句话的事情,发表意见,因而成为韬奋"每周最费心血的一篇"。

11月16日,韬奋以记者的身份访问胡适,《生活》周刊先后6次介绍胡适。

因《生活》周刊销路小,稿费低,韬奋一人负责编辑工作,包揽全期文章,只得自己取了许多不同的笔名来分别撰写不同的栏目。这年,韬奋撰文使用的笔名:心水、思退、沈慰霞、因公、惭虚、秋月、落霞、春风、润。

《生活》周刊发行量达2万份。

1928 年(33 岁)

辞去《时事新报》的兼职。

3月,翻译的杜威著作《民主主义与教育》一书由上海商务印书馆出版。

5月3日,日本制造"济南惨案"。《生活》周刊第33期上用黑体大字刊登口号"时刻勿忘暴日强占济南的奇耻"。此口号连登两个半月。愤怒抗议帝国主义的侵略行径。此刊引起欧美和南洋等地华侨的关注。

6月,翻译的《一位美国人嫁与一位中国人的自述》,作为《生活》周刊丛书,由生活周刊社出版。

8月,李公朴赴美留学,途经上海,与韬奋结为执友,被聘为《生活》周刊驻美特约撰述,韬奋还对在各国的留学人员作了调查,从中选聘了部分特约通讯员。

9月30日,《生活》周刊上继续抗议日本帝国主义在济南的暴行。刊登"国人只须顾念济案日人对我之惨酷,即当捐弃私见团结一致"的口号。

本年,韬奋使用的笔名:孤峰、清风、云霄、静渊、愚公。

《生活》周刊发行量增至4万份。

1929 年(34 岁)

1月29日,《生活》周刊标出"济南惨痛,同胞勿忘"的口号。

2月,次子嘉骝出生。

5月25日,在《生活》周刊标出"努力建设,一致对外"的口号。

《生活》周刊开辟"国外通讯"栏目,先后刊登国外通讯员发来的反映各国社会政治问题的报道。

10 月,《生活》周刊改变编辑方针,以讨论社会和政治重大问题为主,形式上以单页改为 16 版,销量增至 8 万份。

12 月,翻译的《一位英国女子与孙先生的婚姻》一书,由《生活》周刊出版。

1930 年(35 岁)

6 月,女儿嘉骊出生。

《生活》周刊开辟"读者信箱"后,收到大量读者来信,每年约在二三万封。最多时,韬奋要用半天时间处理来信。读者来信一小部分在周刊发表,大部分都直接答复,有的复信长达万言。5 月,《生活》周刊社将一部分未在《生活》周刊发表的读者来信编成《读者信箱外集》第一集出版,韬奋为其写了"弁言"。以后还出版了第二集、第三集。

为扩大服务项目,生活周刊社成立"书报代办部",为读者选购各种图书、杂志及文化用具。

11 月,韬奋在《生活》周刊上发表《民穷财尽中的阔人做寿》一文,揭露国民党安徽省政府主席陈调元挥霍 10 万元为母做寿的丑行。

12 月 13 日,《生活》周刊第 6 卷第 2 期上发表《我们的立场》一文,阐述办刊方针:"为中国造成一种言论公正评述精当的周刊","希望我们的思想是与社会进步时代进步而俱进"。

12 月,国民党政府颁布限制出版法规 44 条及实施细则 25 条。

1931 年(36 岁)

4 月,艾寒松正式参加《生活》周刊编辑工作,6 月,杜重远在上海与韬奋相识,被聘为《生活》周刊特约撰述。

7 月,吉林"万宝山事件"发生,《生活》周刊先后发表《国人应奋起一致对外》和《全民族的生死关头》的文章,揭露日本侵华的事实真相。

"九一八"事变爆发。蒋介石采取不抵抗政策,日本帝国主义侵占东北三省。韬奋领导《生活》周刊社积极投身人民抗日救国运动之中,《生活》周刊接连发表文章,报道日军侵略行径,批评国民党的不抵抗政策,呼吁人民团结抗日,奋起救国。

8 月初,根据群众检举并调查,揭露国民党政府交通部长王伯群贪污公款造房纳妾的丑行。并且拒绝王伯群"以补助办刊"为名实为行贿的 10 万元巨款。

10 月,韬奋采访胡愈之,并聘请胡先生为《生活》周刊特约撰述。以后,韬奋常约请胡愈之、艾寒松、毕云程等人举行座谈会,讨论国内外重大事件和重要理论问题,使韬奋和《生活》周刊,都发生了重大的转变。《小言论》第一集由生活周刊社出版,收韬奋文 132 篇。

11 月 5 日,马占山在黑龙江抗日救国,韬奋在《生活》周刊上登文号召全国同胞捐款助战。由《生活》周刊收转的读者捐款达 12 万元。《生活》周刊受到广大读者的热烈欢迎,年底发行量达到 12 万份。

1932 年(37 岁)

日本帝国主义在上海制造"一·二八"事变。

国民党政府派胡宗南找韬奋谈话,主要内容是抗日问题和《生活》周刊办刊方针,在国民党的压力面前,韬奋严正表明:"站在中国人民大众的立场上,对于暴日的武力侵略,除了抵抗之外,不能再有第二个主张",我"只拥护抗日'政府'"。

1 月 14 日,与李公朴、胡愈之、戈公振等人发起,在《生活》周刊上为东北义勇军捐款,共集捐款 5 万余元。

1 月 28 日,驻沪日军进攻淞沪,十九路军奋起抵抗。淞沪战役开始后,《生活》周刊从 1 月 30 日起连续出版 4 期号外。发表韬奋的《几点紧急建议》、《沪案与整个国难问题》、《上海血战抗日记》等文章,以"唤起民众注意,共赴国难"。在整个"一·二八"抗战中,韬奋和《生活》周刊社全体员工一起参加后方服务,并为十九路军征集抗日军需用品和慰劳品,在上海设立"生活伤兵医院",安置抗日负伤的将士。

4 月,《最难解决的一个问题》由生活周刊社出版,该书收录了在《生活》周刊上发表的读者来信和编者答复。

7 月,国民党政府以"言论反动,毁谤党国"的罪名,先后下令禁止《生活》周刊在河南、湖北、江西、安徽等地发行,以后扩大到全国。蒋介石对此刊声称:"批评政府就是反对政府,所以绝对没有商量的余地。"韬奋和全体员工共同斗争,克服重重困难和封锁,千方百计将刊物送到读者面前。《生活》周刊影响日益扩大,销量达到 15 万份,打破中国杂志发行记

录。

7月,在"书报代办部"的基础上,正式成立生活书店。

国难当头,韬奋感到《生活》周刊出版周期太长,不能及时报道重大新闻,与戈公振、毕云程、杜重远等人商议,决定集资办《生活日报》,短期内共集资16万元,但终因国民党反动派重重阻挠而夭折,所收股金和利息全部由银行返回。

11月,《生活》周刊连载韬奋编译的《革命文豪高尔基》。

1933 年(38 岁)

1月1日,正式使用"邹韬奋"的名字,参加由蔡元培、宋庆龄、鲁迅发起的中国民权保障同盟会,并当选为执行委员。

《生活》周刊第8卷第1期上发表《民权保障同盟》一文,指出"民权之获得保障,决不是出于统治者的恩赐,乃全国民众努力奋斗取得来的"。

《生活》周刊从第8卷开始,系统地发表胡愈之、艾寒松等宣传社会主义及社会主义理论的系列文章,介绍辩证唯物主义和历史唯物主义的基本观点,阐述革命的人生观。

《小言论》第二集出版,收韬奋文139篇。

2月,《小言论》第三集出版,收韬奋文56篇。

由于国民党政府禁递《生活》周刊,韬奋与徐伯昕想尽办法,采取改换包装、辗转邮递将刊物发出。由于交通费用增加,致使内部资金紧张,韬奋自动减薪50元,紧缩开支,保障《生活》周刊出版。

5月13日,与宋庆龄等联名签署《为德国法西斯压迫民权摧残文化的抗议书》,并赴德驻沪领事馆递交抗议书。

6月18日,中国民权保障同盟执行委员兼总干事杨杏佛遭国民党暗杀。韬奋也被列入"黑名单"。20日,韬奋不顾个人安危、冒生命危险前往致哀。

7月,生活出版合作社即生活书店正式成立,选举韬奋、杜重远、徐伯昕、毕云程、王志莘为理事。10日,理事会一致选举韬奋为总经理。

生活书店出版《文学》杂志,茅盾先生主持,鲁迅先生为编委。次年,又创办鲁迅主持的《译文》杂志。

7月14日,为暂避国民党的疯狂迫害,从上海乘船去欧洲考察。开始海外流亡生活。先赴意大利、法国等国考察,后往伦敦,在伦敦大学政治研究院听讲,同时到伦敦博物院图书馆研究马克思主义著作及其他社会科学书籍。

7月,《革命文豪高尔基》由生活书店出版,书中附有《鲁迅先生志感》一文及鲁迅为此书提供的多幅插图及说明。

12月8日,国民党下达查封《生活》周刊的公文。12月6日,《生活》周刊发表韬奋于一年前写好的《与读者诸君告别》一文,出版8年的《生活》周刊被迫停办,《生活》周刊共出版8卷,每卷约50期。

1934 年(39 岁)

2月10日,《新生》周刊在上海出版。由杜重远任发行兼主编、艾寒松协助。《新生》周刊继承《生活》周刊的办刊宗旨,销数达10万份。

2月至4月,韬奋去比利时、荷兰、德国考察。4月18日返回伦敦,写成《萍踪寄语》。此时期,韬奋阅读大量的马列主义著作和许多社会科学书籍。一年后,将读书笔记写成《读书偶译》一书出版。

5月至6月,《萍踪寄语》一集、二集由生活书店出版。

7月14日,从伦敦和美国学生旅行团一同到达莫斯科,先在莫斯科暑期大学听课4个星期,上午学习,下午参观,着重考察苏联的社会主义实况。

7月26日,写信致高尔基并赠编译的《革命文豪高尔基》一书,表敬慕之情。

8月14日,莫斯科暑期大学毕业后,即离开莫斯科前往苏联南部参观许多大工业中心、博物馆、大集体农庄和名胜地。30日返回莫斯科,对苏联的各类教育进行全面考察。

9月27日返抵伦敦。韬奋用近半年的时间将苏联的见闻写成《萍踪寄语》第三集,并继续在大英博物馆学习和进行社会考察。

1935 年(40 岁)

5月11日,乘船前往美国纽约。考察美国的政治、经济社会和文化各方面,并研究了美国的新闻事业。

6月,韬奋到达美国南方,考察美国黑人生活的实际状况,并深入地同

黑人一道研究黑人解放运动的诸多问题。后来又到华盛顿、芝加哥特别是美国西部考察研究了美国的农民运动和工人运动。这样,他对资本主义社会本质有了深刻的认识。

7月9日,国民党政府迫令《新生》周刊停刊,杜重远被判徒刑14个月。

7月10日,韬奋前往芝加哥时,得知杜重远入狱,决定马上回国。经旧金山、夏威夷等地,于8月27日回到上海。

此时,日寇的铁蹄已践踏我国华北各省。中国共产党发表了"八一"宣言,号召建立全民族的统一战线。韬奋立即响应号召,着手筹备《大众生活》。于11月16日,《大众生活》在上海创刊。鲜明地提出:"团结抗日,民主自由"的主张,积极进行抗日救亡运动。韬奋在创刊号《我们的灯塔(发刊词)》中宣布"为求民族解放的实现,封建残余的铲除,个人主义的克服"为该刊的三大目标,并明确提出抗日联合战线的主张。这标志韬奋已确立共产主义世界观。

对"一二·九"学生运动,《大众生活》作了热烈报道,《大众生活》受到读者热烈欢迎,创刊后销15万份,后来达到20万份,打破中国杂志发行记录。

12月8日上海文化界救国会成立,韬奋被选为该会执行委员,积极参加救国会的政治活动。

1936年(41岁)

年初,国民党政府派复兴社书记长刘健群与CC系头目张道藩到上海找韬奋谈话,向他宣传法西斯的政治哲学,要他绝对服从国民党政府和蒋介石的指挥棒,并威胁道:"今日蒋介石杀一个邹韬奋,绝对不会发生什么问题,将来等到领袖(蒋介石)的脑壳妙用一发生效果,什么国家大事都一概解决,那时看来,今日被杀的邹韬奋不过白死而已!"韬奋义正词严地回答道:"我不参加救亡运动则已,既参加救亡运动,要尽力站在最前线,个人生死早置之度外","救亡运动是全国爱国民众的共同要求,绝对不是一二人或少数人的'脑壳'所能创造或捏造出来的,所以即使消灭一二'脑壳',……整个救亡运动还要继续下去,非至完全胜利不会停止。"

2月,《大众生活》仅出版16期又被国民党政府查封。

3月，蒋介石胁迫韬奋赴南京"面谈"，由杜月笙陪同前往。韬奋拒绝，被迫离开上海，前往香港筹办《生活日报》。

韬奋一到香港就积极筹办《生活日报》和《生活日报星期增刊》。

在韬奋的积极协助下，《永生》周刊创刊，金仲华任主编。该刊继承《大众生活》的精神，求全民族的永生，《永生》周刊出版17期即被查封。

5月，主持北方局工作的刘少奇同志得知韬奋在香港创办《生活日报》，以莫文华笔名与之通信参与讨论统一战线问题。

5月31日，全国各界救国联合会在上海成立，韬奋当选为执行委员。

毛泽东曾致信章乃器、陶行之、邹韬奋、沈钧儒及全国救国会会员，对其表示支持。

为时不久，《生活日报》停刊。8月1日，《生活日报星期增刊》改为《生活日报周刊》，后改名为《生活星期刊》，返回上海，继续出刊。

11月上海、青岛等地纱厂工人举行反日大罢工，学生市民举行示威游行。韬奋和救国会负责人奔走援助，组织上海日本纱厂罢工后援会。

11月22日下午6时，韬奋赶到功德林餐厅参加援助绥远抗战的会议。23日凌晨2时被国民党政府逮捕。同时被捕的有救国会其他负责人沈钧儒、李公朴、沙千里、史良、王造时、章乃器，史称"七君子"事件。

11月26日，宋庆龄向报界发表声明，抗议国民党政府违法逮捕"七君子"。

12月4日，韬奋被移至苏州国民党江苏高等法院看守所关押。

12月12日，张学良、杨虎城苦劝蒋介石改变内战实行抗日不成，扣押了蒋介石，史称"西安事变"。

《生活星期刊》停刊。

1937 年（42 岁）

1至7月，在苏州高等法院看守所完成大量的文字工作：自传《二十年来的经历》、翻译《读书偶译》30万字，完成《萍踪忆语》最后8章，并将《生活星期刊》上发表的50篇文章，编成《展望》一书，均由生活书店分别出版。

4月4日，国民党法院以"犯危害民国紧急罪法第六条嫌疑"对"七君子"正式提起公诉，韬奋等救国会负责人"认为是宣传救亡的一种机会，一

点不肯放松",在法庭上进行了坚决的斗争,毫无畏惧,都在狱中准备好严厉驳斥的材料。4月12日,中共中央发表宣言,指出韬奋等"以坦白之襟怀,热烈之感情,光明磊落之态度,提倡全国团结,共赴国难,停止内战,一致抗日,此实为我中华男女应尽责任与光荣模范。"要求国民党政府"立即释放沈、章、邹、李、王、沙、史诸爱国领袖及全体政治犯。"

5月,《萍踪寄语》由生活书店出版。

6月11日、25日苏州江苏高等法院两次开庭审理"七君子"案。

6月底,宋庆龄发表《救国入狱运动宣言》,宋庆龄、何香凝、胡愈之等16人亲赴苏州高等法院探望韬奋等"七君子",并向法院申说救国无罪,否则,他们请愿入狱,与"七君子"一同坐牢!法院不敢收留。

7月7日,日本侵略军在卢沟桥向我军发动疯狂进攻,激起我军坚决抵抗,史谓"七七"抗战,开始了8年的抗日战争。

7月31日,"七君子"获释。韬奋和沈钧儒等救国会负责人受到近千名群众的迎接。出狱后,韬奋立即投入抗战工作。

8月3日,国民党政府假意邀请韬奋等救国会负责人"到南京约作十日勾留",实为要解散救国会,遭到严词拒绝。

8月13日,日军进攻上海。这就是"八一三"全面抗战。韬奋创办《抗战》三日刊。韬奋和同事们奋战5昼夜,19日《抗战》三日刊第1号出版。该刊的宗旨为:要对直接间接和抗战有关的国内和国际形势,作有系统的分析和报道,……反映大众在抗战期间的迫切要求。同时出版《抗战画报》。

8月,捐助和保护工人运动领袖、共产党员朱宝庭离沪前往武汉参加抗战工作。

9月9日,因受到租界当局的压力,《抗战》三日刊更名《抵抗》三日刊。13日《抵抗》第8号发表《朱德等就职抗战通电——坚决抗战众志成城》。23日第11号刊登冯玉祥致韬奋的信,第12号刊发表《全国团结的重要表现》一文,响应22日共产党向国民党提出的《共赴国难宣言》的号召。

10月,《读书偶译》由生活书店出版。

11月9日,《抵抗》从第25号起恢复《抗战》原名,移往武汉出版。

11月,上海沦陷。在潘汉年的安排下,韬奋和何香凝、郭沫若、金仲华等离沪绕道香港，与张仲实、钱俊瑞等会集，12月，由香港经广州、广西前往当时政治文化中心武汉，与钱俊瑞、金仲华、张仲实等14人经衡阳时，曾受到李宗仁的约见。

12月，在张仲实的陪同下，到八路军驻汉口办事处访问周恩来，此后向周恩来提出加入中国共产党的要求。

12月29日，《抗战》第32号上刊登中国共产党对时局的宣言。12月，生活书店西安、重庆、长沙分店成立。

1938年(43岁)

1月生活书店编审委员会成立，韬奋、胡愈之、范长江、金仲华、钱俊瑞、杜重远、柳湜、张仲实为委员。

年初，蒋介石找韬奋、杜重远谈话，胁迫他们加入国民党，遭到他们的拒绝。

2月，韬奋资助书店同人周保昌等人去延安。

3月生活书店衡阳、兰州分店成立。

中国青年记者学会在汉口成立，范长江主持，韬奋被选为名誉理事，他出席大会并讲话。

4月，《抗战》连续报道共产党领导的陕甘宁边区和八路军的情况。

生活书店贵阳、南郑、六安分店成立。5月昆明分店成立。6月南昌分店成立。

5月，向钱俊瑞提出要求加入中国共产党。19日邀周恩来、黄炎培出席生活书店店员座谈会。

6月，韬奋以救国会负责人的资格被聘为国民党参政员，并出席了在武汉召开的国民参政会第一次大会。在会上提出了不许限制抗日言论自由的提案。

7月7日，韬奋把《抗战》和柳湜主编的《全民》周刊合并，改名为《全民抗战》三日刊，扩大编委会，参加者有沈钧儒、张仲实、艾寒松、胡绳等，韬奋、柳湜为主编。创刊号发表《全民抗战的使命》。刊物销数最高达30万份。在全国20几个大中城市设有销售点。

7月底，国民党政府为控制抗日舆论，公布《战时图书杂志原稿审查办法》和《修正抗战期间图书杂志审查标准》。8月，韬奋在《全民抗战》上连

续发表社论,抗议国民党政府压制抗日言论的自由。生活书店、中华书局、商务印书馆等十几家同业联合发表宣言,要求蒋介石撤销这一法令。

9月18日,与沈钧儒等代表救国会前往江西南昌、德安等战地前线采访慰问抗日军队。

10月,汉口失守,武汉三镇沦陷。《全民抗战》迁重庆出版,从第30号起改为五日刊。生活书店总管理处迁往重庆。

10月28日,国民参政会第二次大会在重庆召开,韬奋在会上提出《请撤销图书杂志原稿审查办法,以充分反映舆论及保障出版自由案》,反响十分强烈,得到周恩来的高度赞扬。

10月30日,生活书店西安分店被封闭。在韬奋的强烈要求下,11月1日西安分店恢复营业。

在重庆,韬奋常去曾家岩八路军办事处拜访周恩来、邓颖超。生活书店总管理处每月举行一次茶话会,周恩来常应邀到会讲话。

1939年(44岁)

2月,国民参政会在重庆召开第三次大会。韬奋在会上提出《请撤销增加书籍印刷品寄费,以便普及教育、增强抗战力量案》和《动员全国知识分子扫除文盲,普及民族意识,以利抗战建国案》等。

3月,译著《从美国看到世界》由生活书店出版。

4月28日,在生活书店第五届理事会第一次会议上,韬奋当选为总经理,这时,生活书店已有50多个分店,三四百工作人员,出版图书638种,丛书20多套。

生活书店西安分店再次被查封,工作人员全部被捕。

5月3日、4日,日机轰炸重庆。《全民抗战》从第70号起改为周刊。

生活书店南郑分店、天水支店等被查封。6月,又有沅陵、金华等多家分支店被查封。同时,生活书店总店管理处的账目遭到国民党政府的审查。结果,一无所获。

7月4日,国民党中央宣传部部长叶楚伧、副部长潘公展找韬奋谈话,胁迫生活书店和官办的正中书局独立出版社合并,加资金百万,直接由国民党市党部领导,并要求韬奋加入国民党,均遭到韬奋严词回绝。之后,陈立夫派中统特务头子徐恩曾几次约韬奋谈合作。军统特务头子也找韬奋,要他加入国民党,同样遭到拒绝。

9 月,生活书店新加坡分店开业。国民参政会第四次大会在重庆举行。韬奋提出《改善审查检查书报办法及实行撤销增加书报寄费,以解救出版界困难而加强抗战文化事业案》和《严加肃清汪派卖国活动及汉奸言论案》。

这年秋季,韬奋邀请周恩来到书店做了《国际形势与中国抗战》的报告。常应邀做报告的还有叶剑英、董必武、秦邦宪、徐特立、凯丰等同志。

年底,生活书店发行杂志 7 种,出新书 250 多种,工作人员近 300 人。

1940 年(45 岁)

春,毛泽东的《新民主主义论》传到重庆,尚未公开发表,韬奋在曾家岩 50 号周恩来处看到这一著作的样本,真是"如获至宝",反复阅读,到了异常陶醉的地步。

2 月 5 日,衡阳分店被封,全店 10 余名职工全部被捕。

4 月,在国民参政会第五次大会上,韬奋提出《严禁违法逮捕、迅速实行提审法,以保障人民身体自由案》。

5 月,何应钦制造"邹韬奋、沙千里、沈钧儒等将于'七七'或'双十'举行暴动"的情报。韬奋等 3 人前往国民党军委会抗议。几经交涉,方完全揭穿这一蓄意捏造的陷害阴谋。

5 月 13 日、15 日国民党图书杂志审查委员会两次扣留读者来信和韬奋的复信。

6 月,韬奋当选为生活书店人事委员会主席。这时生活书店已有 40 多个分店被查封,40 多人被逮捕。韬奋向国民党中宣部抗议,奔走营救被捕的同事。当时韬奋主编的《全民抗战》和生活书店出版的书刊不断被审查,被删掉最精彩的部分,韬奋不辞辛苦和艰险,据理力争,抢救出许多好文章与读者见面。

7 月,《全民抗战》的文章经常被国民党审查委员会抽去审查,并被无缘无故地免登,韬奋经常丢开一切事情,亲自前往审查会里交涉,说理斗争,把稿子"从棺材里救出来"。在此期间,国民党中央还派来一个"大员"以非正式的身份与韬奋谈话,恫吓韬奋如不与正中书局合并"蒋委员长已决定把'生活'全部消灭"。又遭到严词拒绝。

韬奋将在《店务通讯》上发表的有关 15 年来经营管理经验的文章选编成《事业管理与职业修养》一书,由生活书店出版。

在《店务通讯》第 71 期上,刊登了《韬奋自述》,作为"同人介绍"的第一名,他介绍了简历之后说:"有了一妻,二子,一女。老父六十四岁,退休已近廿年,大家族由我和二弟共同扶养。弟妹很多,算不清楚,现在还有四个弟妹的学习费用要照顾到。特征近视,特性性急,牛性发时容易得罪人,近几年常自修养,也许可以好些。"

12 月,按照周恩来的指示,生活、读书、新知 3 家书店联合派柳湜、李文等同志去延安和太行山开办华北分店。"皖南事变"后又联合派人去华中开办大众书店。

12 月,杜重远在新疆被捕,生活书店为此提出严重抗议。

年底,韬奋鉴于国民党反动派妥协投降阴谋更加暴露,在《全民抗战》第 152 号社论《欢迎胜利的 1941 年》中提出"加强团结,坚持抗战,实现民主政治和保障言论、出版、集会、结社自由"等 6 项主张。

1941 年(46 岁)

"皖南事变"发生,第二次反共高潮到来,国民党反动派对文化界进步力量的迫害日益加剧。生活书店 50 多家分支店大部被查封,只有一个重庆分店尚未被封。40 余名工作人员遭到拘捕,有的被迫害致死。韬奋义愤填膺,多次抗议无效。面对残酷斗争,韬奋采取毫不妥协的态度。1 月 17 日,《新华日报》刊发周恩来题词,报道"皖南事件"真相,韬奋为支持《新华日报》,为《全民抗战》写社论,要求"从根本上加强民主政治,巩固抗日党派的精诚团结与合作"。但这篇社论被审查会扣掉。致使那期刊物上留下了"空白"社论。

2 月,中共中央为保存文化界的进步力量,把重庆、桂林的大批民主人士和文化界人士转移到香港,开辟新的文化阵地。周恩来对此作了具体安排和部署。10 日左右,韬奋到曾家岩与周恩来作了"最后一次见面",根据周恩来的指示;也开始了"搬家"转移的准备,妥善安置工作人员。

2 月 22 日,《全民抗战》出至第 157 期被查封。

2 月 24 日,辞去国民参政员职务。在辞职报告中,他痛斥了"法治无存,是非不论"的国民党的残酷统治,指出"一部分文化事业被违法摧残之事小,民权毫无保障之事大。国民参政会号称民意机关,决议等于废纸,念及民主政治前途,不胜痛心。"25日,随即出走,经贵阳、衡阳,沿湘桂铁路到桂林,3月5日,从桂林乘飞机去香港。蒋介石电令桂林国民党特务探询,准备扣押韬奋。但电报到时,飞机已起飞。

28日,韬奋家遭到搜查,以后不断被监视查询。

3月初,韬奋夫人带3个子女秘密离开重庆去桂林后又经柳州,从广州湾乘船到香港。

4月8日,韬奋在《华商报》上发表《抗战以来》的长篇连载,至6月30日登完,近20万字,书中韬奋以自己的亲身经历,揭露国民党的假民主和摧残进步文化事业的卑鄙行径,唤起国人对于政治改革的认识和努力,在社会上引起强烈反响。

5月,在香港,韬奋继续从事抗日救国,争取民主的工作。先为《华商报》撰写社论和专论,其文章后来编成《对反民主的抗争》一书出版,又为《保卫中国同盟》英文半月刊撰写论文。

5月,在香港恢复《大众生活》周刊。3日,组成《大众生活》编委会,韬奋为主任,金仲华、茅盾、乔冠华、夏衍、胡绳等人为编委。17日,《大众生活》复刊号在香港出版,韬奋在复刊词中指出"摆在全国人民面前的紧急问题,就是如何使分裂的危机根本消灭,巩固团结统一,建立民主政治,由而使抗战坚持到底,以达到最后的胜利"。该刊受到海内外读者的热烈欢迎,销数达到10万份。

5月29日,与救国会留港代表茅盾、金仲华、恽逸群、范长江等人联合发表《我们对于国事的态度和主张》。这是一篇重要宣言,非常明确地向国内外宣布他们的政治主张,揭露和批判蒋介石国民党反动派反共反人民的卑劣行径,提出"彻底坚持抗战"、"团结须更具诚意"、"民主政治须即实施"等9项主张。号召人民群众与"阴谋出卖国家,破坏抗战之恶势力"奋斗到底。

6月22日,苏德战争爆发,韬奋在华商报上撰文指出反法西斯侵略的战争,能够取得最后的胜利。

8月《抗战以来》一书由华商报馆出版,在两个月中印刷了3版,销数15000册。

11月,收听到斯大林在莫斯科红场上的演讲很兴奋,对反法西斯战争

的胜利充满信心。

翻译的《社会科学与实际社会》一书由生活书店出版。

12月8日《大众生活》出版30期，因太平洋战争爆发，日军进攻九龙而停刊，这是韬奋办的最后一份刊物。

在范长江等国新社朋友的帮助下，韬奋一家由九龙过海到香港金仲华住处避难。

12月，九龙失守，香港沦陷。韬奋与家人分开，在朋友范长江、杨潮等人的帮助下几经迁移避难。"远在重庆的周恩来致电廖承志等人，设法营救陷入战争环境中的香港进步文化工作者。"

1942 年(47 岁)

1月，由廖承志、连贯为首的中共华南工作委员会根据中共中央的指示，决定把韬奋、茅盾等20多位文化界人士转移至内地，由东江游击纵队护送，从九龙出发步行，经荃湾、元朗、梅岭到达东江游击区白石坳镇，受到东江纵队的盛情欢迎。后又转移到阳台山。韬奋夫人和子女也随后来到此地团聚。

3月，国民党当局秘密下令通缉韬奋"就地惩办"。韬奋夫人和子女先期离开东江前往桂林，韬奋被安排到梅县江头村老共产党员陈卓民家里化名隐居。

在这隐居的半年里，经历了他一生中不平凡的农村生活。韬奋埋头读书，查阅和收集大量史料，深入农民群众中进行社会调查，使他得到了研究中国共产党和中国革命历史的机会，从而彻底改变他实业救国，改良主义的空想，下定决心奔赴苏北转往革命圣地延安。

9月底，韬奋化装离开梅县，由冯舒之陪同，从梅县出发，经曲江、长沙到武汉，乘船到上海前往苏北解放区，途经汉口时，发现右耳淌出黄水，头部时常疼痛，到达上海，经医生诊断为慢性中耳炎。

11月初，韬奋装扮成商人，由原读书出版社王兰芬女士和一位华老太太陪同掩护，辗转到达苏中解放区靖江地区，受到苏中区党委书记粟裕、陈丕显的热情接待。

在解放区的3个月里，首先进行了社会各方面参观考察，了解根据地的形势和人民军队的军事情况，参加各界人士的座谈会，还应邀写文章做报告,演讲他在根据地的观感和收获。一次在南通中学的讲演大会闻讯前来听讲的师生、干部、群众近千人,连敌占边沿地区的群众也来听讲,反响十分热烈。

韬奋在解放区参观考察,很受教育和鼓舞,计划将所见所闻写成《民主在中国》一书。他还多次与苏中行政公署文教处长刘季平畅谈感想并郑重向刘提出加入中国共产党的请求,申述他迫切要求入党的心愿。

12月以后,到苏中盐阜区考察,了解根据地政治经济状况和各项抗日民主统一战线的政策,参观当地的小型工业、手工业和运输业,精兵简政和大生产运动。韬奋与解放区领导商讨如何在华东广大解放区开展文化事业并计划在此办一份刊物。此时,韬奋耳病已恶化,陈毅军长特别关切他的健康,特意为他缝制了一件皮袍送来。后经医生进一步诊断为癌症,因解放区缺医少药,建议回上海治疗。

1943 年(48 岁)

年初,日寇5万军队对苏北抗日民主根据地实行大扫荡。苏北根据地军民"反扫荡"取得胜利。韬奋在对记者谈到解放区时说:"我到根据地是我平生最兴奋的事情。在这里我有两个最深刻的印象,一是共产党在抗日民族统一战线中的忠实而充分的照顾各阶级的利益,使全根据地的人民团结起来坚持抗战;二是民主政治的实现,根据地人民普遍参加政治生活,热烈拥护政府的情形,使我十余年来为民主政治而奔走的信心更加坚定了。"在致陈毅军长的信中再次肯定了共产党的民主统一战线,肯定了中国共产党必将取得最终的胜利。

2月初,因病情加重,被秘密护送回上海治疗。临行时对戴白韬表示,"希望病快快好,好了我立刻就回来。"他认为,"真正的民主自由在共产党领导下的抗日根据地实现了,没有正确的政策和具体细致的工作,不可能取得这样的成就。"

3月,由陈其襄用德和企业公司经理的身份具保化名住进上海红十字医院治疗。5月由外科主任穆瑞芳医师主刀手术。夫人沈粹缜和大儿子邹嘉骅到上海陪伴。6月,用镭锭放射治疗。此时,病情加重,右太阳穴和右颊经常剧痛,面部肌肉抽搐,眼泪夺眶而出,痛苦时甚至在地板上爬滚。韬奋顽强地同病魔搏斗,毫不悲观。他的记忆力很好,常同夫人畅谈分别

后的情况和在解放区的见闻。

7月,党中央关注韬奋的病情,陈毅军长亲自主持紧急会议,布置救护韬奋的计划安排,指示"要用尽一切力量,想尽一切办法,不惜任何代价来医治他的病"。

9月,转剑桥医院住院。癌细胞转移,病情恶化,每天注射麻醉针药。韬奋对生活仍然充满信心,对看望他的徐伯昕谈及他的3个设想:恢复生活书店;为失学青年办一个图书馆;办一个日报,以偿夙愿。

10月,中共中央华中局派徐雪寒赶来上海看望韬奋,韬奋表示希望病愈后回到苏北解放区,并给华中局写了一封信,表示"我死也要死在抗日民主根据地。"

韬奋对国民党反动派调集大军进攻陕甘宁边区的举措,愤不可抑,在病榻上口授《对国事的呼吁》,严词斥责蒋介石积极反共反人民的罪行。

11月间,为保护韬奋安全治疗,转到瞿直夫医院,又转德济医院,先后使用的化名为"邹恒逊"、"邹白甫"、"季晋卿"。

1944 年(49 岁)

2月,韬奋病情稍有缓解,决定将自己生活经历写成《患难余生记》。韬奋在医院的病榻上,拥被写作,废寝忘食。《患难余生记》写了5万多字,第三章未写完就只好搁笔。这是他最后的未完成的遗作。

3月,韬奋病情加重,华中局再次委派徐雪寒来沪商议其后事,在一次昏厥之后,韬奋找来徐伯昕嘱托对其家属子女的安排,吩咐将留下的几千万字的文章和著作,交由胡愈之先生处理。韬奋让徐雪寒代笔口授遗嘱,后由他亲自修改,郑重地提出:"我死之后,请中国共产党中央委员会严格审查我一生奋斗历史,如其认为合格,请追认入党。遗嘱也望妥送延安,火葬后的骨灰尽可能带往延安。"

7月上旬,经常昏厥,发烧,嗓子失音,讲话困难。

7月24日上午7时20分停止了呼吸,享年只有49岁。以"季晋卿"的假名入殓,棺柩停放在上海殡仪馆。在抗日战争胜利后,移葬在虹桥公墓。

8月中旬,徐伯昕携带韬奋遗嘱赴苏北,向中共中央华中局报告韬奋病逝的情况,并请将其遗嘱转告延安中共中央,将韬奋逝世转告重庆救国会和文化界。

8月18日,苏北军民各界人士几千人在新四军军部集会,追悼韬奋。张云逸代军长致悼词。范长江、钱俊瑞、于毅夫、徐雪寒讲话。

9月12日,重庆《新华日报》刊登韬奋逝世讣告。

9月28日,中国共产党中央委员会电唁韬奋家属,接受韬奋的请求,追认为党员。指出:"韬奋先生二十余年为救国运动,为民主政治,为文化事业,奋斗不息,虽坐监流亡,决不屈于强暴,决不改变其主张,直至最后一息,犹殷殷以祖国人民为念;其精神将长留人间,其著作将永垂不朽。"

10月1日,由宋庆龄、林伯渠、郭沫若等72人发起在重庆银社举行了由各党派各阶层800多人参加的韬奋悼念大会。黄炎培主祭,沈钧儒报告生平事略,郭沫若、邵力子、林伯渠等发言。周恩来、邓颖超、董必武、林伯渠都分别送了挽联。

10月7日,延安《解放日报》对韬奋的生平事迹作了全面报道。

10月11日,周恩来同志在延安召集博古、吴玉章、周扬、艾思奇、柳湜、张仲实等人组织"邹韬奋同志追悼会筹委会",讨论纪念办法,会上周恩来热诚颂扬了韬奋为宣传党的抗日救国政策、主张,指引无数青年走上革命道路所立下的不可磨灭的历史功绩,并提议"韬奋为出版事业模范"。

10月12日,东江纵队全体指战员电唁韬奋家属。

10月31日,陕甘宁边区政务会议决定设立韬奋出版奖金,专用以奖励对办报纸、杂志及出版发行事业有特殊贡献者。

11月22日,延安各界2000多人在陕甘宁边区政府大礼堂举行追悼邹韬奋先生大会。朱德、陈毅、吴玉章等讲话,《解放日报》出"邹韬奋先生逝世纪念特刊。"

1945年9月21日,周恩来同志在给韬奋夫人的信中写道:"韬奋先生的功业在中国人民心目中永垂不朽,他的名字将永远是引导中国人民前进的旗帜。"

1949年7月,韬奋逝世5周年,毛主席又一次题词:"纪念民主战士邹韬奋"。宋庆龄说他:"是一位伟大的爱国者,一位英勇的人民战士。他的斗争历史,提供了革命知识分子所走道路的一个最光辉的榜样。"

同时,周恩来的题词为:"邹韬奋同志经历的道路是中国知识分子走向进步走向革命的道路"。

后　记

　　《邹韬奋传记》的出版,是邹韬奋诞辰 100 周年纪念活动的预期项目之一,自 1991 年作者接受任务开始,经过 5 年多的努力,终于和读者见面了。

　　刊于卷首的《纪念邹韬奋诞辰 100 周年》,是胡绳同志为本书写的序言,他是在工作繁忙,又加身体不适的情况下写出的,从文中可见他对韬奋系念之诚,情谊之重,研究之深,对此,作者是深受感动的,也是衷心感谢的。

　　本书的发起者为徐雪寒、沈粹缜、仲秋元、王仿子同志,本书在写作过程中得到他们大力的支持和帮助,同时,也得到了赵晓恩和邹嘉骊、陈挥等同志的积极支持,他们对初稿提了很多宝贵意见,在这里,作者一一致谢。

　　在写作过程中,作者阅读了韬奋的主要著作和他主办的刊物,也阅读了近代史和抗日战争的历史,还读了《周恩来传》、《宋庆龄传》、《南方局党史资料》、《七君子传》、《救国会》和韬奋生前诸友好的回忆文章,以及其他有关报刊、书籍等等。

　　本书为了占有第一手资料,按照历史唯物主义实事求是的原则,作者曾到上海、南京、福建、江西、武汉、重庆、昆明、广西等地,进行调查研究,并同各地的有关同志一起座谈或访问,搜集了大量资料。作者从广泛的接触中,得到了传主同有关同志一起工作和生活的生动情景及斗争情况,同时还重温了 30 年代和 40 年代白区文化战线的斗争历史。

　　传记贵在真实。作者在写作中始终坚持这一创作原则。

　　作者深深地感到韬奋是伟大的爱国者,全书就以爱国主义为主线,并将此主线贯穿他的思想和行动之中。在崎岖不平的道路上,他历尽艰险,从一个积极的民主主义战士,进而转变为出色的共产主义战士。他的转变过程,就是他百折不回的斗争过程。

韬奋的斗争和转变,得助于真诚友好的密切配合,得助于中国共产党组织和中国共产党人的关怀和帮助。作者力求挖掘他和中国共产党人之间的内情。这虽然是一大难点,但作为尝试,作者做了一番努力,不过,为客观条件所限,本书可能不尽如人意,缺点不足之处,希望得到同志们的补充和纠正。

5 年来,作者认真地投入了艰辛的劳动,就是在身体欠佳的情况下,也没有放弃这一职责,仍然是逐字逐句地思考和磋商。在这里,我们特别感谢刘烁同志,她始终积极地参与了这一工作,并包揽了一切行政事务、对外交涉、打印书稿包括编校和年谱的编写工作,没有她,本书是不能按期完成的。书稿打印稿修改后,又请老出版工作者应培云同志校改一遍,作者一并致谢!

最后,本书未能按时出版,经过一番曲折,终于在重庆出版社的同志们的热诚帮助下方才问世,这给作者留下了深刻的印象。

马仲扬　苏克尘

一九九六年六月